THE MAPS OF
BUSINESS
INVESTMENT

2022

THE MAPS OF
BUSINESS
INVESTMENT

코로나19 이후 업계
판도 변화 大탐사
신성장 투자 업종
집중   분석

투자처가 한눈에 보이는 _____ 한국비즈니스정보 지음

업계지도

어바웃어북

C O N T E N T S

Chapter 5

화학, 바이오, 신소재

Chapter 7

유통, 생활

권말특집

전략과 투자처가 한눈에 보이는
미국 업계 리포트

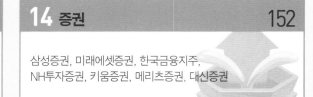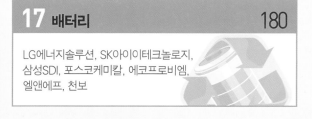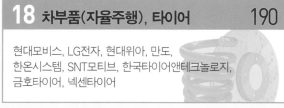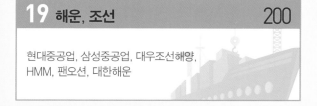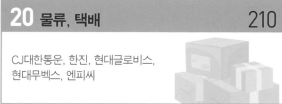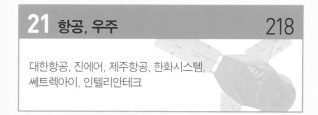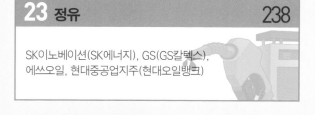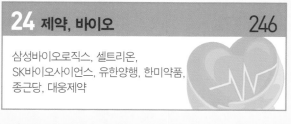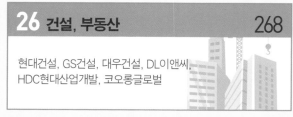

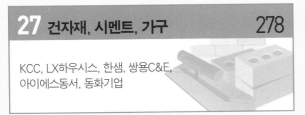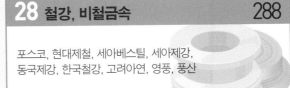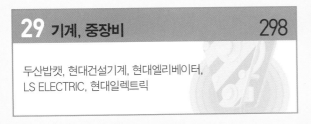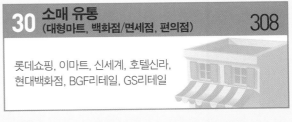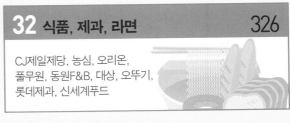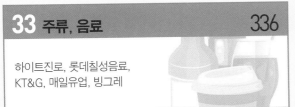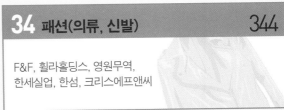
일 러 두 기 ▶▶▶

▶ '최우선 투자기업' 파트의 아이콘 안에 표기한 기업의 매출액/영업이익/순이익은 2020년 연간 실적이다.

▶ 수록 기업의 경영 실적(매출, 영업이익, 영업이익률)의 경우, 2021년 실적은 잠정치(E), 2022년 이후 실적은 전망치(F)이므로 훗날 확정치와 다를 수 있다(컨센서스 기준).

▶ 수록 기업에 출자한 주요 출자자(주주)의 지분율은 별도 표기가 없으면 2021년 2분기를 기준으로 했다.

▶ 종속기업, 자회사, 관계사, 투자사 등의 출자 지분율은 별도 표기가 없으면 2021년 2분기를 기준으로 했다.

▶ '주가 추이 및 전망' 데이터의 52주 최저/최고가는 2021년 12월 10일을 기준으로 했다.

▶ 회사법인 형태를 나타내는 주식회사, 유한회사 등의 표기는 대부분 생략했다.

▶ 다음 표기는 아이콘으로 대신했다.
KOSPI, 유가증권시장 → KP   KOSDAQ, 코스닥시장 → KQ

▶ 일부 국가명은 외래어표기법을 따르지 않고, 간략하고 익숙한 표기법을 따랐다.
예) 타이완 → 대만, 오스트레일리아 → 호주, 타일랜드 → 태국

▶ 외화 단위 표기 가운데 달러는 별도 표기가 없으면 미국 달러(USD)를 뜻한다.

반도체, 전자, 통신, IT

반도체 슈퍼사이클은 계속된다! : 'DDR5 전환'

▶ 글로벌 메모리반도체 슈퍼사이클 히스토리

■ 메모리반도체 시장 규모(좌) — 성장률(우)

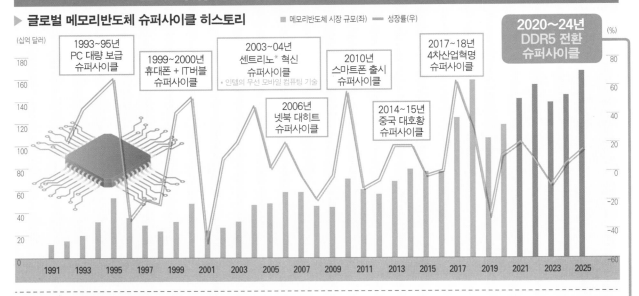

- 1993~95년 PC 대량 보급 슈퍼사이클
- 1999~2000년 휴대폰 + IT버블 슈퍼사이클
- 2003~04년 센트리노* 혁신 슈퍼사이클 *인텔의 무선 모바일 컴퓨팅 기술
- 2006년 넷북 대히트 슈퍼사이클
- 2010년 스마트폰 출시 슈퍼사이클
- 2014~15년 중국 대호황 슈퍼사이클
- 2017~18년 4차산업혁명 슈퍼사이클
- 2020~24년 DDR5 전환 슈퍼사이클

▶ 'DDR5 전환'에 따른 반도체 소부장 최선호주

수동부품
삼성전기, 아비코전자

후공정장비
유니테스트, 테크윙, 디아이, 엑시콘

기판
심텍, 대덕전자, 해성디에스, 코리아써키트, 티엘비

후공정소켓
ISC, 티에스이, 마이크로컨텍솔, 마이크로프랜드

'DDR5 전환' 슈퍼사이클 핵심 모멘텀

- 'DDR5 전환'으로 반도체 소부장 업황 호재.
- 전기차/자율주행차 시대 도래로 차량용반도체 공급 부족.
- 5G/인공지능(AI)/빅데이터/클라우드 등 언택트 트렌드 반도체 수요 폭발.
- DDR5 부품주 중에서 특히 PC/서버용 D램 모듈향 매출 비중이 높은 기업들이 최선호주로 꼽힘.

▶ 서버용 DDR5 시장침투율 전망

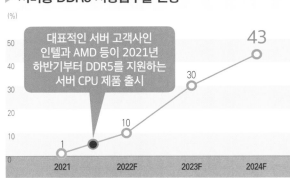

대표적인 서버 고객사인 인텔과 AMD 등이 2021년 하반기부터 DDR5를 지원하는 서버 CPU 제품 출시

	2021	2022F	2023F	2024F
(%)	1	10	30	43

▶ 각 세대별 DDR 전송속도 진화도

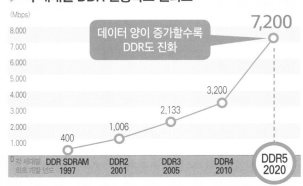

데이터 양이 증가할수록 DDR도 진화

각 세대별 최초 개발 년도	DDR SDRAM 1997	DDR2 2001	DDR3 2005	DDR4 2010	DDR5 2020
(Mbps)	400	1,006	2,133	3,200	7,200

- 현재 DDR4의 데이터 전송속도는 3,200Mbps인데, DDR5는 7000Mbps 이상으로 1초에 30GB 영화 2편을 전송할 수 있는 수준으로 진화. DDR5 수요는 2022년에 전체 D램 시장의 10%, 2024년에는 43%로 급성장.

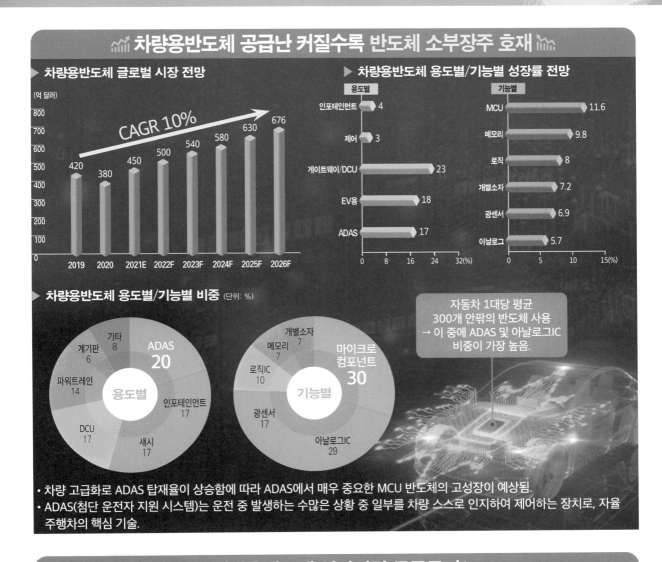

차량용반도체 공급난 커질수록 반도체 소부장주 호재

▶ 차량용반도체 글로벌 시장 전망

(억 달러)

CAGR 10%

연도	값
2019	420
2020	380
2021E	450
2022F	500
2023F	540
2024F	580
2025F	630
2026F	676

▶ 차량용반도체 용도별/기능별 성장률 전망

용도별
인포테인먼트	4
제어	3
게이트웨이/DCU	23
EV용	18
ADAS	17

기능별
MCU	11.6
메모리	9.8
로직	8
개별소자	7.2
광센서	6.9
아날로그	5.7

▶ 차량용반도체 용도별/기능별 비중 (단위: %)

용도별
- ADAS 20
- 인포테인먼트 17
- 섀시 17
- DCU 17
- 파워트레인 14
- 계기판 6
- 기타 8

기능별
- 마이크로컴포넌트 30
- 아날로그IC 29
- 광센서 17
- 로직IC 10
- 메모리 7
- 개별소자 7

자동차 1대당 평균 300개 안팎의 반도체 사용 → 이 중에 ADAS 및 아날로그IC 비중이 가장 높음.

- 차량 고급화로 ADAS 탑재율이 상승함에 따라 ADAS에서 매우 중요한 MCU 반도체의 고성장이 예상됨.
- ADAS(첨단 운전자 지원 시스템)는 운전 중 발생하는 수많은 상황 중 일부를 차량 스스로 인지하여 제어하는 장치로, 자율주행차의 핵심 기술.

차량용반도체 성장여력 무궁무진

▶ 글로벌 차량용반도체 매출 현황 및 비중

(백만 달러) ■ 매출액(좌) ○ 전체 반도체 대비 비중(우) (%)

연도	매출액	비중
2015	28,900	8.4
2016	31,200	9.1
2017	37,300	8.8
2018	41,900	8.6
2019	40,200	9.6

▶ 국내 차량용반도체 매출 현황 및 점유율

(백만 달러) ■ 매출액(좌) ○ 점유율(우) (%)

CAGR +25.2%

연도	매출액	점유율
2015	381	1.3
2016	454	1.4
2017	644	1.7
2018	812	1.9
2019	936	2.3

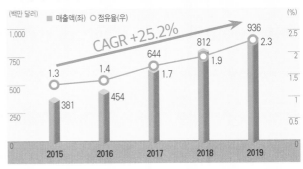

- 국내 차량용반도체 국산화율은 5% 미만, 전체 매출액도 9.4억 달러(글로벌 시장점유율 2.3%)로 아직 미미한 수준이지만, 2015년부터 2019년까지 연평균 성장률이 25.2%로, 전체 반도체 성장률 7.6%에 비해 매우 높음 → 탄탄한 국내 반도체 인프라를 감안하건대 향후 성장여력 충분 → 국내 차량용반도체 핵심 소부장 종목 주목!

반도체 슈퍼사이클은
언제까지 계속될 것인가?

차세대 D램 'DDR5' 전환 시대

DDR은 동작속도 등으로 규정한 D램 반도체의 규격을 가리킨다. PC용 DDR은 DDR1, DDR2, DDR3, DDR4 등으로 나뉜다. 뒤에 붙은 숫자가 높아질 때마다 동작속도가 2배씩 증가한다. DDR2는 DDR1보다 2배 정도 빠르고, DDR4는 DDR1보다 8배 정도 빠르다. 예를 들어 DDR1이 데이터 입·출력 통로가 각각 하나인 2차선 도로라면, DDR3는 8차선, DDR4는 16차선 도로를 가진 D램이 되는 것이다.

2001년 출시된 DDR은 200~400Mbps의 전송 속도로 지원용량은 64Mb~1Gb였다. 2004년 출시된 DDR2는 DDR보다 전송속도가 2배 빠른 400~800Mbps였으며 지원용량도 2배가량 증가된 1.8Mb에서 2Gb였다. 2008년 선보인 DDR3는 전송속도가 800~1,600Mbps, 지원용량은 512Mb에서 4Gb였다. 2014년 말부터 대량 생산되기 시작한 DDR4는 전송속도가 1,600~3,200Mbps, 지원용량은 64Mb~16Gb에 이른다. 데이터 양이 증가할수록 DDR도 진화를 거듭해온 것이다.

머지않아 차세대 D램이라 불리는 DDR5가 본격적으로 채용될 전망이다. DDR5는 빅데이터, AI, 머신러닝 등에 최적화된 초고속·고용량 제품이다. DDR5 수요는 2022년에 전체 D램 시장의 10%, 2024년에는 43%로 큰 폭의 성장이 예상된다.

반도체 피크아웃을 논하기엔 아직 이르다!

DDR5 시장은 2020년 7월 국제반도체표준협의기구(JEDEC)가 DDR5의 표준 규격을 공식적으로 발표하면서 개화했다. 차세대 D램 DDR5 시대가 열리면서 서버 고객사들의 재고 축적 기간에 맞춰 메모리반도체 업체들은 경쟁적으로 신제품을 출시하고 있다.

교체 수요가 급증하면서 기존 제품인 DDR4에 비해 단가도 높아 삼성전자와 SK하이닉스는 물론, 심텍과 유니테스트 등 소부장 기업들의 수혜가 예상된다. DDR5는 기본적인 교체 수요가 실적을 뒷받침해주는 가운데, DDR4보다 훨씬 높은 단가로 제품을 팔 수 있다. 과거 DDR4의 경우, 이전 세대 제품인 DDR3보다 가격이 1.5배가량 비쌌다.

메모리반도체 세계 1위 삼성전자는 2021년 1분기에 '하이케이 메탈 게이트(HKMG)' 공정을 적용한 업계 최대 용량의 512GB DDR5 메모리 모듈 개발을 완료했다. 삼성전자가 개발한 DDR5 메모리는 메모리 반도체 공정의 미세화에 따른 누설 전류를 막기 위해 유전율 상수(K)가 높은 물질을 적용한 HKMG 공정을 쓴 것이 특징이다. 이로써 기존 공정 대비 전력 소모를 약 13% 줄일 수 있게 됐다. 이보다 앞서 SK하이닉스는 2020년 10월 DDR5 제품을 세계 최초로 출시했다. 전송 속도는 최대 5600Mbps, 칩 내부에 오류정정회로(ECC)를 내장해 D램 셀 내 1비트의 미세한 오류까지 바로잡을 수 있게 한 점이 특징이다.

삼성전자와 SK하이닉스 모두 파트너사들과 동작 및 호환성 검증 등을 어느 정도 마쳤기 때문에 파트너사들이 신규 서버 제품을 내놓는 시기에 맞춰 상용화가 가능하다. 대표적인 서버 고객사인 인텔과

삼성전자가 최초로 개발한 업계
최대 용량의 512GB DDR5

AMD 등이 2021년 하반기부터 DDR5를 지원하는 서버 CPU 제품을 내놓고 있다. 업계에서는 2022년부터 DDR5 시장이 본격적인 성장 단계에 접어들 것으로 전망한다. DDR5가 일각에서 제기되는 반도체 호황이 곧 끝날 것이라는 주장을 일축하는 핵심 모멘텀인 이유다.

자율주행차 시장 개화로 차량용반도체 호황 롱런

글로벌 컨설팅 그룹 맥킨지는 2021년 8월에 낸 보고서에서 차량용반도체 매출 규모가 2030년까지 연간 290억 달러(약 35조3,000억 원) 규모로 성장한다고 발표했다. 2019년 110억 달러보다 3배 가까이 늘어난 수치다. 맥킨지는 차량용반도체 성장을 이끄는 핵심 키워드로 '자율주행차'를 꼽았다. 2019년 기준 차량용반도체 매출의 40%를 차지했던 '레벨2 자율주행 칩' 매출이 2030년에 80%를 웃돌 것으로 내다봤다.

특히 자율주행차에 사용되는 반도체 가운데 DCU와 ECU 등 고성능 컴퓨팅 칩의 높은 성장세가 예상된다. DCU와 ECU는 신경망프로세서유닛(NPU), 마이크로컨트롤러(MCU)와 함께 자율주행차의 핵심 요소로 꼽히는 첨단운전자지원시스템(ADAS)에 쓰이는 반도체다. ADAS는 카메라, 레이더, 라이다 등 센서에서 감지한 정보를 판단하고 처리하는 역할을 한다.

자율주행차 반도체 수요가 크게 늘어나는 것에 선행해 전 세계 자율주행차 시장의 높은 성장세가 예상된다. 글로벌 경영전략 컨설팅 업체 보스턴컨설팅그룹(BCG)은 글로벌 자율주행차 시장이 2035년까지 770억 달러(약 88조5,000억 원) 규모로 성장할 것으로 예측했다. 이때가 되면 자율주행차가 전 세계 자동차 판매량의 25%를 차지하게 되는데, 예상대로라면 완전자율주행자동차는 1,200만 대, 부분자율주행차는 1,800만 대에 이르게 된다. 여기에 엄청난 양의 차량용반도체가 장착되는 것이다. 지금은 전 세계 반도체 매출에서 차량용반도체가 차지하는 비중이 10% 안팎에 머물러 있지만, 차량용반도체 시장의 성장 속도(연평균 9%)는 전체 반도체 시장의 성장속도(5.5%)를 크게 앞서고 있다.

한편 국내 차량용반도체의 국산화율은 5% 미만으로, 여전히 국내 완성차업체들은 차량용반도체의 핵심 부품을 수입에 의존하고 있다. 실제로 글로벌 차량용반도체 매출 상위 100개 기업 중 국내 기업은 종합 반도체업체 일부(삼성전자, SK하이닉스, 서울반도체 등)와 팹리스업체 3개(텔레칩스, 실리콘웍스, 아이에이)만이 랭크되어 있다. 다만 2015년부터 2019년까지 국내 차량용반도체 연평균 성장률이 25.2%로 전체 반도체 성장률 7.6%에 비해 매우 높을 뿐만 아니라, 탄탄한 국내 반도체 인프라를 감안하건대 앞으로 성장 여력은 충분하다. 증권가에서는 국내 차량용반도체 소부장 종목 중에서 차량용반도체 핵심 소재 '리드프레임' 세계 6위에 올라 있는 해성디에스와 전기차용 반도체에 적용되는 AP에 강점이 있는 텔레칩스를 주목한다.

2025년에 애플이 '완전자율주행' 전기차를 출시할 것이라는 블룸버그의 보도가 나오자, 2021년 11월 19일자 애플의 주가는 마이크로소프트를 제치고 시가총액 1위 자리를 탈환했다. 증권가에서는 '완전자율주행차'가 상용화될 경우, 자동차 1대에 300개 이상이 들어가는 차량용반도체 시장의 폭발적인 성장을 예고했다. 애플은 '애플카'에 탑재될 자율주행 시스템의 핵심 프로세서 개발을 마친 데 이어 자율주행 소프트웨어와의 조율 작업도 완료했다. 사진은 애플의 자율주행 컨셉트카 모델.

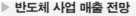

삼성전자
KP
[반도체 사업부문]

매출액	76조9,460억 원
영업이익	19조1,140억 원

- 4.18% 이건희
  - 이재용(0.7%) 홍라희(0.9%)
- 9.74% 국민연금
- 8.77% 삼성생명
- 5.03% BlackRock Fund Advisors
- 31.5% → 삼성바이오로직스
- 19.6% → 삼성SDI
- 22.6% → 삼성SDS
- 23.7% → 삼성전기
- 16.0% → 삼성중공업
- 25.2% → 제일기획
- 84.8% → 삼성디스플레이
- 5.1% → 호텔신라

▶ 반도체 사업 매출 전망

(억 원) ■ D램 ■ 낸드 ■ 시스템반도체

2021E: 97조8,360 (54조3,120 → 44조4,460 → 28조4,901 → 19조9,832)
2022F: 117조2,290 (54조3,120 / 34조2,247 / 22조4,534)

- 2021E: 97조8,360 (D램 44조4,460, 낸드 28조4,901, 시스템반도체 19조9,832)
- 2022F: 117조2,290 (D램 54조3,120, 낸드 34조2,247, 시스템반도체 22조4,534)

▶ 반도체 사업 영업이익 전망

(억 원) ■ D램 ■ 낸드 ■ 시스템반도체

- 2021E: 30조9,612 (D램 21조1,610, 낸드 8조5,812, 시스템반도체 1조2,193)
- 2022F: 38조4,435 (D램 26조5,242, 낸드 9조7,683, 시스템반도체 2조1,501)

▶ 투자포인트

- 2021년 3월에 512GB DDR5 메모리 모듈 개발 완료 → 업계 최초로 '하이케이 메탈 게이트(HKMG)' 공정을 적용해 메모리반도체 공정의 미세화에 따른 누설 전류를 막고, 기존 제품 대비 전력 소모를 13% 줄인 것이 특징.
- D램 가격 하락 등 반도체 업황의 피크아웃 전망이 제기되고 있지만, DDR5 전환에 따른 성장 모멘텀으로 증권가는 2022년 이후 삼성전자를 비롯한 반도체 회사의 주가 상승 예상.
- 삼성전자는 향후 10년간 반도체 분야에 371조 원이 넘는 투자 집행. 특히 시스템반도체에 2030년까지 171조 원 투자 계획 발표.
- 메모리반도체 설비 투자 비용은 연평균 20조 원을 상회할 전망 → 삼성전자의 반도체 설비 투자 규모가 커질수록 국내 반도체 소부장 종목 수혜 예상.

▶ 삼성전자 반도체 이슈로 본 10년 간 영업이익과 주가 관계

(천 원) ■ 영업이익(우) ━ 삼성전자 주가(좌) ━ P/E (백억 원)

×71.5 ×44.5 ×51.3 ×30.0 ×23.0 ×32.2 ×33.7 ×31.2 ×15.4 ×13.2 ×26.0 ×20.9

스마트폰 점유율 1위

반도체 가격 상승 이익 최대 기록

반도체 가격 하락 이익 축소

반도체 가격 상승

2010 2011 2012 2013 2014 2015 2016 2017 2018 2019 2020 2021

자료: 대신증권 Research Center

▶ 삼성전자 D램 수요·공급 추이 및 전망

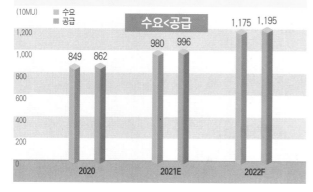

(10MU) ■ 수요 ■ 공급

수요<공급

- 2020: 수요 849, 공급 862
- 2021E: 수요 980, 공급 996
- 2022F: 수요 1,175, 공급 1,195

▶ 삼성전자 낸드 수요·공급 추이 및 전망

(100MU) ■ 수요 ■ 공급

수요>공급

- 2020: 수요 1,481, 공급 1,423
- 2021E: 수요 1,998, 공급 1,927
- 2022F: 수요 2,620, 공급 2,543

SK하이닉스
KP

매출액	31조9,004억 원
영업이익	5조0,126억 원
순이익	4조7,589억 원

9.9% 국민연금
20.1% SK텔레콤

▶ 사업부문별 매출 추이 및 전망

(억 원) ■ D램 ■ 낸드 ■ 기타

	2021E	2022F
합계	42조8,231	54조7,791
D램	30조5,712	38조1,151
낸드	10조2,210	13조9,490
기타	2,030	2,715

▶ 사업부문별 영업이익 추이 및 전망

(억 원) ■ D램 ■ 낸드 ■ 기타

	2021E	2022F
합계	12조1,901	20조6,791
D램	11조9,913	17조4,650
낸드	1,030	3조0,771
기타	950	1,361

▶ 주가 추이 및 전망

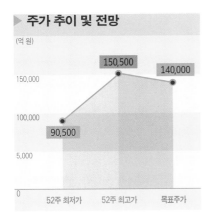

(억 원)

52주 최저가	52주 최고가	목표주가
90,500	150,500	140,000

▶ 투자포인트

- 2018년 4분기부터 지속된 낸드 사업부문 영업적자는 2021년을 기점으로 흑자전환 예상 → 낸드 반도체 가격 상승과 함께 원가 절감이 빠르게 진행되고 있기 때문.
- 인텔의 낸드 사업부 인수가 성공적으로 마무리되면 낸드 부문 시장점유율 11.7%에서 20.4%로 급상승하면서 삼성전자에 이어 세계 2위권 등극 → 업계에서는 인수 후 5년 이내에 동사의 낸드 사업부문 매출이 3배 가까이 성장할 것으로 예상.
- D램의 연간 수요성장률은 20% 초반 수준 예상. 낸드 역시 높은 수요 증가세를 보이며 연간 30%의 수요성장률 예상.
- 2022년부터 서버 신규 CPU 출시로 교체수요가 본격적으로 발생 예상 → 신규 CPU 성능 향상으로 메모리 채용량이 증가하면서 64Gb 이상 고용량 메모리 수요 증가 기대.

▶ SK하이닉스 반도체 이슈로 본 10년 간 영업이익과 주가 관계

(천 원) ■ 영업이익(우) — SK하이닉스 주가(좌) — P/E   (백억 원)

스마트폰 시장 성장 실적 턴어라운드
스마트폰 시장 축소 이익 감소
반도체 가격 상승 최대 이익 기록
반도체 가격 하락 이익 축소
반도체 가격 상승

29.6x 0.0x 37.0x 26.4x 24.1x 42.4x 9.4x 6.4x 41.1x 27.9x
-215.5x -400.8x

2010 2011 2012 2013 2014 2015 2016 2017 2018 2019 2020 2021

자료: 대신증권 Research Center

▶ SK하이닉스의 인텔 낸드 사업부 인수로 글로벌 낸드 시장점유율 변화 (단위: %)

[인수 전]
- 인텔 8.7
- SK하이닉스 11.7
- 삼성전자 35.1
- 마이크론 11.8
- 웨스턴 디지털 13.3
- 키오시아 18.7

낸드 시장 세계 2위 등극!

[인수 후]
- 마이크론 11.8
- 삼성전자 35.1
- 웨스턴 디지털 13.3
- 키오시아 18.7
- SK하이닉스 + 인텔 20.4%

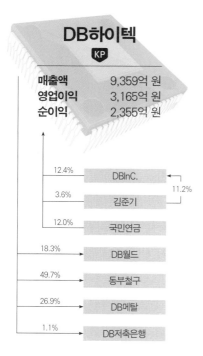

DB하이텍
KP

매출액	9,359억 원
영업이익	3,165억 원
순이익	2,355억 원

- 12.4% — DBInC.
- 11.2%
- 3.6% — 김준기
- 12.0% — 국민연금
- 18.3% — DB월드
- 49.7% — 동부철구
- 26.9% — DB메탈
- 1.1% — DB저축은행

▶ 경영 실적 추이 및 전망

(억 원) ■ 매출(좌) ■ 영업이익(좌) ○ 영업이익률(우) (%)

- 2021E: 1조1,446 / 3,349 / 29.3
- 2022F: 1조4,090 / 4,825 / 34.9

▶ 주가 추이 및 전망

(원)

- 52주 최저가: 34,550
- 52주 최고가: 79,200
- 목표주가: 86,000

▶ 투자포인트

- 반도체의 웨이퍼 수탁 생산과 판매를 담당하는 파운드리 사업 및 디스플레이 구동과 센서 IC 등 자사 제품을 설계·판매하는 사업 영위.
- 2022년 매출액과 영업이익은 각각 1.4조 원(24% yoy), 4,825억 원(38% yoy), 영업이익률 35%로 실적 모멘텀이 극대화될 전망.
- 무선이어폰, 웨어러블기기, 사물인터넷(IoT) 등 전방산업의 고성장으로 동사의 주력 사업인 8인치 파운드리 공급 부족이 2022년에도 지속됨에 따라 판가 상승으로 인한 수익 예상.
- 감가상각비용 부담이 2021년 1,200억 원대에서 2020년 800억 원대로 크게 감소.
- 글로벌 8인치 파운드리 경쟁사들의 PER이 21배인 데 비해, 동사는 20배 이하로 기업가치 저평가 매력.

▶ DB하이텍 웨이퍼 평균단가 상승 추이 및 전망

(달러)

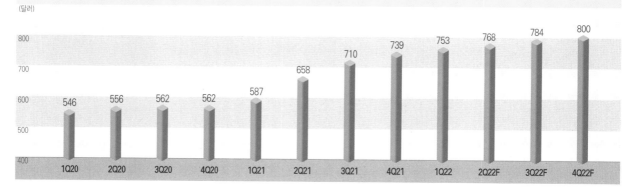

- 1Q20: 546
- 2Q20: 556
- 3Q20: 562
- 4Q20: 562
- 1Q21: 587
- 2Q21: 658
- 3Q21: 710
- 4Q21: 739
- 1Q22: 753
- 2Q22F: 768
- 3Q22F: 784
- 4Q22F: 800

▶ 8인치 파운드리 글로벌 기업들의 연간 CAPA 비교

(K/월)

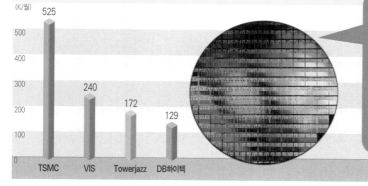

- TSMC: 525
- VIS: 240
- Towerjazz: 172
- DB하이텍: 129

- 8인치 반도체는 12인치 웨이퍼 도입 후 생산성이 떨어진다는 이유로 주류에서 밀려났지만, 최근 IT기기와 가전에 들어가는 반도체 종류가 다양해지면서 8인치 수요 급증.
- 웨이퍼는 반도체의 재료가 되는 얇은 원판으로, 반도체 칩은 CD처럼 둥글게 웨이퍼를 하나씩 쪼개서 만들어짐. 1장의 웨이퍼에서 얼마나 많은 D램을 만들어내느냐에 따라 전체 D램 생산량을 결정할 만큼 중요한 제품.

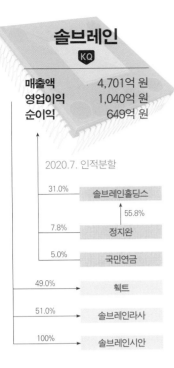

솔브레인
KQ

매출액	4,701억 원
영업이익	1,040억 원
순이익	649억 원

2020.7. 인적분할

- 솔브레인홀딩스 31.0%
- 정지완 7.8% → 55.8% 솔브레인홀딩스
- 국민연금 5.0%
- 휄트 49.0%
- 솔브레인라사 51.0%
- 솔브레인시안 100%

▶ 경영 실적 추이 및 전망

(억 원) ■ 매출(좌) ■ 영업이익(좌) ○ 영업이익률(우) (%)

- 2021E: 매출 1조0,791, 영업이익 2,427, 영업이익률 22.5
- 2022F: 매출 1조1,976, 영업이익 2,663, 영업이익률 22.2

▶ 주가 추이 및 전망

(원)

- 52주 최저가: 228,900
- 52주 최고가: 372,600
- 목표주가: 380,000

▶ 투자포인트

- 국내 최대 규모의 불산·인산계 에천트 제조업체로, 반도체 핵심 소재인 식각액 국산화 기업으로 주목 → 국내 반도체 업체들의 식각액 재고에 따라 실적 영향.
- 동사는 2020년 7월 솔브레인홀딩스에서 인적분할되어 신설. 솔브레인홀딩스의 17개 자회사 중에서 주력 반도체 자회사 3개만 떼어내서 신설 솔브레인이 담당 → 솔브레인시안과 솔브레인라사는 인산계 식각액, 휄트는 불산계 식각액 생산.
- 인적분할 전 솔브레인홀딩스는 자회사들의 비생산적인 적자구조로 인해 기업가치 하락 → 솔브레인은 인적분할로 자회사 적자구조 부담에서 벗어난 뒤 주력 사업인 반도체 핵심 소재의 강력한 성장 모멘텀으로 기업가치가 재고되어 경쟁사 대비 저평가 매력.
- 식각액 원재료 가격 인상 여부가 동사의 영업이익에 큰 영향을 미침에 유의.

▶ 사업부문별 매출 비중

단위: %

- 반도체 72
- 디스플레이 15
- 2차전지 10
- 기타 3

▶ Wet Chemical 실적 추이 및 전망

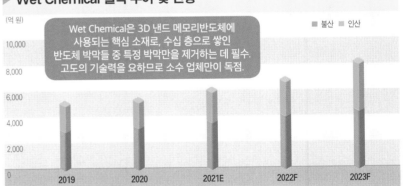

(억 원) ■ 불산 ■ 인산

> Wet Chemical은 3D 낸드 메모리반도체에 사용되는 핵심 소재로, 수십 층으로 쌓인 반도체 박막들 중 특정 박막만을 제거하는 데 필수. 고도의 기술력을 요하므로 소수 업체만이 독점.

(2019, 2020, 2021E, 2022F, 2023F)

▶ 반도체 핵심 소재 경쟁사와의 영업이익률 추이 및 전망 비교

%	2016	2017	2018	2019	2020	2021E	2022F
솔브레인			<인적분할 전>		22.5	22.2	22.4
솔브레인홀딩스	14.6	13.6	17.0	1.4	<인적분할 후>		
SK머티리얼즈	33.4	28.8	26.6	27.8	24.5	24.9	26.5
한솔케미칼	17.8	15.2	16.1	18.9	24.5	28.0	29.1

성공적인 인적분할로 이익률 급상승하면서 경쟁업체들과 어깨 나란히 함

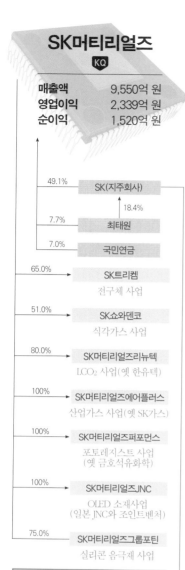

SK머티리얼즈
KQ

매출액	9,550억 원
영업이익	2,339억 원
순이익	1,520억 원

- 49.1% → SK(지주회사)
- 7.7% → 최태원 (18.4% → SK)
- 7.0% → 국민연금
- 65.0% → SK트리켐 / 전구체 사업
- 51.0% → SK쇼와덴코 / 식각가스 사업
- 80.0% → SK머티리얼즈리뉴텍 / LCO₂ 사업(옛 한유텍)
- 100% → SK머티리얼즈에어플러스 / 산업가스 사업(옛 SK가스)
- 100% → SK머티리얼즈퍼포먼스 / 포토레지스트 사업 (옛 금호석유화학)
- 100% → SK머티리얼즈JNC / OLED 소재사업 (일본 JNC와 조인트벤처)
- 75.0% → SK머티리얼즈그룹포틴 / 실리콘 음극재 사업

SK머티리얼즈는 2021년 12월에 특수가스 사업부문을 물적분할해 신설 법인을 만들고, 존속 지주사업 부문은 지주회사인 SK에 흡수합병.

▶ 경영 실적 추이 및 전망

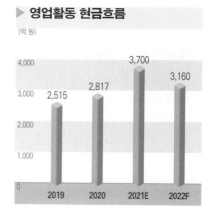

(억 원) ■ 매출(좌) ■ 영업이익(좌) ○ 영업이익률(우) (%)

- 2021E: 매출 1조2,181 / 영업이익 3,039 / 영업이익률 24.9
- 2022F: 매출 1조4,094 / 영업이익 3,686 / 영업이익률 26.2

▶ 영업활동 현금흐름

(억 원)

- 2019: 2,515
- 2020: 2,817
- 2021E: 3,700
- 2022F: 3,160

▶ 투자포인트

- 2016년 SK그룹에 편입된 전자산업 소재업체로, 반도체, 디스플레이, 2차전지 제조 공정에 사용하는 특수가스(NF3, WF6, SiH4 등)를 생산 및 판매.
- 2021년부터 시작된 삼성전자의 반도체 신규 증설 라인들이 가동되기 시작하면서 대표적인 특수가스인 NF3의 실적이 크게 개선.
- SK하이닉스의 D램 신규 공정 전환이 본격화됨에 따라 주요 종속회사인 SK트리켐의 실적이 큰 폭으로 성장 → 신규 공정에 사용되는 하프늄 소재의 경우 제품 판가와 수익성이 기존 제품 대비 높기 때문에, 수익성 향상에 기여할 전망.
- 주요 종속회사인 SK머티리얼즈리뉴텍의 반도체용 초고순도 액화 탄산의 출하량 급증세가 이어지고 있고, 아울러 SK머티리얼즈퍼포먼스와 SK머티리얼즈JNC 역시 그 동안 기대했던 반도체용 포토레지스트와 OLED용 소재 사업에서 흑자전환.

▶ 종속회사별 매출 비중 추이 및 전망

> 주력 사업인 특수가스의 비중을 낮추고 종속회사별로 사업다각화 진행 중

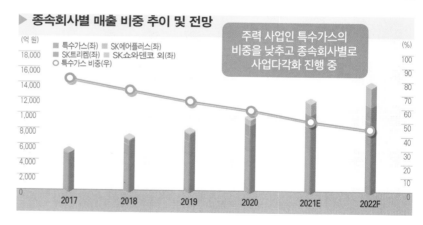

(억 원) ■ 특수가스(좌) ■ SK에어플러스(좌) ■ SK트리켐(좌) ■ SK쇼와덴코 외(좌) ○ 특수가스 비중(우) (%)

2017 / 2018 / 2019 / 2020 / 2021E / 2022F

▶ NF3 수요 공급 추이

> 주력 제품인 NF3의 수요과 공급 비중이 안정세로 진입

(톤) ■ NF3 수요(좌) ■ NF3 공급(좌) ○ 공급률(우) (%)

공급 과잉 / 공급 부족

2011 / 2012 / 2013 / 2014 / 2015 / 2016 / 2017 / 2018 / 2019 / 2020 / 2021E

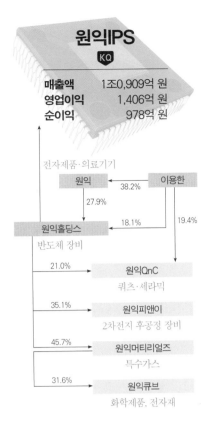

원익IPS
KQ

매출액	1조0,909억 원
영업이익	1,406억 원
순이익	978억 원

전자제품·의료기기

원익 ← 38.2% ← 이용한

27.9% ↓ ← 18.1% ← 19.4%

원익홀딩스
반도체 장비

21.0% → 원익QnC
쿼츠·세라믹

35.1% → 원익피앤이
2차전지 후공정 장비

45.7% → 원익머티리얼즈
특수가스

31.6% → 원익큐브
화학제품, 전자재

▶ 경영 실적 추이 및 전망

(억 원) ■ 매출(좌) ■ 영업이익(좌) ○ 영업이익률(우) (%)

- 2021E: 매출 1조3,245, 영업이익 2,250, 영업이익률 16.99
- 2022F: 매출 1조5,351, 영업이익 2,713, 영업이익률 17.70

▶ 주가 추이 및 전망

(원)
- 52주 최고가: 34,400
- 52주 최저가: 59,300
- 목표주가: 60,000

▶ 투자포인트

- 원익그룹은 7개 기업이 코스닥 시장에 상장되어 있으며, 반도체와 디스플레이용 소부장 사업을 주력으로 영위 → 각 기업이 개별적으로 산업 내 높은 경쟁력을 보유하고 있지만, '원익IPS'가 계열사 중 가장 큰 시가총액 및 매출액 실현.
- 반도체 장비는 크게 전공정과 후공정으로 구분되며, 전공정 장비가 70%의 높은 비중을 차지. 조립, 패키징, 테스트로 진행되는 후공정 장비는 30% 비중 유지.
- 원익IPS가 생산하는 반도체 장비로는 CVD, ALD, Oxide가 있으며, 기술장벽이 높은 전공정 장비 중 플라즈마 화학 증착장비인 PECVD 부문에서 높은 경쟁력 보유 → 국내 상장 반도체 장비업체 중 유일하게 글로벌 반도체 '톱 30' 진입.
- 원익IPS는 선제적으로 비메모리 공정에 사용되는 CVD 장비 상용화를 끝냈고, 고객사에 납품한 레퍼런스를 확보하고 있어, 비메모리 성장의 낙수 효과가 기대됨.

심텍
KQ

매출액	1조2,014억 원
영업이익	897억 원
순이익	565억 원

33.0% → 심텍홀딩스
← 47.8%
7.7% → 전세호
98.5% → 글로벌심텍

▶ 경영 실적 추이 및 전망

(억 원) ■ 매출(좌) ■ 영업이익(좌) ○ 영업이익률(우) (%)

- 2021E: 매출 1조2,014, 영업이익 1,505, 영업이익률 11.16
- 2022F: 매출 1조3,484, 영업이익 2,069, 영업이익률 13.14

▶ ROE 추이 및 전망

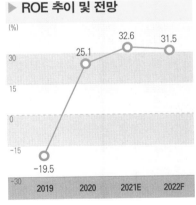

(%)
- 2019: -19.5
- 2020: 25.1
- 2021E: 32.6
- 2022F: 31.5

▶ 주가 추이 및 전망

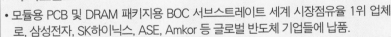

(원)
- 52주 최저가: 19,500
- 52주 최고가: 45,000
- 목표주가: 49,000

▶ 투자포인트

- 모듈용 PCB 및 DRAM 패키지용 BOC 서브스트레이트 세계 시장점유율 1위 업체로, 삼성전자, SK하이닉스, ASE, Amkor 등 글로벌 반도체 기업들에 납품.
- 2022년 메모리가 DDR5로 본격 전환함에 따라 최고 수혜 예상 → 동사의 주력 제품인 패키징 기판은 2022년에도 수급이 가장 타이트한 반도체 부품 가운데 하나로 평가.
- 2021년 기준 총 1만㎡ 규모의 MSAP(미세회로제조)용 생산라인 증설이 마무리되면 2022년부터 연간 패키지기판 매출액이 전년 대비 27% 이상 증가 예상 → 특히 패키지기판 내에서도 MSAP 위주로 매출액이 늘어나 전사 영업이익률이 2021년 11%대에서 2022년 13%대로 상승 전망.
- 동사의 부채비율은 130% 수준으로 재무안정성이 개선되고 있음에도 PER이 7배에 불과해 저평가 매력 주목.

📈 통신주, 5G 호조로 어닝 시즌 돌입! 📉

▶ 통신 3사 5G 가입자 분기별 추이 및 전망

(만 명)

4천만을 넘어 '전 국민 5G 가입자 시대' 돌입 →

4G폰 시대 종언
→ 삼성전자와 애플,
앞으로 5G폰만 만든다!

2Q19 4Q19 2Q20 4Q20 2Q21 4Q21 2Q22F 4Q22F

▶ 통신 3사 무선통신 매출 추이 및 전망

(십억 원)

■ SKT ■ KT ■ LGU

	2015	2016	2017	2018	2019	2020	2021E	2022F	2023F
SKT	4,879	5,048	5,162	5,064	5,263	5,536	5,837	6,107	6,293
KT	6,524	6,658	6,601	6,484	6,443	6,543	6,743	7,095	7,405
LGU	10,918	10,810	10,769	10,000	9,862	9,989	10,359	10,967	11,415

▶ 통신 3사 ARPU 추이 및 전망

(원)

— SKT ···· LGU — KT

LTE 서비스로 인한
ARPU 상승기

5G로 인한
ARPU 상승기 진입

ARPU(가입자당매출액)가
오르면 통신주도 오른다!

1Q12 4Q12 3Q13 2Q14 1Q15 4Q15 3Q16 2Q17 1Q18 4Q18 3Q19 2Q20 1Q21 4Q21F 3Q22F

(원)

■ 2020년 말 ■ 2022년 말(F)

	SKT	KT	LGU
2020년 말	30,269	31,946	30,926
2022년 말(F)	31,498	33,448	32,480

▶ 통신주 상승을 이끄는 강력한 모멘텀 부상

(십억 원)

— 통신 3사(좌) — KOSPI(우)

(P)

5G 확산에 따른
주가 상승세

5G 경쟁 심화에
따른 실적 부진

LTE 주가 상승기

5G 상용화에 대한 기대감

2012.1 2013.1 2014.1 2015.1 2016.1 2017.1 2018.1 2019.1 2020.1 2021.1 2022.1

▶ 통신주 호황 사이클 돌입

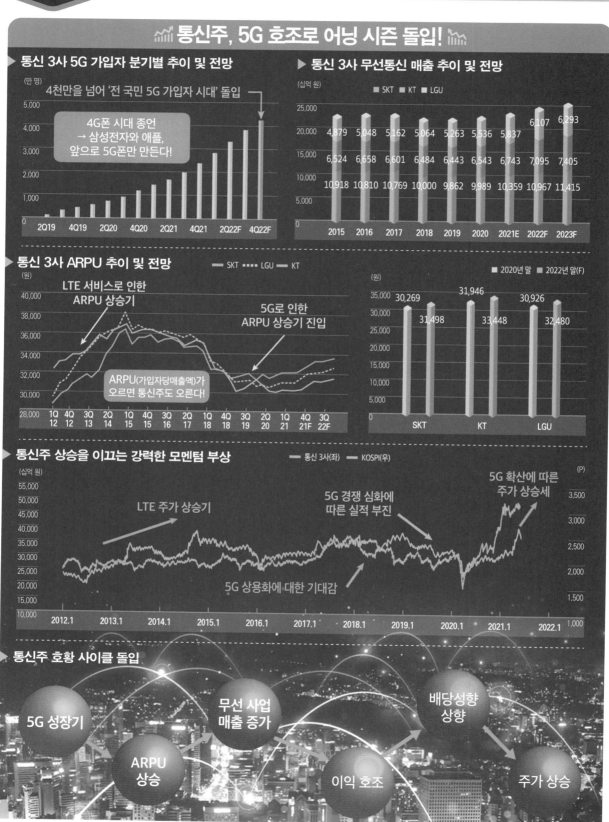

5G 성장기 → ARPU 상승 → 무선 사업 매출 증가 → 이익 호조 → 배당성향 상향 → 주가 상승

통신 3사의 강력한 비용통제 → 이익상승 → 배당매력 UP

▶ 통신 3사 마케팅 비용 추이 및 전망

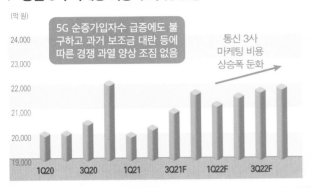

5G 순증가입자수 급증에도 불구하고 과거 보조금 대란 등에 따른 경쟁 과열 양상 조짐 없음

통신 3사 마케팅 비용 상승폭 둔화

▶ 통신 3사 CAPEX 추이 및 전망

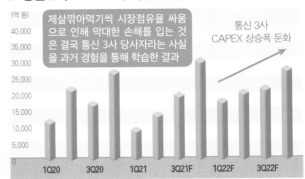

제살깎아먹기식 시장점유율 싸움으로 인해 막대한 손해를 입는 것은 결국 통신 3사 당사자라는 사실을 과거 경험을 통해 학습한 결과

통신 3사 CAPEX 상승폭 둔화

▶ 통신 3사 영업활동 현금흐름 추이 및 전망

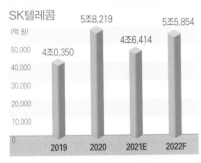

SK텔레콤
(억 원)
4조0,350 / 5조8,219 / 4조6,414 / 5조5,854

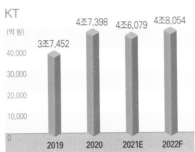

KT
(억 원)
3조7,452 / 4조7,398 / 4조6,079 / 4조8,054

LG유플러스
(억 원)
2조2,526 / 2조5,486 / 2조9,833 / 3조2,473

▶ 통신 3사 당기순이익 추이 및 전망

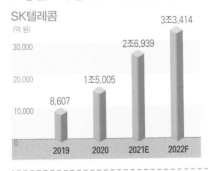

SK텔레콤
(억 원)
8,607 / 1조5,005 / 2조6,939 / 3조3,414

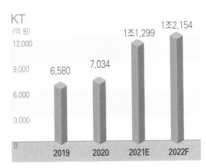

KT
(억 원)
6,580 / 7,034 / 1조1,299 / 1조2,154

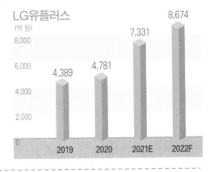

LG유플러스
(억 원)
4,389 / 4,781 / 7,331 / 8,674

▶ 통신 3사 현금DPS 및 배당수익률

■ 2019 ■ 2020 ■ 2021E ■ 2022F ○ 2021년 배당수익률(우)

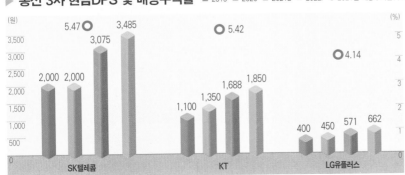

SK텔레콤 2,000 / 2,000 / 3,075 / 3,485 5.47
KT 1,100 / 1,350 / 1,688 / 1,850 5.42
LG유플러스 400 / 450 / 571 / 662 4.14

▶ 통신 3사 배당성향 (2021E 기준)

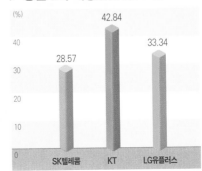

SK텔레콤 28.57
KT 42.84
LG유플러스 33.34

가까운 미래에 통신주가
오를 수밖에 없는 이유

5G 턴어라운드 시즌 드디어 도래

막대한 투자비용으로 지난 수년 동안 통신사의 실적에 적지 않은 부담으로 작용해온 5G가 2021년을 기점으로 드디어 수익모델로 턴어라운드했다. 국내에 5G 보급률이 예상보다 빠르게 올라가면서 통신사들의 무선 사업 매출이 반등하기 시작한 것이다.

5G 서비스가 처음 시작된 2019년 통신 3사 합계 5G 가입자 순증 규모는 월평균 52만 명 안팎이었다. 불과 2020년 하반기까지만 해도 70만 명 수준으로 정체를 보이더니 2021년 들어 170만 명을 웃도는 수준으로 증가했다. 핸드셋 사용자 기준 5G 가입자를 살펴보면, 2019년 말 467만 명(보급률 9.4%)에서 2021년 말 2,132만 명(보급률 41.7%)으로 5배 가까이 급증한 것이다.

5G의 성장은 스마트폰 시장에서 바로 감지된다. 삼성전자는 2021년 6월 이후 더 이상 LTE 신형폰을 출시하지 않고 5G로만 신규 단말기 라인업을 내놓기로 했다. 경쟁사인 애플도 한국 시장에서 5G폰 위주로 단말기 라인업을 꾸릴 가능성이 높게 점쳐진다.

▶ **5G 가입자 시장점유율** (2020년 말 기준, %)

LG유플러스
23.1

SK텔레콤
46.4

KT
30.5

이처럼 스마트폰 제조사들의 5G폰 중심 단말기 라인업 구축은 5G 시장 성장에 결정적인 영향을 가져다줄 전망이다.

통신사의 ARPU가 오르면 통신주도 함께 오른다!

통신 업계에 자주 등장하는 용어 중 ARPU(Average Revenue Per User)란 사용자당 평균 이용요금을 뜻한다. '가입자당매출액' 정도로 이해해도 무방하다. 이동통신사 무선 서비스 매출액을 가입자 수로 나눠 산출하며, 통신서비스 사업 지표로 쓰일 정도로 중요한 투자포인트다. 상대적으로 비싼 요금제 상품(서비스)을 쓰는 고객이 많을수록 ARPU가 높아진다.

5G 도입기에는 LTE 대비 단말기 가격과 요금이 비싼 탓에 통신 3사의 ARPU가 높지 않았다. 하지만 5G 보급률이 50%에 이르는 2023년까지 ARPU의 고공행진이 예상된다. 통신 3사의 평균 ARPU 성장률은 2018년 -7.5%, 2019년 -3.6%, 2020년 -0.6%로 회복세를 보이다가 2021년부터 1.4%로 상승세로 전환하기 시작했다.

통신주 투자에서 ARPU가 유독 중요한 이유는 지난 20년 동안 통신사의 주가와 ARPU 사이에 긴밀한 관계가 포착되었기 때문이다. 즉, ARPU가 상승하면 주가가 오르고 ARPU가 하락하면 주가가 떨어지거나 지지부진한 양상을 보여 온 것이다. 이러한 현상은 국내 통신 3사에 국한하지 않고 미국이나 일본의 통신사 주가에서도 비슷한 흐름을 보였다. 심지어 통신주는 통신사의 영업이익보다도 ARPU에 좀 더 밀접하게 연관되어 있다고 해도 지나치지 않다. 이를테면 영업비용은 통신사 경영진이 어느 정도 관리할 수 있지만, ARPU는 인위적으로 조정하는 게 거의 불가능하기 때문이다.

2022년 통신 3사의 실적 개선이 예상되는 이유

통신 3사의 영업이익은 2020년에 이어 2021년과 2022년에 성장세를 이어갈 것으로 예상된다. 5G가 성장 모드에 진입했고, 통신 3사의 경영진마다 마케팅과 감가상각비 등에 있어서 강력한 비용 통제 정책을 펴고 있기 때문이다. 여기에 꾸준한 ARPU 상승세도 통신 3사의 실적 상승에 중요한 모멘텀 역할을 하고 있다.

통신 3사의 2021년 영업이익은 전년 대비 15% 이상 성장한 4조 원대(SK텔레콤 1.5조 원, KT 1.4조 원, LG유플러스 1.1조)를 기록할 것으로 예상된다. 통신 3사의 영업이익 증가 추세는 5G 보급률 상승으로 무선 사업 매출이 증가세로 돌아선 2020년부터 감지되었다. 2020년 통신 3사의 영업이익 합계는 3.48조 원으로 2019년 대비 18.2% 성장했다. SK텔레콤 1.35조 원(+22.0% yoy), KT 1.18조 원(+2.9% yoy), LG유플러스 0.94조 원(+37.7% yoy)으로, KT를 제외하면 높은 성장세를 기록했다. 당시 KT의 성장 둔화는 코로나19 직격탄으로 BC카드와 KT에스테이트 등 일부 자회사들의 실적 악화가 발목을 잡았기 때문이다. KT의 별도기준 영업이익은 8,782억 원으로 전년 대비 18.8% 성장한 것으로 나타났다.

투자적 관점에서는 2019년 이후 성장세로 접어든 통신 3사의 이동통신 사업을 주의 깊게 살펴볼 필요가 있다. 무선 사업의 세대 변화 주기는 대략 7년에 걸쳐 이뤄진다. 처음 1~2년 동안 네트워크 투자와 가입자 모집을 위한 치열한 경쟁으로 인해 통신사마다 고비를 맞게 된다. 이를 잘 극복하면 대개 3년차부터 실적 회복이 이뤄진다. 그리고 4년차부터 매출과 영업이익 등에서 가시적인 성장이 나타나게 된다. 2021년은 통신 3사마다 5G 서비스 3년차에 진입하는 시기였다. 따라서 2022년부터 무선 사업의 본격적인 성장세를 기대해 볼 만하다.

통신 3사, 당기순이익 급증으로 두둑한 배당금

주식 시장에서 통신주를 주목하는 또 다른 이유는 두둑한 주당배당금에 있다. 통신 3사의 실적 성장에 따라 당기순이익이 증가할 것으로 예상되기 때문이다. SK텔레콤은 당기순이익이 2019년 8,607억 원에서 2020년 1조5,005억 원으로 급증했고, 2021년에는 2조5,000억 원을 넘어설 것으로 예상된다. KT의 경우, 당기순이익이 2020년 7,034억 원에서 2021년 1조 원을 넘길 것으로 예상된다. LG유플러스 역시 당기순이익이 큰 폭으로 오를 것으로 보인다(2020년 4,781억 원에서 2021년 7,330억 원).

2021년 11월에 인적분할을 마무리한 SK텔레콤은 2021년부터 분기배당을 명시화했다. 분할 이후에도 존속법인인 통신회사는 최소한 전년 수준 이상의 배당금을 유지하기로 발표했다. SK텔레콤의 2022년 예상 주당배당금은 3,400원 안팎으로, 존속법인의 배당 정책과 관련해 2023년까지 EBITDA-CAPEX의 40%를 배당 재원으로 설정했음을 눈여겨 볼 필요가 있다. KT는 2022년까지 별도 조정 순이익의 50%를 배당성향 가이던스로 제시했는데, 2020년 말 주당 1,350원을 배당한 바 있다. 2021년에 실적 성장을 감안하건대 주당 1,600원 이상의 배당금 지급이 가능할 것으로 보인다. LG유플러스는 배당성향 30% 이상을 가이던스로 제시했다. 역시 2021년 실적 성장을 감안하건대 주당 500원 이상의 배당이 가능할 것으로 예상된다.

배당성향과 관련해서 통신 3사 중에 특히 주목을 끄는 곳은 LG유플러스다. 증권가에서는 LG유플러스의 배당성향 상향을 예상하고 있다. 지난 10여 년 동안 LG유플러스는 3위 사업자로서 선두 업체인 SK텔레콤 및 KT에 비해 낮은 배당성향을 유지해왔다. 하지만 최근 들어 LG유플러스는 1~2위 업체와 실적차가 크게 좁혀지면서 괄목할만한 성장세를 이어가고 있다. 뿐 만 아니라 과거와 달리 안정적인 현금흐름을 보이고 있는 점을 감안하건대 배당성향을 상향 조정할 가능성이 매우 높게 예상된다.

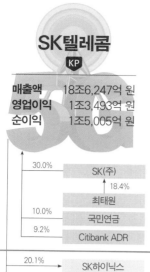

SK텔레콤
KP

매출액	18조6,247억 원
영업이익	1조3,493억 원
순이익	1조5,005억 원

30.0% — SK(주)
← 18.4% 최태원
10.0% — 국민연금
9.2% — Citibank ADR

20.1% → SK하이닉스
74.3% → SK브로드밴드
100% → ADT캡스
100% → SK텔링크
98.1% → 11번가
51.4% → 드림어스컴퍼니
34.6% → 인크로스
66.3% → 티맵모빌리티
59.0% → 원스토어

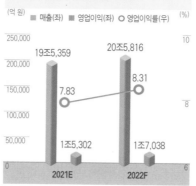

▶ **경영 실적 추이 및 전망**

(억 원) ■ 매출(좌) ■ 영업이익(좌) ○ 영업이익률(우) (%)

- 2021E: 19조5,359 / 1조5,302 / 7.83
- 2022F: 20조5,816 / 1조7,038 / 8.31

▶ **주가 추이 및 전망**

(원)
- 52주 최저가: 40,546
- 52주 최고가: 59,999
- 목표주가: 79,000

▶ **투자포인트**

- SK텔레콤은 2021년 11월 SK스퀘어(신설법인)와 인적분할 단행.
- SK텔레콤은 기존 무선 사업 및 SK브로드밴드/SK텔링크의 유선 사업, SK스토아의 T커머스 사업 담당 → 통신 사업의 안정적인 현금흐름과 높은 배당성향을 기반으로 방어주로서 안정적인 주가 흐름 예상.
- 5G 보급률 오를수록 동사의 실적과 주가 상승 예상.
- SK스퀘어는 투자형지주회사로서, 기업공개(IPO)와 M&A를 통해 기업가치 상승 예상 → SK텔레콤이 성장시켜온 비통신 사업에 주력 → SK하이닉스를 비롯해 SK쉴더스, 11번가, 원스토어, 드림어스컴퍼니, 콘텐츠웨이브, 티맵모빌리티, 인크로스, 나노엔텍 등 보유 자산가치 약 24조 원으로 예상.

▶ **인적분할 이후 SK텔레콤 주요 지배구조**

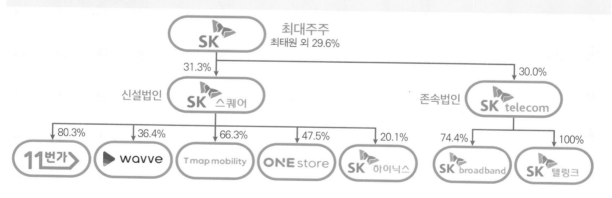

SK — 최대주주 최태원 외 29.6%

31.3% → 신설법인 SK스퀘어 | 30.0% → 존속법인 SK telecom

- SK스퀘어: 80.3% 11번가, 36.4% wavve, 66.3% Tmap mobility, 47.5% ONE store, 20.1% SK하이닉스
- SK telecom: 74.4% SK broadband, 100% SK텔링크

▶ **주요 자회사의 기업공개(IPO) 전망**

SK 브로드밴드	• 2019년에 미래에셋대우 컨소시엄으로부터 4,000억 원 유치, 5년 이내 IPO 조건. • 합병 당시 SK브로드밴드 3.8조 원, 티브로드 1.3조 원으로 약 5조 원 기업가치 평가.	ADT캡스	• 2018년 인수 당시 블루시큐리티 인베스트먼트 5,740억 원 유치, 5년 이내 IPO 조건. • 기업가치 약 3조 원(부채 1.3조 원 포함)에 인수, 2022년 기업가치 4.2조 원 목표.
11번가	• 2018년에 나인홀딩스로부터 5,000억 원 투자 유치, 5년 이내 IPO 조건. • 기업가치 2.75조 원 평가, 2020년에 아마존과 사업 협력 추진 및 11번가 지분 참여 약정.	원스토어	• 2019년에 SKS-키움 파이오니어 PEF로부터 975억 원 투자 유치, 5년 이내 IPO 조건. • 2021년에 MS와 Deutsche Telekom으로부터 168억 원 투자 유치, 기업가치 5,000억 원 평가.
콘텐츠 웨이브	• 2019년에 SKS-미래에셋콘텐츠유한회사로부터 2,000억 원 투자 유치, 5년 이내 IPO 조건. • 콘텐츠웨이브(Pooq+옥수수) 설립 후 2019년 9월에 OTT 웨이브 론칭, 기업가치 1.2조 원 평가.	티맵 모빌리티	• 2020년에 모빌리티 사업부문을 분할해 '티맵모빌리티' 신설, 5년 이내 IPO 조건. • 우버와 사업 협력 체결, 출범 단계에서 기업가치 1조 원 평가.

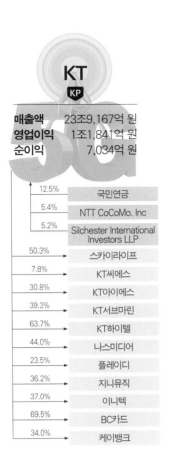

매출액 23조9,167억 원
영업이익 1조1,841억 원
순이익 7,034억 원

12.5%	국민연금
5.4%	NTT CoCoMo. Inc
5.2%	Silchester International Investors LLP
50.3%	스카이라이프
7.8%	KT씨에스
30.8%	KT아이에스
39.3%	KT서브마린
63.7%	KT하이텔
44.0%	나스미디어
23.5%	플레이디
36.2%	지니뮤직
37.0%	이니텍
69.5%	BC카드
34.0%	케이뱅크

▶ 경영 실적 추이 및 전망

(억 원) ■ 매출(좌) ■ 영업이익(좌) ○ 영업이익률(우) (%)

2021E: 매출 24조6,064, 영업이익 1조5,083, 영업이익률 6.12
2022F: 매출 24조9,809, 영업이익 1조5,986, 영업이익률 6.40

▶ 주가 추이 및 전망

(원)

52주 최저가 23,550
52주 최고가 35,200
목표주가 42,000

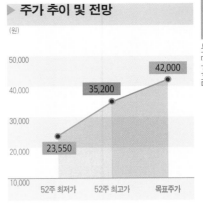

▶ 투자포인트

- 2022년 실적 전망 낙관적, DPS 증가에 따른 계단식 주가 상승 전망.
- 2021년 통신 3사 중 가장 높은 무선 ARPU 상승 예상.
- 케이뱅크 2023년 IPO 추진 → 2021년 2분기 첫 분기 흑자 전환.
- 디지털 전환 수요 증가, 트래픽 확대, IDC, 클라우드 매출 증가 및 AI 컨택트 센터 등 신사업에서 주가 상승 모멘텀 풍부.
- BC카드의 경우, 신용카드 매입액이 52조 원에서 55조 원으로 늘어나면서 매출 증가 기대.
- 콘텐츠 사업은 스튜디오지니를 중심으로 한 오리지널 콘텐츠 투자로 사업 경쟁력 상승.
- 실질자산가치 대비 저평가 매력, 통신 사업부문 영업이익 본격 증가세 돌입 → 기대배당수익률 상승 예상.

▶ KT 별도 매출 추이 및 전망

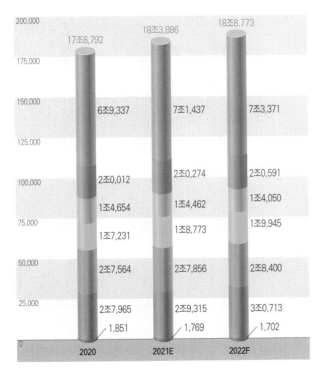

▶ KT 그룹사 종속회사별 매출 추이 및 전망

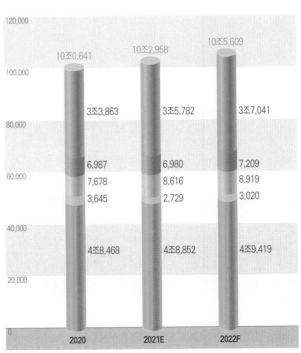

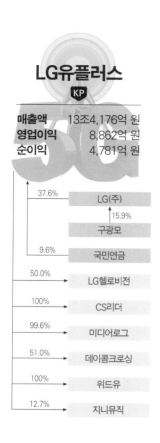

LG유플러스
KP

매출액	13조4,176억 원
영업이익	8,862억 원
순이익	4,781억 원

- LG(주) 37.6%
  - 구광모 15.9%
- 국민연금 9.6%
- LG헬로비전 50.0%
- CS리더 100%
- 미디어로그 99.6%
- 데이콤크로싱 51.0%
- 위드유 100%
- 지니뮤직 12.7%

▶ 경영 실적 추이 및 전망

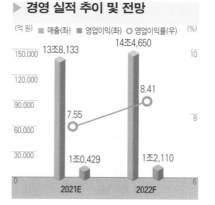

(억 원) ■ 매출(좌) ■ 영업이익(좌) ○ 영업이익률(우) (%)

- 2021E: 매출 13조8,133, 영업이익 1조0,429, 영업이익률 7.55
- 2022F: 매출 14조4,650, 영업이익 1조2,110, 영업이익률 8.41

▶ 주가 추이 및 전망

(원)

- 52주 최저가: 11,500
- 52주 최고가: 16,200
- 목표주가: 21,000

▶ 투자포인트

- 통신 3사 중 무선 사업 비중이 가장 높아 5G 성장 수혜를 가장 크게 볼 수 있는 기업 → 매출 비중은 무선 43.5%, 스마트홈 15.5%, 기업인프라 10.7%.
- LG헬로비전 인수를 통한 유료방송 시장에서의 경쟁력 확보.
- 유·무선 및 기업인프라 매출 성장, 마케팅비와 감가상각비의 완만한 증가에 힘입어 영업이익이 창사 이래 최초로 연간 1조 원 돌파 예상 → 이익 개선은 자연스럽게 배당 상향으로 이어질 전망.
- 2014년 이후 30% 수준의 최소 배당 정책을 유지하고 있으며, 최근 3년 동안 순이익의 40%를 배당 실시.
- 주가상승률은 23%로 경쟁사 대비 낮은 수준인 데 비해, 2020년 영업이익 증가율이 29.1%로 경쟁사 대비 월등하게 높은 점 주목.

▶ LG유플러스의 주가 상승을 이끄는 4대 핵심 지표

무선 가입자수 추이 및 전망 ( )안은 전년 대비 증가수

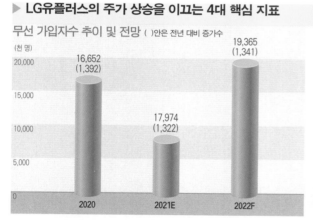

(천 명)
- 2020: 16,652 (1,392)
- 2021E: 17,974 (1,322)
- 2022F: 19,365 (1,341)

5G 가입자수 추이 및 전망

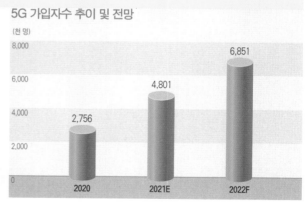

(천 명)
- 2020: 2,756
- 2021E: 4,801
- 2022F: 6,851

IPTV 가입자수 추이 및 전망

(천 명)
- 2020: 4,944
- 2021E: 5,384
- 2022F: 5,623

초고속인터넷 가입자수 추이 및 전망

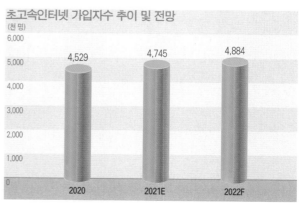

(천 명)
- 2020: 4,529
- 2021E: 4,745
- 2022F: 4,884

삼성전자
KP
- 네트워크 사업부문 매출 -

2020년 3.6조 원(-27.0% yoy)
2021년 4.8조 원(+32.8% yoy)
(E)

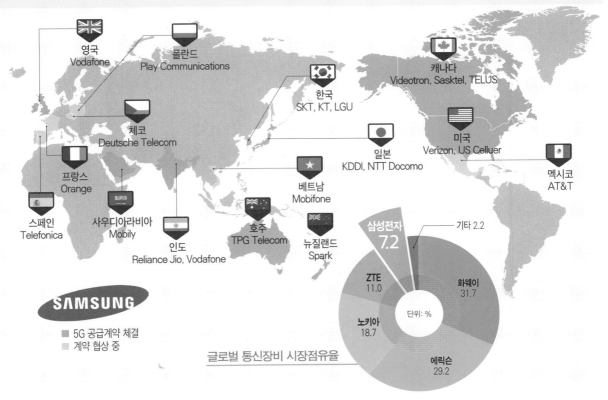

▶ **삼성전자 네트워크 사업부문 매출 추이 및 전망**

(조 원)

- 2016: 2.6
- 2017: 3.1
- 2018: 4.2
- 2019: 4.9
- 2020: 3.6
- 2021E: 4.8
- 2022F: 5.8

▶ **통신장비별 삼성전자 공급체인 업체**

통신장비	공급체인 업체
4G 안테나	케이엠더블유, 에이스테크
필터	케이엠더블유, 에이스테크
5G AFU (안테나 + 필터)	기가레인, 에이스테크, 알에프텍, 케이엠더블유
커넥터 케이블	기가레인
트랜지스터	RFHIC, RF머트리얼즈
광트랜시버	오이솔루션, 라이트론
케이스	서진시스템

▶ **투자포인트**

- 삼성전자는 국내 통신 3사를 비롯해 전 세계에 걸쳐 통신장비 공급처 확보 → 2020년 4분기 기준 동사의 글로벌 5G 통신장비 시장점유율은 7.1%로 세계 5위 차지.
- 2021년 3월경 일본 최대 이동통신사업자 NTT도코모 및 2위 사업자 KDDI와 5G 통신장비 공급 계약 체결 → NTT도코모는 2020년 말 기준 약 8,200만 명 가입자 보유.
- 2022년 동사의 가장 중요한 통신장비 수주처는 미국 버라이즌이 꼽힘.
- 2022년에 동사의 5G 장비 글로벌 시장점유율이 큰 폭으로 상승할 것으로 전망됨에 따라 동사의 통신장비 공급업체 수혜 예상 → 5G 장비 내 국내 부품 조달이 약 40~60%를 차지함.

▶ **삼성전자 5G 장비 공급 지역 및 계약 체결 업체**

영국 Vodafone
폴란드 Play Communications
캐나다 Videotron, Sasktel, TELUS
한국 SKT, KT, LGU
체코 Deutsche Telecom
일본 KDDI, NTT Docomo
미국 Verizon, US Celluer
프랑스 Orange
멕시코 AT&T
스페인 Telefonica
사우디아라비아 Mobily
인도 Reliance Jio, Vodafone
베트남 Mobifone
호주 TPG Telecom
뉴질랜드 Spark

SAMSUNG
■ 5G 공급계약 체결
■ 계약 협상 중

글로벌 통신장비 시장점유율

- 삼성전자 7.2
- 기타 2.2
- ZTE 11.0
- 노키아 18.7
- 에릭슨 29.2
- 화웨이 31.7

단위: %

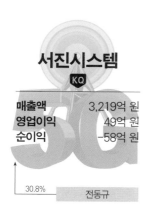

서진시스템 `KQ`

매출액	3,219억 원
영업이익	49억 원
순이익	-58억 원

30.8% 전동규

▶ 경영 실적 추이 및 전망

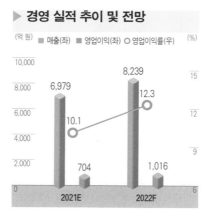

(억 원) ■ 매출(좌) ■ 영업이익(좌) ○ 영업이익률(우) (%)

- 2021E: 6,979 / 704 / 10.1
- 2022F: 8,239 / 1,016 / 12.3

▶ 주가 추이 및 전망

(원)

- 52주 최저가: 31,450
- 52주 최고가: 52,900
- 목표주가: 55,000

▶ 경쟁사 대비 PER 비교 (2021E)

(억 원) ······ 저평가 매력

- 서진시스템: 12.5
- 오이솔루션: 25.0
- 케이엠더블유: 25.6
- 업계 평균: 21.8

▶ 투자포인트

- 친환경과 경량화의 대표 소재인 알루미늄을 주요 원재료로 사용하여 응용제품을 생산하는 사업 영위 → 통신장비, 핸드폰, 반도체장비 등의 함체, 구조물, 전기구동 장치 등을 제조, 판매.
- 5G 시장의 높은 성장세로 통신장비 부품 매출 급증 및 고객 다변화 진행 중.
- 통신장비와 함께 주력 사업으로 꼽히는 에너지저장장치(ESS) 관련 장비 실적 증가세 주목 → 기존 국내 고객사 이외에 북미와 유럽향 수주처 확보.
- 동사의 PER이 국내 통신장비 경쟁사(오이솔루션, 케이엠더블유, 에이스테크 등) 대비 큰 폭으로 할인되어 저평가된 상태.
- 베트남 등 해외에 생산기지를 둔 수출업체로서, 환율이 영업이익에 많은 영향을 끼침 → 서진시스템은 1,000억 원 안팎의 외화순부채를 보유해 환율이 상승하면 손실이, 하락하면 이익이 발생.

▶ 사업부문별 매출 비중 (2021E)

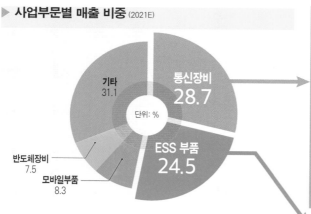

단위: %

- 통신장비: 28.7
- ESS 부품: 24.5
- 기타: 31.1
- 반도체장비: 7.5
- 모바일부품: 8.3

▶ 통신장비 매출 추이 및 전망

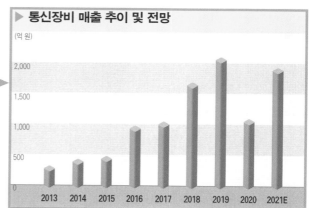

(억 원)

2013 2014 2015 2016 2017 2018 2019 2020 2021E

▶ 사업부문별 주요 제품

사업부문	주요 제품
통신장비	RRH, 소형 중계기 등의 함체 및 기지국 장비
모바일 부품	스마트폰 메탈케이스 가공(Tri, 아노다이징)
ESS 부품	에너지저장장치 케이스 및 구동장치 등
반도체장비	반도체 식각/증착 장비의 구동장치, 구조물 등

▶ ESS 부품 매출 추이 및 전망

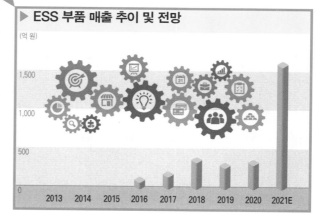

(억 원)

2013 2014 2015 2016 2017 2018 2019 2020 2021E

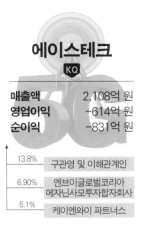

에이스테크
KQ

매출액	2,108억 원
영업이익	-614억 원
순이익	-831억 원

13.8%	구관영 및 이해관계인
6.90%	엔브이글로벌코리아 메자닌사모투자합자회사
5.1%	케이엔와이 파트너스

▶ 제품별 매출 비중

기타 31.1
시스템장비 6.6
단위: %
RF필터 43.2
기지국안테나 39.6

▶ 경영 실적 추이 및 전망

(억 원) ■매출(좌) ■영업이익(좌) ○영업이익률(우) (%)

- 2021E: 3,839 / 3.5 / 134
- 2022F: 5,914 / 10.4 / 616

▶ 주가 추이 및 전망

(원)
- 52주 최저가: 12,350
- 52주 최고가: 29,600
- 목표주가: 23,000

▶ 투자포인트

- RF필터를 주력 사업으로 하며, 삼성전자 네트워크 사업부를 통해 미국 버라이즌에 제품 공급. 아울러 에릭슨을 통해 중국 통신 3사를 비롯해, Singtel, Vodafone, DT 등 글로벌 통신장비 회사에 핵심 부품 공급.
- 삼성전자와 에릭슨이 글로벌 통시장비 시장에서 점유율을 높여감에 따라 낙수효과 기대.
- 또 다른 주력 사업인 기지국 안테나의 경우에도 삼성전자와 에릭슨을 통해 미국 버라이즌과 인도 지오(릴라이언스 자회사) 등에 제품 공급.
- 최근 지난 3년 동안 연간 50억 원대의 낮은 매출을 기록했던 시스템 장비의 생산 재개 예상 → 신규 수주처 확보로 2021년 300억 원에서 2022년 1,000억 원까지 매출 성장 전망.

오이솔루션
KQ

매출액	1,032억 원
영업이익	73억 원
순이익	124억 원

19.7%	박찬
7.7%	박용관

▶ 글로벌 광트랜시버 시장 전망

(백만 달러)

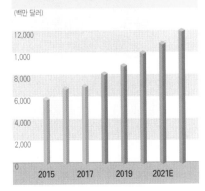

2015 2017 2019 2021E

▶ 경영 실적 추이 및 전망

(억 원) ■매출(좌) ■영업이익(좌) ○영업이익률(우) (%)

- 2021E: 1,246 / 11.36 / 142
- 2022F: 1,607 / 18.7 / 301

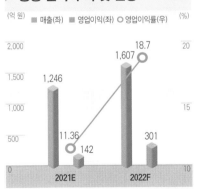

▶ 주가 추이 및 전망

(원)
- 52주 최고가: 59,200
- 52주 최저가: 29,000
- 목표주가: 48,000

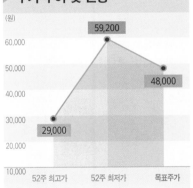

▶ 투자포인트

- 동사의 주력 제품인 광트랜시버(transceiver)는 대용량 라우터 및 스위치 등의 광통신 장치에서 전기신호를 광신호로 바꿔 광섬유를 매체로 송신하며, 반대로 송신된 광신호를 수신하여 다시 전기신호로 바꿔주는 통신장비.
- 동사는 광트랜시버 국내 시장점유율 60% 내외 영위.
- 삼성전자의 네트워크 장비 사업부의 핵심 벤더로, 5G 장비 추가 수주 등의 발표가 이어지면서 2022년 실적과 주가에 청신호.
- 또 다른 주력 제품인 LD(Laser Diode) 부품이 2022년부터 중국으로 수출이 예정됨 → LD 부품은 광트랜시버의 핵심 소재로, 제조원가의 30~40%를 차지하므로 향후 광트랜시버 내재화를 통한 수익성 개선 기대.

03 스마트폰, 소재·장비·부품

삼성 vs 애플 vs 샤오미, 스마트폰 세계대전의 승자는?

▶ 글로벌 메이커 스마트폰 출하량 추이

(백만 대)

중국 시장에서 화웨이와 LG전자의
사업 중단에 따른 반사이익

■ 2020.2Q ■ 2021.2Q

- 삼성전자: 54 → 59 (+9)
- 샤오미: 29 → 53 (+87)
- 애플: 38 → 44 (+28)
- 오포: 24 → 33 (+37)
- 비보: 24 → 32 (+34)

▶ 스마트폰 글로벌 시장점유율 추이

(%)

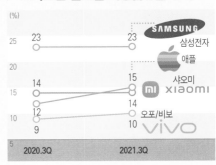

SAMSUNG 삼성전자
애플
샤오미 Xiaomi
오포/비보 vivo

- 삼성전자: 23 → 23
- 애플: 14 → 15
- 샤오미: 12 → 14
- 오포/비보: 9 → 10

2020.3Q / 2021.3Q

▶ 스마트폰 글로벌 실적 비중 (단위: %)

매출
- 기타 28
- 샤오미 12
- 삼성전자 15
- 애플 40

+25

영업이익
- 기타 12
- 삼성전자 13
- 애플 75

+62

▶ 애플 아이폰 가격대 비중 (단위: %)

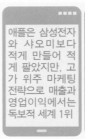

애플은 삼성전자와 샤오미보다 적게 만들어 적게 팔았지만, 고가 위주 마케팅 전략으로 매출과 영업이익에서는 독보적 세계 1위

- middle-end 28
- high-end 78
- low-end (저가폰 비중) ZERO

아이폰12

출시 1개월 만에 1억 대 판매

스마트폰 전쟁 2라운드는 '폴더블' : 게임체인저가 될 수 있을까?

▶ 메이커별 폴더블폰 출하량 추이 및 전망

(백만 대) ■ 삼성전자(좌) ■ 중화권(좌) ■ 애플(좌) ― 합계(우) (백만 대)

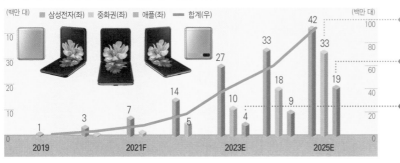

중화권 메이커들의 저가 폴더블폰 공세는 삼성전자 폴더블폰 사업이 풀어야 할 숙제!

애플의 뒤늦은 시장 진입으로 삼성전자와의 격차 쉽게 좁혀지지 않을 듯!

애플, 2023년부터 폴더블폰 시장 진입

2019 / 2021F / 2023E / 2025E

▶ 폴더블폰의 글로벌 스마트폰 시장침투율

(백만 대) (%)

2025년이면 전 세계 스마트폰 시장의 6%가 폴더블폰! 삼성전자의 주가 상승 모멘텀은 될 수 있지만, 시장의 게임체인저가 되기에 부족한 시장침투율!

- 2019: 1
- 3
- 2021E: 8
- 18
- 2023F: 42
- 61
- 2025F: 93

▶ KH바텍 매출 추이 및 전망

폴더블폰 소부장 최선호주

힌지 : KH바텍 핵심 기술 보유

(억 원)

- 2020: 1,850
- 2021E: 3,236
- 2022F: 4,787
- 2023F: 5,820

📈 카메라모듈 : 스마트폰 진화를 이끄는 킬러 부품 📈

▶ 카메라모듈 전방산업별 시장 규모 추이 및 전망 ( )안은 비중(%)

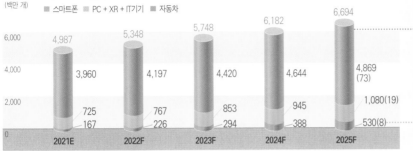

(백만 개)
■ 스마트폰 ■ PC + XR + IT기기 ■ 자동차

	2021E	2022F	2023F	2024F	2025F
합계	4,987	5,348	5,748	6,182	6,694
스마트폰	3,960	4,197	4,420	4,644	4,869 (73)
PC+XR+IT기기	725	767	853	945	1,080 (19)
자동차	167	226	294	388	530 (8)

▶ 스마트폰 부품 제조단가 비중

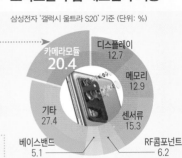

삼성전자 '갤럭시 울트라 S20' 기준 (단위: %)

- 카메라모듈 20.4
- 디스플레이 12.7
- 메모리 12.9
- 센서류 15.3
- RF콤포넌트 6.2
- 베이스밴드 5.1
- 기타 27.4

▶ 엠씨넥스 매출 추이 및 전망

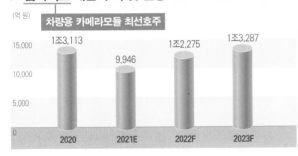

(억 원)
차량용 카메라모듈 최선호주

2020	2021E	2022F	2023F
1조3,113	9,946	1조2,275	1조3,287

현대자동차 '제네시스 시리즈'에 탑재되는 엠씨넥스의 카메라모듈 'D190'

▶ 자동차 1대당 탑재되는 카메라모듈수

차량용 카메라모듈	30(배)
[평균판매단가]	×
스마트폰용 카메라모듈	1

📈 스마트폰의 One Source Multi-Use 가치 재발견 📈

▶ 글로벌 스마트폰 시장 규모 추이 및 전망

(백만 대)
■ 출하량(좌) ━ 연간 증감률(우) (%)

스마트폰 성숙기
양적 성장 더 이상은 어렵다!

2011 2013 2015 2017 2019 2021E 2023F 2025F

→ **퍼플오션 시장 전략**

▼

스마트폰 OSMU 사업화

▼

지능형 사물인터넷(AIoT) 플랫폼으로 이노베이션

스마트카	스마트시티
자율주행차	지능형 교통망

스마트파이낸싱	스마트오피스
핀테크	디지털 전환

스마트케어	스마트디바이스
원격의료	웨어러블

▶ 샤오미 스마트폰의 AIoT플랫폼에 연결가능한 디지털기기

(백만 개)

2019	2020	2021E	2022F	2023F
171	360	450	600	800

AIoT

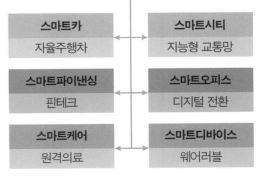

스마트폰과 지능형 사물인터넷 시스템을 접목하는 사업으로 혁신성장에 나선 레이쥔 샤오미 CEO

퍼플오션을 유영하는
스마트폰 회사들

성숙기 혹은 퇴화기?

2021년 글로벌 스마트폰 시장은 출하량 기준 13.8억 대로 전년 대비 7% 성장할 것으로 추산된다. 성숙기에 놓인 스마트폰 시장으로서는 조금 이례적인 일이다. 전 세계 스마트폰 시장은 지난 5년 동안 역성장 혹은 현상 유지 정도에 그쳤기 때문이다. 업계에서는 2020년 코로나19 충격으로 하락 폭이 컸던 것에 대한 기저효과로 해석하고 있다.

스마트폰 출하량은 2022년에 14억 대 안팎으로 또다시 성장 정체에 들어갈 전망이다. 무선통신 인프라가 갖춰진 지역에는 거의 대부분 스마트폰이 보급되었고, 기기 교체 주기도 갈수록 길어짐에 따라 게임 체인저라 할 만한 기술 개발이 이뤄지지 않는 이상 시장 정체기는 계속 이어질 것으로 보인다.

스마트폰 시장의 컬러는 '퍼플'

오랜 기간 성숙기에 있는 스마트폰 시장을 가리켜 업계 전문가들은 '퍼플오션'이라고 진단한다. 과거에 없었던 완전히 새로운 아이템과 분야를 개척하는 시장이 블루오션(blue ocean)이라면, 퍼플오션(purple ocean)은 기존 시장에서 발상의 전환을 통해 조금 다른 전략으로 상품과 서비스를 창출하는 시장을 가리킨다. 퍼플오션은 블루오션과 레드오션(red ocean)의 중간 지점에 존재하는 데, 색채학에서 블루와 레드를 섞으면 퍼플이 나오는 원리에서 비롯한 개념이다.

2009년경 애플이 '아이폰'을 출시하면서 스마트폰은 잠깐이나마 블루오션을 유영했다. 삼성전자를 비롯한 핸드셋 기업들이 스마트폰 출시 경쟁에 돌입하면서 시장은 순식간에 레드오션으로 물들었다. 시장 원리의 속성상 레드오션에 빠진 기업은 경쟁에서 이겼더라도 얻는 것보다 잃는 것이 훨씬 많다. 적지 않은 기업들이 레드오션에서 사업을 접거나 파산하는 이유다. 십여 년 전 노키아가, 그리고 최근에 LG전자와 화웨이가 스마트폰 사업을 접어야 했다.

결국 스마트폰 기업들은 생존하기 위해서 시장 환경을 레드오션에서 퍼플오션으로 바꾸지 않으면 안 되는 상황에 놓였다. 퍼플오션의 산물이 바로 '폴더블폰'과 '쿼드카메라', 그리고 'OSMU 전략'이다.

폴더블폰으로 퍼플오션에 다이빙한 삼성전자

폴더블폰 이야기부터 해보자. 폴더블폰 시장 개척자는 삼성전자다. 삼성전자는 스마트폰 기기 자체의 크기는 그대로 두면서 화면은 커지길 원하는 소비자의 니즈에 맞춰 접이식 스마트폰인 폴더블폰 시장에 뛰어들었다. 이제 삼성전자는 기술 개발 단계에서 적지 않은 시행착오를 감내한 덕분에 폴더블폰 시장 성장에 가장 큰 수혜를 입게 될 것이다. 애플은 2023년에야 폴더블폰을 출시할 계획이고, 샤오미와 오포, 비보 등 중화권 기업들은 저가 공세로 선두자리를 넘보고 있지만, 제품의 질에서 삼성전자를 뛰어넘기는 쉽지 않아 보인다.

그런데 폴더블폰이 게임체인저가 될 수 있을지에 대해서는 회의적이다. 폴더블폰은 애플까지 시장 진입을 끝마친 2023년에도 기존 스마트폰 시장침투율이 3% 정도에 그칠 전망이다. 2년 후인 2025년에도 6%대에 머물 것으로 보인다. 삼성전자로서는 폴더블폰을 게임체인저로 만들기 위해 더 많은 돈을 써야 할지 고민이 크다. 결국 폴더블폰 시장에 늦게 뛰어든 애플의 선택이 옳았는지도 모르겠다.

폴더블폰의 시장 성장에 한계가 보인다 하더라도

앞으로 2~3년 동안 알토란 수혜를 누릴 기업은 따로 있다. 폴더블폰의 접이식 기술에 쓰이는 힌지(hinge) 제조에 독보적인 KH바텍이라는 소부장 회사다. 2018년까지 영업적자에 시달렸던 이 회사는 2019년 흑자전환하더니, 2020년 2,000억 원 남짓한 매출이 2023년 6,000억 원에 이를 전망이다. 3년 사이에 매출액이 3배가 증가하는 것인데, 바로 힌지 덕분이다.

스마트폰 제조사가 카메라에 집착하는 이유

스마트폰에 부착된 카메라 역시 퍼플오션의 산물이다. 삼성전자건 애플이건 언제부터인가 스마트폰 신상품 광고에서 가장 강조하는 기능은 카메라가 되었다. 소비자에게 가장 눈에 띄게 어필할 수 있는 기술 진화로 카메라만한 게 없음을 삼성전자와 애플은 일찌감치 깨달았다. 스마트폰 1대당 많아야 2개 남짓했던 카메라 렌즈 수가 3개(트리플)에서 어느새 4개(쿼드)로 늘어난 것도 그 때문이다. 스마트폰에 장착되는 카메라 렌즈 수가 증가할수록 카메라모듈 시장의 성장세도 가파르다.

그런데 증권가에서 카메라모듈 시장을 주목하는 이유는 단지 스마트폰 때문만은 아니다. 자율주행 기술이 진화할수록 자동차에 탑재되는 카메라 수가 많게는 자동차 1대당 7개까지 증가하게 된다. 중요한 것은 차량용 카메라모듈 가격은 스마트폰용에 비해 무려 30배를 넘는다. 전체 카메라모듈 시장 규모에서 차량용 카메라모듈이 차지하는 비중은 2021년 기준 3%도 채 되지 않지만 성장 속도만큼은 최고다. 이미 성숙기에 접어든 스마트폰에 비해 자율주행차의 성장은 무한하다고 해도 지나치지 않다.

카메라모듈 대장주는 삼성전기와 LG이노텍이다. 삼성전기가 삼성전자라는 든든한 수주처를 두고 있는 반면, LG이노텍은 모회사 LG전자가 핸드셋 사업을 중단했다. 다행히 LG이노텍은 애플로의 카메라모듈 수주가 안정적으로 이어지면서 삼성전기와의 치열한 경쟁구도는 앞으로도 계속될 전망이다. 삼성전기, LG

이노텍과 함께 주목해야 할 카메라모듈 유망주 가운데 엠씨넥스와 파트론도 돋보인다. 특히 엠씨넥스는 현대자동차로부터 전기차를 포함한 30개 차종에 들어가는 카메라모듈을 2조 원 이상 수주 받았다.

애플을 위협하는 샤오미의 퍼플 컬러

2009년에 처음 세상에 나온 아이폰이 게임체인저가 될 수 있었던 건 One Sourse Multi-Use(OSMU)라는 속성 때문이었다. OSMU는 하나의 소재를 서로 다른 분야에 적용하여 부가가치를 창출하는 경영전략으로, 문화 콘텐츠 사업에서 비롯했다. 예를 들어 '해리 포터'라는 출판물을 영화, 게임, 애니메이션, 캐릭터 상품 등 다양한 방식으로 재가공해 부가가치를 극대화하는 방식이다.

스마트폰은 통화와 문자 메시지 전송을 넘어 전방위적인 용도로 시장에 안착했다. 그리고 스마트폰의 OSMU는 4차 산업혁명 시대에서 지능형 사물인터넷과 만나 새로운 비즈니스 모델을 창출하고 있다. 스마트폰이라는 작은 물건이 하나의 플랫폼이 되어 다양한 기기 혹은 시스템을 연결하면서 진화하고 있는 것이다.

스마트폰의 지능형 사물인터넷 사업에 가장 적극적인 회사는 뜻밖에도 중국의 샤오미다. 불과 몇 년 전만 해도 중화권 핸드셋 회사들은 모방을 일삼는 카피캣(copy cat)으로 악명 높았다. 샤오미는 핸드셋 사업을 접은 화웨이의 빈자리를 차지하더니 어느새 애플까지 위협하는 회사로 도약했다(샤오미는 2021년 2분기에 출하량 기준으로 애플을 제치고 세계 2위에 오르기도 했다).

샤오미 스마트폰에 적용된 지능형 사물인터넷 시스템으로 연결 가능한 디바이스 개수는 무려 3억 개가 넘는다. 샤오미가 특히 주목하는 것은 스마트폰과 전기차의 연결이다. 샤오미는 스마트폰으로 전기차의 모든 작동을 완벽하게 컨트롤하는 기술에 이미 100억 달러를 투자했다. 일찌감치 자율주행차 시장에 뛰어들었지만 이렇다 할 성과를 내고 있지 못하는 애플과 대조를 이루는 대목이다.

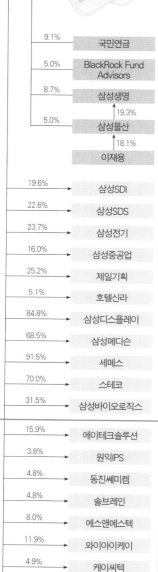

삼성전자
(IM 사업부문)
KP

매출액	99조5,804억 원
영업이익	11조4,705억 원

지분율	회사
9.1%	국민연금
5.0%	BlackRock Fund Advisors
8.7%	삼성생명
5.0%	삼성물산 (19.3%)
	이재용 (18.1%)

지분율	회사
19.6%	삼성SDI
22.6%	삼성SDS
23.7%	삼성전기
16.0%	삼성중공업
25.2%	제일기획
5.1%	호텔신라
84.8%	삼성디스플레이
68.5%	삼성메디슨
91.5%	세메스
70.0%	스테코
31.5%	삼성바이오로직스

지분율	회사
15.9%	에이테크솔루션
3.8%	원익IPS
4.8%	동진쎄미켐
4.8%	솔브레인
8.0%	에스앤에스텍
11.9%	와이아이케이
4.9%	케이씨텍
7.4%	엘오티베큠
4.9%	뉴파워프리즈마
7.0%	에스에프티

지분 투자로 경영 참여한 소부장 상장회사

▶ IM 사업 경영 실적 추이 및 전망

▶ 휴대폰 사업 매출 추이 및 전망

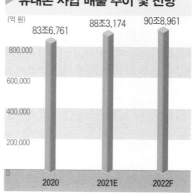

▶ 투자포인트

- 글로벌 폴더블폰 시장 선점으로 동사의 스마트폰 Blended ASP 상승 효과 기대 → 동사 스마트폰 ASP는 2011년부터 줄곧 하락세를 보이다가 2020년에 출시한 갤럭시S 시리즈 평균 출고가 800달러 수준에서 같은 해 출시한 갤럭시Z 플립3은 1,599달러로 급상승.
- 2022년 동사의 폴더블폰 출하량은 1,370만 대로, 전년 대비 110% 증가할 것으로 예상 → 2023년 시장 진입을 예고한 애플의 폴더블폰과 격차 커질 것으로 전망됨.
- 중화권 스마트폰 업체들의 저가 폴더블폰 전략에 대응 중요 → 동사는 폴더블폰 관련 소부장 밸류체인을 경쟁사 대비 견고하게 갖춰놓음으로써 향후 폴더블폰 시장 성장에 따른 가장 큰 수혜를 누릴 것으로 예상.
- 동사의 주가는 스마트폰을 포함한 IM 사업보다는 반도체 업황에 좀 더 많이 좌우됨에 유의.

▶ 스마트폰 출하량 추이 및 전망

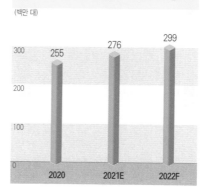

▶ 스마트폰 ASP 추이 및 전망

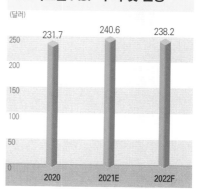

▶ 영업활동 현금흐름 추이 및 전망

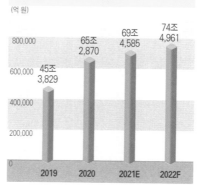

▶ ROE 추이 및 전망

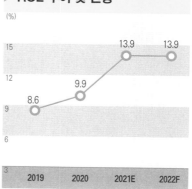

삼성전기

KP

매출액	8조 2,087억 원
영업이익	8,291억 원
순이익	6,238억 원

23.7%	삼성전자	
12.3%	국민연금	
2.2%	삼성중공업	
16.3%	삼성벤처투자	
23.8%	삼성경제연구소	
11.6%	솔루엠	
30.0%	스템코	

삼성전기 카메라모듈

▶ 경영 실적 추이 및 전망

(억 원) ■ 매출(좌) ■ 영업이익(좌) ○ 영업이익률(우) (%)

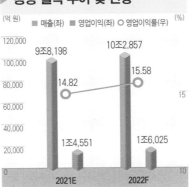

- 9조8,198 (2021E 매출)
- 1조4,551 (2021E 영업이익)
- 14.82 (2021E 영업이익률)
- 10조2,857 (2022F 매출)
- 1조6,025 (2022F 영업이익)
- 15.58 (2022F 영업이익률)

▶ 주가 추이 및 전망

(원)

- 153,000 (52주 최저가)
- 223,000 (52주 최고가)
- 250,000 (목표주가)

▶ 투자포인트

- 차량용/XR 디바이스용 카메라 수요 증가가 동사 모듈 사업부문의 성장 모멘텀으로 작용할 전망 → 카메라모듈 시장은 기존 휴대폰에서 차량 및 XR용으로 패러다임 시프트가 시작됨.
- 동사의 2022년 차량용 카메라모듈 실적은 전년 대비 70% 증가할 것으로 예상됨 → 북미 주력 고객사 위주의 차량용 카메라모듈 비즈니스 전개 중.
- 차량 1대당 탑재되는 카메라모듈 수 증가와 스펙 상향이 동시에 이뤄질 것으로 전망됨에 따라 향후 수년 간 동사의 차량용 카메라모듈 사업부문 실적이 주가 상승 모멘텀으로 작용할 전망.
- 동사의 2022년 휴대폰용 카메라모듈 사업부문 성장률은 4% 수준에 머물 것으로 예상됨 → 스마트폰 시장 성숙기 영향.

▶ 카메라모듈 매출 추이 및 전망

(억 원)

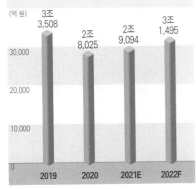

- 3조3,508 (2019)
- 2조8,025 (2020)
- 2조9,094 (2021E)
- 3조1,495 (2022F)

▶ 반도체용 기판 매출 추이 및 전망

(억 원)

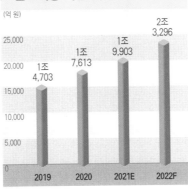

- 1조4,703 (2019)
- 1조7,613 (2020)
- 1조9,903 (2021E)
- 2조3,296 (2022F)

▶ 당기순이익 추이 및 전망

(억 원)

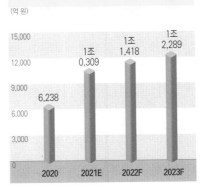

- 6,238 (2020)
- 1조0,309 (2021E)
- 1조1,418 (2022F)
- 1조2,289 (2023F)

▶ 영업활동 현금흐름 추이 및 전망

(억 원)

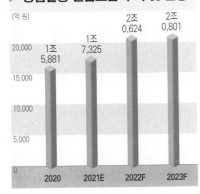

- 1조5,881 (2020)
- 1조7,325 (2021E)
- 2조0,624 (2022F)
- 2조0,801 (2023F)

▶ CAPEX 추이 및 전망

(억 원)

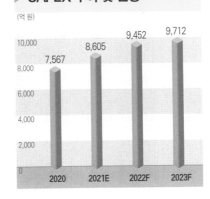

- 7,567 (2020)
- 8,605 (2021E)
- 9,452 (2022F)
- 9,712 (2023F)

▶ ROE 추이 및 전망

(%)

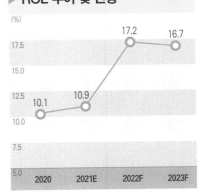

- 10.1 (2020)
- 10.9 (2021E)
- 17.2 (2022F)
- 16.7 (2023F)

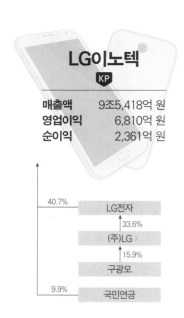

LG이노텍
KP

매출액	9조5,418억 원
영업이익	6,810억 원
순이익	2,361억 원

- LG전자 ← 40.7%
- (주)LG ← 33.6%
- 구광모 ← 15.9%
- 국민연금 ← 9.9%

LG이노텍 카메라모듈

▶ 경영 실적 추이 및 전망

(억 원) ■ 매출(좌) ■ 영업이익(좌) ○ 영업이익률(우) (%)

- 2021E: 매출 12조7,053, 영업이익 1조1,637, 영업이익률 9.16
- 2022F: 매출 12조8,830, 영업이익 1조1,151, 영업이익률 8.66

▶ 주가 추이 및 전망

(원)

- 52주 최저가: 161,000
- 52주 최고가: 340,000
- 목표주가: 380,000

▶ 투자포인트

- 동사의 카메라모듈 글로벌 시장점유율이 기존 10%대에서 20%대 진입.
- 북미 주력 고객사(애플)의 스마트폰용 카메라모듈이 고사양 중심으로 탑재율이 높아짐에 따라 동사 호실적 기대.
- 북미 주력 고객사의 신규 차세대 디바이스 출시에 따른 동사 수혜 집중 예상 → XR 용 카메라모듈 수요 증가 주목.
- 동사의 주력 사업은 크게 광학솔루션, 기판/소재, 전장부품 등으로 구성되는 데, 2022년에 광학솔루션 사업부문에서 북미 고객사의 XR 디바이스 출시로 연간 매출 약 4,000억 원 추가 상승 예상됨.
- 기판/소재 사업부문의 경우, 주요 IT 디바이스의 5G 탑재율이 높아짐에 따라 동사의 고부가가치 기판 제품의 판매가격 인상 효과 기대.

▶ 광학솔루션 매출 추이 및 전망

(억 원)

- 2020: 6조7,788
- 2021E: 8조8,274
- 2022F: 9조3,000

▶ 기판/소재 매출 추이 및 전망

(억 원)

- 2020: 1조2,442
- 2021E: 1조5,467
- 2022F: 1조6,571

▶ 전장부품 매출 추이 및 전망

(억 원)

- 2020: 1조1,873
- 2021E: 1조3,138
- 2022F: 1조5,697

▶ XR 디바이스용 카메라모듈 글로벌 출하량 추이 및 전망

(백만 대)

- 2020: 12
- 2021E: 29
- 2022F: 55
- 2023F: 117
- 2024F: 179
- 2025F: 323

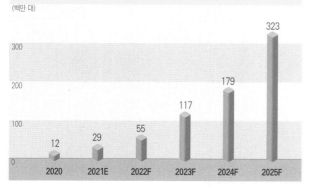

▶ 카메라모듈 글로벌 시장점유율 추이 및 전망

(%)

- 2016: 15
- 2017: 18
- 2018: 17
- 2019: 15
- 2020: 15
- 2021E: 18
- 2022F: 20

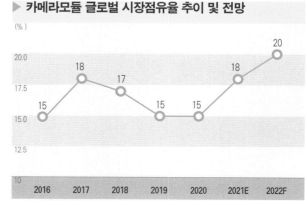

엠씨넥스

KP

매출액	1조3,113억 원
영업이익	592억 원
순이익	384억 원

25.1% ── 민동욱
13.4% ── 베라시스

▶ 경영 실적 추이 및 전망

(억 원) ■ 매출(좌) ■ 영업이익(좌) ○ 영업이익률(우) (%)

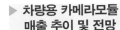

- 9,946 (2021E) 영업이익 197, 영업이익률 1.98
- 1조2,275 (2022F) 영업이익 621, 영업이익률 5.06

▶ 주가 추이 및 전망

(원)

- 52주 최저가: 36,400
- 52주 최고가: 66,500
- 목표주가: 61,000

▶ 사업부문별 매출 비중

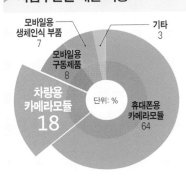

단위: %

- 휴대폰용 카메라모듈 64
- 차량용 카메라모듈 18
- 모바일용 구동제품 8
- 모바일용 생체인식 부품 7
- 기타 3

▶ 투자포인트

- 스마트폰 및 전장용 카메라모듈 제조 전문업체로, 그동안 카메라모듈 시장 수요의 80% 이상이 성숙기에 접어든 스마트폰에서 발생한 이유로 동사를 비롯한 주요 카메라모듈 업체들의 주가가 부진한 흐름을 보임.
- 동사의 경우, 차량용 카메라모듈 매출 비중이 2022년 20%, 2023년 25%로 상승이 예상되면서 주가 상승 모멘텀으로 작용할 전망.
- 동사는 2021년 현대자동차 1차 협력사에 등록되었고, 전기차를 포함한 30개의 차종에 들어가는 카메라모듈을 수주 받음 → 2021년 말 기준 수주 규모 2조 원 예상.
- 차량용 카메라모듈은 스마트폰에 들어가는 카메라모듈보다 가격이 30배 정도 높고, 원자재 비중은 10% 정도 낮기 때문에 차량용 카메라모듈 비중을 높일수록 동사의 실적 증가 예상.

▶ 스마트폰용 카메라모듈 매출 추이 및 전망

(억 원)

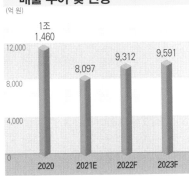

- 2020: 1조1,460
- 2021E: 8,097
- 2022F: 9,312
- 2023F: 9,591

▶ 차량용 카메라모듈 매출 추이 및 전망

(억 원)

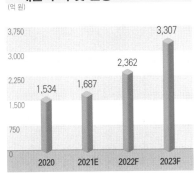

- 2020: 1,534
- 2021E: 1,687
- 2022F: 2,362
- 2023F: 3,307

▶ 당기순이익 추이 및 전망

(%)

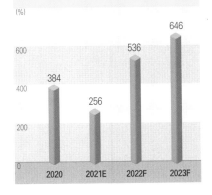

- 2020: 384
- 2021E: 256
- 2022F: 536
- 2023F: 646

▶ 영업활동 현금흐름 추이 및 전망

(억 원)

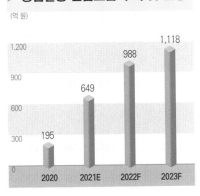

- 2020: 195
- 2021E: 649
- 2022F: 988
- 2023F: 1,118

▶ 부채비율 추이 및 전망

(%)

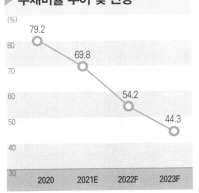

- 2020: 79.2
- 2021E: 69.8
- 2022F: 54.2
- 2023F: 44.3

▶ ROE 추이 및 전망

(%)

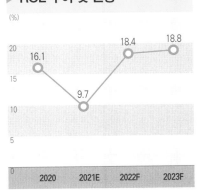

- 2020: 16.1
- 2021E: 9.7
- 2022F: 18.4
- 2023F: 18.8

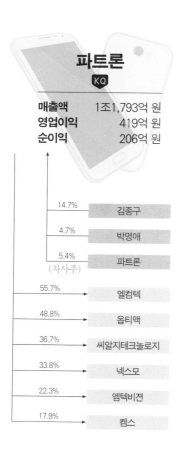

파트론
KQ

매출액	1조1,793억 원
영업이익	419억 원
순이익	206억 원

- 14.7% 김종구
- 4.7% 박명애
- 5.4% 파트론 (자사주)
- 55.7% 엘컴텍
- 48.8% 옵티맥
- 36.7% 씨알지테크놀로지
- 33.8% 넥스모
- 22.3% 엠텍비젼
- 17.9% 켐스

▶ 경영 실적 추이 및 전망

(억 원) ■ 매출(좌) ■ 영업이익(좌) ○ 영업이익률(우) (%)

- 1조2,858 (2021E) / 649 / 5.02
- 1조4,204 (2022F) / 813 / 5.72

▶ 주가 추이 및 전망

(원)

- 8,750 52주 최저가
- 12,800 52주 최고가
- 17,000 목표주가

▶ 투자포인트

- 카메라모듈과 안테나 및 센서모듈 제조업체로, 2003년 삼성전기에서 분사한 영향으로 고객사별 매출 비중이 삼성전자(85%)로 편중.
- 스마트폰 신흥 시장 수요 및 기기 교체율 증가로 중저가 스마트폰 출하량 상승에 따른 카메라모듈 최대 수혜 업체로 평가.
- 국내 카메라모듈 밸류체인 안에서 2021년에 가장 돋보이는 실적 기록 → 2019년과 2020년에 하락한 시장점유율 상당 부분 회복.
- 2021년 크게 부진했던 고객사의 스마트폰 출하량이 2022년에 큰 폭으로 회복이 예상됨에 따라 동사 주가에 기저효과 나타날 것으로 보임.
- 중장기적 관점에서 비모바일 신규 사업 확장 주목 → 전장부품, 라우터/RF모듈. 웨어러블/ODM 등.

▶ 카메라모듈 매출 추이 및 전망

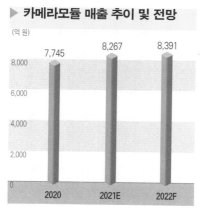

(억 원)

- 7,745 (2020)
- 8,267 (2021E)
- 8,391 (2022F)

▶ 센서모듈 매출 추이 및 전망

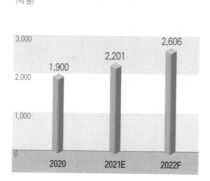

(억 원)

- 1,900 (2020)
- 2,201 (2021E)
- 2,606 (2022F)

▶ 당기순이익 추이 및 전망

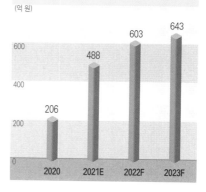

(억 원)

- 206 (2020)
- 488 (2021E)
- 603 (2022F)
- 643 (2023F)

▶ 영업활동 현금흐름 추이 및 전망

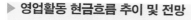
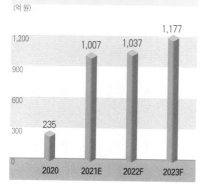

(억 원)

- 235 (2020)
- 1,007 (2021E)
- 1,037 (2022F)
- 1,177 (2023F)

▶ 자본총계 추이 및 전망

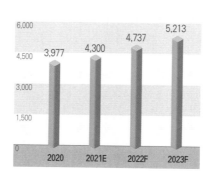

(억 원)

- 3,977 (2020)
- 4,300 (2021E)
- 4,737 (2022F)
- 5,213 (2023F)

▶ ROE 추이 및 전망

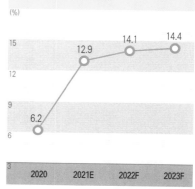

(%)

- 6.2 (2020)
- 12.9 (2021E)
- 14.1 (2022F)
- 14.4 (2023F)

KH바텍
KQ

매출액	1,850억 원
영업이익	35억 원
순이익	-138억 원

- 13.9% 남광희
- 8.9% 김종숙
- 100% KH엘텍
- 78.2% KH리빙텍

▶ 경영 실적 추이 및 전망

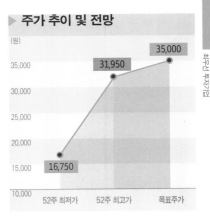

(억 원) ■ 매출(좌) ■ 영업이익(좌) ○ 영업이익률(우) (%)

- 2021E: 매출 3,235 / 영업이익 259 / 영업이익률 8.01
- 2022F: 매출 4,487 / 영업이익 459 / 영업이익률 9.58

▶ 주가 추이 및 전망

(원)

- 52주 최저가: 16,750
- 52주 최고가: 31,950
- 목표주가: 35,000

▶ 사업부문별 매출 비중

단위: %

- 기타 20
- 메탈케이스 36
- FPCB 13
- 조립모듈(힌지) 31

▶ 투자포인트

- 메탈 케이스와 폴더블폰의 필수 부품인 힌지(hinge) 제조 및 판매 업체.
- 전 세계 폴더블폰 시장이 삼성전자를 중심으로 높은 성장세 예상 → 삼성전자의 대표적인 플래그십 모델인 노트 시리즈가 단종되고 그 빈자리를 폴더블폰이 채울 가능성이 높아 동사의 중장기 높은 성장세 예상.
- 2021년에 고객사인 삼성전자의 폴더블폰 출하량이 기존 850만 대 수준에서 1,000만 대로 상승함에 따라 동사의 실적도 크게 상승.
- 동사는 독점적인 힌지 기술 경쟁력을 바탕으로 폴더블폰 시장 성장의 중장기 수혜를 온전히 누릴 수 있어 향후 주가 상승 모멘텀 갖춤.
- 2022년부터 중화권 스마트폰 제조사들이 폴더블폰 시장에 진입함에 따라 힌지 기술에서 독보적인 동사의 중국향 수출 기대.

▶ 힌지 매출 추이 및 전망

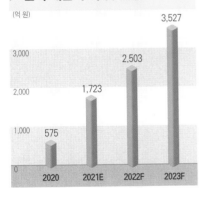

(억 원)

- 2020: 575
- 2021E: 1,723
- 2022F: 2,503
- 2023F: 3,527

▶ 알루미늄 케이스 매출 추이 및 전망

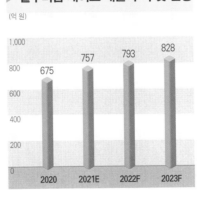

(억 원)

- 2020: 675
- 2021E: 757
- 2022F: 793
- 2023F: 828

▶ 당기순이익 추이 및 전망

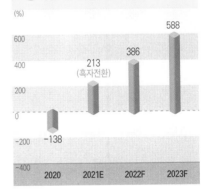

(%)

- 2020: -138
- 2021E: 213 (흑자전환)
- 2022F: 386
- 2023F: 588

▶ 영업활동 현금흐름 추이 및 전망

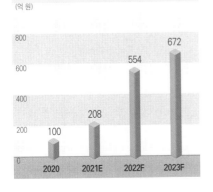

(억 원)

- 2020: 100
- 2021E: 208
- 2022F: 554
- 2023F: 672

▶ 자본총계 추이 및 전망

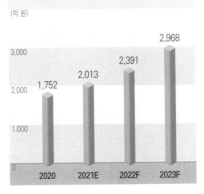

(억 원)

- 2020: 1,752
- 2021E: 2,013
- 2022F: 2,391
- 2023F: 2,968

▶ ROE 추이 및 전망

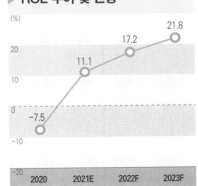

(%)

- 2020: -7.5
- 2021E: 11.1
- 2022F: 17.2
- 2023F: 21.8

📈 디스플레이 시장은 화면 크기로 결정난다 : 여전히 LCD가 대세! 📉

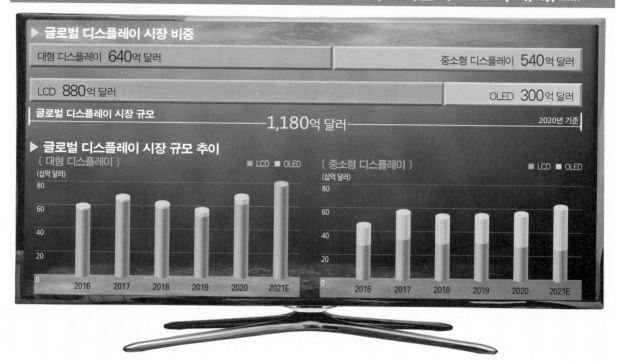

▶ 글로벌 디스플레이 시장 비중

대형 디스플레이 640억 달러	중소형 디스플레이 540억 달러
LCD 880억 달러	OLED 300억 달러

글로벌 디스플레이 시장 규모 — 1,180억 달러 — 2020년 기준

▶ 글로벌 디스플레이 시장 규모 추이

〔 대형 디스플레이 〕 (십억 달러) ■ LCD ■ OLED
2016 2017 2018 2019 2020 2021E

〔 중소형 디스플레이 〕 (십억 달러) ■ LCD ■ OLED
2016 2017 2018 2019 2020 2021E

📈 LCD 업황 안정세 : LG디스플레이 최선호주 📉

▶ LCD-TV 출하량 추이

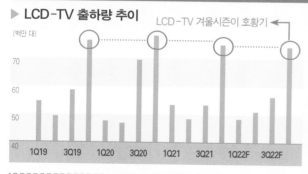

LCD-TV 겨울시즌이 호황기 ◀
(백만 대)
1Q19 3Q19 1Q20 3Q20 1Q21 3Q21 1Q22F 3Q22F

▶ LCD-TV 패널 면적 수급 상황

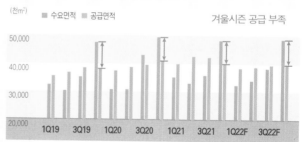

(천m²) ■ 수요면적 ■ 공급면적   겨울시즌 공급 부족
1Q19 3Q19 1Q20 3Q20 1Q21 3Q21 1Q22F 3Q22F

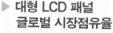

▶ 대형 LCD 패널 글로벌 시장점유율

단위: %
BOE 20
기타 31
LG디스플레이 14
삼성디스플레이 11
Innolux Corp. 13
China Star 13

▶ 대형 LCD 패널 애플리케이션별 비중

노트북 PC 6
기타 4
태블릿 PC 2
PC 모니터 12
TV 76
단위: %

▶ LCD-TV 패널 가격 추이

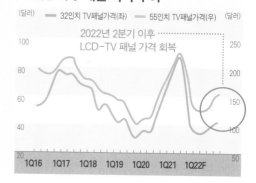

(달러) ━ 32인치 TV패널가격(좌)   ━ 55인치 TV패널가격(우) (달러)
2022년 2분기 이후 LCD-TV 패널 가격 회복
1Q16 1Q17 1Q18 1Q19 1Q20 1Q21 1Q22F

⚯ OLED 성장은 여전히 진행 중 : 디스플레이 종목의 주가 상승 모멘텀 ⚯

▶ 글로벌 OLED 시장 규모 추이

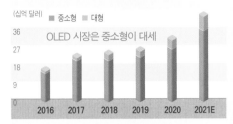

(십억 달러) ■ 중소형 ■ 대형
OLED 시장은 중소형이 대세

▶ 글로벌 OLED 수급 추이

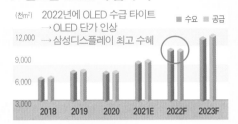

(천m²) 2022년에 OLED 수급 타이트
→ OLED 단가 인상
→ 삼성디스플레이 최고 수혜
■ 수요 ■ 공급

▶ 글로벌 OLED 시장점유율

기타 6
BOE 9
LG디스플레이 12
단위: %
삼성디스플레이 73

▶ 스마트폰용 OLED 출하량 추이

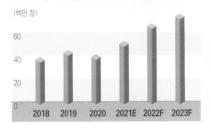

(백만 장)

▶ 태블릿용 OLED 출하량 추이

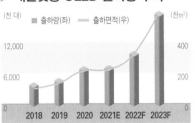

(천 대) ■ 출하량(좌) ― 출하면적(우) (천m²)

▶ OLED 애플리케이션별 시장침투율

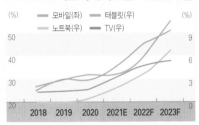

(%) ― 모바일(좌) ― 태블릿(우) ― 노트북(우) ― TV(우) (%)

⚯ 디스플레이 성장 모멘텀 사업 및 소부장 최선호주 ⚯

OLED 소부장

- 삼성디스플레이 및 LG디스플레이, OLED 팹(fab) 가동률 상승.
- BOE를 비롯한 중국 디스플레이 업체, 설비 투자 본격화.

▶ AP시스템 매출 추이 및 전망

(억 원)
4,621 / 5,918 / 5,701 / 6,797 / 7,780
2019 2020 2021E 2022F 2023F

▶ LX세미콘 매출 추이 및 전망

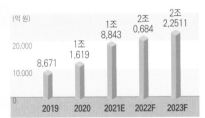

(억 원)
8,671 / 1조1,619 / 1조8,843 / 2조0,684 / 2조2,5011
2019 2020 2021E 2022F 2023F

퀀텀닷

- 나노미터 크기의 초미세 반도체 입자로, 디스플레이의 고순도 색 구현에 탁월.
- 삼성전자, 퀀텀닷 소재를 적용한 Q-LED TV 출시.

▶ 한솔케미칼 매출 추이 및 전망

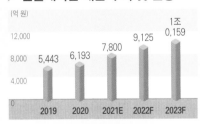

(억 원)
5,443 / 6,193 / 7,800 / 9,125 / 1조0,159
2019 2020 2021E 2022F 2023F

▶ 덕산네오룩스 매출 추이 및 전망

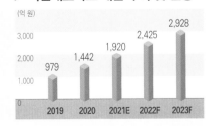

(억 원)
979 / 1,442 / 1,920 / 2,425 / 2,928
2019 2020 2021E 2022F 2023F

미니-LED

- 차세대 디스플레이인 '마이크로-LED' 직전 기술로, 기존 LED를 100-200um 사이즈로 작게 만든 제품.
- 삼성전자 'Neo QLED TV', 애플 '아이패드 프로 12.9인치'에 적용.

▶ 서울반도체 매출 추이 및 전망

(억 원)
1조1,299 / 1조1,531 / 1조3,505 / 1조4,211 / 1조5,120
2019 2020 2021E 2022F 2023F

▶ 레이크머티리얼즈 매출 추이 및 전망

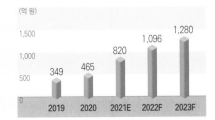

(억 원)
349 / 465 / 820 / 1,096 / 1,280
2019 2020 2021E 2022F 2023F

OLED 투자의 열쇠가
LCD인 이유

예견된 게임체인저

LCD와 OLED 두 패널로 양분되는 전 세계 디스플레이 시장 규모는 1,180억 달러 안팎이다(2020년 기준). TV 화면에 주로 사용되는 대형 디스플레이가 640억 달러, 스마트폰과 노트북, 태블릿PC용으로 쓰이는 중소형 디스플레이가 540억 달러를 차지한다. 디스플레이는 패널의 크기에 따라 시장 규모가 좌우되기 때문에 대형 디스플레이 비중이 조금 더 크다.

LCD와 OLED의 시장 규모는 어떠할까? 최근에 삼성전자나 LG전자가 프로모션하는 TV 광고를 보면 대부분 OLED-TV다. 스마트폰이나 노트북, 태블릿PC 같은 제품에도 주로 OLED 패널을 적용하는 추세다. 누가 봐도 OLED 시장이 월등히 커 보인다. 그런데 1,180억 달러의 글로벌 디스플레이 시장 중에서 OLED는 300억 달러 남짓하다. LCD 시장이 880억 달러로 전체 시장의 70% 이상을 차지한다. 삼성디스플레이와 LG디스플레이를 비롯한 전 세계 디스플레이 기업들이 OLED로의 사업 전환을 서두르고 있지만 아직은 LCD 수요가 압도적이다. 삼성디스플레이가 2021년에 매각하기로 했던 LCD 생산라인을 2022년 말까지 연장 운영 결정을 내린 것도 같은 이유에서다. OLED가 성장 사업인 것은 사실이지만 아직까지는 LCD 사업의 높은 수익성을 포기할 수 없는 것이다.

투자적 관점에서는 LCD보다는 OLED가 주가 상승 모멘텀으로 작용한다. 증시는 현재보다는 미래 투자가치가 높은 사업모델에 반응하기 마련이다. LCD에 비하면 OLED는 분명 성장 아이템이다. 디스플레이의 성능만으로 둘을 비교하면 게임이 되지 않는다. LCD와 OLED의 차이점은 빛을 어떻게 내느냐에 있다. LCD는 백라이트를 액정으로 걸러 컬러 컬러필터를 통해 색을 표현한다. OLED는 자체 발광하는 유기소자를 이용해 색을 표현한다. 전력효율 명암비, 응답속도 등 대부분의 성능에서 OLED가 탁월하다. 다만 OLED는 유기소자를 이용하기 때문에 수명이 상대적으로 짧다. LCD에 비해 OLED 가격이 비싼 이유다. 하지만 OLED의 경제적 효용성이 LCD를 넘어서는 건 시간문제라는 게 업계의 전망이다. 디스플레이 산업에서 OLED는 예견된 게임체인저인 셈이다.

OLED 소부장 종목의 매수 타이밍은 언제?

아무튼 LCD와 OLED는 한동안 밀고 당기는 관계를 이어갈 운명이다. 디스플레이 업황에서 둘은 서로 대체재 관계에 놓여 있기 때문이다. LCD의 가격이 떨어지면 OLED 사업을 주력으로 하는 기업에게는 당연히 불리하다. 가뜩이나 LCD에 비해 고가인 OLED가 부담스러운 TV 세트업체 입장에서는 가격이 더 싸진 LCD를 적용한 제품 생산을 늘릴수록 이익이 증가한다(흥미로운 사실은, LCD-TV에 비해 OLED-TV의 판매가격이 훨씬 비싸지만 소비자 입장에서는 반드시 고가의 OLED-TV를 사야 할 만큼 제품의 질에 대한 차이를 느끼지 못한다).

따라서 TV나 스마트폰, 태블릿PC, 노트북 등 대부분의 애플리케이션마다 OLED의 시장침투율은 올라가겠지만 LCD 가격에 따라 침투 속도가 달라질 수밖에 없다. 디스플레이 업체로서는 LCD 가격이 하락할수록 OLED로의 사업 전환 속도가 느려질 것이다. OLED로의 사업 전환에 적지 않은 투자를 단행해온 삼성디스플레이와 LG디스플레이로서는 LCD 가격이 떨어질수록 미래 성장가치에 제동이 걸리게 된다.

LCD 가격 하락 문제가 좀 더 심각하게 다가오는 것은 OLED 소재·부품·장비(소부장)에 주력하는 중견 업체들이다. LCD 가격이 싸져서 삼성전자나 LG전자와 같은 TV 세트업체들이 LCD-TV 생산 비중을 높일 경우, LG디스플레이와 삼성디스플레이는 OLED 패널 대신 LCD 패널 생산을 늘릴 수밖에 없고, 이는 곧 OLED 소부장 업체들의 실적에 악영향을 미치게 된다. OLED 소부장 종목에 관심이 큰 투자자들이 LCD 가격을 주의 깊게 살펴봐야 하는 이유다.

업계에서는 2021년에 하락 폭이 컸던 LCD 패널 가격이 2022년 2분기 이후부터 반등할 것으로 전망하고 있다. LCD 패널 가격이 오르는 바로 그 시기부터 OLED 시장침투율도 덩달아 상승하게 된다. 따라서 2022년 3분기부터 OLED 소부장 기업들의 실적이 본격적으로 개선될 전망이다. 증권가에서는 그보다 앞서 성장 가능성이 높은 OLED 소부장 종목들에 대한 투자 비중을 높일 것을 권한다.

자율주행차와 메타버스 세계로 진입하는 디스플레이
디스플레이 산업의 투자 가치를 좀 더 멀리 내다본다면 TV나 스마트폰 같은 제품에서 벗어나 차세대 패널들의 시장성을 주목해야 한다. 4차 산업혁명으로 디스플레이의 활용 범위가 매우 넓어지고 있다. 그 가운데 돋보이는 분야는 자율주행차에 적용되는 전장용 디스플레이 및 메타버스와 함께 높은 성장이 기대되는 AR/VR기기다. 최근 차량 내부에 들어가는 디스플레이의 면적이 넓어지면서 전장용 디스플레이 시

장에 대한 관심이 뜨겁다. 요즈음 신차들은 대부분 계기판 등 운전석 주변에 들어가는 디스플레이 크기가 13인치를 웃돈다. 자율주행 기능이 발전할수록 차량에 적용되는 디스플레이 탑재율도 가파르게 올라가는 추세다. 업계에서는 글로벌 기준 차량용 디스플레이 출하량이 2019년에 3,000만 장에 미치지 못하는 수준에서 2021년에 6,000만 장 규모로 2배 이상 증가하는 것으로 추산하고 있다. 향후 사람이 직접 운전하지 않아도 될 만큼 자율주행 기술이 발전할 경우 차량용 디스플레이 활용 폭은 훨씬 더 커질 전망이다. 탑승자는 핸들 대신 터치스크린을 통해 게임을 즐기거나 오피스 업무를 처리하는 게 일상이 될 수도 있다.

메타버스에 대한 기대가 커지면서 AR/VR기기 시장도 높은 성장이 예상된다. 업계에서는 애플의 AR 글라스 출시가 임박했다는 뉴스가 끊이지 않고 있다. 페이스북의 오큘러스VR은 없어서 못 팔만큼 반응이 뜨겁다. 2021년 글로벌 기준 AR/VR기기 판매량은 1,800만 대를 넘어설 것으로 전망되는 데, 이는 지난해에 비해 70% 가까이 늘어난 수치다.

투자적 관점에서 주목해야 할 것은, 디스플레이가 새로운 기기에 적용될 때마다 디스플레이 기업들의 주가가 올랐다는 사실이다. OLED-TV의 판매량은 LCD-TV에 훨씬 미치지 못하지만, OLED-TV 출시만으로 디스플레이 회사와 세트 업체의 주가가 들썩거렸던 사실을 기억해 둘 필요가 있겠다.

'2022 Mercedes-Benz EQS' 모델에 탑재된 OLED.

넓어진 디스플레이 면적

▶ **차량용 OLED 디스플레이 시장 전망**
(단위: 백만 달러)

2018	2019	2020	2021E	2022F
4	210	1,617	2,876	5,023

차량용 디스플레이 평균 크기 전망 (단위: 인치)

2018	2019	2020	2021E	2022F
6.7	7.0	7.4	7.9	8.3

LCD, OLED 포함

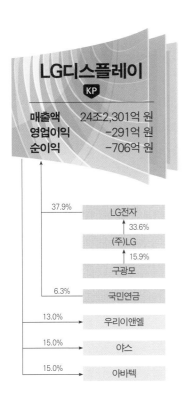

LG디스플레이
KP

매출액	24조2,301억 원
영업이익	-291억 원
순이익	-706억 원

- LG전자 ← 37.9%
- (주)LG ← 33.6%
- 구광모 ← 15.9%
- 국민연금 ← 6.3%
- 우리이앤엘 → 13.0%
- 야스 → 15.0%
- 아바텍 → 15.0%

▶ 경영 실적 추이 및 전망

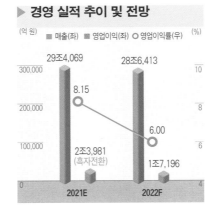

(억 원) ■ 매출(좌) ■ 영업이익(좌) ○ 영업이익률(우) (%)

- 2021E: 매출 29조4,069, 영업이익 2조3,981(흑자전환), 영업이익률 8.15
- 2022F: 매출 28조6,413, 영업이익 1조7,196, 영업이익률 6.00

▶ 주가 추이 및 전망

(원)
- 52주 최저가: 15,900
- 52주 최고가: 27,600
- 목표주가: 29,000

▶ 투자포인트

- 2022년에 연간 기준 매출과 이익 상승세가 다소 위축되는 이유는, 2021년 하반기부터 2022년 상반기에 걸쳐 LCD-TV 출하량 부진과 가파른 가격 하락이 동시에 나타났기 때문 → 세트업체들의 재고 상승으로 가격협상력이 세트업체로 넘어감.
- 2022년 2분기를 기점으로 LCD-TV 패널 가격 하향 안정화에 따른 실적 회복 예상.
- 고부가가치 제품 포트폴리오 확보 및 OLED로 주력 사업 전환에 따른 주가 상승 모멘텀 마련.
- WOLED 14만 장 가동이 정상적으로 진행 중이고, 향후 3만 장에 대한 추가 가동 및 북미향 POLED 공급량 증가 추세.
- 2021년에 공시한 3.3조 원 중소형 OLED 투자는 2024년 초 공급 예정인 IT용 OLED 패널 증설로 추정.

▶ LCD, OLED 공급면적 추이 및 전망

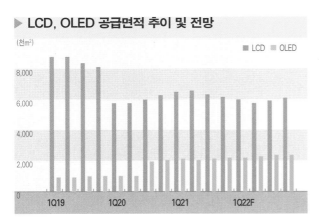

(천m²) ■ LCD ■ OLED

1Q19 / 1Q20 / 1Q21 / 1Q22F

▶ TV용 OLED 매출 추이 및 전망

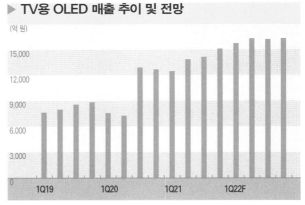

(억 원)

1Q19 / 1Q20 / 1Q21 / 1Q22F

▶ 영업활동 현금흐름 추이 및 전망

(억 원)
- 2020: 2조2,869
- 2021E: 5조7,005
- 2022F: 5조9,238
- 2023F: 6조0,993

▶ CAPEX 추이 및 전망

(억 원)
- 2020: 2조6,035
- 2021E: 3조5,599
- 2022F: 4조0,164
- 2023F: 4조2,448

▶ 당기순이익 추이 및 전망

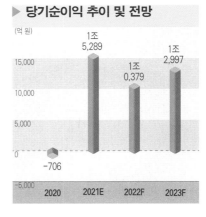

(억 원)
- 2020: -706
- 2021E: 1조5,289
- 2022F: 1조0,379
- 2023F: 1조2,997

삼성디스플레이 〔비상장〕

매출액	30조5,900억 원
영업이익	2조2,301억 원

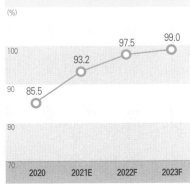

QLED 패널이 적용된
삼성전자 네오 QLED-TV

▶ 경영 실적 추이 및 전망

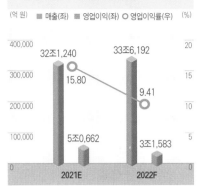

(억 원) ■ 매출(좌) ■ 영업이익(좌) ○ 영업이익률(우) (%)

- 2021E: 매출 32조1,240, 영업이익 5조0,662, 영업이익률 15.80
- 2022F: 매출 33조6,192, 영업이익 3조1,583, 영업이익률 9.41

▶ 삼성전자 사업부문별 매출 비중

- 디스플레이 10
- CE(가전) 20
- IM(모바일, 네트워크 등) 36
- 반도체 30
- 단위: %

* 위 수치는 삼성전자 사업보고서에서 대략적으로 정리한 것으로, Harman 사업 등을 포함시키지 않았음.

▶ 투자포인트

- 2022년을 기점으로 동사 생산라인의 감가상각이 대거 종료됨에 따라 경영에 있어서 감가상각비 부담이 크게 줄 전망 → 2022년부터 동사 생산라인의 신규 투자가 새롭게 시작될 것으로 예상.
- 2022년 상반기까지 30K/월 규모의 투자를 두 번에 걸쳐 집행 예정 → 2022년 하반기에는 신기술인 8세대 중소형 OLED 양산 라인 투자 단행. 계획대로 진행될 경우 상업생산 시기는 2023년부터 가능할 전망.
- 중소형 OLED 패널 적용처가 기존 스마트폰 시장에서 노트북/태블릿 시장으로 확대됨에 따라 13인치 패널 생산에 유리한 8세대 생산라인 투자 시급.
- 향후 3년간 삼성그룹의 240조 원 투자 가운데 디스플레이 부문 투자 비중이 상대적으로 큼 → 국내 OLED 소부장 기업 호재.

▶ CAPEX 추이 및 전망

(조 원)

A4 장비 투자
QD phase1 투자 → QD phase2 투자
8G GRB OLED 투자

2016, 2017, 2018, 2019, 2020, 2021E, 2022F, 2023F

▶ 삼성디스플레이 투자 타임라인

4Q21	2Q22	2H22	2023	2024
QD phase1 30K/월 양산		QD phase2 30K/월 양산	QD phase3 30K/월 양산	QD phase4 30K/월 양산
중소형 OLED 15K/월 장비 투자	중소형 OLED 15K/월 장비 투자	8세대 중소형 OLED 30K/월 장비 투자		8세대 중소형 OLED 30K/월 양산

▶ OLED 사업 비중 추이 및 전망

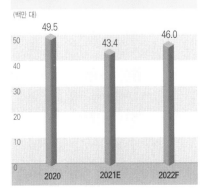

(%)

- 2020: 85.5
- 2021E: 93.2
- 2022F: 97.5
- 2023F: 99.0

▶ 삼성전자 LCD-TV 출하량

(백만 대)

- 2020: 49.5
- 2021E: 43.4
- 2022F: 46.0

▶ LCD 생산라인 2022년 말까지 연장 운영 배경

삼성디스플레이가 2021년에 매각하기로 했던 LCD 생산라인을 2022년 말까지 연장 운영하게 된 것은, 삼성전자 세트 사업부의 요청 및 전반적인 LCD 수요를 고려했기 때문. 회사 경영진은 LCD 사업부의 높은 수익성이 2022년까지 유지될 것으로 판단. 디스플레이 시장의 60% 안팎을 차지하는 LCD 비중을 대형 패널에서 고가의 OLED가 대체하기에는 시간이 좀 더 필요한 상황.

최우선 투자기업

051

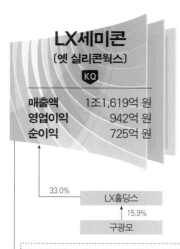

LX세미콘
〔옛 실리콘웍스〕
KQ

매출액	1조1,619억 원
영업이익	942억 원
순이익	725억 원

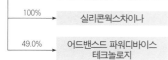

33.0% → LX홀딩스
15.9% → 구광모

최대주주인 LX홀딩스는 2021년 5월 1일에 (주)LG로부터 인적분할되어 설립. LX홀딩스는 LX인터내셔널, LX하우시스, LX세미콘, LX MMA의 주식 소유를 통해 제반 사업을 지배하는 지주회사임.

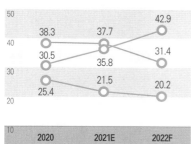

100% → 실리콘웍스. InC
100% → 실리콘웍스차이나
49.0% → 어드밴스드 파워디바이스 테크놀로지

▶ 경영 실적 추이 및 전망

(억 원) ■ 매출(좌) ■ 영업이익(좌) ○ 영업이익률(우) (%)

- 2021E: 1조8,843 / 3,655 / 19.40
- 2022F: 2조0,684 / 3,857 / 18.65

▶ 주가 추이 및 전망

(원)

- 52주 최저가: 49,300
- 52주 최고가: 150,000
- 목표주가: 180,000

▶ 투자포인트

- LG그룹 계열사로, 디스플레이 패널을 구동하는 핵심 부품(System IC) 사업 영위.
- LG디스플레이의 OLED-TV 패널 생산이 증가하면서 동사가 강점이 있는 OLED-TV용 DDI 수요가 크게 늘 전망. DDI는 디스플레이를 구성하는 수많은 화소들을 조정해 다양한 색을 구현하는 디스플레이 구동칩.
- 2021년에는 북미 고객사를 중심으로 신제품용 POLED 출하가 증가함에 따라 최대 매출 기록 → 신규 시장 진입이 예정되어 있는 중국 업체들도 동사 제품을 쓰고 있는 만큼 추가 수혜 기대.
- 동사가 생산하는 LCD의 경우에도 고부가가치 제품 위주로 포트폴리오가 구성되어 있는 점 주목 → 향후 LCD-TV용 세트 수요가 줄어들 전망이지만 프리미엄 제품의 수요는 양호할 것으로 예상. LCD-TV의 경우에도 대형 패널은 고해상도를 위해 DDI가 필수인데, 이 경우 동사의 주력 소부장 제품인 고가의 T-Con이 필수적임.

▶ 애플리케이션별 매출 비중 추이 및 전망

(%) ○ TV ○ 모바일 ○ IT

- 2020: TV 38.3 / 모바일 30.5 / IT 25.4
- 2021E: TV 37.7 / 모바일 35.8 / IT 21.5
- 2022F: TV 42.9 / 모바일 31.4 / IT 20.2

▶ 모바일향 매출 추이 및 전망

(억 원)

- 2020: 3,546
- 2021E: 6,617
- 2022F: 8,508

▶ TV향 매출 추이 및 전망

(억 원)

- 2020: 4,452
- 2021E: 6,956
- 2022F: 6,240

▶ 영업활동 현금흐름 추이 및 전망

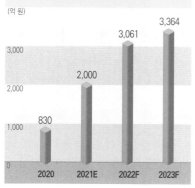

(억 원)

- 2020: 830
- 2021E: 2,000
- 2022F: 3,061
- 2023F: 3,364

▶ 당기순이익 추이 및 전망

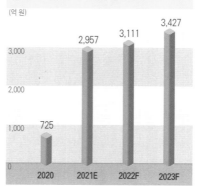

(억 원)

- 2020: 725
- 2021E: 2,957
- 2022F: 3,111
- 2023F: 3,427

▶ ROE 추이 및 전망

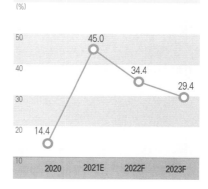

(%)

- 2020: 14.4
- 2021E: 45.0
- 2022F: 34.4
- 2023F: 29.4

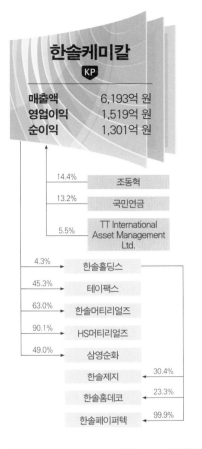

한솔케미칼
KP

매출액	6,193억 원
영업이익	1,519억 원
순이익	1,301억 원

- 14.4% 조동혁
- 13.2% 국민연금
- 5.5% TT International Asset Management Ltd.
- 4.3% 한솔홀딩스
- 45.3% 테이팩스
- 63.0% 한솔머티리얼즈
- 90.1% HS머티리얼즈
- 49.0% 삼영순화
- 한솔제지 30.4%
- 한솔홈데코 23.3%
- 한솔페이퍼텍 99.9%

▶ 경영 실적 추이 및 전망

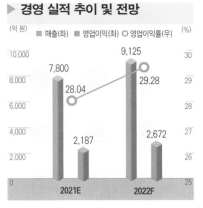

▶ 주가 추이 및 전망

▶ 투자포인트

- 반도체용 과산화수소와 프리커서, 디스플레이용 QD소재, 2차전지용 바인더 생산을 주력 사업으로 영위하며, 최근에는 NB라텍스와 2차전지 음극재 사업에 신규 진출.
- 동사는 삼성디스플레이에 퀀텀닷(QD) 시트 및 QD 컬러필터 독점 공급 → 삼성전자는 2017년부터 QD 시트를 적용한 QLED-TV 사업을 프리미엄 라인으로 집중하고 있으며, 향후 상위 라인업으로 QD-OLED, QNED를 적용한 TV를 출시할 예정인데, 모두 QD 컬러필터가 적용됨에 따라 동사의 높은 수혜 예상.
- 동사는 반도체에서 세정용으로 쓰이는 증착소재를 생산하여 국내외 대형 반도체 업체에 납품.
- 동사는 2차전지용 바인더를 공급하고, 자회사 테이팩스는 2차전지용 테이프를 공급 → 2022년 말까지 2차전지 실리콘음극재 공장 건설 예정.

▶ 글로벌 QLED-TV 시장 규모 추이 및 전망

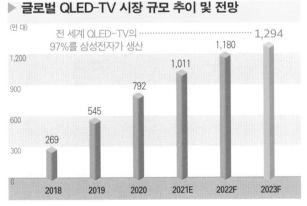

▶ CAPEX 추이 및 전망

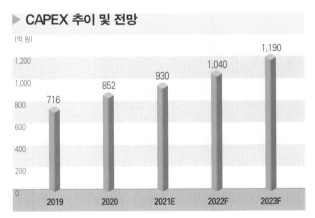

▶ 영업활동 현금흐름 추이 및 전망

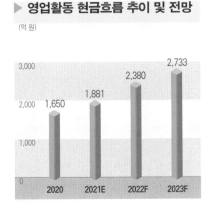

▶ 당기순이익 추이 및 전망

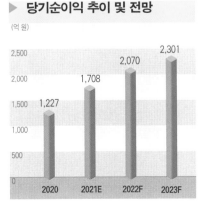

▶ ROE 추이 및 전망

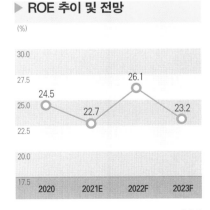

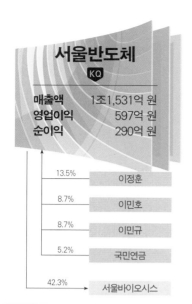

서울반도체
KQ

매출액	1조1,531억 원
영업이익	597억 원
순이익	290억 원

- 13.5% 이정훈
- 8.7% 이민호
- 8.7% 이민규
- 5.2% 국민연금
- 42.3% 서울바이오시스

TV 패널이 QLED에서 미니LED로 기술 진화

▶ 경영 실적 추이 및 전망

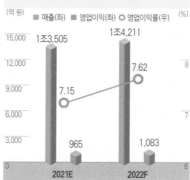

(억 원) ■ 매출(좌) ■ 영업이익(좌) ○ 영업이익률(우) (%)

- 2021E: 1조3,505 / 965 / 7.15
- 2022F: 1조4,211 / 1,083 / 7.62

▶ 주가 추이 및 전망

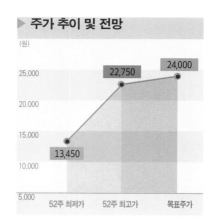

(원)

- 52주 최저가: 13,450
- 52주 최고가: 22,750
- 목표주가: 24,000

▶ 투자포인트

- 일반조명, IT, 자동차, UV 등 광범위한 분야에 적용되는 LED 제품을 개발·생산· 판매하는 종합 LED 기업.
- 유럽, 중국, 베트남 등 글로벌 연구 시설과 생산기지, 영업 네트워크 운영.
- UV, 가시광 등 모든 파장에 걸친 LED 칩과 패키지, 모듈 관련 기술 보유.
- 증권가가 동사에 주목하는 이유는 미니LED 및 차량용 LED 사업 때문임 → 미니 LED-TV 시장 개화에 따른 호재와 차량용 LED 탑재 증가가 동사의 주가 상승 모 멘텀으로 작용.
- 차량용 LED 사업이 호조를 보이는 것에 비해 미니LED-TV는 부품 수급상의 이유로 어려운 시기를 겪고 있지만, 향후 시장 성장에 대한 동사의 수혜가 확실시 됨 → 동 사는 미니LED 제품 중 고사양 비중이 높아 이익 창출 폭이 클 것으로 예상됨.

AP시스템
KQ

매출액	5,918억 원
영업이익	463억 원
순이익	250억 원

- 20.8% APS홀딩스
- 29.7% 정기로
- 24.7% 디이엔티
- 24.4% 넥스틴
- 54.4% 코닉오토메이션
- 42.9% 제니스월드
- 100% APS머티리얼즈

▶ 경영 실적 추이 및 전망

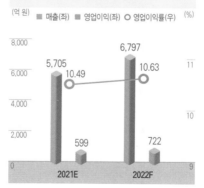

(억 원) ■ 매출(좌) ■ 영업이익(좌) ○ 영업이익률(우) (%)

- 2021E: 5,705 / 599 / 10.49
- 2022F: 6,797 / 722 / 10.63

▶ 주가 추이 및 전망

(원)

- 52주 최저가: 20,900
- 52주 최고가: 34,200
- 목표주가: 37,000

▶ 투자포인트

- OLED/LCD 등 디스플레이 장비 및 반도체 장비 사업 영위.
- 동사에서 개발한 ELA, LLO, Encapsulation 장비는 삼성디스플레이를 비롯해 중국 을 포함한 다수의 해외 디스플레이 패널 제조사로 공급.
- 삼성디스플레이의 중소형 OLED 투자 재개가 이뤄짐에 따라 핵심 장비업체인 동사 의 높은 수혜 예상 → 삼성디스플레이는 충남 아산 L7-2 투자 예정.
- 주 고객사인 삼성디스플레이는 삼성전자를 비롯해 애플, HP, 델 등 노트북 및 태블 릿PC 글로벌 제조업체로 중소형 OLED 공급 물량을 늘려감에 따라 동사의 반사이 익 예상.
- 최근 노트북과 태블릿PC에서 OLED 탑재가 크게 증가함에 따라 중국 로컬업체에 서도 중소형 OLED 시장 진출을 위한 신규 투자에 나서면서 동사의 수혜 기대.

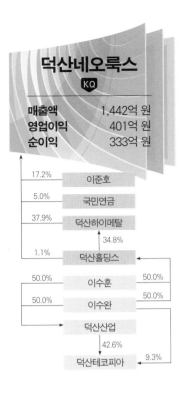

덕산네오룩스 KQ

매출액	1,442억 원
영업이익	401억 원
순이익	333억 원

- 17.2% 이준호
- 5.0% 국민연금
- 37.9% 덕산하이메탈
- 34.8% →
- 1.1% 덕산홀딩스
- 50.0% 이수훈 50.0%
- 50.0% 이수완 50.0%
- 덕산산업
- 42.6% 덕산테코피아 9.3%

▶ 경영 실적 추이 및 전망

(억 원) ■ 매출(좌) ■ 영업이익(좌) ○ 영업이익률(우) (%)

- 2021E: 매출 1,920, 영업이익 534, 영업이익률 27.81
- 2022F: 매출 2,425, 영업이익 723, 영업이익률 28.84

▶ 주가 추이 및 전망

(원)
- 52주 최저가: 29,750
- 52주 최고가: 76,200
- 목표주가: 86,000

▶ 투자포인트

- 동사는 2014년 12월에 최대주주인 덕산하이메탈의 AMOLED 유기물 재료 및 반도체 공정용 화학제품 사업을 물적분할하여 코스닥에 재상장.
- OLED 핵심 소재인 유기재료 중에서 HTL과 R Prime, Red Host 등을 주력 생산.
- 스마트폰 및 노트북과 태블릿PC에 OLED 침투율이 크게 상승하면서 동사의 높은 수혜 예상.
- 특히 노트북 및 태블릿PC 등 IT 제품은 OLED 패널 면적이 스마트폰 대비 4~6배 크기 때문에 OLED 침투율이 늘어날수록 동사와 같은 소재업체들의 실적 급상승 예상.
- 동사는 고사양 제품 생산을 위한 기술력을 보유하고 있는 만큼 매출액에서 20%대 후반의 영업이익률을 유지하는 점 주목.

레이크머티리얼즈 KQ

매출액	465억 원
영업이익	47억 원
순이익	20억 원

- 27.9% 김진동
- 11.8% 김태동

▶ 경영 실적 추이 및 전망

(억 원) ■ 매출(좌) ■ 영업이익(좌) ○ 영업이익률(우) (%)

- 2021E: 매출 820, 영업이익 207, 영업이익률 26.26
- 2022F: 매출 1,096, 영업이익 293, 영업이익률 26.91

▶ 당기순이익 추이 및 전망

(억 원)
- 2020: 20
- 2021E: 163
- 2022F: 241
- 2023F: 254

▶ 주가 추이 및 전망

(원)
- 52주 최저가: 2,495
- 52주 최고가: 5,690
- 목표주가: 11,000

▶ 투자포인트

- 2010년 설립되어 2020년 SPAC 합병을 통해 코스닥에 상장.
- LED, 태양광, 메탈로센촉매, 디스플레이, 반도체용 초고순도 소재 개발 및 공급을 주력 사업으로 영위.
- 동사는 2021년 2월에 연 180억 원 규모의 High-K 반도체 전구체 공급 계약을 SK트리켐과 체결 → 이는 SK트리켐 2021년 매출액의 10% 수준으로 최종 고객사는 SK하이닉스인 것으로 추정.
- 증권가에서 삼성그룹이 차세대 디스플레이로 주목하는 QNED의 핵심 소재업체로 동사를 주목 → 삼성디스플레이의 투자 방향성이 정해지면 동사는 사실상 유일한 QNED 소재 수혜주로서 부각될 전망.

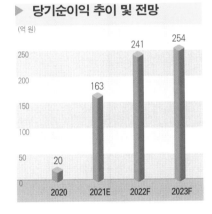

〽️ IT서비스 기업들의 새로운 먹거리 '디지털 전환' 〽️

▶ **글로벌 IT서비스 시장 규모 추이 및 전망**

▶ **국내 IT서비스 시장 규모 추이 및 전망**

• 팬데믹으로 인해 언택트 비즈니스 모델이 전 세계적으로 확산되면서 기업들을 중심으로 IT서비스 및 디지털 기술 업그레이드 수요가 급증 → 국내외 IT서비스 업황 성장 모드 진입.

▶ **기업가치가 10억 달러 이상이 되기까지 걸린 시간**

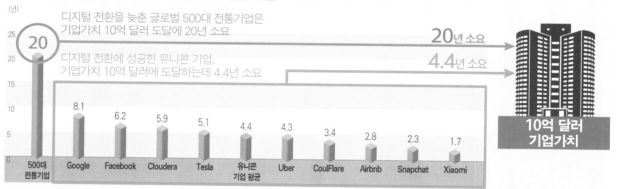

디지털 전환을 늦춘 글로벌 500대 전통기업은 기업가치 10억 달러 도달에 20년 소요 — 20년 소요

디지털 전환에 성공한 유니콘 기업, 기업가치 10억 달러에 도달하는데 4.4년 소요 — 4.4년 소요

10억 달러 기업가치

▶ **글로벌 기업들의 SaaS 지출 추이 및 전망**

▶ **클라우드 사업 모델 비중**

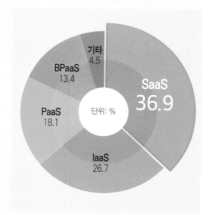

• 팬데믹 전후로 전 세계적으로 비즈니스 환경이 클라우드 기반 애플리케이션(SaaS)으로 바뀌는 디지털 전환이 본격화되면서 삼성SDS(국내), 액센츄어(해외) 등 IT컨설팅 기업 실적 호재.

'디지털 뉴딜'과 '언택트'로 날개 단 '디지털 트윈'

▶ '디지털 트윈'이란 무엇인가?

디지털 트윈

디지털을 활용해 현실세계의 시스템을 가상세계에 마치 쌍둥이(twin)처럼 구현하는 기술.

시장가치

사업 착수 전에 디지털 트윈을 이용한 시뮬레이션을 통해 미리 문제점 해결, 손해비용 절감.

투자포인트

정부가 추천하는 뉴딜 정책의 핵심 과제이자 전 세계 기술주들의 미래 사업.

국내외 리딩기업

GE, 지멘스, 롤스로이스, 현대오토에버, 롯데정보통신 등.

▶ 글로벌 디지털 트윈 시장 규모 추이 및 전망

(십억 달러)

연평균 +24.7%

2017	2019	2021E	2023F
7.85	10.25	16.87	29.68

▶ 국내 디지털 트윈 시장 규모 추이 및 전망

(백만 달러)

연평균 +16.3%

2017	2019	2021E	2023F
240.3	293.7	390.4	594.3

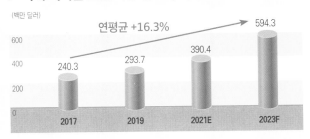

▶ 디지털 트윈은 무한하다! : '디지털 트윈'의 인더스트리얼 스펙트럼

자동차

스마트팩토리

자원개발

산업용로봇

건설

메디컬

항공

조선

스마트시티

IT서비스, 디지털 전환

디지털 전환과 디지털 트윈으로 코로나19 특수를 이어가다

코로나19에서 비롯한 오랜만의 성장 모드

IT서비스는 대표적인 저성장 산업 가운데 하나다. IT서비스 업체들은 대체로 기업들의 전산 시스템 관리와 복구, 운영 등을 주력 사업으로 하기 때문에 매출이 갑자기 크게 증가하는 이벤트가 다른 업종에 비해 드물다. 오랜 기간 정체기를 보내온 IT서비스 업황이 2020년과 2021년에 반등한 배경에는 코로나19 여파로 비롯된 언택트가 있었다.

기업마다 재택근무가 보편화되면서 서버 이용이 급증했고, 아울러 데이터 사용량도 큰 폭으로 증가했다. 기업들은 기존 IT 시스템으로 원활한 비즈니스를 이어가기가 쉽지 않은 상황에 처하면서 업그레이드를 서둘렀고, 이것이 IT서비스 업황을 성장모드로 바꾼 것이다.

2021년 국내 IT서비스 시장 규모는 20조 원으로 전년 대비 11.0% 증가한 것으로 나타났다. 이후 2022년부터 성장 속도가 다소 주춤하면서 연평균 4.8% 성장해 2024년에는 23.2조 원 규모에 이를 것으로 전망된다. IT서비스 업황 호조는 국내 뿐 아니라 해외에서도 감지되고 있다. 2021년 글로벌 IT서비스 시장 규모는 11,767억 달러로 전년 대비 9.8% 급증한 뒤 향후 연평균 7.4% 성장을 지속하여 2024년 1조5,010억 달러 규모를 형성할 것으로 예상된다.

디지털 전환 시대 최선호주는 어디?

전 세계가 코로나19 후폭풍에서 어느 정도 벗어날 것이 예견되는 2022년 이후 IT서비스 업황이 다시 팬데믹 이전의 저성장 모드로 돌아갈지 궁금하다. IT서비스 기업들은 지금의 성장 분위기를 지속해 나가기 위해 새로운 먹거리 사냥에 적극적으로 나서고 있다.

그 가운데 증권가에서 주목하는 IT서비스 기업들의 신사업으로 '디지털 전환'과 '디지털 트윈'이 있다.

'디지털 전환(digital transformation)'은 디지털 기술을 사회(혹은 산업) 전반에 적용하여 IT 기술이 좀 더 다양한 비즈니스와 일상생활에 스며들 수 있도록 혁신하는 것을 가리킨다. 일반적으로 기업에서 사물인터넷(IoT), 클라우드 컴퓨팅, 인공지능(AI), 빅데이터 솔루션 등 4차 산업혁명 기술을 활용해 플랫폼으로 구축하여 비즈니스에 적용하는 것을 의미한다.

코로나19는 디지털 전환을 가속화시키는 촉매제가 됐다. 코로나19 여파로 폭발한 언택트 풍조는 사람들의 라이프스타일과 비즈니스 구조를 좀 더 디지털화로 이끌었다. 사회적 거리두기가 강화되면서 비대면 업무(화상회의, 재택근무) 비중이 큰 폭으로 늘어나자 기업마다 기존 전산시스템을 업그레이드하지 않으면 안 되는 상황에 봉착한 것이다. 사람들의 소비 패턴이 오프라인에서 온라인으로 급격히 옮겨가면서 수많은 이커머스 업체들도 저마다 거래와 결제 환경을 바꾸지 않고서는 버틸 수 없게 되었다. 디지털 전환은 이 모든 변화를 아우른다.

디지털 전환으로 가장 큰 수혜를 보는 업종은 단연 IT서비스(그 중에서도 IT컨설팅)다. 언택트로 디지털 수요가 급증하면서 기업마다 디지털 전환을 서두르고 있기 때문이다. 증권가에서는 클라우드 기반 애플리케이션(SaaS, Software-as-a-Service) 분야를 주력으로 하는 기업들을 최선호주로 꼽는다. IT서비스 대장주 삼성SDS가 여기에 해당한다. 삼성SDS가 운영하는 클라우드 사업은 기업, 의료, 금융, 교육, 물류 등 거의 모든 분야에 진출해 있다. 시장이 커질수록 수주 급증에 따른 수익 폭도 당연히 커지게 된다.

디지털 트윈, 스마트팩토리에서
스마트빌딩 및 스마트시티에까지 적용

디지털을 활용해 현실세계의 시스템을 가상세계에 마치 쌍둥이(twin)처럼 구현하는 기술인 '디지털 트윈' 역시 증권가에서 주목하는 IT서비스 기업들의 성장 모멘텀으로 꼽힌다. 디지털 트윈이 가장 많이 사용되는 곳은 제조업이다. 제품 생산 과정과 결과에 어떤 문제가 발생하기 이전에 미리 잡아낼 수 있어 비용과 시간 절감에 효용성이 크다. 여기에 필요한 초소형 정밀 센서(MEMS) 가격이 최근 3분의 1 수준으로 떨어지면서 디지털 트윈에 대한 진입장벽도 낮아졌다. 시장의 성장 가능성이 한층 높아진 것이다.

디지털 트윈에 대한 사업성은 이미 여기저기서 입증되고 있다. 독일 최대 전력회사 지멘스와 자동차 업체 폭스바겐은 제조공정에서 디지털 트윈을 적용해 최대 70%의 생산비용을 절약하는 동시에 생산성은 20% 증가시킨다는 보고서를 발표했다. 실제로 지멘스는 이탈리아 자동차 브랜드 마세라티와 디지털 트윈으로 협업해 세단 '기블리'의 개발기간을 처음 예상했던 30개월에서 절반 수준인 16개월로 단축시켰다. 스마트팩토리 사업에서 디지털 트윈 기술이 성공적으로 적용된 것이다.

국내에서 디지털 트윈 선두주자로는 현대오토에버가 꼽힌다. 현대오토에버는 현대자동차의 글로벌비즈니스센터(GBC, 총 건설비 약 3.7조 원) 프로젝트에서 건설 단계에 정보통신 시스템 구축 및 건설현장 스마트 안전 관제 솔루션을 공급하고, 완공 이후 디지털 트윈 기반의 스마트통합관제, 에너지, 주차 유도 등 이른바 '스마트빌딩' 서비스를 제공하게 된다.

롯데그룹은 일찍이 2015년에 베트남 호치민시를 스마트시티로 진화시키는 '투티엠 에코-스마트시티 프로젝트 계약'(사업 규모 체결 당시 2조 원 규모였으나 최근 1조 원으로 축소)을 체결한 바 있는데, 이 프로젝트에서 롯데정보통신은 SI(시스템 통합) 관련 솔루션을 공급함에 있어서 디지털 트윈 기술을 적극 활용하고 있다. 투티엠 신도심 지구는 여의도의 약 2.2배 크기로, 사업에 본격 착수하기 전에 얼마나 섬세한 시뮬레이션을 돌리느냐에 따라 비용을 크게 줄일 수 있다. 디지털 트윈이 스마트시티 사업에 매우 요긴하게 활용될 수 있음을 방증한다.

스마트시티 프로젝트는 국내에서도 지자체마다 관심이 큰 사업이다. 세종시는 스마트시티 구축에 예산 약 1.5조 원을 투입하고 있고, 부산시는 2030년까지 에코델타시티(EDC) 구축 사업에 2.2조 원의 사업비를 책정할 계획이다. IT서비스 기업들이 디지털 트윈 기술을 적용한 스마트시티 사업에서 성장 모멘텀을 찾을 충분한 이유가 있는 것이다.

현대차 글로벌비즈니스센터 (GBC) 개발 사업

규모
지상 최대 105층/지하 6층

생산유발효과
253조1000억원

고용창출효과
5만7000명

부비매입비
10조5500억원

공공기여금
1조7491억원

1 통합사옥(메인타워)

2 전시·컨벤션(3개동)
층수 8층/3층
연면적 5만251㎡

3 호텔·업무시설
층수 40층
연면적 19만5317㎡

층수 105층(553m)
연면적 56만611㎡

전시시설

도시광장

해변선

4 공영장
층수 7층
연면적 2만9850㎡

판매시설 지하 2층~지상 1층
8만6818㎡

현대오토에버는 현대자동차의 글로벌비즈니스센터(GBC, 총 건설비 약 3.7조 원) 프로젝트에서 건설 단계에 정보통신 시스템 구축 및 건설현장 스마트 안전 관제 솔루션을 공급하고, 완공 이후 디지털 트윈 기반의 스마트 통합 관제, 에너지 및 주차 관리 등 이른바 '스마트빌딩' 서비스를 제공하게 된다.

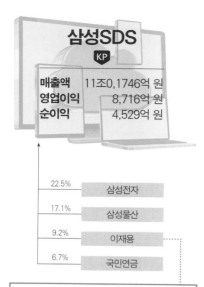

삼성SDS

매출액	11조0,1746억 원
영업이익	8,716억 원
순이익	4,529억 원

- 22.5% 삼성전자
- 17.1% 삼성물산
- 9.2% 이재용
- 6.7% 국민연금

삼성SDS의 주가는 그룹 지배구조 이슈에 많은 영향을 받음. 최대주주 중 삼성그룹의 총수인 이재용 부회장이 보유하고 있는 삼성SDS의 지분율은 9.2%로 높은 수준을 유지. 따라서 증권가에서는 삼성SDS를 중심으로 삼성그룹의 지배구조 재편이 이루어질 수 있다는 주장이 끊임없이 제기됨.

▶ 경영 실적 추이 및 전망

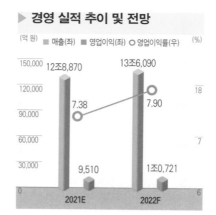

▶ 주가 추이 및 전망

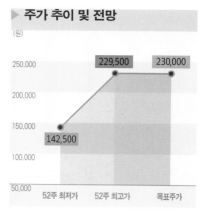

▶ 투자포인트

- 디지털 전환 패러다임에 따라 주 고객사인 삼성전자 등 계열사의 IT 설비 투자 증가로 동사의 실적 개선세 예상 → 2019년 하반기 이후 삼성전자 등 삼성그룹 제조 계열사가 집행하는 전반적인 CAPEX 수준이 30% 이상 높아짐.
- SI프로젝트는 고객사의 대규모 투자 막바지에 실행된다는 점을 감안하건대, 약 2년이 지난 2022년 1분기에 동사의 매출액 증가로 연결 예상.
- 증시에서 언택트 및 디지털 전환에 대한 수혜 종목 찾기가 계속되는 가운데 동사가 주력하는 4대 전략 사업(스마트팩토리, 클라우드, AI/Analytics, 솔루션)은 정부의 경기부양을 위한 디지털 뉴딜과 맞물려 호재로 작용.
- 동사는 4조 원 안팎의 현금성자산(단기금융자산 포함)을 보유하고 있는 바, 2019년 기준 EBITDA가 1.3조 원 규모로, 매년 7,000억 원 이상의 현금성자산이 유입.

▶ 삼성전자 CAPEX 추이 및 전망

2019년 하반기 이후 삼성전자는 분기 8조 원대의 CAPEX 지출을 이어갈 전망 → 삼성SDS 수주 증가

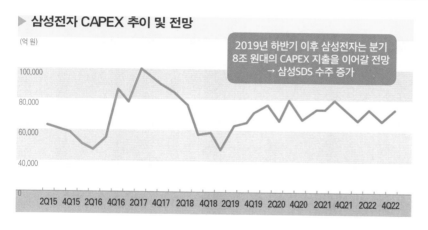

▶ 삼성SDS 사업부문별 매출 비중

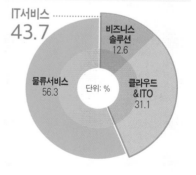

IT서비스 43.7

- 비즈니스 솔루션 12.6
- 클라우드 &ITO 31.1
- 물류서비스 56.3

단위: %

▶ 삼성SDS의 연간 잉여현금흐름 및 순차입금 추이 및 전망

삼성SDS는 4조 원의 현금성 자산 보유 (순차입금 기준 3.6조 원 순현금) → EBITDA가 1.3조 원 수준으로 매년 7,000억 원 이상 현금성자산 유입

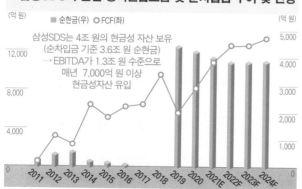

▶ 삼성SDS의 주당배당금 및 배당성향

삼성SDS는 2021년까지 배당성향을 25% 이상 집행할 것을 공시 → 현금성자산이 누적될 경우 향후 배당성향 상향할 가능성 있음

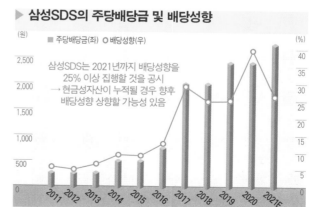

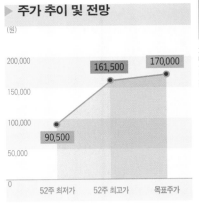

현대오토에버 KP

매출액	1조5,626억 원
영업이익	868억 원
순이익	608억 원

- 31.5% 현대자동차
- 16.2% 기아자동차
- 20.1% 현대모비스
- 7.3% 정의선

▶ 사업부문별 매출 비중

차량용 소프트웨어 17
단위: %
ITO 48
SI 34

ITO: IT시스템 운영 관리
SI: IT컨설팅, 시스템 설계·개발

▶ 경영 실적 추이 및 전망

(억 원) ■ 매출(좌) ■ 영업이익(좌) ○ 영업이익률(우) (%)

- 2021E: 2조0,184 / 6.11 / 1,232
- 2022F: 2조3,001 / 6.30 / 1,442

▶ 주가 추이 및 전망

(원)

- 52주 최저가: 90,500
- 52주 최고가: 161,500
- 목표주가: 170,000

▶ 투자포인트

- 현대차그룹 계열의 IT서비스 업체로, 현대차그룹이라는 안정적인 수주원 확보 → 최근 현대차그룹의 IT 투자 확대에 따른 매출 성장과 전략사업(글로벌 One-IT, 스마트팩토리, 스마트빌딩/홈, 스마트모빌리티) 성장에 따른 주가 상승 모멘텀 마련.
- 현대엠엔소프트, 현대오토론 흡수합병으로 스마트모빌리티 사업력 확보.
- 클라우드 기반 '구독형 사업' 매출 비중을 2023년까지 23%로 상향 조정 계획 → 증권가에서 디지털 전환 수혜주로 주목.
- 현대차그룹 지배구조 개편에 따른 기업가치 상승 → 동사는 그룹 지배구조의 하단에 위치해 있지만, '현대차그룹 싱가포르 글로벌 혁신센터(HMGICS)' 공동 출자(지분 10%)에 이어 합병에 따른 스마트모빌리티 강화로 그룹의 핵심 계열사로 변모 중.

롯데정보통신 KP

매출액	8,495억 원
영업이익	388억 원
순이익	299억 원

- 64.9% 롯데지주
- 13.0% 신동빈
- 12.6% 국민연금

▶ 롯데지주 영업이익 추이 및 전망

(억 원)

- 2021E: 2,620
- 2022F: 3,329
- 2023F: 3,738

▶ 경영 실적 추이 및 전망

(억 원) ■ 매출(좌) ■ 영업이익(좌) ○ 영업이익률(우) (%)

- 2021E: 9,721 / 5.15 / 500
- 2022F: 1조1,198 / 6.90 / 772

▶ 주가 추이 및 전망

(원)

- 52주 최저가: 33,200
- 52주 최고가: 44,700
- 목표주가: 55,000

▶ 투자포인트

- 1996년 롯데 계열 전산실 통합 운영과 IT 솔루션 개발을 위해 설립되어, 2017년 11월 물적분할로 독립한 뒤 존속회사인 롯데아이티테크는 롯데지주와 합병.
- 롯데그룹의 데이터센터(IDC) 사업 전담 → IDC 사업을 통해 롯데그룹의 디지털 전환 주도 → 그룹 내 91개에 달하는 계열사 생산시설마다 스마트팩토리 도입.
- 롯데그룹 계열사의 실적 턴어라운드 본격화. 특히 롯데지주의 2021년 영업이익 컨센서스가 2,620억 원으로, 전년 대비 56% 반등 예상 → 롯데지주는 동사의 최대 주주로서, 실적이 동사의 주가에 중요한 영향 미침.
- 전체 그룹사향 매출액의 23%를 차지하는 롯데쇼핑의 이익 증가가 동사의 실적 개선으로 이어질 전망.
- 메타버스 시장 진출 본격화 → VR 콘텐츠 및 메타버스 개발 기업인 '비전VR'을 비전홀딩스로부터 인수.

포스코ICT
KQ

매출액	9,642억 원
영업이익	261억 원
순이익	90억 원

65.3% → 포스코

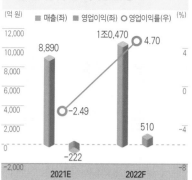

▶ **경영 실적 추이 및 전망**

(억 원)　■ 매출(좌)　■ 영업이익(좌)　○ 영업이익률(우)　(%)

- 8,890
- 1조0,470
- 4.70
- -2.49
- -222
- 510

2021E　2022F

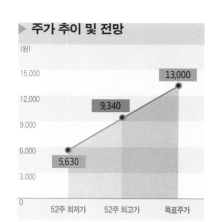

▶ **주가 추이 및 전망**

(원)

- 5,630 (52주 최저가)
- 9,340 (52주 최고가)
- 13,000 (목표주가)

▶ **포스코ICT 스마트팩토리 수주 추이**

(억 원)

- 1,500 (2021E)
- 1,990 (2022F)
- 2,400 (2023F)

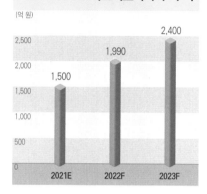

▶ **투자포인트**

- 동사는 용인, 제주 등에서의 시공사업과 관련된 충당금 및 저수익 사업구조를 개선하기 위한 비용 발생으로 2021년 적자전환이 불가피.
- 2022년에는 일회성 비용 등이 발생하지 않는 상황에서 사업구조 개편에 따른 수익성 개선 효과로 실적 턴어라운드 예상.
- 동사의 스마트팩토리 플랫폼 '포스프레임(PosFrame)'은 철강제품 생산과정에서 발생하는 빅데이터를 관리·분석하는 데 특화 → 2025년까지 최대주주사의 제철소 내 모든 공정에 포스프레임 적용 예정.
- 동사는 인천국제공항 수하물관리 시스템 구축·운영을 통해 쌓은 노하우를 발판으로 스마트물류 사업 확장 → 한진이 발주한 대전 Mega-Hub 물류 자동화 설비 구축 프로젝트 최종 대상업체로 선정되어 2023년 2월까지 약 1,070억 원 규모 수주.

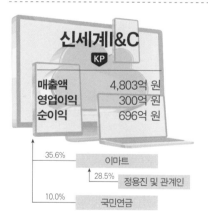

신세계I&C
KP

매출액	4,803억 원
영업이익	300억 원
순이익	696억 원

- 35.6% 이마트
- 28.5% 정용진 및 관계인
- 10.0% 국민연금

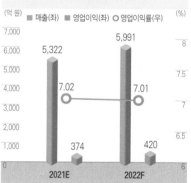

▶ **경영 실적 추이 및 전망**

(억 원)　■ 매출(좌)　■ 영업이익(좌)　○ 영업이익률(우)　(%)

- 5,322
- 5,991
- 7.02
- 7.01
- 374
- 420

2021E　2022F

▶ **주가 추이 및 전망**

(원)

- 121,000 (52주 최저가)
- 288,000 (52주 최고가)
- 300,000 (목표주가)

▶ **이마트의 디지털 전환 투자 규모**

(억 원)

- 1조0,018 (2020)
- 9,948 (2021E)
- 1조2,494 (2022F)

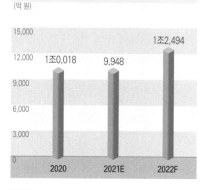

▶ **투자포인트**

- 1997년 신세계의 전산실 조직이 분리돼 IT서비스 전문 계열사로 설립.
- 동사는 계열사인 이마트와의 밀접한 사업관계상 유통 분야에 특화된 IT서비스 사업 영위.
- 동사 주가의 중요한 모멘텀으로 신세계그룹의 디지털 전환 투자 주목 → 이마트의 2021년 디지털 전환 관련 투자액이 1조 원 미만으로 떨어지면서 동사의 실적에 부담으로 작용.
- 동사의 2021년 신세계그룹향 매출액은 2,150억 원으로 역대 최고 수준 달성.
- 오너(신세계 정용진 부회장)의 디지털 전환에 대한 의지가 매우 확고 → 2022년 이마트의 디지털 전환 예상투자액이 1조2,494억 원으로 다시 증가 → 동사의 실적 개선으로 이어질 전망.

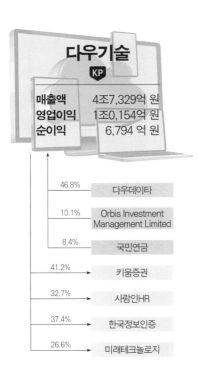

다우기술 KP

매출액	4조7,329억 원
영업이익	1조0,154억 원
순이익	6,794 억 원

- 다우데이타 — 46.8%
- Orbis Investment Management Limited — 10.1%
- 국민연금 — 8.4%
- 키움증권 — 41.2%
- 사람인HR — 32.7%
- 한국정보인증 — 37.4%
- 미래테크놀로지 — 26.6%

▶ 경영 실적 추이 및 전망

(억 원) ■ 매출(좌) ■ 영업이익(좌) ○ 영업이익률(우) (%)

- 2021E: 매출 4조7,590, 영업이익 8,256, 영업이익률 17.3
- 2022F: 매출 4조7,110, 영업이익 7,949, 영업이익률 16.9

▶ 주가 추이 및 전망

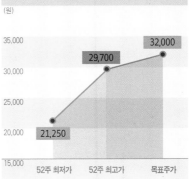

(원)

- 52주 최저가: 21,250
- 52주 최고가: 29,700
- 목표주가: 32,000

▶ 투자포인트

- 동사는 키움증권의 중간지주사 역할을 하는 회사로, 키움증권의 IT 아웃소싱을 담당하는 IT서비스를 주요 사업으로 영위.
- 동사는 상장 8개사(동사 포함), 비상장 90개사 등 총 98개의 계열회사를 두고 있는 바, 계열사들의 IT서비스 관할.
- 동사는 키움증권의 증권 관련 전산 시스템 투자 비용 상승으로 높은 수혜 거둠 → 동사와 키움증권은 연간 300억 원 안팎의 고정 계약 이외에 스팟성으로 약 80억 원 안팎의 별도 프로젝트성 계약 체결.
- 동사의 기업가치를 좌우하는 별도기준 매출액과 영업이익은 2021년 기준 각각 2,631억 원(+11.9% yoy)과 493억 원(+12.8% yoy)으로 꾸준한 성장을 이어갈 것으로 예상됨.

더존비즈온 KP

매출액	3,065억 원
영업이익	767억 원
순이익	579억 원

- 더존홀딩스 — 28.4%
- 김용우 — 64.9%

▶ 경영 실적 추이 및 전망

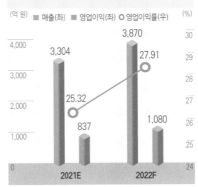

(억 원) ■ 매출(좌) ■ 영업이익(좌) ○ 영업이익률(우) (%)

- 2021E: 매출 3,304, 영업이익 837, 영업이익률 25.32
- 2022F: 매출 3,870, 영업이익 1,080, 영업이익률 27.91

▶ 주가 추이 및 전망

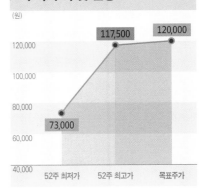

(원)

- 52주 최저가: 73,000
- 52주 최고가: 117,500
- 목표주가: 120,000

▶ 영업활동 현금흐름 추이 및 전망

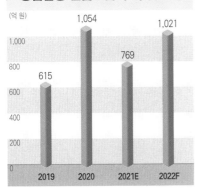

(억 원)

- 2019: 615
- 2020: 1,054
- 2021E: 769
- 2022F: 1,021

▶ 투자포인트

- ERP, 클라우드, 전자금융서비스(전자세금계산서 발행 및 결제), 모바일 솔루션, 보안, 그룹웨어 등을 통해 B2B 사업 영위.
- 동사는 최근 신제품 '아마란스10'을 출시하고 테크핀 사업에 진출함으로써 향후 주가 상승 모멘텀 마련 → '아마란스10'은 스탠더드 ERP와 그룹웨어를 결합한 중견기업 대상의 B2B 플랫폼 서비스로, 2021년 5월 출시 이후 100억 원 수준의 사전계약 실적 올림.
- 동사는 미래에셋캐피탈, 웰컴금융그룹과 함께 매출채권팩토링 서비스를 2021년 7월부터 개시 → 2021년 6월 말 기준 클라우드 3.1만 개의 고객을 확보(3월 말 대비 약 3,500개 증가)하여 테크핀 사업을 위한 Captive 수요가 마련됨.

Chapter 2

콘텐츠, 엔터테인먼트, 미디어

06 게임

'N2'에서 'K2'로, 게임 업계는 지금 세대교체 중

1세대 'N2': 엔씨소프트, 넷마블

- 지난 20년 간 국내 게임 업계를 주도해오며, 연 매출 2조 원대 이상 유지.
- 풍부한 자금력과 우수한 인력을 보유하고 있지만, 신작에 대한 유저들의 높아진 눈높이로 부담 가중.
- 신작의 시장 반응이 기대에 미치지 못할 경우 주가 하락 리스크 큼.
- 판호에 대한 조건이 완화될 경우 글로벌 게임 시장 1위 중국에서 높은 실적 창출 기대.

NCSOFT netmarble

2세대 'K2': 크래프톤, 카카오게임즈

- 장르의 다변화, 다양한 M&A, 글로벌 시장에 대한 적극적 대응에 유연함.
- 크래프톤은 FPS에 기반한 배틀로얄 장르를 전 세계에 유행시킴.
- 카카오게임즈는 채널링에서 시작하여 퍼블리싱과 개발까지 사업 영역 확장.
- 게임 라인업이 많지 않기 때문에 발표하는 신작마다 실패에 대한 리스크가 상대적으로 큼.

KRAFTON kakaogame

▶ 엔씨소프트 실적 성장률 전망

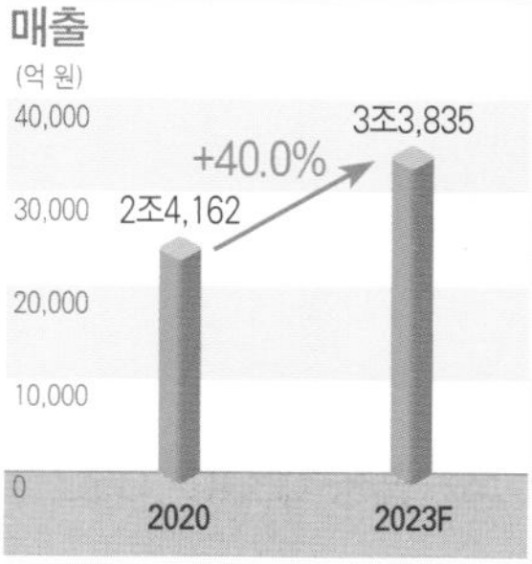

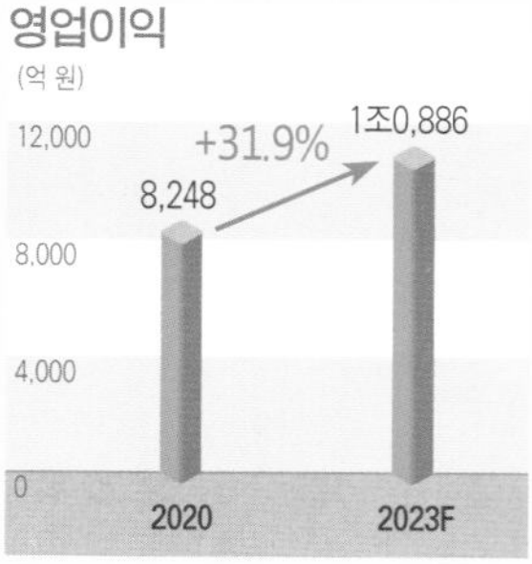

▶ 넷마블 실적 성장률 전망

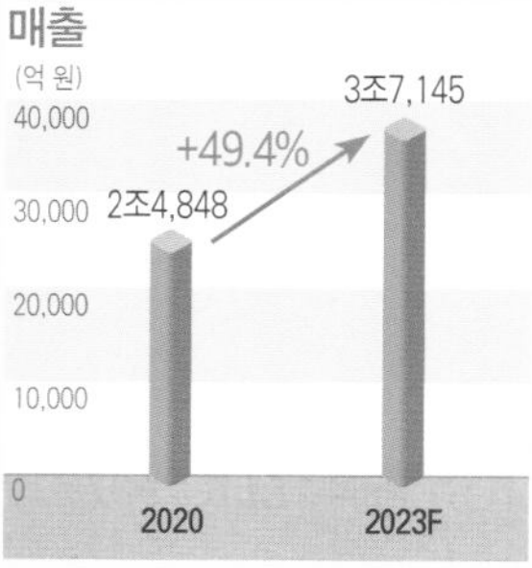

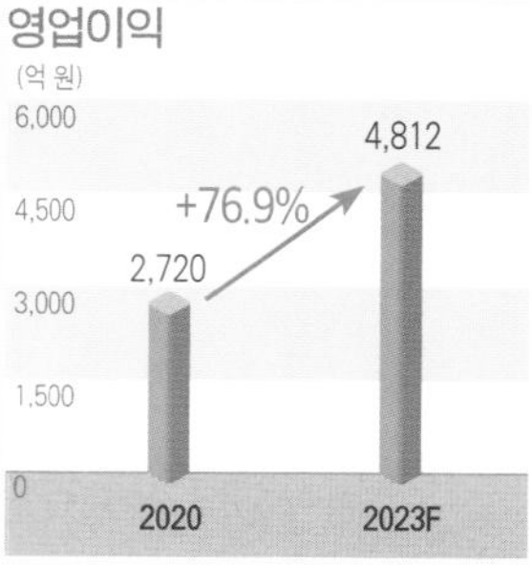

▶ 크래프톤 실적 성장률 전망

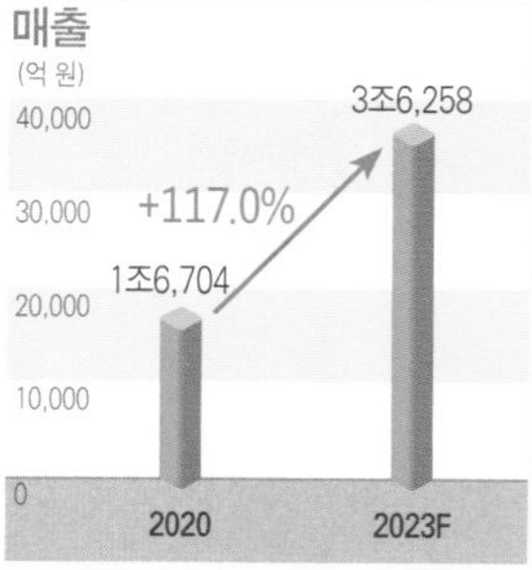

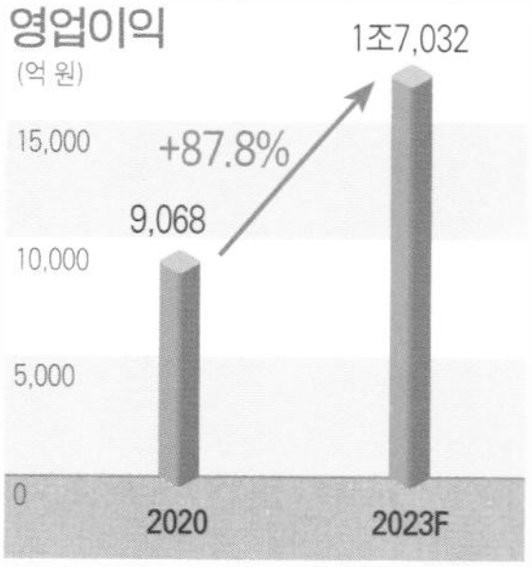

▶ 카카오게임즈 실적 성장률 전망

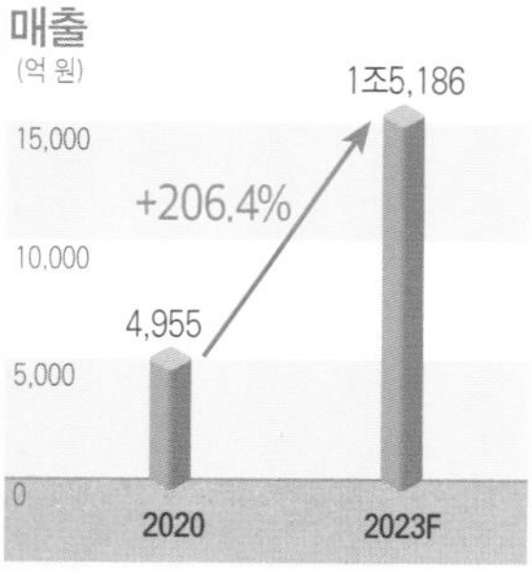

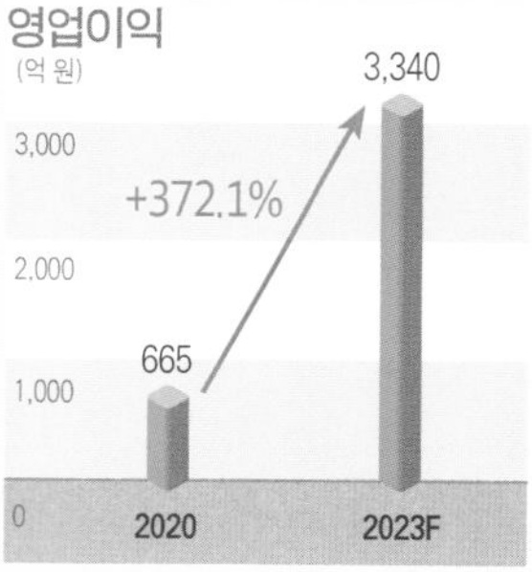

▶ 크래프톤 대표작 및 신작 매출 상승 추이

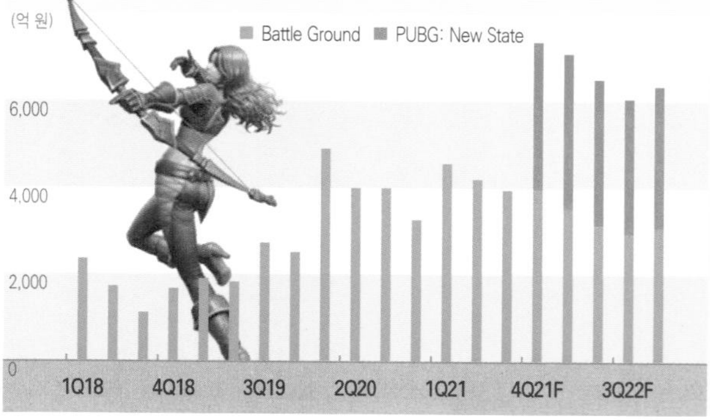

▶ 카카오게임즈 게임 콘텐츠 개발 종속회사 및 투자회사

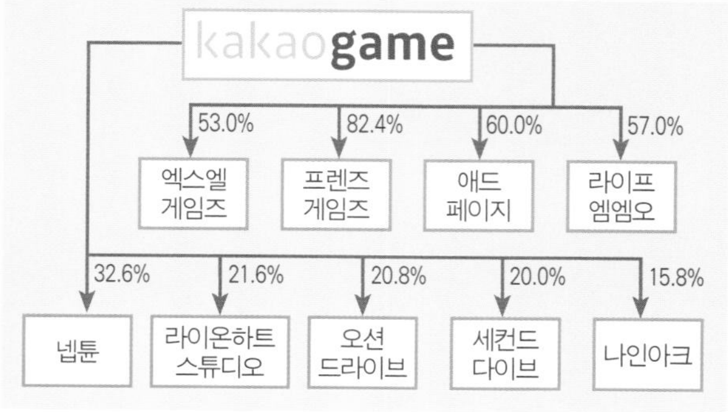

게임 회사의 엘도라도, 중국 시장은 열릴 것인가?

▶ 글로벌 게임 시장 '톱10' (단위: 조 원)

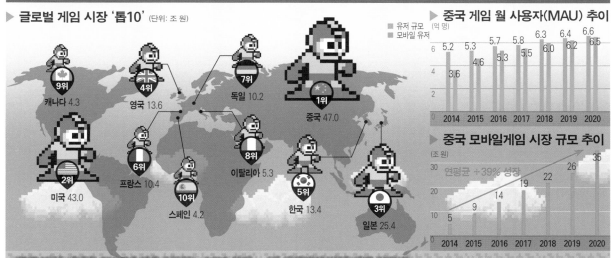

- 캐나다 4.3 (9위)
- 영국 13.6 (4위)
- 독일 10.2 (7위)
- 중국 47.0 (1위)
- 미국 43.0 (2위)
- 프랑스 10.4 (6위)
- 이탈리아 5.3 (8위)
- 한국 13.4 (5위)
- 스페인 4.2 (10위)
- 일본 25.4 (3위)

▶ 중국 게임 월 사용자(MAU) 추이

- 유저 규모
- 모바일 유저

(억 명)

	2014	2015	2016	2017	2018	2019	2020
유저 규모	5.2	5.3	5.7	5.8	6.3	6.4	6.6
모바일 유저	3.6	4.6	5.3	5.5	6.0	6.2	6.5

▶ 중국 모바일게임 시장 규모 추이

(조 원)

연평균 +39% 성장

2014	2015	2016	2017	2018	2019	2020
5	9	14	19	22	26	35

- 중국 게임 시장은 2014년 이후 연평균 +16% 성장 → 전 세계에서 가장 빠른 성장세.
- 중국 게임 시장은 모바일게임 비중이 75%를 차지 → 연평균 성장률 +39%.
- 모바일게임 중 특히 국내 게임사들이 강점을 보이는 MMORPG 및 배틀 로얄 기반의 슈팅 게임 장르 매출 비중이 높아 향후 판호 규제가 완화될 경우 국내 게임사들에게 호재 → 중국은 판호 등 자국 게임 우선 정책의 영향으로 자국 게임 퍼블리셔 중심으로 시장 편재.

▶ 중국 모바일게임 중 장르별 비중

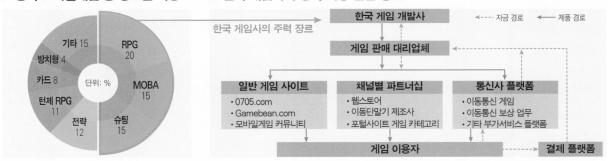

(단위: %)

- 기타 15
- RPG 20
- 방치형 4
- 카드 8
- 턴제 RPG 11
- MOBA 15
- 전략 12
- 슈팅 15

한국 게임사의 주력 장르

▶ 한국 게임사의 중국 시장 진출 경로

---- 자금 경로   ← 제품 경로

- 한국 게임 개발사
- 게임 판매 대리업체
- 일반 게임 사이트
  - 0705.com
  - Gamebean.com
  - 모바일게임 커뮤니티
- 채널별 파트너십
  - 웹스토어
  - 이동단말기 제조사
  - 포털사이트 게임 카테고리
- 통신사 플랫폼
  - 이동통신 게임
  - 이동통신 보상 업무
  - 기타 부가서비스 플랫폼
- 게임 이용자
- 결제 플랫폼

▶ 중국 게임 시장 진출 국내 최선호주 게임사

넷마블

- 이미 '리니지2:레볼루션'과 '블레이드앤소울: 레볼루션'이 중국의 텐센트와 계약을 완료했기 때문에 중국 진출을 위한 준비가 상당히 진전되었고, 판호 발급을 기다리는 상황.
- '일곱개의대죄', '세븐나이츠', '제2의나라' 등 다수의 흥행 게임을 보유하고 있기 때문에 중국 판호 발급 개수가 증가하면 최대 수혜 예상.

펄어비스

- '검은사막 모바일'의 중국 출시가 펄어비스의 실적과 주가에 강력한 모멘텀으로 작용할 것으로 예상 → 텐센트가 투자한 아이드림스카이를 통해 중국에서 서비스를 진행.
- 글로벌 시장에서 흥행하고 콘텐츠가 충분히 축적되어 있기 때문에 중국 시장에서 흥행 가능성이 매우 높게 전망됨.

엔씨소프트

- '블레이드앤소울2'가 출시된 이후 '리니지2M'과 함께 중국 진출을 위한 과정이 부각될 전망.
- 과거 중국 최대 게임사인 텐센트를 통해 다수의 게임을 중국에 출시.
- 최근 중국의 네트워크 및 디바이스 환경이 크게 개선 → 엔씨소프트의 고사양 게임에게 유리한 환경 조성.

'N2'와 'K2' 그리고 뉴 페이스들, 게임주 투자 어디에?

뉴 페이스들의 반란

2022년 게임 업황을 가늠하는 중요한 바로미터는 2021년 11월부터 2022년 2월까지 이어지는 겨울 성수기 시즌이다. 국내 게임 시장은 11월에 열리는 지스타 게임쇼를 시작으로 연중 최대 성수기에 진입하게 된다. 업계에서는 성수기에 맞춰 대형 게임사들이 출시하는 대작들에게 거는 기대가 크다. 크래프톤의 'PUBG:New State'와 엔씨소프트의 '리니지W', 펄어비스의 '검은사막모바일(중국)', 카카오게임즈의 '우마무스메'가 성수기 게임 업황을 좌우할 대작들로 꼽힌다.

2021년 6월에서 8월에 이르는 여름 성수기 시즌에는 다수의 신규 게임들이 기존 매출 순위 상위권에 올라 있는 게임들을 아래로 끌어내리는 서프라이즈를 연출했다. 이로 인해 게임사들의 주가가 크게 요동쳤다. 그 가운데 가장 주목을 끄는 게임으로 카카오게임즈의 '오딘'이 꼽힌다. '오딘'은 그동안 '리니지'가 탄탄하게 구축해오던 MMORPG 장르 뿐 아니라 국내 전체 게임 시장에서 1위를 차지하는 놀라운 성과를 올렸다. 무엇보다 '오딘'은 '리니지'나 '블레이드앤소울'처럼 오랜 기간 동안 충성 유저를 보유한 IP가 아니라는 점이 돋보인다.

국내 게임주 가운데 주가 상승 폭이 가장 컸던 회사는 '쿠킹런:킹덤'으로 대박을 터트린 데브시스터즈다. 데브시스터즈는 2021년 매출이 4,000억 원 안팎에 이를 것으로 전망되는데, 이는 전년 대비 무려 500% 가까이 오른 수치다. 영업이익은 2020년 61억 원 적자에서 900억 원 안팎으로 흑자전환할 것으로 예상된다. '쿠킹런:킹덤'이 터지기 전인 2020년 11월에 데브시스터즈의 주가는 8,000원대를 오가는 수준

이었는데, 그로부터 약 10개월이 흐른 2021년 9월경 주가가 무려 19만 원을 돌파하기도 했다. 당시는 '쿠킹런:킹덤'의 업그레이드판이 출시된 시기인데, 업그레이드판이 미국과 일본에서 예기치 않은 흥행을 올리며 연초에 이어 다시 한 번 놀라운 반등을 기록한 것이다.

데브시스터즈는 '쿠킹런:킹덤'이 터지기 전까지만 해도 신작 출시가 지지부진한 게임사였다. 하지만 지금은 상황이 완전히 바뀌었다. '쿠킹런:킹덤'이라는 캐시카우를 보유하게 되었고, 이를 기반으로 다수의 신작을 동시에 개발할 수 있는 스튜디오를 운영할 수 있게 되었다. 업계에서는 '쿠킹런:킹덤'의 성공이 일회성에 그치지 않고 후속작 개발로 데브시스터즈의 실적이 상승세를 이어갈 것으로 보고 있다.

'N2'와 'K2'의 세대교체 대전(大戰)

카카오게임즈와 데브시스터즈의 성공으로 국내 게임 업계는 세대교체에 대한 주장이 여기저기서 제기되고 있다. 국내 게임 업계는 엔씨소프트와 넷마블이라는 연 매출 2조 원대의 초대형 게임사가 수년 동안 시장을 장악해온 게 사실이다. 두 회사의 한참 아래에서 연 매출 1~2천억 원대의 중소형 게임사들이 치열한 경쟁을 이어왔지만, 결국 '그들만의 마이너리그'였다.

2021년 8월 '배틀그라운드'의 크래프톤이 유가증권 시장에 상장하면서 업계에 지각변동이 일어났다. 크래프톤은 당장 2021년 매출이 2조 원을 넘어설 것으로 예상되면서 이른바 'N2(엔씨소프트, 넷마블)'의 견고한 시장지배력을 해체할 게임체인저로 부상했다. 업계에서는 크래프톤의 상장으로 국내 게임 산업이

'N2'에서 'K2'로 세대교체에 들어간 것으로 보고 있다. 'K2'의 한 자리는 단연 카카오게임즈다. 카카오게임즈의 매출도 2021년에 1조 원대에 육박할 것으로 전망된다.

크래프톤과 카카오게임즈의 광폭 성장은 예견된 일이다. 특히 크래프톤은 세계에서 가장 많이 팔린 게임 가운데 하나로 꼽히는 '배틀그라운드'를 보유한 회사다. '배틀그라운드'는 전 세계 게임 시장을 양분하는 중국과 미국에서 동시에 1위를 기록한 유일한 게임이다. '배틀그라운드' IP를 활용한 '배틀그라운드 모바일'은 2021년 3월 기준 중국을 제외한 글로벌 누적 다운로드 수 10억 건을 기록하기도 했다.

2022년 게임 업계 승자는 어디?

투자적 관점에서는 'N2'와 'K2'의 격전이 흥미로울 수밖에 없다. 'K2'의 강력한 도전에 'N2'가 순순히 선두자리를 내놓지 않을 게 분명하기 때문이다. 2022년에는 국내 게임 업계가 지금까지 볼 수 없었던 이른바 '세대교체 전쟁'을 선포하는 원년이 될 전망이다. 치열한 경쟁의 승자는 당연히 신작 출시에서 판가름 날 것으로 보인다.

2021년 겨울 성수기에서 시작해 2022년을 뜨겁게 달굴 초대형 신작으로 크래프톤의 'PUBG:New State'가 주목을 끈다. 'PUBG:New State'는 전작인 '배틀그라운드'와 기본적인 구성이 유사해 '제살 깎아먹기(cannibalization)' 우려가 제기되기도 하지만, 배틀로얄 장르의 특성상 게임의 형태가 크게 바뀌기는 어렵다. 그보다는 오히려 한층 높아진 그래픽 퀄리티, 훨씬 다양해진 이동 수단과 무기 등이 기대를 모으게 한다.

크래프톤과 힘겨운 경쟁을 이어가야 하는 엔씨소프트는 글로벌 출시 예정인 '리니지W'를 통해 명예 회복을 노린다. 엔씨소프트는 '블레이드앤소울2'의 흥행이 기대에 미치지 못하면서 국내 앱스토어 매출 순위 1위 자리도 카카오게임즈에 내주고 말았다. 이런 상황에서 '리니지W'는 엔씨소프트에게 대단히 중요한 신작이 아닐 수 없다.

결국 게임주는 'N2' 및 'K2'의 초대형 신작의 성패에 좌우될 것으로 보인다. 투자적 관점에서는 신작들의 출시가 차질 없이 진행되고 있는지 및 출시 이후 국내는 물론 글로벌 흥행 성적까지 꼼꼼히 체크해야 한다. 증권가에서는 엔씨소프트의 반등보다는 'K2'인 크래프톤과 카카오게임즈의 신작에 따른 주가 상승 모멘텀을 좀 더 매력적으로 평가하는 눈치다.

'검은사막 모바일'로 판호받아
중국 대륙에 안착한 펄어비스

세대교체 선두주자인 'K2'와 함께 높은 성장이 예상되는 회사로 펄어비스가 꼽힌다. 그 이유는 중국 시장에 대한 기대감 때문이다. 펄어비스는 '검은사막 모바일'의 중국 버전 출시를 앞두고 있다. 2021년 6월에 중국 정부로부터 정식으로 판호를 발급받았고, 퍼블리셔인 텐센트를 통해 사전예약에 들어갔다. 중국 정부의 게임 산업에 대한 규제 및 플랫폼 업체인 텐센트를 향한 간섭이 강해지면서 한때 '검은사막 모바일'의 중국 출시에 제동이 걸리는 게 아니냐는 우려가 제기되기도 했다. 하지만 중국 정부로부터 판호를 받으면서 분위기가 반전되었다.

중국 정부의 게임 규제는 청소년용 게임에 집중되어 있기 때문에 '검은사막'과 같은 MMORPG 장르에 강점이 있는 국내 게임사들에게는 파급효과가 크지 않을 전망이다. 중국 시장 진출의 가장 큰 걸림돌인 판호의 경우, 중국 공급사를 통해 사업을 진행하는 내자 판호방식을 활용하는 것도 좋은 차선책이 될 수 있다.

세계에서 가장 큰 게임 시장인 중국은 여전히 국내 게임사들에게 엘도라도 같은 존재가 아닐 수 없다. 증권가에서 펄어비스에 주목하는 이유는 '검은사막 모바일'을 통한 중국 시장 진출 때문이다. 게임주 투자에 있어서 신작 출시만큼 중요한 게 중국 시장임을 방증하는 대목이다.

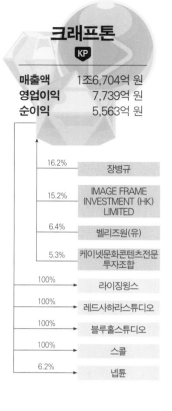

크래프톤 KP

매출액	1조6,704억 원
영업이익	7,739억 원
순이익	5,563억 원

- 16.2% — 장병규
- 15.2% — IMAGE FRAME INVESTMENT (HK) LIMITED
- 6.4% — 벨리즈원(유)
- 5.3% — 케이넷문화콘텐츠전문투자조합
- 100% — 라이징윙스
- 100% — 레드사하라스튜디오
- 100% — 블루홀스튜디오
- 100% — 스콜
- 6.2% — 넵튠

▶ 경영 실적 추이 및 전망

(억 원) ■ 매출(좌) ■ 영업이익(좌) ○ 영업이익률(우) (%)

- 2021E: 매출 2조1,284 / 영업이익 9,068 / 영업이익률 42.61
- 2022F: 매출 3조3,064 / 영업이익 1조5,314 / 영업이익률 46.31

▶ 주가 추이 및 전망

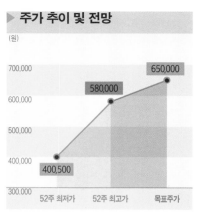

(원)

- 52주 최저가: 400,500
- 52주 최고가: 580,000
- 목표주가: 650,000

▶ 투자포인트

- 2007년에 블루홀스튜디오로 설립하여 2021년 상장된 게임 개발 및 퍼블리싱 업체.
- 사업부문별 매출 비중은 모바일 74.9%, PC 15.8%, 콘솔 1.7% 등이고, 해외 매출이 87.9%를 차지.
- '배틀그라운드'를 통해 배틀로얄 장르를 흥행시켜 글로벌 IP 사업으로 기업가치 크게 상승.
- 2021년에 기존 '배틀그라운드모바일' 차기작인 'PUBG:New State' 출시, 2022년 3분기에는 콘솔 기반 대작인 'Callisto Protocol' 출시 예정 → 'Callisto Protocol'은 2년간 글로벌 기준 1,500만 장 이상 판매, 2022년 매출액 5,316억 원 추산.
- '배틀그라운드'의 장점은 모바일게임 시장 주요국인 미국, 일본, 한국, 중국의 비중이 높지 않다는 점 → 미국, 일본, 한국, 중국을 제외한 글로벌 지역 매출 비중이 80%를 차지하기 때문에 향후 거대 시장에서의 성장여력 충분.

▶ 배틀로얄 장르 글로벌 시장 규모 비교

(십억 달러)

'배틀그라운드'의 세계적인 흥행으로 배틀로얄이 글로벌 3대 장르로 자리매김.

- 롤플레잉: 25.3
- 어드벤처: 18.2
- 배틀로얄: 15.8
- 슈터: 14.7
- 전략: 13.7
- 시뮬레이션: 11.0
- 스포츠: 10.1
- 퍼즐: 10.0

▶ 대표작 및 신작 매출 추이 및 전망

(억 원) ■ 배틀그라운드 ■ 'PUBGS:NEW STATE'

'배틀그라운드' 매출 감소 부분을 신작 'PUBGS: STATE'로 만회

- 2020: 1조6,165
- 2021E: 1조6,627
- 2022F: 1조2,684
- 2021E: 3,401
- 2022F: 1조3,281

▶ 영업활동 현금흐름 추이 및 전망

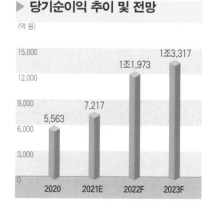

(억 원)

- 2020: 6,490
- 2021E: 7,775
- 2022F: 1조2,123
- 2023F: 1조3,280

▶ 당기순이익 추이 및 전망

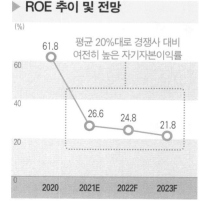

(억 원)

- 2020: 5,563
- 2021E: 7,217
- 2022F: 1조1,973
- 2023F: 1조3,317

▶ ROE 추이 및 전망

(%)

평균 20%대로 경쟁사 대비 여전히 높은 자기자본이익률

- 2020: 61.8
- 2021E: 26.6
- 2022F: 24.8
- 2023F: 21.8

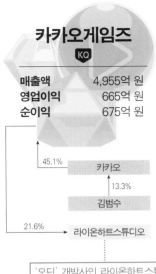

카카오게임즈
KQ

매출액	4,955억 원
영업이익	665억 원
순이익	675억 원

카카오 ← 45.1%
김범수 → 13.3% 카카오
라이온하트스튜디오 ← 21.6%

‘오딘’ 개발사인 라이온하트스튜디오의 지분 콜옵션을 행사할 경우 현재 21.6%인 지분율이 50% 이상으로 증가하게 됨에 따라 연결기준 실적에 반영.

▶ 경영 실적 추이 및 전망

(억 원) ■ 매출(좌) ■ 영업이익(좌) ○ 영업이익률(우) (%)

- 9,967
- 15.91
- 1,586
- 1조3,026
- 19.07
- 2,484

2021E / 2022F

▶ 주가 추이 및 전망

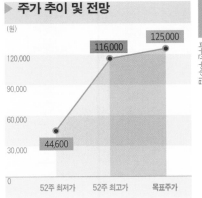

(원)

- 125,000
- 116,000
- 44,600

52주 최저가 / 52주 최고가 / 목표주가

▶ 투자포인트

- 2013년에 (주)엔진으로 설립한 뒤 2020년 상장된 게임 개발 및 공급 업체로, 사업 부문별 매출 비중은 모바일 50.2%, PC 37.1% 등으로 구성.
- 카카오의 플랫폼 역량을 기반으로 다양한 장르의 게임을 서비스하고 있으며, 2021년 ‘오딘:발할라라이징’의 출시에 따른 큰 폭의 매출 성장 → 출시되자 마자 구글과 애플 앱스토어 매출 순위 1위를 기록하며 장기 흥행 가도 진입.
- 동사의 주가는 ‘오딘:발할라라이징’의 양호한 성과로 크게 상승했지만, 이후 모멘텀 약화, 카카오발 규제 우려 등으로 조정.
- 게임을 오프라인 시장으로 확대 → 스크린골프(카카오VX), 스포츠 웨어러블 디바이스(세나테크놀로지), 위치 기반 게임 개발(라이프MMO) 사업에서 성과 기대.
- 2022년에는 ‘오딘’의 대만 출시 및 일본에서 1위를 기록했던 ‘우마무스메’를 비롯해 ‘가디스오더’ 등 신규 게임 출시 예정.

▶ 퍼블리싱 매출 비중 추이 및 전망

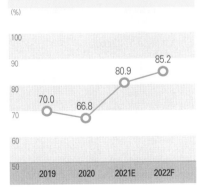

(%)

- 70.0
- 66.8
- 80.9
- 85.2

2019 / 2020 / 2021E / 2022F

▶ 모바일게임 매출 추이 및 전망

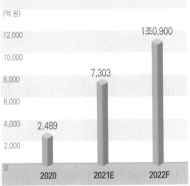

(억 원)

- 2,489
- 7,303
- 1조0,900

2020 / 2021E / 2022F

▶ ‘오딘’ 매출 추이 및 전망

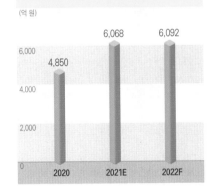

(억 원)

- 4,850
- 6,068
- 6,092

2020 / 2021E / 2022F

▶ 영업활동 현금흐름 추이 및 전망

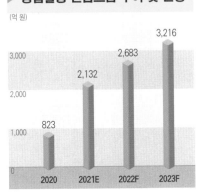

(억 원)

- 823
- 2,132
- 2,683
- 3,216

2020 / 2021E / 2022F / 2023F

▶ 당기순이익 추이 및 전망

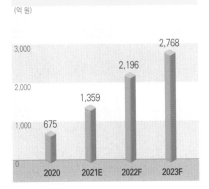

(억 원)

- 675
- 1,359
- 2,196
- 2,768

2020 / 2021E / 2022F / 2023F

▶ ROE 추이 및 전망

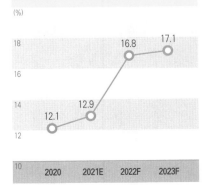

(%)

- 12.1
- 12.9
- 16.8
- 17.1

2020 / 2021E / 2022F / 2023F

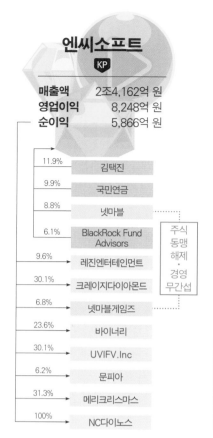

엔씨소프트
KP

매출액	2조4,162억 원
영업이익	8,248억 원
순이익	5,866억 원

11.9%	김택진
9.9%	국민연금
8.8%	넷마블
6.1%	BlackRock Fund Advisors
9.6%	레진엔터테인먼트
30.1%	크레이지다이아몬드
6.8%	넷마블게임즈
23.6%	바이너리
30.1%	UVIFV.Inc
6.2%	문피아
31.3%	메리크리스마스
100%	NC다이노스

주식 동맹 해제 · 경영 무간섭

▶ 경영 실적 추이 및 전망

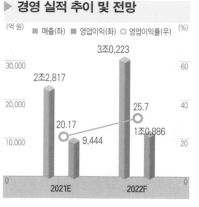

▶ 주가 추이 및 전망

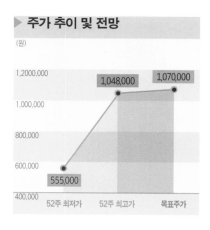

▶ 투자포인트

- '블레이드앤소울2'가 2021년에 기대치를 충족하지 못했지만, '리니지W'를 비롯한 차기 신작 출시로 2022년 매출 및 영업이익 큰 폭 상승 예상.
- 증권가에서는 2021년에 동사의 주가 하락이 '블레이드앤소울2'의 흥행 실패보다는 확률형 아이템과 'Pay to Win'을 기반으로 한 동사의 비즈니스 모델에 대한 우려가 원인으로 평가.
- 차기작인 '리니지W'는 한국뿐 아니라 글로벌 시장을 겨냥한 게임인 만큼 동사는 기존과 다른 비즈니스 모델 적용.
- 신작 출시 간격 단축에 따른 매출 성장 기대 → 2017년 '리니지M', 2019년 '리니지2M', 2021년 '블레이드앤소울2'를 출시하며 그동안 신작을 2년 간격으로 출시. 이후 크래프톤과의 치열한 경쟁으로 2021년 '리니지W', 2022년 '아이온2', '프로젝트TL' 등으로 출시 간격이 짧아질 전망.

▶ 로열티 매출 추이 및 전망

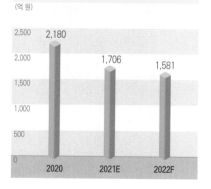

▶ '리니지M' 매출 추이 및 전망

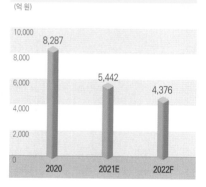

▶ '리니지W' 매출 추이 및 전망

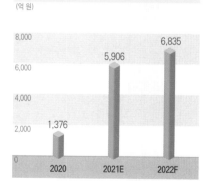

▶ 영업활동 현금흐름 추이 및 전망

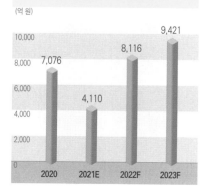

▶ 현금DPS 추이 및 전망

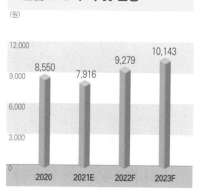

▶ 당기순이익 추이 및 전망

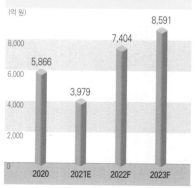

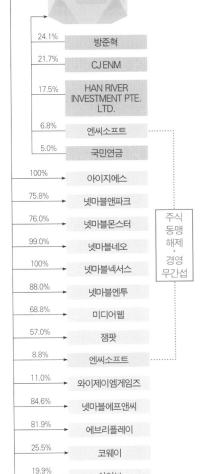

넷마블
KP

매출액	2조4,848억 원
영업이익	2,720억 원
순이익	3,380억 원

- 24.1% 방준혁
- 21.7% CJ ENM
- 17.5% HAN RIVER INVESTMENT PTE. LTD.
- 6.8% 엔씨소프트
- 5.0% 국민연금

- 100% 아이지에스
- 75.8% 넷마블앤파크
- 76.0% 넷마블몬스터
- 99.0% 넷마블네오
- 100% 넷마블넥서스
- 88.0% 넷마블엔투
- 68.8% 미디어웹
- 57.0% 잼팟
- 8.8% 엔씨소프트
- 11.0% 와이제이엠게임즈
- 84.6% 넷마블에프앤씨
- 81.9% 에브리플레이
- 25.5% 코웨이
- 19.9% 하이브

주식 동맹 해제 · 경영 무간섭

▶ 경영 실적 추이 및 전망

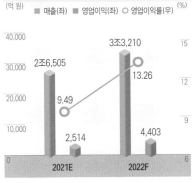

(억 원)
■ 매출(좌) ■ 영업이익(좌) ○ 영업이익률(우)

- 2021E: 매출 2조6,505, 영업이익 2,514, 영업이익률 9.49
- 2022F: 매출 3조3,210, 영업이익 4,403, 영업이익률 13.26

▶ 주가 추이 및 전망

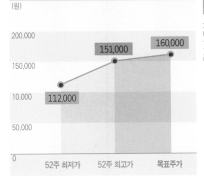

(원)

- 52주 최저가: 112,000
- 52주 최고가: 151,000
- 목표주가: 160,000

▶ 투자포인트

- 2011년 CJ ENM에서 분할되어 2017년 상장된 게임 개발 및 퍼블리싱 업체로, 해외 매출 비중이 70%로 글로벌 사업에 강점 → '리니지2 레볼루션', '블레이드앤소울 레볼루션', '킹오브파이터즈올스타' 등의 글로벌 론칭에 성공.
- 2021년 다수 신규 게임 출시와 4분기부터 'SpinX Games'의 연결기준 실적 편입으로 2022년 매출 상승 예상 → '세븐나이츠2'의 글로벌 버전과 '세븐나이츠 레볼루션', 'BTS드림:타이니탄하우스', '머지쿠야아일랜드' 등 신작 출시.
- 동사가 인수를 결정한 'SpinX Games'는 글로벌 소셜 카지노 3위 업체로, 2020년 매출액 4,701억 원(+99.1% yoy), 당기순이익 1,101억 원(+119.8% yoy) 기록.
- 동사는 'SpinX Games' 인수 자금 마련을 위해 보유하고 있던 카카오게임즈와 카카오뱅크의 지분 매각 → 투자자산 가치는 하락했지만, 게임 사업의 실적은 좋아짐.

▶ '제2의나라' 매출 추이 및 전망

(억 원)

- 2021E: 3,724
- 2022F: 5,579
- 2023F: 3,844

▶ '세븐나이츠 레볼루션' 매출 추이 및 전망

(억 원)

- 2020: 385
- 2021E: 1,987
- 2022F: 1,361

▶ 영업활동 현금흐름 추이 및 전망

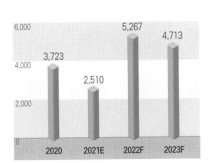

(억 원)

- 2020: 3,723
- 2021E: 2,510
- 2022F: 5,267
- 2023F: 4,713

▶ 당기순이익 추이 및 전망

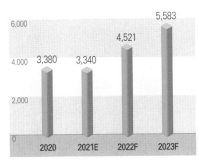

(억 원)

- 2020: 3,380
- 2021E: 3,340
- 2022F: 4,521
- 2023F: 5,583

▶ 자본총계 추이 및 전망

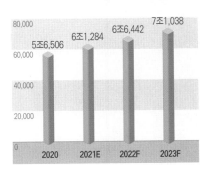

(억 원)

- 2020: 5조6,506
- 2021E: 6조1,284
- 2022F: 6조6,442
- 2023F: 7조1,038

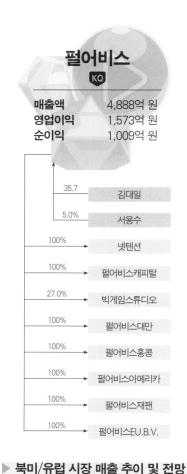

펄어비스
KQ

매출액	4,888억 원
영업이익	1,573억 원
순이익	1,009억 원

- 35.7 — 김대일
- 5.0% — 서용수
- 100% — 넷텐션
- 100% — 펄어비스캐피탈
- 27.0% — 빅게임스튜디오
- 100% — 펄어비스대만
- 100% — 펄어비스홍콩
- 100% — 펄어비스아메리카
- 100% — 펄어비스재팬
- 100% — 펄어비스EU.B.V.

▶ 경영 실적 추이 및 전망

(억 원) ■ 매출(좌) ■ 영업이익(좌) ○ 영업이익률(우) (%)

- 2021E: 매출 4,017, 영업이익 421, 영업이익률 10.44
- 2022F: 매출 8,578, 영업이익 3,640, 영업이익률 44.01

▶ 주가 추이 및 전망

(원)

- 52주 최저가: 46,660
- 52주 최고가: 145,200
- 목표주가: 150,000

▶ 투자포인트

- 해외 매출 비중이 77%로 글로벌 사업에 강점이 있으며, 주요 게임인 '검은사막' IP를 바탕으로 온라인/모바일/콘솔/클라우드를 아우르는 라인업 보유.
- '검은사막 모바일'이 중국에서 판호를 통과해 중국 출시 진행 중이며, 동사의 주가 상승 모멘텀으로 작용.
- 2022년 '붉은사막', 2023년 '도깨비'로 이어지는 신규 게임 출시를 준비 중이며, 신규 게임 출시가 차질 없이 진행될 경우 2023년 매출 1조 원 이상 실현 기대 → '붉은사막'은 글로벌 시장을 핵심 타깃으로 콘솔과 PC용으로 출시 예정.
- '검은사막 모바일'은 중국에서 오랜만에 출시하는 한국 게임으로서, 고사양 측면에서 중국 로컬 업체보다 우위에 있으며, 지난 4년 동안 누적된 콘텐츠로 인하여 콘텐츠 소모량이 많은 중국 게임 유저들에게 높은 지지를 얻을 것으로 분석.

▶ 북미/유럽 시장 매출 추이 및 전망

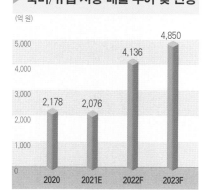

(억 원)

- 2020: 2,178
- 2021E: 2,076
- 2022F: 4,136
- 2023F: 4,850

▶ 아시아(중국 제외) 시장 매출 추이 및 전망

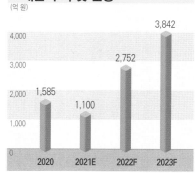

(억 원)

- 2020: 1,585
- 2021E: 1,100
- 2022F: 2,752
- 2023F: 3,842

▶ 자회사 'CCP게임즈' 매출 추이 및 전망

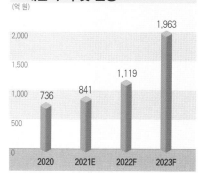

(억 원)

- 2020: 736
- 2021E: 841
- 2022F: 1,119
- 2023F: 1,963

▶ 영업활동 현금흐름 추이 및 전망

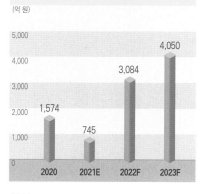

(억 원)

- 2020: 1,574
- 2021E: 745
- 2022F: 3,084
- 2023F: 4,050

▶ 당기순이익 추이 및 전망

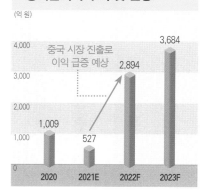

(억 원)

중국 시장 진출로 이익 급증 예상

- 2020: 1,009
- 2021E: 527
- 2022F: 2,894
- 2023F: 3,684

▶ ROE 추이 및 전망

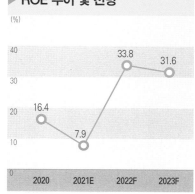

(%)

- 2020: 16.4
- 2021E: 7.9
- 2022F: 33.8
- 2023F: 31.6

데브시스터즈
KQ

매출액	705억 원
영업이익	-61억 원
순이익	-59억 원

20.1%	이지훈
14.5%	컴투스
10.8%	데브시스터즈
9.7%	NHN
100%	쿠키런
100%	데브시스터즈킹덤
100%	데브시스터즈마스
100%	마이쿠키런
100%	메이커스게임즈
100%	프레스에스
94.7%	데브시스터즈 데코플레이

▶ 경영 실적 추이 및 전망

(억 원) ■ 매출(좌) ■ 영업이익(좌) ○ 영업이익률(우) (%)

- 2021E: 매출 3,969 / 영업이익 901 / 영업이익률 22.69
- 2022F: 매출 4,351 / 영업이익 1,197 / 영업이익률 27.51

▶ 주가 추이 및 전망

(원)
- 52주 최저가: 13,200
- 52주 최고가: 199,500
- 목표주가: 220,000

▶ 투자포인트

- 2007년에 설립되어 2014년 코스닥 상장, 주력 게임인 '쿠키런' IP를 이용해 다양한 후속작 개발, 2016년 이후 개발 스튜디오를 자회사로 두는 방식으로 기업구조 개편.
- 2021년 1월 출시된 '쿠키런:킹덤'의 흥행 성공으로 흑자전환하는 첫 해에 창립 이래 최대 영업이익뿐만 아니라 20%대에 달하는 영업이익률 기록.
- 2021년 9월에 '쿠키런:킹덤' 업데이트 이후 특별한 해외 마케팅 없이 미국, 캐나다, 일본 등에서 사용자수 및 매출 급증.
- '쿠키런:킹덤'의 중국 시장 본격 진출을 위해 중국 업체와 퍼블리싱 계약을 체결하고 판호 발급 기다리고 있는 상황.
- '쿠키런:킹덤' 성공 이후 후속작('브릭시티', '오븐스매쉬', '세이프하우스') 출시로 높은 성장세를 이어갈 것으로 기대됨.

▶ 매출 추이 및 전망

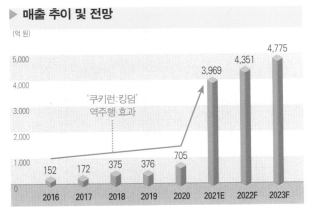

(억 원)

'쿠키런:킹덤' 역주행 효과

- 2016: 152
- 2017: 172
- 2018: 375
- 2019: 376
- 2020: 705
- 2021E: 3,969
- 2022F: 4,351
- 2023F: 4,775

▶ 영업이익 추이 및 전망

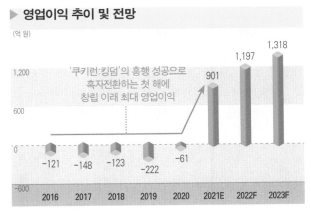

(억 원)

'쿠키런:킹덤'의 흥행 성공으로 흑자전환하는 첫 해에 창립 이래 최대 영업이익

- 2016: -121
- 2017: -148
- 2018: -123
- 2019: -222
- 2020: -61
- 2021E: 901
- 2022F: 1,197
- 2023F: 1,318

▶ 영업활동 현금흐름 추이 및 전망

(억 원)

- 2020: -40
- 2021E: 708
- 2022F: 908
- 2023F: 1,110

▶ 당기순이익 추이 및 전망

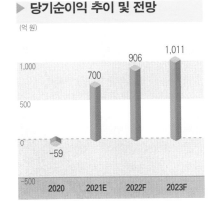

(억 원)

- 2020: -59
- 2021E: 700
- 2022F: 906
- 2023F: 1,011

▶ ROE 추이 및 전망

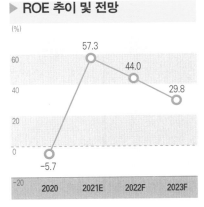

(%)

- 2020: -5.7
- 2021E: 57.3
- 2022F: 44.0
- 2023F: 29.8

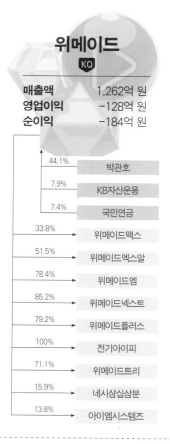

위메이드
KQ

매출액	1,262억 원
영업이익	−128억 원
순이익	−184억 원

- 박관호 44.1%
- KB자산운용 7.9%
- 국민연금 7.4%
- 위메이드맥스 33.8%
- 위메이드엑스알 51.5%
- 위메이드엠 78.4%
- 위메이드넥스트 85.2%
- 위메이드플러스 79.2%
- 전기아이피 100%
- 위메이드트리 71.1%
- 네시삼십삼분 15.9%
- 아이엠시스템즈 13.8%

▶ 경영 실적 추이 및 전망

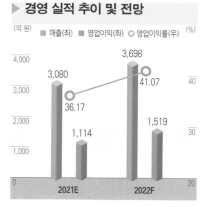

(억 원) ■ 매출(좌) ■ 영업이익(좌) ○ 영업이익률(우) (%)

- 2021E: 3,080 / 1,114 / 36.17
- 2022F: 3,698 / 1,519 / 41.07

▶ 주가 추이 및 전망

(원)
- 52주 최저가: 17,226
- 52주 최고가: 245,700
- 목표주가: 190,000

▶ 투자포인트

- '미르의전설 시리즈', '창천', '이카루스' 등을 주요 게임으로 보유하고 있으며, 신작 보다는 라이선스 매출에 강점이 있음 → 2021년 1분기에 202억 원의 라이선스 매출을 실현하며 2018년 이후 최고치 기록.
- 국내에서 흥행하며 게임성이 입증된 '미르의전설4'의 글로벌 버전 출시로 2022년 높은 실적 상승 예상 → PC−모바일 크로스플랫폼을 지원하며 스팀 플랫폼에도 론칭 → 글로벌 버전은 블록체인 기술이 적용된 게임.
- '미르의전설4'의 중국 출시에 대한 기대감 높음 → 중국 내 게임 관련 규제는 미성년 관련 내용으로 '미르의전설' IP와 무관.
- 중국에서 '미르의전설' 판호 발급이 이뤄질 경우, 퍼블리셔 선정 자체가 주가 상승 모멘텀으로 작용.

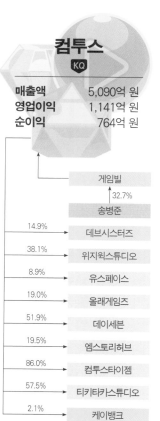

컴투스
KQ

매출액	5,090억 원
영업이익	1,141억 원
순이익	764억 원

- 게임빌
- 송병준 32.7%
- 데브시스터즈 14.9%
- 위지윅스튜디오 38.1%
- 유스페이스 8.9%
- 올래게임즈 19.0%
- 데이세븐 51.9%
- 엠스토리허브 19.5%
- 컴투스타이젬 86.0%
- 티키타카스튜디오 57.5%
- 케이뱅크 2.1%

▶ 경영 실적 추이 및 전망

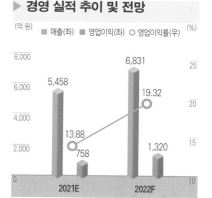

(억 원) ■ 매출(좌) ■ 영업이익(좌) ○ 영업이익률(우) (%)

- 2021E: 5,458 / 758 / 13.88
- 2022F: 6,831 / 1,320 / 19.32

▶ 주가 추이 및 전망

(원)
- 52주 최저가: 92,900
- 52주 최고가: 183,300
- 목표주가: 210,000

▶ 투자포인트

- 전체 매출의 74%가 동사 최대 히트작인 '서머너즈워'에서 발생 → 출시 7년차에 접어들면서 매출 감소세가 우려되며, 단일 게임으로 인한 디스카운트 탈피를 위해 다양한 신작 라인업 준비 중.
- 동사는 텍스트 기반 원천 IP부터 영상, 메타버스, 게임, 금융에 이르는 콘텐츠 밸류체인 확보 → 동사가 투자한 상장사 중에서 데브시스터즈와 위지윅스튜디오의 주가가 가파른 상승을 실현하면서 최근 이들 두 투자회사에 대한 동사 지분가치가 크게 부각.
- 동사의 지분율은 데브시스터즈 14.9%, 위지윅스튜디오 38.1%이며, 위지윅스튜디오는 2021년 4분기부터 연결대상으로 편입 → 데브시스터즈와 위지윅스튜디오, 케이뱅크의 투자 평가이익이 8,000억 원에 이름.

네오위즈
KQ

매출액	2,896억 원
영업이익	603억 원
순이익	622억 원

- 30.7% → 네오위즈홀딩스
- 42.4% → 나성균 (5.1%)
- 100% → 게임온
- 69.8% → 네오위즈겜프스
- 100% → 애디스콤
- 21.2% → 모비릭스
- 25.0% → 퀘스트게임즈
- 70.0% → 슈퍼플렉스
- 70.4% → 네오팝
- 5.6% → 네오팝 (우선주)

▶ 경영 실적 추이 및 전망

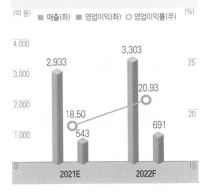

(억 원) ■ 매출(좌) ■ 영업이익(좌) ○ 영업이익률(우) (%)

- 2021E: 매출 2,933, 영업이익 543, 영업이익률 18.50
- 2022F: 매출 3,303, 영업이익 691, 영업이익률 20.93

▶ 주가 추이 및 전망

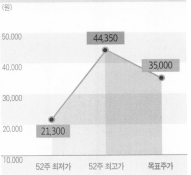

(원)

- 52주 최저가: 21,300
- 52주 최고가: 44,350
- 목표주가: 35,000

▶ 투자포인트

- 국내 사업 비중이 64%로 해외(35%)에 비해 높고, 웹보드게임이 캐시카우 역할을 함 → 최근 웹보드게임의 자율 규제 강화로 단기 실적은 소폭 영향을 받을 수 있으나, 스팀 플랫폼을 통해 2022년에 다양한 신규 게임 출시 예정.
- 동사는 2021년 'Skul:The Hero Slayer', '블레스언리쉬드'와 '여신풍폭'을 차례로 론칭시키며 다양한 장르와 플랫폼에서 성과를 내고 있음 → 대형 기대작 보다는 중소형 작품 위주로 성장.
- 자회사 게임온에서 퍼블리싱하는 '엘리온'과 '킹덤:전쟁의불씨'가 일본에서 선보일 예정이며, '언소울드', 'AVA' 등도 출시 임박.
- 웹보드 사업은 2020년 규제 완화 이후 매출이 성장했지만, 2021년 2분기에 규제 강화로 성장 둔화 → 겨울 성수기 시즌 진입으로 회복 예상.

웹젠
KQ

매출액	2,941억 원
영업이익	1,083억 원
순이익	863억 원

- 26.7% → 김병관
- 19.2% → FunGame International Limited
- 100% → 웹젠대반
- 100% → 웹젠아메리카
- 100% → 웹젠WEST
- 100% → 웹젠재팬
- 94.1% → 웹젠온네트
- 100% → 웹젠블랙엔진
- 96.0% → 웹젠레드코어
- 100% → 웹젠큐브

▶ 경영 실적 추이 및 전망

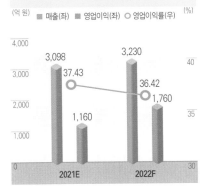

(억 원) ■ 매출(좌) ■ 영업이익(좌) ○ 영업이익률(우) (%)

- 2021E: 매출 3,098, 영업이익 1,160, 영업이익률 37.43
- 2022F: 매출 3,230, 영업이익 1,760, 영업이익률 36.42

▶ 주가 추이 및 전망

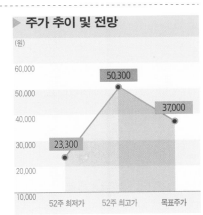

(원)

- 52주 최저가: 23,300
- 52주 최고가: 50,300
- 목표주가: 37,000

▶ 투자포인트

- '뮤(MU)', 'R2' 등 자사 IP를 활용한 게임 및 라이선스 비즈니스를 주요 매출원으로 함 → '뮤'의 중국 시장 내 높은 인지도를 감안할 경우 판호를 받기가 어려운 상황에서 동사의 IP 라이선스 전략 주목.
- 2021년 9월 한국에서 출시한 '뮤 아크엔젤2'가 양호한 성과를 거두면서 '뮤'의 IP 가치를 재확인했지만, 그보다 앞서 출시한 '영요대천사'와 '전민기적2'의 매출 하락세가 예상보다 크게 나타난 점 고려.
- 동사의 IP를 활용하는 게임들은 대부분 MMORPG 장르로 청소년 비중이 높지 않고, 판호 발급 이슈에서도 중국 개발사가 '뮤' IP를 활용하여 게임을 개발하고 동사는 로열티만 수취하는 비즈니스 모델이기 때문에(내자판호 중심으로 발급), 직접적인 규제 영향은 제한적임.

07 메타버스

📈 메타버스의 4대 비즈니스 모델 📈

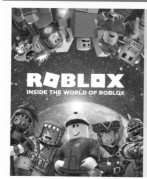

가상세계 [Virtual World]

현실에 존재하지 않는 세상으로, 사용자들은 디지털 기술로 구현된 아바타를 통해 가상세계에서 현실과 유사한 경험 충족.

로블록스, 포트나이트, 세컨드라이프, 네이버Z(제페토) 등

거울세계 [Mirror World]

현실의 모습, 정보 등을 복사하듯 만들어낸 메타버스로, 물리적 세계를 최대한 사실적으로 재현하되 정보를 추가해 그래픽으로 구현.

구글어쓰, 네이버지도(거리뷰), 가상학교, 업랜드(NFT 부동산투자게임) 등

증강현실 [Augumented Reality]

물리적 환경에 가상의 사물이나 인터페이스 등을 겹쳐서 생성하는 혼합현실로, 모바일 화면이나 전용 안경을 통해서 가시화.

포켓몬, AR글래스 등

라이프로깅 [Lifelogging]

대화, 생각, 감정, 신체, 움직임, 경험 등의 정보를 직접 또는 기기를 통해 기록하고 가상의 공간에 재현하는 시스템.

나이키트레이닝클럽, 웨어러블기기 등

📈 글로벌 빅테크들의 메타버스 생태계 침투 📈

■ 해외 기업 ■ 국내 기업

인프라	마이크로소프트	혼합현실 기기 홀로렌즈 개발·출시	구글	구글렌즈 등 AR/VR 시스템 개발
	아마존	VR 기술을 활용한 AR뷰 서비스	SKT, KT, LGU	VR/AR 관련 HMD, 글래스 등 서비스
플랫폼	로블록스	미국 MZ세대로부터 두터운 지지를 받는 게임 플랫폼 서비스	네이버	2억 명 유저 거느린 네이버Z(제페토) 운영
	페이스북	헤드셋 오큘러스 퀘스트 및 SNS 호라이즌 서비스	카카오	카카오톡 활용한 메타버스 캠퍼스 운영
하드웨어	삼성전자	갤럭시 기어 등 VR 헤드셋 제조	애플	앱스토어 AR 보유 및 AR글래스 출시
	엔비디아	고품질 그래픽 콘텐츠 처리용 GPU 제조	코핀	웨어러블 시스템 핵심 기술 보유
소프트웨어	자이언트스텝	메타버스에 최적화된 리얼타임 콘텐츠 기술 보유	위지윅스튜디오	국내 최초 월트디즈니 CG/VFX 공식 벤더
	덱스터	영화, 드라마, 광고 등 영상 콘텐츠 제작에서 독보적인 VFX 기술 보유	알체라	네이버 제페토에 전신인식 기술 독점 제공

➤ 국내 증시에서 메타버스 최선호주

🗿 로블록스의 성장 → 메타버스의 미래 가치를 가늠하는 바로미터! 🗿

▶ 로블록스 매출 추이 및 전망

(백만 달러)

- 2020: 924
- 2021E: 2,093
- 2022F: 2,721
- 2023F: 3,502

▶ 로블록스 영업이익 추이 및 전망

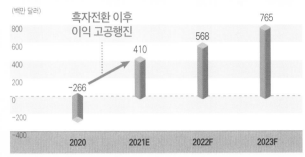

(백만 달러)

흑자전환 이후
이익 고공행진

- 2020: -266
- 2021E: 410
- 2022F: 568
- 2023F: 765

▶ 로블록스 기업가치 추이

(십억 달러)

상장 이후 로블록스의 기업가치는
388억 달러까지 상승.
상장 전 예상했던 기업가치
295억 달러 대비 30% 급증.

- 2019.9: 2.5
- 2020.2: 4.0
- 2021.1: 38.8

▶ 미국 십대들의 플랫폼 접속시간

(분)

로블록스의
2020년 연간 DAU는
3,258만 명(+85% y-y),
사용시간은
306억 시간(+124% y-y).

- 로블록스: 156
- 틱톡: 58
- 유튜브: 54
- 인스타그램: 35
- 페이스북: 21

- 로블록스는 2014년 설립된 아동(16세 미만 어린이) 친화적인 게임 플랫폼 기업으로, 레고 블록을 닮은 디지털 캐릭터를 특징으로 함. 기업공개 당시 상장신고서에 '메타버스'를 16번 언급하면서 메타버스 신드롬을 몰고 온 장본인. 상장 첫날 기준가격 45달러 대비 54% 상승한 69.5달러에 마감.
- 전 세계 180개 나라 700만 명의 개발자가 3D 디지털 콘텐츠를 제작. 게임 플레이는 무료이지만, 게임 내 아이템 및 기능 자산 등의 취득은 유료. 게임 내 가상화폐인 '로벅스'를 지불수단으로 사용. 로벅스와 현실 화폐의 교환도 가능. 로벅스 판매로 고수익 창출.

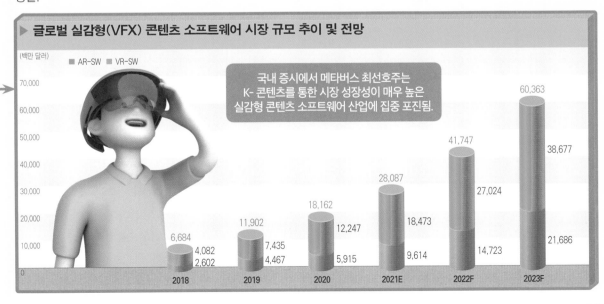

▶ 글로벌 실감형(VFX) 콘텐츠 소프트웨어 시장 규모 추이 및 전망

(백만 달러) ■ AR-SW ■ VR-SW

국내 증시에서 메타버스 최선호주는
K-콘텐츠를 통한 시장 성장성이 매우 높은
실감형 콘텐츠 소프트웨어 산업에 집중 포진됨.

- 2018: AR-SW 4,082 / VR-SW 2,602 (총 6,684)
- 2019: AR-SW 7,435 / VR-SW 4,467 (총 11,902)
- 2020: AR-SW 12,247 / VR-SW 5,915 (총 18,162)
- 2021E: AR-SW 18,473 / VR-SW 9,614 (총 28,087)
- 2022F: AR-SW 27,024 / VR-SW 14,723 (총 41,747)
- 2023F: AR-SW 38,677 / VR-SW 21,686 (총 60,363)

메타버스 투자주의보, 버블을 경계한다!

투자적 관점에서 메타버스 바라보기

메타버스(metaverse)란 '초월'을 뜻하는 '메타(meta)'와 '세계'를 뜻하는 '유니버스(universe)'의 조어로, '현실을 초월한 가상세계'를 의미한다. 투자적 관점으로는 VR(가상현실)과 AR(증강현실) 등의 기술이 창출하는 산업을 가리킨다.

메타버스가 하나의 신드롬을 일으킬 정도로 세상 곳곳으로 확산되고 있다. 주식 시장에서도 마찬가지다. 메타버스가 테마를 이루며 투자자들로부터 큰 관심을 받고 있다. 페이스북, 아마존, 애플, 마이크로소프트 등 글로벌 '빅테크'들이 메타버스를 미래 사업으로 삼고 있기 때문이다. 국내에서도 삼성전자, 네이버, 카카오, 엔씨소프트, LG이노텍, 하이브 등 유명 기업들이 저마다 메타버스 사업에 진출해 있다.

하지만, 투자적 관점에서 이들 기업들을 메타버스 핵심 투자처로 다루는 것은 무리가 있다. 삼성전자와 네이버 같은 경우 메타버스가 매출이나 영업이익 등 실적에 미치는 영향이 아직은 미미하기 때문이다. 페이스북이나 애플도 다르지 않다.

메타버스 신드롬에 터 잡아 상품명에 메타버스를 넣은 공모펀드(삼성자산운용의 '삼성글로벌메타버스펀드', KB자산운용의 'KB글로벌메타버스경제펀드' 등)나 ETF(미국 라운드힐 인베스트의 '라운드힐 볼 메타버스 ETF') 등도 제법 눈에 띈다. 이러한 펀드들은 페이스북, 애플, 네이버 등 메타버스 사업을 직·간접으로 수행하는 국내외 빅테크들의 주식에 분산투자하는 상품들이다. 그렇지만 이 역시도 펀드에 편입된 해당 빅테크들의 실적과 주가가 메타버스에 국한해 변동한다고 볼 수 없다. 즉, 상품명에 메타버스란 말이 쓰였다는 것만으로 메타버스에 오롯이 투자했다고 하기에는 한계가 있

다. 그렇다면 투자적 관점에서 메타버스를 주의 깊게 살펴볼 사업 영역과 기업들은 어디일까?

실감형(VFX) 콘텐츠 회사 주목

메타버스를 주력으로 하는 기업들은 대체로 소프트웨어와 콘텐츠 회사들이다. 그중에서도 디지털 콘텐츠에 강점이 있는 VFX(특수시각효과)와 엔터테인먼트, 게임 회사들이 투자적 관점에서 메타버스 최선호주로 꼽힌다. 영화와 광고 등에서 발군의 VFX 기술을 갖춘 자이언트스텝과 덱스터, 케이팝의 최전선에 있는 아이돌스타를 보유한 하이브와 SM 등 엔터테인먼트 회사, 그리고 미국 로블록스처럼 메타버스 기술을 게임에 적극 도입하고 있는 엔씨소프트 같은 기업들이 국내 증시에서 메타버스 최선호주로 거론된다. 이 가운데서도 특히 가장 직접적인 메타버스 수혜 종목은 VFX 회사들이다.

VFX 회사들이 메타버스 투자의 맨 앞줄에 서는 이유는, 고공행진 중인 실감형 콘텐츠 시장 덕분이다. 실감형 콘텐츠란, 콘텐츠의 이용자가 다른 대상이 된 것 같은 느낌을 주거나 영상 속에 들어가 있는 것 같은 생생함을 주는 콘텐츠를 말한다. VR(가상현실), AR(증강현실), XR(혼합현실) 등이 대표적인 실감형 콘텐츠에 속한다.

기존 디지털 콘텐츠에서 VFX 기술은 실사촬영이 어려운 상황에 놓인 영상 제작 단계를 이미지 변경, 생성 또는 합성 등을 통해 사실적인 캐릭터 및 환경으로 만들어내는 과정에 그쳤다. 메타버스는 여기서 한 걸음 더 나아간다. 메타버스에서는 리얼타임 엔진과 AI 기술을 접목하여 실감형 콘텐츠 이용자(소비자 또는 수요자)와 실시간으로 소통하면서 콘텐츠

를 소비하게 만드는 핵심 기술로 진화하고 있다. 아울러 메타버스 내에서는 모든 콘텐츠가 단지 한방향의 디지털로 소비되는 데 그치지 않고 현실세계(리얼리티)와 연결되는 데, 그 연결고리 역할을 하는 것이 HMD(Head Mounted Display), 모션 제스처 인식 기술 등을 활용한 VR, AR, MR 등이다.

'메타버스 이코노미'로의 대전환

글로벌 컨설팅 기업 프라이스워터하우스쿠퍼스(PwC)는 메타버스에 직·간접적으로 연결된 시장을 가리키는 '메타버스 이코노미' 규모가 2020년에 50조 원 안팎에서 2025년경 500조 원을 훌쩍 넘긴 뒤 2030년에 무려 1,700조 원을 상회할 것으로 전망했다.

'메타버스 이코노미'로의 전환은 이미 수년 전부터 예견되어왔다. 페이스북은 VR기기 개발업체 '오큘러스'를 2014년 20억 달러(약 2조3,000억 원)를 들여 인수했는데, 당시 페이스북 투자 중 최고액이었다. VR 헤드셋 전용 플랫폼 '페이스북 호라이즌'은, 가상현실 속에서 자신의 캐릭터를 생성해 타인과 이야기를 나누고, 영화를 함께 보거나 게임을 즐길 수 있는 환경이다. 마이크로소프트는 2015년부터 AR헤드셋 '홀로렌즈'를 개발해왔다. '기업용 메타버스'를 표방한 VR/AR 플랫폼 'MS 메시(Mesh)'는, 홀로렌즈를 이용해 타인과 대화하거나 업무를 공유할 수 있어, 포스트 팬데믹 이후 언택트 워킹 영역에서 활용도가 더욱 커졌다.

메타버스 신드롬은 국내에서도 뜨겁다. BGF리테일이 운영하는 편의점 CU는 가상공간에 첫 매장을 오픈했다. 전 세계적으로 2억 명이 이용하는 네이버 메타버스 플랫폼 '제페토'에 점포를 개장한 것이다. 위치는 제페토 내 인기 맵 중 하나인 한강공원이다. CU 제페토 한강공원점 방문자는 상품을 주문하고 한강 둔치 파라솔이나 테이블을 이용할 수 있다. 현대자동차는 제페토에서 '쏘나타 N 라인' 가상 시승 체험 서비스를 열어 화제가 됐다. SM엔터테인먼트 소속 걸그룹 '에스파'는 가상공간을 주요 활동무대로 삼아 폭발적인 인기를 구가하고 있다. 아이돌 멤버들의 실사에 가까운 아바타를 통해 콘서트와 팬미팅 등 다양한 활동을 수행하며 엄청난 부가가치를 올리고 있는 것이다.

투자는 차가운 현실, 흥분을 가라앉혀야

메타버스를 주력 사업으로 표방한 국내 몇몇 기업들이 상장하면서 투자자들로부터 뜨거운 관심을 받고 있다. 국내 최초로 AR 플랫폼을 상용화한 기업 맥스트의 공모주 청약에 6조 원 이상이 몰렸고, 평균 청약 경쟁률은 무려 3,381대1이었다. 맥스트는 전 세계 50개국, 약 12,000개 개발사에 AR 플랫폼을 공급하고 있다. 자이언트스텝은 2021년 3월 상장 이후 불과 몇 개월 만에 기업가치가 10배가량 커졌다. 광고와 영상 VFX 전문업체인 자이언트스텝은, SM엔터테인먼트 소속 걸그룹 '에스파'의 버추얼 아바타를 제작했고, 삼성전자와 현대자동차 등의 광고에 VFX 기술을 적용했다. 미국시장에까지 진출해 디즈니와 유니버설의 공식 벤더로도 유명하다. 상장 당시 11,000원이던 공모가가 한때 10배 이상 오르기도 했다. 네이버Z와 조인트벤처(JV) '플레이스에이'를 설립한 알체라는 얼굴인식 전문업체다. 네이버 메타버스 플랫폼 '제페토'에서 아바타 생성에 필요한 기술을 제공하고 있다. 2020년 12월 상장 당시 10,000원이었던 공모가가 3배 이상 올랐는데, 증권사의 목표주가는 그 이상이다.

그런데 주식 시장에서 메타버스를 '황금 알을 낳는 거위'라고 단정하기에는 조심스러운 부분이 적지 않다. 무엇보다 페이스북이나 네이버 같은 국내외 빅테크들이 메타버스에서 광고 등 구체적인 수익모델을 찾기까지는 시간이 좀 더 필요해 보인다. 메타버스를 주력으로 하는 회사들의 재무제표도 꼼꼼히 따져볼 필요가 있다. 높은 성장성은 이미 주가에 반영되었다고 볼 수 있다. 관건은 향후 2~3년 안에 얼마나 이익을 낼 수 있을지에 달렸다. 주가와 실적 사이에 괴리가 커질수록 거품 논란에서 자유로울 수 없다. 메타버스 최선호주들이 넘어서야 할 통과의례다.

자이언트스텝
KQ

매출액	202억 원
영업이익	−15억 원
순이익	−14억 원

18.9%	하승봉
15.4%	강연주
7.5%	네이버
5.5%	이지철
5.5%	최일진
5.5%	심재일
100%	빅인스웨어
100%	키마시스템즈
66.7%	브이레인저

▶ 경영 실적 추이 및 전망

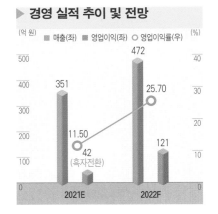

(억 원) ■ 매출(좌) ■ 영업이익(좌) ○ 영업이익률(우) (%)

- 2021E: 매출 351, 영업이익 42 (흑자전환), 영업이익률 11.50
- 2022F: 매출 472, 영업이익 121, 영업이익률 25.70

▶ 주가 추이 및 전망

(원)

- 52주 최저가: 21,417
- 52주 최고가: 172,000
- 목표주가: 150,000

▶ 투자포인트

- 광고·영상 VFX 및 리얼타임콘텐츠(실감콘텐츠) 솔루션 전문기업으로, 리얼타임 콘텐츠 제작 분야에서 국내 최고 수준의 기술 및 장비 운영 능력 갖춤.
- 네이버는 동사의 기술력을 높게 평가해 지분 투자를 통해 긴밀한 협력 관계 유지 → 상장 직전인 2020년에 네이버가 동사의 기업가치를 780억 원 가량으로 평가해 동사의 증자에 참여.
- 2021년과 2022년을 기점으로 리얼타임 엔진을 활용한 콘텐츠 생산능력이 실적에 본격 반영될 예정 → 증권가에서는 버추얼 휴먼 캐릭터 등 새로운 콘텐츠 제작과 기존 광고 사업의 확장을 통해 2021년 흑자전환할 것으로 전망.
- 동사의 높은 주가는 메타버스 시장 성장에 대한 선제적 기대감이 반영된 결과 → 국내 콘텐츠 분야 경쟁사 대비 높은 수준의 PER 감안. 다만, 글로벌 메타버스 기업에 비해서는 저평가(PSR 비교).

▶ 사업부문별 매출 비중

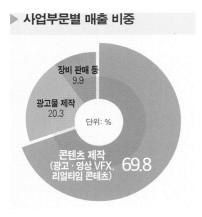

- 장비 판매 등 9.9
- 광고물 제작 20.3
- 콘텐츠 제작 (광고·영상 VFX, 리얼타임 콘텐츠) 69.8

단위: %

▶ 전체 매출 중 리얼타임콘텐츠 매출 성장 전망

(억 원) ■ 기존 사업 ■ 리얼타임콘텐츠

CAGR +95%

- 2020: 39
- 2021E: 105
- 2022F: 216
- 2023F: 292

(2017, 2018, 2019)

▶ 글로벌 메타버스 기업과의 PSR(주가매출비율) 비교

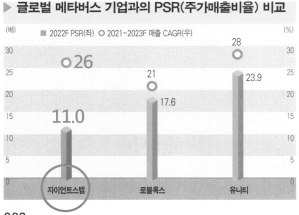

(배) ■ 2022F PSR(좌) ○ 2021~2023F 매출 CAGR(우) (%)

- 자이언트스텝: PSR 11.0, CAGR 26
- 로블록스: PSR 17.6, CAGR 21
- 유니티: PSR 23.9, CAGR 28

▶ 국내 콘텐츠 기업과의 PER 비교 (2022F 기준)

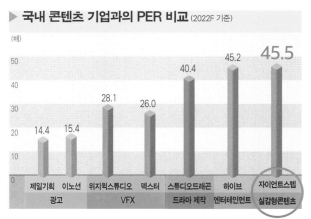

(배)

- 제일기획 14.4 (광고)
- 이노션 15.4 (광고)
- 위지윅스튜디오 28.1 (VFX)
- 덱스터 26.0 (VFX)
- 스튜디오드래곤 40.4 (드라마 제작)
- 하이브 45.2 (엔터테인먼트)
- 자이언트스텝 45.5 (실감형콘텐츠)

082

덱스터 `KQ`

매출액	263억 원
영업이익	2억 원
순이익	-30억 원

19.2% — 김용화

6.7% — CJ ENM

▶ 경영 실적 추이 및 전망

(억 원) ■ 매출(좌) ■ 영업이익(좌) ○ 영업이익률(우) (%)

- 2021E: 매출 426, 영업이익 56, 영업이익률 13.1
- 2022F: 매출 632, 영업이익 104, 영업이익률 16.5

▶ 주가 추이 및 전망

(원)

- 52주 최저가: 5,170
- 52주 최고가: 53,000
- 목표주가: 42,000

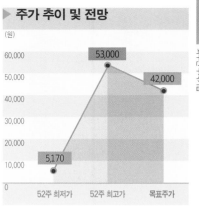

▶ CJ ENM 인수설

덱스터는 2020년 2월에 제3자 배정 유상증자를 통해 CJ ENM으로부터 50억 원 규모의 지분투자 유치. CJ ENM은 6.8% 지분을 보유한 2대주주 등극. CJ ENM의 드라마 제작사인 스튜디오드래곤이 제작한 '아스달연대기'의 VFX를 덱스터가 담당했고, 덱스터의 자회사 덱스터픽쳐스가 제작한 '백두산'의 투자배급을 CJ ENM이 맡기도 함. 이처럼 두 회사의 밀접한 관계로 인해 CJ ENM의 덱스터 인수설 제기됨.

▶ 투자포인트

- '미녀는 괴로워'(2006년), '국가대표'(2009년), '신과 함께' 시리즈(2017~2018년) 등을 연출한 김용화 감독이 2011년에 설립한 VFX 전문회사.
- VFX 사업 이외에 자체 지식재산권(IP)을 확보함으로써 OTT를 비롯한 국내외 플랫폼에 콘텐츠를 공급하는 사업구조로 변화함으로써 장기적으로 안정적인 실적 기반 갖춤.
- 크레마월드와이드와 업무협약을 통해 숏폼 커머스 콘텐츠 공동제작, 메타버스 기반 실감형 콘텐츠 투자 등 기존 영화부문 제작에 광고와 숏폼 콘텐츠 분야를 추가해 성장 모멘텀 마련.
- 웹툰을 원작으로 하는 영화와 드라마가 대세를 이루면서 총 제작비에서 VFX 비용이 차지하는 비중이 갈수록 커지는 추세로 인해 동사를 비롯한 VFX 전문업체의 높은 수혜 예상.

▶ 국내 블록버스터급 영화·드라마에서 VFX 소요 비용

■ 총제작비 ■ VFX 비용 [( )은 비중]

86억 원
30억 원 (35%)

350억 원
190억 원 (54%)

240억 원
70억 원 (29%)

▶ 영업활동 현금흐름 추이 및 전망

(억 원)

- 2020: 166
- 2021E: 94
- 2022F: 208
- 2023F: 231

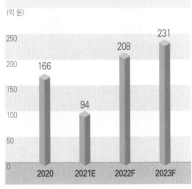

▶ 당기순이익 추이 및 전망

(억 원)

- 2020: -30
- 2021E: 38
- 2022F: 100
- 2023F: 128

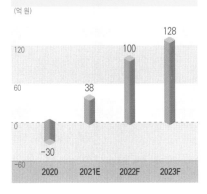

▶ ROE 추이 및 전망

(%)

- 2020: -5.4
- 2021E: 6.5
- 2022F: 15.2
- 2023F: 16.5

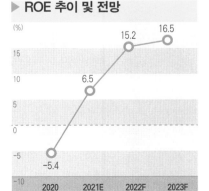

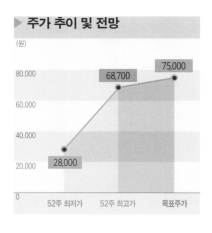

바이브컴퍼니

KQ

매출액	256억 원
영업이익	-34억 원
순이익	-26억 원

40% ─ 김경서 및 관계인

9.2% ─ 카카오

▶ 2대 주주 카카오와의 시너지 효과 기대

바이브컴퍼니는 다음커뮤니케이션 (현 카카오)의 사내벤처기업으로 시작해 2000년에 '다음소프트'라는 사명으로 설립했기 때문에 카카오가 2대 주주로 등극. 향후 메타버스 및 빅데이터 분야에서 카카오와의 전략적 제휴를 통한 시너지 기대.

▶ 경영 실적 추이 및 전망

(억 원) ■ 매출(좌) ■ 영업이익(좌) ○ 영업이익률(우) (%)

- 2021E: 매출 346, 영업이익 25 (흑자전환), 영업이익률 7.12
- 2022F: 매출 424, 영업이익 67, 영업이익률 15.80

▶ 주가 추이 및 전망

(원)

- 52주 최저가: 28,000
- 52주 최고가: 68,700
- 목표주가: 75,000

▶ 투자포인트

- 2000년에 '다음소프트'로 설립하여 2020년 10월에 코스닥 시장에 상장.
- 동사는 현실세계의 '사물, 환경, 시스템' 등을 가상세계에 동일하게 구현하는 기술인 '디지털 트윈' 사업 선도 → '디지털 트윈'이란 건설 예정인 '도시'를 미리 '가상세계'로 현실과 똑같이 재현하여, 홍수, 가뭄, 교통문제, 화재 등에 대한 시뮬레이션을 통해 최적의 현실 상황을 구현하는 기술.
- 디지털 트윈 시장이 개화하면서 동사의 B2G 매출 비중이 기존 50%대에서 70%대로 급증 → 국내에서는 대기업 SI회사들을 제외하고는 경쟁사가 없기 때문에 향후 B2G 뿐 아니라 B2B로의 고객 확산 기대.
- 고객 맞춤형 데이터 구독 서비스 '썸트렌드' 사업으로 캐시카우 마련 → 기존 고객들의 이탈이 적은 반면 적극적인 신규 고객 유입으로 매년 10% 이상의 성장률 기록.

▶ 다양한 고객사 레퍼런스 보유 현황

공공 (국립중앙도서관, 금융감독원, 문화체육관광부, 고용노동부): 40개 2017 → 33% 증가 → 53개 2019
* 연도별 고객사 증가율

IT/전자/통신 (삼성전자, LG전자, kakao, SK telecom): 64개 2017 → 38% 증가 → 88개 2019

부동산/건설 (신세계, 신세계 건설, SK D&D, 한화호텔&리조트): 2개 2017 → 600% 증가 → 14개 2019

금융/보험 (Hyundai Card, LOTTE CARD, 신한은행, 한국은행): 24개 2017 → 17% 증가 → 28개 2019

광고/미디어 (twitter, DAEHONG, MBC, SBS): 58개 2017 → 53% 증가 → 89개 2019

식품 (농심, 동서식품, KT&G, 롯데칠성음료): 5개 2017 → 180% 증가 → 14개 2019

문화/생활 (Panasonic, 무아약앰셀, 애경, amos): 11개 2017 → 136% 증가 → 26개 2019

의류/화장품 (NEPA, E·LAND RETAIL, F&F, AMORE PACIFIC): 8개 2017 → 63% 증가 → 13개 2019

유통 (신세계, 스타벅스, emart): 8개 2017 → 163% 증가 → 21개 2019

교육/출판 (서울대학교 산학협력단, 연세대학교, 육군사관학교, 고려대학교): 14개 2017 → 50% 증가 → 21개 2019

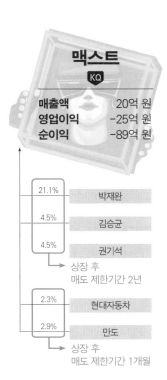

맥스트
KQ

매출액	20억 원
영업이익	-25억 원
순이익	-89억 원

지분	주주
21.1%	박재완
4.5%	김승균
4.5%	권기석

→ 상장 후
매도 제한기간 2년

지분	주주
2.3%	현대자동차
2.9%	만도

→ 상장 후
매도 제한기간 1개월

▶ 경영 실적 추이 및 전망

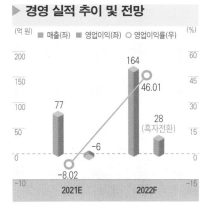

(억 원) ■ 매출(좌) ■ 영업이익(좌) ○ 영업이익률(우) (%)

- 2021E: 매출 77, 영업이익 -6, 영업이익률 -8.02
- 2022F: 매출 164, 영업이익 28(흑자전환), 영업이익률 46.01

▶ 주가 추이 및 전망

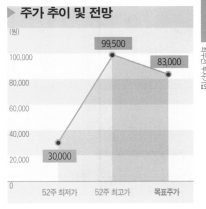

(원)

- 52주 최저가: 30,000
- 52주 최고가: 99,500
- 목표주가: 83,000

▶ 투자포인트

- 2010년에 설립된 AR엔진 개발기업으로, AR솔루션 사업(비중 80%)과 AR개발 플랫폼 사업(비중 20%)을 주력으로 함.
- 동사는 AR 원천기술을 보유하고 있기 때문에 향후 민간 및 공공 영역에서 메타버스 사업 기회 선점 가능.
- 2016년부터 2019년에 걸쳐 다수의 FI 및 SI로부터 약 120억 원 투자 유치 → SI 중 하나인 현대자동차는 2016년 시리즈A 단계에서 투자에 참여.
- 동사는 현대자동차가 2014년에 선정한 사외벤처 1호 기업으로, AR 매뉴얼을 포함한 AR기술 사업 분야에서 지속적으로 협업 중.
- 2021년 7월 코스닥 상장을 통해 신규 자본 155억 원 확충 → 100% 신주 발행으로 진행됐으며, 공모가는 15,000원(공모가 기준 시가총액 1,316억 원). 공모가 15,000원은 동사의 2023년 순이익 가이던스(82억 원) 기준 PER 16배 수준.

▶ 맥스트 사업부문별 매출 전망

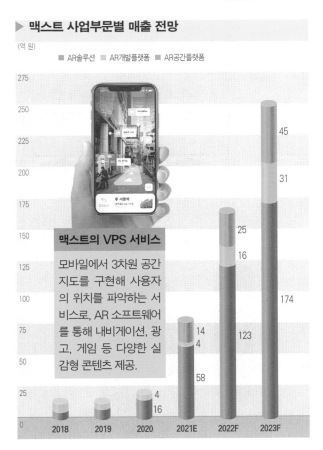

(억 원) ■ AR솔루션 ■ AR개발플랫폼 ■ AR공간플랫폼

맥스트의 VPS 서비스

모바일에서 3차원 공간 지도를 구현해 사용자의 위치를 파악하는 서비스로, AR 소프트웨어를 통해 내비게이션, 광고, 게임 등 다양한 실감형 콘텐츠 제공.

- 2018: 16
- 2019: 4
- 2020: 4, 16
- 2021E: 14, 4, 58
- 2022F: 16, 25, 123
- 2023F: 45, 31, 174

▶ 국내 AR솔루션 시장 추이 및 전망

(억 원)

> 2023년 1,000억 원 대 규모로 성장하는 국내 AR 솔루션 시장에서 독보적 기술을 보유한 동사의 독점적 수주 예상

- 2018E: 58
- 2019E: 169
- 2020: 282
- 2021E: 563
- 2022F: 897
- 2023F: 1,281

▶ 글로벌 AR개발 플랫폼 시장 추이 및 전망

(억 달러)

CAGR +120%

- 2018: 1
- 2019: 4
- 2020: 12
- 2021E: 23
- 2022F: 41
- 2023F: 166

📈 넷플릭스 vs. 디즈니, OTT 격전 속 수혜주 찾기 📉

▶ 미국 OTT 경쟁 구도

📺 가입자수, 🌐 서비스 지역, 2021년 2분기 기준

넷플릭스	아마존	디즈니		AT&T
2007년 서비스개시	2006년 서비스개시	2008년 서비스 개시	2019년 서비스개시	2020년 서비스개시
NETFLIX	amazon.com Prime	hulu	Disney+	HBO max
넷플릭스	아마존프라임	훌루	디즈니플러스	HBO맥스
2.1억 명	2억 명	4,280만 명	1.2억 명	미공개
중국/북한/시리아/크림반도 제외한 전 세계	이란/중국/북한/시리아 제외한 전 세계	미국	미국, 한국 등 19개 국가	미국
세계 각국 콘텐츠 계약 및 자체 투자 콘텐츠 제작	넷플릭스와 유사하지만 TV프로그램에 더 중점	디즈니 제작 콘텐츠 (19금 포함)	디즈니, 마블, 픽사 제작 콘텐츠	HBO, CNN 등 워너비디오 콘텐츠

▶ 국내 OTT 경쟁 구도 가입자수는 2021년 2분기 기준

넷플릭스	SK텔레콤, KBS, MBC, SBS	CJ ENM, JTBC, 네이버	KT	왓챠피디아
NETFLIX	wavve	tving	kt seezn	WATCHA
넷플릭스	웨이브	티빙	시즌	왓챠
700만 명	1,100만 명	150만 명	134만 명	138만 명
• LG유플러스(플랫폼) 통해 서비스. • K-콘텐츠의 투자처이자 배급처 역할 확대로 국내 OTT 시장 잠식 전망.	• 스튜디오 웨이브(콘텐츠 기획 전문 스튜디오) 설립. • 2023년 IPO 계획.	• 2020년 10월 CJENM에서 물적분할 이후 JTBC와 합작법인으로 출범. • 네이버가 400억 원 지분 투자.	• 2021년 8월 신설법인으로 모회사 IPTV 채널(올레TV)의 든든한 지원. • 모회사 음원 유통 플랫폼 '지니뮤직' 사업관리.	• 2020년 일본 시장 진출 (국내 OTT 업체 최초 해외 진출). • 콘텐츠 프로그램 제작을 늘려가는 추세.

▶ 넷플릭스 국내 OTT 시장 진출 이후 IPTV 점유율 추이

(%)
○ SK브로드밴드 ● KT ○ LG유플러스 ······ 넷플릭스 수혜 OTT 최선호주

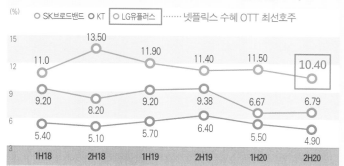

	1H18	2H18	1H19	2H19	1H20	2H20
LG유플러스	11.0	13.50	11.90	11.40	11.50	10.40
KT	9.20	8.20	9.20	9.38	6.67	6.79
SK브로드밴드	5.40	5.10	5.70	6.40	5.50	4.90

넷플릭스에 이어 디즈니플러스도 LG유플러스 IPTV 플랫폼에서 독점 서비스 → LG유플러스 국내 IPTV 시장점유율 상승

K-콘텐츠 중 넷플릭스 최선호주 찾기

▶ K-콘텐츠 제작사 수익 모델 비교

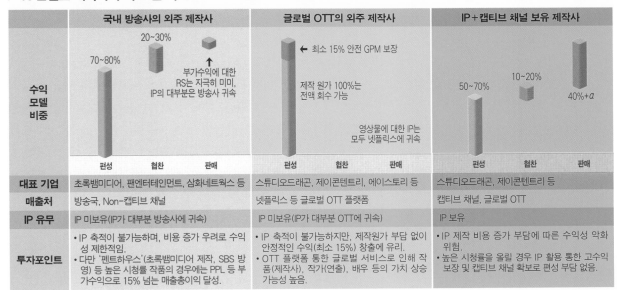

	국내 방송사의 외주 제작사	글로벌 OTT의 외주 제작사	IP+캡티브 채널 보유 제작사
수익 모델 비중	70~80% / 20~30% / 부가수익에 대한 RS는 지극히 미미, IP의 대부분은 방송사 귀속 (편성, 협찬, 판매)	최소 15% 안전 GPM 보장 / 제작 원가 100%는 전액 회수 가능 / 영상물에 대한 IP는 모두 넷플릭스에 귀속 (편성, 협찬, 판매)	50~70% / 10~20% / 40%+a (편성, 협찬, 판매)
대표 기업	초록뱀미디어, 팬엔터테인먼트, 삼화네트웍스 등	스튜디오드래곤, 제이콘텐트리, 에이스토리 등	스튜디오드래곤, 제이콘텐트리 등
매출처	방송국, Non-캡티브 채널	넷플릭스 등 글로벌 OTT 플랫폼	캡티브 채널, 글로벌 OTT
IP 유무	IP 미보유(IP가 대부분 방송사에 귀속)	IP 미보유(IP가 대부분 OTT에 귀속)	IP 보유
투자포인트	• IP 축적이 불가하며, 비용 증가 우려로 수익성 제한적임. • 다만 '펜트하우스'(초록뱀미디어 제작, SBS 방영) 등 높은 시청률 작품의 경우에는 PPL 등 부가수익으로 15% 넘는 매출총이익 달성.	• IP 축적이 불가하지만, 제작원가 부담 없이 안정적인 수익(최소 15%) 창출에 유리. • OTT 플랫폼 통한 글로벌 서비스로 인해 작품(제작사), 작가(연출), 배우 등의 가치 상승 가능성 높음.	• IP 제작 비용 증가 부담에 따른 수익성 악화 위험. • 높은 시청률을 올릴 경우 IP 활용 통한 고수익 보장 및 캡티브 채널 확보로 편성 부담 없음.

▶ 넷플릭스의 K-콘텐츠 투자 추이

넷플릭스 초대형 판매 계약 텐트폴 작품의 시초

▶ 넷플릭스 국내 진출 이후 드라마 수익구조 변화 (단위:%)

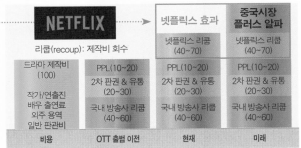

비용	OTT 출범 이전	넷플릭스 효과 (현재)	중국시장 플러스 알파 (미래)
드라마 제작비 (100) / 작가/연출진 배우 출연료 외주 용역 일반 판관비	리쿱(recoup): 제작비 회수 / PPL(10~20) / 2차 판권 & 유통 (20~30) / 국내 방송사 리쿱 (40~60)	넷플릭스 리쿱 (40~70) / PPL(10~20) / 2차 판권 & 유통 (20~30) / 국내 방송사 리쿱 (40~60)	넷플릭스 리쿱 (40~70) / PPL(10~20) / 2차 판권 & 유통 (20~30) / 국내 방송사 리쿱 (40~60)

▶ 넷플릭스 투자/서비스 작품 관련 최선호주

작품	킹덤1,2(2019/2020)	스위트홈(2020)	승리호(2021)	킹덤 아신전(2021)	오징어게임(2021)
제작사	에이스토리	스튜디오엔	영화사 비단길	바람픽쳐스	싸이런픽처스
최선호주	에이스토리	스튜디오드래곤	위지윅스튜디오 덱스터	카카오엔터테인먼트 스튜디오드래곤	쇼박스 버킷스튜디오

주식 투자에 앞서
'오징어게임'을 봐야 하는 이유

MZ세대가 미디어를 소비하는 모습

지상파와 함께 레거시(Legacy) 미디어의 한 축을 이뤘던 SO(system operator, 종합유선방송)가 결국 5G로 무장한 거대 통신 자본에 무릎을 꿇고 말았다. 통신 3사는 지난 2021년 2분기를 기점으로 대형 SO 인수를 마무리 지었다. SK텔레콤은 티브로드를, LG유플러스는 LG헬로비전을, KT(스카이라이프)는 현대HCN을 각각 움켜쥔 것이다. 대용량/초고속 서비스만이 살아남는 전파 생태계에서 통신사들이 미디어 시장의 주도권을 거머쥐는 것은 어쩌면 자연스러운 현상이다. 이에 따라 미디어의 주요 수익원인 광고 취급 기준도 (방송사) 시청률에서 (통신사) 트래픽으로 변화한 것이다.

한편, 통신 3사의 군웅할거(群雄割據)에 새로운 세력들이 들이닥치면서 미디어 업계의 판도가 다시 한 번 뒤바뀌고 있다. 바로 OTT의 등장이다. OTT는 over the top의 줄임말로 셋톱박스(top) 기반의 인터넷 동영상 스트리밍 서비스를 가리킨다. 처음에는 셋톱박스에 연결된 TV를 통해 영화나 드라마 등 동영상 서비스를 제공했지만, 지금은 모바일과 태블릿으로도 OTT를 이용할 수 있게 되면서 시장이 훨씬 커졌다.

OTT는 미디어, 특히 방송 프로그램의 접근 방식을 뒤바꿔놓았다. 불과 십여 년 전만 해도 거실에서 온 가족이 둘러앉아 TV를 시청했다면, 지금은 스마트폰과 태블릿 등 IT기기를 통해 OTT 플랫폼을 이용하거나 VOD를 구매하는 방식으로 미디어의 소비 패턴이 바뀐 것이다. 개인 중심의 미디어 소비 추세는 IT기기 활용에 익숙한 낮은 연령층, 즉 MZ세대가 주도하고 있다.

넷플릭스와 디즈니플러스 수혜주
LG유플러스를 주목하자

통신사들이 미디어 시장에서 살아남기 위해 손을 잡아야 할 파트너를 '방송국'에서 '플랫폼'으로 바꾸게 된 것도 OTT 때문이다. 동영상 스트리밍 중개자에서 출발한 넷플릭스와 유튜브는 스스로 거대한 플랫폼이 되어 미디어 시장에서 '슈퍼 甲'의 자리를 차지하고 있다. 특히 넷플릭스의 시장침투력은 전 세계 미디어 업황을 뒤흔들 정도로 위력적이다. 넷플릭스는 국내 OTT 시장에서도 독보적인 점유율 행보를 보이고 있다. 2021년 6월 기준 OTT MAU(월간이용자수)를 살

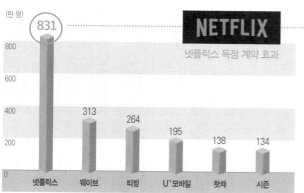

▶ **국내 OTT MAU 현황** (2021년 6월 기준)

넷플릭스 독점 계약 효과

넷플릭스	웨이브	티빙	U⁺모바일	왓챠	시즌
831	313	264	195	138	134

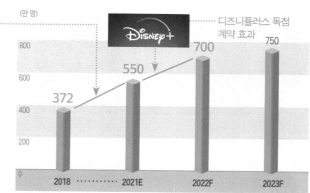

▶ **LG유플러스 가입자수 증가 추이**

디즈니플러스 독점 계약 효과

2018	2021E	2022F	2023F
372	550	700	750

펴보면, 넷플릭스는 860만 명으로 국내 OTT 브랜드인 웨이브(313만 명)와 티빙(264만 명)을 크게 앞섰다.

넷플릭스는 국내 통신 3사가 각축을 벌이는 IPTV 시장에도 막대한 영향력을 행사한다. LG유플러스는 2018년 11월에 넷플릭스와 국내 서비스 독점 계약을 맺은 뒤 줄곧 10%대의 가입자 증가율을 이어가고 있다. IPTV 시장 1위 KT와 2위 SK텔레콤이 각각 4%대와 6%대의 가입자 증가율로 고전하고 있는 것과 비교된다. 실제로 LG유플러스는 넷플릭스와의 제휴 이후 가입자 수가 크게 늘었다. 2017년 상반기 15.6%에서 2018년 상반기 11%로 줄었던 LG유플러스의 IPTV 가입자 증가율은 넷플릭스와 제휴를 체결한 2018년 하반기에 13.5%로 반등한 뒤 거의 매 분기 10만 명 안팎의 가입자 증가세를 이어가고 있다.

중요한 건 LG유플러스가 넷플릭스에 이어 국내에 진출한 디즈니플러스의 서비스 독점 계약도 따냈다는 사실이다. 업계에서는 LG유플러스가 디즈니플러스와의 독점 계약으로 국내 IPTV 시장점유율 1위 자리를 견고하게 수성할 것으로 보고 있다. LG유플러스는 영·유아 전용 플랫폼인 'U플러스 아이들나라'를 통해 젊은 부모 세대들에게 선호도가 높다. 여기에 아동 콘텐츠 세계 1위 디즈니의 OTT를 국내에서 독점해 서비스할 경우 매우 높은 시너지 효과가 기대되기 때문이다. 증권가에서는 통신 3사 중에서 LG유플러스를 OTT 최고 수혜주로 꼽고 있다.

'오징어게임' 신드롬으로
국내 드라마 제작사 주가 상승

디즈니플러스의 한국 시장 진출이 가장 신경 쓰이는 곳은 넷플릭스다. 디즈니플러스가 마블과 픽사 등을 거느린 초대형 콘텐츠 회사 디즈니를 모회사로 두고 있는 것과 달리 넷플릭스는 콘텐츠 기반이 취약하다. 디즈니는 어벤저스 시리즈 등 IP를 보유한 블록버스터급 콘텐츠를 넷플릭스에 공급하지 않고 자회사인 디즈니플러스에만 줄 계획이다. 치열한 OTT 시장에서 승리하기 위한 열쇠가 결국 콘텐츠임을 방증하는 대목이다.

넷플릭스가 콘텐츠 제작 투자에 적극 나서는 것도 디즈니처럼 자신만의 콘텐츠 IP를 확보하기 위해서다. 넷플릭스가 주목하는 것은 K-콘텐츠다. '킹덤', '승리호', '스위트홈'에서 '오징어게임'에 이르기까지 한국 드라마에 막대한 자금을 투자하고 있다. 콘텐츠에 대한 투자는 웨이브 등 토종 OTT들도 다르지 않다. 웨이브는 SK텔레콤의 자본력과 가입자 수를 기반으로 지상파 3사가 보유한 엄청난 콘텐츠를 가지고 출범한 OTT 브랜드다. 웨이브는 2025년까지 콘텐츠 확보에 1조 원 투자를 발표했다. 자금 마련을 위해 2023년 IPO에 나설 계획이다. 오리지널 콘텐츠 제작을 위한 전문회사 스튜디오 웨이브도 설립했다.

OTT들이 콘텐츠 확보에 막대한 자금력을 집행하면서 엄청난 호재를 누리는 곳은 국내 드라마 제작사들이다. 한때 방송사의 외주 제작사에 지나지 않았던 드라마 제작사들은 OTT들의 투자로 엄청난 수익을 거둬들이고 있다. '킹덤'의 에이스토리, '스위트홈'의 스튜디오드래곤, '승리호'의 위지윅스튜디오와 덱스터 등이 여기에 해당된다. 이들은 투자 수익 이외에 PPL과 2차 판권 등 부가수익에 더해 증시에서 높은 주가 상승률까지 올리고 있다. 심지어 '오징어게임'은 비상장사인 제작사(싸이런픽처스)의 관련 회사 주가까지 끌어올렸다. 쇼박스는 2018년에 싸이런픽처스에 10억 원을 투자한 바 있다. 버킷스튜디오는 '오징어게임' 주연배우 이정재가 설립한 매니지먼트사 아티스트컴퍼니의 지분(15%)을 가지고 있다.

드라마 제작사들의 미래는 거대 OTT들의 자금과 유통망으로부터 작품의 지식재산권, 즉 IP를 어떻게 지켜낼 수 있느냐에 달렸다. 증권가에서는 드라마 제작사가 지상파 방송국에 IP를 빼앗겼던 것처럼 OTT에 IP를 통째로 넘겨준다면 기업가치가 크게 훼손될 것이라 경고한다. 투자적 관점에서 IP 소유권을 꼼꼼히 따져봐야 하는 이유가 여기에 있다.

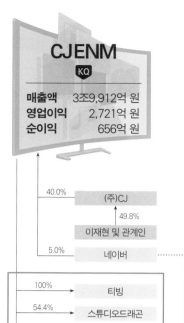

CJENM
KQ

매출액	3조9,912억 원
영업이익	2,721억 원
순이익	656억 원

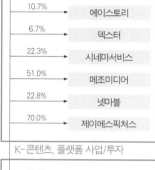

40.0% → (주)CJ
49.8% → 이재현 및 관계인
5.0% → 네이버

100%	티빙
54.4%	스튜디오드래곤
10.7%	에이스토리
6.7%	덱스터
22.3%	시네마서비스
51.0%	메조미디어
22.8%	넷마블
70.0%	제이에스픽처스

K-콘텐츠, 플랫폼 사업/투자

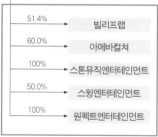

51.4%	빌리프랩
60.0%	아메바컬쳐
100%	스톤뮤직엔터테인먼트
50.0%	스윙엔터테인먼트
100%	원펙트엔터테인먼트

K-POP, 매니지먼트 사업/투자

▶ 경영 실적 추이 및 전망

▶ 주가 추이 및 전망

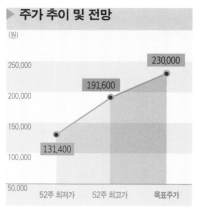

▶ 투자포인트

- 커머스와 함께 동사 펀더멘털의 한 축을 이루는 미디어의 플랫폼으로서의 가치 상승세에 주목 → 프리미엄 콘텐츠 IP 증가 및 티빙 사업의 성장세 두드러짐.
- 네이버 멤버십과의 제휴를 통한 가입자 유입, 유로2020 독점 스포츠 라인업 확대 등의 효과에 힘입어 2021년 2분기 말 기준 티빙 가입자가 연초 대비 86.3% 급증.
- 오리지널 콘텐츠 확보를 위한 적극적인 투자로 IP 보유 증가할수록 가입자 상승 예상 → 동사의 주가 상승 모멘텀으로 작용 → 캡티브 채널과의 편성 및 홀드백 전략들이 유효하게 작용하고 있어, 스트리밍 플랫폼으로서의 가치가 더욱 커질 전망.
- 네이버와 CJ그룹간의 제휴, 엔씨소프트와의 콘텐츠/디지털 플랫폼 MOU 체결, 음악 사업부문 강화 주목 → 특히 네이버와 협업을 활용한 플랫폼 시너지 극대화 기대.

▶ CJ그룹 & 네이버 플랫폼 사업 제휴 관계도

▶ 티빙 가입자수 증가 추이 및 전망

▶ 미디어 사업 매출 추이 및 전망

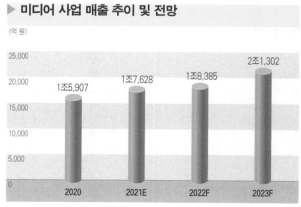

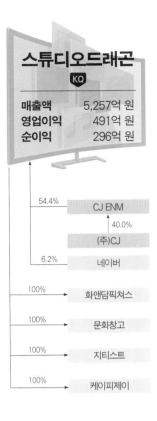

스튜디오드래곤 KQ

매출액	5,257억 원
영업이익	491억 원
순이익	296억 원

- 54.4% → CJ ENM
- 40.0% → (주)CJ
- 6.2% → 네이버
- 100% → 화앤담픽쳐스
- 100% → 문화창고
- 100% → 지티스트
- 100% → 케이피제이

▶ 경영 실적 추이 및 전망

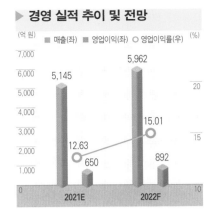

▶ 주가 추이 및 전망

▶ 투자포인트

- K-드라마를 전 세계에 확산시킨 드라마 대장주.
- 모회사인 CJENM의 든든한 지원 아래 캡티브 채널 편성이 안정적인 수익 기반을 유지해주는 초석으로 작용.
- 동사가 글로벌 프로젝트로 기획/개발 중인 작품은 2021년 말 기준 18편 내외로, 글로벌 OTT와 협의 중인 작품은 8편 정도임. 이 중에서 스카이댄스와 공동 제작하게 된 애플TV플러스의 오리지널 코미디 시리즈인 'The Big Door Prize'는 회당 30분/10회 분량의 콘텐츠로 2022년 중에 공급될 예정.
- CJENM의 티빙 투자 확대에 따른 동사의 제작 물량 축소 우려는 기우 → 티빙의 경쟁력 강화를 위해서는 동사의 역할이 대단히 중요한 상황. 이에 따라 티빙향 드라마 가이던스가 기존 3편에서 5~6편으로 확대.

▶ 제작 드라마 글로벌 OTT 판매편수 현황

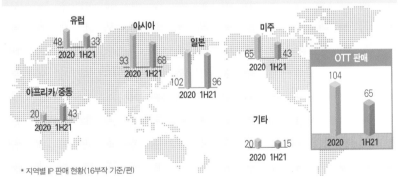

* 지역별 IP 판매 현황(16부작 기준/편)

▶ 드라마 제작원가 대비 매출 구성

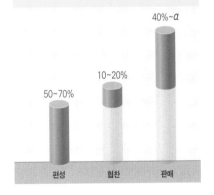

▶ 작품당 판매 매출 및 해외 판매 비중

▶ 연간 드라마 제작편수 및 총매출

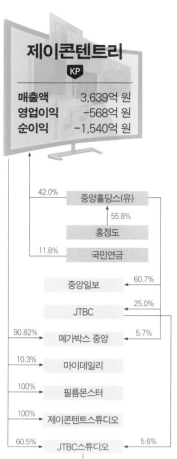

제이콘텐트리
KP

매출액	3,639억 원
영업이익	-568억 원
순이익	-1,540억 원

중앙홀딩스(유) — 42.0%

홍정도 — 55.8%

국민연금 — 11.8%

중앙일보 — 60.7%

JTBC — 25.0%

메가박스 중앙 — 90.82% / 5.7%

마이데일리 — 10.3%

필름몬스터 — 100%

제이콘텐트스튜디오 — 100%

JTBC스튜디오 — 60.5% / 5.6%

클라이맥스스튜디오 — 100%

프로덕션H — 93.8%

콘텐츠지음 — 65.0%

스튜디오피닉스 — 100%

Wiip — 80.0%

드라마하우스 — 100%

퍼펙트스톰 — 100%

스튜디오버드 — 100%

앤솔로지스튜디오 — 100%

비에이엔터 — 77.5%

하우픽쳐스 — 33.0%

IP 확보를 위해 자회사 JTBC스튜디오가 국내 유명 제작사의 지분 취득을 통해 경영 참여 및 투자 단행

▶ 경영 실적 추이 및 전망

(억 원) ■ 매출(좌) ■ 영업이익(좌) ○ 영업이익률(우) (%)

- 2021E: 매출 5,138, 영업이익 -188, 영업이익률 -3.67
- 2022F: 매출 7,021, 영업이익 610(흑자전환), 영업이익률 8.71

▶ 주가 추이 및 전망

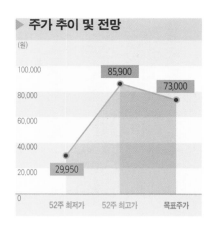

(원)

- 52주 최저가: 29,950
- 52주 최고가: 85,900
- 목표주가: 73,000

▶ 투자포인트

- 지주회사인 동시에 영화(메가박스) 및 방송(JTBC콘텐트허브) 사업을 영위하며, 매출 비중은 영화 28.7%, 방송 68.9%로 구성.
- 캡티브 채널 경쟁력 확대와 맞물린 선순환 구조를 통해 방송 콘텐츠 경쟁력 강화 추세 지속.
- 글로벌 OTT에 대한 판권 판매 매출 호조세 → 디즈니플러스를 비롯한 해외 OTT들의 국내 진출로 드라마 해외 판매 매출 증가.
- Wiip, 클라이맥스스튜디오, 프로덕션H 등 국내외 유수의 제작사에 대한 투자를 통해 풍성한 제작 라인업 구축.
- 영화 개봉관 사업의 부진은 당분간 불가피한 상황. 다만, 최악의 국면은 지난 것으로 판단 → 위드 코로나에 따른 사업 정상화 예단 곤란.

▶ JTBC 드라마 시청률 추이

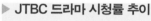

(%)
— JTBC 주요 드라마 시청률

2017년 IP 투자 시작

- 품위 있는 그녀 12.1
- SKY캐슬 23.8
- 부부의 세계 28.4
- 이태원 클라쓰 16.5
- Avg. 2.4%
- Avg. 5.5%

(2014.1 ~ 2021.6)

▶ 메가박스 관객수 추이 및 전망

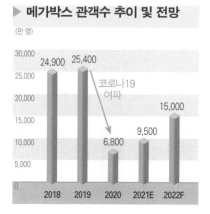

(만 명)

- 2018: 24,900
- 2019: 25,400
- 2020: 6,800 (코로나19 여파)
- 2021E: 9,500
- 2022F: 15,000

▶ 방영권 매출 추이

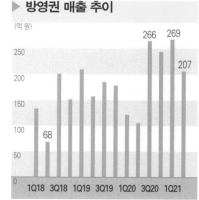

(억 원)

- 1Q18: 68
- 3Q20: 266
- 1Q21: 269
- (마지막): 207

SBS
KP

매출액	8,603억 원
영업이익	691억 원
순이익	−619억 원

36.9% SBS미디어홀딩스 ─ 합병
61.2% ─ 티와이홀딩스
31.9% ─ 윤석민
12.2% ─ 국민연금
6.8% ─ 서암윤세영재단

100% → 스튜디오S
99.6% → SBS에이앤티
54.0% → 디엠씨미디어
71.9% → SBS콘텐츠허브
100% → SBS플러스
29.1% → 콘텐츠웨이브
40.0% → SBS엠앤씨

지주회사간 합병 효과

티와이홀딩스와 SBS미디어홀딩스의 지주회사간 합병으로 SBS 자회사들의 지위가 티와이홀딩스의 증손회사에서 손자회사로 변경됨. 스튜디오S를 비롯한 SBS의 자회사들은 SBS가 지분 100%를 유지 또는 확보해야 하는 법적 규제에서 벗어나게 됨. SBS는 2020년경 스튜디오S에 운영자금 목적으로 200억 원을 추가 출자. 스튜디오S의 자기자본은 2020년 말 기준 276억 원에 그쳐 스튜디오드래곤, JTBC스튜디오 및 그 밖의 상장 제작사들 대비 자금력 열위 상태. 지주회사 합병을 계기로 2022년 스튜디오S의 IPO 또는 스튜디오S와 SBS콘텐츠허브간의 합병 등 제작사 자본 확충 기대.

▶ 경영 실적 추이 및 전망

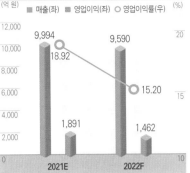

▶ 주가 추이 및 전망

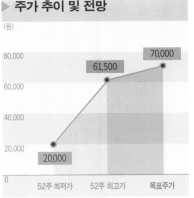

▶ 투자포인트

- 코로나19 여파로 한동안 침체되었던 광고 경기가 회복 국면에 접어들면서 TV 광고 판매 실적 반등.
- CPS(재송신료) 인상에 따른 재송신 수수료 증가 및 유튜브/웨이브 등을 통한 OTT 수익 호조세 주목.
- 2020년 하반기에 단행되었던 대규모 손상차손 인식에 따른 비용 선반영 효과가 2021년에 나타남 → 별도기준 분기별 200~300억 원 수준의 경상적인 영업이익 창출 예상.
- 디지털 물량 판매가 큰 폭으로 증가한 디엠씨미디어를 필두로 거의 모든 자회사들의 실적 호조세 이어감.
- 오랫동안 축적되어온 제작 노하우를 보유한 스튜디오S의 성장성 등이 동사의 주가 상승 모멘텀으로 작용.

▶ 시청점유율 (2021년 6월 말 기준)

▶ 광고 매출 추이

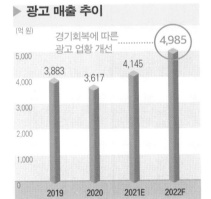

▶ 스튜디오S 드라마 제작편수 추이

▶ 프로그램 판권 판매 매출 추이

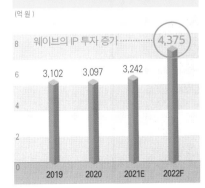

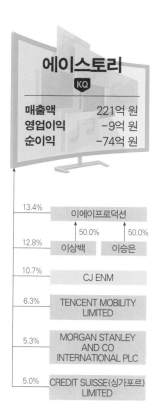

에이스토리
KQ

매출액	221억 원
영업이익	-9억 원
순이익	-74억 원

13.4% 이에이프로덕션
├ 50.0% 이상백
└ 50.0% 이승은

12.8%

10.7% CJ ENM

6.3% TENCENT MOBILITY LIMITED

5.3% MORGAN STANLEY AND CO INTERNATIONAL PLC

5.0% CREDIT SUISSE(싱가포르) LIMITED

▶ 경영 실적 추이 및 전망

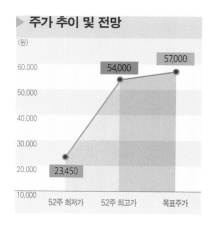

(억 원) ■ 매출(좌) ■ 영업이익(좌) ○ 영업이익률(우) (%)

- 721 (2021E), 22.21
- 160 (흑자전환)
- 801 (2022F), 23.20
- 186

▶ 주가 추이 및 전망

(원)
- 52주 최저가: 23,450
- 52주 최고가: 54,000
- 목표주가: 57,000

▶ 투자포인트

- 동사는 2004년 1월 설립된 드라마 제작사로, 2019년 7월 코스닥에 상장.
- 주요 작품으로는 '시그널', '킹덤' 등 시즌제 작품과 '백일의 낭군님' 등의 미니시리즈가 있고, 일부 작품에 대해서 IP 보유.
- 탁월한 드라마 제작 역량을 바탕으로 글로벌 OTT 경쟁 심화에 따른 수혜 예상 → 2020년 기준 매출액의 61%가 드라마 저작물 판매, 39%는 저작권 판매에서 비롯.
- 동사는 쿠팡플레이에 예능(SNL) 및 시트콤 제작 공급 예정 → 시트콤의 특성상 제작 비용 및 소요 기간 부담이 낮아 수익성 개선 기대.
- 일반 드라마로 기획했던 '빅마우스'의 제작비가 텐트폴 수준으로 상향. 중국에서 높은 인기를 누리는 한류스타 이종석이 주연으로 캐스팅되어 향후 중국향 매출 예상.

▶ 연간 드라마 제작편수 대비 매출액 추이

(억 원) ■ 매출(좌) ○ 제작편수(우) (편)

- 2018: 464, 6
- 2019: 282, 4
- 2020: 221, 2
- 2021E: 721, 2
- 2022F: 801, 5

▶ '킹덤', '지리산' 수익 구조

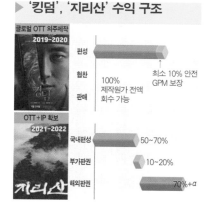

글로벌 OTT 외주제작 2019~2020
- 편성
- 협찬
- 판매
- 100% 제작원가 전액 회수 가능
- 최소 10% 안전 GPM 보장

OTT+IP 확보 2021~2022
- 국내편성: 50~70%
- 부가판권: 10~20%
- 해외판권: 70%+α

▶ 에이스토리 2022년 이후 발표 예정 드라마/예능 라이브러리

지리산
- 장르: 미스터리, 스릴러
- 방송: 2021년 하반기 ~2022년 상반기
- 작가: 김은희

빅마우스
- 장르: 휴먼 느와르
- 방송: 2022년 상반기
- 작가: 하람(장영철, 정경순)

이상한 변호사 우영우
- 장르: 휴먼 법정 드라마
- 방송: 2022년 하반기
- 작가: 문지원

34일간의 유예
- 장르: 로맨스, 스릴러
- 방송: 2022년 하반기
- 작가: 오수연, 박보라

무당
- 장르: 사이버펑크 액션
- 방송: 2023년
- 작가: 박재범

청와대 사람들
- 장르: 정치 풍자 시트콤
- 방송: 2022년 상반기 (시즌1)
- 작가: 안상휘, 김민석

반투명인간
- 장르: 코미디
- 방송: 2022년
- 작가: 김술지

SNL 코리아
- 장르: 스케치코미디, 버라이어티
- 방송: 2021년 하반기 ~2022년 상반기
- 작가: 김현희, 김민석, 안용진

LG헬로비전
KP

매출액	1조0,579억 원
영업이익	342억 원
순이익	-3,128억 원

- 50.0% LG유플러스
- 37.6% (주)LG
- 8.6% SK텔레콤

▶ 경영 실적 추이 및 전망
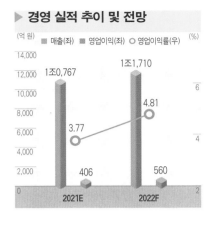
(억 원) ■매출(좌) ■영업이익(좌) ○영업이익률(우) (%)

1조0,767 / 3.77 / 406 (2021E)
1조1,710 / 4.81 / 560 (2022F)

▶ 케이블TV 시장점유율
[( )안은 가입자수(천 명)]
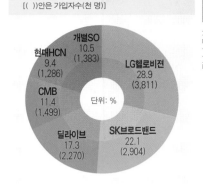
- 개별SO 10.5 (1,383)
- 현대HCN 9.4 (1,286)
- CMB 11.4 (1,499)
- 딜라이브 17.3 (2,270)
- SK브로드밴드 22.1 (2,904)
- LG헬로비전 28.9 (3,811)
- 단위: %

▶ 주가 추이 및 전망
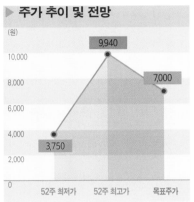
(원)
- 52주 최저가 3,750
- 52주 최고가 9,940
- 목표주가 7,000

▶ 투자포인트
- 1995년 설립하여 2012년 코스피에 상장된 종합유선방송사업자(SO) → PP(pro-gram provider)가 제작하는 프로그램을 유선 네트워크 및 플랫폼을 활용해 제공.
- LG유플러스의 인수로 영업망 확대와 결합상품 경쟁력 상승 예상 → 디지털 케이블TV 가입자 비중이 66% 수준으로, 아날로그 케이블TV 가입자 전환에 따른 ARPU 상승 기대.
- 동사는 케이블TV 고객들을 대상으로 2014년부터 렌털 사업 영위 → 2016년 독자 브랜드 출시와 함께 생활가전(TV, 냉장고 등), 건강가전(안마의자, 모션베드 등), 환경가전(정수기, 공기청정기 등)을 비롯해 200여 종에 대한 서비스 운영.
- 동사의 렌털 사업 매출액은 연평균 70%씩 증가하고 있으며, 향후 LG전자 및 LG유플러스 등과 시너지 창출 기대.

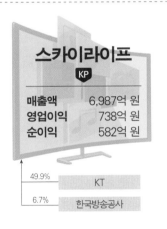

스카이라이프
KP

매출액	6,987억 원
영업이익	738억 원
순이익	582억 원

- 49.9% KT
- 6.7% 한국방송공사

▶ 경영 실적 추이 및 전망
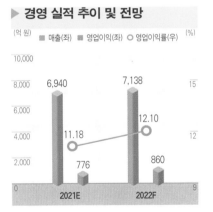
(억 원) ■매출(좌) ■영업이익(좌) ○영업이익률(우) (%)

6,940 / 11.18 / 776 (2021E)
7,138 / 12.10 / 860 (2022F)

▶ ARPU 추이
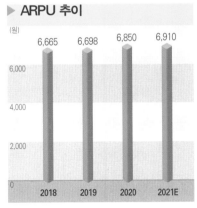
(원)
- 2018: 6,665
- 2019: 6,698
- 2020: 6,850
- 2021E: 6,910

▶ 주가 추이 및 전망
(원)
- 52주 최저가 8,200
- 52주 최고가 12,000
- 목표주가 14,000

▶ 투자포인트
- 2001년 설립하여 2011년 코스피에 상장된 위성방송 서비스업체로, 최근 위성방송 시장의 정체로 콘텐츠 제작 사업 비중을 늘려가고 있으며, HCN 인수로 가입자 규모가 크게 증가함.
- 지배회사인 KT그룹은 자회사인 동사의 HCN 인수를 통해 IPTV, 위성방송, 케이블TV로 이어지는 미디어 플랫폼 3각 구도를 완성시키며, 유료방송 시장점유율 1위를 견고하게 유지.
- KT그룹의 실속형 TPS 상품(TV+인터넷+모바일)을 활용한 가입자 확대 전략에 따른 동사 수혜 예상 → 신규 인터넷 가입자의 TV 결합율은 대략 97% 수준, 모바일 가입자의 TV 결합율은 14% 수준으로, 향후 고객 리텐션에 있어 매우 유용한 수단으로 작용할 전망.

09 엔터테인먼트

코로나19에도 성장을 멈추지 않는 엔터 '빅 4'

▶ 엔터 '빅 4' 음원 매출 추이

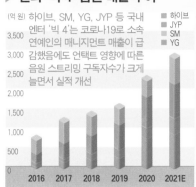

(억 원) 하이브, SM, YG, JYP 등 국내 엔터 '빅 4'는 코로나19로 소속 연예인의 매니지먼트 매출이 급감했음에도 언택트 영향에 따른 음원 스트리밍 구독자수가 크게 늘면서 실적 개선

■ 하이브
■ JYP
■ SM
■ YG

▶ 엔터 '빅 4' 음반 매출 추이

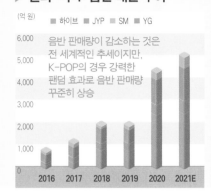

(억 원) 음반 판매량이 감소하는 것은 전 세계적인 추세이지만, K-POP의 경우 강력한 팬덤 효과로 음반 판매량 꾸준히 상승

■ 하이브 ■ JYP ■ SM ■ YG

▶ 엔터 '빅 4' 매출 성장률

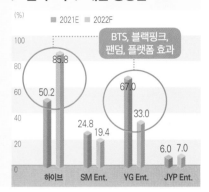

(%) ■ 2021E ■ 2022F

BTS, 블랙핑크, 팬덤, 플랫폼 효과

하이브 50.2 / 85.8
SM Ent. 24.8 / 19.4
YG Ent. 67.0 / 33.0
JYP Ent. 6.0 / 7.0

멜론을 위협하는 유튜브 : '듣는 음악'에서 '보는 음악'으로

▶ 국내 음원 시장점유율 추이 단위: %

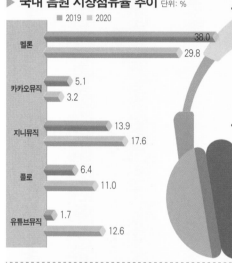

■ 2019 ■ 2020

멜론 38.0 / 29.8
카카오뮤직 5.1 / 3.2
지니뮤직 13.9 / 17.6
플로 6.4 / 11.0
유튜브뮤직 1.7 / 12.6

• 국내 음원 시장에서 가파르게 성장하는 유튜브뮤직 및 글로벌 음원 시장점유율 1위 스포티파이의 국내 시장 침투 주목 → 멜론, 지니뮤직, 플로 등 토종 음원 사업자에게 위협요인 → 멜론을 인수한 카카오엔터테인먼트(카카오M 지배회사)의 IPO에 부담으로 작용.
• 점유율 하락세인 멜론, 카카오M과의 합병으로 시너지 기대.

▶ 국내 음원 플랫폼 이용자수 (MAU) 비교 단위: 만 명, 2020년 6월 기준

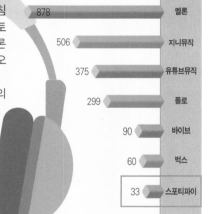

멜론 878
지니뮤직 506
유튜브뮤직 375
플로 299
바이브 90
벅스 60
스포티파이 33

▶ 유튜브 카테고리 콘텐츠 평균 이용 및 뷰 집중도

(분) ■ 평균 콘텐츠 시간(좌) ○ 뷰/콘텐츠수(우) (배)

음악 / 엔터테인먼트 / 일상 / 게임 / 영화/애니메이션 / 기타

▶ 유튜브 내 구독자 '톱 7' 아티스트 업로드 영상수

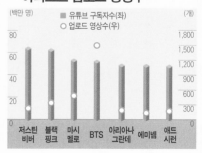

(백만 명) ■ 유튜브 구독자수(좌) ○ 업로드 영상수(우) (개)

저스틴 비버 / 블랙핑크 / 마시 멜로 / BTS / 아리아나 그란데 / 에미넴 / 애드 시런

▶ BTS 유튜브 조회수 국가별 비중

단위: %

일본 11
인도 9
인도네시아 8
멕시코 7
미국 6
필리핀 6
한국 6
기타 47

• 유튜브에 업로딩된 음악 콘텐츠는 게임이나 영화 등에 비해 시간은 짧지만, 뷰와 콘텐츠 수는 독보적으로 많음.
• 유튜브에서 특히 K-POP 강세 → 블랙핑크가 저스틴 비버 누르고 업로드 구독자 수 1위 등극 → YG 주가 상승 모멘텀으로 작용.
• BTS는 글로벌 팬덤(국내 대비 94%)을 통해 유튜브 업로드 영상 수 1위 영위 → 하이브의 해외 매출 상승 레버리지 역할.

📈 엔터 '빅 4'의 이익은 팬덤에 달렸다! 📉

▶ 코로나19 이후 주요 온라인콘서트 실적

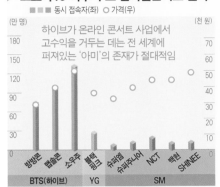

하이브가 온라인 콘서트 사업에서 고수익을 거두는 데는 전 세계에 퍼져있는 '아미'의 존재가 절대적임

■■■ 동시 접속자(좌) ● 가격(우)

▶ 엔터 '빅 4' MD 매출 성장률

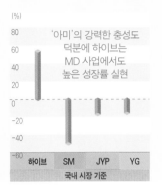

'아미'의 강력한 충성도 덕분에 하이브는 MD 사업에서도 높은 성장률 실현

국내 시장 기준

▶ 전 세계 레코딩 음악 시장과 실물 음반 시장 성장률 비교

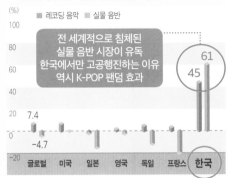

■ 레코딩 음악 ■ 실물 음반

전 세계적으로 침체된 실물 음반 시장이 유독 한국에서만 고공행진하는 이유 역시 K-POP 팬덤 효과

📈 엔터 '빅 4'의 새로운 성장 모멘텀 : 팬 플랫폼 사업 📉

▶ K-POP 팬 플랫폼 사업 현황 및 수익 구조 해부

	V-LIVE	위버스	유니버스	버블
누적다운로드	1억 건	1,700만 건	1,000만 건	유료 구독자 중심 운영
MAU	3,000만 명	530만 명	330만 명	120만 명*
해외 이용자**	85%	80%	80%	68%
서비스 시작	2015년 8월	2019년 6월	2021년 1월	2020년 2월
운영사	위버스컴퍼니 (네이버에서 양수)	위버스컴퍼니	엔씨소프트	디어유(SM자회사)
주요 참가 기업	국내 주요 엔터사	YG, UMG	CJENM	JYP 등 17개 사
구독상품(유료)	팬클럽 이용권	팬클럽 이용권	플랫폼 이용 멤버쉽	팬클럽 이용권

* 유료 구독자수 기준
** 해외 이용자 비중이 높은 이유는 팬 플랫폼마다 10개 국어가 넘는 자동번역 서비스를 하기 때문

- 국내 팬 플랫폼 중 가장 가시적인 성장 모멘텀을 보유한 플랫폼은 위버스 → BTS에 더해 블랙핑크까지 입점했을 뿐 아니라, 최대 규모의 K-POP 팬 베이스(MAU 3천만 명)를 확보한 V-LIVE와 통합 예정.
- 위버스는 이타카홀딩스 계열 글로벌 아티스트(저스틴 비버, 아리아나 그란데 등)의 입점과 글로벌 최대 음반사인 UMG 계열 아티스트들까지 입점하면서 K-POP을 넘어서 글로벌 음악 플랫폼으로 도약.
- 디어유의 버블은 IPO를 통해 해외(미국/일본) 아티스트 유치 및 메타버스 플랫폼으로 도약하기 위한 자금 모집 예정.
- 버블의 경우 가입자 당 구독료는 4,500원 수준에 불과해 향후 각종 수익 모델 추가에 따른 ARPU 인상 여지 있음.

팬덤은 어떻게
엔터주의 모멘텀이 되었나?

팬데믹 동안에 오히려 주가가 올랐다!

2020년 초 코로나19가 전 세계를 강타했을 때만 해도 엔터테인먼트 업계는 여행/호텔/레저 등과 함께 초상집 분위기였다. K-POP을 주도하는 아이돌 스타들의 국내외 오프라인 콘서트 일정이 코로나19로 전면 취소되었기 때문이다. 엔터테인먼트 회사들의 매출 구조에서 오프라인 콘서트 사업 비중은 매우 높다. 공연 티켓 뿐 아니라 콘서트가 열리는 현장에서 티셔츠를 비롯한 다양한 굿즈 판매를 통한 부가 수익이 엔터테인먼트 회사들의 이익 실현에 적지 않은 영향을 미치기 때문이다.

그로부터 2년 가까이 흘러 코로나19가 변이 바이러스까지 낳으며 전 세계로 재확산을 거듭하는 현재 엔터테인먼트 업황은 어떨까? 2년 전을 떠올리면 살아남아있을 회사가 별로 없을 것이다. 그런데 뜻밖에도 코로나19에도 엔터테인먼트 업황은 호조세를 이어갔다. 심지어 엔터 '빅 4'라 불리는 하이브와 SM, YG, JYP의 주가는 한때 높은 수익률을 올리며 고공행진을 하기도 했다. 그동안 엔터테인먼트 업계에 어떤 일이 벌어진 것일까?

K-POP 팬덤의 높은 충성도를 견고한 수익 모델로

음악 산업의 전통적인 수익 사업인 오프라인 콘서트가 전 세계적으로 80% 가까이 급감했다. 그럼에도 불구하고 국내 엔터 '빅 4'는 음반 및 음원에서의 높은 실적과 유료 온라인 콘서트 등으로 오프라인 콘서트 손해를 상쇄했다. 전 세계 음악 산업에서 CD나 LP 등 실물음반은 일부 콜렉터들을 위한 소규모 시장으로 전락한지 오래됐다. 심지어 가수의 춤과 노래를 PC나 모바일 혹은 TV 화면으로 봐야 하는 온라인 콘서트가 수익 모델이 될 거라곤 누구도 상상하지 못했을 것이다.

하지만, K-POP의 팬덤은 기꺼이 지갑을 여는 데 주저하지 않았다. 팬덤에게 있어서 실물음반은 더 이

▶ 가온차트 연간 앨범 판매 순위 (2020년 가온차트 기준) ■ 2020 ■ 2019

(천 장)

	방탄소년단	세븐틴	NCT	블랙핑크	NCT 127	IZ'ONE	트와이스	백현	스트레이키즈	투모로우바이투게더
2020	9,167.9	2,712.6	2,186.7	1,706.8	1,559.2	1,486.6	1,292.7	1,043.1	967.7	930.7
2019	6,025.9	1,463.3		375.3		327.4	1,169.6	556.5	590.9	

BTS의 온라인 콘서트
BANG BANG Con의 한 장면

상 음악을 청취하는 수단이 아니라 매력적인 굿즈(MD 상품)이며, 온라인 콘서트는 흔한 공연 영상이 아니라 아이돌과의 중요한 소통 채널인 것이다. 국내 엔터 회사들은 K-POP 팬덤의 높은 충성도를 간파해 팬데믹 상황에서도 흔들리지 않는 견고한 수익 모델을 만들어낸 것이다.

실제로 2020년 글로벌 실물음반 시장이 4.7% 역성장한 것과 달리 국내 실물음반 시장은 코로나19가 터지기 직전 연도에 비해 무려 61%나 성장했다. 온라인 콘서트의 경우, 전 세계적으로 엄청난 팬덤(아미)을 보유한 BTS의 하이브가 독보적인 성적을 냈다. 오프라인 콘서트에 버금가는 무대 설치 비용 및 플랫폼 서비스 주체에 대한 수수료 등 고정비 부담이 적지 않지만, 모객 인원의 제한이 없어 오프라인 콘서트에 비해 낮은 티켓 가격에도 불구하고 고수익을 올릴 수 있었다. 무엇보다 글로벌 동시 접속이 가능한 '플랫폼'을 사용함으로써 해외 팬덤의 유입이 두드러졌다.

팬 플랫폼 전쟁에 돌입하다

하이브가 국내 엔터 '빅 4' 가운데 가장 높은 실적을 올리는 일등공신으로 '아미'를 빼놓을 수 없지만, '아미'의 존재를 알토란 수익 모델로 만들 수 있었던 것은 '팬 플랫폼' 때문이다. 하이브는 코로나19가 터지기 전부터 이미 자체 팬 플랫폼인 '위버스' 생태계 안에 이커머스형 수익 구조를 구축해 놓았다. 하이브가 전 세계에서 유일하게 MD 매출 성장을 실현할 수 있었던 것도 팬 플랫폼 덕분이다. 하이브의 자회사 'beNX'에서 개발한 팬 커뮤니티 플랫폼인 '위버스'는, 아이돌 스타와 팬이 SNS 형식으로 소통할 수 있으며, 일부 콘텐츠는 플랫폼 가입자에게만 제공한다. 유료 콘텐츠, 굿즈 및 콘서트 티켓 판매 등은 전용 애플리케이션인 '위버스 샵'(Weverse Shop, 옛 위플리)을 통해 이뤄진다.

물론 팬 플랫폼 사업이 하이브만의 전유물은 아니다. SM엔터테인먼트는 팬 플랫폼 내 부가서비스로 출시했던 프라이빗 메시지 서비스 '버블'의 고성장

으로 대규모 적자를 기록하던 자회사 디어유를 분기 30억 원대의 흑자 기업으로 탈바꿈시켰다. '위버스'와 '버블'의 성장성을 지켜본 게임 대장주 엔씨소프트는 2021년 초에 콘텐츠 구독형 팬 플랫폼 '유니버스'를 출시해 K-POP 팬덤 못지않게 충성도 높은 게임 소비층을 실험하고 있다. 그동안 SNS를 통해 확보한 게임 팬덤을 팬 플랫폼을 통해 수익화 모델로 발전시키고 있는 것이다.

'위버스'와 '버블', '유니버스'는 국내 아이돌 스타를 자체 플랫폼에 유치(입점)하는 경쟁이 한창이다. '위버스'와 '버블'은 국내 아이돌 스타 유치를 어느 정도 마무리하는 데로 곧바로 글로벌 시장으로의 진출을 계획하고 있다. '위버스'는 YG와 제휴로 블랙핑크를 입점시켰고, 네이버와의 지분 교환으로 V-LIVE와 합병했다. 또 이타카홀딩스 인수를 통한 저스틴 비버 및 아리아나 그란데 등을 입점시켜 폭발적인 MAU 성장을 이어가고 있다. '버블'은 지난 2021년 6월 일본에서 선풍적인 인기를 끌고 있는 '니쥬'를 해외 아티스트로는 처음으로 입점시켰다. '버블' 운영사인 디어유는 2022년에 상장을 통해 해외 진출에 필요한 투자금을 확보한다는 계획을 세워두고 있다.

'위버스'는 2021년 2분기 기준 530MAU를 확보한 상태로, 2020년 매출 2,191억 원(280%, yoy), 영업이익 156억 원을 실현했다. 아이돌과의 소통 자체를 수익화하고 있는 '버블'은 2021년 2분기 기준 44개 팀 177명의 아이돌 스타를 입점시켜 120만 유료가입자를 확보했다. 후발주자 유니버스는 출범한 지 6개월도 지나지 않아 다운로드 1,000만 건, MAU 330만 명을 확보하면서 분기 매출액 40억 원(122%, qoq), 영업이익 10억 원을 실현했다.

증권가에서는 최근 들어 팬 플랫폼 사업과 연계해 엔터주의 가치를 평가하고 있다. 실제로 '위버스'는 하이브의 밸류에이션에 적지 않은 영향을 미치고 있으며, SM의 자회사 디어유가 운영하는 '버블' 역시 SM의 주가 상승을 이끄는 중요한 모멘텀 역할을 하고 있다.

하이브
KP

매출액	7,963억 원
영업이익	1,455억 원
순이익	871억 원

33.7%	방시혁
19.3%	넷마블
7.3%	스틱스페셜시츄에이션 사모투자합자회사
6.4%	국민연금
70.9%	위버스컴퍼니
18.0%	YG플러스
100%	이타카홀딩스
47.5%	빌리프랩

▶ 경영 실적 추이 및 전망

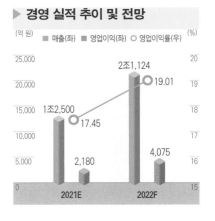

(억 원) / (%)
■ 매출(좌) ■ 영업이익(좌) ○ 영업이익률(우)

- 2021E: 1조2,500, 2,180, 17.45
- 2022F: 2조1,124, 4,075, 19.01

▶ 주가 추이 및 전망

(원)

- 52주 최저가: 148,500
- 52주 최고가: 421,500
- 목표주가: 450,000

▶ 투자포인트

- YG플러스(18%) 및 이타카홀딩스(100%) 지분 및 NAVER V-LIVE 사업부 인수로, 글로벌 톱티어 아티스트 IP 확보 및 '블랙핑크' 위버스샵 입점에 성공.
- BTS 등 소속 가수의 오프라인 콘서트 투어 재개 시 본격화될 이타카 인수 효과 및 다양한 신인 론칭 기대감이 주가에 반영.
- 이타카홀딩스 인수로 저스틴 비버, 아리아나 그란데의 위버스 입점 확보 → BTS 의존도 감소 효과 긍정적.
- 위버스에 유튜브 구독자 수 1,2,3,5위의 아티스트를 모두 입점시킨 만큼, 팬 플랫폼 후발주자들과의 간격 매우 넓어짐.
- 신인 아이돌 'Trainee A' 주목 → 반년 만에 유튜브 구독자 24만 명 확보하는 등 충성도 높은 팬덤을 형성 중이며, 2022년 중순 데뷔 직후 수익화 가능할 전망.

▶ 매출총이익 추이 및 전망

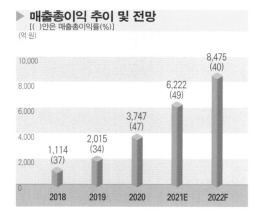

[( )안은 매출총이익률(%)]
(억 원)

- 2018: 1,114 (37)
- 2019: 2,015 (34)
- 2020: 3,747 (47)
- 2021E: 6,222 (49)
- 2022F: 8,475 (40)

▶ 저스틴 비버, 아리아나 그란데 연간 투어 매출

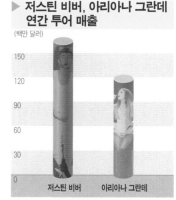

(백만 달러)

- 저스틴 비버
- 아리아나 그란데

▶ 사업부문별 매출 비중

단위: %

- 음반/음원 40
- MD/IP 33
- 콘텐츠 17
- 기타 10

▶ 위버스 카테코리별 매출 추이 및 전망

(억 원)
■ MD/라이선싱 ■ 콘텐츠 ■ 온라인콘서트
■ 팬클럽 수수료 ■ 앨범/DVD 등

- 2023년 콘서트 재개 가정 (온/오프라인 합산)
- 국내외 신규 아티스트 유입 지속 가정

- 2020
- 2021E
- 2022F
- 2023F

▶ 위버스 매출 발생 가입자수 추이

(천 명)

블랙핑크, 저스틴 비버, 아리아나 그란데 입점으로 가입자 수 급증

- 3Q19
- 4Q19
- 1Q20
- 2Q20
- 3Q20
- 4Q20
- 1Q21
- 2Q21

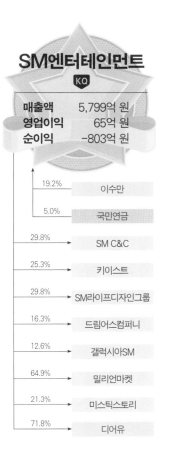

SM엔터테인먼트
KQ

매출액	5,799억 원
영업이익	65억 원
순이익	-803억 원

19.2%		이수만
5.0%		국민연금
29.8%		SM C&C
25.3%		키이스트
29.8%		SM라이프디자인그룹
16.3%		드림어스컴퍼니
12.6%		갤럭시아SM
64.9%		밀리언마켓
21.3%		미스틱스토리
71.8%		디어유

▶ 경영 실적 추이 및 전망

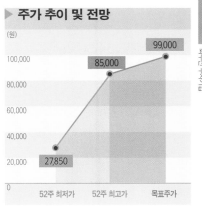

(억 원) ■ 매출(좌) ■ 영업이익(좌) ○ 영업이익률(우) (%)

- 2021E: 매출 7,321, 영업이익 835, 영업이익률 11.41
- 2022F: 매출 9,102, 영업이익 1,360, 영업이익률 15.01

▶ 주가 추이 및 전망

(원)
- 52주 최저가: 27,850
- 52주 최고가: 85,000
- 목표주가: 99,000

▶ 투자포인트

- NCT 소속 그룹들의 음반 판매량이 2~3배씩 성장하며 SM의 대표 가수로 등극 → NCT DREAM은 2021년 정규 1집으로 300만 장을 판매해 BTS 다음으로 판매량이 많은 아티스트가 되었고, NCT127은 예약 첫날에만 선주문량 133만 장 기록.
- 팬 플랫폼 '버블'을 운영 중인 자회사 디어유는 '버블' 출시 1년 만인 2021년 상반기에 영업이익 70억 원을 실현하면서 주가 상승 모멘텀으로 부상.
- '버블'의 유료 이용자는 2021년 2분기 기준 120만 명에 달하며 현재 인당 월간 이용요금이 4,500원(위버스 약 9만 원)에 불과해 향후 추가적인 서비스 출시를 통한 가격 상승 여력 충분.
- 동사의 최대주주(이수만) 지분 인수 후보로 CJENM 주목 → 증권가에서는 이수만 최대주주의 19% 지분 거래가로 시가총액 대비 3,000억 원을 포함해 경영권 프리미엄 약 6,000억 원 이상 예상.

▶ 디어유 매출 추이 및 전망

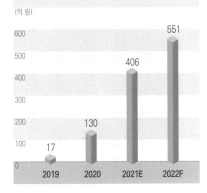

(억 원)
- 2019: 17
- 2020: 130
- 2021E: 406
- 2022F: 551

▶ 엔터사별 디어유 매출 기여 비중

단위: %
- SM 64
- JYP 30
- 기타 6

▶ 사업부문별 매출 비중

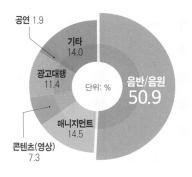

단위: %
- 음반/음원 50.9
- 매니지먼트 14.5
- 기타 14.0
- 광고대행 11.4
- 콘텐츠(영상) 7.3
- 공연 1.9

▶ NCT 유튜브 구독자수 추이

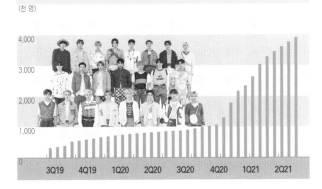

(천 명)
3Q19 4Q19 1Q20 2Q20 3Q20 4Q20 1Q21 2Q21

▶ NCT 소속 가수별 음반 판매량 추이

(만 장)
■ NCT127 ■ NCTDREAM ■ NCT
2018 2019 2020 2021

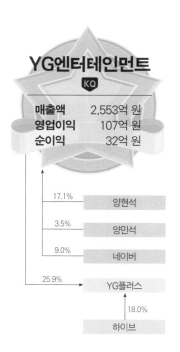

YG엔터테인먼트
KQ

매출액	2,553억 원
영업이익	107억 원
순이익	32억 원

- 양현석 17.1%
- 양민석 3.5%
- 네이버 9.0%
- YG플러스 25.9%
- 하이브 18.0%

▶ 경영 실적 추이 및 전망

(억 원) ■ 매출(좌) ■ 영업이익(좌) ○ 영업이익률(우) (%)

- 2021E: 매출 4,027, 영업이익 454, 영업이익률 11.27
- 2022F: 매출 5,460, 영업이익 691, 영업이익률 12.50

▶ 주가 추이 및 전망

(원)

- 52주 최저가: 39,750
- 52주 최고가: 75,800
- 목표주가: 86,000

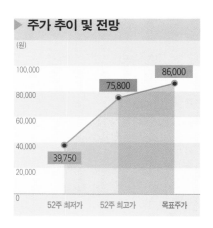

▶ 투자포인트

- 2021년 3월 트레저를 시작으로 8월 블랙핑크까지 주요 활동 라인업이 위버스에 입점 → 기존에 자체 온라인몰을 통해 유통하던 공식 MD를 위버스샵으로 전면 이전.
- 블랙핑크는 6천만 명이 넘는 유튜브 구독자, 멤버 당 4~5천만 명 규모의 인스타그램 팔로워를 보유한 대형 IP로, 위버스 입점 당일 100만 가입자를 넘어섬.
- 위버스의 팬덤 수익화 시스템이 블랙핑크에서도 작동한다면, 2023년 통합 위버스 내 취급고 규모가 2,600억 원까지 가능.
- 적자 사업부문(YG푸즈/코드코스메) 정리 및 소속 아티스트의 MD 판매 확대 등으로 자회사 YG플러스는 2021년 상반기에만 2020년 연간기준 영업이익에 맞먹는 호실적 실현.
- 트레저는 데뷔 1년 만에 누적 음반 판매량 100만 장 기록.

▶ 디지털콘텐츠 매출 추이 및 전망

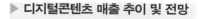

(억 원)

'블랙핑크'의 유튜브 구독자수 급증 영향

- 2020: 435
- 2021E: 1,008
- 2022F: 1,208

▶ 굿즈 등 MD 매출 추이 및 전망

(억 원)

'블랙핑크', '트레저'의 위버스 입점으로 MD 매출 급증

- 2020: 310
- 2021E: 570
- 2022F: 790

▶ 사업부문별 매출 비중

단위: %

- 로열티 3
- 기타 14
- 앨범/DVD 7
- 출연료 7
- MD/굿즈 12
- 수수료 13
- 광고 16
- 음악서비스 20
- 디지털콘텐츠 21

▶ 블랙핑크 유튜브 구독자수 추이

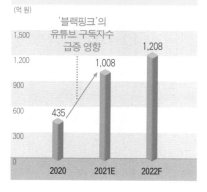

(백만 명)

18/09 19/01 19/05 19/09 20/01 20/05 20/09 21/01 21/05

▶ 블랙핑크 유튜브 동영상 누적 조회수 추이

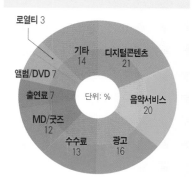

(억 뷰) ■ 조회수(좌) ○ YoY(우) (%)

'저스틴 비버' 누르고 유튜브 조회수 1위 등극

19/09 19/11 20/01 20/03 20/05 20/07 20/09 21/11 21/01 21/03 21/05 21/07

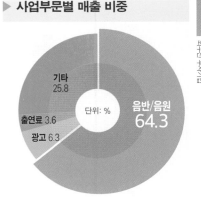

JYP엔터테인먼트
KQ

매출액	1,444억 원
영업이익	441억 원
순이익	296억 원

17.7%	박진영
6.8%	국민연금
23.3%	디어유

▶ 경영 실적 추이 및 전망

(억 원)

■ 매출(좌)　■ 영업이익(좌)　○ 영업이익률(우)

- 2021E: 매출 1,733, 영업이익 577, 영업이익률 33.01
- 2022F: 매출 2,530, 영업이익 781, 영업이익률 30.92

▶ 사업부문별 매출 비중

단위: %

- 음반/음원 64.3
- 기타 25.8
- 광고 6.3
- 출연료 3.6

▶ 주가 추이 및 전망

(원)

- 52주 최저가: 30,300
- 52주 최고가: 58,500
- 목표주가: 64,000

▶ 투자포인트

- 스트레이키즈는 2020년 정규 1집이 리패키지 합산 80만 장을 기록한 뒤 2021년 8월에 발매한 정규 2집을 통해 동사의 대표 아이돌로 자리매김.
- 트와이스는 2020년 이후 음반 판매량이 정체되고 있으나, 2021년 상반기에 미주에서의 음반/음원 수입으로만 50억 원을 정산받는 등 든든한 캐시카우 역할 이어감.
- 미공개 예약 판매 앨범으로만 6만 장을 판매한 신인 걸그룹 블라인드패키지, SBS의 오디션 프로그램 〈LOUD〉를 통해 데뷔할 신인 보이그룹, 스튜디오 J가 준비 중인 신인 밴드까지 3개 팀이 데뷔를 앞둠 → 동사의 주가 상승 모멘텀 역할.
- 대형 IP로 자리잡은 '트와이스'와 '스트레이키즈' 및 기대를 모으는 신인 아이돌 모멘텀을 비롯해 플랫폼 사업에서의 수익 등을 감안하건대 동사의 기업가치는 경쟁사 대비 저평가 매력.

▶ 소속 아이돌 음반 판매 추이

(백만 장)

■ ITZY　■ Stray Kids　■ DAY6　■ TWICE　■ GOT7　■ 2PM

2016, 2017, 2018, 2019, 2020, 2021E

▶ 매출 대비 높은 영업이익률 추이 및 전망

(억 원)　(%)

■ 매출(좌)　— 영업이익률(우)

영업이익률 30%대 유지

2016, 2017, 2018, 2019, 2020, 2021E, 2022F, 2023F

▶ 소속 아이돌 유튜브 구독자수 비교

(만 명)

- TWICE: 1,150
- Stray Kids: 695
- ITZY: 554
- NiziU: 195

▶ 스트레이키즈 유튜브 구독자수 추이

(천 명)

18/09, 19/01, 19/05, 19/09, 20/01, 20/05, 20/09, 21/01, 21/05

**카카오
엔터테인먼트**
비상장

| 매출액 | 8,238억 원 |
| 영업이익 | 567억 원 |

68.6% → 카카오 ─── 100% → 멜론

카카오M
엔터 사업

카카오페이지
웹툰, 소설

K-POP

100%	플레이엠엔터테인먼트
59.7%	스타쉽엔터테인먼트
98.1%	크래커엔터테인먼트
100%	플렉스엔터테인먼트
40%	이담엔터테인먼트
미공개	안테나엔터테인먼트

매니지먼트(배우)

100%	VAST
100%	BH엔터테인먼트
100%	숲엔터테인먼트
100%	어썸이엔티
100%	제이와이드컴퍼니
100%	이엔티스토리
100%	레디엔터테인먼트(모델)

드라마 · 예능 · 영화

100%	글앤그림미디어
100%	로고스필름
100%	바람픽쳐스
82.4%	메가몬스터
41.0%	영화사 월광
81.0%	사나이픽쳐스

▶ **카카오 음악콘텐츠 사업 매출**

(억 원)

5,866 (2019) 6,192 (2020) 6,512 (2021E) 6,831 (2022F)

▶ **국내 음원 시장점유율** (2021년 5월 기준)

단위: %

- 멜론 29.8
- 기타 29.0
- 지니뮤직 17.6
- 유튜브뮤직 12.6
- 플로 11.0

▶ **투자포인트**

- 2021년 1월에 카카오페이지는 카카오M을 흡수합병하고, 사명을 카카오엔터테인먼트로 함 → 2022년 상장 예정.
- 최근 재분사한 멜론은 연매출 5,000억 원대에 평균 15%(별도 마진 적용) 영업이익을 올리는 캐시카우 회사로, 동사는 이러한 기반 위에 6개의 K-POP 자회사 보유.
- 재분사한 멜론이 동사와 다시 합병할 경우, 기업가치 및 예상 실적 급상승 전망.
- K-POP 사업의 경우, 대표 소속 가수 아이유를 중심으로 2021년 285만 장 (+40%, yoy)의 음반 판매고가 예상됨.
- 증권가에서는 동사 콘텐츠(카카오페이지+카카오M 합산)의 사업가치를 20조 원으로 추정 → 웹툰/웹소설 15조 원, 멜론 및 K-POP/드라마/OTT 5조 원.
- 동사의 2021년 매출액은 전년 대비 25% 이상 상승한 1조0,347억 원, 영업이익은 전년 대비 30% 이상 오른 739억 원 예상.

▶ **K-POP 사업부문 매출 추이**

(억 원)

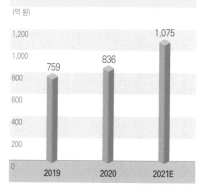

759 (2019) 836 (2020) 1,075 (2021E)

▶ **매니지먼트 사업부문 매출 추이**

(억 원)

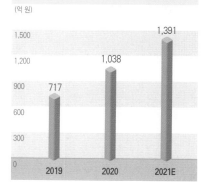

717 (2019) 1,038 (2020) 1,391 (2021E)

▶ **영상 콘텐츠 사업부문 매출 추이**

(억 원)

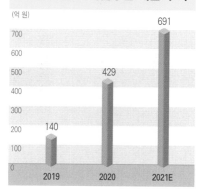

140 (2019) 429 (2020) 691 (2021E)

▶ **스타쉽엔터테인먼트 매출 추이**

(억 원)

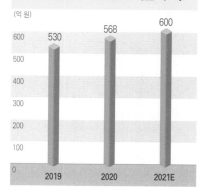

530 (2019) 568 (2020) 600 (2021E)

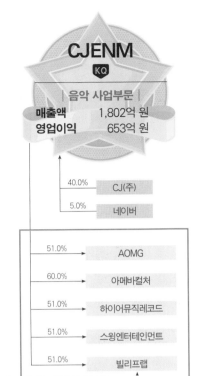

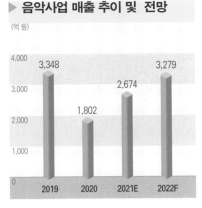

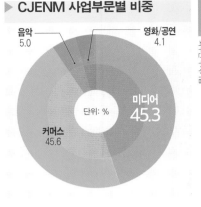

CJENM
KQ

음악 사업부문	
매출액	1,802억 원
영업이익	653억 원

CJ(주) — 40.0%
네이버 — 5.0%

51.0% → AOMG
60.0% → 아메바컬처
51.0% → 하이어뮤직레코드
51.0% → 스윙엔터테인먼트
51.0% → 빌리프랩

K-POP 사업 자회사

47.5%
하이브

▶ 음악사업 매출 추이 및 전망

(억 원)

	2019	2020	2021E	2022F
	3,348	1,802	2,674	3,279

▶ CJENM 사업부문별 비중

음악 5.0
영화/공연 4.1
미디어 45.3
커머스 45.6
단위: %

▶ 투자포인트

- 동사는 AOMG, 아메바컬처, 하이어뮤직, 스윙엔터테인먼트, 빌리프랩 등의 서브 레이블 인수 및 설립으로 아티스트 IP를 확보하여 음악 사업 영위.
- 2019년에 일본 법인 LAPONE을 설립해 Mnet 콘텐츠 포맷을 활용한 〈프로듀스 101 JAPAN〉 프로그램을 통해 아티스트 'JO1'을 확보함 → 2020년 데뷔 앨범 발매를 시작으로 일본 현지 음악 IP 사업 본격적으로 전개.
- 연간 300회 이상 국내외 콘서트를 꾸준히 진행하고 있으며, 특히 2020년에는 언택트 공연문화에 맞춰 디지털 공연 전용 스튜디오인 'CAMP1' 운영.
- 동사의 경우에도 카카오엔터테인먼트와 마찬가지로 음악 사업부의 플랫폼과 채널은 갖춰져 있지만, 동사를 대표할 주력 아티스트 라인업 부재한 상황 → SM엔터테인먼트 최대주주(이수만) 지분 인수에 적극적인 이유.

▶ CJENM의 SM엔터테인먼트 최대주주(이수만) 지분 인수 시나리오

- 동사는 SM엔터테인먼트 최대주주(이수만) 지분(19% 내외) 인수를 통해 회사 전체 사업에서 5% 안팎에 머물러 있는 음악 사업부문을 키우려는 계획을 세워놓음.
- K-POP의 글로벌 위상이 높아진 가운데 아이돌 양성 등에 들어가는 비용 부담 없이 SM엔터테인먼트 최대주주 지위 승계를 통해 글로벌 팬덤을 갖춘 다수 아티스트 IP를 확보하려는 것임.
- 무엇보다 SM의 다양한 플랫폼(디어유, Lysn, Beyond Live)과 동사의 음악 채널(Mnet, 지니 등)이 한 데 어우러질 경우 음악 본업 이외에 아티스트 IP를 활용한 이익 레버리지 효과가 클 것으로 판단.
- SM엔터테인먼트 입장에서는 K-POP 뿐 아니라 예능과 드라마 사업 확장을 위해서 CJENM의 미디어 채널이 매우 요긴하게 활용될 수 있을 것으로 분석.
- SM엔터테인먼트는 음악 사업에 비해 취약하다는 지적을 받아온 예능과 드라마 분야에 미디어 회사와의 제휴가 절실한 상황.
- 증권가에서 평가하는 SM의 최대주주 지분가치는 경영권 프리미엄을 적용해 6,000억 원 이상으로, CJENM이 SM엔터테인먼트를 인수해 자회사 혹은 손자회사의 의무 보유 비율인 20%를 확보하기 위해서는 인수대금 확보가 관건.
- CJENM가 막대한 인수대금 부담에도 불구하고 SM엔터테인먼트 인수에 적극적인 데는 SM의 팬 플랫폼 자회사 디어유의 기업공개가 임박했기 때문. SM의 주가 상승 모멘텀인 디어유는 팬 커뮤니티 플랫폼 '버블'을 서비스로 제공.

디어유에서 운영하는 팬 플랫폼 '버블'의 팬과 아이돌스타와의 프라이빗 메시지 서비스

📈 웹툰이 돈이 되는 투자처인 이유 : '원 소스 멀티 유즈'의 매력 📉

웹툰의 부가가치 창출 사업 구조

CP
키다리스튜디오,
디앤씨미디어,
대원미디어,
미스터블루

→ 핵심 사업 →

플랫폼
네이버웹툰,
카카오페이지,
키다리스튜디오,
디앤씨미디어,
미스터블루

매니지먼트 역할
작가 발굴·육성·관리

에이전시 역할
작품 기획·제작·배급

CP 업체 직접 사업 진행

광고
배너, PPL 등

수출
해외 판권(IP)

← 핵심 사업 →

2차판권(IP)
[영화/드라마/게임]

넷플릭스, 디즈니,
스튜디오드래곤,
엔씨소프트 등

국내 웹툰 플랫폼 시장점유율

레진엔터테인먼트
(키다리스튜디오 계열)
4.6

다음웹툰
(카카오 계열)
3.9

카카오페이지
15.6

단위: %

네이버웹툰
65.1

네이버, 카카오 등
플랫폼 통해서 사업 진행

국내 웹툰 시장 규모 추이 및 전망

(억 원)

시장 규모
1조 원 돌파

연도	2016	2017	2018	2019	2020E	2021E
규모	5,845	7,240	8,805	9,432	1조1,120	1조2,250

웹툰 작품/작가 수 추이

(편/명) ■작품수 ■작가수

웹툰 시장 성장 모멘텀 →
10년간 작가와 작품 수
15배 이상 급증

연도	작품수	작가수
2010	667	443
2020	11,630	8,679

네이버웹툰 서비스, 2차 판권(IP) 주요 작품

웹툰작품	작가	2차 콘텐츠
신과함께	주호민	영화
기기괴괴성형수	오성대	영화
갓오브스쿨	박용제	영화
치즈인더트랩	순끼	영화/드라마
여신강림	야옹이	드라마
간떨어지는동거	장기용	드라마
스위트홈	김칸비	드라마
유미의세포들	이동건	드라마
모범택시	까를로스	드라마
신의탑	SIU	게임/애니메이션
로어올림푸스	레이첼스마이스	애니메이션

카카오(다음) 서비스, 2차 판권(IP) 주요 작품

웹툰작품	작가	2차 콘텐츠
이웃사람	강풀	영화
은밀하게위대하게	Hun, 지민	영화
승리호	홍성혁	영화
미생	윤태호	드라마
이태원클라쓰	광진	드라마
경이로운소문	장이	드라마
김비서가왜그럴까	김영미	드라마
이미테이션	박경란	드라마
나빌레라	Hun, 지민	드라마

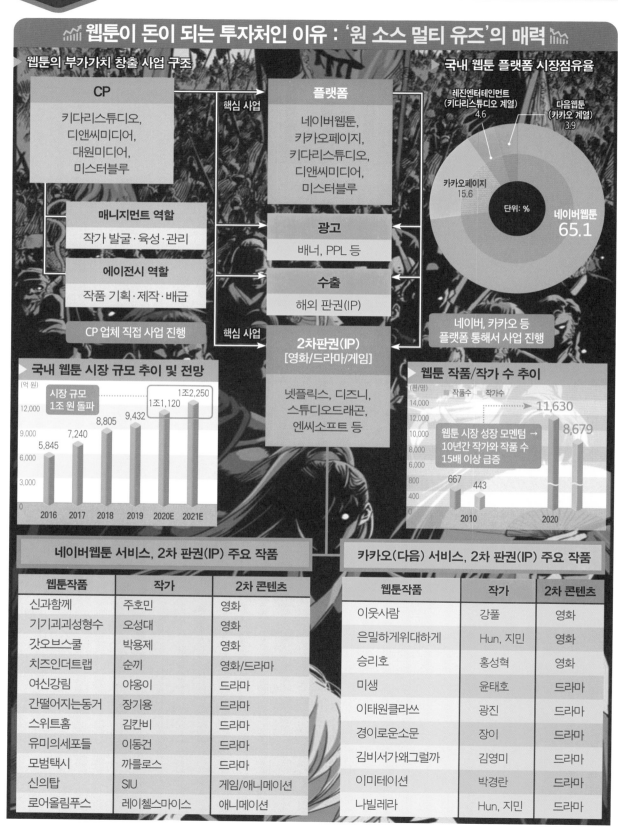

📊 네이버와 카카오의 웹툰 전쟁 : 2라운드 격전지는 '일본', 그리고 글로벌 📊

▶ 세계 5대 만화 시장 규모

(백만 달러)

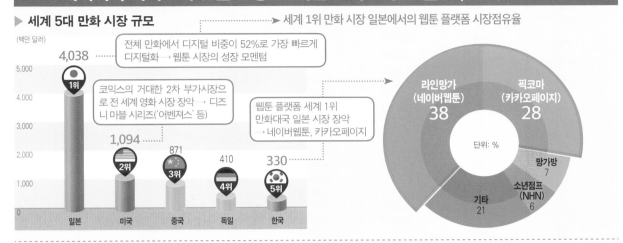

전체 만화에서 디지털 비중이 52%로 가장 빠르게 디지털화 → 웹툰 시장의 성장 모멘텀

코믹스의 거대한 2차 부가시장으로 전 세계 영화 시장 장악 → 디즈니 마블 시리즈('어벤져스' 등)

4,038 1위
1,094 2위
871 3위
410 4위
330 5위

일본 미국 중국 독일 한국

▶ 세계 1위 만화 시장 일본에서의 웹툰 플랫폼 시장점유율

웹툰 플랫폼 세계 1위 만화대국 일본 시장 장악 → 네이버웹툰, 카카오페이지

라인망가 (네이버웹툰) 38
픽코마 (카카오페이지) 28
망가방 7
소년점프 (NHN) 6
기타 21

단위: %

▶ 넷플릭스의 글로벌 콘텐츠 투자 예산 추이

(억 달러)

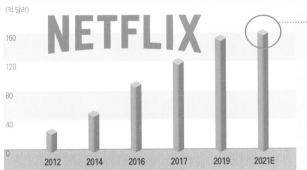

NETFLIX

160
120
80
40
0

2012 2014 2016 2017 2019 2021E

▶ 네이버웹툰 북미지역 MAU 추이

(만 명)

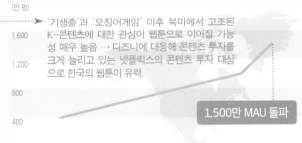

'기생충'과 '오징어게임' 이후 북미에서 고조된 K-콘텐츠에 대한 관심이 웹툰으로 이어질 가능성 매우 높음 → 디즈니에 대응해 콘텐츠 투자를 크게 늘리고 있는 넷플릭스의 콘텐츠 투자 대상으로 한국의 웹툰이 유력.

1,600
1,200
800
400

1,500만 MAU 돌파

2018 2019 2020 2021E

▶ 네이버의 웹툰 글로벌 사업 지배구조

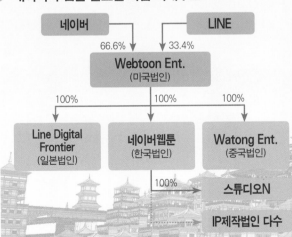

네이버 LINE
66.6% 33.4%
Webtoon Ent. (미국법인)
100% 100% 100%
Line Digital Frontier (일본법인) 네이버웹툰 (한국법인) Watong Ent. (중국법인)
100%
스튜디오N
IP제작법인 다수

▶ 카카오의 웹툰 글로벌 사업 지배구조

2021.1.29.에 카카오페이지가 카카오M을 합병하면서 사명을 카카오엔터테인먼트로 변경

카카오
68.7% 79.5% 45.1%
카카오 엔터테인먼트 카카오재팬 카카오게임즈
합병
카카오 페이지 (웹툰) 카카오M (엔터테인먼트)
74.5%
40.4%
15.3%
네오바자르 (인도네시아 법인)
타파스미디어 (북미 법인)

- 네이버는 Wabtoon Ent.(미국법인)를 통해서 한국(네이버웹툰), 일본(Line Digital Frontier), 중국(Wantong Ent.) 법인을 지배하는 구조로 웹툰 사업 재편 → 북미 시장 본격 확대.
- 카카오는 미국 시장에 최초로 진출한 한국 웹툰 플랫폼 '타파스'의 카카오엔터테인먼트 지분을 40.4%로 늘리고, 카카오게임즈를 통해 인도네시아 웹툰 기업 '네오바자르'를 인수해 동남아 시장 진출.

한국판 '마블'은 누가 될 것인가?

웹툰은 어떻게 MZ세대를 사로잡았나?

웹(Web)과 카툰(Cartoon)을 결합한 신조어 웹툰은 말 그대로 웹에서 보는 만화다. 2000년대 초반 종이책 출판 기회를 잡지 못한 한국의 젊은 만화작가들이 블로그나 커뮤니티 카페에 자신들의 작품을 업로드했던 것에서 웹툰은 시작됐다. 웹툰이 세계 최대 만화 시장인 일본이 아니라 한국에서 탄생하게 된 이유다.

웹툰이 젊은 세대들에게 폭발적인 지지를 받을 수 있었던 것은 스마트폰 때문이다. 칸과 페이지 형식의 기존 출판만화 환경에서 벗어나 하나의 컷이 스마트폰 화면 전체를 채우고 손가락을 이용해 세로 스크롤로 다음 컷으로 넘기는 방식이 모바일에 친숙한 MZ세대의 취향을 저격한 것이다.

콘텐츠 경쟁이 한창이던 네이버와 다음(카카오) 같은 거대 포털이 웹툰을 그냥 놔둘 리 없었다. 네이버와 다음은 웹툰 플랫폼을 제작해 광고와 유료화를 통해 수익구조를 만들어냈다. 웹툰의 시장성을 알아본 건 포털 뿐만이 아니었다. 틀에 박히지 않은 참신한 소재와 흥미진진한 서사구조로 드라마와 영화 제작자들의 마음까지 사로잡았다. 웹툰의 IP(지식재산권)가 거대한 시장을 형성한 것이다. 주호민 작가의 '신과함께'와 윤태호 작가의 '미생'이 그 서막을 알렸다.

할리우드 시장에서 검증된
만화의 '원 소스 멀티 유즈' 투자 가치

웹툰을 포함한 만화 저작물의 IP 가치는 오래 전 미국 시장에서 입증되었다. '스파이더맨'과 '어벤져스', '액스맨' 등은 디즈니의 코믹스 자회사 마블이 출판만화에서 시작해 엄청난 부가가치를 창출해낸 대표적인 원 소스 멀티 유즈(one source multi use, OSMU) IP 가운데 하나다. 출판만화를 통해 대중의 지지를 이끌어낸 뒤 영화와 드라마 심지어 게임 등을 통해 종이책 시장과는 비교할 수 없을 정도의 수익을 거둬들인 것이다.

최근에는 넷플릭스 등 글로벌 OTT들이 구독자 확보 경쟁에서 우위를 점하기 위해 코믹스 IP 시장에 본격적으로 뛰어들고 있다. 디즈니플러스는 '마블'을, HBO BO Max는 'DC코믹스'를, 그리고 넷플릭스는 '밀러월드'를 각각 자회사로 편입한 뒤 이들의 IP를 영화와 드라마로 자체 제작함으로써 기존 스트리밍 사업 영역을 뛰어넘어서고 있는 것이다.

투자적 관점에서 주목할 부분은, 글로벌 OTT들이 만화 콘텐츠 사냥 범위를 코믹스에 한정하지 않고 한국의 웹툰으로까지 확장하

죽어버리거나,
괴물로 살아남거나
넷플릭스 오리지널 시리즈
스위트홈

넷플릭스는 네이버웹툰이 송출한 김칸비 작가의 '스위트홈'을 드라마로 제작해 전 세계 8개국에서 시청률 1위에 올려놓았다.

고 나섰다는 사실이다. 넷플릭스는 네이버웹툰이 송출한 김칸비 작가의 '스위트홈'을 드라마로 제작해 전 세계 8개국에서 시청률 1위에 올려놓았고, 무려 42개 나라에서 일일랭킹 '톱 10'에 진입시켰다.

넷플릭스가 선택한 한국 웹툰들

한국의 영화/드라마/게임 영역과 비교했을 때 미국 할리우드와 글로벌 OTT 시장은 한마디로 규모 자체가 다르다. 2002년 이후 디즈니의 마블 IP 기반 영화 27편의 글로벌 박스오피스 합산 매출액은 제작비의 5배에 이르는 253억 달러(한화 약 30조 원) 규모다. 디즈니의 OTT 브랜드 디즈니플러스는 2020년 말 기준 구독자 수가 8,000만 명을 넘어섰다. 넷플릭스의 절반에도 미치지 못하는 수준이지만 글로벌 출시가 마무리되지 않은 상태에서 괄목할 만한 성적이다. 디즈니는 2020년 9월부터 자사 소유 IP 작품들의 넷플릭스 서비스 계약을 갱신하지 않고 있다. OTT 시장에서 넷플릭스를 넘어서기 위해서 콘텐츠를 무기로 압박하고 나선 것이다. 넷플릭스로서는 위기감을 느낄 수밖에 없다. 글로벌 스트리밍 유통망에서는 디즈니플러스에 앞서 있지만, 콘텐츠를 확보하지 못한 상태에서는 머지않아 추월당할 수도 있기 때문이다. 독점적인 콘텐츠가 절실한 넷플릭스로서는 한국의 웹툰이 매력적일 수밖에 없다. 넷플릭스는 마블의 코믹스 못지않은 시장성을 '스위트홈'을 통해 확인한 것이다.

북미 지역 웹툰 시장 선점에 나선 네이버와 카카오

네이버가 미국법인인 Webtoon Ent.의 지위를 격상해 한국과 일본, 중국 법인까지 지배하도록 사업구조를 재편한 것은 넷플릭스 등 글로벌 OTT들의 한국 웹툰을 향한 적극적인 구애(!)와 무관하지 않다. 네이버웹툰은 글로벌 1위 웹툰 플랫폼으로, 연간 거래액 규모가 8,000억 원을 웃돈다(2020년 기준). 글로벌 MAU가 6,700만 명에 이르는 데, 한국과 일본을 합한 MAU가 4,700만 명으로 전체의 3분의 2를 차지한다. 북미 지역 MAU는 1,200만 명 수준으로 지금 당장은 한국과 일본에 미치지 못하지만, 중요한 것은 성장세가 매우 가파르다는 사실이다.

카카오도 미국에서의 웹툰 사업에 매우 적극적인 행보를 보이고 있다. 카카오는 북미 지역에 최초로 진출한 한국 웹툰 플랫폼 '타파스'의 지분을 자회사 카카오엔터테인먼트(에서 웹툰 사업을 관장하는 카카오페이지)를 통해 40% 이상으로 늘렸다. 타파스는 웹툰과 웹소설을 약 8만 종 이상 보유하고 있지만 북미 지역 MAU 300만 명, 누적 거래액 800억 원으로 네이버의 Webtoon Ent.에 비하면 많이 떨어진다. 미국 시장에서의 웹툰 경쟁에서 카카오가 네이버에 뒤처져 있는 것이다.

네이버와 카카오의 웹툰 전쟁은 결국 IP에서 판가름 난다!

웹툰에 대한 투자적 관점에서는 어떤 종목에 관심을 두어야 할까? 네이버와 카카오가 글로벌 웹툰 시장을 장악하고 있지만, 이들의 전체 사업에서 웹툰이 차지하는 비중은 크지 않다. 웹툰을 전담하는 자회사인 네이버웹툰과 카카오엔터테인먼트 모두 머지않아 상장이 유력하지만 지금 당장은 비상장사이다.

증권가에서는 웹툰 CP(content producer) 업체인 중소형 상장사들을 주목한다. 키다리스튜디오와 디앤씨미디어, 대원미디어, 미스터블루가 여기에 해당하는 웹툰 유망 종목이다. 이들은 얼마 전까지만 해도 웹툰 작가의 발굴·육성·관리 등 매니지먼트와 작품의 기획·제작·배급 등 에이전시 역할에 집중해오다 최근 들어 자체 플랫폼을 만들어 작품 업로딩과 광고, 수출 등으로까지 사업을 확장하고 있다. 당장은 네이버웹툰 및 카카오페이지의 시장지배력에 휘둘리고 있지만, IP 확보를 통해 향후 높은 성장성이 예상된다. 결국 웹툰 시장의 성패는 IP에 달렸다 해도 지나치지 않을 것이다. 디즈니플러스와 넷플릭스, 그리고 네이버와 카카오의 싸움에서 알 수 있듯이, 어떤 콘텐츠를 얼마나 가지고 있느냐에 달린 것이다.

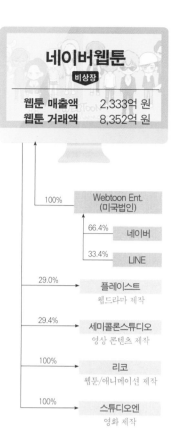

네이버웹툰
비상장

웹툰 매출액	2,333억 원
웹툰 거래액	8,352억 원

- **Webtoon Ent.** (미국법인) ← 100%
  - 네이버 66.4%
  - LINE 33.4%
- **플레이스트** 29.0% — 웹드라마 제작
- **세미콜론스튜디오** 29.4% — 영상 콘텐츠 제작
- **리코** 100% — 웹툰/애니메이션 제작
- **스튜디오엔** 100% — 영화 제작

▶ 웹툰 매출액 추이 및 전망

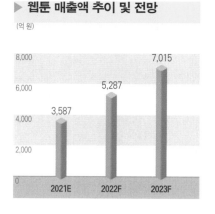

(억 원)

- 2021E: 3,587
- 2022F: 5,287
- 2023F: 7,015

▶ 웹툰 거래액 추이 및 전망

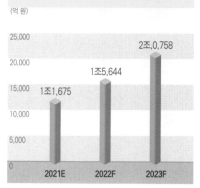

(억 원)

- 2021E: 1조1,675
- 2022F: 1조5,644
- 2023F: 2조,0,758

▶ 투자포인트

- 2004년에 직원 3명이 네이버(당시 NHN) 내의 작은 부서에서 서비스를 시작해 2006년 신인 작가 발굴 프로젝트인 '도전 만화'에서 조석 작가의 '마음의 소리'를 발굴해 연재하면서 주목 받기 시작.
- 2015년부터 사내 독립기업으로 성장한 뒤, 2017년 독립법인으로 분사 → 2019년부터 북미 지역 시장 확대를 위해 미국 법인(Webtoon Ent.)이 한국과 일본, 중국 법인을 총괄 지배하는 사업구조로 재편.
- 2020년 일본 시장 공략을 위해 라인망가 지분 70%를 인수했고, 2차 판권 부가 시장을 위해 CJENM 및 스튜디오드래곤과의 전략적 제휴 목적으로 주식 교환.
- 아마추어 웹툰 작가 플랫폼 'Canvas' 운영을 통해 전 세계에 70만 명의 작가군 보유 → 글로벌 웹툰 플랫폼 1위.

▶ MAU 추이 및 전망

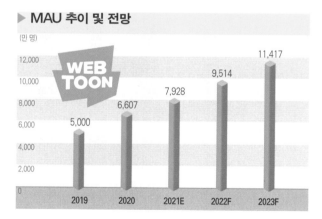

(만 명)

- 2019: 5,000
- 2020: 6,607
- 2021E: 7,928
- 2022F: 9,514
- 2023F: 11,417

▶ 유료 구독자수 추이 및 전망

(만 명)

- 2019: 430
- 2020: 603
- 2021E: 793
- 2022F: 1,047
- 2023F: 1,370

▶ ARPPU 추이 및 전망

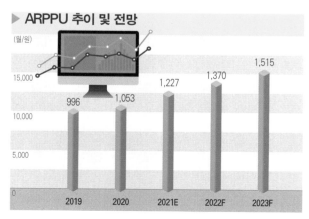

(월/원)

- 2019: 996
- 2020: 1,053
- 2021E: 1,227
- 2022F: 1,370
- 2023F: 1,515

▶ 라인망가(일본) 거래액 추이 및 전망

(억 원)

- 2019: 2,829
- 2020: 3,459
- 2021E: 4,497
- 2022F: 5,621
- 2023F: 6,745

카카오엔터테인먼트 비상장

카카오페이지 매출액	2,976억 원
거래액	3,567억 원

68.3% 카카오

72.9% 카카오재팬
일본 웹툰 플랫폼(픽코마)

2021.1.29. 카카오페이지가 카카오M을
합병한 뒤 사명을 카카오엔터테인먼트로 변경

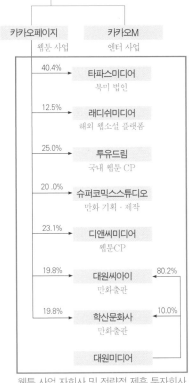

카카오페이지 웹툰 사업 / 카카오M 엔터 사업

- 40.4% 타파스미디어 북미 법인
- 12.5% 래디쉬미디어 해외 웹소설 플랫폼
- 25.0% 투유드림 국내 웹툰 CP
- 20.0% 슈퍼코믹스스튜디오 만화 기획·제작
- 23.1% 디앤씨미디어 웹툰CP
- 19.8% 대원씨아이 80.2% 만화출판
- 19.8% 학산문화사 10.0% 만화출판
- 대원미디어

웹툰 사업 자회사 및 전략적 제휴 투자회사

▶ **카카오페이지 매출 추이 및 전망**

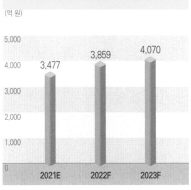

(억 원)
- 2021E: 3,477
- 2022F: 3,859
- 2023F: 4,070

▶ **카카오페이지 거래액 추이 및 전망**

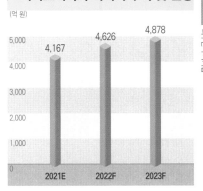

(억 원)
- 2021E: 4,167
- 2022F: 4,626
- 2023F: 4,878

▶ **투자포인트**

- 카카오는 콘텐츠 사업을 영위하는 법인으로 크게 카카오엔터테인먼트, 카카오재팬, 멜론컴퍼니 3사를 두고 있는데, 카카오페이지(일본제외 웹툰/웹소설)와 카카오M(음원유통, K-POP/드라마/영화)이 2021년 1월 29일 합병해 설립된 카카오엔터테인먼트는 2022년 중에 IPO 추진 예정.
- 카카오페이지는 2014년 '기다리면 무료'의 수익 모델을 계기로 국내에서 웹툰 플랫폼 사업을 성공적으로 론칭.
- 계열사인 카카오재팬의 픽코마는 한국에서 성공한 웹툰 사업 모델을 기반으로 일본 최대 모바일 만화 플랫폼으로 진화 → 2020년 3분기에 픽코마의 누적 GMV가 245억 엔(+167% yoy) 폭증.
- 픽코마가 공급 중인 만화 중 한국 IP는 작품 수 기준 전체의 1.3%에 불과하지만, 이들의 매출액은 전체 매출액의 35~40%를 차지.

▶ **카카오 전체 IP 사업 매출 추이 및 전망**

(억 원)
- 2019: 3,541
- 2020: 3,747
- 2021E: 4,794
- 2022F: 5,652

▶ **카카오엔터테인먼트 IPO시 사업부문별 예상 기업가치**

(조 원)
- 웹툰/웹소설: 10
- 픽코마: 5
- 멜론: 2
- 드라마: 3

합산 기업가치 **20조 원**

▶ **픽코마 매출 추이 및 전망**

(억 원)
- 2019: 624
- 2020: 2,391
- 2021E: 3,803
- 2022F: 4,978
- 2023F: 5,794

▶ **픽코마 거래액 추이 및 전망**

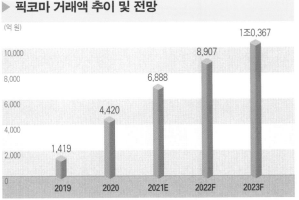

(억 원)
- 2019: 1,419
- 2020: 4,420
- 2021E: 6,888
- 2022F: 8,907
- 2023F: 1조0,367

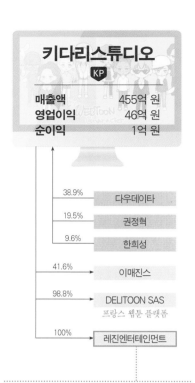

키다리스튜디오
KP

매출액	455억 원
영업이익	46억 원
순이익	1억 원

- 38.9% — 다우데이타
- 19.5% — 권정혁
- 9.6% — 한희성
- 41.6% — 이매진스
- 98.8% — DELITOON SAS (프랑스 웹툰 플랫폼)
- 100% — 레진엔터테인먼트

2020년 12월에 레진엔터테인먼트 주주가 보유한 주식 전량을 신주로 교환해 지급하는 포괄적 주식 교환 계약을 체결해 레진엔터테인먼트를 100% 자회사로 편입

▶ 경영 실적 추이 및 전망

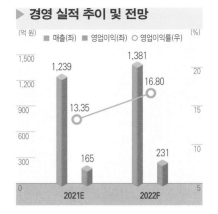

(억 원) ■ 매출(좌) ■ 영업이익(좌) ○ 영업이익률(우) (%)

- 2021E: 매출 1,239, 영업이익 165, 영업이익률 13.35
- 2022F: 매출 1,381, 영업이익 231, 영업이익률 16.80

▶ 주가 추이 및 전망

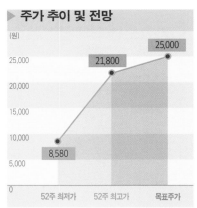

(원)
- 52주 최저가: 8,580
- 52주 최고가: 21,800
- 목표주가: 25,000

▶ 투자포인트

- 다우키움그룹 계열의 웹툰/웹소설 플랫폼 겸 CP회사로, 플랫폼(봄툰), 프로듀싱(웹툰 제작/유통), 프랑스 웹툰 플랫폼(델리툰) 등 사업 영위.
- 동사는 2020년 12월 레진엔터테인먼트를 자회사로 편입하면서 레진엔터테인먼트가 지배하는 국내 3위 웹툰 플랫폼인 레진코믹스를 얻게 됨과 동시에 레진엔터테인먼트가 구축한 미국 및 일본 시장 네트워크 확보 → 네이버와 카카오의 글로벌 웹툰 시장 생태계 조성 과정에서, 니치마켓 장르의 웹툰에 특화된 동사의 외형 확장 예상.
- 운영 중인 웹툰 플랫폼인 '봄툰'과 '델리툰'에서 추가 IP 확보를 위한 투자 및 '델리툰'의 독일 시장 론칭, 적극적인 인수합병 등으로 비용 집행이 부득이하게 발생함에 따라 영업이익 성장세 다소 주춤 → 2021년 매출이 전년 대비 2배 이상 상승하면서 이익 레버리지 효과 기대.

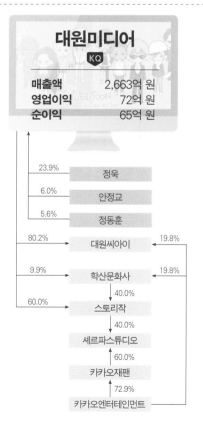

대원미디어
KQ

매출액	2,663억 원
영업이익	72억 원
순이익	65억 원

- 23.9% — 정욱
- 6.0% — 안정교
- 5.6% — 정동훈
- 80.2% — 대원씨아이 ← 19.8%
- 9.9% — 학산문화사 ← 19.8%
- 60.0% — 스토리작
  - 40.0% → 셰르파스튜디오
  - 40.0%
  - 60.0% → 카카오재팬
  - 72.9% — 카카오엔터테인먼트

▶ 경영 실적 추이 및 전망

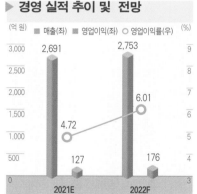

(억 원) ■ 매출(좌) ■ 영업이익(좌) ○ 영업이익률(우) (%)

- 2021E: 매출 2,691, 영업이익 127, 영업이익률 4.72
- 2022F: 매출 2,753, 영업이익 176, 영업이익률 6.01

▶ 주가 추이 및 전망

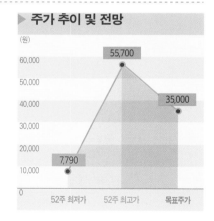

(원)
- 52주 최저가: 7,790
- 52주 최고가: 55,700
- 목표주가: 35,000

▶ 투자포인트

- '드래곤볼', '원피스' 등 밀리언셀러급 일본 애니메이션의 국내 독점 수입·유통 회사.
- 동사의 주가가 한때 급등한 이유는, 동사의 웹툰 자회사 스토리작과 카카오재팬이 합작회사 '셰르파스튜디오'를 설립하면서 카카오와의 협력관계가 부각되면서임.
- 카카오와의 관계 이외에 동사의 주가 상승 모멘텀으로 거론되는 것은, 동사가 제작한 SF 특촬물 '아머드 사우루스'임 → 2021년 3월에 유튜브 공식 채널을 통해 '아머드 사우루스' 티저 영상이 공개된 뒤 동사의 주가가 1만 원대 초반에서 최대 5만 원대로 급등.
- 동사의 '아머드 사우루스' 영상물 사업은 플랫폼 방영을 통해 IP의 가치를 높인 이후, 완구 판매와 게임 제작 등 부가 사업으로 수익을 창출하는 비즈니스 모델.
- 증권가에서는 2022년부터 본격 방영 예정인 '아머드 사우루스'의 본방에 앞서 동사의 높은 주가 상승 예상.

디앤씨미디어 (KQ)

매출액	577억 원
영업이익	131억 원
순이익	109억 원

- 30.1% 신현호 ┐
- 16.0% 이미자 ┘ 부부관계
- 23.1% 카카오엔터테인먼트
- 100% 더코믹스
- 100% 디앤씨웹툰비즈
- 20.0% 더앤트

웹툰 사업 자회사

▶ 경영 실적 추이 및 전망

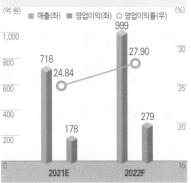

(억 원) ■ 매출(좌) ■ 영업이익(좌) ○ 영업이익률(우) (%)

- 2021E: 718, 178, 24.84
- 2022F: 999, 279, 27.90

▶ 주가 추이 및 전망

(원)

- 52주 최저가: 31,750
- 52주 최고가: 61,900
- 목표주가: 54,000

▶ 투자포인트

- 웹소설/웹툰 콘텐츠를 공급하는 대표적인 CP회사로, '파피루스', '블랙라벨클럽', '시드노벨' 등 다양한 브랜드를 보유하고 있으며, 각기 다른 독자층 연령에 맞춰 타깃팅.
- 카카오페이지(카카오 웹툰 플랫폼) 내 CP 중 점유율 1위에 올라 있으며, 카카오엔터테인먼트가 23.1% 지분 투자 → 2017년에 카카오페이지의 투자를 유치해 카카오와의 동반 성장 관계 구축.
- 네이버웹툰과 카카오페이지의 해외 웹툰 시장 개척을 계기로 한국 웹툰에 대한 해외 시장 수요가 형성되면서 동사도 자연스럽게 수출 기업으로 진화 중.
- 동사의 계약 작가 수 및 작품 수는 2019년 기준 각각 629명, 1,258편으로 업계 최대 규모 → 이를 바탕으로 동사는 연간 8~10편 가량의 신규 웹툰을 꾸준히 론칭.

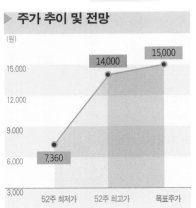

미스터블루 (KQ)

매출액	807억 원
영업이익	144억 원
순이익	122억 원

- 55.4% 조승진
- 100% 더블플러스
- 100% 블루포션게임즈
- 100% 블루코믹스

▶ 경영 실적 추이 및 전망

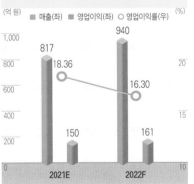

(억 원) ■ 매출(좌) ■ 영업이익(좌) ○ 영업이익률(우) (%)

- 2021E: 817, 150, 18.36
- 2022F: 940, 161, 16.30

▶ 자체 플랫폼 가입자 수

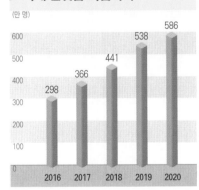

(만 명)

- 2016: 298
- 2017: 366
- 2018: 441
- 2019: 538
- 2020: 586

▶ 주가 추이 및 전망

(원)

- 52주 최저가: 7,360
- 52주 최고가: 14,000
- 목표주가: 15,000

▶ 투자포인트

- 국내 웹툰 플랫폼사 중에 유일하게 자체 무협 IP를 보유하고 있으며, 네이버웹툰 무협 장르의 80%를 점유.
- 자회사 블루포션게임즈를 통해 모바일 무협 게임인 '에오스 레드' 서비스.
- 웹툰 플랫폼의 가입자 수 증가 및 건당 평균 결제금액 상승 호재 주목 → 건당 평균 결제금액이 15,000원을 돌파했으며, 재구매금액 역시 꾸준히 증가 추세.
- 할리퀸 로맨스 등 장르 다각화와 글로벌 웹툰 시장 공략을 통한 외형 성장이 가시화되면서 동사의 주가 상승 모멘텀 마련.
- 동사의 모바일게임 '에오스 레드'가 한국과 대만에 이어 인도네시아, 싱가포르, 태국, 말레이시아 등 동남아 10개국에 동시 출시 → 2021년 6월 1일 기준 동남아 10개국의 사전 가입자 수 총합은 189만 명.

11 광고

📈 광고 업계 핵심 키워드 : '디지털'과 '온라인', '데이터'와 '타깃팅' 📉

▶ 광고 사업부문별 최선호주
당기순이익(상, 억 원), ROE(하, %), 2021년 기준

종합광고			미디어렙		온라인/뉴미디어 광고				
제일기획	이노션	오리콤	인크로스	나스미디어	에코마케팅	엔비티	와이더플래닛	이엠넷	플레이디
1,895	965	60	181	274	338	23	3	295	25
17.7	9.6	2.1	21.9	15.1	21.0	19.8	4.9	35.3	3.1

▶ 제일기획 매출 형태별 총이익

온라인 환경 및 이커머스 시장이 급성장함에 따라 디지털 기술의 적극 도입으로 광고 효과 극대화

* ATL(Above-the-Line) : 불특정 다수를 타깃으로 브랜드 인지도를 높이기 위한 4대 매체 활용 광고.

▶ 매체별 광고 시장 규모 추이 및 전망

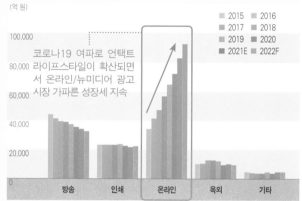

코로나19 여파로 언택트 라이프스타일이 확산되면서 온라인/뉴미디어 광고 시장 가파른 성장세 지속

▶ 프로그래매틱 광고 시장 규모 추이 및 전망

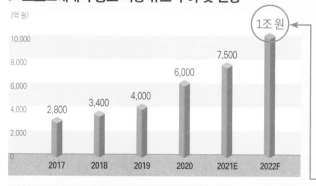

▶ 온라인 타깃광고 사업부문별 시장 규모

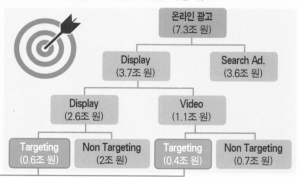

▶ 온라인 광고 비즈니스 모델 진화도

구분	1세대	2세대		3세대	
사업 모델	디스플레이 광고 대행	검색광고 대행	검색광고 플랫폼	프로그래매틱 광고 대행	DSP
역할	매체 구매대행	매체 구매대행	매체 운영대행	DSP 구매/운영 대행	매체 구매/매체 운영
매출	광고대행료	광고대행료	광고비와 매체 구입비 차익	광고대행료	광고비와 매체 구입비 차익
주요 회사	제일기획, 이노션, 오리콤	에코마케팅, 나스미디어	오버추어, 구글	에코마케팅, 나스미디어	와이더플래닛, IGAworks

📈 광고株 3가지 투자포인트 : '경기회복', '주고객사 실적', '배당' 📉

One Pick | 경기회복 국내 GDP 성장률 대비 광고 취급액 규모 및 증감률 추이

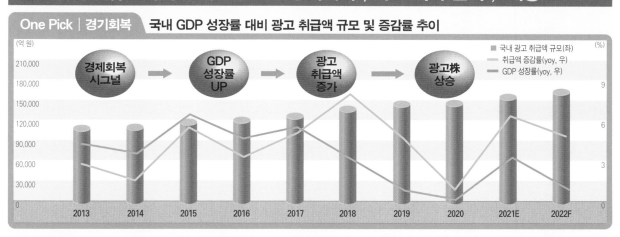

경제회복 시그널 → GDP 성장률 UP → 광고 취급액 증가 → 광고株 상승

범례:
- 국내 광고 취급액 규모(좌)
- 취급액 증감률(yoy, 우)
- GDP 성장률(yoy, 우)

Two Pick | 주고객사 실적 제일기획 시가총액과 삼성전자 영업이익, 이노션 시가총액과 현대·기아차 영업이익 관계

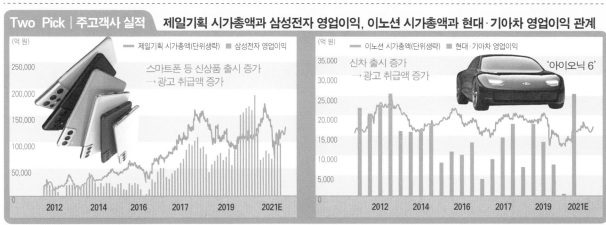

- 제일기획 시가총액(단위생략) / 삼성전자 영업이익
  - 스마트폰 등 신상품 출시 증가 → 광고 취급액 증가
- 이노션 시가총액(단위생략) / 현대·기아차 영업이익
  - 신차 출시 증가 → 광고 취급액 증가
  - '아이오닉 6'

Three Pick | 배당매력 제일기획과 이노션, 글로벌 PEER 대비 이익성장률 및 배당성향 비교

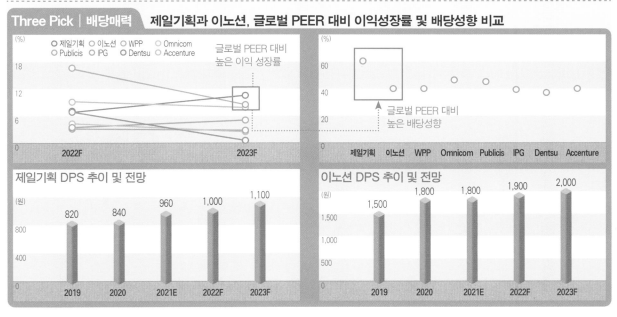

범례: 제일기획, 이노션, WPP, Omnicom, Publicis, IPG, Dentsu, Accenture

- 글로벌 PEER 대비 높은 이익 성장률
- 글로벌 PEER 대비 높은 배당성향

제일기획 DPS 추이 및 전망
- 2019: 820
- 2020: 840
- 2021E: 960
- 2022F: 1,000
- 2023F: 1,100

이노션 DPS 추이 및 전망
- 2019: 1,500
- 2020: 1,800
- 2021E: 1,800
- 2022F: 1,900
- 2023F: 2,000

광고 시장을 지배하는 사업 모델
'프로그래매틱', '커넥티드', '어드레서브'

대표적인 경기민감주

광고 회사의 실적과 주가는 경기변동에 적지 않은 영향을 받는다. 증권가에서 광고 상장사의 주가를 대표적인 경기민감주 가운데 하나로 꼽는 이유다. 광고주인 기업이 광고 예산(광고취급고) 집행을 통해 소비를 이끌어내는 과정이 실물경제와 밀접하게 맞닿아 있기 때문이다. 광고 업황의 성장 지표는 한 나라의 GDP와 유사한 흐름으로 나타난다. 광고 시장의 규모를 가늠하는 기준이 되는 광고취급고는 지난 10여 년 간 평균 3~4%대로 꾸준히 증가해 오다가 2020년 초에 터진 코로나19로 크게 위축되고 말았다. 소비심리가 꽁꽁 얼어붙었기 때문이다.

2022년 이후 전 세계 경제가 회복국면에 진입할 것이란 전망이 제기되면서 광고 시장이 반등을 준비하고 있다. 업계에서는 2022년 광고취급고 규모가 코로나19 이전 수준을 넘어설 것으로 보고 있다. 광고 업황의 회복 조짐은 코로나19가 한창인 2020년 3분기 이후부터 감지되었다. 사회적 거리두기 강화로 오프라인 활동이 크게 위축되면서 언택트 라이프스타일이 일상화되자 비즈니스와 영업 환경이 디지털 플랫폼과 이커머스 중심으로 빠르게 이동했고, 이에 대응해 기업들은 광고 예산 중에서 온라인 채널 비중을 공격적으로 늘려나간 것이다.

투자적 관점에서 광고 업황은 크게 두 가지로 나눠 살펴볼 필요가 있다. 우선 광고 대장주인 제일기획과 이노션의 실적이 2022년 경기회복기에 맞춰 얼마나 반등할 것인지 여부다. 무엇보다 두 회사의 실적에 절대적인 영향력을 행사하는 삼성전자와 현대차그룹이 '얼마나'(광고 예산), 그리고 '어떻게'(광고 채널) 광고를 집행할 것인지가 중요하다. 이어서 언택트 환경에서 디지털을 기반으로 한 새로운 광고 채널을 주의 깊게 살펴볼 필요가 있다. 이른바 퍼포먼스 광고 영역에서 두각을 나타내는 상장사들의 성장 속도가 예사롭지 않기 때문이다.

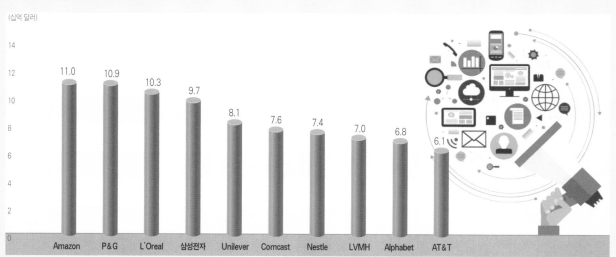

▶ **글로벌 광고주 '톱 10'** 2020년 광고 예산 기준

(십억 달러)

11.0	10.9	10.3	9.7	8.1	7.6	7.4	7.0	6.8	6.1
Amazon	P&G	L'Oreal	삼성전자	Unilever	Comcast	Nestle	LVMH	Alphabet	AT&T

제일기획과 이노션, 삼성전자와 현대차그룹의 광고 예산 증액 수혜

국내 광고 1위 회사 제일기획의 영업총이익 내 삼성 계열 물량 비중은 70%를 웃돈다. 그 가운데 특히 삼성 전자의 광고 예산 규모가 중요함은 두말할 나위 없다. 삼성전자는 국내 4대 매체(TV, 라디오, 신문, 잡지) 광고액 기준 매년 1위를 차지하는 회사다. 글로벌 광고주 순위 에서도 Amazon, P&G, L'Oreal에 이어 4위에 올라 있다.

스마트폰과 가전 등 삼성전자의 신제품 출시에 따른 홍보와 마케팅 전략은 제일기획의 실적에 직접적인 영향을 미친다. 삼성전자는 2021년 1월경에 스마트폰 신제품인 '갤럭시S21'을 출시했다. 삼성전자는 일반적으로 2~3월에 스마트폰 신제품을 출시하던 예년에 비해 1개월가량을 앞당겨 신제품을 조기출시한 것이다. 덕분에 제일기획으로서는 광고 비수기인 1분기에 양호한 실적을 달성할 수 있었다. '갤럭시 S21' 조기출시에서 알 수 있듯이 삼성전자는 보다 공격적인 신제품 출시와 마케팅 행보를 이어가고 있는데, 이러한 움직임은 경기회복에 맞춰 더욱 가속화될 전망이다. 삼성전자의 홍보와 마케팅을 전담하는 제일기획의 높은 수혜가 기대를 모으는 이유다.

국내 광고 업계 2위에 올라있는 이노션 역시 계열 광고주(현대자동차그룹) 물량이 매출총이익의 70% 이 상을 차지한다. 결국 이노션의 매출총이익에서 가장 중요한 것은 현대·기아차의 신차 출시 계획이다. 현대·기아차가 현재 판매 중인 차량 라인업은 모두 33종인데, 이 가운데 2020년 이후 처음으로 출시된 차량은 현대차 11종, 기아차 3종이다. 신차의 상당부분이 전기차(하이브리드)와 프리미엄 콘셉트로 구성되어 있는 것이 특징이다. 이에 따라 현대·기아차의 국내 4대 매체 광고 예산이 2017년을 기점으로 상승 추세를 이어가고 있다. 현대·기아차 역시 경기회복에 맞춰 2022년에 프로모션 비용을 높일 계획이다. 이노션의 실적 상승이 예상된다.

증권가에서 주목하는 광고 종목들

불과 2~3년 전만 해도 제일기획과 이노션 등 확실한 캡티브(captive, 내부 계열사) 고객사를 확보한 종합대행사를 제외하면 주식 시장에서 투자할만한 광고株를 찾기가 쉽지 않았다. 그런데 상황이 크게 바뀌었다. 온라인 환경에서 다양한 비즈니스 모델이 출현하면서 이른바 '돈이 되는' 새로운 광고 채널들이 시장을 잠식해나가고 있는 것이다.

글로벌 광고대행사들의 최근 실적과 전략 방향

▶ **퍼포먼스 광고 사업구조**

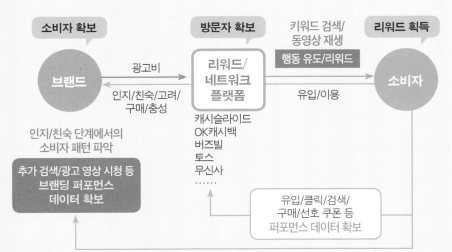

퍼포먼스 광고대행사 엔비티의
리워드형 광고 모델 '캐시슬라이드'

에서 공통으로 나타난 사실은, 광고주 기업의 니즈가 기존 브랜딩 중심에서 확실한 광고 효과와 효율적인 광고 집행을 할 수 있는 '퍼포먼스 마케팅' 중심으로 이동하고 있다는 점이다. '퍼포먼스 마케팅(performance marketing)'이란 구매 가능성이 높은 고객(right target)을 선별하여, 그들이 필요한 시점(right time)에 필요한 정보(right content)를 보여주는 기법을 통해 최소의 비용으로 광고주가 매출을 올리도록 하는 프로모션 전략이다.

코로나19 여파로 광고주 기업의 영업 환경이 오프라인에서 온라인으로 빠르게 이동함에 따라, 글로벌 광고대행사들은 퍼포먼스 마케팅을 활용해 구매 전환율을 높일 수 있는 광고 채널에 집중하고 있는 것이다. 퍼포먼스 마케팅의 가장 큰 장점은, 해당 기업이 광고를 통한 수익률을 객관적으로 측정할 수 있다는 것이다. 데이터 분석을 통해 광고가 효과적으로 전달되고 있는지 빠르게 확인할 수 있고, 기업들은 상황에 맞춰 광고 계획을 수립하고 집행할 수 있게 된다.

퍼포먼스 마케팅에는 네이티브 광고, 제휴 마케팅, 소셜미디어 등 다양한 방식이 활용되고 있으며, 클릭률(CTR), 클릭당 과금(CPC), 투자 수익률(ROI) 같은 핵심 성과 지표를 통해 광고 효과를 측정하게 된다. 데이터 기반 마케팅에서 이른바 타깃형 광고에 강점이 있는 프로그래매틱 노하우를 갖춘 광고대행사들이 전세계적으로 주목받는 이유가 여기에 있다. '프로그래매틱(programmatic)'이란 프로그램이 자동으로 이용자의 검색 경로, 검색어 등의 빅데이터를 분석해 이용자가 필요로 하는 광고를 띄워주는 광고 기법이다. 인터넷 이용자가 사이트에 접속하면서 생긴 방문기록(쿠키)으로 이용자의 소비행태를 예측해 이용자가 원할 것 같은 광고를 선택하여 보여 주는 방식이다.

퍼포먼스 마케팅을 주력 사업으로 하는 광고대행사 중에서 투자적 관점에서 주목해볼 만한 대표적인 상장사 가운데 첫 번째로 에코마케팅이 꼽힌다. 에코마케팅은 광고주와 미디어를 효율적으로 연결해주는 실시간 '프로그래매틱 바잉(programmatic buying)' 솔루션, 구글 애널리틱스 데이터를 활용한 GA(Google Analytics) 컨설팅은 물론, 검색광고 '서치 마케팅'과 페이스북 DR(direct response) 마케팅까지 다양한 수익 모델을 확보하고 있다.

엔비티는 캐시슬라이드, 애디슨 오퍼월 서비스 등을 운영하는 리워드(reward, 보상형) 플랫폼 업체다. 앱 시장이 성숙기에 접어들어 신규 사용자 유입과 기존 유저의 리텐션이 어려워지자 네이버, 카카오, 토스 등 대형 플랫폼이 유저 리텐션과 인앱 결제를 높이는 방법으로 오퍼월을 활용하고 있다. 증권가에서 엔비티의 성장 모멘텀을 높게 평가하는 이유다.

국내 1위 미디어렙 나스미디어도 다양한 프로그래매틱, 퍼포먼스형 플랫폼을 운영하고 있다. 2020년부터 퍼포먼스형 플랫폼인 엔포스팅, 엔스위치, 엔스테이션, 엔브릿지 등에서 매출이 크게 상승하고 있는데, 전체 모바일 플랫폼 매출에서 약 60% 가량을 차지한다. 나스미디어는 커머스와 리워드 플랫폼도 함께 운영하고 있어 기존 렙 수수료 대비 높은 수수료율을 확보할 수 있다.

TV 광고의 새로운 비즈니스 모델

라디오, 신문, 잡지와 함께 광고 매체를 장악해온 지상파 TV는, 어느덧 인터넷에 시장지배자의 자리를 내준지 오래다. 2020년에는 코로나19 여파로 도쿄 올림픽이 연기되면서 지상파 TV 광고가 더욱 위축되었고, 2021년에 우여곡절 끝에 개최되었지만 과거 올림픽에 비해 지상파 TV 광고 수입이 크게 감소하고 말았다.

최근 깊은 침체기에 빠진 지상파 TV 광고를 대체할 새로운 사업 모델들이 출현하고 있는데, 그중에 특히 커넥티드 TV 광고가 주목을 끈다. '커넥티드(connected)TV'란 쉽게 말해 인터넷 서비스가 가능한 TV를 말한다. 초기에는 셋톱박스로 인터넷 접속을 지원하는 형태였지만 점차 TV 자체를 통한 접속 방식으로 바뀌었다. 인터넷망을 활용하지만 통신사업자가 직접 콘텐츠를 보내는 IPTV와 다르다. 기존 IPTV 기능에 웹 검색도 가능하고, 스마트폰의 앱스토어까지 적용할 수 있다. 커넥티드TV는 합리적인 비용으로 스마트폰의 적은 액정에서 실현되는 광고를 거대한 TV 화면에 송출할 수 있는 점이 매력적이다. 전 세계 디지털 광고 시장의 성장률이 8% 남짓이라면 커넥티드TV 광고 시장은 40%가 넘는 성장률을 보이고 있다. 현재 유튜브와 Roku, Hulu가 글로벌 커넥티브TV 시장점유율 50%를 차지하고 있다.

커넥티드TV 광고의 가장 큰 장점은 지상파TV에서 기대할 수 없는 '타깃팅 효과'에 있다. 흔히 커넥티드TV에서의 광고를 가리켜 '어드레서블(addressable)TV 광고'로 이해하기도 하는 데, 에드레서블TV 광고는 시청 데이터 등을 기반으로 관심사에 따라 타깃팅이 가능하다. IPTV의 셋톱박스에 저장된 데이터를 수집·분석하여 가구별 특성을 알아내고 이에 따라 가구별로 달리 제공하는 맞춤 광고가 가능하다는 얘기다. 에드레셔블TV 광고는 광고주가 원하는 타깃 소비층에 원하는 예산만큼 방송되기 때문에 중소형 광고주도 TV 광고 집행이 가능해질 것으로 보인다.

어드레서블TV 광고는 구글과 네이버, 페이스북 등 인터넷 콘텐츠 플랫폼들이 이용자의 IP 주소를 통하여 인터넷 검색기록이나 사용 패턴, 성향과 취향 등을 알고리즘 시스템으로 알아낸 뒤 각 이용자가 관심을 둘 만한 상품의 광고를 선별하여 맞춤 형식으로 제공하는 프로그래매틱 광고의 일종이라 할 수 있다. 따라서 에코마케팅, 엔비티, 나스미디어 등 퍼포먼스 광고를 주력 사업으로 하는 광고대행사들에게 있어서 어드레서블TV 광고 시장은 새로운 성장 모멘텀이 될 전망이다.

현재 국내 TV 광고 시장에서는 어드레서블TV 광고 환경을 조성하기 위해 영업 및 기술 협약 등이 이뤄지고 있다. 나스미디어, 인크로스, MBC, 코바코, KT, SK브로드밴드, LG유플러스는 어드레서블TV 광고 사업 협력을 위해 MOU를 체결했다. 어드레서블TV 광고 시장 진입 단계에서 상품 개발, 시청 데이터 분석, 기술 개발, 홍보 등 서로에게 부족한 부분을 전략적으로 채워나가겠다는 복안이다.

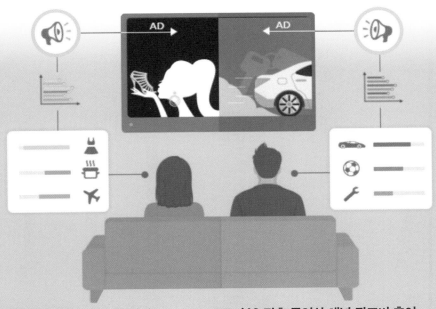

▶ 미국 커넥티드TV 광고 규모 추이 및 전망

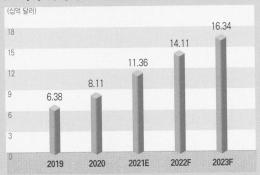

(십억 달러)

	2019	2020	2021E	2022F	2023F
	6.38	8.11	11.36	14.11	16.34

▶ 코로나19 전후 동영상 채널 광고비 추이

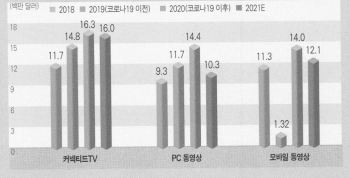

(백만 달러) ■ 2018 ■ 2019(코로나19 이전) ■ 2020(코로나19 이후) ■ 2021E

	2018	2019(코로나19 이전)	2020(코로나19 이후)	2021E
커넥티드TV	11.7	14.8	16.3	16.0
PC 동영상	9.3	11.7	14.4	10.3
모바일 동영상	1.32	11.3	14.0	12.1

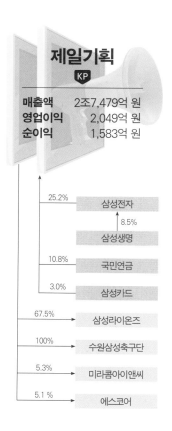

제일기획 KP

매출액	2조7,479억 원
영업이익	2,049억 원
순이익	1,583억 원

삼성전자 25.2%
삼성생명 8.5%
국민연금 10.8%
삼성카드 3.0%
삼성라이온즈 67.5%
수원삼성축구단 100%
미라콤아이앤씨 5.3%
에스코어 5.1%

▶ 경영 실적 추이 및 전망

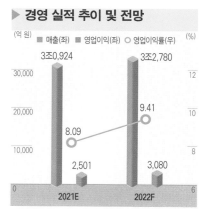

(억 원) ■ 매출(좌) ■ 영업이익(좌) ○ 영업이익률(우) (%)

- 2021E: 3조0,924 / 8.09 / 2,501
- 2022F: 3조2,780 / 9.41 / 3,080

▶ 주가 추이 및 전망

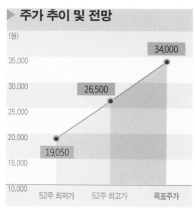

(원)
- 52주 최저가: 19,050
- 52주 최고가: 26,500
- 목표주가: 34,000

▶ 투자포인트

- 동사 주가 상승 모멘텀의 핵심은 디지털 사업 비중 증가 및 삼성전자 등 그룹사향 매출총이익 비중 대비 비계열사향 매출총이익이 얼마나 상승했는지에 있음.
- 광고대행사의 경영실적에 있어서 중요한 잣대는 매출총이익으로 가늠하는데, 동사는 2020년에 코로나19 영향으로 매출총이익이 전년 동기 대비 5.2% 감소 → 최대 광고주인 삼성전자의 광고취급고가 같은 기간 19.7% 감소한 것을 감안하면 동사는 디지털 역량 내재화 및 비계열사 사업 비중 증가를 통해 실적 방어에 성공한 것으로 평가.
- 동사의 P/E는 2018년과 2019년 사이 15.9배에서 23.1배까지 확장된 경험이 있는데, 당시 주가는 29,850원까지 상승함. 당시 주가 상승 이유로, 디지털 사업 비중의 가파른 상승에 따른 것으로 분석 → 2022년 동사의 주가는 2018년과 2019년 흐름을 재현할 것으로 예상되는 바, 동사의 디지털 사업 비중이 크게 올라가는 추세에 기인.

▶ 매출총이익 추이 및 전망

(억 원)
- 2020: 1조1,050
- 2021E: 1조2,331
- 2022F: 1조3,081
- 2023F: 1조3,882

▶ 영업활동 현금흐름 추이 및 전망

(억 원)
- 2020: 2,195
- 2021E: 1,682
- 2022F: 2,185
- 2023F: 2,272

▶ 해외 지역별 매출 비중

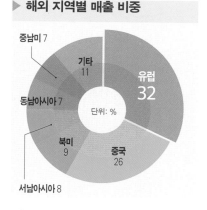

단위: %
- 유럽 32
- 중국 26
- 기타 11
- 북미 9
- 서남아시아 8
- 중남미 7
- 동남아시아 7

▶ 유럽, 중국, 북미 매출 추이 및 전망

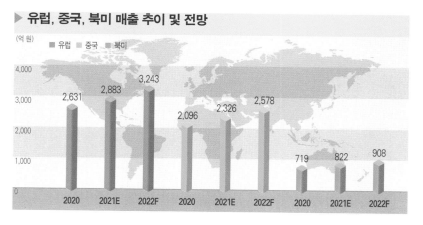

(억 원) ■ 유럽 ■ 중국 ■ 북미

- 유럽 — 2020: 2,631 / 2021E: 2,883 / 2022F: 3,243
- 중국 — 2020: 2,096 / 2021E: 2,326 / 2022F: 2,578
- 북미 — 2020: 719 / 2021E: 822 / 2022F: 908

이노션
KP

매출액	1조2,211억 원
영업이익	1,115억 원
순이익	843억 원

지분율	
17.6%	정성이
9.0%	현대차정몽구재단
2.0%	정의선
18.0%	NHPEA IV Highlight Holdings AB
13.5%	국민연금
10.3%	롯데컬쳐웍스
5.0%	한국투자신탁운용
85.0%	Wellcom
70.0%	디퍼플

▶ 경영 실적 추이 및 전망

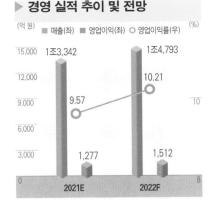

(억 원) ■매출(좌) ■영업이익(좌) ○영업이익률(우) (%)

- 2021E: 매출 1조3,342, 영업이익 1,277, 영업이익률 9.57
- 2022F: 매출 1조4,793, 영업이익 1,512, 영업이익률 10.21

▶ 주가 추이 및 전망

(원)
- 52주 최저가: 50,200
- 52주 최고가: 70,400
- 목표주가: 79,000

▶ 투자포인트

- 2020년에 코로나19로 인한 영업 타격이 심했기 때문에 실적 기저가 낮아 성장에 대한 부담이 적음. 다만 주가 상승을 위해서는 계열 물량 증가에 따른 확실한 실적 성장세를 보여주어야 함.
- 해외 지역별로 유럽 19.5%, 북미 15.0%, 중국 8.4% 순으로 성장 예상 → 동사의 해외 매출총이익의 53%가 북미 지역에서 발생하는 점 주목.
- 2021년에 국내 퍼포먼스 마케팅 대행사 디퍼플 인수 → 동사가 추진하고 있는 '디지털 전환'의 일환이자 동사의 주가 상승 모멘텀으로 꼽히는 비계열 광고주 영입에 중요한 역할 기대.
- 디퍼플은 2011년에 설립된 퍼포먼스 마케팅 기업으로 검색 마케팅, 디지털 콘텐츠 전략 분야에서 경쟁력 갖춤 → 주로 금융, 쇼핑, 여행, 교육 등의 분야에서 검색광고와 배너광고 서비스 대행.

▶ 매출총이익 추이 및 전망

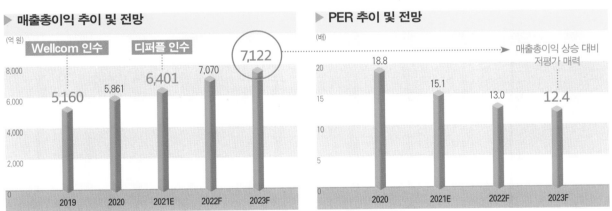

(억 원)
- 2019: 5,160 (Wellcom 인수)
- 2020: 5,861
- 2021E: 6,401 (디퍼플 인수)
- 2022F: 7,070
- 2023F: 7,122

▶ PER 추이 및 전망

(배)
- 2020: 18.8
- 2021E: 15.1
- 2022F: 13.0
- 2023F: 12.4

매출총이익 상승 대비 저평가 매력

▶ 비계열 광고주 현황

국내(비계열 비중 49%)

해외(비계열 비중 28%)

▶ 비계열 광고 매출 비중 추이

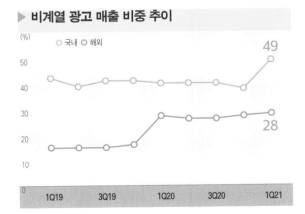

(%) ○국내 ○해외

- 국내: 49 (1Q21)
- 해외: 28 (1Q21)

(1Q19 ~ 1Q21)

에코마케팅
KQ

매출액	1,770억 원
영업이익	589억 원
순이익	548억 원

- 45.0% → 김천웅
- 90.0% → 데일리앤코
- 56.0% → 안다르

▶ 경영 실적 추이 및 전망

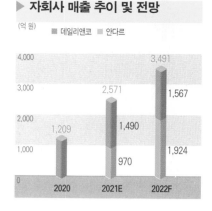

(억 원) ■ 매출(좌) ■ 영업이익(좌) ○ 영업이익률(우) (%)

- 2021E: 매출 2,828, 영업이익 529, 영업이익률 18.71
- 2022F: 매출 4,115, 영업이익 882, 영업이익률 21.40

▶ 자회사 매출 추이 및 전망

(억 원) ■ 데일리앤코 ■ 안다르

- 2020: 데일리앤코 1,209
- 2021E: 데일리앤코 2,571, 안다르 970 (1,490)
- 2022F: 데일리앤코 3,491, 안다르 1,924 (1,567)

▶ 주가 추이 및 전망

(원)

- 52주 최저가: 16,000
- 52주 최고가: 32,500
- 목표주가: 27,000

▶ 투자포인트

- 동사는 온라인 종합광고대행사로서, 데이터 활용을 기반으로 한 퍼포먼스 마케팅에 경쟁력 보유.
- 캡티브 광고주는 없지만 장기 고객 비중이 높아 매출 안정성이 높음. 매출 비중은 광고 32%, 커머스(데일리앤코) 68%.
- 자회사 데일리앤코는 데이터 분석 및 온라인 동영상 광고를 활용하여 비디오커머스 사업 영위 → 대표 제품은 '안다르', '클럭', '몽제'.
- 신규 브랜드 론칭 및 플랫폼(베니티 테이블) 구축 관련 초기 투자 집행에 따라 영업이익률 하락(2020년 30%대 영업이익률이 2021년 20%대 미만으로 하락 예상) → 신규 브랜드 및 플랫폼이 안정적인 이익 실현에 들어가는 2022년 시점부터 마진 개선에 따른 레버리지 예상.

나스미디어
KQ

매출액	1,116억 원
영업이익	270억 원
순이익	231억 원

- 42.8% → KT
- 16.7% → 정기호
- 46.9% → 플레이디
- 19.0% → 얼라이언스인터넷

▶ 경영 실적 주가 추이 및 전망

(억 원) ■ 매출(좌) ■ 영업이익(좌) ○ 영업이익률(우) (%)

- 2021E: 매출 1,211, 영업이익 323, 영업이익률 26.72
- 2022F: 매출 1,359, 영업이익 378, 영업이익률 27.80

▶ K딜 연간 거래액 전망

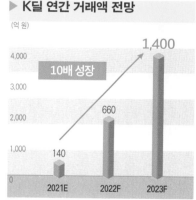

(억 원)

- 2021E: 140
- 2022F: 660
- 2023F: 1,400 (10배 성장)

▶ 주가 추이 및 전망

(원)

- 52주 최저가: 26,980
- 52주 최고가: 44,900
- 목표주가: 52,000

▶ 투자포인트

- 미디어렙 분야 국내 취급고 1위 회사(누적 취급고 2조 원)로 최대주주인 KT를 캡티브 고객사로 두고 있어 안정적인 매출 실현.
- 2020년 3월에 상장된 자회사 플레이디는 온라인 SA를 주력 사업으로 영위.
- 모회사 KT와 함께하는 문자 커머스 사업 'K딜'은 2021년 거래액이 140억 원 규모가 예상되는 바, 이를 통해 연 매출 11억 원 발생.
- K딜은 KT 고객에게 온라인 최저가보다도 저렴하게 상품을 특가에 구매할 수 있는 기회를 문자로 제공하고, 고객이 상품을 구매하면 일정의 판매 수수료를 수취하는 사업.
- 신규 사업인 어드레서블TV를 통해 11개 중소형 채널에서 송출되는 신규 타깃팅 TV 광고 상품 판매 개시 → 어드레서블TV 광고 사업 실적은 2022년 이후부터 가시화될 예정이며, 현재는 동사의 주가 상승 모멘텀으로 작용.

인크로스
KQ

매출액	394억 원
영업이익	148억 원
순이익	123억 원

34.5%	SK텔레콤
4.8%	이재원

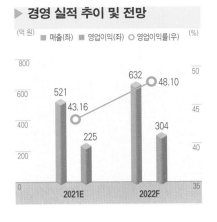

▶ 경영 실적 추이 및 전망

(억 원) ■ 매출(좌) ■ 영업이익(좌) ○ 영업이익률(우) (%)

- 2021E: 매출 521, 영업이익 225, 영업이익률 43.16
- 2022F: 매출 632, 영업이익 304, 영업이익률 48.10

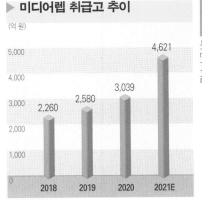

▶ 미디어렙 취급고 추이

(억 원)

- 2018: 2,260
- 2019: 2,580
- 2020: 3,039
- 2021E: 4,621

▶ 주가 추이 및 전망

(원)

- 52주 최저가: 42,450
- 52주 최고가: 63,500
- 목표주가: 71,000

▶ 투자포인트

- 동사는 광고주와 광고대행사를 대신해 매체 전략을 수립하고 광고를 집행하는 디지털 광고 미디어렙과 국내 최초의 동영상 광고 네트워크 플랫폼인 '다윈(Dawin)'을 주력 사업으로 영위 → 디지털 광고 미디어렙은 각종 매체 기업을 대신하여 광고주들로부터 광고를 수주하고, 광고주와 광고회사에 광고 분석과 기법 등 과학적인 매체자료를 제공.
- 동사의 최대주주인 SK텔레콤의 'T-딜' 사업 전담 → 'T-딜'은 SK텔레콤이 보유한 방대한 빅데이터를 활용하여 SK텔레콤 고객 중에 타깃을 정하여 발송하는 퍼포먼스 마케팅의 일종으로, 실제 구매가 이뤄지는 경우에 거래액의 일정 비율을 판매 수수료로 정산하는 CPS(Cost Per Sales) 방식으로 과금하는 사업 모델.
- 동사는 IPTV향 매출은 아직 미미하지만, 어드레서블TV 시장이 본격화되는 2022년부터 그룹사인 SK브로드밴드향 매출 발생 예상.

엔비티
KQ

매출액	443억 원
영업이익	-13억 원
순이익	21억 원

23.0%	박수근
6.9%	곽근봉
6.9%	박광연

▶ 경영 실적 추이 및 전망

(억 원) ■ 매출(좌) ■ 영업이익(좌)

- 2021E: 매출 752, 영업이익 32(흑자전환)
- 2022F: 매출 1,215, 영업이익 48

▶ 애디슨 모바일 플랫폼 B2B 고객사 현황

제휴 포인트 네트워크

ADISON

네이버페이 / 네이버 웹툰 / 네이버 시리즈 / 야만다 / 문피아
포스텔러 / 핑크다이어리 / 멜로펫 / 북팔 / 라프텔

30개 이상 플랫폼 제휴사

▶ 주가 추이 및 전망

(원)

- 52주 최저가: 16,200
- 52주 최고가: 49,000
- 목표주가: 38,000

▶ 투자포인트

- 동사는 캐시슬라이드, 애디슨 오퍼월 서비스 등을 운영하는 리워드 플랫폼 및 퍼포먼스 마케팅 전문업체로, 2020년 매출액은 443억 원으로, B2C(캐시슬라이드 등)에서 208억 원(매출 비중 47%), B2B(애디슨 오퍼월)에서 205억 원(매출 비중 46.2%) 실현.
- 동사의 애디슨 오퍼월은 대형 플랫폼(토스, 네이버 페이/웹툰 등)과의 제휴로 MAU 700만까지 급증, 2022년 1,000만 명 달성 목표.
- 코로나19 이후 광고 업계에 디지털 전환이 가속화되면서 디지털을 기반으로 한 동사의 퍼포먼스 광고 사업에 호재로 작용.
- IT가전, 게임, 금융 분야를 중심으로 퍼포먼스 광고 수요가 크게 늘어나면서 2021년에 이어 2022년에도 동사의 매출 급증 예상.

인터넷, 핀테크, 금융/증권

NAVER WORLD 투자 해부도

▶ 네이버의 투자가치를 이끄는 사업들

| 검색/디스플레이 광고 수익 | (억 원) |
2020: 5조3,041
17.1%
2021E: 6조8,004
11.8%
2022F: 8조7,998

NAVER
사업부문별 매출 비중
단위: %

- 서치 플랫폼 49.9
- 커머스 21.8
- 콘텐츠 8.7
- 핀테크 13.9
- 클라우드 5.5

| 네이버쇼핑 수익 | (억 원)
2020: 1조0,897
37.7%
2021E: 1조5,512
35.3%
2022F: 2조1,423

| 콘텐츠(웹툰/뮤직) 수익 | (억 원)
2020: 4,602
43.2%
2021E: 6,589
36.5%
2022F: 8,991

| 네이버페이 수익 | (억 원)
2020: 6,774
42.7%
2021E: 9,669
54.2%
2022F: 1조4,908

| 클라우드/IT서비스 수익 | (억 원)
2020: 2,737
43.3%
2021E: 3,923
81.1%
2022F: 7,104

▶ 네이버 주요 사업부문별 자회사 기업가치 예상

(억 원)

기업가치는 소규모로 평가되지만,
네이버가 가장 적극적으로
투자하는 사업부문으로
네이버 주가 상승 모멘텀 역할

38조7,000

- 네이버TV 위버스플랫폼: 1조5,000
- 네이버웹툰: 7조9,000
- 네이버파이낸셜: 11조8,000
- 서치플랫폼: 17조6,000
- 네이버쇼핑: 38조7,000

국내 이커머스 시장점유율
1위
국내 이커머스 취급고
34조 원

▶ 지난 4년 간 네이버 주요 투자처

투자처 콘텐츠	투자기업	투자금액(억원)	형태	투자목적
엔터테인먼트 & 콘텐츠	YG엔터테인먼트	1,000	현금	엔터테인먼트 콘텐츠 확보
	SM엔터테인먼트	1,000	현금	엔터테인먼트 콘텐츠 확보
	CJ ENM	1,500	자사주 교환	티빙과의 콘텐츠 제휴
	스튜디오드래곤	1,500	자사주 현물출자	영상 제작 경쟁력 확보
	비엔엑스(위버스)	4,119	현금, 3자 배정 유증	49% 지분 확보, V라이브 영업양수도
	왓패드	6,533	자사주 지급	글로벌 1위 웹소설 플랫폼 제휴
	엠텍	1,678	현금	인도네시아 종합미디어 기업, 시가총액 103억 달러 라인웹툰과 시너지 기대
	문피아	605	현금	지분율 56.26% 확보, 웹소설 IP 및 작가 확보
	티빙	400	현금	지분율 5.4% 확보 및 웹툰/웹소설 IP 영상화
커머스	CJ대한통운	3,000	자사주 교환	물류 배송 강화
	이마트, 신세계인터내셔널	2,500	자사주 지급	국내 1위 유통업체와 이커머스 협업
	왈라팝	1,550	코렐리아 펀드 통해 투자	스페인판 당근마켓으로 불리는 중고거래 서비스 투자
핀테크	미래에셋증권	5,000	자사주 교환	핀테크 협업

KAKAO WORLD 투자 해부도

▶ 카카오의 투자가치를 이끄는 사업들

플랫폼 ← 46.7% [매출 비중]

KAKAO

53.3% [매출 비중] → 콘텐츠

| 톡비즈 수익 : 카카오톡 |
(억 원)
2조2,481
1조6,320
1조1,113
46.9% 37.8%
2020 2021E 2022F

68.5% KAKAO
카카오엔터테인먼트

| 콘텐츠 수익 : 웹툰, 엔터테인먼트 |
(억 원)
1조1,853
8,149
5,280
54.3% 45.5%
2020 2021E 2022F

| 포털비즈 수익 : Daum |
(억 원)
4,779 4,870 5,087
1.9% 4.5%
2020 2021E 2022F

45.2% KAKAO
카카오게임즈

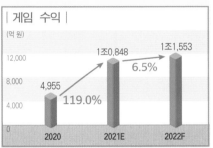

| 게임 수익 |
(억 원)
1조0,848 1조1,553
4,955
119.0% 6.5%
2020 2021E 2022F

KAKAO 56.1%
카카오페이

KAKAO 63.4%
카카오모빌리티

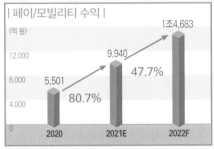

| 페이/모빌리티 수익 |
(억 원)
1조4,683
9,940
5,501
80.7% 47.7%
2020 2021E 2022F

100% KAKAO
멜론

| 뮤직/미디어 수익 : 음원, 카카오TV |
(억 원)
1조1,807 1조2,983
9,909
7.5% 8.7%
2020 2021E 2022F

▶ 카카오 주요 사업부문(자회사) 기업가치 예상

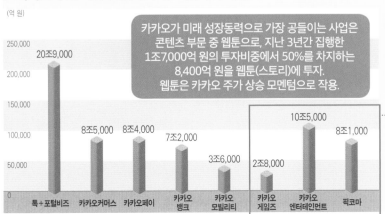

(억 원)

카카오가 미래 성장동력으로 가장 공들이는 사업은 콘텐츠 부문 중 웹툰으로, 지난 3년간 집행한 1조7,000억 원의 투자비중에서 50%를 차지하는 8,400억 원을 웹툰(스토리)에 투자. 웹툰은 카카오 주가 상승 모멘텀으로 작용.

20조9,000
8조5,000 8조4,000
7조2,000
3조6,000
2조8,000 10조5,000 8조1,000

톡+포털비즈 카카오커머스 카카오페이 카카오뱅크 카카오모빌리티 카카오게임즈 카카오엔터테인먼트 픽코마

▶ 지난 3년간 카카오의 투자 비중

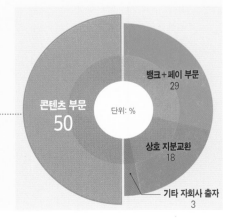

뱅크+페이 부문
29

콘텐츠 부문
50

단위: %

상호 지분교환
18

기타 자회사 출자
3

🔺 간편결제 시장에서 네이버와 카카오의 '페이' 전쟁 🔻

▶ 국내 간편결제 시장 규모

(조 원)

전자결제 회사의
수익성에 직결

CAGR 59%

150
100
50
0

2016 2017 2018 2019 2020 2021E 2022F

▶ 국내 간편송금 시장 규모

(조 원)

결제 수익을 올리기
위한 모객 수단

CAGR 56%

400
300
200
100
0

2017 2018 2019 2020 2021E 2022F

▶ 간편결제 사업 구조도

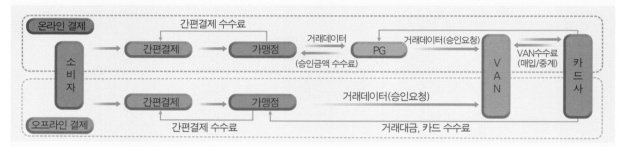

온라인 결제

소비자 → 간편결제 → 가맹점

간편결제 수수료

거래데이터 / (승인금액 수수료) → PG → 거래데이터(승인요청) → VAN → VAN수수료 (매입/중계) → 카드사

오프라인 결제

소비자 → 간편결제 → 가맹점

간편결제 수수료

거래데이터(승인요청) → VAN

거래대금, 카드 수수료

▶ 네이버페이 거래액 추이

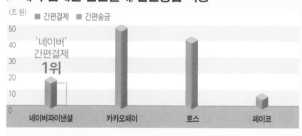

(조 원)

N Pay

60
40
20
0

10.6 16.3 29.0 39.3 48.5 59.1

2018 2019 2020 2021E 2022F 2023F

▶ 카카오페이 거래액 추이

(조 원)

kakaopay

200
150
100
50
0

20.1 48.0 66.8 99.7 139.4 170.5

2018 2019 2020 2021E 2022F 2023F

▶ 페이 업체별 간편결제/간편송금 비중

(조 원)
■ 간편결제 ■ 간편송금

'네이버'
간편결제
1위

50
40
30
20
10
0

네이버파이낸셜 카카오페이 토스 페이코

▶ 네이버 vs. 카카오 결제 GMV 비교

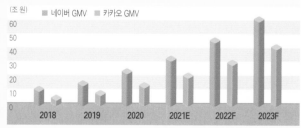

(조 원)
■ 네이버 GMV ■ 카카오 GMV

60
50
40
30
20
10
0

2018 2019 2020 2021E 2022F 2023F

- 카카오페이가 간편결제와 간편송금을 합한 총 GMV에서 네이버파이낸셜(네이버페이)를 큰 폭으로 앞서 간편결제 시장을 장악하고 있는 것처럼 보이지만, 송금 및 금융 서비스를 제외하고 간편결제만 놓고 보면 네이버파이낸셜이 간편결제 시장 1위임.
- 네이버파이낸셜은 2020년 기준 26.1조 원의 결제 GMV를 기록 → 막강한 네이버쇼핑 서비스를 기반으로 전체 GMV의 80%가 간편결제이고 간편송금이 20%를 차지.
- 중요한 것은 결제를 제외한 송금 서비스는 '모객 수단'일 뿐 수익성이 없기 때문에, 전체 GMV에서 송금이 70% 이상을 차지하는 카카오페이의 경우 거래 규모는 네이버파이낸셜 보다 훨씬 크지만, 이익 측면에서는 거래액의 80%가 간편결제인 네이버파이낸셜이 압도적으로 우위에 있음 → 카카오페이의 2020년 기준 결제 GMV는 11조 원 안팎임.

📈 한국에서 핀테크 산업이 성장할 수밖에 없는 이유 📉

▶ **Non-Cash World Map** (나라별 비현금결제 비중, 단위: %)

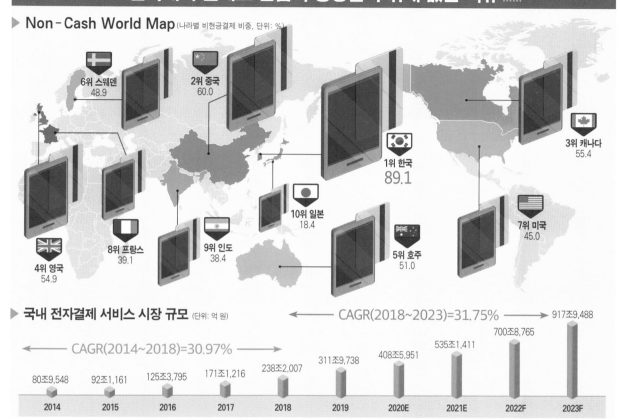

6위 스웨덴 48.9
2위 중국 60.0
3위 캐나다 55.4
1위 한국 89.1
10위 일본 18.4
7위 미국 45.0
8위 프랑스 39.1
9위 인도 38.4
5위 호주 51.0
4위 영국 54.9

▶ **국내 전자결제 서비스 시장 규모** (단위: 억 원)

CAGR(2018~2023)=31.75%
CAGR(2014~2018)=30.97%

2014	2015	2016	2017	2018	2019	2020E	2021E	2022F	2023F
80조9,548	92조1,161	125조3,795	171조1,216	238조2,007	311조9,738	408조5,951	535조1,411	700조8,765	917조9,488

📈 핀테크 산업의 높은 성장성에 비해 저평가된 국내 전자결제 유망 종목들 📉

▶ **국내 전자결제 최선호주와 글로벌 핀테크 기업과의 PER 비교**

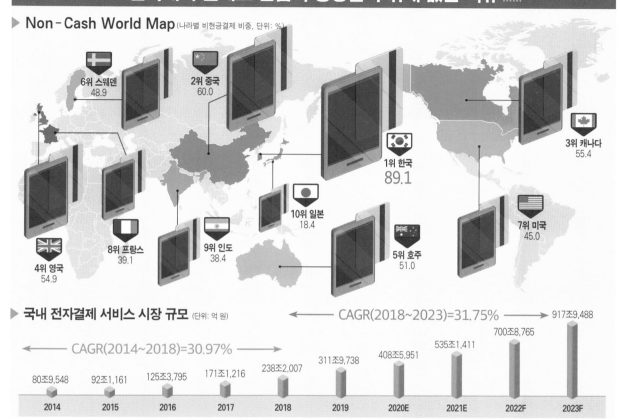

(배)

KG이니시스	KG모빌리언스	나이스정보통신	NHN사이버결제	PayPal	Squre	Adyen
7.8	8.3	12.6	37.2	51.0	137.1	179.7

▶ **국내 전자결제 최선호주 ROE 비교**

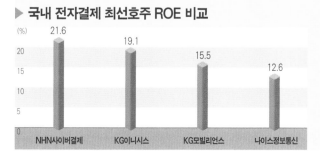

(%)

NHN사이버결제	KG이니시스	KG모빌리언스	나이스정보통신
21.6	19.1	15.5	12.6

▶ **국내 전자결제 최선호주 영업이익률 비교**

(%)

KG모빌리언스	KG이니시스	나이스정보통신	NHN사이버결제
17.0	11.2	6.4	6.0

네이버월드와 카카오월드에서 핵심 투자처 찾기

네이버의 현재 실적가치는 온라인광고, 미래 실적가치는 이커머스와 핀테크

한국의 인터넷서비스 시장이 네이버와 카카오로 양분되어 있음은 누구나 다 아는 사실이다. 두 회사가 해나가는 사업은 적지 않은 영역에서 겹치기 때문에, 서로 치열한 경쟁관계에 놓일 수밖에 없다.

네이버는 검색플랫폼 온라인광고가 회사 전체 매출에서 거의 절반을 차지한다(연결기준 49.9%). 한국 인터넷포털의 선구자인 네이버는 초록색 검색창을 트레이드마크로 여전히 검색플랫폼을 통한 광고 사업이 회사의 실적을 지탱한다. 이어 네이버쇼핑을 앞세운 이커머스 사업이 온라인광고 다음으로 매출 비중을 차지한다(연결기준 21.8%). 네이버쇼핑의 매출 급증이 반가운 자회사는 핀테크 사업을 맡고 있는 네이버파이낸셜(네이버페이)이다. 네이버쇼핑에서의 결제는 대부분 네이버페이 환경에서 이뤄지기 때문이다. 2020년과 2021년에 네이버쇼핑의 매출 성장률이 37%를 넘어섰는데, 네이버페이의 매출 성장률은 한 술 더 떠 42%를 웃돌았다. 같은 기간 온라인광고 매출 성장률이 17%대에 머무른 것과 대조를 이룬다.

네이버의 미래 주가가치는 콘텐츠

온라인광고가 네이버 현재의 실적을 지탱하고, 이커머스와 핀테크가 네이버 실적의 미래 성장동력 역할을 하고 있다면, 네이버의 주가는 콘텐츠 사업이 끌어올린다고 해도 과언이 아니다. 네이버 콘텐츠 사업은 웹툰과 음악, 엔터테인먼트 팬클럽 플랫폼인 위버스가 핵심을 이룬다. 웹툰은 네이버 콘텐츠 사업에서 차지하는 영향력이 가장 크다. 네이버 콘텐츠의 매출 성장률은 2021년 43%에 이어 2022년에도 36%

대를 넘어서며 고공행진을 이어가고 있는데, 성장의 대부분을 웹툰 사업이 주도한다. 증권가에서 분석한 네이버 웹툰 사업의 밸류에이션은 8조 원에 이르는데, 2020년 기준 네이버 콘텐츠 전체 사업 연매출이 4,600억 원인 점을 감안하건대 미래 사업가치가 현재 수익의 18배나 된다.

실적이 기업의 현재 가치라면, 주가는 미래 가치다. 네이버의 주가가 매출 비중이 10%도 안 되는 콘텐츠 사업에 좌지우지된다면, 네이버의 미래는 콘텐츠에 있다고 할 수 있다. 갈수록 다양해지는 사업구조 때문에 투자적 관점에서 네이버의 투자포인트 찾기가 어렵게 느껴진다면, 1순위로 콘텐츠 사업부터 살펴볼 것을 권한다.

카카오월드에서 가장 큰 사업가치는 여전히 '톡과 포털'

네이버와 함께 한국 인터넷서비스 시장의 쌍두마차로 불리는 카카오의 성장 가치를 살펴보자. 네이버가 자회사 중에 상장사를 단 한군데도 내지 않은 것과 달리 카카오는 카카오뱅크에 이어 카카오게임즈와 카카오페이까지 세 곳의 회사를 상장했다. 2022년 이후에도 카카오엔터테인먼트와 카카오커머스, 그리고 카카오모빌리티까지 상장을 준비 중인 자회사들이 여럿 있다.

카카오의 사업부문은 크게 플랫폼(매출 비중 46.7%)과 콘텐츠(매출 비중 53.3%)로 나뉜다. 플랫폼에는 톡비즈(카카오톡, 선물하기 서비스)와 포털비즈(Daum), 그리고 신사업에 해당하는 페이(핀테크)와 모빌리티(카카오택시와 카카오대리운전 등) 등이 있다. 콘텐츠에는 게임과 뮤직(멜론), 미디어(카카오TV) 그리고 웹툰과

엔터테인먼트 등이 있다. 증권가에서 분석한 카카오의 밸류에이션 가운데 가장 높은 사업가치는 여전히 카카오톡과 포털비즈가 차지하는 바, 약 20조9,000억 원으로 평가된다. 이어 카카오커머스(8조5,000억 원)와 카카오페이(8조4,000억 원), 카카오뱅크(7조2,000억 원) 등 금융 분야가 꽤 비중 있는 사업가치로 평가받고 있다.

네이버와 카카오는 왜 콘텐츠 사업에 막대한 돈을 투자할까?

카카오에서도 인상적인 것은 콘텐츠 사업이다. 카카오엔터테인먼트(사업가치 10조5,000억 원), 픽코마(일본 웹툰, 사업가치 8조1,000억 원), 카카오게임즈(사업가치 2조8,000억 원)는 카카오의 주가 상승을 견인하는 모멘텀으로 작용한다. 실제로 지난 3년 동안 카카오가 지출한 1조7,000억 원의 투자비용 중에서 절반인 8,500억 원이 콘텐츠 사업에 쓰였다. 카카오는 미래 성장동력이 콘텐츠임을 깨달은 것이다.

네이버와 카카오 모두 콘텐츠 사업에서 미래가치를 찾고 있는 것은 시사하는 바가 크다. 네이버와 카카오 둘 다 당장 콘텐츠 자체에서 가시적인 수익이 발생하지는 않는다. 하지만 콘텐츠는 이른바 '네이버 월드'와 '카카오 월드'라 불리는 그들만의 세상에 유저들이 오랫동안 머무르도록 하는데 결정적인 역할을 한다. 네이버와 카카오의 기업가치는 얼마나 많은 유저들이 얼마나 자주 그리고 긴 시간동안 그들이 제공하는 서비스를 향유하느냐에 좌우된다. 이를테면 네이버든 카카오든 웹툰을 유료로 구입해 발생하는 수입도 중요하지만, 웹툰을 읽기 위해 네이버 혹은 카카오에 접속하는 게 우선이다. 접속의 빈도는 온라인광고 단가를 매기는 기준이 되며, 나아가 두 회사가 운영하는 다양한 플랫폼의 사업

가치를 결정하는 열쇠가 된다. 따라서 콘텐츠는 네이버와 카카오의 기업가치를 끌어올리는 촉매제라 할 수 있다. 쿠팡이 쿠팡플레이라는 OTT 사업에 뛰어든 것도 같은 맥락이다. 사람들이 쿠팡 월드에 오래 머무를수록 쿠팡에서의 이커머스 소비율이 자연스럽게 높아지기 때문이다. OTT 콘텐츠를 모객수단으로 삼겠다는 의도다.

카카오에 추월당한 네이버, 둘의 치열한 싸움은 지금부터

네이버와 카카오의 치열한 경쟁은 두 회사의 주가에 적지 않은 영향을 끼친다. 카카오가 2021년 3분기에 역대 최대 분기 실적을 달성하면서 경쟁사인 네이버 매출을 뛰어 넘었다. 카카오는 2021년 3분기 실적 발표를 통해 매출 1조7,408억 원을 기록했다고 밝혔다. 매출과 영업이익이 전년 동기 대비 무려 58% 올랐다. 네이버 역시 역대 최대 분기 매출을 거두었지만(1조7,273억 원, 전년 동기 대비 26.9% 증가), 카카오에 뒤지고 말았다. 같은 기간 영업이익은 네이버 3,498억 원(전년 동기 대비 19.9% 증가), 카카오 1,682억 원(전년 동기 대비 40% 증가)으로 네이버가 월등하다. 3분기 실적을 발표한 날 카카오의 주가는 전일 대비 4.42% 오른 13만 원에 마감했다. 반면 네이버의 주가는 하락했다. 투자적 관점에서 어닝 시즌마다 두 회사의 실적 경쟁을 유심히 살펴봐야 하는 이유다.

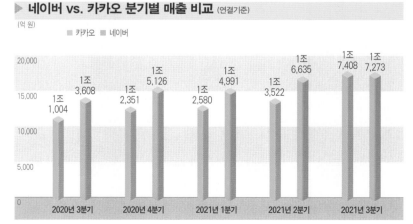

▶ **네이버 vs. 카카오 분기별 매출 비교** (연결기준)

(억 원)

■ 카카오 ■ 네이버

	2020년 3분기	2020년 4분기	2021년 1분기	2021년 2분기	2021년 3분기
카카오	1조1,004	1조2,351	1조2,580	1조3,522	1조7,408
네이버	1조3,608	1조5,126	1조4,991	1조6,635	1조7,273

네이버
KP

매출액	5조 3,041억 원
영업이익	1조 2,153억 원
순이익	8,450억 원

9.9%	국민연금
5.0%	BlackRock Fund Advisors
100%	네이버클라우드
100%	네이버아이앤에스
80.5%	스노우
100%	네이버웹툰
69.0%	네이버파이낸셜
1000%	네이버랩스
62.5%	웍스모바일
100%	서치솔루션
100%	엔비전스
100%	오디언소리
47.0%	네이버핸즈
30.0%	라인프렌즈
7.3%	미래에셋증권
7.8%	CJ대한통운
9.0%	YG엔터테인먼트
6.2%	스튜디오드래곤
5.0%	CJ ENM
33.9%	위버스컴퍼니
6.8%	신세계인터내셔날
2.9%	이마트
3.4%	KG모빌리언스
7.5%	자이언트스텝
25.2%	원스토어
20.6%	메쉬코리아

사업목적 지분 투자

▶ 경영 실적 추이 및 전망

▶ 주가 추이 및 전망

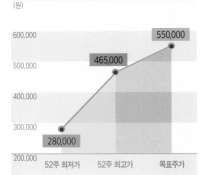

▶ 투자포인트

- 동사의 사업부문별 매출 비중은 서치플랫폼(온라인광고) 49.9%, 커머스(네이버쇼핑) 21.8%, 핀테크(네이버페이) 13.5%, 콘텐츠(웹툰 등) 8.7%, 클라우드 5.5% 순이지만, 주가 상승 모멘텀은 콘텐츠와 핀테크, 커머스를 중심으로 작용.
- 동사가 지난 4년 간 가장 많은 투자비용을 투입한 웹툰의 경우, 2020년 기준 글로벌 거래액 8,200억 원, 2021년 3분기 월평균 거래액 1,000억 원 돌파함 → 2021년에 연 거래액 1조 원 이상 예상됨.
- 동사의 메타버스 서비스인 '제페토'는 누적 가입자 2억 명을 돌파했으며, 글로벌 MAU는 천만 명 이상을 꾸준히 기록함.
- 네이버페이는 온라인 간편결제 시장 1위 영위 → 2020년 기준 결제 GMV가 26조 원을 돌파하며, 11조 원에 그친 카카오페이를 압도함.

▶ 네이버 매출 비중 추이

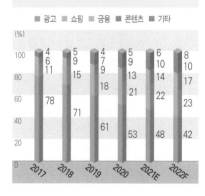

▶ 자본총계 추이 및 전망

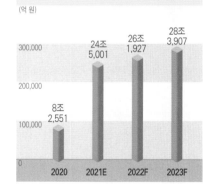

▶ 영업활동 현금흐름 추이 및 전망

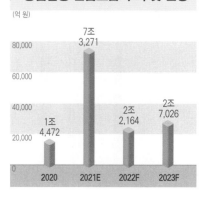

▶ 당기순이익 추이 및 전망

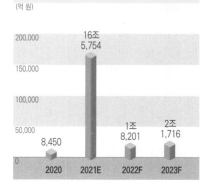

카카오
KP

매출액	4조1,568억 원
영업이익	4,559억 원
순이익	1,734억 원

13.3 %	김범수
10.5%	케이큐브홀딩스
7.7%	국민연금
5.9%	MAXIMO.PTE.LTD.
100%	다음글로벌홀딩스
45.1%	카카오게임즈
63.3%	카카오모빌리티
31.6%	카카오뱅크
66.3%	카카오엔터테인먼트
55.0%	카카오페이
100%	카카오커머스
87.4%	카카오엔터프라이즈
100%	디케이테크인
54.3%	링키지랩
100%	카카오벤처스
100%	카카오브레인
100%	카카오스페이스
99.9%	카카오인베스트먼트
100%	케이앤웍스
100%	록앤올
7.6%	두나무
17.7%	애드크레딧
20.0%	오스카엔터테인먼트
18.0%	씨엔티테크
9.3%	바이브컴퍼니
7.4%	커리어넷
20.1%	한국신용데이터
25.7%	나우버스킹
28.9%	타이드스퀘어
10.0%	SBS엠앤씨
8.3%	KADOKAWA
1.6%	SK텔레콤

사업목적 지분 투자

▶ 경영 실적 추이 및 전망

▶ 주가 추이 및 전망

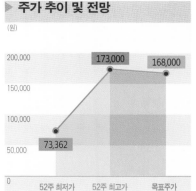

▶ 투자포인트

- 광고 비즈니스가 자리잡은 네이버와 달리 카카오는 비교적 최근 수익화를 시작했기 때문에 아직 성장국면 → 동사의 2020년 실적을 이끈 사업이 비즈보드라면, 2021년에는 톡채널 광고의 본격적인 성장세가 예상됨 → 비즈보드는 2020년 말 기준 일매출 10억 원 돌파함.
- 2021년에 상장한 카카오페이의 사업에서 큰 비중을 차지하는 간편결제의 경우, 2020년 기준 결제 GMV가 12.5조 원으로, 네이버파이낸셜을 포함한 국내 전자금융업사업자의 연간 총 결제액 75조 원 중 17% 차지.
- 2021년 카카오페이 결제 서비스 GMV는 전년 대비 58% 성장한 20조 원 예상 → 2023년까지 누적 GMV가 40조 원에 이를 것으로 전망.
- 카카오페이를 통해 거래되는 총 거래액 규모는 2021년 기준 100조 원 안팎으로 예상됨(국내 최대, 결제+송금+기타 금융서비스).

▶ 카카오페이 결제 GMV

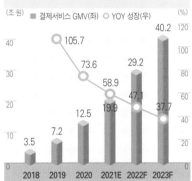

▶ 카카오페이 총 GMV

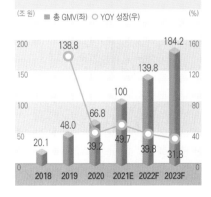

▶ 영업활동 현금흐름 추이 및 전망

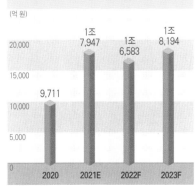

▶ 당기순이익 추이 및 전망

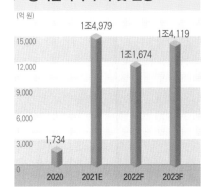

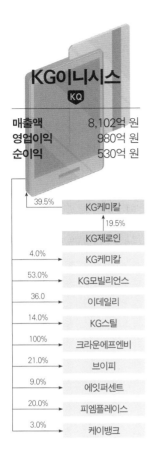

KG이니시스

KQ

매출액	8,102억 원
영업이익	980억 원
순이익	530억 원

- 39.5% → KG케미칼
- 19.5% → KG제로인
- 4.0% → KG케미칼
- 53.0% → KG모빌리언스
- 36.0 → 이데일리
- 14.0% → KG스틸
- 100% → 크라운에프엔비
- 21.0% → 브이피
- 9.0% → 에잇퍼센트
- 20.0% → 피엠플레이스
- 3.0% → 케이뱅크

▶ 경영 실적 추이 및 전망

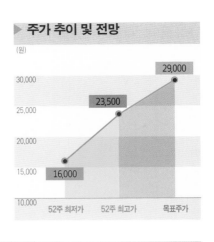

(억 원) ■ 매출액(좌) ■ 영업이익(좌) ○ 영업이익률(우) (%)

- 2021E: 매출액 1조0,057 / 영업이익 1,128 / 영업이익률 11.22
- 2022F: 매출액 1조1,260 / 영업이익 1,357 / 영업이익률 12.00

▶ 주가 추이 및 전망

(원)

- 52주 최저가: 16,000
- 52주 최고가: 23,500
- 목표주가: 29,000

▶ 투자포인트

- 동사는 자회사 KG모빌리언스와 KG올앳의 합병 및 KG모빌리언스가 100% 지분을 보유한 KFC코리아를 매각하며 결제 사업에 집중하는 방향으로 사업 재편.
- 경쟁사 대비 상대적으로 수익성이 높은 해외 가맹점과 중소형 가맹점을 중심으로 성장.
- O2O 결제 시장점유율 확보를 위해 스타벅스 사이렌오더 서비스 제공 및 최근 가파른 성장세를 보이고 있는 SNS쇼핑에 자회사 KG모빌리언스를 통해 본격 진출.
- 동사는 여행/항공/티켓에 강점이 있는 전문 PG사로서, 향후 여행/공연 시장이 회복될 경우 높은 수혜 예상.
- 모회사인 KG그룹의 공격적인 M&A 전략으로 동사에 재무적 부담이 미칠 수 있는 점은 체크포인트.

▶ 사업부문별 매출 비중

- 교육(KG에듀원) 2.7
- 기타 2.9
- 요식업(레스토랑) 11.6
- 전자결제(PG) 82.7

단위: %

▶ PG 가맹점 분포 비중

- 해외 10.8
- SNS 9.1
- 대형 41.5
- 중소형+호스팅 38.6

단위: %

▶ 부채총계 추이 및 전망

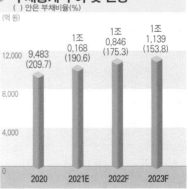

( ) 안은 부채비율(%)
(억 원)

- 2020: 9,483 (209.7)
- 2021E: 1조0,168 (190.6)
- 2022F: 1조0,846 (175.3)
- 2023F: 1조1,139 (153.8)

▶ 영업활동 현금흐름 추이 및 전망

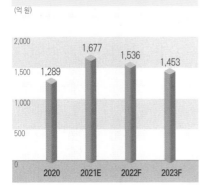

(억 원)

- 2020: 1,289
- 2021E: 1,677
- 2022F: 1,536
- 2023F: 1,453

▶ 당기순이익 추이 및 전망

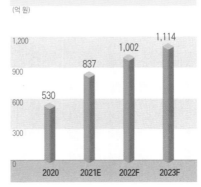

(억 원)

- 2020: 530
- 2021E: 837
- 2022F: 1,002
- 2023F: 1,114

▶ ROE 추이 및 전망

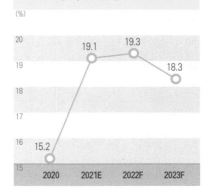

(%)

- 2020: 15.2
- 2021E: 19.1
- 2022F: 19.3
- 2023F: 18.3

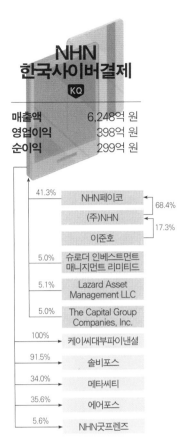

NHN 한국사이버결제
KQ

매출액	6,248억 원
영업이익	398억 원
순이익	299억 원

- 41.3% NHN페이코
- (주)NHN ← 68.4%
- 이준호 ← 17.3%
- 5.0% 슈로더 인베스트먼트 매니지먼트 리미티드
- 5.1% Lazard Asset Management LLC
- 5.0% The Capital Group Companies, Inc.
- 100% 케이씨대부파이낸셜
- 91.5% 솔비포스
- 34.0% 메타씨티
- 35.6% 에어포스
- 5.6% NHN굿프렌즈

▶ 경영 실적 추이 및 전망

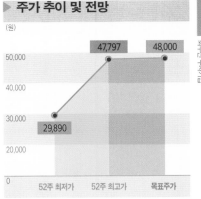

(억 원) ■ 매출액(좌) ■ 영업이익(좌) ○ 영업이익률(우) (%)

- 2021E: 매출액 7,583, 영업이익 460, 영업이익률 6.07
- 2022F: 매출액 9,380, 영업이익 624, 영업이익률 6.65

▶ 주가 추이 및 전망

(원)
- 52주 최저가: 29,890
- 52주 최고가: 47,797
- 목표주가: 48,000

▶ 투자포인트

- 전자결제 국내 시장점유율 1위 회사로, 온라인 전문 PG사에서 종합 결제사로 사업 전환 중 → 코로나19 여파에 따른 언택트 라이프스타일 확산으로 이커머스 시장 급성장에 따른 큰 폭 수혜.
- 동사는 O2O 결제 시장에서 경쟁사에 비해 우위에 있음 → 오랜 기간 PAYCO를 서비스하면서 개인 소비자 기반을 확보해 왔고, 상위 4개 POS사에 대한 지분 투자를 단행했으며, PAYCO 오더, PAYCO 캠퍼스존, PAYCO 모바일 식권 등 다양한 O2O 사업 노하우 축적.
- 진입장벽이 높은 해외 결제 사업에서 애플, 테슬라 등 대형 글로벌 가맹점과 직접 계약 체결.
- 동사의 PG 가맹점 고객 중에 대형 소셜커머스와 홈쇼핑 등이 큰 비중을 차지함에 따라 상대적으로 불리한 결제 수수료 체결에 따른 마진률 하락 우려 있음.

▶ 사업부문별 매출 비중

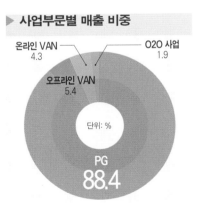

- 온라인 VAN 4.3
- O2O 사업 1.9
- 오프라인 VAN 5.4
- PG 88.4

단위: %

▶ 주요 고객사

해외 가맹점	애플, 테슬라모터스, 구글플레이, 익스피디아, 호텔스닷컴 등
대형 쇼핑몰	컴퓨존, 자라, 알라딘, 무신사 등
게임	NHN, 넥슨, 네오위즈, 엔씨소프트 등
소셜커머스	쿠팡, 티몬, 위메프
O2O	배달의민족, 쏘카 등
기타	티켓링크, 벅스, 아이파킹, 네스프레소 등

▶ 매출총이익 추이 및 전망

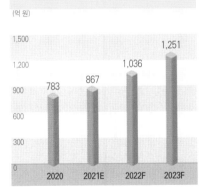

(억 원)
- 2020: 783
- 2021E: 867
- 2022F: 1,036
- 2023F: 1,251

▶ 영업활동 현금흐름 추이 및 전망

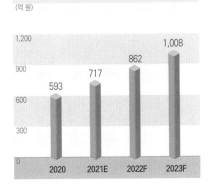

(억 원)
- 2020: 593
- 2021E: 717
- 2022F: 862
- 2023F: 1,008

▶ 당기순이익 추이 및 전망

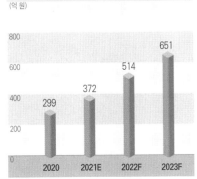

(억 원)
- 2020: 299
- 2021E: 372
- 2022F: 514
- 2023F: 651

▶ ROE 추이 및 전망

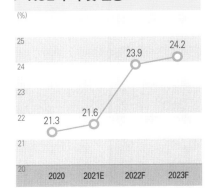

(%)
- 2020: 21.3
- 2021E: 21.6
- 2022F: 23.9
- 2023F: 24.2

13 은행, 인터넷은행

📈 상장 금융지주 은행들의 이익 상승세 지속 📉

▶ 주요 금융지주 합산 지배주주순이익 추이 및 전망

(조 원) 주요 은행들의 순이자마진(NIM) 및 대출성장률 개선으로 지배주주순이익의 꾸준한 상승 예상

▶ 주요 금융지주 당기순이익 추이 및 전망

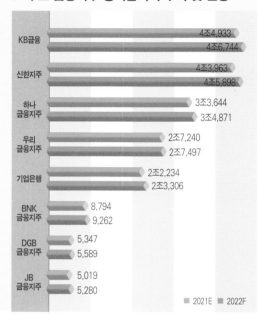

	2021E	2022F
KB금융	4조4,933	4조6,744
신한지주	4조3,963	4조5,898
하나금융지주	3조3,644	3조4,871
우리금융지주	2조7,240	2조7,497
기업은행	2조2,234	2조3,306
BNK금융지주	8,794	9,262
DGB금융지주	5,347	5,589
JB금융지주	5,019	5,280

▶ 주요 은행 합산 NIM vs. 기준금리

■ NIM(좌) ■ 기준금리(우)

기준금리 두 차례 인상 (4Q21, 1Q22) 가정시 NIM 2Q22까지 상승 예상

이후 추가 기준금리 인상이 없다면 예금금리 상승으로 NIM 하락 예상

주요 금융지주: KB금융, 신한지주, 하나금융지주, 우리금융지주, 기업은행, BNK금융지주, DGB금융지주, JB금융지주

📈 대출 영업 실적이 우수한 은행들 📉

▶ 주요 은행 대출성장률 추이 및 전망

■ 2019 ■ 2020 ■ 2021E ■ 2022F

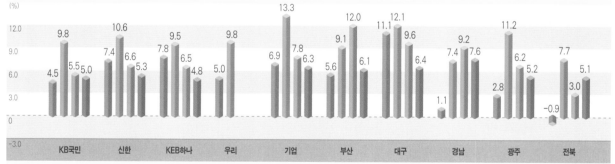

▶ 주요 은행 원화대출금 비교 (2021년 1분기 기준)

(억 원)
- 1위 KB국민은행 296조1,104
- 2위 신한은행 255조0,786
- 3위 우리은행 247조1,642
- 4위 농협은행 243조7,078
- 5위 KEB하나 243조4,612
- 6위 기업은행 238조4,290

▶ 주요 은행 원화대출금 시장점유율

(2021년 1분기 기준)

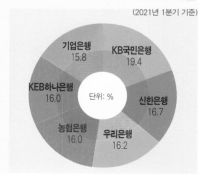

단위: %
- 기업은행 15.8
- KB국민은행 19.4
- KEB하나은행 16.0
- 신한은행 16.7
- 농협은행 16.0
- 우리은행 16.2

은행의 기초체력 지표 '예수금' 성장, 대손비용 감소, 자본비율 증가

▶ 주요 은행 원화예수금 비교 (2021년 1분기 기준)

(억 원)

- 1위 KB국민은행: 301조3,770
- 2위 농협은행: 268조7,048
- 3위 신한은행: 267조8,240
- 4위 우리은행: 259조4,453
- 5위 KEB하나: 254조2,175
- 6위 기업은행: 119조1,630

▶ 주요 은행 원화예수금 시장점유율

(2021년 1분기 기준)

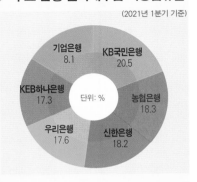

단위: %

- 기업은행 8.1
- KB국민은행 20.5
- 농협은행 18.3
- 신한은행 18.2
- 우리은행 17.6
- KEB하나은행 17.3

▶ 주요 금융지주 대손비용률 추이 및 전망

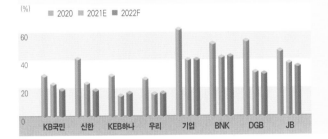

■ 2020 ■ 2021E ■ 2022F

KB국민 / 신한 / KEB하나 / 우리 / 기업 / BNK / DGB / JB

▶ 주요 금융지주 보통주 자본비율 추이 및 전망

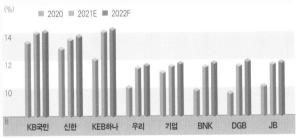

■ 2020 ■ 2021E ■ 2022F

KB국민 / 신한 / KEB하나 / 우리 / 기업 / BNK / DGB / JB

은행주 투자매력 : 상승여력 충분한 저평가 배당주

▶ 주요 금융지주 투자 및 수익성 지표 : ROE 및 PBR 비교

■ 2022F ROE(좌) ○ 2022F PBR(우) ◯ 적정 PBR(우)

	KB금융	신한지주	하나금융	우리은행	기업은행	BNK금융	DGB금융	JB금융
ROE	9.5	9.0	9.6	10.0	8.4	9.3	8.8	12.2
적정 PBR	0.59	0.54	0.52	0.51	0.39	0.40	0.41	0.52
2022F PBR	0.47	0.39	0.38	0.34	0.29	0.24	0.21	0.32

▶ 주요 금융지주 배당수익률 추이 및 전망

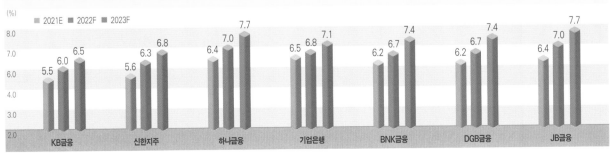

■ 2021E ■ 2022F ■ 2023F

	2021E	2022F	2023F
KB금융	5.5	6.0	6.5
신한지주	5.6	6.3	6.8
하나금융	6.4	7.0	7.7
기업은행	6.5	6.8	7.1
BNK금융	6.2	6.7	7.4
DGB금융	6.2	6.7	7.4
JB금융	6.4	7.0	7.7

실적 고공행진에도 아쉬운 은행주의 현실

테이퍼링 공포가 오히려 반가운 업종

미국 중앙은행인 연방준비제도(Fed. 이하 '연준')에서 테이퍼링 카드를 만지작거리자 전 세계 투자자들은 금리 인상에 촉수를 곤두세우고 있다. 테이퍼링(tapering)이란 우리 말로 '점점 가늘어지다', '끝이 뾰족해지다'라는 뜻으로, 지난 2013년경 미국 연준 의장인 벤 버냉키가 언급하면서 유명해졌다. 테이퍼링은 중앙은행이 채권(자산) 매입 규모를 축소함으로써 시중에 유동성을 줄여나가는 정책을 가리킨다. 유동성이 감소해 돈줄이 막히면 금리가 오르기 마련이다. 따라서 투자자들은 테이퍼링 조짐이 보이면 금리 인상을 예상해 자산을 매각하게 되고 이로써 신흥국에서 달러 자금이 빠져나가면 최악의 경우 외환위기에 봉착하기도 한다. 이런 이유로 연준에서 테이퍼링의 'T'자만 언급해도 투자 심리가 크게 위축되곤 한다.

흥미로운 것은 테이퍼링, 즉 금리 인상 시그널이 오히려 주가에 호재로 작용하는 업종이 있다. 바로 은행주다. 은행의 주된 영업수익은 대출이자이기 때문에 금리가 올라갈수록 은행의 이익이 증가해 실적이 개선되면서 은행의 주가 상승을 이끈다는 것이다. 실제로 2021년 내내 인플레이션과 함께 테이퍼링 뉴스가 자주 보도되자 외국인 투자자들이 KB금융, 신한지주, 하나금융지주, 우리금융지주, 기업은행 등 국내 대표 은행주를 2조 원 넘게 순매수했다(2021년 10월 말 기준). 은행주가 오를 것을 예상한 것이다.

NIM과 대출성장률 동반 성장세

외국인 투자자들의 행보에 맞춰 증권가에서는 은행 업종에 장밋빛 전망을 내놓고 있다. KB금융, 신한지주, 하나금융지주, 우리금융지주, 기업은행 등 주요 은행들이 2021년에 이어 2022년에도 견조한 이익 성장을 이어갈 것으로 예상한다. 증권가에서는 은행의 손익을 결정하는 핵심 지표인 순이자마진(NIM)이 최소한 2022년 2분기까지 상승할 것으로 보고 있다. 그 이유는 역시 기준금리 인상이다. 금융당국은 이미 2021년 11월에 추가로 기준금리를 인상했고, 업계에서는 2022년 1분기에 기준금리가 한 차례 더 오를 것으로 강하게 예측하고 있다.

2022년 상반기에 주요 은행들의 대출성장률이 상승할 것이란 전망이 나오는 것도 같은 이유다. 증권가에서는 주요 은행들의 평균 대출성장률이 6%대를 웃돌 것으로 예상하고 있다. 코로나19가 터지기 직전인 2019년 평균 대출성장률은 6.1%였는데 비해 2021년 3분기 기준 평균 대출성장률은 6.7%를 기록했다. 금융당국의 가계부채 관리 강화에도 불구하고 기업대출이 크게 증가하면서 전체 지표를 끌어올렸는데, 증권가에서는 이러한 경향이 2022년 상반기까지 이어질 것으로 보고 있다.

이처럼 NIM과 대출성장률이 상승하면서 은행들의 이자이익이 호조세를 이어갈 전망이다. 2021년 기준 주요 은행의 평균 이자이익 성장률은 10%를 크게 웃돌았다.

대손비용과 경비 부담 감소로 선순환 이익 구조

주요 은행들의 실적 개선을 뒷받침하는 또 다른 근거는 대손비용과 경비 부담 감소다. 대손비용이란 외상매출금, 받을어음, 대출금 따위의 매출채권 중에서 회수할 수 없게 된 금액을 가리킨다. 대손비용이 줄어들수록 기업의 자산건전성이 개선되는데, 은행의 경우 특히 그렇다. 은행들은 2020년과 2021년에 코로나19 충당금 부담으로 자산건전성에 다소 어려움을 겪었다. 다행히 2022년부터 코로나19 충당금이 환입되면서 은행들의 자산건전성이 회복될 전망이다. 다른 한편에서는 코로나19 정책금융 종료 및 기준금리 인상으로 대손비용률이 상승하는 게 아니냐는 주장을 펴기도 하지만, 대부분 은행들은 정책금융 관련 충당금을 코로나19 충당금으로 적립해놓았다. 또 대손비용률은 기준금리가 오를 때가 아니라 떨어질 때 상승하는 경우가 빈번했기 때문에, 금리 인상이 예상되는 2022년에 은행들의 대손비용률은 하락할 가능성이 훨씬 높다.

은행들의 경비 부담이 줄어드는 것도 눈여겨 볼 대목이다. 주요 은행들은 2020년에 대대적인 희망퇴직을 단행한 결과 경비 부담을 크게 줄일 수 있었다. 고액연봉자 중심의 희망퇴직은 2021년에 이어 2022년까지 진행될 예정인데, 은행들은 큰 폭으로 늘어난 이익을 퇴직금으로 충당할 계획이다. 은행 업무의 디지털화로 오프라인 점포가 줄어드는 만큼 인건비 위주의 경비 부담이 더욱 감소할 것으로 예상된다.

국내 금융지주의 주가가 기대만큼 오르지 않은 이유

2021년에 은행들의 이익이 큰 폭으로 올랐고 또 앞으로도 업황 호조가 예상되는 만큼 은행주 상승을 전망하는 건 당연하다. 하지만, 2021년에 국내 주요 금융지주사들이 사상 최대 실적을 기록했음에도 불구하고 주가는 뚜렷한 상승세를 보이지 못하고 있다. 은행주에 무슨 일이 벌어진 걸까?

기업의 실적이 오르면 주가도 올라야 하겠지만, 국내 은행주는 그렇지 못하다. 국내 금융지주사들의 PBR(주가순자산비율)은 항상 적정 수준에 한참 미치지 못한다. 심각한 저평가 상태다. 그런데 실적 대비 저평가 상태라면 오히려 투자매력이 높아야 하지만, 은

행주들의 수익률 또한 변변치 못하다. 외국과 비교하면 국내 은행주들이 얼마나 수익을 내지 못하고 있는지 적나라하게 드러난다.

테이퍼링 시그널이 감지되자 미국의 대표적인 상업은행 뱅크오브아메리카(BOA)의 주가는 연일 상승하면서 10년 이래 최고치를 기록했다. BOA는 '월가의 전설' 워런 버핏이 투자해 유명한 은행이다. 미국의 BOA와 국내 은행들은 어떤 차이가 있는 걸까?

미국과 국내 은행들은 기본적으로 주요 수익원이 다르다. 국내 은행들의 수익원은 여전히 이자이익이 주를 이룬다. NIM(순이자마진)과 대출성장률이 국내 은행들의 핵심 수익지표가 되는 이유가 여기에 있다. 반면 미국 상업은행들의 수익구조를 살펴보면 비이자이익의 비중이 절반 이상이다. 미국의 상업은행들은 오래 전부터 이자이익에 편중된 사업에서 벗어나 IB(투자은행)로서의 면모를 갖춰왔다. 미국에서 상업은행은 더 이상 돈을 맡기거나 적립하는 업무에만 치중하지 않는다. 다양한 금융상품 판매를 통해 수수료 수익도 적지 않다. 수익을 내는 매출 구조가 다양한 만큼 증시에서 투자매력이 높은 금융주로 각광 받게 된 것이다.

은행주는 대표적인 배당주에 해당하지만 국내 금융지주사들은 미국의 상업은행에 비해 배당성향과 주주친화정책이 크게 떨어진다. 미국 은행주의 배당성향은 40%를 웃돌지만, 국내 금융지주사들은 30%에 훨씬 못 미친다. 물론 국내 다른 업종에 비하면 배당성향이 높긴 하지만, 은행주 본연의 저평가 매력을 발산하기에는 부족한 게 사실이다.

그럼에도 불구하고 증권가에서 은행주를 주목하는 이유는, 금리 인상과 인플레이션 같은 외부환경이 은행 업황에 매우 우호적이기 때문이다. 투자적 관점에서는 배당성향이 높고, 주주친화정책(자사주 매입)에 좀 더 적극적이며, 비이자이익 매출 비중이 큰 금융지주사를 눈여겨 볼 것을 권한다. 증권가에서는 하나금융지주를 주목한다.

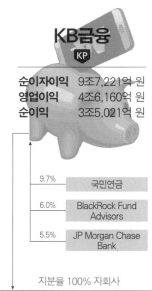

KB금융
KP

순이자이익	9조7,221억 원
영업이익	4조6,160억 원
순이익	3조5,021억 원

9.7%	국민연금
6.0%	BlackRock Fund Advisors
5.5%	JP Morgan Chase Bank

지분율 100% 자회사

KB국민은행, KB증권, KB손해보험, KB국민카드, KB생명보험, KB자산운용, KB캐피탈, KB저축은행, KB부동산신탁, KB인베스트먼트, KB신용정보, KB데이타시스템, 푸르덴셜생명

▶ 경영 실적 추이 및 전망

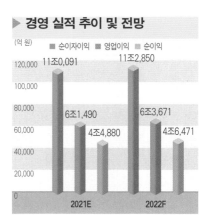

▶ 주가 추이 및 전망

▶ 투자포인트

- 국내 원화예수금 및 원화대출금 시장점유율 1위 금융지주사.
- 동사는 국내 금융지주사 가운데 비교적 탄탄한 자회사 포트폴리오를 보유하고 있음 → NIM 하락기에 차별화된 펀더멘털이 강점.
- 다만, NIM이 상승하거나 비이자이익이 감소하는 상황에서는 상대적으로 은행의 비중이 높은 경쟁사 대비 이익 증가 폭이 크지 않은 점은 체크포인트 → 2022년에 경쟁사 대비 이익 증가 폭이 크지 않을 것으로 예상됨.
- 동사는 자본비율이 높고 우수한 자회사 포트폴리오를 지니고 있기 때문에 경쟁사 대비 인수합병 부담이 적은 편임 → 적극적인 주주환원정책을 펼 가능성이 있음.
- 2020년 8월에 푸르덴셜생명 인수 확정 → 인수가격은 2조2,650억 원으로 지분 100%를 일시 매입.

▶ NIM(순이자마진) 추이 및 전망

▶ 이자이익 증감률 추이 및 전망

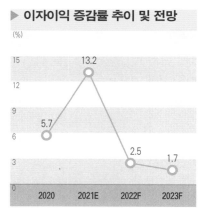

▶ ROE 추이 및 전망

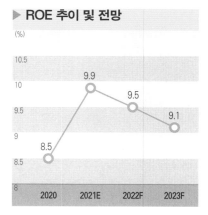

▶ 주가 대비 PBR 밴드 추이

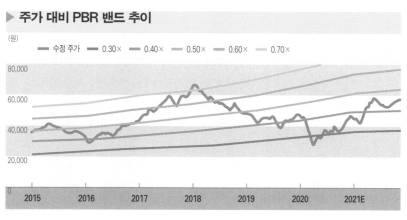

▶ DPS 추이 및 전망

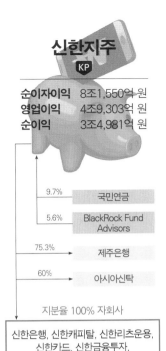

신한지주
KP

순이자이익	8조1,550억 원
영업이익	4조9,303억 원
순이익	3조4,981억 원

- 9.7% → 국민연금
- 5.6% → BlackRock Fund Advisors
- 75.3% → 제주은행
- 60% → 아시아신탁

지분율 100% 자회사

신한은행, 신한캐피탈, 신한리츠운용, 신한카드, 신한금융투자, 신한자산운용, SHC매니지먼트, 신한생명, 오렌지라이프생명, 신한저축은행, 신한신용정보, 신한대체투자운용, 신한DS

▶ 경영 실적 추이 및 전망

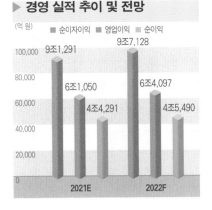

(억 원)
■ 순이자이익 ■ 영업이익 ■ 순이익

- 2021E: 9조1,291 / 6조1,050 / 4조4,291
- 2022F: 9조7,128 / 6조4,097 / 4조5,490

▶ 주가 추이 및 전망

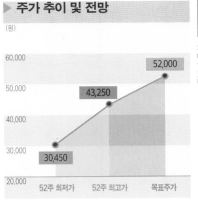

(원)

- 52주 최저가: 30,450
- 52주 최고가: 43,250
- 목표주가: 52,000

▶ 투자포인트

- 동사는 2020년에 대규모 충당금과 손상차손 적립 부담에 따른 경영상 어려움을 극복하고 2021년부터 양호한 실적 회복세를 보임.
- 동사는 업계 최초로 분기 배당을 실시하며 가장 적극적인 주주환원정책을 폄.
- BNP 파리바 카디프 손해보험 인수 → 자본 규모와 비슷한 금액으로 인수했기 때문에 염가매수차익을 기대하기는 어렵지만, 금융지주 내에 손해보험 사업 라이선스를 취득했다는 점에서 긍정적인 평가.
- 2020년에 오렌지라이프생명을 100% 지분율 자회사로 편입한 데 이어 2021년 1월에 신한자산운용도 완전자회사로 편입.
- 동사는 실적 가운데 비은행권 자회사 비중이 상대적으로 높은 탓에 2022년에 이익 증가 폭이 경쟁사 대비 낮을 것으로 전망됨.

▶ NIM(순이자마진) 추이 및 전망

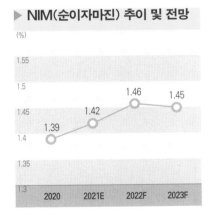

(%)

- 2020: 1.39
- 2021E: 1.42
- 2022F: 1.46
- 2023F: 1.45

▶ 이자이익 증감률 추이 및 전망

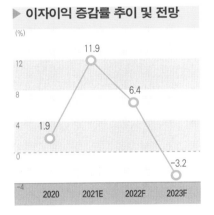

(%)

- 2020: 1.9
- 2021E: 11.9
- 2022F: 6.4
- 2023F: -3.2

▶ ROE 추이 및 전망

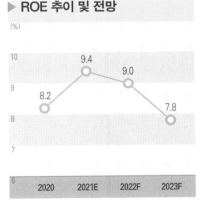

(%)

- 2020: 8.2
- 2021E: 9.4
- 2022F: 9.0
- 2023F: 7.8

▶ 주가 대비 PBR 밴드 추이

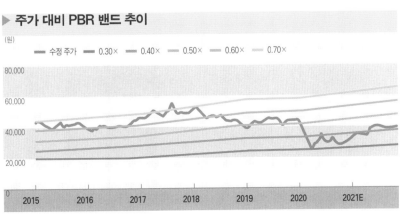

(원)
— 수정 주가 — 0.30× — 0.40× — 0.50× — 0.60× — 0.70×

2015 2016 2017 2018 2019 2020 2021E

▶ DPS 추이 및 전망

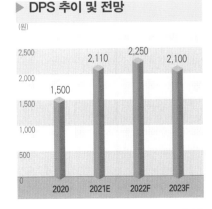

(원)

- 2020: 1,500
- 2021E: 2,110
- 2022F: 2,250
- 2023F: 2,100

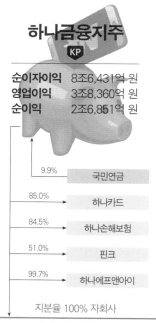

하나금융지주
KP

순이자이익	8조6,431억 원
영업이익	3조8,360억 원
순이익	2조6,851억 원

- 9.9% → 국민연금
- 85.0% → 하나카드
- 84.5% → 하나손해보험
- 51.0% → 핀크
- 99.7% → 하나에프앤아이

지분율 100% 자회사

KEB하나은행, 하나금융투자,
하나생명보험, 하나저축은행, 하나캐피탈,
하나자산신탁, 하나펀드서비스,
하나대체투자자산운용,
하나금융티아이, 하나벤처스

▶ 경영 실적 추이 및 전망

(억 원) ■ 순이자이익 ■ 영업이익 ■ 순이익

9조1,460 / 4조4,641 / 3조4,260 (2021E)
9조7,193 / 4조6,887 / 3조4,273 (2022F)

▶ 주가 추이 및 전망

(원)

- 52주 최저가: 32,600
- 52주 최고가: 48,000
- 목표주가: 62,000

▶ 투자포인트

- 동사는 2021년에 국내 금융지주 '빅 3'(KB금융, 신한지주) 중에서 NIM(순이자마진) 성적에서 가장 호실적을 거둠. 아울러 2020년 5월 더케이손해보험을 14번째 자회사로 편입.
- 아울러 동사는 2021년에 '빅 3' 금융지주 가운데 가장 높은 자본비율 및 가장 낮은 대손비용률을 기록하며 두드러진 펀더멘털 개선세를 실현함 → 금융지주 '빅 3' 중에서 가장 높은 주가수익률 냄.
- 동사의 실적 지표 중 특히 주목할 부분은 매 분기마다 충당금 환입이 발생하면서 주당순자산가치(BPS)가 1분기 12BPS, 2분기 13BPS, 3분기 10BPS 기록.
- 동사는 2021년에 발생한 지분법이익과 투자지분 매각이익 등이 소멸하여 2022년에는 이익 증가 폭이 다소 주춤하겠지만, 영업이익은 견조한 수준을 이어갈 것으로 전망됨.

▶ NIM(순이자마진) 추이 및 전망

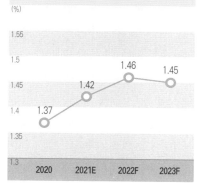

(%)

1.37 (2020) / 1.42 (2021E) / 1.46 (2022F) / 1.45 (2023F)

▶ 이자이익 증감률 추이 및 전망

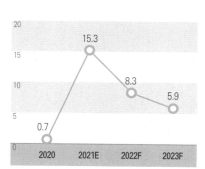

(%)

0.7 (2020) / 15.3 (2021E) / 8.3 (2022F) / 5.9 (2023F)

▶ ROE 추이 및 전망

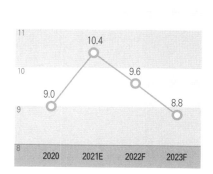

(%)

9.0 (2020) / 10.4 (2021E) / 9.6 (2022F) / 8.8 (2023F)

▶ 주가 대비 PBR 밴드 추이

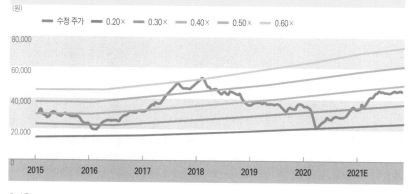

(원)

━ 수정 주가 ━ 0.20× ━ 0.30× ━ 0.40× ━ 0.50× ━ 0.60×

2015 2016 2017 2018 2019 2020 2021E

▶ DPS 추이 및 전망

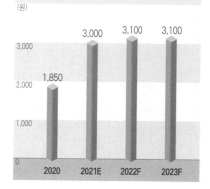

(원)

1,850 (2020) / 3,000 (2021E) / 3,100 (2022F) / 3,100 (2023F)

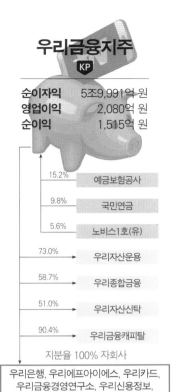

우리금융지주
KP

순이자익	5조9,991억 원
영업이익	2,080억 원
순이익	1,515억 원

- 15.2% — 예금보험공사
- 9.8% — 국민연금
- 5.6% — 노비스1호(유)
- 73.0% — 우리자산운용
- 58.7% — 우리종합금융
- 51.0% — 우리자산신탁
- 90.4% — 우리금융캐피탈

지분율 100% 자회사

우리은행, 우리에프아이에스, 우리카드,
우리금융경영연구소, 우리신용정보,
우리펀드서비스, 우리금융저축은행,
우리글로벌자산운용,
우리프라이빗에쿼티자산운용

▶ 경영 실적 추이 및 전망

(억 원) ■ 순이자익 ■ 영업이익 ■ 순이익

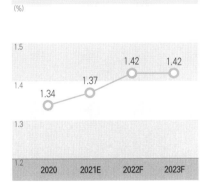

- 2021E: 순이자익 6조9,921 / 영업이익 3,780 / 순이익 2,891
- 2022F: 순이자익 7조4,640 / 영업이익 4,139 / 순이익 3,077

▶ 주가 추이 및 전망

(원)

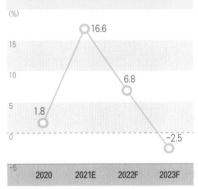

- 52주 최저가: 8,800
- 52주 최고가: 13,700
- 목표주가: 17,000

▶ 투자포인트

- 동사는 2021년에 동종 업계에서 가장 큰 폭의 이익증가율(전년 대비 100% 내외)을 기록할 것으로 예상됨.
- 2021년에 기준금리 변화에 민감한 여신 포트폴리오를 보유한 탓에 2020년 NIM 하락에 따른 기저효과가 강하게 나타남. 아울러 2020년 말에 아주캐피탈(현 우리금융캐피탈)을 인수하여 비은행 이자이익과 비이자이익이 크게 증가함.
- 동사는 대손비용률이 경쟁사 대비 가장 낮은 수준으로 떨어짐에 따라 높은 이익률 실현 → 이익률 호조세는 2022년에도 이어질 것으로 예상됨.
- 2019년 우리자산운용/ABL자산운용(우리글로벌)을 편입하면서 자회사 포트폴리오에 자산운용업을 추가했고, 2020년 12월에 아주캐피탈 지분 74.0%를 5,724억 원에 취득하여 자회사로 우리금융캐피탈과 우리금융저축은행을 편입함.

▶ NIM(순이자마진) 추이 및 전망

(%)

- 2020: 1.34
- 2021E: 1.37
- 2022F: 1.42
- 2023F: 1.42

▶ 이자이익 증감률 추이 및 전망

(%)

- 2020: 1.8
- 2021E: 16.6
- 2022F: 6.8
- 2023F: -2.5

▶ ROE 추이 및 전망

(%)

- 2020: 5.9
- 2021E: 11.0
- 2022F: 10.9
- 2023F: 9.3

▶ 주가 대비 PBR 밴드 추이

(원)
— 수정 주가 — 0.20× — 0.30× — 0.40× — 0.50× — 0.60×

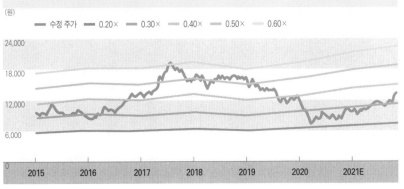

2015 2016 2017 2018 2019 2020 2021E

▶ DPS 추이 및 전망

(원)

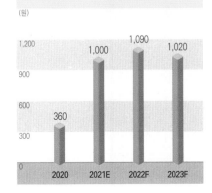

- 2020: 360
- 2021E: 1,000
- 2022F: 1,090
- 2023F: 1,020

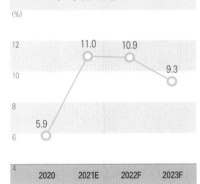

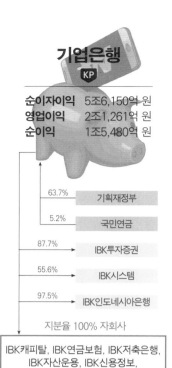

기업은행
KP

순이자이익	5조6,150억 원
영업이익	2조1,261억 원
순이익	1조5,480억 원

63.7% 기획재정부
5.2% 국민연금

87.7% → IBK투자증권
55.6% → IBK시스템
97.5% → IBK인도네시아은행

지분율 100% 자회사

IBK캐피탈, IBK연금보험, IBK저축은행,
IBK자산운용, IBK신용정보,
IBK서비스, IBK미얀마은행,
기업은행(중국)유한공사

▶ 경영 실적 추이 및 전망

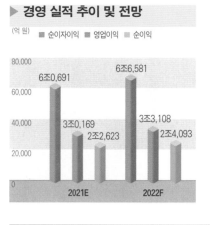

(억 원) ■ 순이자이익 ■ 영업이익 ■ 순이익

6조0,691　3조0,169　2조2,623　6조6,581　3조3,108　2조4,093

2021E　2022F

▶ 주가 추이 및 전망

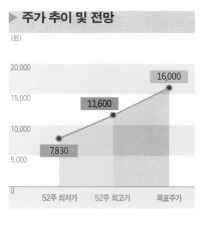

(원)

7,830　11,600　16,000

52주 최저가　52주 최고가　목표주가

▶ 투자포인트

- 동사는 중소기업 대출 특화 전문은행으로, 2020년 총 4회 1조2,700억 원 규모의 3자 배정 유상증자 단행.
- 2020년에 코로나19 여파로 중소기업과 소상공인 지원의 공적 역할 확대로 이익이 감소한 반면, 2021년에는 견고한 대출 성장, NIM 안정화 및 충당금 비용률 하락으로 이익 회복.
- 2022년에는 금리 상승 효과에 따른 본격적인 NIM 개선세 및 충당금 환입 영향으로 이익 증가 추세가 이어질 전망.
- 충당금 추가 적립에도 불구하고 자산건전성이 크게 개선됨에 따라 주가 상승 모멘텀 기반 마련 → 우량자산 비중 증가 및 2020년 선제적 충당금 전입 효과 영향.

▶ NIM(순이자마진) 추이 및 전망

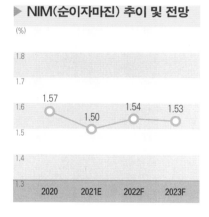

(%)

1.57　1.50　1.54　1.53

2020　2021E　2022F　2023F

▶ 이자이익 증감률 추이 및 전망

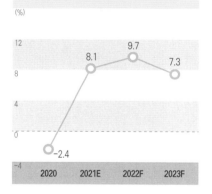

(%)

-2.4　8.1　9.7　7.3

2020　2021E　2022F　2023F

▶ ROE 추이 및 전망

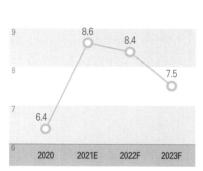

(%)

6.4　8.6　8.4　7.5

2020　2021E　2022F　2023F

▶ 주가 대비 PBR 밴드 추이

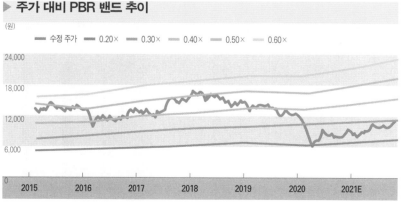

(원)

━ 수정 주가　━ 0.20×　━ 0.30×　━ 0.40×　━ 0.50×　━ 0.60×

2015　2016　2017　2018　2019　2020　2021E

▶ DPS 추이 및 전망

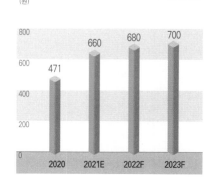

(원)

471　660　680　700

2020　2021E　2022F　2023F

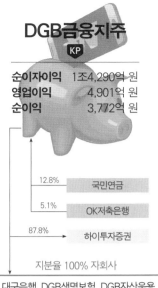

DGB금융지주
KP

순이자이익	1조4,290억 원
영업이익	4,901억 원
순이익	3,772억 원

- 12.8% 국민연금
- 5.1% OK저축은행
- 87.8% 하이투자증권

지분율 100% 자회사

대구은행, DGB생명보험, DGB자산운용, DGB캐피탈, DGB신용정보, DGB유페이, DGB데이터시스템, 수림창업투자

▶ 경영 실적 추이 및 전망

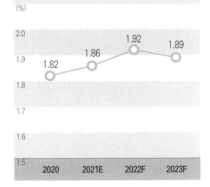

(억 원) ■ 순이자이익 ■ 영업이익 ■ 순이익

1조6,274 / 7,235 / 5,381 (2021E)
1조7,603 / 7,842 / 5,732 (2022F)

▶ 주가 추이 및 전망

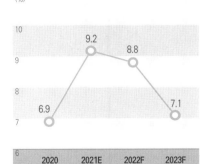

(원)

- 52주 최저가: 6,360
- 52주 최고가: 10,850
- 목표주가: 14,000

▶ 투자포인트

- 동사는 2018년 하이투자증권 인수 이후 비은행 사업부문에서 이익 기여도가 높게 나타나면서 실적 상승 → 비은행 이익 비중 42%.
- 동사는 2021년 기준 지방 금융지주사 가운데 가장 낮은 대손비용률과 가장 높은 자본비율을 달성함에 따라 이익이 큰 폭으로 증가할 것으로 예상됨.
- 특히 2021년 3분기 기준 대손비용률이 특별한 충당금 환입 없이도 전분기 대비 추가 개선됨에 따라 같은 기간 대손비용률이 상승한 지방은행 경쟁사와 차별적인 행보 이어감.
- 동사가 오랜 기간 힘을 쏟아온 취약 업종 여신 축소 및 가계대출 비중 확대가 2021년을 기점으로 실적 개선 효과로 나타남.
- 동사는 변동금리 대출 비중이 높아 NIM 개선 폭이 클 것으로 예상됨에 따라 2022년에도 이익 증가 상승 폭이 가파를 것으로 전망됨.

▶ NIM(순이자마진) 추이 및 전망

(%)

- 2020: 1.82
- 2021E: 1.86
- 2022F: 1.92
- 2023F: 1.89

▶ 이자이익 증감률 추이 및 전망

(%)

- 2020: 1.3
- 2021E: 13.9
- 2022F: 8.1
- 2023F: -3.2

▶ ROE 추이 및 전망

(%)

- 2020: 6.9
- 2021E: 9.2
- 2022F: 8.8
- 2023F: 7.1

▶ 주가 대비 PBR 밴드 추이

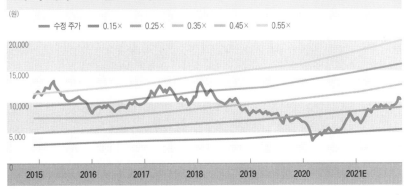

(원)
— 수정 주가 — 0.15× — 0.25× — 0.35× — 0.45× — 0.55×

2015 / 2016 / 2017 / 2018 / 2019 / 2020 / 2021E

▶ DPS 추이 및 전망

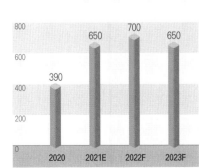

(원)

- 2020: 390
- 2021E: 650
- 2022F: 700
- 2023F: 650

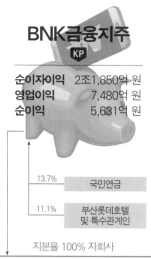

BNK금융지주

KP

순이자이익	2조1,850억 원
영업이익	7,480억 원
순이익	5,631억 원

13.7% 국민연금

11.1% 부산롯데호텔 및 특수관계인

지분율 100% 자회사

부산은행, 경남은행, BNK캐피탈, BNK투자증권, BNK저축은행, BNK자산운용, BNK신용정보, BNK시스템, BNK벤처투자

▶ 경영 실적 추이 및 전망

(억 원) ■ 순이자이익 ■ 영업이익 ■ 순이익

2조6,321 / 1조2,243 / 9,374 (2021E)
2조8,033 / 1조3,107 / 9,618 (2022F)

▶ 주가 추이 및 전망

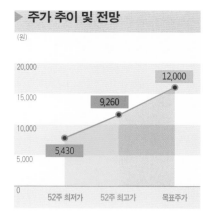

(원)

5,430 (52주 최저가) / 9,260 (52주 최고가) / 12,000 (목표주가)

▶ 투자포인트

- 동사는 자회사인 부산은행의 대출성장률이 크게 올랐고, 자회사인 경남은행의 비이자이익 호조세로 2021년에 전반적인 실적 상승세 이어감.
- 동사의 NIM 지표는 2021년에 이어 2022년에도 높은 성장세가 예상됨에 따라 순이자이익 증가 폭이 크게 오를 것으로 전망됨.
- 동사는 이익이 큰 폭으로 증가함에 따라 적극적인 주주환원정책을 펼 것으로 예상됨 → 동사의 주가 상승 모멘텀으로 작용.
- 동사의 2021~2023년 배당수익률은 각각 6.2%, 6,7%, 7.4%까지 상승할 것으로 예상됨.
- 동사는 2011년 부산은행, BNK투자증권, BNK신용정보, BNK캐피탈이 공동으로 주식의 포괄적 이전 방식에 의해 설립한 지방은행 최초의 금융지주사로서, 2015년 경남은행의 계열사 편입으로 부산은행-경남은행 두 은행 체제를 갖춤.

JB금융지주

KP

순이자이익	1조2,601억 원
영업이익	4,701억 원
순이익	3,912억 원

14.6% 삼양사 外

10.0% 아프로파이낸셜대부

9.1% 국민연금

6.8% Jubilee Asia B.V.

5.2% Singwand Holding Pte Ltd.

지분율 100% 자회사

광주은행, 전북은행, JB우리캐피탈, JB자산운용

▶ 경영 실적 추이 및 전망

(억 원) ■ 순이자이익 ■ 영업이익 ■ 순이익

1조4,550 / 6,874 / 5,263 (2021E)
1조5,274 / 7,031 / 5,358 (2022F)

▶ 주가 추이 및 전망

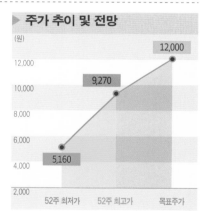

(원)

5,160 (52주 최저가) / 9,270 (52주 최고가) / 12,000 (목표주가)

▶ 투자포인트

- 동사는 광주은행을 인수한 2015년 이후 지속적인 자본 확대 및 자회사 포트폴리오의 자산건전성 개선 노력을 통해 2021년부터 본격적인 외형 성장.
- 동사는 광주은행 인수 당시 7%까지 떨어졌던 CET1 비율이 2021년 3분기 말 기준 10.5%까지 상승했고, 같은 기간 원화대출금이 전분기 대비 3.9% 상승하면서 실적 성장 시그널 나타남. 'CET1'이란 보통주자본을 위험가중자산으로 나눈 것으로, 금융지주의 자산건전성을 살피는 주요 지표.
- 연결대상 종속기업인 광주은행 및 전북은행은 호남 지역에서 탄탄한 영업력을 보유하고 있고, 비은행권 자회사로 JP우리캐피탈 및 JB자산운용을 두고 있음.
- 동사의 주가는 향후 주주환원정책 및 비용 효율화, 비은행 자회사 추가 편입에 맞춰 큰 영향을 받을 것으로 예상됨.

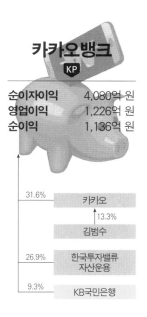

카카오뱅크
KP

순이자이익	4,080억 원
영업이익	1,226억 원
순이익	1,136억 원

31.6% 카카오
13.3% 김범수
26.9% 한국투자밸류자산운용
9.3% KB국민은행

▶ **경영 실적 추이 및 전망**

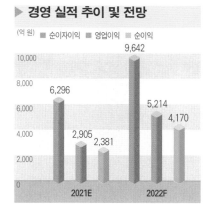

▶ **주가 추이 및 전망**

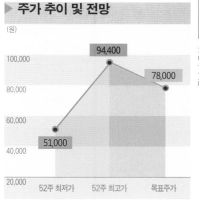

▶ **투자포인트**

- 2021년 3분기 들어 순이익이 520억 원으로 전년 동기 대비 28% 상승함 → 원화 대출이 전분기 대비 8.3% 증가했고, 2021년 누적 성장률은 20%를 상회할 전망.
- 정부의 가계부채 관련 규제로 마이너스 통장 대출이 하락하겠지만, 전세보증금이 큰 폭으로 오르며 전세대출도 크게 상승할 것으로 예상됨.
- 동사의 신용대출 중에서 중저신용 비중은 2021년 말 기준 20%, 2022년 말 기준 25%까지 상승할 것으로 예상됨에 따라 NIM 상승 추세도 이어질 전망 → 다만 중저신용 비중이 증가하면서 이에 비례하여 선제적인 충당금 적립 부담도 커짐.
- 동사의 2021년 3분기 말 고객 수는 1,740만 명으로 전년 동기 대비 20% 이상 증가함. 아울러 동사의 MAU는 2021년 3분기 기준 1,470만 명으로 전분기 대비 67만 명가량 소폭 증가하면서 증가 폭 둔화.

▶ **원화예수금 추이 및 전망**

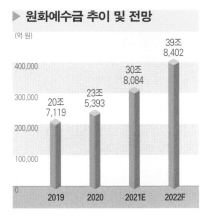

▶ **대출성장률 추이 및 전망**

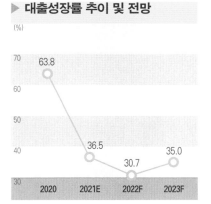

▶ **ROE 추이 및 전망**

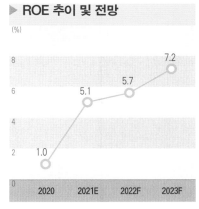

▶ **MAU 및 고객수 추이**

▶ **증권계좌 개설수 추이**

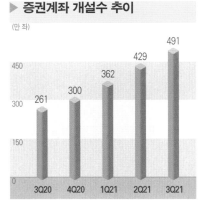

▶ **연계대출 규모 추이**

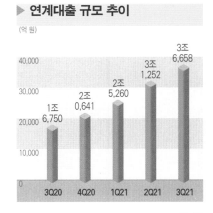

📈 연간 수출 성적으로 2022년 주식 시장 전망하기 📉 〔 주가 상승 시그널 〕

▶ 연간 수출액과 코스피 함수관계

2022년 수출 전망 +8%대 → 2022년 4분기 월평균 수출액 600억 달러 돌파 예상

2022년 하반기 코스피 3,400p 돌파 예상

■ 수출액(좌)
■ 코스피(월평균, 우)

수출 증가
↓
코스피 기업 영업이익 증가
↓
코스피 상승
↓
증권주 상승 모멘텀

▶ 연간 수출증가율과 코스피 기업 영업이익 상관관계

■ 한국 수출 증가율(좌)
■ 코스피 기업 12MF 영업이익(우)

2021년 이후 수출증가율이 마이너스대로 하락하지 않는다면 코스피 기업 영업이익 전반적으로 상승

▶ 2020~2022년 코스피 기업 합산 영업이익

273

143 — 2020
253 — 2021E
273 — 2022F

▶ 2022년 12MF 코스피 예상 밴드

2,800
(PER 9.7x)

3,400
(PER 10.8x)

2022년 수출 전망 +8%대 → 2022년 4분기 월평균 수출액 600억 달러 돌파 예상

52주 최저 / 52주 최고

📈 2021년에 나타난 리스크 지표 📉 〔 주가 하락 시그널 〕

▶ 국고채 금리 추이

글로벌 유동성 축소로 금리 상승

10년
5년
3년
1년

▶ 주식 투자 일평균 거래금액 추이

신용거래 융자 감소 및 투자자 예탁금 감소
↓
주식 투자 거래액 감소
↓
증권주 하락

■ 코스피+코스닥 거래금액(좌)
■ 증감률(yoy, 우)

📈 최선호 증권주를 고르는 4가지 지표 📈

▶ 순영업수익 추이 및 전망 [순영업수익 = 수수료손익+트레이딩 및 상품손익+이자수지]

🏆 2020 🏆 2021E 🏆 2022F

▶ 지배주주순이익 추이 및 전망

🏆 2020 🏆 2021E 🏆 2022F

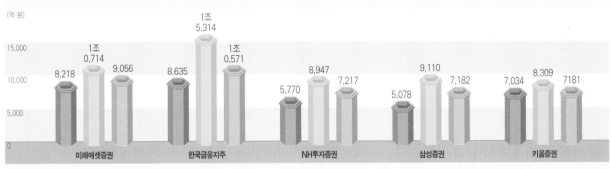

▶ ROE 추이 및 전망

🏆 2020 🏆 2021E 🏆 2022F

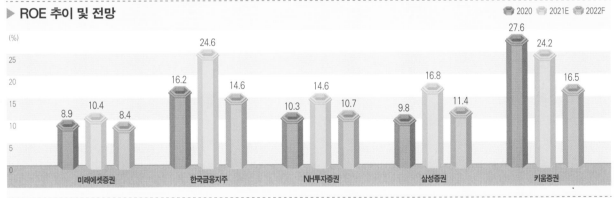

▶ 배당수익률 추이 및 전망

🏆 2020 🏆 2021E 🏆 2022F

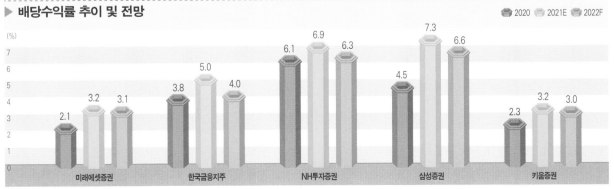

149

2022년에 증권주를
사야 하는 이유

2022년에 코스피 3,400포인트?

사람들이 2022년 증권 업황이 궁금한 이유는 증권주에 대한 투자보다는 앞으로 주식 시황이 어떻게 돌아갈지 때문이다. 증시가 오를수록 증권 업황이 좋아지는 것은 당연한 이치다. 2020년과 2021년에 연이어 증권사들의 순영업수익이 가파르게 상승한 것도 코스피가 3,000포인트를 돌파하는 등 증시가 폭발적인 호조세를 이어간 덕분이다.

2022년 증시에 대한 예상은 극명하게 갈린다. 증시가 좋아질 것이란 전망 중에서 2022년 하반기에 코스피 지수가 3,400포인트를 돌파할 것이라는 주장의 근간에는 수출 호조가 있다. 글로벌 경기가 회복됨에 따라 수출이 증가하면서 코스피 상장 기업들의 영업이익이 함께 오르게 되고, 이는 곧 코스피 지수 상승으로 이어진다는 것이다. 실제로 수출 증가와 코스피 지수 상승은 지난 20년 동안 거의 비례해왔다. 코스피 시장에서 높은 비중을 차지하는 반도체와 자동차, 배터리, 조선 등에 포진된 기업들은 내수보다는 해외 매출 비중이 크기 때문에 수출이 증가할수록 이익이 늘어나면서 투자자들의 매수 심리를 한껏 자극함으로써 주가 상승으로 이어지는 것이다.

증권가 일각에서는 재계에서 전망하는 2022년 4분기 월평균 수출액 600억 달러 돌파가 실현될 경우, 코스피 상장기업들의 총 영업이익이 270조 원을 넘어서게 되고, 이럴 경우 코스피 3,400포인트 진입이 가능할 것으로 예상한다. 그에 맞춰 증권주에 대한 투자 비중을 늘려야 한다는 주장도 빼놓지 않는다.

투자 심리를 위축시키는 시그널들

한편, 증시에 대해 보수적인 입장을 견지하는 주장도 만만치 않다. 증시에 대한 부정적인 시그널이 이미 2021년 3분기부터 주요 지표들을 통해 나타나고 있음을 근거로 들고 있다. 무엇보다 2021년 3분기 들어 주식 투자 일평균거래대금이 26.3조 원으로 최근 8개 분기 만에 처음으로 전년 대비 감소세로 전환되었음을 강조한다(-4.8% yoy). 3,000포인트를 돌파할 당시 증시에 폭발적으로 몰렸던 자금이 서서히 빠지고 있다는 것이다.

이를 두고 금융 업계 일각에서는 미국 중앙은행인 연방준비제도(Fed)가 양적완화 규모를 점진적으로 축소하는 '테이퍼링(tapering)'이 외신을 통해 심심찮게 전해지면서 투자 심리가 위축되고 있는 신호라고 보고 있다. 테이퍼링은 글로벌 유동성을 축소시키고, 이는 결국 금리 상승으로 이어져 신용거래 융자 및 투자자 예탁금 감소를 초래하면서 주가를 떨어뜨리는 요인으로 작용한다는 것이다.

실제로 2021년 3분기 들어 트레이딩 지표들이 비우호적으로 변했다. 국고채 1년과 3년물이 전분기 대비 각각 +14.1bp, +14.5bp 상승하면서 채권 평가손실 측면에서 불리한 환경을 조성했다. 같은 기간 ELS 조기상환 규모 역시 10.2조 원을 기록하며 전분기 대비 35.7% 감소하고 말았다.

배당수익률이 높은 증권사일수록 주가가 오른다!

흥미로운 점은 여러 증시 전문가들이 박스권에 갇힌 증시와 금리 상승, 거래대금 감소 등 핵심 주요 지표들의 부진에도 불구하고 증권주에 대한 투자 비중 확대를 권하고 있다는 사실이다. 증시 상황이 썩 좋은 것은 아니지만 증권사마다 양호한 실적 흐름을 이어가고 있고, 그 가운데 특히 배당수익률이 높으면서도 저평가된 증권주들이 적지 않다는 것이다. 2021년 3분기에 공시된 증권사들의 주요 실적 지표들이 이를 방증한다. 커버리지 증권사로 꼽히는 미래에셋증권, 한국금융지주, NH투자증권, 삼성증권, 키움증권의 2021년 3분기 기준 합산 당기순이익은 6조 5,996억 원으로, 지난해 같은 기간 4조4,078억 원에 비해 50% 가까이 급증했음을 근거로 든다.

이를 두고 팬데믹이라는 거대한 위기를 오히려 기회로 삼아 높은 수익을 창출한 증권사들이, 금리 인상 정도에는 쉽게 흔들리지 않을 기초체력을 갖췄다고 보는 시각이 적지 않다. 즉, 증시 둔화보다는 증권사들의 개선된 펀더멘털을 주목하라는 것이다. 그간 실적을 이끌던 브로커리지 위탁매매 수익이 감소하더라도 IB(투자은행) 사업부문 등 다양한 비즈니스 모델을 통해 메울 수 있다는 것이다.

증권사들의 주가가 다른 업종에 비해 저평가되었음에도 고배당 매력을 갖췄다는 점도 증권주 투자 비중을 늘려야 하는 이유다. 증권 업종의 2022년 예상 주가수익비율(PER)은 5.2배로 금융 업종 가운데 가장 낮은 수준을 보이고 있다. 2022년에 예상되는 이익 감소분이 주가에 미리 반영된 탓이다. 그럼에도 불구하고 증권사들의 평균 배당수익률이 높게 나오는 것은, 증권사들의 이익 감소가 우려한 만큼 크지 않을 것이란 평가가 자본 시장에서 지배적이기 때문이다. 실제로 삼성증권과 NH투자증권의 배당수익률은 컨센서스 기준 6%대를 넘길 것으로 추산되며, 대신증권은 무려 10%대에 이를 것으로 평가되기도 한다. 투자적 관점에서는 배당수익률이 높은 증권사일수록 주가 상승률에 유리하다는 점을 잊지 말아야 한다.

MZ세대 마케팅이 중요해진 이유

2022년 증권 업계에 새로 도입되는 제도 가운데 '소수점 거래'라는 게 있다. 소수점 거래는 말 그대로 주식을 1주 단위가 아니라 0.1주 등 소수점 단위로 쪼개서 매매하는 방식이다. 예를 들어 1주당 백만 원짜

리 주식을 십만 원으로 0.1주 매수할 수 있다. 소수점 거래는 금액 단위로 거래하는 것도 가능하다. 이를테면 1주에 백만 원짜리 주식을 12만 원으로 0.12주 매수할 수 있다. 소수점 거래 제도는 고가의 우량주에 대한 접근성을 높이고 적은 금액으로 다양한 주식에 분산 투자를 장려하는 데 취지가 있다.

소수점 거래는 증권사들에게 새로운 영업 기회를 가져다 줄 수 있다. 소수점 거래는 특히 투자금이 넉넉하지 않은 젊은 세대들을 주식 시장으로 끌어들이는 데 좋은 수단이 될 수 있다. 실제로 2020년 봄에 폭발한 동학개미 운동에 불을 지핀 것도 MZ세대로 불리는 투자자들이다. MZ세대는 1980년대 초반~2000년대 초 출생한 밀레니얼 세대와 1990년대 중반~2000년대 중반 출생한 Z세대를 가리키는 조어다. 이들은 아직 자산과 소득이 넉넉하지 않지만 과감한 레버리지(대출)를 활용해 소비와 투자에 적극적인 성향을 가지고 있다.

소수점 거래 도입을 가장 기다려 온 증권사는 카카오페이증권과 토스증권 등 핀테크 증권사들이다. 핀테크 증권사들의 고객층에는 스마트폰이나 태블릿 등 모바일기기에 친숙한 MZ세대들의 비중이 높기 때문이다. 카카오페이증권과 토스증권은 이미 MTS(모바일트레이딩서비스) 구성 단계에서부터 소수점 거래를 할 수 있는 기술적 분석을 마친 것으로 보인다. 두 회사는 2021년 초에 해외주식 소수점 거래 서비스를 제공할 계획이었지만, 금융당국의 제동으로 정식허가만을 기다리던 상황이었다.

주식 거래 감소로 브로커리지 수익에 경고음이 켜진 증권사들에게 소수점 거래는 MZ세대를 신규 고객으로 유인하는 중요한 마케팅 수단이다. 상장 증권사에게는 소수점 거래가 당장 브로커리지 수익을 늘리는 효과를 내지 못하더라도, 새로운 수요 창출을 통한 주가 상승 모멘텀으로 작용할 수 있다. 투자적 관점에서 소수점 거래를 마케팅에 적극 활용하는 증권사를 주목해야 하는 이유다.

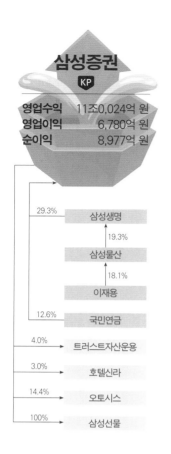

삼성증권 KP

영업수익	11조0,024억 원
영업이익	6,780억 원
순이익	8,977억 원

- 29.3% → 삼성생명
- 19.3% → 삼성물산
- 18.1% → 이재용
- 12.6% → 국민연금
- 4.0% → 트러스트자산운용
- 3.0% → 호텔신라
- 14.4% → 오토시스
- 100% → 삼성선물

▶ 경영 실적 추이 및 전망

(억 원) ■ 영업수익(좌) ■ 영업이익(좌) ○ 영업이익률(우) (%)

- 2021E: 영업수익 8조6,734, 영업이익 1조2,144, 영업이익률 14.00
- 2022F: 영업수익 7조1,772, 영업이익 9,346, 영업이익률 13.02

▶ 주가 추이 및 전망

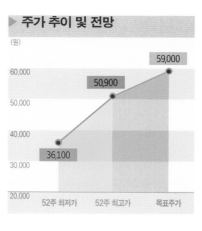

(원)

- 52주 최저가: 36,100
- 52주 최고가: 50,900
- 목표주가: 59,000

▶ 투자포인트

- 높은 브랜드 가치를 바탕으로 자산관리 및 대체투자에 강점이 있음.
- 보수적인 채권 운용으로 경쟁사에 비해 금리 민감도 낮음 → 금리 상승 구간에서 경쟁사에 비해 상대적으로 안정적인 채권평가손익 흐름 예상.
- 경쟁사 대비 높은 배당수익률(7.3%, DPS 3,700원, 2021년 기준)이 강력한 주가 상승 모멘텀으로 작용.
- 일평균거래대금 축소에 따라 수탁수수료 감소가 예상되지만, 이자이익 증가로 상쇄할 수 있을 전망.
- 2021년에 역대 최대 지배주주순이익을 거둘 것으로 예상되지만, 기저효과로 2022년에 하락 불가피 → 경쟁사에 비해 하락 폭 낮음.
- 2021년 게임 대형 IPO 크래프톤에 이어 큐라클, HK이노엔, 일진하이솔루스, 카카오페이 등 IPO 대표 주관사로 선정되면서 수수료 수익 증가.

▶ 순영업수익 비중

단위: %

- 트레이딩 35
- 브로커리지 위탁매매 32
- IB 11
- WM 5
- 브로커리지 이자수익 17

▶ 수수료 수익 추이 및 전망

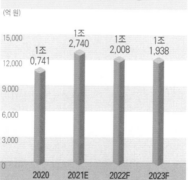

(억 원)

- 2020: 1조0,741
- 2021E: 1조2,740
- 2022F: 1조2,008
- 2023F: 1조1,938

▶ 금융상품 관련 수익 추이 및 전망

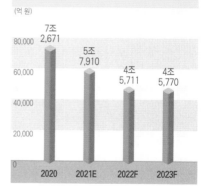

(억 원)

- 2020: 7조2,671
- 2021E: 5조7,910
- 2022F: 4조5,711
- 2023F: 4조5,770

▶ 이자수익 추이 및 전망

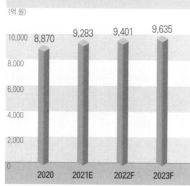

(억 원)

- 2020: 8,870
- 2021E: 9,283
- 2022F: 9,401
- 2023F: 9,635

▶ 현금 및 예금 추이 및 전망

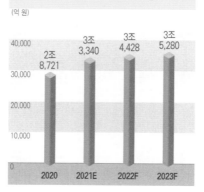

(억 원)

- 2020: 2조8,721
- 2021E: 3조3,340
- 2022F: 3조4,428
- 2023F: 3조5,280

▶ 현금DPS 추이 및 전망

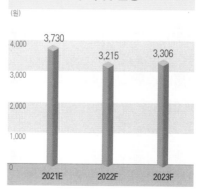

(원)

- 2021E: 3,730
- 2022F: 3,215
- 2023F: 3,306

미래에셋증권
KP

영업수익	16조8,358억 원
영업이익	1조1,171억 원
순이익	8,343억 원

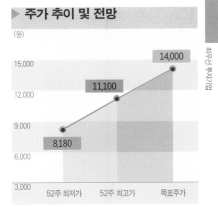

- 24.3% 미래에셋캐피탈
- 34.2% 박현주
- 7.4% 네이버
- 6.8% 국민연금
- 61.5% 미래에셋벤처투자 20.3%
- 22.0% 미래에셋생명 13.9%
- 8.4% 프렌즈게임즈

▶ 경영 실적 추이 및 전망

(억 원)
■ 영업수익(좌) ■ 영업이익(좌) ○ 영업이익률(우) (%)

- 2021E: 영업수익 14조4,898, 영업이익 1조4,225, 영업이익률 9.82
- 2022F: 영업수익 14조3,516, 영업이익 1조1,971, 영업이익률 8.34

▶ 주가 추이 및 전망

(원)

- 52주 최저가: 8,180
- 52주 최고가: 11,100
- 목표주가: 14,000

▶ 투자포인트

- 자기자본 10조 원을 활용해 다양한 IB/대체투자 사업에 강점.
- IB 사업부문 및 해외법인을 통해 국내외 오피스빌딩, 호텔/리조트, 인프라 투자에 적극 참여 → 미래에셋과 대우증권이 통합해 출범한 2016년 말부터 판교 알파돔 시티, 독일 T8 오피스빌딩, 여수 해양관광단지 및 가스 파이프라인과 물류센터, 데이터센터 등에 투자 단행.
- 2017년 네이버와 지분교환 이후 '미래에셋-네이버 아시아그로쓰'를 출범해 다양한 혁신기업에 투자 중.
- 2020년 1월에 네이버파이낸셜 지분 26%에 6,793억 원 투자 → 2021년 1분기 기준 해당 지분의 평가액이 7,854억 원으로 증가.
- 해외법인을 통한 글로벌 사업에서 알토란 이익 창출 → 해외법인 세전이익이 2020년 2,000억 원에서 2021년 상반기에만 1,800억 원 실현.

▶ 순영업수익 비중

단위: %
- 브로커리지 위탁매매 30
- 트레이딩 30
- IB 11
- WM 10
- 브로커리지 이자수익 19

▶ IB 사업부문 수익 추이 및 전망

(억 원)
- 2020: 2,590
- 2021E: 3,741
- 2022F: 4,930
- 2023F: 4,748

▶ 수수료 수익 추이 및 전망

(원)
- 2020: 1조3,431
- 2021E: 1조5,750
- 2022F: 1조5,319
- 2023F: 1조5,038

▶ 현금 및 예금 추이 및 전망

(억 원)
- 2020: 1조6,910
- 2021E: 2조3,033
- 2022F: 2조5,530
- 2023F: 2조7,690

▶ 자본총계 추이 및 전망

(억 원)
- 2020: 9조2,689
- 2021E: 10조3,917
- 2022F: 11조1,326
- 2023F: 11조9,694

▶ EPS 추이 및 전망

(원)
- 2020: 1,021
- 2021E: 1,354
- 2022F: 1,147
- 2023F: 1,201

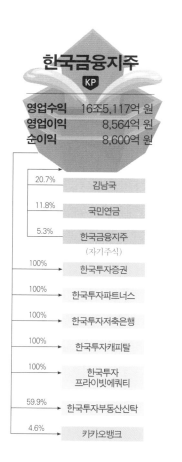

한국금융지주
KP

영업수익	16조5,117억 원
영업이익	8,564억 원
순이익	8,600억 원

20.7%	김남국
11.8%	국민연금
5.3%	한국금융지주 (자기주식)
100%	한국투자증권
100%	한국투자파트너스
100%	한국투자저축은행
100%	한국투자캐피탈
100%	한국투자 프라이빗에쿼티
59.9%	한국투자부동산신탁
4.6%	카카오뱅크

▶ 경영 실적 추이 및 전망

(억 원) ■ 영업수익 ■ 영업이익 ■ 지배주주순이익

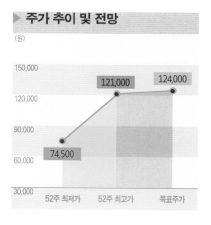

- 2021E: 영업수익 16조3,820 / 영업이익 1조5,064 / 지배주주순이익 1조6,416
- 2022F: 영업수익 15조4,411 / 영업이익 1조2,745 / 지배주주순이익 1조0,832

▶ 주가 추이 및 전망

(원)

- 52주 최저가: 74,500
- 52주 최고가: 121,000
- 목표주가: 124,000

▶ 투자포인트

- 카카오뱅크 상장에 따른 지분법이익 5,500억 원이 발생(공모가 39,000원 기준)하면서 영업외이익 큰 폭 증가.
- 2022년의 증권 업황을 보수적으로 전망(일평균거래대금 감소, 추가 금리 인상에 따른 유동성 축소, 국내외 금융 시장 상승 둔화 등)하여도 증권자회사(한국투자증권)의 이익 증가 및 저축은행, 캐피탈 등 자회사 실적 개선으로 2021년 기준 지배주주순이익이 전년 대비 80%대 상승하면서 사상 최대 실적 예상.
- 동사의 시가총액 4.7조 원은 카카오뱅크 보유지분가치(장부가 39,000원 대비 5.8조 원 및 주가 55,300원 대비 8.3조 원) 보다도 낮은 수준 → 연간 1조 원을 상회하는 이익가치는 전혀 반영되지 않은 주가로 향후 일정 부분만이라도 이익 실현이 가시화될 수 있다면 증권 업종 최선호주 등극 예상.

▶ 순영업수익 비중

단위: %

- 트레이딩 30
- 브로커리지 위탁매매 20
- 브로커리지 이자수익 14
- WM 8
- IB 28

▶ 영업외손익 추이 및 전망

(억 원)

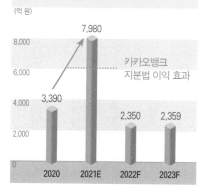

카카오뱅크 지분법 이익 효과

- 2020: 3,390
- 2021E: 7,980
- 2022F: 2,350
- 2023F: 2,359

▶ IB 사업부문 수익 추이 및 전망

(억 원)

- 2020: 4,220
- 2021E: 6,091
- 2022F: 5,618
- 2023F: 6,135

▶ 현금 및 예금 추이 및 전망

(억 원)

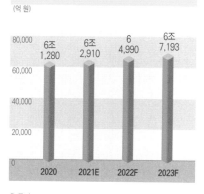

- 2020: 6조1,280
- 2021E: 6조2,910
- 2022F: 6조4,990
- 2023F: 6조7,193

▶ 현금DPS 추이 및 전망

(원)

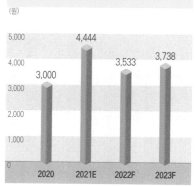

- 2020: 3,000
- 2021E: 4,444
- 2022F: 3,533
- 2023F: 3,738

▶ EPS 추이 및 전망

(원)

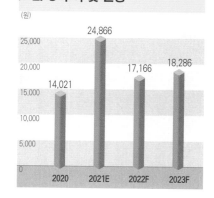

- 2020: 14,021
- 2021E: 24,866
- 2022F: 17,166
- 2023F: 18,286

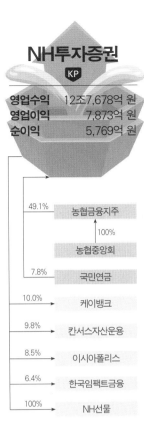

NH투자증권
KP

영업수익	12조7,678억 원
영업이익	7,873억 원
순이익	5,769억 원

- 농협금융지주 49.1%
- 농협중앙회 100%
- 국민연금 7.8%
- 케이뱅크 10.0%
- 칸서스자산운용 9.8%
- 이시아폴리스 8.5%
- 한국임팩트금융 6.4%
- NH선물 100%

▶ 경영 실적 추이 및 전망
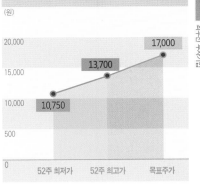

(억 원) ■영업수익(좌) ■영업이익(좌) ○영업이익률(우) (%)

- 2021E: 10조4,898 / 1조2,882 / 12.10
- 2022F: 7조3,516 / 1조0,065 / 13.13

▶ 주가 추이 및 전망
(원)
- 52주 최저가: 10,750
- 52주 최고가: 13,700
- 목표주가: 17,000

▶ 투자포인트
- '초대형 IB' 도입 이후 IB 사업부문 강세 유지 및 리테일 영업력 확대를 기반으로 누적 당기순이익 꾸준한 상승세.
- 경쟁사 대비 배당수익률이 높아 배당주로서 투자 매력 발산 → 2021년 이후 6%대 배당수익률 유지 예상.
- MTS MAU(월간 활성화 사용자 수)가 300만 이상 유지 중이며, 해외주식 자산 및 디지털 고객 자산도 증가세인 점 긍정적 평가.
- ECM(주식발행) 및 부동산 PF 관련 채무보증수수료 확대가 IB 수익 증가로 이어짐 → IB 사업부문 수익은 향후에도 동사의 주가 상승 모멘텀으로 작용할 전망.
- 2021년 예상 지배주주순이익은 9,000억 원 가까이 가파르게 상승하겠지만, 2022년에 다시 하락세로 돌아설 가능성이 큰 점 유의.

▶ 순영업수익 비중

단위: %
- 브로커리지 위탁매매 29
- 트레이딩 38
- IB 16
- WM 4
- 브로커리지 이자수익 13

▶ 트레이딩 수익 추이 및 전망 (별도기준)
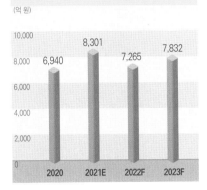
(억 원)
- 2020: 6,940
- 2021E: 8,301
- 2022F: 7,265
- 2023F: 7,832

▶ IB 사업부문 수익 추이 및 전망 (별도기준)
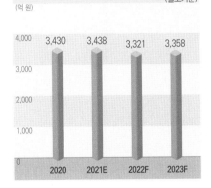
(억 원)
- 2020: 3,430
- 2021E: 3,438
- 2022F: 3,321
- 2023F: 3,358

▶ 현금 및 예금 추이 및 전망
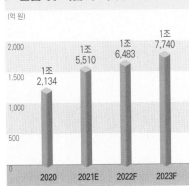
(억 원)
- 2020: 1조2,134
- 2021E: 1조5,510
- 2022F: 1조6,483
- 2023F: 1조7,740

▶ 자본총계 추이 및 전망
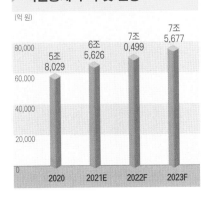
(억 원)
- 2020: 5조8,029
- 2021E: 6조5,626
- 2022F: 7조0,499
- 2023F: 7조5,677

▶ EPS 추이 및 전망
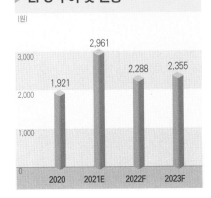
(원)
- 2020: 1,921
- 2021E: 2,961
- 2022F: 2,288
- 2023F: 2,355

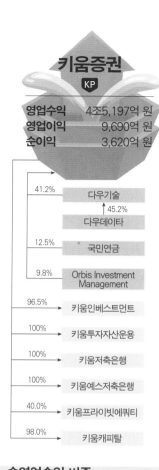

키움증권
KP

영업수익	4조5,197억 원
영업이익	9,690억 원
순이익	3,620억 원

- 41.2% → 다우기술
- ↑ 45.2%
- 다우데이타
- 12.5% → 국민연금
- 9.8% → Orbis Investment Management
- 96.5% → 키움인베스트먼트
- 100% → 키움투자자산운용
- 100% → 키움저축은행
- 100% → 키움예스저축은행
- 40.0% → 키움프라이빗에쿼티
- 98.0% → 키움캐피탈

▶ 경영 실적 추이 및 전망

▶ 주가 추이 및 전망

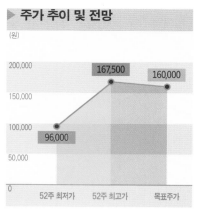

▶ 투자포인트

- 국내 리테일 주식 시장점유율 1위 증권사 → 브로커리지 시장점유율 23%대 유지.
- 거래대금 변동에 상대적으로 민감한 수익 구조를 지니고 있지만, 종합금융투자사 업자(이하 '종투사') 라이선스 취득으로 IB 사업부문의 성장을 통해 수익 구조 분산 이 이뤄질 전망.
- 종투사 지정으로 증가하는 기업신용공여 한도(100% → 200%)는 기업금융 등 신 사업에 활용할 예정 → 2022년 초부터 이자수익 및 IB 사업부문 수익 실현 가능할 전망.
- 2년 연속 20%를 상회하는 금융 업종 내 가장 높은 ROE 대비 PBR이 0.8배에 불과 함에 따라 기업가치 대비 저평가 종목 매력 → 다만, 2022년에 ROE가 16%대로 하락할 가능성에 유의.

▶ 순영업수익 비중

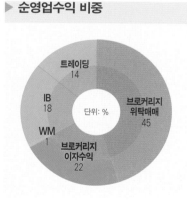

▶ 증권사별 브로커리지 시장점유율 추이

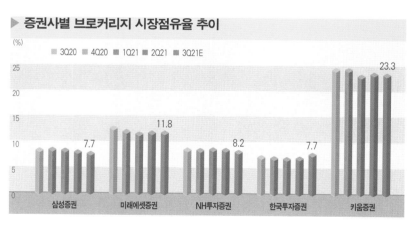

▶ 현금 및 예금 추이 및 전망

▶ 자본총계 추이 및 전망

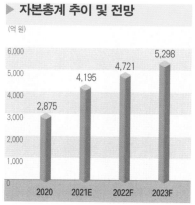

▶ EPS 추이 및 전망

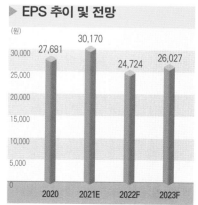

메리츠증권 KP

영업수익	16조 6,049억 원
영업이익	8,280억 원
순이익	5,651억 원

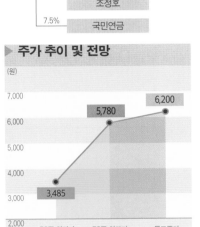

48.1% 메리츠금융지주
72.1% 조정호
7.5% 국민연금

▶ 주가 추이 및 전망

(원)

- 52주 최저가: 3,485
- 52주 최고가: 5,780
- 목표주가: 6,200

▶ 경영 실적 추이 및 전망

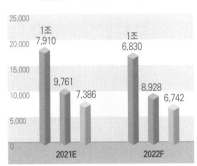

(억 원) ■ 순영업수익 ■ 영업이익 ■ 지배주주순이익

- 2021E: 1조 7,910 / 9,761 / 7,386
- 2022F: 1조 6,830 / 8,928 / 6,742

▶ ROE 추이 및 전망

(%)

- 2020: 13.0
- 2021E: 14.8
- 2022F: 12.5
- 2023F: 11.6

▶ 투자포인트

- 2021년 2분기에 마곡MICE 개발 PF 주선에 따른 약 250억 원 내외의 수수료 인식 등 영업 호조로, 기업금융 수수료 수익 큰 폭으로 증가.
- 일회성 이벤트 이익을 제외하더라도 기업금융 관련 수익 증가로 영업력 입증 → 동사의 주가 상승 모멘텀으로 작용.
- 주주환원정책 관련 불확실성이 남아 있는 점 유의 → 2021년 6월에 1,000억 원 규모의 추가적인 자사주 매입 및 소각 발표 등을 통해 총주주환원율 38%를 확보함에 따라 주주환원정책 불확실성이 일부 해소되었지만, 자사주 매입에 대한 명확한 기준이 제시되지 않은 점은 아쉬움.
- 채무보증비율이 100% 미만으로 하락했기 때문에 자산 축소에 따른 이익 훼손 가능성은 미미할 전망.

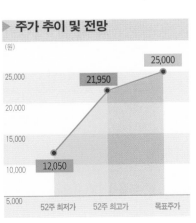

대신증권 KP

영업수익	2조 8,680억 원
영업이익	2,392억 원
순이익	1,470억 원

28.3% 대신증권 (자사주)
9.7% 양홍석

▶ 주가 추이 및 전망

(원)

- 52주 최저가: 12,050
- 52주 최고가: 21,950
- 목표주가: 25,000

▶ 경영 실적 추이 및 전망

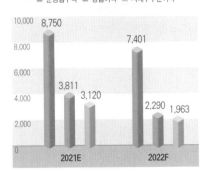

(억 원) ■ 순영업수익 ■ 영업이익 ■ 지배주주순이익

- 2021E: 8,750 / 3,811 / 3,120
- 2022F: 7,401 / 2,290 / 1,963

▶ 배당수익률 추이 및 전망

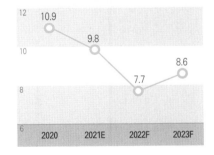

(%)

- 2020: 10.9
- 2021E: 9.8
- 2022F: 7.7
- 2023F: 8.6

▶ 투자포인트

- 동사는 금융주 내에서도 대표적인 고배당주로 평가 받고 있음 → 다수의 투자자들이 동사의 안정적인 배당성향을 기대하며, 이러한 이미지는 동사의 주가 상승 모멘텀으로 작용.
- 최근 2년 동안 투자자들의 기대에 부응하는 펀더멘털 및 주주환원정책 실현.
- 동사는 서로 비슷한 사업 구조를 가진 국내 증권 업계에서 부동산금융에 탁월한 영업력 보유 → 2021년 상반기에 총 1.8조 원 규모의 나인원한남(손자회사인 디에스한남 시행)의 분양 완결로 인해 높은 이익 예상.
- 미국, 일본, 싱가포르 등 주요 국가에 상장된 리츠에 투자해 안정적인 배당수익과 자본차익 실현하는 등 해외 영업력 돋보임.

📈 보험은 어떻게 대표적인 코로나19 수혜 업종이 되었나? 📉

▶ 보험 업황에 호재로 작용한 팬데믹 효과

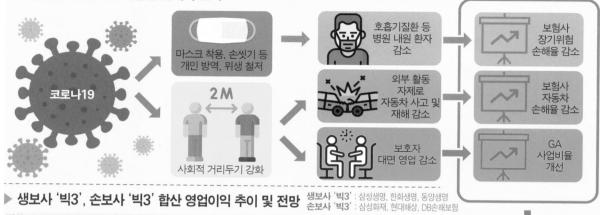

▶ 생보사 '빅3', 손보사 '빅3' 합산 영업이익 추이 및 전망

생보사 '빅3' : 삼성생명, 한화생명, 동양생명
손보사 '빅3' : 삼성화재, 현대해상, DB손해보험

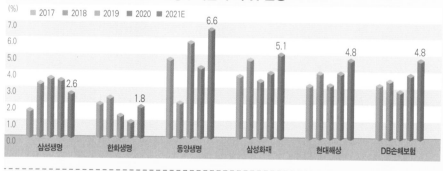

(억 원) ■ 2016 ■ 2017 ■ 2018 ■ 2019 ■ 2020 ■ 2021E

이전 **코로나19** 이후   YoY +34.1%   이전 **코로나19** 이후   YoY +32.1%

생명보험 3개사   손해보험 3개사

보험사 실적 반등

▶ 생보사 '빅3', 손보사 '빅3' 배당수익률 추이 및 전망

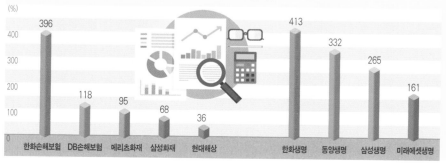

(%) ■ 2017 ■ 2018 ■ 2019 ■ 2020 ■ 2021E

2.6   1.8   6.6   5.1   4.8   4.8

삼성생명   한화생명   동양생명   삼성화재   현대해상   DB손해보험

보험사 배당수익률 상승

▶ 주요 보험사 주가수익률 비교 (2020년 3월 코로나19 최저점 대비)

(%)

396   118   95   68   36   413   332   265   161

한화손해보험   DB손해보험   메리츠화재   삼성화재   현대해상   한화생명   동양생명   삼성생명   미래에셋생명

보험사 주가수익률 개선

📈 보험주 투자매력을 끌어올리는 보험 업황 3대 호재 📈

호재 1   질병으로 인한 위험손해율 감소

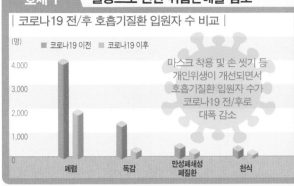

| 코로나19 전/후 호흡기질환 입원자 수 비교 |

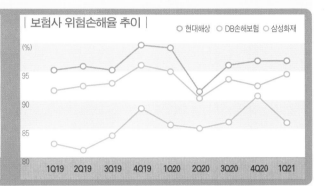

| 보험사 위험손해율 추이 |

• 위험손해율은 보험사가 받은 보험료 중 발병으로 인한 치료비를 피해자에게 지급하는 보험금 비율로, 보험사의 사업비용 중 높은 비중 차지 → 병원 치료 수요가 감소할수록 보험사 이익 증가.

호재 2   교통사고로 인한 중상해 감소

| 정부의 '안전속도 5030 정책' 시행 효과 |

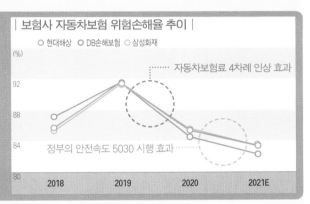

| 보험사 자동차보험 위험손해율 추이 |

• 2019년부터 2020년 초에 걸쳐 4차례 시행된 자동차보험료 인상 및 2021년 4월부터 시행된 '안전속도 5030 정책' 효과가 연이어 나타나면서 자동차보험 위험손해율을 큰 폭으로 떨어트려 보험사의 이익 상승 견인.

호재 3   보험사 사업비(율) 감소 및 개선

| 보험사 사업비 추이 |

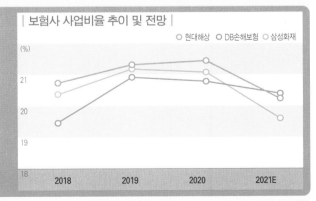

| 보험사 사업비율 추이 및 전망 |

• 보험사의 보험료 수입에서 인건비, 마케팅비, 모집수수료 등이 차지하는 비율을 '사업비율'이라 함 → 코로나19로 대면 영업방식이 비대면으로 바뀌면서 인건비를 비롯한 마케팅비가 큰 폭으로 감소.

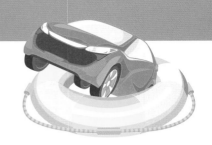

외국인 투자자들이 선택한
코로나19 대표 수혜 업종

델타변이 확산이 손해보험사들을 춤추게 하다!

보험업은 대표적인 코로나19 수혜 업종이다. 2021년 들어 코로나19 델타변이가 확산되면서 실물경기 회복세가 크게 둔화됐지만, 보험사들은 호실적을 이어 갔기 때문이다. 사회적 거리두기가 4단계로 한층 강화되면서 이동량이 크게 위축되었는데, 이는 곧 자동차 사고 및 재해 발생 감소로 이어져 보험사의 위험 손해율 부담을 덜어주는 효과로 나타났다. 전 국민 마스크 착용과 손 씻기 등 개인위생을 강화하는 사회적 분위기도 보험사에게는 호재였다. 실제로 코로나19를 기점으로 폐렴이나 독감 등 호흡기질환으로 병원에 입원하는 경우가 크게 줄었다. 코로나19 이후 호흡기질환 입원자 수가 코로나19 이전의 절반 아래로 떨어진 것이다. 전문가들은 마스크 착용이 직접적인 영향을 미친 것으로 분석하고 있다. 다만 보험업 내에서 희비가 엇갈려 생명보험사보다는 손해보험사에게 좀 더 직접적인 수혜로 작용한 것으로 나타났다.

삼성화재와 DB손해보험은 2021년 2분기에 어닝서프라이즈를 기록했다. 특히 DB손해보험의 실적 반등세가 두드러졌다. DB손해보험은 시장 전망치보다도 20.37%를 웃도는 실적을 냈다. 코로나19 영향으로 손해율이 크게 개선된 영향이 컸다. 보험 업계에서 손해율이란 보험사가 가입자들로부터 받은 보험료 중 교통사고나 질병이 발생했을 때 피해자에게 지급하는 보험금의 비율이다. 보험금이 줄어들수록 손해율이 감소하며, 이는 결국 보험사의 이익을 늘리는 효과를 가져온다. 2021년 상반기 기준 삼성화재, 메리츠화재, 현대해상의 일반보험 손해율은 지난해 같은 기간에 비해 각각 22.9%포인트, 18.8%포인트, 10.7%포인트 낮아졌다.

금리 인상 신호가 나타나면 손해보험주를 매수해야

코로나19 호재를 톡톡히 누리는 보험주를 증권가에서 그냥 지나칠 리 없다. 증권사마다 손해보험주의 목표주가를 상향 조정하고 나선 것이다. 증권사가 손해보험주에 대한 눈높이를 올리는 이유는 비단 코로나19 특수 때문만은 아니다. 한국은행이 2021년 하반기 이후 금리 인상을 예고했기 때문이다. 보험은 은행과 함께 금리 민감도가 높은 업종 가운데 하나로 꼽힌다. 보험사는 고객에게 받은 보험금을 안정적인 채권에 투자함으로써 이익을 내는 사업구조를 지니고 있기 때문이다. 금리 인상으로 채권의 금리가 오르면 보험사의 이익이 개선되는 것이다.

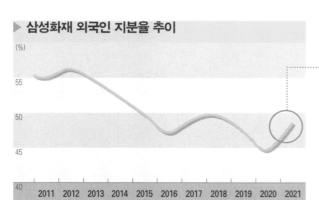

▶ **삼성화재 외국인 지분율 추이**

(%)

55

50

45

40

2011 2012 2013 2014 2015 2016 2017 2018 2019 2020 2021

▶ **DB손해보험 외국인 지분율 추이**

(%)

외국인 지분율 상승 추세 주목

50

40

30

20

2011 2012 2013 2014 2015 2016 2017 2018 2019 2020 2021

금리 인상 효과 역시 생명보험보다는 손해보험에 좀 더 큰 호재로 작용한다. 손해보험사는 생명보험사에 비해 부채 부담이 낮아 금리 인상에 따른 부채 부담에서 훨씬 유리하다. 증권가에서 금리 인상 이슈가 불거졌을 때 생명보험주보다 손해보험주를 주목하는 이유다.

금리 인상 보도가 나온 2021년 8월 기준 6개월 평균 주가상승률이 손해보험 대장주인 삼성화재가 19%, DB손해보험는 34%를 웃돌았다. 같은 기간 코스피 상승률인 6%에 비해 월등히 높은 수치다. 당시 가장 주목을 끄는 손해보험주는 메리츠화재였다. 같은 기간 72%대의 급등세를 기록했다. 반면, 같은 기간 생명보험 대장주 삼성생명은 오히려 6% 하락했다. 따라서 투자적 관점에서 금융당국의 금리 인상 시그널이 감지될 경우, 손해보험주에 대한 관심을 좀 더 기울일 필요가 있겠다.

역사적 저평가 구간에 있는 손해보험주

증권가에서 손해보험주의 투자매력을 강조하는 이유는 몇 가지가 더 있다. 2021년 들어 외국인 투자자와 기관 투자자가 국내 대표 손해보험주를 집중 매수했다. 특히 외국인 투자자들의 순매수는 국내 주식 시장을 쥐락펴락하는 핵심 요인으로 꼽힌다. 실제로 삼성화재의 경우 2021년 7월 한 달 동안 외국인이 500억 원어치를 순매수했다. 같은 기간 메리츠화재의 경우에는 기관 투자자가 292억 원어치를 순매수했다.

정부가 2021년 4월부터 시행에 들어간 '안전속도 5030 정책'도 향후 손해보험주에게 적지 않은 호재로 작용할 전망이다. '안전속도 5030 정책'은 전국 도심 일반도로의 경우 최고 제한속도를 시속 50km, 주택가 등 이면도로는 시속 30km로 제한해 중대형 교통사고를 줄이려는 것을 골자로 한다. '안전속도 5030 정책'은 시행하자마자 효과가 나타났다. 시행 한 달 만에 교통사고 사망자가 7.7%, 전치 3주 이상의 중상자는 무려 45.3% 감소했기 때문이다. 이로 인해 자동차보험 위험손해율이 지난해 같은 기간에 비해 큰 폭으로 개선됐다. 손해보험 업계에서는 '안전속도 5030 정책'으로 손해보험사의 평균 자동차보험 위험손해율이 2% 가량 떨어질 것으로 보고 있는데, 일반적으로 손해율이 1% 감소하면 보험사는 600억 원 안팎의 영업이익 증가 효과를 거둘 수 있는 것으로 추산된다.

한편, 여러 호재에도 불구하고 손해보험주의 밸류에이션은 역사적 최저점을 벗어나지 못하고 있다. 증권가에서는 손해보험주 '빅 3'인 삼성화재, DB손해보험, 현대해상의 2021년 예상 PBR 평균이 0.49배까지 하락한 것으로 분석했다. 같은 기간 평균 예상 ROE는 8%를 웃돈다. 일각에서는 백신 접종으로 전 국민 집단면역이 달성되면 손해보험주에게는 악재로 작용하는 게 아니냐는 우려가 나오고 있지만, 경기회복에 따른 영업 환경 개선은 오히려 손해보험사의 실적에 유리하다는 게 업계의 해석이다.

이처럼 역사적 저평가 구간에서 손해보험주의 투자 가치를 긍정적으로 검토해 볼 필요가 있다. 외국인 투자자가 손해보험주를 적극 매수하는 데는 그만한 이유가 있는 것이다.

▶ 삼성화재 12개월 PBR 추이

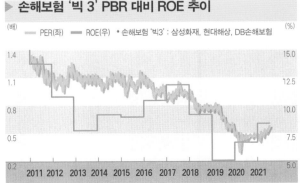

▶ 손해보험 '빅 3' PBR 대비 ROE 추이

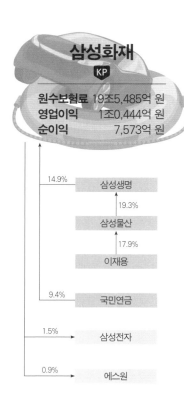

삼성화재
KP

원수보험료	19조5,485억 원
영업이익	1조0,444억 원
순이익	7,573억 원

삼성생명 ← 14.9%
삼성물산 ← 19.3%
이재용 ← 17.9%
국민연금 ← 9.4%
삼성전자 ← 1.5%
에스원 ← 0.9%

▶ 경영 실적 추이 및 전망

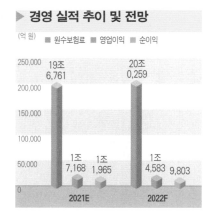

(억 원) ■ 원수보험료 ■ 영업이익 ■ 순이익

- 2021E: 19조6,761 / 1조7,168 / 1조1,965
- 2022F: 20조0,259 / 1조4,583 / 9,803

▶ 주가 추이 및 전망

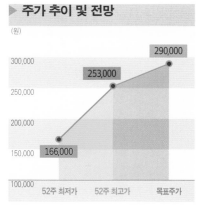

(원)

- 52주 최저가: 166,000
- 52주 최고가: 253,000
- 목표주가: 290,000

▶ 투자포인트

- 2021년 영업이익 1.7조 원(+52%), 순이익 1.2조 원(+56%) 예상.
- 코로나19 재확산에 따른 여러 호재로 손해율이 안정적인 흐름을 나타낼 것으로 전망.
- 주가는 양호한 실적에 비해 다양한 이슈에 민감하게 반응할 것으로 예상.
- 동사의 주가 변동 이슈로는, (1) 자동차 요율 조정 가능성 (2) 실손 요율 인상 여부 및 (3) IFRS17 도입 이후 수익성과 밸류에이션 변화.
- 특히 IFRS17 도입 이후 회계적인 증익 기정사실 → ROE가 두 자릿수로 상승할 경우, 꾸준한 자본적정성과 안정적인 이익 체력, 높은 배당수익률을 근거로 주가 상승 예상.
- 경영진의 주주친화정책(배당성향 50% 목표)에 변함이 없을 것으로 기대.

▶ 손해보험 시장점유율

단위: %

- 삼성화재 21.8
- 기타 24.7
- 메리츠화재 10.0
- KB손해보험 12.2
- DB손해보험 15.4
- 현대해상 15.9

▶ 투자영업이익 추이 및 전망

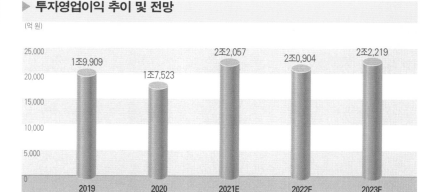

(억 원)

- 2019: 1조9,909
- 2020: 1조7,523
- 2021E: 2조2,057
- 2022F: 2조0,904
- 2023F: 2조2,219

▶ 순사업비 추이 및 전망

(억 원)

경기 회복에 따른 활발한 영업 활동 재개로 사업비 증가

- 2019: 3조8,141
- 2020: 3조8,903
- 2021E: 3조8,333
- 2022F: 3조9,288
- 2023F: 4조1,162

▶ 자동차보험 손해율 추이 및 전망

(%)

자동차보험료율 인상 효과
사회적 거리두기 강화 효과
'안전운전 5030 정책' 효과

손해율 1% 감소하면 영업이익 600억 원 증가

- 2019: 91.4
- 2020: 85.6
- 2021E: 81.3
- 2022F: 80.2
- 2023F: 81.4

현대해상
KP

원수보험료	14조4,092억 원
영업이익	4,789억 원
순이익	3,061억 원

24.9%	정몽윤
11.4%	국민연금
5.7%	Fidelity Management & Research Company LLC
5.7%	한화생명

▶ 경영 실적 추이 및 전망

(억 원) ■ 원수보험료 ■ 영업이익 ■ 순이익

15조2,289 / 15조9,811

2021E: 5,758 / 3,858
2022F: 6,059 / 3,890

▶ 손해율 추이 및 전망

(%)

2019	2020	2021E	2022F
87.3	85.6	84.1	84.3

▶ 주가 추이 및 전망

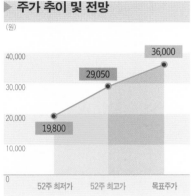

(원)

52주 최저가	52주 최고가	목표주가
19,800	29,050	36,000

▶ 투자포인트

- 2021년에는 핵심 지표인 손해율 개선으로 보험영업손실이 감소.
- 2021년 순이익은 지난해 대비 40% 이상 증가 전망 → ROE가 8.5%인데 반해 PBR은 0.36배에 머물고 있는 바, 지나친 저평가 구간에 있는 것으로 판단됨.
- 2020년 4분기에 보장성 인보험 신계약 매출 증가에 따른 영업비용 증가와 부동산 투자자산 평가손실 등으로 86억 원의 순손실을 기록하며 부진한 실적을 기록한 것에 대한 기저효과로 2021년 이익 증가율이 손해보험 경쟁사 대비 가장 높을 것으로 평가.
- 원수보험료가 증가하는 추세에 따라 사업비율 상승 부담 완화 → 특히 최근 신계약이 동사를 비롯한 2위권 손해보험사에 몰리고 있어 사업비율이 20%대 미만으로 하락할 것으로 예상됨.

DB손해보험
KP

원수보험료	14조0,700억 원
영업이익	6,830억 원
순이익	5,021억 원

10.6%	김남호
7.0%	김준기
5.8%	DB김준기문화재단
10.4%	국민연금
8.4%	Fidelity Management & Research Company LLC

▶ 경영 실적 추이 및 전망

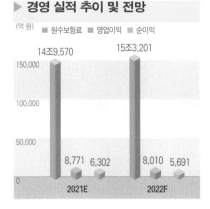

(억 원) ■ 원수보험료 ■ 영업이익 ■ 순이익

14조9,570 / 15조3,201

2021E: 8,771 / 6,302
2022F: 8,010 / 5,691

▶ 손해율 추이 및 전망

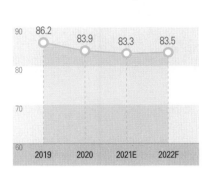

(%)

2019	2020	2021E	2022F
86.2	83.9	83.3	83.5

▶ 주가 추이 및 전망

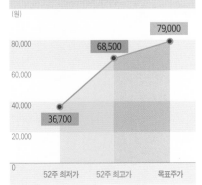

(원)

52주 최저가	52주 최고가	목표주가
36,700	68,500	79,000

▶ 투자포인트

- 2021년에 양호한 사업비 관리 및 코로나19 반사이익 지속에 따른 손해율 개선 효과가 이익에 반영.
- 2021년 5월경에 발생한 쿠팡 창고 화재에도 불구하고 해당 분기 손해율이 59.6%로 매우 안정적으로 선방 → 동사의 강점인 손해율 및 사업비 관리능력 돋보임.
- 우량 담보물건 확보로 인해 일반 원수보험료가 전년 대비 17.9% 상승.
- 자동차보험의 경우, 정부 정책 개선 및 코로나19 반사이익으로 손해율이 76.2%(-5.7%p yoy)로 개선되었는데, 이는 최근 수년간 가장 낮은 분기 손해율에 해당.
- 보장성보험의 경우 신계약 실적(383억 원, +19.9% yoy)이 크게 상승해 사업비율이 19.6%(-0.9%p yoy)로 2019년 이후 가장 낮은 수준 기록.

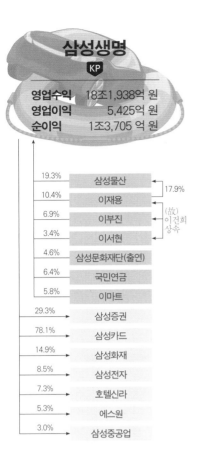

삼성생명
KP

영업수익	18조1,938억 원
영업이익	5,425억 원
순이익	1조3,705 억 원

- 19.3% 삼성물산
- 10.4% 이재용 ← 17.9%
- 6.9% 이부진
- 3.4% 이서현
  (故)이건희 상속
- 4.6% 삼성문화재단(출연)
- 6.4% 국민연금
- 5.8% 이마트

- 29.3% 삼성증권
- 78.1% 삼성카드
- 14.9% 삼성화재
- 8.5% 삼성전자
- 7.3% 호텔신라
- 5.3% 에스원
- 3.0% 삼성중공업

▶ 경영 실적 추이 및 전망

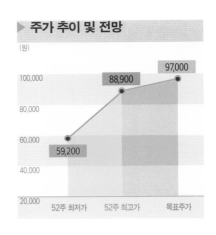

(억 원) ■ 영업수익 ■ 영업이익 ■ 순이익

2021E: 19조4,040 / 1조1,990 / 1조6,771
2022F: 21조3,860 / 7,361 / 1조2,580

▶ 주가 추이 및 전망

(원)

- 52주 최저가: 59,200
- 52주 최고가: 88,900
- 목표주가: 97,000

▶ 투자포인트

- 삼성의 금융 계열사(삼성화재, 삼성증권, 삼성카드, 삼성자산운용 등) 및 삼성전자와 호텔신라의 최대주주 회사.
- 2021년에 손해율 상승이 지속된 반면 신계약 매출을 비롯한 신계약 마진 및 가치역시 각각 53%, 4,000억 원대로 꾸준히 개선.
- 계열사 이익 증가에 따른 이차익 개선 추세가 주가에 긍정적으로 작용할 전망.
- IFRS17 도입으로 LAT 잉여액(2020년 말 기준 17조 원)으로 고정형 부채의 준비금 부족액을 상계처리 → 이 과정에서 부채 시가평가에 따른 자본에 대한 영향은 제한적일 것으로 예상 → 삼성전자 특별배당을 제외한 경상이익은 늘어날 것으로 전망됨.
- 고정형 준비금 손실을 변동형 준비금 이익으로 상계함에 따라 그동안 고질적인 디스카운트 요인이었던 고금리 확정형 부채로부터 파생되는 이차역마진 해소.

▶ 생명보험 시장점유율

단위: %

- 삼성생명 22.2
- 기타 32.8
- 한화생명 12.4
- 교보생명 11.9
- 미래에셋생명 5.8
- NH농협생명 5.6
- 동양생명 4.8
- 신한생명 4.8

▶ 투자영업이익 추이 및 전망

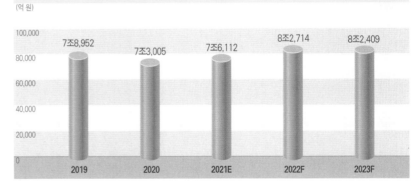

(억 원)

- 2019: 7조8,952
- 2020: 7조3,005
- 2021E: 7조6,112
- 2022F: 8조2,714
- 2023F: 8조2,409

▶ 현금DPS 추이 및 전망 [( )안은 배당수익률(%)]

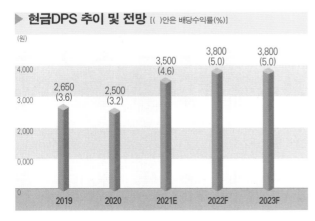

(원)

- 2019: 2,650 (3.6)
- 2020: 2,500 (3.2)
- 2021E: 3,500 (4.6)
- 2022F: 3,800 (5.0)
- 2023F: 3,800 (5.0)

▶ 위험손해율 추이 및 전망

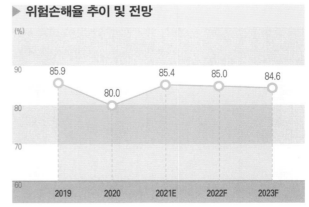

(%)

- 2019: 85.9
- 2020: 80.0
- 2021E: 85.4
- 2022F: 85.0
- 2023F: 84.6

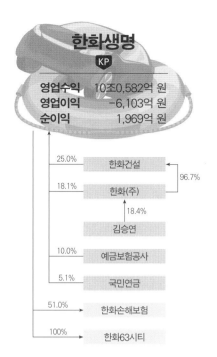

한화생명
KP

영업수익	10조0,582억 원
영업이익	−6,103억 원
순이익	1,969억 원

- 25.0% → 한화건설
- 18.1% → 한화(주) ← 96.7%
- 18.4% → 김승연
- 10.0% → 예금보험공사
- 5.1% → 국민연금
- 51.0% → 한화손해보험
- 100% → 한화63시티

▶ 경영 실적 추이 및 전망

(억 원) ■ 영업수익 ■ 영업이익 ■ 순이익

2021E: 9조4,487 / −4,322 / 3,826
2022F: 9조2,688 / −5,553 / 3,680

▶ PER 추이 및 전망

(배)

- 2019: 38.8
- 2020: 14.4
- 2021E: 7.1
- 2022F: 8.5

저평가 매력 주목

▶ 투자포인트

- 2021년과 2022년에 영업수익이 계속해서 하락할 것으로 예상됨에 따라 영업 흑자 전환에 좀 더 시간이 필요한 상황.
- 현재 보유 중인 케이뱅크(투자 규모 650억 원) 및 페이코(645억 원) 등의 지분가치가 부각될 경우 동사의 기업가치 재평가 받을 것으로 기대.
- 영업이익이 적자에서 벗어나지 못하는 이유는 사고보험금 증가로 인해 보험영업이익이 줄었고, 지난해 변액보증준비금 환입액 감소에 따른 기저효과 때문.
- 신계약비차 개선에 따른 비차익 증가, 준비금 환입에 의한 이차익 개선 등으로 2021년 당기순이익이 119%(yoy) 증가할 전망.
- 동사의 2021년 말 예상 PER은 7.1배로 매우 저평가된 상태 → 향후 실적 개선이 가시화될 경우 주가 상승 폭이 매우 클 것으로 예상.

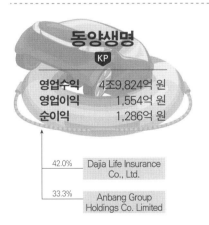

동양생명
KP

영업수익	4조9,824억 원
영업이익	1,554억 원
순이익	1,286억 원

- 42.0% → Dajia Life Insurance Co., Ltd.
- 33.3% → Anbang Group Holdings Co. Limited

▶ 경영 실적 추이 및 전망

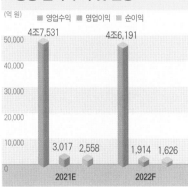

(억 원) ■ 영업수익 ■ 영업이익 ■ 순이익

2021E: 4조7,531 / 3,017 / 2,558
2022F: 4조6,191 / 1,914 / 1,626

▶ 생명보험사 배당수익률 비교

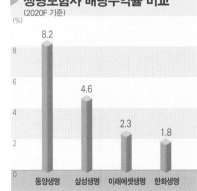

(%) (2020F 기준)

- 동양생명: 8.2
- 삼성생명: 4.6
- 미래에셋생명: 2.3
- 한화생명: 1.8

▶ 주가 추이 및 전망

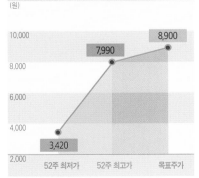

(원)

- 52주 최저가: 3,420
- 52주 최고가: 7,990
- 목표주가: 8,900

▶ 투자포인트

- 경쟁사 대비 취약한 영업력으로 인해 2021년에 이어 2022년에도 영업수익이 반등하지 못하고 감소할 것으로 예상.
- 동사는 영업수익이 감소한 반면, 2021년 영업이익과 순이익은 반등이 예상됨 → 실제로 2021년 2분기에 별도기준 영업수익이 전년 동기 대비 2.2% 감소한 1조 3,795억 원을 기록했지만, 같은 기간 영업이익은 전년 동기 대비 무려 88% 이상 반등해 시장 전망치를 상회하는 실적 기록.
- 다만 생명보험 업계 전반에 퍼져 있는 외부적 악재들로 인해 동사의 이익 증가 추세가 2022년까지 이어지기는 어려운 상황.
- 실적 회복에 어려움을 겪고 있음에도 불구하고 증권가에서 동사를 주목하는 이유는 생명보험 업계에서 가장 높은 배당수익률(8.2%)을 기록하고 있기 때문임 → 동사 경영진의 전통적인 주주친화정책 주목.

자동차, 운송

📊 글로벌 자동차 업황, 2022년 코로나19 쇼크 회복, 2023년 고공행진 📊

▶ 글로벌 자동차 수요 추이 및 전망

(만 대) ■ 글로벌 수요(좌) ○ 증가율(우) (%, yoy)

2016	2017	2018	2019	2020	2021E	2022F	2023F
9,304	9,519	9,433	9,019	7,777	8,071	8,529	9,374
4.4	2.3	-0.9	-4.4	-13.8	3.8	5.7	9.9

- 2021년 반도체 수급 차질에 따른 불안한 공급망으로 제한적 성장.
- 2022년 공급 부족에 따른 높은 기대 수요로 상승세 지속 → 코로나19 장기화와 금리 인상은 체크해둬야 할 위협 요소.
- 2023년 공급 부족 해소 및 코로나19가 완화될 경우 글로벌 자동차 수요가 9.9% 증가한 9,374만 대 전망.

▶ 전 세계 지역별 자동차 업황 분석

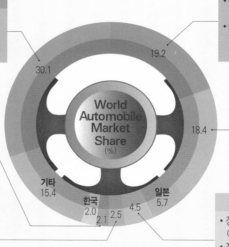

World Automobile Market Share (%)

- 중국 30.1
- 유럽 19.2
- 미국 18.4
- 기타 15.4
- 일본 5.7
- 인도 2.5
- 한국 2.0
- 2.1

중국(2,571만 대, +4.5%)
- 반도체 부족이 길게는 2023년 초까지 이어지고, 2023년 이후에 억제된 수요 해소 전망.
- 중국 내에서 비교적 높은 가격에 신차가 거래되고 있어 대기 수요는 꾸준히 증가.

러시아(180만 대, +7.1%):
- 신차 가격이 꾸준히 오르고 있음에도 불구하고 대기 수요 여전히 증가 추세.
- 공급 부족 문제 해소될 경우 신차 판매 크게 늘 것으로 예상.

브라질(209만 대, +7.2%)
- 민간 부채 증가와 정치적 불안으로 경기 회복세 둔화 → 2022년 2분기 이후 자동차 업황의 완만한 회복세가 예상되지만, 코로나19 이전 수준으로 돌아가기까지는 다소 시간이 걸릴 전망.

유럽(1,636만 대, +9.3%)
- 2022년에는 반도체 부족으로 이연된 대기 수요가 2022년 3분기부터 해소 예상.
- 독일, 영국, 프랑스 등 주요국 정부마다 친환경차 지원과 인프라 확대로 전기차 시장 높은 성장.

미국(1,570만 대, +4.8%)
- 반도체 부족에 따른 생산 중단과 재고 감소, 항만 정체 문제가 2022년 2분기 이후 해소.
- 미국 내 전기차 생산설비 시설 급증 추세 → 전기차의 장기적인 성장 모멘텀 구축.

인도(387만 대, +14.3%)
- 정부의 인프라 투자 확대와 고용, 수출 회복에 따른 경제 성장세가 신차 판매 촉진.
- 전기차 등 친환경차보다는 당분간 SUV 신차를 중심으로 수요 증가.

▶ 글로벌 자동차 시장 '빅 3' 블록, 판매 추이 및 전망

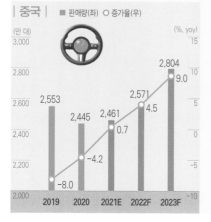

중국	■ 판매량(좌) ○ 증가율(우)

	2019	2020	2021E	2022F	2023F
(만 대)	2,553	2,445	2,461	2,571	2,804
(%, yoy)	-8.0	-4.2	0.7	4.5	9.0

유럽	■ 판매량(좌) ○ 증가율(우)

	2019	2020	2021E	2022F	2023F
(만 대)	1,799	1,374	1,497	1,636	1,678
(%, yoy)	1.3	-23.6	8.9	9.3	2.6

미국	■ 판매량(좌) ○ 증가율(우)

	2019	2020	2021E	2022F	2023F
(만 대)	1,697	1,450	1,498	1,570	1,579
(%, yoy)	-1.5	-14.6	3.3	4.8	6.9

📊 국내 자동차 업황, 2022년까지 주춤, 2023년 회복 📊

▶ 국내 자동차 수요 추이 및 전망

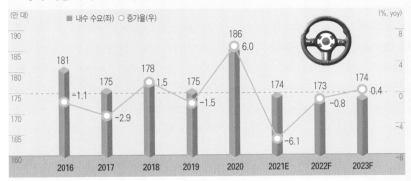

■ 내수 수요(좌) ○ 증가율(우)

(만 대) / (%, yoy)

연도	내수 수요	증가율
2016	181	-1.1
2017	175	-2.9
2018	178	1.5
2019	175	-1.5
2020	186	6.0
2021E	174	-6.1
2022F	173	-0.8
2023F	174	0.4

- 2022년 국내 자동차 수요 173만 대 (-0.8%, yoy)로 2021년에 이어 2년 연속 역성장.
- 개별소비세 인하 효과 종료와 신차 출시 효과 피로도 상승이 원인.
- 경기회복에 따른 금리 인상 효과 및 수출 물량 증가로 내수 판매 상대적 둔화.
- 현대차와 기아차의 주요 신차 국내 출시 및 코로나19 진정세가 기대되는 2023년 반등 예상.

▶ 글로벌 자동차 시장점유율 '톱 10'

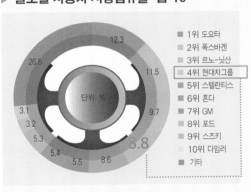

단위: %

- ■ 1위 도요타 — 12.3
- ■ 2위 폭스바겐 — 11.5
- ■ 3위 르노-닛산 — 9.7
- ■ 4위 현대차그룹 — 8.8
- ■ 5위 스텔란티스 — 8.6
- ■ 6위 혼다 — 5.5
- ■ 7위 GM — 5.4
- ■ 8위 포드 — 5.3
- ■ 9위 스즈키 — 3.2
- ■ 10위 다임러 — 3.1
- ■ 기타 — 26.5

▶ 2022년 글로벌 자동차 메이커 '빅 6' 생산량

( )안은 전년 대비 증감율(%)

(만 대)

메이커	생산량(증감율)
도요타	1,050(5.6)
폭스바겐	976(18.8)
르노-닛산	826(21.1)
현대차그룹	747(11.0)
스텔란티스	731(9.4)
혼다	469(14.7)

> 2022년 4위에서 2022년 5위로 순위 하락 예상

▶ 글로벌 자동차 메이커 '빅 6' 생산량 추이 및 전망

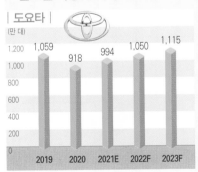

도요타	(만 대)
2019	1,059
2020	918
2021E	994
2022F	1,050
2023F	1,115

폭스바겐	(만 대)
2019	1,064
2020	873
2021E	822
2022F	976
2023F	1,054

르노-닛산	(만 대)
2019	967
2020	700
2021E	728
2022F	826
2023F	910

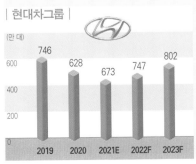

현대차그룹	(만 대)
2019	746
2020	628
2021E	673
2022F	747
2023F	802

스텔란티스	(만 대)
2019	790
2020	618
2021E	668
2022F	731
2023F	860

혼다	(만 대)
2019	516
2020	439
2021E	409
2022F	469
2023F	504

📈 전기차(BEV), 2025년 기준 전 세계 1,200만 대 이상 판매 예상 📉

▶ 글로벌 전기차 판매 및 시장침투율 전망 ( )안은 전년 대비 증감률(%)

(천 대)
■ 전 세계 판매량(좌) ○ 시장침투율(우)

- 2020: 2,026 (32.0), 2.8
- 2021E: 3,141 (55.0), 4.1
- 2022F: 4,743 (51.0), 6.1
- 2023F: 6,592 (39.0), 8.4
- 2024F: 9,032 (37.0), 11.4
- 2025F: 12,283 (36.0), 15.3

• 2025년 기준 전 세계 전기차 판매량은 1,228.3만 대 예상 (시장침투율 15.3%).
• 같은 기간 중국이 478만 대로 세계 최대 시장 형성, 유럽은 386만 대 예상.
• 같은 기간 미국의 경우, 바이든정부의 그린정책에 따라 기존 추정치보다 상향된 221.8만 대 예상.
• 같은 기간 현대차그룹의 전기차 예상 판매대수는 135만 대 추산 (시장점유율 11%).

▶ 전 세계 전기차 주요 블록 및 국내 판매 전망

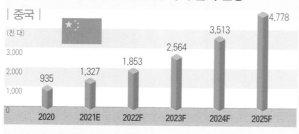

| 중국 | (천 대) |
- 2020: 935
- 2021E: 1,327
- 2022F: 1,853
- 2023F: 2,564
- 2024F: 3,513
- 2025F: 4,778

| 유럽 | (천 대) |
- 2020: 661
- 2021E: 1,038
- 2022F: 1,609
- 2023F: 2,252
- 2024F: 3,085
- 2025F: 3,856

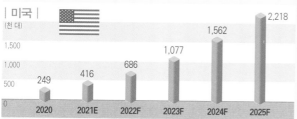

| 미국 | (천 대) |
- 2020: 249
- 2021E: 416
- 2022F: 686
- 2023F: 1,077
- 2024F: 1,562
- 2025F: 2,218

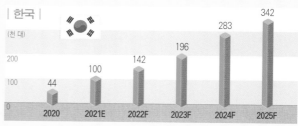

| 한국 | (천 대) |
- 2020: 44
- 2021E: 100
- 2022F: 142
- 2023F: 196
- 2024F: 283
- 2025F: 342

▶ 글로벌 전기차 메이커 글로벌 '톱 10' (2020년 기준)

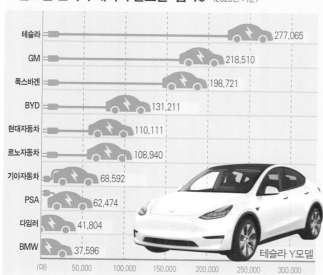

- 테슬라: 277,065
- GM: 218,510
- 폭스바겐: 198,721
- BYD: 131,211
- 현대자동차: 110,111
- 르노자동차: 108,940
- 기아자동차: 68,592
- PSA: 62,474
- 다임러: 41,804
- BMW: 37,596

(대)

테슬라 Y모델

▶ 현대자동차 전기차 판매 전망

(천 대)
- 2020: 110
- 2021E: 192
- 2022F: 252
- 2023F: 340
- 2024F: 470
- 2025F: 630

현대 아이오닉6

▶ 기아자동차 전기차 판매 전망

(천 대)
- 2020: 68
- 2021E: 104
- 2022F: 160
- 2023F: 310
- 2024F: 480
- 2025F: 590

기아 EV6

한발 앞 선 투자, 포스트-전기차 : 전 세계 수소차 시장, 현대차그룹이 주도

▶ 글로벌 수소차 vs. 한국 수소차 판매 및 비중 전망

(천 대) ■ 한국(좌) ■ 전체(좌) ○ 한국 비중(우) (%)

> 수소차 판매가 절정에 이르는 2030년에도
> 한국 수소차 판매 비중은 전 세계 20% 이상 차지
> → 수소차는 현대차그룹의 미래성장동력

연도	한국	전체	한국 비중
2020	9.4	5.7	61
2021E		10.0	50
2022F		17.0	49
2023F		25.0	50
2024F		55.0	44
2025F		70.0	36
2026F		90.0	33
2027F		120.0	31
2028F		140.0	28
2029F		160.0	24
2030F		866.0 / 180.0	21

▶ 현대차그룹 미래성장동력 투자 규모 및 계획 → 수소 사업에 4.1조 원 투자

(조 원) ■ R&D 투자 ■ CAPEX ■ 전략 투자

연도	R&D 투자	CAPEX	전략 투자	합계
2018	2.7	3.3		6.1
2019	2.8	3.9	0.9	7.6
2020	3.0	4.7	1.0	8.7
2021E	3.5	4.5	0.9	8.9
2022F	3.7	4.4	1.8	9.9
2023F	3.8	4.6	2.0	10.4
2024F	4.1	4.7	2.3	11.1
2025F	4.2	4.7	2.2	11.1

기존 사업 경쟁력 강화	36.6조 원
R&D : 신차 개발, 연비 규제	24.7조 원
CAPEX : 신증설, 고객거점	11.9조 원

미래 사업 역량 확보	23.5조 원
전동화	10.8조 원
수소 사업	4.1조 원
자율주행	1.6조 원
모빌리티 서비스/플랫폼	1.2조 원
커넥티비티	1.0조 원
UAM/로보틱스/AI	1.8조 원

▶ 수소차 핵심 투자처 분석 : 수소차 밸류체인

수소차 인프라
- **이엠코리아, 엔케이**: 수소충전소
- **현대제철**: 부생수소

전장부품
- **SNT모티브, LG전자**: 구동모터
- **현대모비스**: 전장/구동부품모듈
- **삼화전자**: 전력변환모듈
- **뉴로스**: 공기압축기
- **뉴인텍, 삼화전기**: 콘덴서

수소저장장치
- **일진하이솔루스**: 고압수소연료탱크
- **EG**: 고체저장장치
- **유니크**: 수소제어밸브
- **세종공업**: 수소센서, 수소제어밸브
- **효성첨단소재**: 탄소섬유

연료전지스택
- **현대모비스**: 연료전지모듈
- **현대제철**: 분리판
- **상아프론테크**: 분리막
- **동아화성**: 가스켓
- **비나텍**: MEA

운전장치
- **한온시스템**: 수소차 공조/열관리 시스템 모듈
- **우리산업**: PTC히터, COD 히터
- **지엠비코리아, 대우부품**: 전동식 워터펌프

자동차, 전기차, 수소차

자동차 업종의 미래 투자처, 전기차일까, 수소차일까?

자동차 공급 부족은 2022년에 해소될까?

자동차 업황에서 가장 중요한 투자포인트는 공급량 부족 문제다. 코로나19 여파로 불거진 차량용 반도체 수급 불안이 해소되지 않는 한 자동차 생산 차질은 전 세계에 걸쳐 계속 이어질 수밖에 없다. 다행히 업계에서는 2022년 3분기를 기점으로 자동차 공급난이 어느 정도 풀릴 것으로 보고 있다. 다만, 글로벌 자동차 수요가 코로나19가 터지기 직전(2019년) 수준인 연간 9,000만 대까지 회복하려면 2023년은 되어야 가능할 전망이다. 물론 이러한 회복세 역시 코로나19가 현저하게 완화되고 인플레이션 같은 금융 악재가 발생하지 않는다는 전제에서다.

2022년 자동차 업황을 글로벌 주요 완성차 업체들의 생산량을 중심으로 살펴보면, 르노-닛산이 가장 돋보인다. 르노-닛산은 2022년 기준 전년 대비 21.6% 증가한 885만 대를 생산할 것으로 추산된다. 르노-닛산의 성장세는 사업을 잘한 결과라기보다는 지난 2년 연속 부진했던 생산실적에 대한 기저효과라고 해야 할 것이다. 폭스바겐도 마찬가지다. 2022년 생산실적이 전년 대비 18.8% 증가한 976만 대에 이를 전망인데, 르노-닛산처럼 지난 2년 동안 생산실적이 좋지 못했던 것에 대한 반사작용이다.

반면 현대차그룹(현대자동차+기아자동차)의 성장세는 다르다. 현대차그룹은 2022년 생산실적이 전년 대비 11.0% 증가한 747만 대에 이를 것으로 추산된다. 성장률은 경쟁사인 르노-닛산이나 폭스바겐에 비하면 조금 떨어지지만, 역성장에 따른 기저효과가 아니라는 게 업계의 지배적인 평가다. 현대차그룹이 2~3년 전부터 출시해온 신차 모델에 대한 대기수요가 경쟁사에 비해 탄탄하게 유지되어온 결과라는 것

이다. 현대차그룹의 글로벌 시장점유율 상승세도 눈여겨 볼 대목이다. 업계에서는 현대차그룹이 2021년에 신성 스텔란티스에 밀려 시장점유율 5위로 한 계단 내려갔다가 2022년에 다시 4위 자리로 복귀할 것으로 보고 있다. 스텔란티스는 2021년 1월에 PSA와 FCA(피아트 크라이슬러 오토모빌스)가 합병을 통해 설립한 다국적 완성차 회사다(합병 비율 50 : 50). 다만, 현대차그룹의 상승세는 2022년에 다시 한 번 꺾일 가능성이 높다. 2022년에 출시가 예정된 현대차그룹의 신차 중에서 '월드 클래스'라 할 만한 게 없어 보이기 때문이다. 업계에서는 현대차그룹의 벨류에이션이 신차 출시보다는 차세대 사업 모델인 수소차 개발 이슈에 좌우될 것으로 보고 있다.

수소차로의 패러다임 전환이
선택이 아닌 필수가 된 이유

투자적 관점에서 현대차그룹의 미래 벨류에이션은 자연스럽게 수소차로 모아진다. 2020년 기준 전 세계 수소차 판매 9,416대 가운데 5,786대가 한국에서 팔렸는데, 거의 대부분이 현대자동차에서 출시한 모델이다. 한국의 글로벌 수소차 시장 비중은 2022년 기준 49%에 이를 것으로 예상된다. 한국의 시장 비중은 2025년 30%대에서 2030년 20%대로 시간이 흐를수록 낮아지겠지만, 글로벌 시장이 빠르게 성장함에 따라 2030년에 국내에서 판매되는 수소차가 무려 18만 대를 웃돌 것으로 예상된다.

한국은 정부 차원의 강력한 수소차 지원정책을 바탕으로 글로벌 수소차 초기 성장국면을 이끌고 있다. 정부가 발표한 수소 육성 로드맵에 따르면, 2040년까지 국내에서 290만 대의 수소차를 판매하고, 1,200개

의 수소충전소를 확보할 계획이다.

정부가 수소차 지원에 발 벗고 나선 이유는 국내 자동차 산업의 고용 인력 유지 때문이다. 국내에는 자동차와 관련한 직접적인 제조 인력만 30만 명에 달한다. 주유소 1.2만 개, 카센터 3만 개 등 후방산업까지 포함하면 약 45만 명이 자동차, 좀 더 정확하게 말하자면 화석연료차 산업에 고용되어 있다. 따라서 탄소배출 중립을 위해 모든 화석연료차를 전기차로 전환할 경우 정부가 감당할 수 없는 고용 대란이 우려된다. 전기차는 화석연료차에 비해 고용인력이 최대 40%까지 줄어들기 때문이다.

이런 문제는 우리나라에 국한하지 않는다. 화석연료차를 전기차로 교체하려는 전 세계 모든 나라에서 발생할 수 있다. 그런데 수소차 산업은 고용인력 계수가 화석연료차와 유사하다. 수소에너지까지 확장할 경우 오히려 고용 창출 효과가 탁월하게 나타난다. 우리 정부가 발 빠르게 수소차 산업에 뛰어든 것은 바로 이러한 이유 때문이다.

수소차 vs. 전기차, 1라운드는 대형 트럭과 버스 시장
현대자동차는 연간 기준 2022년 4만 대, 2025년 13만 대, 2030년 50만 대의 수소차 생산 체제를 구축할 계획이다. 수소차 사업의 성과는 대형 버스와 트럭 등 상용차에서 먼저 일어날 전망이다. 수소차는 빠른 충전 속도와 긴 주행거리라는 장점이 있는 반면, 초기 충전 인프라 구축에 적지 않은 비용이 소요된다. 하지만 버스와 트럭 같은 상용차는 정해진 경로로 이동하기 때문에 적은 수의 충전소만으로도 운용이 가능할 수 있다.

한편, 수소차 시장이 성장하기 위해서는 전기차와의 격돌을 피할 수 없다. 수소차와 전기차는 우선 상용차 시장에서 불붙을 것으로 보

인다. 현재 다수의 글로벌 상용차 업체들이 수소상용차와 전기상용차를 경쟁적으로 출시하고 있다. 현대자동차는 '엑시언트 FCEV'를 출시해 유럽 시장에 공급하기 시작한 반면, 다임러와 테슬라는 전기상용차의 상업생산에 들어갔다.

미국 대형 트럭 시장 1위 업체인 다임러가 공개한 'e-캐스캐디아'와 현대자동차의 '엑시언트 FCEV'를 비교해 보면, 충전 시간은 '엑시언트 FCEV'가 압도적으로 짧다. 'e-캐스캐디아'는 475kWh의 배터리 용량으로 80%를 충전하는데 90분이 걸리지만, '엑시언트 FCEV'는 같은 조건에서 평균 15분이 소요된다. 최대 적재 하중도 수소차가 전기차를 앞선다. 미국 대형 트럭의 최대 적재 하중은 36톤이다. '엑시언트 FCEV'의 공차 중량은 9.8톤으로 동급 디젤 트럭과 큰 차이가 없다. 하지만 'e-캐스캐디아'는 배터리 무게만 2.5톤이라 짐을 싣는데 불리할 수밖에 없다.

하지만 수소 트럭은 초기 구입 및 연료 값이 비싸다. '엑시언트 FCEV'의 예상가격이 7억 원대 인데 비해 'e-캐스캐디아'의 예상가격은 최대 3억 원까지 떨어진다. 수소 연료 가격도 전기 충전 비용에 비해 3배 이상 비싸다. 결국 관건은 수소상용차(수소 연료) 비용을 떨어트릴 수 있는 기술 개발에 달렸다. 앞에서 언급한 고용 창출 효과 등을 감안한다면, 각국 정부는 전기차보다는 수소차에 좀 더 호의적일 가능성이 높다. 수소차가 자동차 역사의 진정한 게임체인저가 될 것인지, 아니면 전기차에 밀려 사라지고 말 것인지는 상용차 시장에서 가려질 전망이다. 투자적 관점에서 수소상용차 업황을 예의주시해야 하는 이유다.

현대자동차 수소트럭 '엑시언트 FCEV'   다임러 전기트럭 'e-캐스캐디아'

현대자동차
KP

매출액	103조9,976억 원
영업이익	2조3,947억 원
순이익	1조9,246억 원

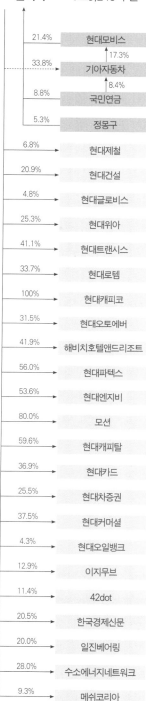

지분율	회사
21.4%	현대모비스
17.3%	기아자동차
33.8%	기아자동차
8.4%	국민연금
8.8%	국민연금
5.3%	정몽구
6.8%	현대제철
20.9%	현대건설
4.8%	현대글로비스
25.3%	현대위아
41.1%	현대트랜시스
33.7%	현대로템
100%	현대캐피코
31.5%	현대오토에버
41.9%	해비치호텔앤드리조트
56.0%	현대파텍스
53.6%	현대엔지비
80.0%	모션
59.6%	현대캐피탈
36.9%	현대카드
25.5%	현대차증권
37.5%	현대커머셜
4.3%	현대오일뱅크
12.9%	이지무브
11.4%	42dot
20.5%	한국경제신문
20.0%	일진베어링
28.0%	수소에너지네트워크
9.3%	메쉬코리아

▶ **경영 실적 추이 및 전망**

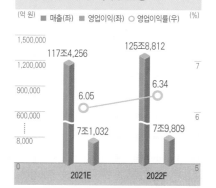

▶ **주가 추이 및 전망**

▶ **투자포인트**

- 동사는 2022년 영업이익이 7조 원대(영업이익률 6%대)로 뚜렷한 상승세에 접어들 것으로 예상.
- 동사의 신규 모빌리티 사업부문은 대부분 2023~2024년에 수익화 구간에 접어들 것으로 예상 → 해당 사업의 2022년 진행 상황은 동사의 주가에 있어서 핵심 변곡점으로 작용.
- 동사의 해외 전기차 생산거점 확보가 주가 상승의 강력한 모멘텀으로 작용 → 가장 주목을 끄는 해외 생산거점인 미국 알라바마 공장을 활용해 현지 전기차 수요에 대응.
- 반도체 공급 부족에 따른 생산 차질 위기는 최악의 국면 지남 → 동사의 양호한 현금흐름을 감안하건대 배당수익률 상승 기대.

▶ **자동차 판매대수 추이 및 전망**

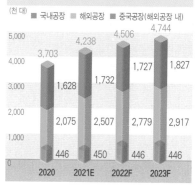

▶ **당기순이익 추이 및 전망**

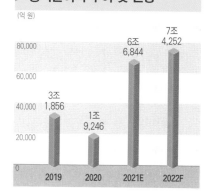

▶ **영업활동 현금흐름 추이 및 전망**

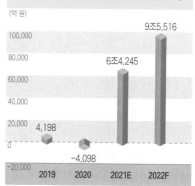

▶ **ROE 추이 및 전망**

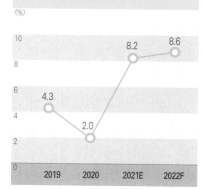

기아자동차
KP

매출액	59조1,681억 원
영업이익	2조0,665억 원
순이익	1조4,876억 원

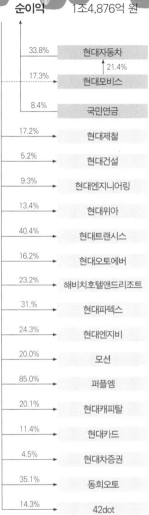

33.8%	현대자동차	
17.3%	현대모비스	↑ 21.4%
8.4%	국민연금	
17.2%	현대제철	
5.2%	현대건설	
9.3%	현대엔지니어링	
13.4%	현대위아	
40.4%	현대트랜시스	
16.2%	현대오토에버	
23.2%	해비치호텔앤드리조트	
31.%	현대파텍스	
24.3%	현대엔지비	
20.0%	모션	
85.0%	퍼플엠	
20.1%	현대캐피탈	
11.4%	현대카드	
4.5%	현대차증권	
35.1%	동희오토	
14.3%	42dot	

▶ 경영 실적 추이 및 전망

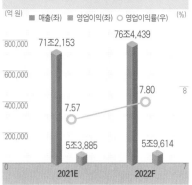

(억 원) ■ 매출(좌) ■ 영업이익(좌) ○ 영업이익률(우) (%)

- 2021E: 71조2,153 / 5조3,885 / 7.57
- 2022F: 76조4,439 / 5조9,614 / 7.80

▶ 주가 추이 및 전망

(원)
- 52주 최저가: 59,500
- 52주 최고가: 102,000
- 목표주가: 120,000

▶ 투자포인트

- 동사는 2021년에 이어 2022년에도 7%대의 높은 영업이익률 예상.
- 해외 영업에서 미국 및 인도 법인을 통해 마진 개선 폭이 증가하고 있으며, ASP도 상승세 지속.
- 동사의 전기차 'EV6' 모델은 국내와 유럽에서 호실적을 거둔 것으로 평가되지만, 향후 미국과 중국 시장에서 괄목할 만한 성과를 내기에는 전기차 라인업이 부족한 상황 → 미국의 경우 2022~2023년 전기차 시장의 최대 성장 시장으로 예상됨에 따라 북미 지역 영업을 위한 특단의 라인업 구축 시급.
- 동사는 최근 마진 폭이 크게 개선되면서 ROE가 15%대까지 급상승했으나 주가는 여전히 이를 반영하지 못하는 실정 → 2022년 이후 E-GMP의 해외 현지화 및 미국 전기차 시장 전략 등에 있어서 뚜렷한 영업 전략이 나와야만 주가 상승 기대.

▶ 자동차 판매대수 추이 및 전망

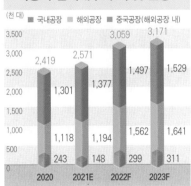

(천 대) ■ 국내공장 ■ 해외공장 ■ 중국공장(해외공장 내)

	2020	2021E	2022F	2023F
합계	2,419	2,571	3,059	3,171
해외공장	1,301	1,377	1,497	1,529
중국공장	243	148	299	311
국내공장	1,118	1,194	1,562	1,641

▶ 당기순이익 추이 및 전망

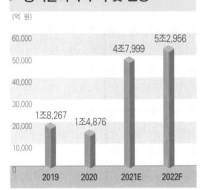

(억 원)
- 2019: 1조8,267
- 2020: 1조4,876
- 2021E: 4조7,999
- 2022F: 5조2,956

▶ 영업활동 현금흐름 추이 및 전망

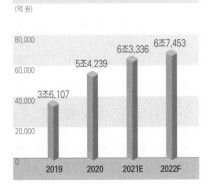

(억 원)
- 2019: 3조6,107
- 2020: 5조4,239
- 2021E: 6조3,336
- 2022F: 6조7,453

▶ 글로벌 자동차 PEER 대비 PER 비교 (2022F 기준)

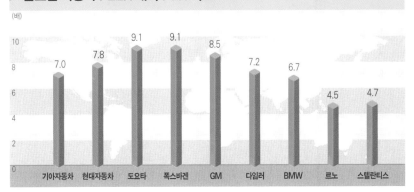

(배)

기아자동차	현대자동차	도요타	폭스바겐	GM	다임러	BMW	르노	스텔란티스
7.0	7.8	9.1	9.1	8.5	7.2	6.7	4.5	4.7

📈 2차전지의 4대 핵심 소재 중 최선호 투자처 찾기 (1) 📉

▶ 4대 핵심소재

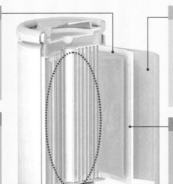

[양극재]
- 배터리의 주요 성능은 에너지밀도에 의해 결정.
- 양극재는 에너지밀도 향상에 가장 중요한 소재.
- 배터리 성능은 양극재 개발 수준이 좌우.
- 배터리 소재 원가 비중이 가장 높은 고부가가치 시장.
- 국내 핵심 기업 : LG화학, 에코프로비엠, 엘앤에프, 포스코케미칼, 코스모신소재.

[전해액]
- 양극과 음극의 리튬이온 이동 통로 제공하는 매개체.
- 전해질(45%)과 첨가제(35%)로 구성.
- 전해질 소재 중 높은 이온전도도와 안정성 갖춘 'LiPF6' 선호.
- 전기차 배터리 화재 사고 방지 위해 첨가제 역할 중요.
- 국내 핵심 기업 : 엔켐, 천보.

[음극재]
- 배터리 충전시 리튬이온을 저장하는 역할.
- 배터리 수명과 충전속도에 관여.
- 고가의 인조흑연이 장수명, 고출력에 유리.
- 차세대 소재인 실리콘음극재 성능 탁월.
- 국내 핵심 기업 : 포스코케미칼(흑연), 대주전자재료(실리콘), 나노신소재(CNT).

[분리막]
- 배터리 안전성 위한 핵심 소재.
- 양극과 음극이 만나지 않도록 가로막는 역할.
- 배터리 용량, 출력, 수명, 고속충전에 관여.
- 건식 보다는 습식 선호, 2023년 공급 부족 예상.
- 국내 핵심 기업 : SK아이이테크놀로지(SKIET).

▶ 4대 핵심 소재 원가 비중

분리막 16
음극재 14
전해액 8
기타 10
양극재 52
단위: %

▶ 4대 핵심 소재 글로벌 시장 규모 추이 및 전망

(십억 달러)
■ 양극재 ■ 분리막 ■ 음극재 ■ 전해액

양극재가 글로벌 배터리 핵심 소재 시장 성장 주도
→ 양극재 사업부문 글로벌 톱 클래스 기업이 배터리 업계 게임체인저!

▶ 4대 핵심 소재 글로벌 시장점유율 '톱 클래스'

| 양극재 | 최선호주 : 엘앤에프, 에코프로비엠

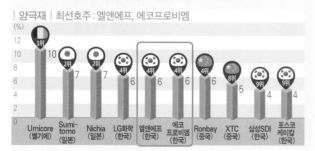

| 음극재 | 최선호주 : 포스코케미칼

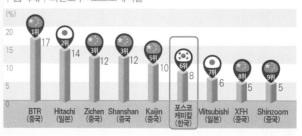

| 분리막 | 최선호주 : SK아이이테크놀로지

| 전해액 | 최선호주 : 엔켐

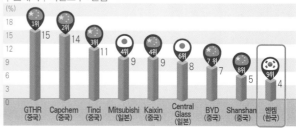

📈 2차전지의 4대 핵심 소재 중 최선호 투자처 찾기(2) 📉

▶ 전기차 성능 향상에 필수적인 국내산 고품질 소재 및 업체

요구 성능	요구 소재	해당 기업
긴 주행거리	하이니켈 양극재	에코프로비엠, 엘앤에프, 포스코케미칼
	실리콘 음극재	대주전자재료
	CNT도전재	나노신소재
	얇은 동박	SKC, 일진머티리얼즈, 솔루스첨단소재
빠른 충전속도	실리콘 음극재	대주전자재료
	CNT도전재	나노신소재
안전성	특수 전해질	천보
	습식 분리막	SK아이이테크놀로지

▶ 피터 린치의 고성장 산업 최선호주 찾기 : 2차전지 핵심 소재 업체별 PEG 분석

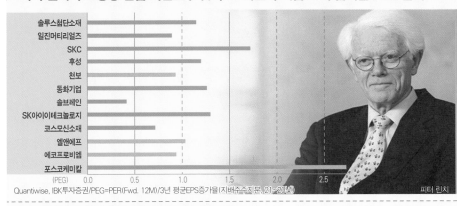

2차전지와 같은 고성장 산업군에서 최선호주를 찾기 위해서는 투자의 대가 '피터 린치'의 성장주 가치 평가 방법인 'PEG'를 주로 활용. 성장주의 이상적인 가치는 PEG 1배 기준에 수렴 → 천보, 엘앤에프, 에코프로비엠의 PEG 값이 1에 가장 가까움. PEG는 아래 수식으로 구함.

$$\frac{PER}{EPS증가율(연간)} \times 100$$

Quantiwise, IBK투자증권/PEG=PER(Fwd. 12M)/3년 평균EPS증가율(지배주주지분, 21~28년)　　　피터 린치

▶ 4대 핵심 소재 밸류체인 및 예상 CAPA

핵심 소재		주요 업체	배터리셀 고객사	예상 CAPA (단위: 톤)		
				2021E	2022F	2023F
양극재	양극활물질	에코프로비엠	삼성SDI, SK온, Murata	6만	20만	48만
		엘앤에프	LG에너지솔루션(테슬라), SK온	5만	14만	20만
		포스코케미칼	LG에너지솔루션, GM	4만	22.5만	27.5만
		코스모신소재	삼성SDI, LG에너지솔루션	2만	7만	–
		LG화학	LG에너지솔루션	8만	14만	20만
	CNT도전재	나노신소재	LG에너지솔루션, SK온, Northvolt	0.6만	–	4만
음극재	흑연 음극활물질	포스코케미칼	LG에너지솔루션, SK온, 삼성SDI	4.4만	11.5만	–
	실리콘 음극활물질	대주전자재료	LG에너지솔루션	0.1만	–	1만
	전지박	일진머티리얼즈	삼성SDI, LG에너지솔루션	4만	12만	
	CNT도전재	나노신소재	LG에너지솔루션, SK온, Northvolt	0.6만	–	–
전해액	전해액	동화일렉	삼성SDI, SK온	5.3만	9만	–
		엔켐	LG에너지솔루션, SK온, CATL	6.5만	15.5만	22.5만
	전해질	천보	삼성SDI, LG에너지솔루션, SK온, CATL, Panasonic	0.4만	0.6만	1.8만
분리막	분리막	SK아이이테크놀로지	SK온, LG에너지솔루션, 삼성SDI, Panasonic	1,370백만m²	2,167백만m²	4,000백만m²

배터리셀보다는
소재업체를 주목해야

자동차 역사를 바꾸는 게임체인저

전 세계 대부분 국가들이 늦어도 2035년까지 화석연료 자동차 판매를 금지할 것이란 발표가 잇달아 나오면서 전기차 시장이 뜨겁게 달아오르고 있다. 업계에서는 2021년 전 세계 전기차 판매량이 566만9,000대로 전년(300만5,000대) 대비 85% 늘어날 것으로 보고 있다. 아울러 2025년에는 전 세계 전기차 판매량이 약 1,900만 대에 이를 것으로 추산한다.

전기차 시장이 팽창할 수 있는 원동력은 단연 배터리라 할 수 있다. 화석연료에서 전기로 자동차의 에너지원을 바꾸기 위해서는 배터리 없이는 상상할 수 없기 때문이다. 전 세계 증시에서 전기차 못지않게 배터리 시장을 주목하는 이유다.

배터리 소재 중에서 양극재가 중요한 이유

투자적 관점에서는 배터리셀만큼 놓치지 말아야 할 분야가 배터리 소재다. 증권가에서는 배터리셀에 비해 배터리 4대 핵심 소재인 양극재, 음극재, 분리막, 전해액 생산에 탁월한 업체들의 주가 상승 폭이 클 것으로 보고 있다. 이들 핵심 소재업체들은 타이트한 수급 상황으로 원재료 가격 상승분을 제품 가격에 반영해 나가고 있다. 아울러 소품종 대량생산 체제를 갖춤으로써 '규모의 경제'를 실현해 안정적인 수익성을 기반으로 뚜렷한 실적 상승세를 이어가고 있다.

배터리 4대 핵심소재 중에서 가장 주목을 끄는 분야는 단연 양극재다. 전기차의 충전량 대비 주행거리를 늘리기 위해서는 배터리의 에너지밀도를 향상시켜야 하는데, 배터리 에너지밀도의 크기는 양극과 음극 사이 전압의 차에 의해 결정된다. 전압의 차가 벌어질수록 에너지밀도가 커지기 때문이다. 전압의 차를 벌이

려면 양극의 전압을 높이거나 음극의 전압을 낮춰야 하는데, 음극의 전압은 0~2V이기 때문에 0V 이하로 낮추기가 쉽지 않다. 반면 양극재는 최대 5V까지 높이는 게 가능하다. 따라서 에너지밀도 향상을 위해서는 양극재 역할이 중요할 수밖에 없다. 배터리 성능은 고성능 양극재 개발에 달려있다 해도 지나치지 않다. 실제로 국내 배터리 업계에서 2021년 기준 주가 상승 폭이 가장 컸던 기업은 양극재 업체들이었다.

배터리셀 업체들이 하이니켈 양극재를
선호하는 이유

양극재 시장은 투자매력이 큰 만큼 기술 개발 경쟁도 치열하다. 양극재의 차세대 기술 개발은 하이니켈 양극재와 단결정 양극재로 나뉘어 진행 중이다. 하이니켈 양극재는 이름대로 니켈 함량이 80% 이상으로, 에너지밀도가 높아 배터리 주행거리를 늘리는 데 탁월하다. 단결정 양극재는 기존 다결정 양극재의 배터리 수명 단축 문제를 해결하는 데 유용하다.

전 세계 배터리 시장은 배터리의 수명보다는 주행거리에 초점이 맞춰져 있다. 소비자들이 전기차를 구입하는 데 있어서 여전히 주저하는 이유가 짧은 주행거리에 있기 때문이다. 결국 배터리셀 업체로서는 주행거리를 늘리는 데 탁월한 하이니켈 양극재를 선호할 수밖에 없다.

하이니켈 양극재가 매력적인 또 다른 이유는 높은 에너지밀도에 비해 배터리셀 원가에 있어서 경제적 효용성이 크다는 점이다. 하이니켈 양극재는 일반 범용 양극재에 비해 20% 가량 비싼 게 사실이지만, 적은 양의 양극재 투입으로 더 많은 용량의 배터리를 제조할 수 있기 때문에 에너지 단위 GWh당 원가가 낮아져 배터리셀 업체로서는 하이니켈 양극재를 채용할수록 원가

절감 효과를 누릴 수 있다. 하이니켈 양극재 채용으로 인한 비용 상승분보다 셀 용량 상승효과가 큰 것이다.

양극재 최선호주는 어디?

양극재는 전체 배터리 소재 원가에서 차지하는 비중(52%)이 절반 이상을 차지할 정도로 큰 만큼 수많은 배터리 소재업체들이 시장에 난립해 있다. 그 가운데 국내 배터리 소재업체들은 높은 기술력과 생산능력으로 경쟁에서 우위를 점하고 있다. 글로벌 양극재 시장점유율 '톱 10' 안에 5개 업체가 국내 기업이다. 반면 글로벌 양극재 시장점유율 '톱 10' 안에 중국 기업들은 Ronbay와 XTC 단 2곳뿐이다. 중국은 가격경쟁력과 물량 공세를 바탕으로 전 세계 배터리 소재에서 높은 점유율을 차지하고 있지만, 양극재에서는 상대적으로 비중이 낮다. 배터리셀 업체들이 가격이 싼

중국산 양극재보다는 성능이 뛰어난 제품을 선호하고 있음을 방증하는 대목이다.

업계에서는 2025년 이후 전 세계 전기차 시장이 본격적인 성장궤도에 들어서게 되면, 고사양 배터리 수요가 크게 늘 것으로 전망한다. 하이니켈 양극재와 같은 고성능 소재에 강점이 있는 K-배터리 소재업체들에게는 더 없는 호재가 아닐 수 없다. 증권가에서는 글로벌 양극재 시장점유율 4위권에 올라 있는 에코프로비엠과 엘앤에프를 최선호주로 꼽고 있다. 에코프로비엠은 2020년 기준 매출액이 8,000억 원대에서 2023년 3조7,000억 원대를 웃돌 것으로 예상된다. 엘앤에프는 하이니켈 양극재 중에서도 고품질 제품에 해당하는 NCMA 양극재 생산에 독보적이다. NCMA 양극재는 세계 전기차 1위 테슬라가 가장 선호하는 배터리 소재로 꼽힌다.

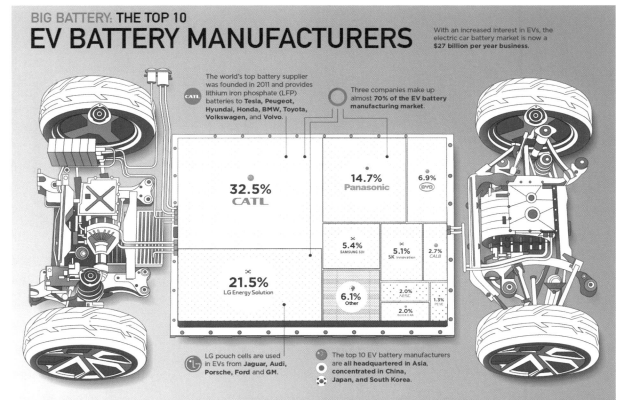

BIG BATTERY: THE TOP 10
EV BATTERY MANUFACTURERS

With an increased interest in EVs, the electric car battery market is now a **$27 billion per year business.**

CATL The world's top battery supplier was founded in 2011 and provides lithium iron phosphate (LFP) batteries to **Tesla, Peugeot, Hyundai, Honda, BMW, Toyota, Volkswagen,** and **Volvo.**

Three companies make up almost **70% of the EV battery manufacturing market.**

32.5% CATL

14.7% Panasonic

6.9% BYD

5.4% SAMSUNG SDI

5.1% SK innovation

2.7% CALB

21.5% LG Energy Solution

6.1% Other

2.0% AESC

1.3% PEVE

2.0% GUOXUAN

LG pouch cells are used in EVs from **Jaguar, Audi, Porsche, Ford** and **GM.**

The top 10 EV battery manufacturers are all **headquartered in Asia, concentrated in China, Japan, and South Korea.**

ELEMENTS
elements.visualcapitalist.com

K-배터리 3사(LG에너지솔루션, SK이노베이션, 삼성SDI)의 합산 글로벌 시장점유율은 32%에 이르며, 계속 올라가는 추세다. 국내 배터리 핵심 소재 업체들의 성장이 강하게 예상되는 이유는 K-배터리 3사가 견고한 수주처를 형성하고 있기 때문이다.

(이미지 출처 www.elements.com)

LG에너지솔루션
〔상장 예정〕

매출액	12조3,720억 원
영업이익	−1,670억 원

- LG화학 100% ── 33.3% (주)LG
- 아름누리 100%
- HL그린파워 9.3%

▶ 경영 실적 추이 및 전망

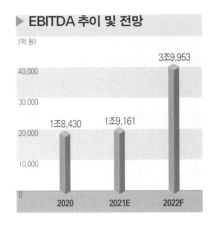

(억 원) ■ 매출(좌) ■ 영업이익(좌) ○ 영업이익률(우) (%)

- 2021E: 매출 18조2,443, 영업이익 9,091, 영업이익률 5.0
- 2022F: 매출 23조1,541, 영업이익 1조7,502, 영업이익률 7.6

▶ EBITDA 추이 및 전망

(억 원)

- 2020: 1조8,430
- 2021E: 1조9,161
- 2022F: 3조9,953

▶ LG화학 사업부문별 매출 비중

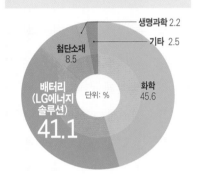

단위: %

- 배터리(LG에너지솔루션) 41.1
- 화학 45.6
- 첨단소재 8.5
- 생명과학 2.2
- 기타 2.5

▶ 투자포인트

- 동사는 LG그룹에서 전기차 배터리 사업을 주력으로 맡기 위해 LG화학에서 분할.
- 동사는 2021년에 GM자동차에 탑재된 배터리 리콜 이슈가 불거지면서 2021년 코스피 입성을 2022년으로 연기 → 2022년 기업공개 예정.
- 증권가 애널리스트들은 동사의 기업가치를 80조~100조 원으로 전망 → 2021년 3분기 기준 상장 주관사에서는 동사의 기업가치를 70조~75조 원으로 하향 조정.
- GM 전기차 화재로 인한 리콜 충당금을 재무제표에 반영 → 동사는 LG전자와 공동으로 1조4,000억 원 규모 충당금 마련해놓음.
- 동사의 2025년 예상 글로벌 전기차 배터리 생산 규모는 430Gw 이상으로 추정됨.
- 테슬라와 스텔란티스 등 글로벌 전기차 기업을 고객사로 둔 동사의 시장지배력 및 수주 모멘텀을 감안하건대 상장 이후 높은 주가 상승 예상.

▶ 전기차향 배터리 매출 추이 및 전망

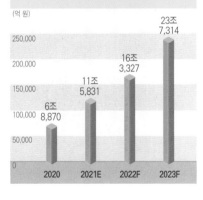

(억 원)

- 2020: 6조8,870
- 2021E: 11조5,831
- 2022F: 16조3,327
- 2023F: 23조7,314

▶ 전기차향 배터리 영업이익 추이 및 전망

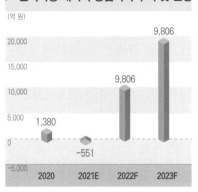

(억 원)

- 2020: 1,380
- 2021E: −551
- 2022F: 9,806
- 2023F: 9,806

▶ 소형 배터리 매출 추이 및 전망

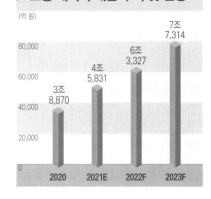

(억 원)

- 2020: 3조8,870
- 2021E: 4조5,831
- 2022F: 6조3,327
- 2023F: 7조7,314

▶ K 배터리 '빅 3' CAPA 추이 및 전망

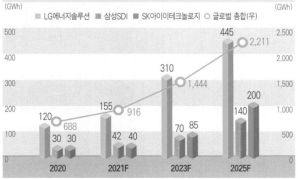

(GWh) ■ LG에너지솔루션 ■ 삼성SDI ■ SK아이이테크놀로지 ○ 글로벌 총합(우) (GWh)

- 2020: LG에너지솔루션 120, 삼성SDI 30, SK아이이테크놀로지 30, 글로벌 총합 688
- 2021F: LG에너지솔루션 155, 삼성SDI 42, SK아이이테크놀로지 40, 글로벌 총합 916
- 2023F: LG에너지솔루션 310, 삼성SDI 70, SK아이이테크놀로지 85, 글로벌 총합 1,444
- 2025F: LG에너지솔루션 445, 삼성SDI 140, SK아이이테크놀로지 200, 글로벌 총합 2,211

▶ K 배터리 '빅 3' 시장점유율 추이 및 전망

(%) ■ LG에너지솔루션 ■ 삼성SDI ■ SK아이이테크놀로지

- 2020: LG에너지솔루션 17, 삼성SDI 4, SK아이이테크놀로지 4
- 2021E: LG에너지솔루션 21, 삼성SDI 5, SK아이이테크놀로지 5
- 2023F: LG에너지솔루션 21, 삼성SDI 5, SK아이이테크놀로지 6
- 2025F: LG에너지솔루션 20, 삼성SDI 6, SK아이이테크놀로지 9

SK 아이이테크놀로지
KP

매출액	4,693억 원
영업이익	1,252억 원
순이익	882억 원

- 61.2% SK이노베이션
- 33.4% (주)SK
- 18.4% 최태원
- 8.8% 프리미어파트너스

▶ 경영 실적 추이 및 전망

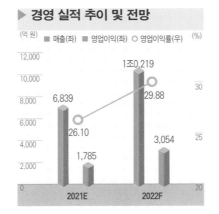

(억 원) ■ 매출(좌) ■ 영업이익(좌) ○ 영업이익률(우) (%)

- 2021E: 6,839 / 1,785 / 26.10
- 2022F: 1조0,219 / 3,054 / 29.88

▶ 주가 추이 및 전망

(원)

- 52주 최저가: 138,000
- 52주 최고가: 249,000
- 목표주가: 252,000

▶ 투자포인트

- 동사는 SK이노베이션의 소재 사업부문을 물적분할하여 설립, 2021년 코스피 상장.
- 배터리 4대 핵심소재 중에서 분리막 국내 1위(습식분리막 세계 1위), 세계 3위 영위.
- 동사는 국내와 미국, 중국, 폴란드 지역에 설비 증설 중 → 2025년까지 총 생산 설비 40억m²수준까지 끌어올릴 계획.
- 동사는 주 고객사인 SK이노베이션(매출 비중 35%)의 증설 계획에 맞춰 안정적인 성장을 이어나갈 전망 → 미국 공장은 2022년 상반기 중에 투자 지역 및 규모를 결정한 뒤 2025년 본 가동에 들어갈 전망.
- 분리막은 배터리의 안전성을 책임지는 최후 보루로서, 분리막 기술 핵심은 얇게 만들면서도 내구성을 강화하는 것 → 동사는 CCS(Ceramic Coated Separator) 기술로 세계적인 경쟁력 갖춤.

▶ 분리막 지역별 생산능력 추이 및 전망

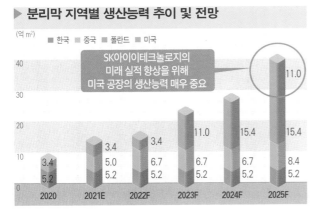

(억 m²) ■ 한국 ■ 중국 ■ 폴란드 ■ 미국

SK아이이테크놀로지의 미래 실적 향상을 위해 미국 공장의 생산능력 매우 중요

- 2020: 5.2 / 3.4
- 2021E: 5.2 / 5.0 / 3.4
- 2022F: 5.2 / 6.7 / 3.4
- 2023F: 5.2 / 6.7 / 11.0
- 2024F: 5.2 / 6.7 / 15.4
- 2025F: 5.2 / 8.4 / 15.4 / 11.0

▶ 습식분리막 글로벌 생산능력 순위 ( )안은 점유율(%)

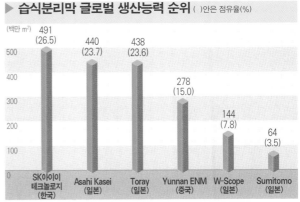

(백만 m²)

- SK아이이테크놀로지(한국): 491 (26.5)
- Asahi Kasei(일본): 440 (23.7)
- Toray(일본): 438 (23.6)
- Yunnan ENM(중국): 278 (15.0)
- W-Scope(일본): 144 (7.8)
- Sumitomo(일본): 64 (3.5)

▶ 영업활동 현금흐름 추이 및 전망

(억 원)

- 2020: 1,161
- 2021E: 2,203
- 2022F: 4,000
- 2023F: 5,209

▶ CAPEX 추이 및 전망

(억 원)

- 2020: 5,733
- 2021E: 6,935
- 2022F: 7,332
- 2023F: 9,275

▶ ROE 추이 및 전망

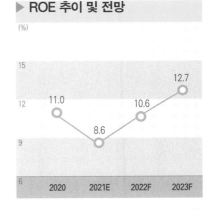

(%)

- 2020: 11.0
- 2021E: 8.6
- 2022F: 10.6
- 2023F: 12.7

최우선 투자기업

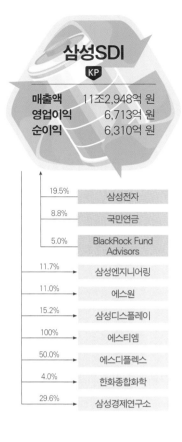

삼성SDI
KP

매출액	11조2,948억 원
영업이익	6,713억 원
순이익	6,310억 원

19.5%	삼성전자
8.8%	국민연금
5.0%	BlackRock Fund Advisors
11.7%	삼성엔지니어링
11.0%	에스원
15.2%	삼성디스플레이
100%	에스티엠
50.0%	에스디플렉스
4.0%	한화종합화학
29.6%	삼성경제연구소

▶ 경영 실적 추이 및 전망

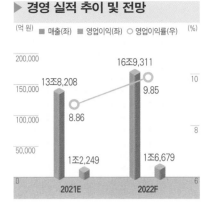

▶ 주가 추이 및 전망

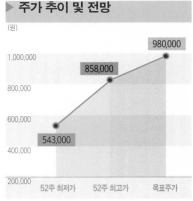

▶ 투자포인트

- 동사는 유럽 지역 매출 비중이 높아 유럽 전기차 시장 성장에 따른 수혜 기대.
- 동사는 Rivian에 원통형 배터리를 출하하면서 원통형 전지 사업이 성장 모멘텀으로 부각 → 2022년 기준 원통형 배터리 내 전기차용 비중이 20%로 확대됨에 따라 Rivian 판매 상황에 따라 미국 내에 합작공장 투자 기대.
- UPS 등 고수익성 프로젝트 중심의 ESS(에너지저장장치) 사업부문 흑자전환 → 동사는 ESS 글로벌 1위 영위.
- 동사는 국내 배터리 3사 중에서 생산시설 증설에 가장 보수적이지만, 고수익성 프리미엄 제품 중심의 시장점유율 확대를 통해 안정적인 실적 성장세 유지.
- 동사의 배터리 평균 단가는 $210/kWh 수준으로 경쟁사(LG에너지솔루션 $160/kWh, CATL $140/kWh, SK온 $110/kWh) 대비 높은 편 → 배터리셀 업체 사이에서 가격 경쟁으로 인해 수익성이 훼손될 수 있는 물량은 지양하는 전략 고수.

▶ 전기차향 배터리 매출 추이 및 전망

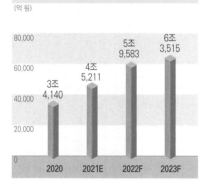

▶ 소형 2차전지 매출 추이 및 전망

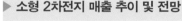
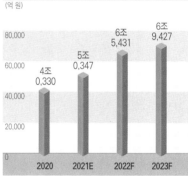

▶ ESS 매출 추이 및 전망

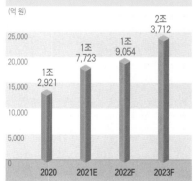

▶ 영업활동 현금흐름 추이 및 전망

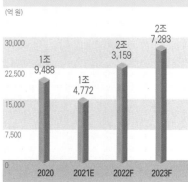

▶ CAPEX 추이 및 전망

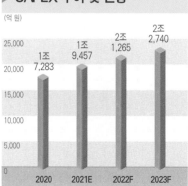

▶ 당기순이익 추이 및 전망

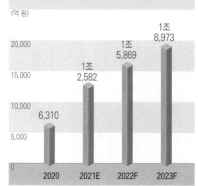

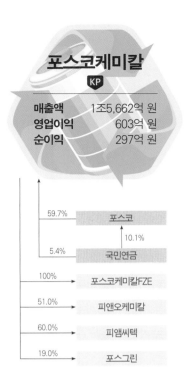

포스코케미칼
KP

매출액	1조5,662억 원
영업이익	603억 원
순이익	297억 원

포스코 59.7%
국민연금 10.1%
국민연금 5.4%
포스코케미칼FZE 100%
피앤오케미칼 51.0%
피앤씨텍 60.0%
포스그린 19.0%

▶ 경영 실적 추이 및 전망

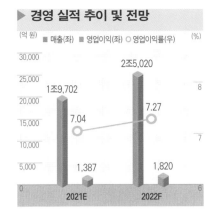

(억 원) ■ 매출(좌) ■ 영업이익(좌) ○ 영업이익률(우) (%)

1조9,702 / 7.04 / 1,387 — 2021E
2조5,020 / 7.27 / 1,820 — 2022F

▶ 주가 추이 및 전망

(원)

99,300 — 52주 최저가
184,500 — 52주 최고가
197,000 — 목표주가

▶ 투자포인트

- 동사의 주력 사업부문은 내화물 제조 및 로재 정비, 2차전지 소재 생산, 침상/피치 코크스 제조 등으로, 주가 상승 모멘텀은 배터리 사업에 집중.
- 현재 2차전지 음극재와 양극재 공장 증설을 진행 중이며 생산능력은 2025년까지 양극재 27.8만 톤, 음극재 17.5만 톤으로 확대 계획.
- 2021년 약 1조2,700억 원 규모의 유상증자를 통해 대규모 투자 재원 확보.
- 중국 지역을 중심으로 사업 경쟁력 강화에 중점 주목 → 중국 JV 설립(전구체+양극재)에 이어 포스코의 중국 청도중석 지분 인수(13%)를 통한 구형 흑연 원료 내재화, 음극재 코팅 원료인 피치 확보를 위한 피앤오케미칼 JV 설립.
- 포스코와 화유코발트가 합작한 포스코HY클린메탈은 배터리 리사이클링을 통해 원료 수급, 원가경쟁력, 환경오염 저감 등에서 강점.

▶ 사업부문별 매출 비중

배터리 소재 44.0
내화물 제조 23.9
라임화성본부 32.1
단위: %

▶ 양극재 매출 추이 및 전망

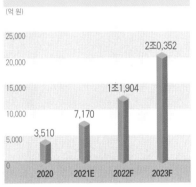

(억 원)

3,510 — 2020
7,170 — 2021E
1조1,904 — 2022F
2조0,352 — 2023F

▶ 음극재 매출 추이 및 전망

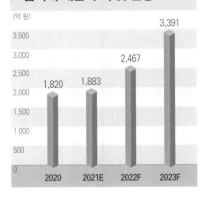

(억 원)

1,820 — 2020
1,883 — 2021E
2,467 — 2022F
3,391 — 2023F

▶ 영업활동 현금흐름 추이 및 전망

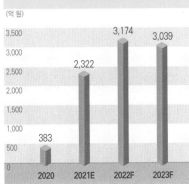

(억 원)

383 — 2020
2,322 — 2021E
3,174 — 2022F
3,039 — 2023F

▶ CAPEX 추이 및 전망

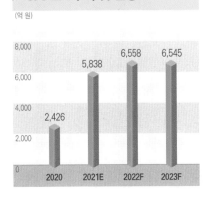

(억 원)

2,426 — 2020
5,838 — 2021E
6,558 — 2022F
6,545 — 2023F

▶ ROE 추이 및 전망

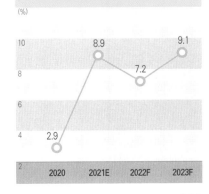

(%)

2.9 — 2020
8.9 — 2021E
7.2 — 2022F
9.1 — 2023F

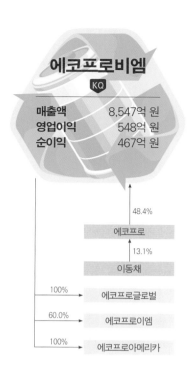

에코프로비엠
KQ

매출액	8,547억 원
영업이익	548억 원
순이익	467억 원

48.4%
에코프로
13.1%
이동채
100% → 에코프로글로벌
60.0% → 에코프로이엠
100% → 에코프로아메리카

▶ 경영 실적 추이 및 전망

▶ 주가 추이 및 전망

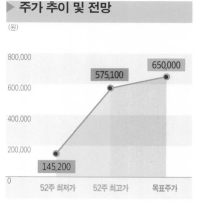

▶ 투자포인트

- 동사는 2016년에 에코프로의 2차전지 소재 사업부문의 물적분할로 설립하여 2019년 코스닥 상장 → 2013년 하이니켈계 양극재 중심으로 사업을 재편한 이후 NCA 분야에서 호실적 이어감.
- 양극재 판가는 재료비와 가공비로 구성되고 양극재 제조업체의 마진은 가공비에서 나옴. 가공비는 현재 8~9달러/kg에서 2023년 6달러/kg로 하락 → 수익성을 지키기 위해서는 원가 절감이 중요한데, 양극재 원가를 절감시킬 수 있는 가장 효과적인 방법은 원재료 내재화와 리사이클. 이 두 가지 요건을 계열사를 통해 가장 완벽하게 구현하는 회사는 에코프로그룹이 유일.
- 동사가 100% 지배하는 에코프로글로벌이 향후 해외 진출을 총괄 → 에코프로글로벌은 해외 법인인 '에코프로아메리카'와 '에코프로유럽'을 현지 증시에 상장시켜 재원 확보 계획.

▶ 양극재 생산능력 추이 및 전망

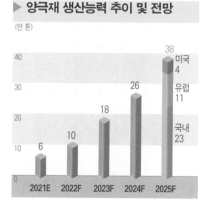

▶ 전기차향 배터리 소재 매출 추이 및 전망

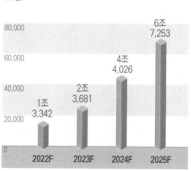

▶ EBITDA 추이 및 전망

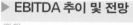
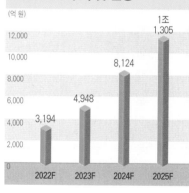

▶ 영업활동 현금흐름 추이 및 전망

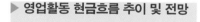
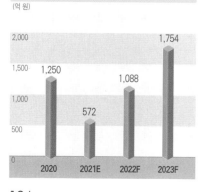

▶ CAPEX 추이 및 전망

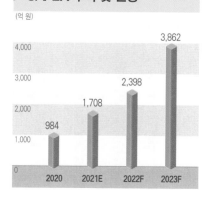

▶ 당기순이익 추이 및 전망

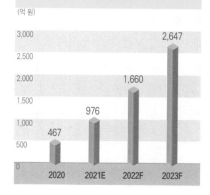

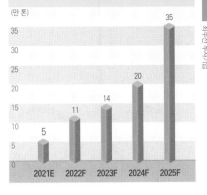

엘앤에프 (KQ)

매출액	3,561억 원
영업이익	15억 원
순이익	−150억 원

- 16.3% 새로닉스
- 13.3% 엘앤에프 (자기주식)
- 67.3% 제이에이치화학공업
- 65.8% 무석광미래신재료유한공사

▶ 경영 실적 추이 및 전망
(억 원) ■ 매출(좌) ■ 영업이익(좌) ○ 영업이익률(우) (%)

- 2021E: 1조0,138 / 379 / 3.74
- 2022F: 2조3,003 / 1,383 / 6.01

▶ 양극재 생산능력 추이 및 전망
(만 톤)

- 2021E: 5
- 2022F: 11
- 2023F: 14
- 2024F: 20
- 2025F: 35

▶ 주가 추이 및 전망
(원)

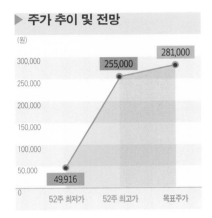

- 52주 최저가: 49,916
- 52주 최고가: 255,000
- 목표주가: 281,000

▶ 투자포인트

- 2차전지 양극재 제조를 주력 사업으로 영위 → 매출에서 수출 비중이 97%를 차지.
- 중국에 위치한 무석광미래신재료유한공사와 경북 김천에 위치한 제이에이치화학공업을 연결대상 종속회사로 보유.
- LG에너지솔루션(2021~2022년 1.5조 원)과 SK아이이테크놀로지(2021~2023년 1.2조 원)향 기존 수주계약 만기 도래로 2022년 이후 중장기 추가 수주 기대감이 동사 주가 상승 모멘텀으로 작용.
- 2021년 4분기부터 동사의 NCMA 양극재가 적용된 LG에너지솔루션 배터리를 탑재한 테슬라 차량의 본격 출하로 2022년 이후 테슬라향 NCMA 물량이 크게 증가할 것으로 전망됨에 따라 2023년 이후 대규모 추가 수주가 예상됨 → 이로 인해 동사의 NCMA 매출 비중이 2021년 45%에서 2022년 이후 70% 이상으로 증가.

천보 (KQ)

매출액	1,555억 원
영업이익	301억 원
순이익	294억 원

- 33.9% 이상율
- 10.3% 서자원
- 5.3% 이슬지
- 5.1% 이현지
- 100% 중원신소재

▶ 경영 실적 추이 및 전망
(억 원) ■ 매출(좌) ■ 영업이익(좌) ○ 영업이익률(우) (%)

- 2021E: 2,613 / 461 / 17.66
- 2022F: 3,950 / 756 / 19.14

▶ 사업부문별 매출 비중

단위: %
- 기타: 3
- 의약품: 10
- 전자소재: 38
- 2차전지: 49

▶ 주가 추이 및 전망
(원)

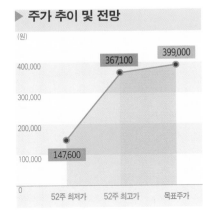

- 52주 최저가: 147,600
- 52주 최고가: 367,100
- 목표주가: 399,000

▶ 투자포인트

- 동사는 고성능 특수(F)전해질 제조를 주력 사업으로 영위.
- 동사의 전해질 생산 CAPA는 2021년 4,000톤에서 2023년 1만2,000톤, 2026년 2만7,000톤으로 급증할 것으로 예상.
- 동사는 새만금산업단지에 5,125억 원을 투자해 F전해질 2만 톤 생산시설을 2026년까지 단계적으로 구축 → 높은 수익성을 통한 안정적인 영업 현금흐름 및 낮은 부채비율(18%)로 생산설비 투자 여력 충분.
- 비싼 가격으로 인해 고사양 배터리에만 제한적으로 쓰이던 특수 F전해질이 기존 범용전해질과 가격(8만 원/kg)이 비슷해짐에 따라 고성능 고품질의 F전해질 채용이 전기차용을 중심으로 확대될 전망. 특히 최근 배터리 화재로 안전성 요구가 강화되는 시기에 현재의 가격경쟁력이 중장기적으로 유지된다면 기존 전해질의 완전 대체도 가능함.

📈 모빌리티 산업의 현재이자 미래 '자율주행': 차부품주의 성장 모멘텀 📉

▶ 자율주행 발전 단계

LEVEL 0	LEVEL 1	LEVEL 2	LEVEL 3	LEVEL 4	LEVEL 5
비자율주행	운전자지원	부분자율주행	조건부자율주행	고도자율주행	완전자율주행
급제동, 차선이탈 경고 사각지대 지원	크루즈(속도) 또는(or) 차선유지(조향)	크루즈(속도) 및(and) 차선유지(조향)	혼잡구간 주행지원	운전자 탑승하에 자율주행	운전자 없이 자율주행
상용화				2025년 상용화	2030년 상용화

▶ 글로벌 자율주행 시장 성장 전망

(십억 달러)
- ■ 조건부자율주행(Level 3)
- ■ 완전자율주행(Level 5 이상)

CAGR +40.2%

900 / 600 / 300 / 0

2020 · 2025F · 2030F · 2035F

▶ 국내 자율주행 시장 성장 전망

(조 원)
- ■ 조건부자율주행(Level 3)
- ■ 완전자율주행(Level 5 이상)

CAGR +41.0%

20 / 10 / 0

2020 · 2025F · 2030F · 2035F

▶ 자율주행 4대 핵심 센서 시장 전망 (단위: 백만 달러)

- ■ 카메라
- ■ 레이더
- ■ 초음파
- ■ 라이다

	2022F	2025F
합계	18,605	53,637
카메라	7,719	21,517
레이더	6,208	18,274
초음파	3,273	8,632
라이다	1,405	5,214

▶ 자율주행 4대 핵심 센서 기능 및 특징

센서	기능	특징
카메라	이미지 센서 이용하여 주변 환경을 이미지로 감지 및 처리하는 센서	• 인간의 눈과 같이 차선, 신호등, 표지판, 차량 및 보행자 등의 다양한 사물을 동시에 인지. • 차선, 교통표지판, 신호등, 보행자 등 정확한 정보 파악 용이. • 날씨 및 시간대에 민감하고, 초음파 센서와 함께 가장 널리 활용.
레이더	주변 물체의 거리나 속도 등을 측정하는 전자기파 센서	• 날씨 및 시간대에 상관없이 사물 인지(장거리 인지 가능). • 형태 인식이 불가능하고, 제품 단가가 비싸다는 게 흠이지만, ADAS 기술 전반에 활용.
초음파	초음파 활용해 근거리 장애물 감지하고 거리 측정하는 센서	• 기술이 이미 성숙 단계에 있고, 제품 단가가 가장 저렴. • 가능한 측정 거리가 수 미터 이내로 짧음. • 단거리 장애물 인식률이 높아 후방 감지 시스템 및 주차 보조 기술로 가장 널리 활용.
라이다	빛을 이용해 주변 물체 및 장애물 등을 감지하는 센서	• 정밀도가 높고, 3차원 영상 구현 가능. • 레이더에 비해 인식 거리가 짧고 날씨 등 환경에 영향을 받는 게 단점.

자동감응식 순항제어 시스템
- 긴급 제동 시스템
- 보행자 감지 시스템
- 충돌 회피 시스템

교통신호 인식 시스템

차선 이탈 경고 시스템

후측방 차량 경고 시스템

측면 주차 보조 시스템

사각지대 감지 시스템

후방 충돌 감지 시스템

후면 주차 감지 시스템

안전거리 감지 시스템

- ■ 레이더
- ■ 라이다
- ■ 카메라
- ■ 초음파
- ■ 기타

▶ 자율주행 구조 및 밸류체인별 핵심 투자처

구분	기업
자율주행 플랫폼, 소프트웨어	LG전자, 한컴MDS, 인포뱅크, 현대엠엔소프트, 네이버랩스
차량용 반도체	삼성전자, SK하이닉스, 텔레칩스, 해성디에스
카메라센서	LG이노텍, 삼성전기, 엠씨넥스, 세코닉스, 칩스앤미디어
시스템통합, 모듈, 액츄에이터	현대모비스, 현대위아, 만도, 평화정공, 인지컨트롤스

자율주행/전기차 혁명의 뉴 페이스와 사라지는 내연기관차 부품들

▶ 차부품 제조원가 비중

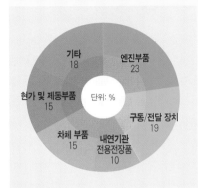

기타 18
엔진부품 23
현가 및 제동부품 15
단위: %
차체 부품 15
구동/전달 장치 19
내연기관 전용전장품 10

▶ 전기차로 전환시 사라지는 차부품

구분(단위: 개, %)	내연기관차 전용부품수	전기차에서 사라지는 부품 수	사라지는 비율
엔진부품	6,900	6,900	100
구동/전달 장치	5,700	2,100	37
내연기관 전용 전장품	3,000	2,100	70
차체 부품	4,500	0	
현가 및 제동 부품	4,500	0	
기타	5,400	0	
합계	30,000	11,100	37

▶ LG그룹의 자율주행 및 전기차 밸류체인

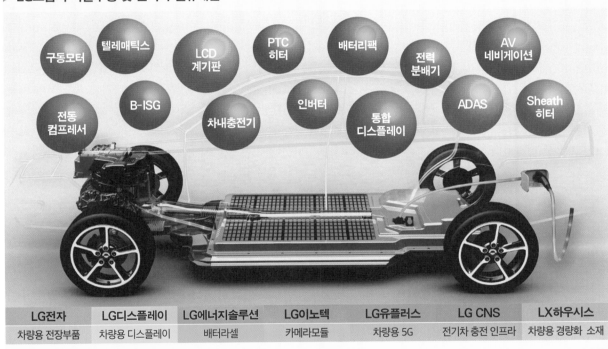

구동모터 / 텔레매틱스 / LCD 계기판 / PTC 히터 / 배터리팩 / 전력 분배기 / AV 네비게이션 / 전동 컴프레서 / B-ISG / 차내충전기 / 인버터 / 통합 디스플레이 / ADAS / Sheath 히터

LG전자	LG디스플레이	LG에너지솔루션	LG이노텍	LG유플러스	LG CNS	LX하우시스
차량용 전장부품	차량용 디스플레이	배터리셀	카메라모듈	차량용 5G	전기차 충전 인프라	차량용 경량화 소재

▶ LG전자 PBR 밴드 추이 : LG전자의 VS(자동차 전장) 사업, 주가 상승 모멘텀

증시는 성장성이 높고 방향성이 명확한 사업에 밸류에이션 프리미엄을 부여함. 현재 LG전자 주가는 단기 실적보다 더 중요한 장기 성장 모멘텀에 따른 밸류에이션 리레이팅 초입 구간

(원)
180,000
140,000
100,000
60,000
20,000

2014 2015 2016 2017 2018 2019 2020 2021

1.7x
1.4x
1.1x
0.8x
0.5x

LG전자 주가는 2020년 12월 23일 공시 당일 상한가 기록한 뒤 2021년 2월 24일 종가 기준 25.5% 추가 상승 → 증권가에서는 그동안 LG전자를 성장이 정체된 가전 세트업체로 평가했지만, 차부품 사업 진출 이후 미래 모빌리티 시장 개화로 고성장이 기대되는 자동차 전장부품 종목으로 재평가.

차부품(자율주행), 타이어

전기차와 자율주행차 기회에 올라탄 성장주들

내연기관차용 엔진부품 6,900개가 쓸모없게 된다!
내연기관차에는 대략 3만 개의 부품이 들어간다. 이 가운데 자동차의 심장에 해당하는 엔진부품이 약 6,900개로 가장 많다. 내연기관차가 전기차로 바뀔 경우 6,900개의 내연기관차용 엔진부품이 사라지고 만다. 전기차에서는 내연기관차용 엔진부품 6,900개가 쓸모없어진다는 얘기다. 내연기관차용 엔진부품을 주력 생산해온 차부품 업체들로서는 그야말로 절체절명의 위기다. 하루빨리 전기차용 배터리와 구동모터 생산기술을 갖추지 않으면 안 되는 상황에 놓인 것이다.

하지만 변화는 위기만을 가져오지 않는다. 기회는 변화의 소산이기 때문이다. 변화에 가장 민감하게 반응하는 곳이 주식 시장이다. 자동차 산업의 새로운 패러다임에서 경쟁력을 갖춘 국내외 완성차 업체와 부품사들은 높은 주가 상승세를 보이고 있다. 해외에서는 테슬라를 중심으로 일본 전장 부품사들의 실적과 주가가 돋보인다. 국내에서는 현대차그룹을 중심으로 자동차 전동화 및 자율주행 기술력을 갖춘 기업들의 밸류에이션 리레이팅이 한창이다. 리레이팅(rerating)이란 지금은 실적에 큰 변화가 없지만, 탁월한 기술력이나 비즈니스 모델 등으로 미래 투자가치가 현재의 주가 상승을 이끄는 현상이다.

전기차용 플랫폼이 중요한 이유

결국 차부품 회사들의 실적과 주가는 수주처인 완성차 업체들의 전기차 사업에 좌우될 수밖에 없다. 특히 전기차 전용 플랫폼을 갖춘 완성차 업체들에게 미래 모빌리티 헤게모니가 돌아갈 가능성이 높다. 전기차 전용 플랫폼이란 쉽게 말해 전기차의 핵심 구조 개발에 특화된 생산 시스템을 가리킨다.

업계에서는 '규모의 경제'가 강조되는 자동차 산업의 특성상 전기차용 플랫폼을 갖춘 완성차 업체가 주도권을 쥐게 될 것으로 예상한다. 전기차용 플랫폼이란 섬세한 기술력과 대량 생산능력을 동시에 충족시키는 시스템이다. 따라서 전기차용 플랫폼으로 '규모의 경제'를 달성하는 완성차 업체가 이익을 극대화하는 데 절대적으로 유리하다. 신차 연구개발에서 설계와 제조에 드는 막대한 고정비를 넘어설 만큼 차량 판매가 이뤄지는 구간에서 제대로 된 플랫폼을 갖춘 회사만이 이익을 끌어올릴 수 있다는 얘기다. 전기차는 내연기관 엔진과 구동축이 빠지고 배터리와 구동모터가 그 역할을 대신한다. 이로 인해 약 6,900개에 달하는 엔진부품도 함께 사라지게 된다. 결국 내연기관차용 플랫폼으로 전기차를 생산할 경우 근본적인 한계에 봉착할 수밖에 없게 된다.

글로벌 전기차 1위 회사 테슬라는 전 세계에서 가장 빠른 2012년부터 '모델S'를 시작으로 전기차용 플랫폼을 도입해 2019년 3분기부터 흑자전환에 돌입했다. 전기차용 플랫폼을 기반으로 전기차 시장에서 꾸준한 이익을 거두는 회사는 테슬라가 유일하다. 하지만 자동차 업계와 증권가에서는 2022년 이후에 상황이 크게 바뀔 것으로 전망한다. 폭스바겐, 도요타, 포드 등 글로벌 완성차 업체들이 전기차용 플랫폼을 갖춰 나가고 있기 때문이다. 그 중에서도 가장 돋보이는 곳은 현대차그룹이다.

5분 충전으로 100km를 주행할 수 있는 전기차

현대차그룹은 2020년 12월에 전기차 전용 플랫폼인 'E-GMP(Electric-Global Modular Platform)'를 공개했다. E-GMP를 기반으로 제조한 전기차는 1회 충전으

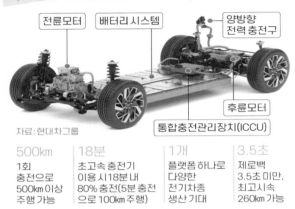

현대차 전기차용 플랫폼 E-GMP
(Electric-Global Modular Platform)

- 전륜모터
- 배터리 시스템
- 양방향 전력 충전구
- 후륜모터
- 통합충전관리장치(ICCU)

자료 : 현대차그룹

500km	**18분**	**1개**	**3.5초**
1회 충전으로 500km 이상 주행 가능	초고속 충전기 이용 시 18분 내 80% 충전(5분 충전으로 100km 주행)	플랫폼 하나로 다양한 전기차종 생산 기대	제로백 3.5초 미만, 최고시속 260km 가능

로 500km 이상 주행할 수 있고, 800V 충전 시스템을 갖추고 있어 초고속 급속충전기를 이용할 경우 18분 안에 80%까지 충전할 수 있다. 5분 충전으로 100km를 주행할 수 있는 전기차가 등장하는 셈이다. 또한 E-GMP는 모듈화 및 표준화된 통합 플랫폼이기 때문에 전기차 라인업을 빠르게 확장시킬 수 있고, 제조 과정을 단순화해 생산효율을 높이게 된다. 현대차그룹은 E-GMP 단일 시스템으로 세단에서 크로스오버유틸리티(CUV)는 물론 스포츠유틸리티(SUV)까지 다양한 전기차종을 선보일 수 있게 됐다.

현대차그룹은 2025년까지 E-GMP 기반 전기차를 포함해 23종 이상의 전기차 모델을 출시할 계획이다(현대자동차 12종, 기아자동차 11종). 이에 따라 전기차 판매량이 2020년 16만 대(현대자동차 10만 대, 기아자동차 6만 대)에서 2025년 100만 대(현대자동차 56만 대, 기아자동차 44만 대)로 증가할 전망이다. E-GMP에 시스템 조율을 맞춘 차부품 업체들로서는 2025년부터 전기차 부문 매출이 급증할 것으로 예상된다. 거대한 변화가 위기가 아닌 기회가 되는 순간이다.

자율주행차 최선호주는
현대모비스가 아니라 LG전자?!
전기차용 플랫폼은 자율주행차 시장에서도 적지 않은 수익을 올릴 수 있다. 수년 전부터 강조해온 '오픈

플랫폼 전략'이다. 5G와 인공지능 등의 기술이 융합된 자율주행차 시장에는 현대자동차나 폭스바겐 같은 전통적인 완성차 회사 말고도 애플, 구글, LG전자 같은 빅테크 기업들이 적극적으로 뛰어들고 있다. 그런데 빅테크 기업들은 차량 제조 생산라인이 취약하기 때문에 현대차그룹의 전기차용 플랫폼인 E-GMP에 위탁생산을 의뢰할 가능성이 높다. 전기차와 자율주행차는 전동화 시스템이라는 공통분모를 갖고 있기 때문에 전기차용 플랫폼으로 자율주행차에 필요한 시스템까지 커버할 수 있다. 전기차용 플랫폼 회사가 오픈 플랫폼 전략을 적절하게 활용하면 아웃소싱 수익까지 기대할 수 있게 된다.

한편, 국내 자율주행차 시장에서 주목을 끄는 빅테크는 LG전자다. 불과 몇 년 전까지만 해도 투자자들은 LG전자를 성장이 정체된 스마트폰 제조사 혹은 가전 업체로 바라봤다. 스마트폰 사업은 고전을 면치 못하다 결국 접고 말았고, 가전 사업은 삼성전자 및 중국 로컬업체들과의 과열 경쟁 탓에 영업비용 부담이 만만치 않다. 지난 2020년 12월 23일 차부품 사업부(VC) 물적분할 및 글로벌 전기차부품 업체 마그나와 조인트벤처(JV) LG마그나이파워트레인를 설립하기 전까지 LG전자의 투자매력은 제로에 가까웠다.

LG전자는 LG마그나이파워트레인 및 LG이노텍 등의 계열사를 통해 전기차와 자율주행차의 핵심 부품들을 본격 생산하고 있다. 이제 LG전자의 주가는 TV나 냉장고 보다는 전기차와 자율주행차 이슈에 민감하게 반응한다. 미국에서 애플이 2025년에 완전 자율주행차를 출시한다는 소식이 나오자마자 애플 주가가 사상 최고치를 경신하면서 마이크로소프트를 제치고 시가총액 1위에 올랐을 때 한국 증시에서는 LG전자의 주가가 가장 크게 올랐다. 업계에서는 애플 자율주행차의 'Tier 1' 부품 공급업체가 될 가능성이 가장 높은 회사로 LG전자를 지목해왔다. LG전자가 국내 차부품 대장주 현대모비스를 제치고 자율주행차 최선호주임을 방증하는 대목이다.

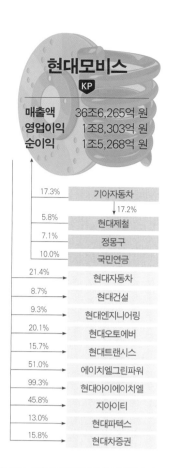

현대모비스 KP

매출액	36조6,265억 원
영업이익	1조8,303억 원
순이익	1조5,268억 원

17.3%	기아자동차
17.2%	
5.8%	현대제철
7.1%	정몽구
10.0%	국민연금
21.4%	현대자동차
8.7%	현대건설
9.3%	현대엔지니어링
20.1%	현대오토에버
15.7%	현대트랜시스
51.0%	에이치엘그린파워
99.3%	현대아이에이치엘
45.8%	지아이티
13.0%	현대파텍스
15.8%	현대차증권

▶ 경영 실적 추이 및 전망

(억 원) ■ 매출(좌) ■ 영업이익(좌) ○ 영업이익률(우) (%)

40조9,820   45조6,253
5.14   5.76
2조1,064   2조6,270
2021E   2022F

▶ 주가 추이 및 전망

(원)

405,000
340,000
220,000

52주 최저가   52주 최고가   목표주가

▶ 투자포인트

- 2021년 4분기부터 현대차그룹의 '전기차 전용 플랫폼(E-GMP)'이 풀 가동 돌입
  → 2021년 4분기 전동화 사업 매출액이 분기 첫 2조 원을 넘어섬.
- 동사는 전동화 사업 확대에 따라 장기적으로 R&D 비용(경상개발비) 부담이 완화
  될 것으로 예상 → 부품의 제조와 전동화 매출 대비 R&D 비중은 2020년 8.7%에
  서 2021년 7.5%, 2023년 6.6%로 계속해서 떨어지는 추세 예상됨.
- 동사는 2021년에 약 2,053억 원(76.5만 주) 규모의 자기주식매입(7월 26일
  ~10월 22일) 완료 → 2019년 이후 진행된 3년간 1조 원 규모의 장기 자기주식
  매입 계획 마무리.
- 전 세계 완성차 업체들이 전기차 등 친환경차 생산을 확대하면서 친환경차 부품 매
  출이 2022년에 7.9조 원까지 증가할 전망.
- 동사의 AS 매출은 2021년에 2개 분기 연속 2조 원을 상회.

▶ 전동화 사업부문 매출 추이 및 전망

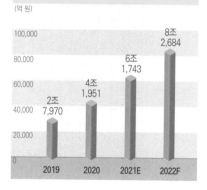

(억 원)

2조7,970   4조1,951   6조1,743   8조2,684
2019   2020   2021E   2022F

▶ A/S 사업부문 매출 추이 및 전망

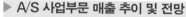

(억 원) ■ 매출(좌) ○ 영업이익률(우) (%)

7조5,660   7조0,401   8조2,682   8조6,203
25.2   22.3   23.0   23.5
2019   2020   2021E   2022F

▶ CAPEX 추이 및 전망

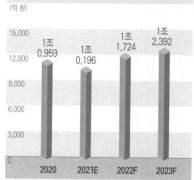

(억 원)

1조0,959   1조0,196   1조1,724   1조2,392
2020   2021E   2022F   2023F

▶ 영업활동 현금흐름 추이 및 전망

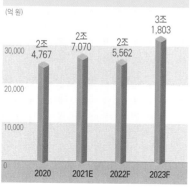

(억 원)

2조4,767   2조7,070   2조5,562   3조1,803
2020   2021E   2022F   2023F

▶ 당기순이익 추이 및 전망

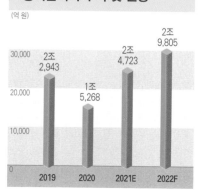

(억 원)

2조2,943   1조5,268   2조4,723   2조9,805
2019   2020   2021E   2022F

▶ ROE 추이 및 전망

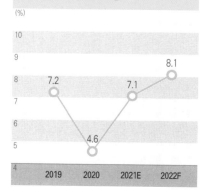

(%)

7.2   4.6   7.1   8.1
2019   2020   2021E   2022F

LG전자
KP

매출액	63조2,620억 원
영업이익	3조1,950억 원
순이익	2조0,638억 원

- 33.6% (주)LG
  - 15.9% 구광모
- 9.5% 국민연금
- 38.0% LG디스플레이
- 41.0% LG이노텍
- 100% 하이프라자
- 25.0% 에릭슨LG
- 33.0% 로보스타
- 9.0% 로보티즈
- 100% 하이엠솔루텍
- 100% 하이케어솔루션
- 100% 에이스냉동공조
- 14.0% 아크릴
- 100% 하누리
- 100% 하이텔레서비스
- 13.0% 나라엠앤디
- 5.0% 인베니아
- 16.0% 나라엠텍

▶ 경영 실적 추이 및 전망

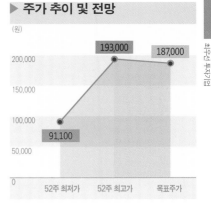

(억 원) ■ 매출(좌) ■ 영업이익(좌) ○ 영업이익률(우) (%)

- 2021E: 매출 73조7,313 / 영업이익 4조0,265 / 영업이익률 5.46
- 2022F: 매출 76조1,337 / 영업이익 5조0,028 / 영업이익률 6.57

▶ 주가 추이 및 전망

(원)

- 52주 최저가: 91,100
- 52주 최고가: 193,000
- 목표주가: 187,000

▶ 투자포인트

- 동사는 2020년 12월에 공시를 통해 차부품 사업부(VS) 물적분할과 차량 부품업체 마그나와의 JV설립 발표 → JV(LG마그나)는 LG전자가 지분 51%, 마그나가 49% 보유.
- JV는 현재 전장부품 주요 고객사인 북미 이외에 유럽 지역으로 본격적인 고객사 확장중.
- 동사는 2022년이 VS 사업의 도약 원년 → 글로벌 전기차 시장 급성장으로 수주 물량이 매출로 연결되면서 본격적인 성장 구간에 진입. VS 사업의 영업이익은 2022년 1분기 흑자전환 이후, 연간으로도 흑자 예상.
- 동사의 VS 매출 비중이 2020년 11%대에서 2022년 13%대, 2023년 15%대로 증가 예상 → VS 사업은 휴대폰 사업 중단과 가전 사업의 성장 정체에서 동사의 밸류에이션 재평가 모멘텀 역할.

▶ 사업부문별 매출 비중

- VS(전장) **11.8**
- BS(비즈니스 솔루션) 11.5
- H&A(가전) 48.1
- HE(TV) 28.5
- 단위: %

▶ VS 사업부문 매출 추이 및 전망

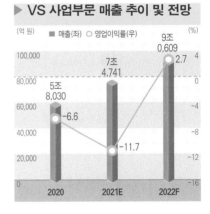

(억 원) ■ 매출(좌) ○ 영업이익률(우) (%)

- 2020: 매출 5조8,030 / 영업이익률 -6.6
- 2021E: 매출 7조4,741 / 영업이익률 -11.7
- 2022F: 매출 9조0,609 / 영업이익률 2.7

▶ 영업활동 현금흐름 추이 및 전망

(억 원)

- 2019: 3조6,892
- 2020: 4조6,286
- 2021E: 3조3,877
- 2022F: 6조1,972

▶ 당기순이익 추이 및 전망

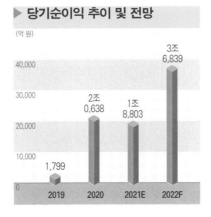

(억 원)

- 2019: 1,799
- 2020: 2조0,638
- 2021E: 1조8,803
- 2022F: 3조6,839

▶ ROE 추이 및 전망

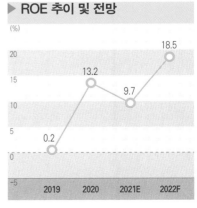

(%)

- 2019: 0.2
- 2020: 13.2
- 2021E: 9.7
- 2022F: 18.5

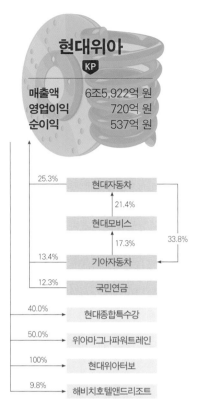

현대위아
KP

매출액	6조5,922억 원
영업이익	720억 원
순이익	537억 원

- 25.3% 현대자동차
- 21.4% 현대모비스
- 17.3% 기아자동차
- 13.4% 기아자동차
- 12.3% 국민연금
- 33.8%

- 40.0% → 현대종합특수강
- 50.0% → 위아마그나파워트레인
- 100% → 현대위아터보
- 9.8% → 해비치호텔앤드리조트

▶ 경영 실적 추이 및 전망

(억 원) ■ 매출(좌) ■ 영업이익(좌) ○ 영업이익률(우) (%)

- 2021E: 7조6,198 / 1.98 / 1,506
- 2022F: 8조3,291 / 3.18 / 2,646

▶ 주가 추이 및 전망

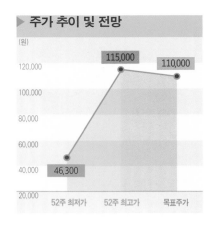

(원)

- 52주 최저가: 46,300
- 52주 최고가: 115,000
- 목표주가: 110,000

▶ 투자포인트

- 차부품 및 공작기계를 주력 사업으로 영위 → 차부품 중에서 특히 엔진, 구동 (4WD) 부품에 강점.
- 최근 전기차 및 수소차의 열관리시스템과 공기압축기 등의 개발에 적극적으로 나섬.
- 2021년 4분기부터 현대차그룹 글로벌 생산 회복 및 기계 부문 손실 폭 축소에 따라 중장기 실적 개선세 예상.
- 동사는 현대차그룹의 '전기차 전용 플랫폼(E-GMP)'에 대한 통합 열관리 모듈 수주에 따라 2023년부터 전동화 부품 매출이 본격화 될 전망.
- 향후 수소차용 수소저장모듈/공기압축기 개발에 가시적인 성과가 나와 신규 사업자로 선정될 경우 주가 상승 기대 → 증권가에서는 현대차그룹 계열이라는 든든한 배경 아래 성공 가능성 매우 높게 평가.

만도
KP

매출액	5조5,635억 원
영업이익	887억 원
순이익	139억 원

- 30.2% 한라홀딩스
- 24.3% 정몽원
- 8.8% 국민연금

▶ 경영 실적 추이 및 전망

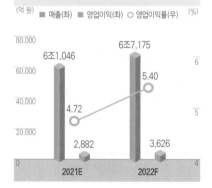

(억 원) ■ 매출(좌) ■ 영업이익(좌) ○ 영업이익률(우) (%)

- 2021E: 6조1,046 / 4.72 / 2,882
- 2022F: 6조7,175 / 5.40 / 3,626

▶ ADAS 사업부문 매출추이 및 전망

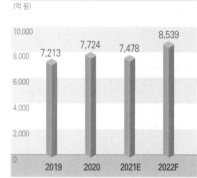

(억 원)

- 2019: 7,213
- 2020: 7,724
- 2021E: 7,478
- 2022F: 8,539

▶ 주가 추이 및 전망

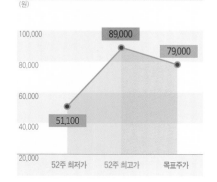

(원)

- 52주 최저가: 51,100
- 52주 최고가: 89,000
- 목표주가: 79,000

▶ 투자포인트

- 2014년 한라홀딩스의 차부품 사업부문이 인적분할되어 설립 → 자동차 제동장치, 조향장치, 현가장치 등을 생산하는 섀시부품 전문 제조업체.
- 주요 매출처는 현대차그룹이 58%를, 북미 지역 OEM이 20% 차지.
- 2022년 2분기부터는 폭스바겐의 전기차 플랫폼으로 서스펜션 공급 개시 → 10년간 1.4조 원 규모(2022년 400억 원으로 시작해 연간 1,000억 원대 중반 예상).
- 자회사 HL클레무브의 지분 희석 부담 주목 → 동사는 2021년 9월 1일부로 기존 ADAS 사업부를 만도모빌리티솔루션즈(MMS)로 분할 설립했는데, 10월 6일에 손자회사 만도헬라가 HL클레무브로 사명 변경 이후 MMS와 HL클레무브 합병. 합병 회사의 지분은 동사가 100%를 보유하는데, 향후 투자자금 확보를 위해 지분의 일부를 제3자에게 매각하는 등 지분 희석 가능성 예의주시.

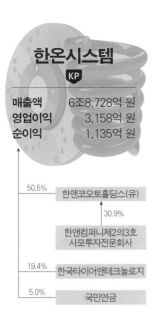

한온시스템
KP

매출액	6조8,728억 원
영업이익	3,158억 원
순이익	1,135억 원

- 50.5% 한앤코오토홀딩스(유)
- 30.9% 한앤컴퍼니제2의3호 사모투자전문회사
- 19.4% 한국타이어앤테크놀로지
- 5.0% 국민연금

▶ 경영 실적 추이 및 전망

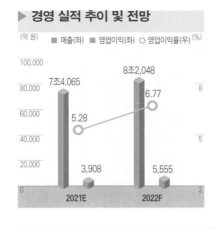

(억 원) ■ 매출(좌) ■ 영업이익(좌) ○ 영업이익률(우) (%)

- 2021E: 7조4,065 / 5.28 / 3,908
- 2022F: 8조2,048 / 6.77 / 5,555

▶ 주가 추이 및 전망

(원)

- 52주 최저가: 12,850
- 52주 최고가: 20,200
- 목표주가: 17,000

▶ 투자포인트

- 동사는 자동차의 품질 및 성능을 결정짓는 공조부품 분야 업계 1위 영위. 특히 자동차 열관리 시스템에 특화.
- 동사의 미래 성장동력이자 주가 상승 모멘텀인 전기차부품(전동식 컴프레서 등)은 2022년에 매출 성장률이 전년 대비 27% 상승 예상. 다만, 물류비와 원재료비 부담으로 회사 전체의 영업이익 등 수익성은 전년 대비 둔화 예상.
- 동사의 2022년 실적은 현대차그룹을 포함한 글로벌 고객사들의 전기차 판매 실적에 좌우 → 현대차그룹의 경우 'GV60', '아이오닉 6' 및 '니로' 2세대 출시 예정.
- 동사의 전기차 주 고객사인 폭스바겐이 미국에서의 공격적인 영업 전략으로 2022년에 ID 시리즈 '4' 모델 생산량이 크게 늘 것으로 예상됨에 따라(연간 판매 목표 40만 대 이상) 동사의 수혜 예상.

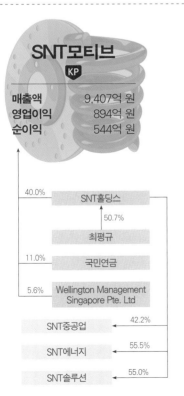

SNT모티브
KP

매출액	9,407억 원
영업이익	894억 원
순이익	544억 원

- 40.0% SNT홀딩스
- 50.7% 최평규
- 11.0% 국민연금
- 5.6% Wellington Management Singapore Pte. Ltd
- 42.2% SNT중공업
- 55.5% SNT에너지
- 55.0% SNT솔루션

▶ 경영 실적 추이 및 전망

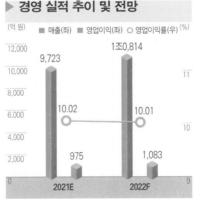

(억 원) ■ 매출(좌) ■ 영업이익(좌) ○ 영업이익률(우) (%)

- 2021E: 9,723 / 10.02 / 975
- 2022F: 1조0,814 / 10.01 / 1,083

▶ 주가 추이 및 전망

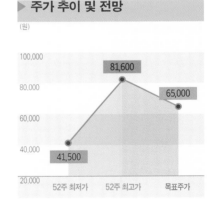

(원)

- 52주 최저가: 41,500
- 52주 최고가: 81,600
- 목표주가: 65,000

▶ 투자포인트

- 동사는 2002년 2월에 대우통신에서 인적분할되어 설립. 2019년 초 S&TC 지분을 S&T홀딩스에 매각하면서 자동차부품 중심의 사업구조로 전환.
- 차량용 구동모터, 계기판, 섀시, 에어백 등 부품과 소구경 화기류(소총, 권총, 기관총 등) 등 방산제품 주력 생산.
- 현가장치/에어백 등 범용부품 사업부의 실적 부진을 친환경 구동모터 성장세 등으로 상쇄하고 있는 점은 사업구조적인 측면에서 긍정적으로 평가 → 글로벌 전기차 수요 증가에 따른 수혜 기대.
- 차부품 업종 경쟁사 대비 10%대의 높은 영업이익률 주목 → 2022년 매출 1조 원대 회복시 영업이익 동반 상승 기대(2020년 500억 원대에서 2022년 1,000억 원대 영업이익 예상).

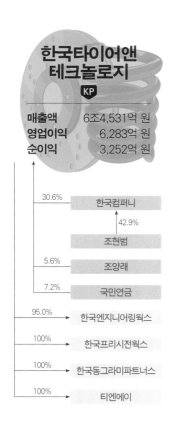

한국타이어앤테크놀로지
KP

매출액	6조4,531억 원
영업이익	6,283억 원
순이익	3,252억 원

- 한국컴퍼니 30.6%
  - 조현범 42.9%
- 조양래 5.6%
- 국민연금 7.2%
- 한국엔지니어링웍스 95.0%
- 한국프리시전웍스 100%
- 한국동그라미파트너스 100%
- 티엔에이 100%

▶ 경영 실적 추이 및 전망

(억 원) ■ 매출(좌) ■ 영업이익(좌) ○ 영업이익률(우) (%)

- 2021E: 매출 7조1,010 / 영업이익 7,445 / 영업이익률 10.47
- 2022F: 매출 7조4,934 / 영업이익 8,126 / 영업이익률 10.77

▶ 주가 추이 및 전망

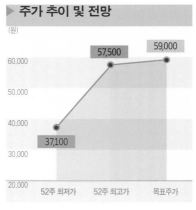

(원)

- 52주 최저가: 37,100
- 52주 최고가: 57,500
- 목표주가: 59,000

▶ 투자포인트

- 동사의 핵심 투자포인트는 교체용 타이어(RE) 수요 상황 → 2022년 이후 위드 코로나 시행에 들어갈 경우 이동거리가 늘어나면서 타이어 수요 증가 예상. 다만, 코로나19 변이 바이러스 속출 및 백신 효과 감소로 재확산이 반복될 경우 타이어 수요 위축. 업계에서는 타이어 수요 증가 예상.
- 원재료 가격이 오르면 동사의 영업비용이 상승하기 때문에 영업이익 유지를 위해 반드시 타이어 가격을 올려야 하지만, 수요가 감소할 경우 판가 인상이 곤란해짐.
- 타이어 주요 원재료인 천연고무 가격은 2021년 3분기에 최고치 형성한 뒤 2022년 상반기까지 높은 원재료 단가가 반영될 전망. 따라서 동사는 2022년에 타이어 판가 인상 요구됨 → 업계의 예상 인상률은 전년 대비 4% 내외.
- 동사의 2022년 타이어 판매 본수는 전년 대비 1%대 소폭 증가 예상 → 2021년 3분기에 80% 초반까지 하락한 가동률을 2022년에 90%까지 끌어올릴 예정.

▶ 글로벌 타이어 수요 추이 및 전망

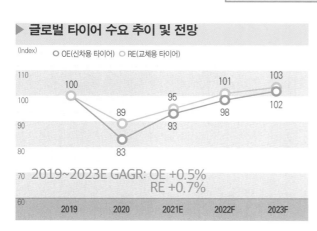

(Index) ○ OE(신차용 타이어) ○ RE(교체용 타이어)

- 2019: 100
- 2020: OE 83 / RE 89
- 2021E: OE 93 / RE 95
- 2022F: OE 98 / RE 101
- 2023F: OE 102 / RE 103

2019~2023E GAGR: OE +0.5%
RE +0.7%

▶ 글로벌 타이어 시장점유율 순위

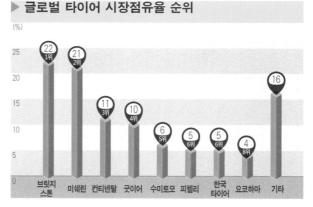

(%)

- 브릿지스톤 22 (1위)
- 미쉐린 21 (2위)
- 컨티넨탈 11 (3위)
- 굿이어 10 (4위)
- 수미토모 6 (5위)
- 피렐리 5 (6위)
- 한국타이어 5 (6위)
- 요코하마 4 (8위)
- 기타 16

▶ 국내 타이어 '빅 3' 매출액 대비 원재료 비중

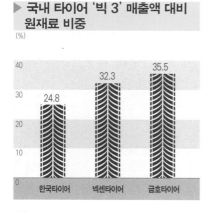

(%)

- 한국타이어: 24.8
- 넥센타이어: 32.3
- 금호타이어: 35.5

▶ 국내타이어 '빅 3' 지역별 매출 비중 (단위: %)

	한국타이어	금호타이어	넥센타이어
기타	16	12	23
아시아		12	
중남미		5	
중국	12		5
북미	26	24	28
유럽	35	17	32
한국	11	30	17

▶ 글로벌 타이어 PEER 대비 국내 타이어 '빅 3' PER 비교

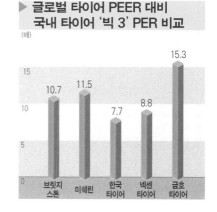

(배)

- 브릿지스톤: 10.7
- 미쉐린: 11.5
- 한국타이어: 7.7
- 넥센타이어: 8.8
- 금호타이어: 15.3

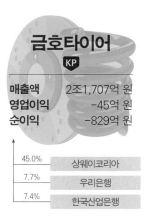

금호타이어
KP

매출액	2조1,707억 원
영업이익	-45억 원
순이익	-829억 원

45.0%	상웨이코리아
7.7%	우리은행
7.4%	한국산업은행

▶ 경영 실적 추이 및 전망

(억 원) ■ 매출(좌) ■ 영업이익(좌) ○ 영업이익률(우) (%)

- 2조5,673
- 2조9,626
- 4.83
- 1.10
- 283(흑자전환)
- 1,432
- 2021E
- 2022F

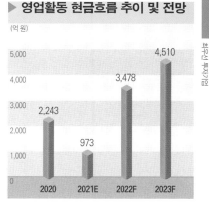

▶ 영업활동 현금흐름 추이 및 전망

(억 원)

- 2,243
- 973
- 3,478
- 4,510
- 2020
- 2021E
- 2022F
- 2023F

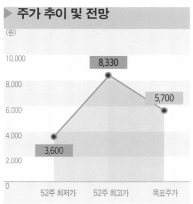

▶ 주가 추이 및 전망

(원)

- 8,330
- 5,700
- 3,600
- 52주 최저가
- 52주 최고가
- 목표주가

▶ 투자포인트

- 글로벌 교체용 타이어(RE) 수요 회복 및 18인치 타이어 수요 개선세에 힘입어 동사의 가동률이 2021년 79%에서 2022년 90%까지 회복 예상.
- 동사는 부채비율을 낮추고 재무구조 개선을 위해 광주공장 부지 매각 및 이전 추진 → 부지 매각이 마무리될 경우 2조 원 이상의 차익이 예상됨에 따라 차입금 (2020년 순차입금 1.8조 원) 50% 감축 가능할 경우 밸류에이션 재평가. 당장 연간 800억 원대의 이자비용 절약.
- 동사의 2022년 매출액은 2조9,626억 원, 영업이익률은 4.83% 예상. 아울러 당기순이익이 2020년 -829억 원에서 2022년 1,001억 원으로 반등 기대.
- 동사의 신차용 타이어(OE) 사업은 수익성이 다소 떨어지지만, 향후 교체용 타이어 매출 연계를 위해 적극적인 영업 전략 필요. 따라서 OE 사업의 경우 미래 투자 전략으로 접근.

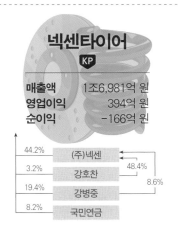

넥센타이어
KP

매출액	1조6,981억 원
영업이익	394억 원
순이익	-166억 원

44.2%	(주)넥센
3.2%	강호찬
19.4%	강병중
8.2%	국민연금

48.4%
8.6%

▶ 경영 실적 추이 및 전망

(억 원) ■ 매출(좌) ■ 영업이익(좌) ○ 영업이익률(우) (%)

- 2조0,490
- 2조2,210
- 5.18
- 2.82
- 578
- 1,150
- 2021E
- 2022F

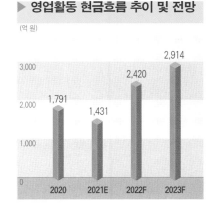

▶ 영업활동 현금흐름 추이 및 전망

(억 원)

- 1,791
- 1,431
- 2,420
- 2,914
- 2020
- 2021E
- 2022F
- 2023F

▶ 주가 추이 및 전망

(원)

- 11,400
- 8,500
- 5,950
- 52주 최저가
- 52주 최고가
- 목표주가

▶ 투자포인트

- 동사는 교체용 타이어(RE) 수요 호조에 힘입어 2022년 공장가동률이 90%를 웃돌 것으로 예상.
- 동사의 2022년 타이어 판매 본수는 전년 대비 5.0% 증가한 약 4,200만 본에 이를 전망.
- 동사의 타이어 판가 인상은 0.9%로 1%대에 미치지 못할 것으로 예상되는 바, 동사의 영업 전략이 판가 인상보다는 공장 가동률을 끌어올리는 데 초점이 맞춰져 있기 때문.
- 동사 전체 CAPA의 11%(2021년 2분기 기준)를 웃도는 유럽 공장의 수익성이 2022년에 정상화되지 못할 경우 영업이익률에 적신호 우려 → 2022년 하반기에 완공을 목표로 하는 체코 공장 2차 증설(+550만 본)이 차질 없이 진행될 경우, '규모의 경제' 효과에 따라 마진 폭 상승 기대.

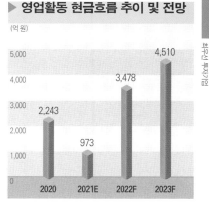
최우수 투자기업

195

해운-조선, 경기회복 훈풍 타고 호황 시그널 감지

▶ 해운주와 조선주 투자에 앞서 알아둬야 할 '해운-조선 업황 사이클'

신조 계약 증가 (선가 상승)	→	조선 호황	→	선박 공급 증가	→	운임비 하락

해운 호황	←	경기회복 ⋯▶ 물동량 증가 / IDM 규제 ⋯▶ 노후선박 교체 BUT	조선사간 공급 경쟁 인플레이션 확산	→	해운 불황

운임비 상승	←	선박 수급 감소	←	조선 불황	←	신조 계약 감소 (선가 하락)

▶ 글로벌 선박 발주량 추이 및 전망

(백만 DWT)

2019	2020	2021E	2022F	2023F	2024F
77	63	118	122	125	110

▶ 글로벌 선복량 추이 및 전망

(백만 DWT)

2019	2020	2021E	2022F	2023F	2024F
2,065	2,128	2,197	2,267	2,347	2,418

글로벌 해상 물동량 비중 (단위: %)

벌크선 47 (석탄, 철광석, 곡물 등 운송)	탱커선 28 (원유, 석유 등 운송)	컨테이너선 17 (각종 제품, 부품 등 운송)	가스선 4

선종별 신조선가지수 추이

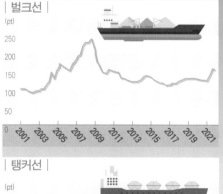

| 벌크선 |

(pt) 250 200 150 100 50 0

2001 2003 2005 2007 2009 2011 2013 2015 2017 2019 2021

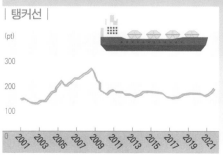

| 탱커선 |

(pt) 300 200 100 0

2001 2003 2005 2007 2009 2011 2013 2015 2017 2019 2021

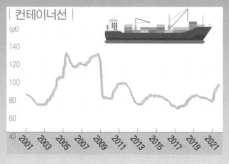

| 컨테이너선 |

(pt) 140 120 100 80 60 40

2001 2003 2005 2007 2009 2011 2013 2015 2017 2019 2021

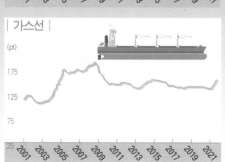

| 가스선 |

(pt) 175 125 75 25

2001 2003 2005 2007 2009 2011 2013 2015 2017 2019 2021

- 한국조선해양, 대우조선해양, 삼성중공업 등 국내 주요 조선사들은 이미 2021년 상반기에 향후 2년 간 수주잔고 확보 → 향후 수익성 위주의 선박 수주가 가능함에 따라 선가 상승이 예상됨.

- 신조선가지수란 새로 건조한 선박의 가격을 지수화한 것으로, 1988년 1월 기준 선박 건조 비용을 100으로 놓고 매달 가격을 비교해 매김. 지수가 100보다 클수록 선가가 많이 올랐음을 의미.

자료: Clarkson

📈 업황 호조에 저평가 투자매력 돋보이는 국내 해운주는? 📉

▶ 국내 해운 '빅3' vs. 글로벌 해운 PEER와 밸류에이션 비교 (2022F 기준)

| 국내 해운 '빅3' PER |
(배)
저평가 투자매력 ↓
8
6
4 — 3.8 (HMM) · 10.0 (팬오션) · 9.7 (대한해운)
2
0
HMM / 팬오션 / 대한해운

| 글로벌 해운 PEER PER |
(배)
9 — 6.5 (평균) · 5.7 (Maersk) · 10.8 (Hapag-Lloyd) · 5.8 (Evergeen)
6
3
0
평균 / Maersk / Hapag-Lloyd / Evergeen

| 국내 해운 '빅3' ROE |
(%)
52.7 ← 저평가 대비 높은 이익률
50
40
30
20
10 — 52.7 (HMM) · 11.5 (팬오션) · 8.1 (대한해운)
0
HMM / 팬오션 / 대한해운

| 글로벌 해운 PEER ROE |
(%)
39.7
30 — 28.4 (평균) · 25.4 (Maersk) · 32.3 (Hapag-Lloyd) · 39.7 (Evergeen)
20
10
0
평균 / Maersk / Hapag-Lloyd / Evergeen

▶ 국내 해운 '빅3' vs. 글로벌 해운 PEER와 영업이익률 비교 (2022F 기준)

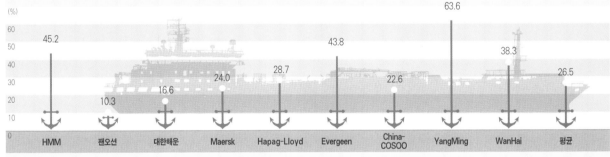

(%)
63.6 (YangMing)
60
50
45.2 (HMM) · 43.8 (Evergeen)
40 — 38.3 (WanHai)
30 — 24.0 (Maersk) · 28.7 (Hapag-Lloyd) · 22.6 (China-COSOO) · 26.5 (평균)
20 — 10.3 (팬오션) · 16.6 (대한해운)
10
0

HMM / 팬오션 / 대한해운 / Maersk / Hapag-Lloyd / Evergeen / China-COSOO / YangMing / WanHai / 평균

▶ 선종별 해운 운임지수 추이

| 벌크선 |
벌크선 운임 상승 지속 → 팬오션 최선호주

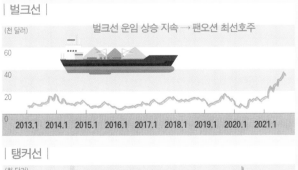

(천 달러)
60
40
20
0
2013.1 2014.1 2015.1 2016.1 2017.1 2018.1 2019.1 2020.1 2021.1

| 컨테이너선 |
컨테이너선 운임 사상 최대 상승 지속
→ HMM 최선호주

(천 달러)
60
40
20
0
2014.1 2015.1 2016.1 2017.1 2018.1 2019.1 2020.1 2021.1

| 탱커선 |

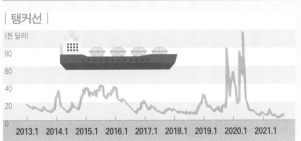

(천 달러)
80
60
40
20
0
2013.1 2014.1 2015.1 2016.1 2017.1 2018.1 2019.1 2020.1 2021.1

| 가스선 |

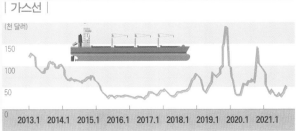

(천 달러)
150
100
50
0
2013.1 2014.1 2015.1 2016.1 2017.1 2018.1 2019.1 2020.1 2021.1

십여 년 만에 찾아온
해운-조선 호황에 투자 종목 찾기

길게는 2030년까지 호황기를 이어갈
조선의 장밋빛 미래

해운과 조선 종목에 투자하려면 지수(지표)에 밝아야한다. 이곳에는 유독 지수가 많다. 우선 조선업부터 살펴보자. 조선업에서 자주 접하는 지표 중 신조선가지수가 있다. 신조선가지수는 새로 만든 선박의 가격을 지수화한 지표다. 신조선가지수가 최초로 사용된 1988년 1월 기준 선박 건조 비용을 100으로 놓고 매달 가격을 비교해 수치를 매긴다. 지수가 100보다 클수록 선가가 많이 올랐음을 의미한다.

코로나19로 불황에 빠졌던 조선업이 회복을 넘어 반등 기대감을 키우게 된 계기는 바로 신조선가지수가 지난 11년 만에 가장 높은 수준까지 오르면서다. 신조선가지수가 크게 오르자 증권가에서는 국내 주요 조선사들의 실적이 2022년부터 본격적으로 상승국면에 접어들 것이란 분석이 쏟아지고 있다.

전 세계적으로 코로나19 델타변이에 맞서 백신 접종이 한창이던 2021년 9월 30일경 영국의 해운 시황 분석 업체 클락슨리서치는, 신조선가지수가 149.12 포인트를 기록했다고 발표했다. 같은 해 1월 말 기록한 125포인트보다 18%가량 오른 수치다. 신조선가지수가 마지막으로 150포인트대를 기록한 것은 지난 2009년 6월경이다. 무엇보다도 선종을 가리지 않고 상승세가 이어지고 있는 점이 고무적이다.

국내 조선 '빅 3'인 한국조선해양, 삼성중공업, 대우조선해양이 연이어 연간 수주 목표를 채우고 있는 상황이라 향후 수익성이 높은 선별 수주가 가능해질 전망이다. 한국조선해양과 대우조선해양은 2021년 3분기가 채 지나기도 전에 연간 수주 목표를 조기 달성했다. 삼성중공업도 같은 기간 86억 달러를 수주

해 연간 수주 목표(91억 달러)의 95%를 달성했다. 이에 따라 국내 조선사들의 본격적인 턴어라운드는 늦어도 2022년부터 시작될 전망이다. 한국조선해양은 2021년 4분기부터 흑자전환에 성공할 것으로 보인다. 대우조선해양은 2022년 1분기, 삼성중공업은 2023년 1분기부터 흑자로 돌아설 전망이다.

조선 업황은 중장기 전망도 나쁘지 않다. 클락슨리서치는 2021년을 기점으로 조선업이 본격적인 회복세에 진입한 뒤 오는 2023~2031년까지 연평균 발주량이 2020년 대비 2배 이상 증가하는 중장기 호황국면에 접어들 것으로 분석했다. 글로벌 경기회복에 따른 물동량 증가 및 국제해사기구(IMO) 규제로 인한 노후선박 교체 등이 본격화되면, 평균 발주량이 모든 선종에 걸쳐 2020년보다 50% 이상 증가한 연평균 1,200척 이상이 예상된다. 국내 조선사의 주력 선박인 컨테이너선은 1만5,000TEU 이상 대형선을 중심으로 매년 250~300척이 발주돼 2020년 105척 대비 최대 2~3배 이상 증가할 것으로 보인다. LNG선의 경우도 환경 규제에 따른 노후 선대 교체 수요로 연간 60척 이상 발주가 유지될 전망이다.

조선사들의 주가에 영향을 미치는 철강 후판 가격

하지만 투자적 관점에서 클락슨리서치가 발표한 글로벌 조선 업황의 중장기 호황 전망을 무조건 받아들이는 건 곤란하다. 조선 업황의 장밋빛 미래에 다소 방해가 될 만한 요인들을 체크해 둘 필요가 있다는 얘기다. 그 가운데 특히 주의해야 하는 것이 후판 가격이다. 후판은 두께가 6mm 이상의 두꺼운 철판으로 조선 원가의 20%를 차지할 정도로 선박 제조에 없어서는 안 될 핵심 소재다. 후판 가격이 오르면 조선사들의 비용 부담도 덩달

아 상승하게 된다. 실제로 2021년 1분기경 후판의 원료인 철광석 가격 급등으로 후판 가격이 크게 올라 조선사들을 곤란하게 했다. 당시 컨테이너선 발주량이 회복하면서 반등하던 조선사들의 주가가 후판 가격 상승으로 한순간에 고꾸라지고 만 것이다.

후판 가격은 앞으로 좀 더 오를 전망이다. 2020년 톤당 66만7,000원에 거래됐던 선박용 후판 가격은 2021년 상반기에 98만8,000원으로 48%가량 올랐다. 후판 가격 급등은 조선사로 하여금 대규모 공사손실충당금을 설정하게 하면서 재무 부담을 키우게 한다. 현대중공업그룹과 삼성중공업, 대우조선해양은 2021년 2분기 실적에 반영한 공사손실충당금이 각각 8,960억 원, 3,720억 원, 8,000억 원에 달했다. 이로 인해 당시 조선 3사는 전 세계 선박 발주를 거의 싹쓸이하면서도 대규모 적자를 감내해야 했다. 다만 후판 가격 상승이 조선 업황의 강한 상승세를 완전히 꺾지는 못할 것으로 보인다. 이미 충분한 일감을 확보한 조선사들이 앞으로 비용 인상분을 선가에 전가할 수 있는 수익성 높은 프로젝트를 선별 수주할 것이기 때문이다.

2022년에도 계속되는 해운 호황기에 저평가 대장주가 있다!

조선과 마찬가지로 해운 업황을 가늠하는 각종 운임 지표들도 고공행진을 이어가고 있다. 이로 인해 국내 해운 대장주들의 실적과 주가가 크게 오를 것으로 예상된다. 업계에서는 벌크선의 물동량인 원자재 수요 급증 및 컨테이너 물동량이 증가했지만, 이를 감당할 선박이 턱없이 부족한 데다 선박의 정체기간마저 길어지면서 당분간 해운업 지수는 상승세가 계속될 것으로 보고 있다.

해상 운임의 변화를 보여 주는 대표적인 해운업 지수에는 BDI(발틱운임지수)와 SCFI(상하이컨테이너운임지수)가 있다. 발틱운임지수는 영국 런던의 발틱해운거래소가 1999년 11월 1일부터 발표하고 있는 종합 운임지수다. 벌크선이 주로 이용돼 '벌크운임지수'라고도 부른다. 1985년 1월 4일 운임 수준을 기준(1000)으로 삼고, 석탄·광물·곡물·건축자재 등 포장 없이 벌크선으로 운송하는 원자재에 대한 운임을 평가한다. 발틱운임지수는 원자재나 상품을 운반하는 양이 많아지면 상승하고, 양이 줄면 하락하기 때문에 단순히 해운 업황만을 나타내는 것이 아니라 글로벌 경제를 예측하는 선행지표로 활용되기도 한다.

발틱운임지수는 2021년 3분기 들어 지난 13년 만에 최고치를 기록하면서 글로벌 해운 시황이 호황기의 중심에 도달했음을 방증했다(2021년 9월 27일 BDI 4,235 기록). 글로벌 금융위기가 한창이던 2008년 1월 이후 가장 높은 수치다. 뿐 만 아니라 컨테이너 운송 15개 항로의 운임을 종합한 상하이컨테이너운임지수 역시 같은 기간 16주 연속 상승세를 이어가며 사상 최고치를 다시 썼다(4385.62).

해운 업황 호조세는 2020년 하반기부터 코로나19 여파로 가동이 중단됐던 공장들이 생산을 본격적으로 재개하면서 원자재 수요가 늘어난 데다 경기회복에 따른 해상 물동량 수요가 증가한 데 따른 것이다. 여기에 코로나19 델타변이가 확산되면서 항만 검역이 강화되고 있고, 일부 항만은 아예 가동을 중단하기도 했다. 아울러 태풍 등 자연재해까지 더해져 선박 운항이 정체되는 체선현상이 빚어지면서 해상 운임이 가파르게 상승했기 때문이다.

발틱운임지수의 경우 컨테이너 운임보다도 훨씬 상승폭이 크게 나타나고 있다. 철광석 가격이 하락세를 이어오다 톤당 153달러까지 오르면서 기업들이 경쟁적으로 저가의 철광석 확보에 나서면서 해상물동량이 급증한 것이다. 증권가에서는 앞으로 벌크선 기업들 주가의 핵심 지표가 철광석 가격이 될 것이라 분석한다. 국내를 대표하는 벌크선사로는 팬오션과 대한해운이 있다.

업계에서는 발틱운임지수의 강세가 2022년에도 이어질 것으로 보고 있다. 벌크선 시황은 컨테이너선과 다르게 신조 발주 투자가 여전히 저조해 한동안 호황 사이클이 계속될 수밖에 없는 것이다. 증권가에서는 국내 해운 대장주 중 유독 HMM의 기업가치가 글로벌 PEER에 비해 저평가되었음을 강조한다.

현대중공업

KP

매출액	8조3,120억 원
영업이익	325억 원
순이익	−4,314 억 원

정몽준

한국조선해양 ←30.9% / 26.6%→ 현대중공업지주 ←100%

- 42.4% 현대미포조선
- 80.5% 현대삼호중공업
- 100% 현대엔진(유)
- 100% 코마스
- 100% 현대중공업모스
- 53.5% 현대에너지솔루션
- 35.0% 태백풍력발전
- 43.0% 창죽풍력발전
- 100% 현대파워시스템

- 74.1% 현대오일뱅크
- 33.1% 현대건설기계
- 37.2% 현대일렉트릭앤에너지시스템
- 62.0% 현대글로벌서비스
- 90.0% 현대로보틱스
- 100% 아비커스
- 100% 현대제뉴인

▶ 경영 실적 추이 및 전망

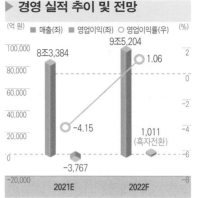

(억 원) ■ 매출(좌) ■ 영업이익(좌) ○ 영업이익률(우) (%)

- 2021E: 매출 8조3,384, 영업이익 −3,767, 영업이익률 −4.15
- 2022F: 매출 9조5,204, 영업이익 1,011 (흑자전환), 영업이익률 1.06

▶ 주가 추이 및 전망

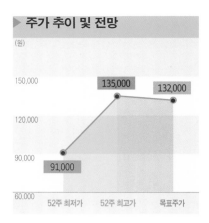

(원)

- 52주 최저가: 91,000
- 52주 최고가: 135,000
- 목표주가: 132,000

▶ 투자포인트

- 2021년 9월 코스피 상장. 사업부문별 매출 비중은 조선해양 81.5%, 엔진기계 17.7% 등으로 구성 → 조선해양 부문의 주력 상품은 상선(LNG, 컨테이너, 탱커 등)과 해양플랜트(시추선, 생산설비 등), 특수선(군함)이며, 엔진기계 부문의 주력 상품은 선박용 대형 엔진을 비롯하여 중소형 엔진과 선박용 프로펠러를 포함.
- 한동안 부진했던 에너지 운반선(탱커, LNG) 업황 회복 및 환경 규제 강화로 인한 운임 상승으로 선박 발주 시장 호황에 따른 수혜 예상 → 상장 타이밍 적절.
- 가스 추진선 글로벌 시장점유율 1위(21.1%)로, 수주 회복기에 차별적인 수주잔고 확보 및 선가 인상 예상.
- 중대형 선박 엔진 글로벌 시장점유율 1위(각각 35.6%, 25.8%)로 조선 호황기 수혜 예상. 환경 규제로 발주 비중이 상승 중인 LNG, 메탄올 DF 엔진 글로벌 시장점 유율 역시 1위(각각 45%, 100%).

▶ 수주잔고 추이 및 전망

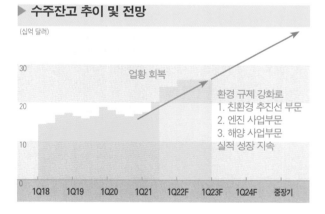

(십억 달러)

업황 회복

환경 규제 강화로
1. 친환경 추진선 부문
2. 엔진 사업부문
3. 해양 사업부문
실적 성장 지속

1Q18 1Q19 1Q20 1Q21 1Q22F 1Q23F 1Q24F 중장기

▶ 수주잔고 기준 선종별 글로벌 시장점유율

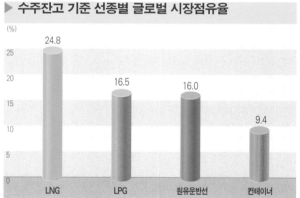

(%)

- LNG: 24.8
- LPG: 16.5
- 원유운반선: 16.0
- 컨테이너: 9.4

▶ 글로벌 조선사들의 수주잔고 비교 (2021년 1분기 기준)

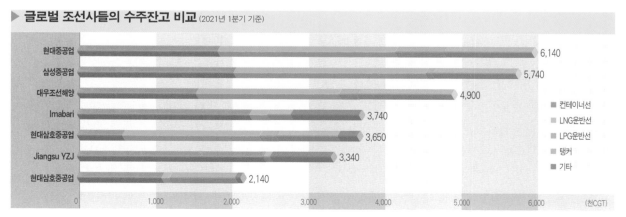

- 현대중공업: 6,140
- 삼성중공업: 5,740
- 대우조선해양: 4,900
- Imabari: 3,740
- 현대삼호중공업: 3,650
- Jiangsu YZJ: 3,340
- 현대삼호중공업: 2,140

■ 컨테이너선 ■ LNG운반선 ■ LPG운반선 ■ 탱커 ■ 기타

(천CGT)

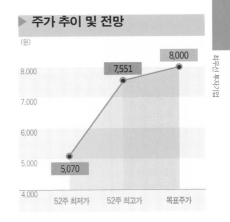

삼성중공업
KP

매출액	6조8,603억 원
영업이익	-1조0,541억 원
순이익	-1조4,927억 원

15.9%	삼성전자
8.5%	삼성생명
3.0%	
6.2%	국민연금
17.0%	삼성벤처투자
16.6%	케이씨엘엔지테크
5.1%	삼중테크
13.6%	이비테크
19.0%	에스엔시스

최우선 투자기업

▶ 경영 실적 추이 및 전망

(억 원) ■ 매출 ■ 영업이익

- 2021E: 6조8,998 / -9,953 (적자지속)
- 2022F: 7조3,424 / -1,286 (적자감소)

▶ 주가 추이 및 전망

(원)

- 52주 최저가: 5,070
- 52주 최고가: 7,551
- 목표주가: 8,000

▶ 투자포인트

- 누적 수주실적 세계 2위 조선사로, 2020년 말 기준 수주잔고 구성은 상선 65%, 해양플랜트 35%로 구성 → 해양플랜트 및 LNG 관련 독보적 기술 보유(수주잔고의 57%가 LNG 운반선, FLNG 등 LNG 부문).
- 장기 불황의 여파로 6년 연속 적자 기록 중이지만, 수주잔고 기준 2022년 인도 예정 물량이 60억 달러, 2023년 65억 달러로 점진적인 실적 회복 시그널 감지.
- 고선가 수주 선박이 실적에 반영되는 2023년 전까지 약 500~600억 원 정도의 제한적인 영업손실 불가피.
- 유상증자, 드릴쉽 매각 및 용선 계약 등을 통해 재무안정성 개선 추세 → 2023년까지 수주를 미리 확보해 향후 점진적인 매출 증가로 흑자전환 예상.

▶ 조선/해양 수주액 추이 및 전망

(억 달러)

- 2019: 71
- 2020: 55
- 2021E: 112
- 2022F: 82
- 2023F: 78

▶ 분기별 선박 건조 인도 추이 및 전망

(척)

- 1Q22F: 16
- 2Q22F: 9
- 3Q22F: 9
- 4Q22F: 7
- 1Q23F: 13
- 2Q23F: 5
- 3Q23F: 8
- 4Q23F: 12

▶ 영업이익 흑자전환 전망

(억 원)

- 2021E: -9,953
- 2022F: -1,286
- 2023F: 1,624 (흑자전환)

▶ 당기순이익 흑자전환 전망

(억 원)

- 2021E: -1조0,604
- 2022F: -2,058
- 2023F: 133 (흑자전환)

▶ 영업활동 현금흐름 추이 및 전망

(억 원)

- 2021E: -2,070
- 2022F: 3,134
- 2023F: 5,221

대우조선해양
KP

매출액	7조0,312억 원
영업이익	1,534억 원
순이익	866억 원

55.6%	한국산업은행
8.4%	KEB하나은행
6.0%	국민연금

인수 추진 ------- 현대중공업그룹

현대중공업그룹의 대우조선해양 인수를 위한 EU의 기업결합 심사 지연 왜?

현대중공업그룹이 대우조선해양을 인수하려면 한국 및 EU, 중국 등 6개 경쟁당국에서 승인 요함. 카자흐스탄과 싱가포르, 중국에선 승인을 받았으나 EU와 일본, 한국에서 승인 지연. 특히 EU의 경우, LNG 운반선 시장에서 두 회사의 점유율이 높기 때문에(합산 60% 이상), 이번 인수로 가격결정권을 한국 조선사에게 넘겨줄 것을 우려해 인수 심사 지연.

▶ **경영 실적 추이 및 전망**

(억 원) ■ 매출(좌) ■ 영업이익

4조7,210 / -1조3,171 (적자전환) / 2021E
6조0,144 / -839 (적자감소) / 2022F

▶ **주가 추이 및 전망**

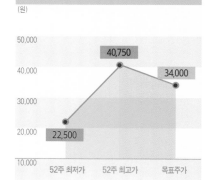

(원)

22,500 (52주 최저가) / 40,750 (52주 최고가) / 34,000 (목표주가)

▶ 투자포인트

- 수년 동안 이어진 수주잔고 감소로 2021년 매출 및 영업이익이 크게 줄 것으로 예상 → 특히 영업손실이 1조 원을 넘길 것으로 예상됨.
- 영업손실의 원인은 매출액 감소에 따른 고정비 부담, 후판 등 자재 가격 인상에 따른 충당금 6,550억 원 발생, 해양공사 부문에서의 클레임 청구 비용 3,000억 원 등에 기인.
- 다행히 글로벌 조선 업황 호조에 따라 63억 달러 규모의 신규 수주로 연간 목표치 77억 달러에 근접. 향후 2년 이상 수주물량 확보 → 2023년 영업이익과 순이익 흑자전환 기대.
- 갈수록 증가하는 부채로 인해 자본총계가 크게 훼손되면서 재무건전성에 적신호 → 업황 호조로 대규모 수주에 성공했지만 당장의 매출로 인식되는 물량이 아니기 때문에 재무적 어려움 지속.

▶ **자산총계 추이 및 전망**

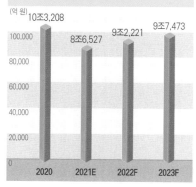

(억 원)
10조3,208 / 8조6,527 / 9조2,221 / 9조7,473
2020 / 2021E / 2022F / 2023F

▶ **부채총계 추이 및 전망**

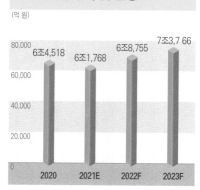

(억 원)
6조4,518 / 6조1,768 / 6조8,755 / 7조3,766
2020 / 2021E / 2022F / 2023F

▶ **자본총계 추이 및 전망**

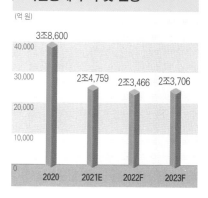

(억 원)
3조8,600 / 2조4,759 / 2조3,466 / 2조3,706
2020 / 2021E / 2022F / 2023F

▶ **영업이익 흑자전환 전망**

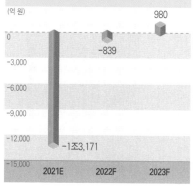

(억 원)
-1조3,171 (2021E) / -839 (2022F) / 980 (2023F)

▶ **당기순이익 흑자전환 전망**

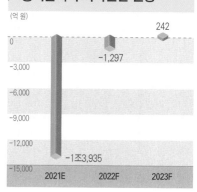

(억 원)
-1조3,935 (2021E) / -1,297 (2022F) / 242 (2023F)

▶ **부채비율 추이 및 전망**

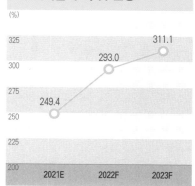

(%)
249.4 (2021E) / 293.0 (2022F) / 311.1 (2023F)

HMM
(옛 현대상선)
KP

매출액	6조4,133억 원
영업이익	9,808억 원
순이익	1,240억 원

24.9%	한국산업은행
6.0%	신용보증기금
5.2%	국민연금

▶ **경영 실적 추이 및 전망**

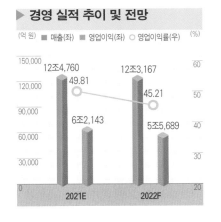

(억 원) ■ 매출(좌) ■ 영업이익(좌) ○ 영업이익률(우) (%)

- 2021E: 매출 12조4,760, 영업이익 6조2,143, 영업이익률 49.81
- 2022F: 매출 12조3,167, 영업이익 5조5,689, 영업이익률 45.21

▶ **당기순이익 추이 및 전망**

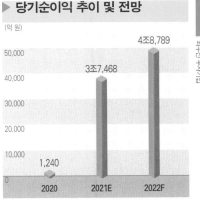

(억 원)

- 2020: 1,240
- 2021E: 3조7,468
- 2022F: 4조8,789

▶ **주가 추이 및 전망**

(원)

- 52주 최저가: 12,500
- 52주 최고가: 51,100
- 목표주가: 34,000

▶ **투자포인트**

- 동사는 컨테이너선용 해상 운송을 주력 사업으로 영위.
- 장기운송계약은 대부분 전년 대비 263.2% 상승한 운임을 기준으로 계약 완료.
- 컨테이너선 선대가 82.7만TEU(+12.5% yoy) 증가했고, 현대중공업에 발주한 1.60만TEU 컨테이너선 6척 인도 받음. 아울러 신규 발주한 1.30만TEU 컨테이너선 12척은 2024년부터 인도가 시작될 예정.
- 선대 증가에도 불구하고 유럽, 미국 항구 선적/하역 작업 지연으로 운항횟수 감소 → 코로나19 이전 대비 56.8% 급감.
- 상하이컨테이너운임지수(SCFI) 회복의 열쇠는 전 세계 항구 적체 해소 → 동사의 주가는 SCFI 추이와 밀접하게 연동 → 전 세계 항구 정상화 시그널이 동사의 주가 상승 모멘텀.

▶ **컨테이너선 매출 추이 및 전망**

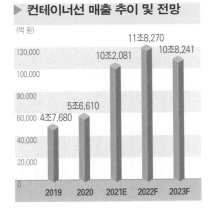

(억 원)

- 2019: 4조7,680
- 2020: 5조6,610
- 2021E: 10조2,081
- 2022F: 11조8,270
- 2023F: 10조8,241

▶ **컨테이너선 물동량 추이 및 전망**

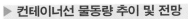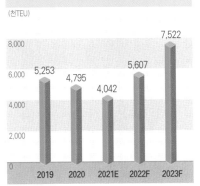

(천TEU)

- 2019: 5,253
- 2020: 4,795
- 2021E: 4,042
- 2022F: 5,607
- 2023F: 7,522

▶ **컨테이너선 선대 추이 및 전망**

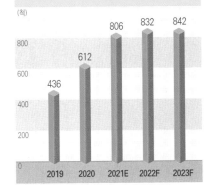

(척)

- 2019: 436
- 2020: 612
- 2021E: 806
- 2022F: 832
- 2023F: 842

▶ **상하이컨테이너운임지수(SCFI) 추이 및 전망**

(P)

- 2019: 811
- 2020: 1,223
- 2021E: 3,517
- 2022F: 2,168
- 2023F: 1,034

▶ **HMM 주가와 SCFI 상관관계**

(원) ■ HMM 주가(좌) ■ SCFI(우) (천P)

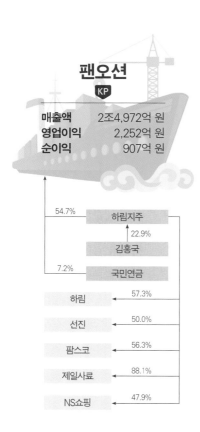

팬오션
KP

매출액	2조4,972억 원
영업이익	2,252억 원
순이익	907억 원

54.7% 하림지주
22.9% 김홍국
7.2% 국민연금

하림 57.3%
선진 50.0%
팜스코 56.3%
제일사료 88.1%
NS쇼핑 47.9%

▶ 경영 실적 추이 및 전망

(억 원) ■ 매출(좌) ■ 영업이익(좌) ○ 영업이익률(우) (%)

- 4조1,251 / 10.94 / 4,511 (2021E)
- 4조3,695 / 10.30 / 4,502 (2022F)

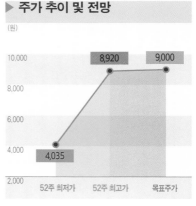

▶ 주가 추이 및 전망

(원)

- 52주 최저가: 4,035
- 52주 최고가: 8,920
- 목표주가: 9,000

▶ 투자포인트

- 50년이 넘는 업력을 보유한 벌크선 전문 해운사.
- 벌크선 선대를 2020년 4분기 기준 186척에서 2021년 1분기에 221척, 2분기에 257척으로 증가시킴 → 2022년 271척, 2023년 287척 예상 → 선대 확대로 인해 운임 상승에 따른 수혜 예상.
- BDI 상승 추세로 동사의 벌크선 운임은 기존 전망(25.3달러/톤)보다 24.7% 높은 31.5달러/톤으로 올라갈 것으로 예상.
- 동사의 2022년 영업이익은 2021년을 유지하는 수준 예상 → 2021년에 벌크선 시황이 기대 이상으로 호조세를 이어간 것에 대한 조정 효과 여파.
- 긍정적인 시그널로는, 항만 정체 상황이 길어질 경우 높은 운임이 유지될 수 있고, 아울러 글로벌 에너지 소비량 증가로 벌크선 수요 상승 가능성 높음.

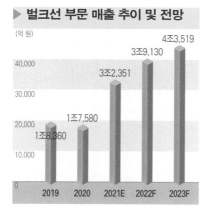

▶ 벌크선 부문 매출 추이 및 전망

(억 원)

- 2019: 1조8,360
- 2020: 1조7,580
- 2021E: 3조2,351
- 2022F: 3조9,130
- 2023F: 4조3,519

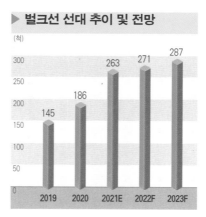

▶ 벌크선 선대 추이 및 전망

(척)

- 2019: 145
- 2020: 186
- 2021E: 263
- 2022F: 271
- 2023F: 287

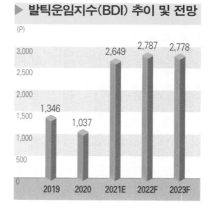

▶ 발틱운임지수(BDI) 추이 및 전망

(P)

- 2019: 1,346
- 2020: 1,037
- 2021E: 2,649
- 2022F: 2,787
- 2023F: 2,778

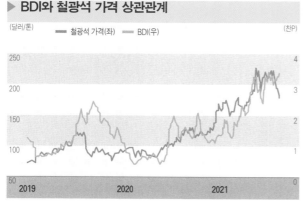

▶ BDI와 철광석 가격 상관관계

(달러/톤) ■ 철광석 가격(좌) ■ BDI(우) (천P)

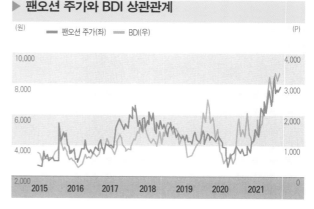

▶ 팬오션 주가와 BDI 상관관계

(원) ■ 팬오션 주가(좌) ■ BDI(우) (P)

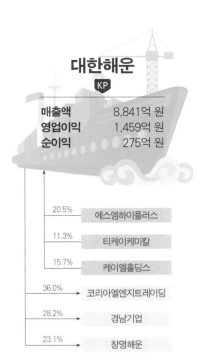

대한해운
KP

매출액	8,841억 원
영업이익	1,459억 원
순이익	275억 원

- 20.5% 에스엠하이플러스
- 11.3% 티케이케미칼
- 15.7% 케이엘홀딩스
- 36.0% 코리아엘엔지트레이딩
- 28.2% 경남기업
- 23.1% 창명해운

▶ 경영 실적 추이 및 전망

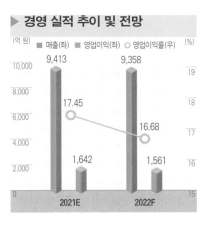

(억 원) ■ 매출(좌) ■ 영업이익(좌) ○ 영업이익률(우) (%)

2021E: 매출 9,413, 영업이익 1,642, 영업이익률 17.45
2022F: 매출 9,358, 영업이익 1,561, 영업이익률 16.68

▶ 주가 추이 및 전망

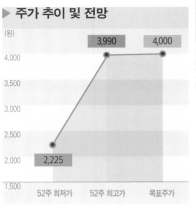

(원)
- 52주 최저가: 2,225
- 52주 최고가: 3,990
- 목표주가: 4,000

▶ 투자포인트

- 전용선(건화물, LNG), 부정기선(건화물), 탱커선(LPG), 자동차선(PCTC), 원유선(오일) 등 사업 영위.
- 동사는 최근 3년 사이에 LNG 수송선 시장의 화주를 한국가스공사 중심에서 해외 대형 화주와의 장기운송계약으로 확장하는데 성공함.
- 건화물선 총 27척(장기용선 1척, 사선 26척) 중에 8척이 부정기 Spot 영업에 투입되고 있는데, 최근 건화물 호황으로 부정기 부문의 수익성 개선이 이어질 전망.
- 동사 매출의 대부분(2021년 기준 90%)을 차지하는 전용선 사업의 선대 규모가 2022년에 전년 대비 2% 이상 감소할 것으로 예상.
- 원/달러 환율이 하락할 경우 수익성 악화 리스크에 유의 → 매출액과 비용 대부분이 달러로 계상되는 해운업에서 원/달러 환율 하락은 원화 기준 손익의 악화 요인으로 작용.

▶ 사업부문별 매출 비중

단위: %
- 벌크선 40
- LNG선 29
- 탱커선 21
- 부정기선 9
- 기타 1

▶ 거래처별 매출 비중

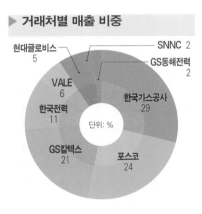

단위: %
- 한국가스공사 29
- 포스코 24
- GS칼텍스 21
- 한국전력 11
- VALE 6
- 현대글로비스 5
- SNNC 2
- GS동해전력 2

▶ 벌크선 부문 매출 추이 및 전망

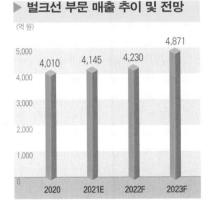

(억 원)
- 2020: 4,010
- 2021E: 4,145
- 2022F: 4,230
- 2023F: 4,871

▶ 당기순이익 추이 및 전망

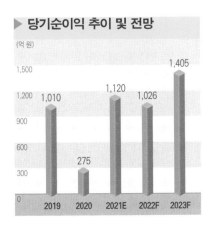

(억 원)
- 2019: 1,010
- 2020: 275
- 2021E: 1,120
- 2022F: 1,026
- 2023F: 1,405

▶ ROE 추이 및 전망

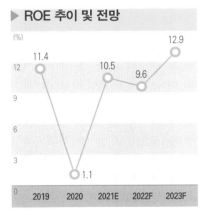

(%)
- 2019: 11.4
- 2020: 1.1
- 2021E: 10.5
- 2022F: 9.6
- 2023F: 12.9

▶ 영업활동 현금흐름 추이 및 전망

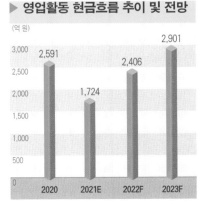

(억 원)
- 2020: 2,591
- 2021E: 1,724
- 2022F: 2,406
- 2023F: 2,901

20 물류, 택배

📈 언택트 확산 → 이커머스 팽창 → 택배 급증 → 물류/유통 신사업 개화 📉

▶ 국내 택배 물동량 증가 추이

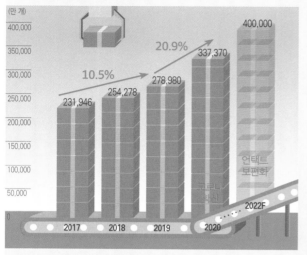

(만 개)

2017	2018	2019	2020	2022F
231,946	254,278	278,980	337,370	400,000

10.5% → 20.9%

언택트 보편화

▶ 택배 평균단가 추이

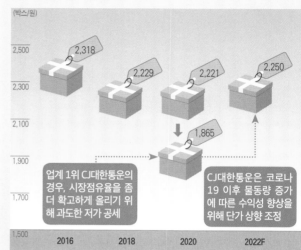

(박스/원)

2016	2018	2020	2022F
2,318	2,229	2,221 / 1,865	2,250

업계 1위 CJ대한통운의 경우, 시장점유율을 좀 더 확고하게 올리기 위해 과도한 저가 공세

CJ대한통운은 코로나 19 이후 물동량 증가에 따른 수익성 향상을 위해 단가 상향 조정

▶ 국내 택배 시장점유율

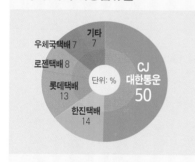

단위: %

- 기타 7
- 우체국택배 7
- 로젠택배 8
- 롯데택배 13
- 한진택배 14
- CJ대한통운 50

▶ CJ대한통운 영업이익률 추이

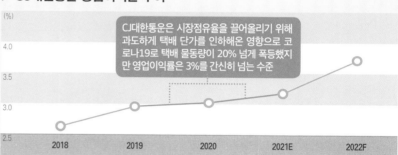

(%)

CJ대한통운은 시장점유율을 끌어올리기 위해 과도하게 택배 단가를 인하해온 영향으로 코로나19로 택배 물동량이 20% 넘게 폭등했지만 영업이익률은 3%를 간신히 넘는 수준

2018	2019	2020	2021E	2022F

▶ 택배 물동량 급증으로 택배 대장주 투자매력 상승

| CJ대한통운 택배 물동량 추이 |

(만 개)

2018	2019	2020	2021E	2022F
122,455	132,012	168,973	178,302	187,758

| CJ대한통운 당기순이익 추이 |

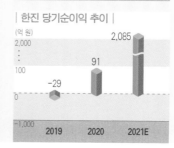

(억 원)

2019	2020	2021E
509	1,426	1,836

| CJ대한통운 ROE 추이 |

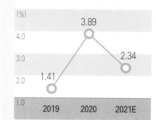

(%)

2019	2020	2021E
1.41	3.89	2.34

| 한진 택배 물동량 추이 |

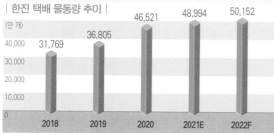

(만 개)

2018	2019	2020	2021E	2022F
31,769	36,805	46,521	48,994	50,152

| 한진 당기순이익 추이 |

(억 원)

2019	2020	2021E
-29	91	2,085

| 한진 ROE 추이 |

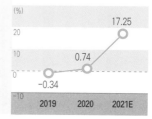

(%)

2019	2020	2021E
-0.34	0.74	17.25

🔍 '풀필먼트', '라스트 마일 딜리버리' : 물류 고수익 비즈니스 모델 📉

▶ **국내 풀필먼트 시장 규모** 풀필먼트 서비스 수수료 기준, 쿠팡 제외

■ 네이버 ■ 이베이코리아 ■ 11번가 ■ 위메프 ■ 티몬

| 풀필먼트 서비스 가입률 30% 가정 | 3,528 | 3,168 | 1,872 | 1,152 | 720 | 1조0,440 |

| 풀필먼트 서비스 가입률 60% 가정 | 7,056 | 6,336 | 3,744 | 2,304 | 1,440 | 2조0,880 |

| 풀필먼트 서비스 가입률 90% 가정 | 1조0,584 | 9,504 | 5,616 | 3,456 | 2,160 | 3조1,320 |

(억 원) 0 5,000 10,000 15,000 20,000 25,000 30,000 35,000

▶ **물류 비용 중 라스트 마일 비중** (단위: %)

라스트마일	41
기타	10
포장	16
분류	20
창고 보관	13

유통회사 물류비용 줄이기 위해
물류회사 운송마진 늘리기 위해

유통 사업의 성패는 결국 물류에 달렸다!
CJ대한통운, 쿠팡, 이마트, GS리테일 등 국내 물류/유통 대장주들, 물류 고수익 비즈니스 모델인 '풀필먼트'와 '라스트 마일 딜리버리' 사업 전개

▶ **국내 물류/유통 대장주들이 새롭게 전개한 물류 시스템**

기업	물류 사업 모델	내용
CJ대한통운 [물류 전문]	원스톱 물류 대행 시스템 'E-풀필먼트'	• 네이버와 3,000억 원 지분 교환 → 네이버 스마트스토어에서 판매하는 상품 대상 30개 이상 브랜드가 E-풀필먼트 서비스 사용 중. • 입점업체 중 77%가 풀필먼트 서비스 이용한 뒤 판매량 25% 이상 증가, 입점업체의 78%는 소비자 클레임 감소.
이마트 [오프라인 + 온라인 유통]	온라인 전용 물류센터, 오프라인 매장 내 PP센터, 도심형 물류센터	• PP(Picking & Packing) 센터에 특화 → 현재 110여 개 이마트 오프라인 매장에 설치, 2020년 기준 SSG닷컴의 일평균 처리 물량 13만 건 중 50%를 PP센터에서 처리. • 온라인+오프라인 협업 시너지 발생 → 2021년 1월~4월 동안 신도림점 온라인 매출(PP센터)이 전년 대비 154% 상승. • 신도림점은 리뉴얼을 통해 PP센터를 기존 20평에서 320평으로 확대 → 점포에서 배송되는 온라인 처리 물량 증가 효과.
GS리테일 [오프라인 + 온라인 유통]	배달서비스 '부릉' 연계 사업 모델, 마이크로 풀필먼트	• GS홈쇼핑과 통합 물류 인프라 구축을 위해 2025년까지 총 4,300억 원을 들여 신규 물류센터 6곳 신축 예정. • 1.5만여 소매점(편의점, 슈퍼)과 우리동네 딜리버리, 부릉 연계 배송 → GS홈쇼핑이 물류회사 메쉬코 리아의 지분 19.53%를 인수. • 메쉬코리아는 자체적으로 전국에 도심형 마이크로풀필먼트 센터(MFC) 도입 → 3시간 이내 즉시배송 이 가능한 인프라 구축.
쿠팡 [온라인 전문 유통]	홈타운 프로젝트 (도심형 물류센터), 랜덤스로우(빅데이터), 로딩SOP(인공지능)	• 국내 인구의 70%가 쿠팡 물류 관련 시설에서 약 11km 반경 이내에 위치 → 도심형 물류센터 홈타운 프로젝트 추진. • 2014년 로켓배송이 출범할 당시 27개에 그치던 쿠팡 물류센터는 2020년 기준 160개 이상으로 증가. • 로켓배송 하루 600만 종 이상 상품 취급 → 빅데이터 기반, '랜덤스토우' 및 '로딩SOP' 인공지능 시스 템 활용.

물류 투자의 미래,
'풀필먼트'와 '라스트 마일 딜리버리'

택배 물동량만 바라봐서는 곤란한 이유

택배를 포함한 물류 종목의 핵심 투자포인트는 '풀필먼트'와 '라스트 마일 딜리버리'다. 일반인들에게는 생소한 용어이지만 물류와 유통 업종에 관심이 많은 주식 투자자라면 주의 깊게 살펴봐야 하는 개념들이다.

풀필먼트(fulfillment)는 물류(택배) 전문업체가 판매자 대신 주문 받은 제품을 선택하고(picking) 포장한(packing) 뒤 배송까지 마무리하는 서비스다. 즉, 주문한 상품이 물류창고를 거쳐 고객에게 배달되기까지의 모든 과정을 일괄처리하는 것이다.

풀필먼트는 물류 업체들의 주력 사업에 해당하지만, 풀필먼트 서비스를 처음 도입한 것은 물류 업체가 아닌 유통 회사였다. 아마존은 풀필먼트 시스템을 통해 자체배송 서비스를 정착시켜 경쟁사들을 누르고 이커머스 업계 1위를 차지할 수 있었다. 쿠팡은 2014년 로켓배송을 통해 아마존의 풀필먼트 시스템을 벤치마킹했다.

하지만 풀필먼트의 적임자는 택배 업체임을 부정할 수 없다. 택배 업체들은 창고 관리 노하우에 IT 기술을 접목시키는 시너지를 창출해 기존 온라인 유통 업체가 담당해오던 데이터 관리 및 (배송 이후) 교환·환불 등의 서비스에 이르기까지 사업영역을 확장시키고 있다. CJ대한통운이 운영하고 있는 GDC 사업이 대표적인 예다. 온라인 유통 업체들이 직접 처리하던 상품 재고관리, 제품 포장 등의 과정을 물류 회사인 CJ대한통운이 일괄하여 대행하는 것이다. 풀필먼트 서비스 단가는 일반 택배보다 20% 정도 높은 만큼 마진율이 월등하다. 낮은 택배단가로 영업이익률이 부실한 물류 업체들에게 풀필먼트가 매우 중요할 수밖에 없는 이유다.

라스트 마일 딜리버리(last mile delivery)는 유통 업체의 택배 상품이 목적지에 전달되기까지의 모든 과정을 뜻하는 말로, 유통 업체마다 서비스의 차별화를 위해 배송 속도는 물론 안전성과 효율성에 역점을 둔 접

▶ **CJ대한통운의 군포 풀필먼트 센터**

최적 동선을 통한 효율성 극대화
1)입고 ➔ 2)적치/보관 ➔ 3)피킹/분류 ➔ 4)포장 ➔ 5)출고

[피킹 카트] [간이형 MPS] [친환경 스마트 패키징]

[피킹 AGV] [이송 AGV] [맞춤형 자동포장]

근법이다. '라스트 마일'은 원래 사형수가 집행장까지 걸어가는 거리를 가리키는 말로, 유통 업계에서는 고객과의 마지막 접점을 의미한다. 이를 바탕으로 물류 업계에서는 라스트 마일 딜리버리를 5G, 빅데이터, 인공지능 등 4차산업 기술을 총동원하여 물류의 효율을 최대한 끌어올리는 개념으로 확장해 이해한다.

유통 공룡들의 물류 시장 침투

택배 업체의 물동량만으로 물류 종목에 투자하는 시대는 지났다. 투자적 관점에서 물류 업체의 신사업을 주목해야 하는 데, 풀필먼트와 라스트 마일 딜리버리는 고수익 비즈니스 모델이자 주가 상승 모멘텀이다. 특히 다른 업종에 비해 유독 영업이익률이 낮은 물류 업계로서는 선택이 아닌 필수 사업이라 할 만 하다.

흥미로운 사실은, 라스트 마일 딜리버리가 물류 업체들에게 고수익을 가져다주는 만큼 유통 업체들에게는 고비용의 부담을 지운다는 것이다. 실제로 온라인 유통 업체가 라스트 마일 딜리버리 서비스를 선택할 경우, 배송 비용 중에서 라스트 마일 딜리버리 비중이 40% 이상을 차지한다. 이는 고스란히 유통 업체들에게 비용 부담을 가중시킨다. 미국의 대표적인 온라인 유통 업체인 아마존이 물류 회사들보다도 먼저 풀필먼트 시스템을 도입해 자체배송에 나선 것은 이런 이유 때문이었다. 과열된 판매 최저가 경쟁으로 마진율이 최악인 상황에서 물류비까지 부담이 커지자 아예 직접 물류 사업에 뛰어든 것이다. 다른 유통 업체들도 마찬가지인데, 쿠팡이 가장 적극적이다. 쿠팡은 로켓 배송만으로 하루에 600만 종 이상의 상품을 취급한다. 자체배송을 하지 않으면 안 되는 상황인 것이다.

온라인과 오프라인 채널을 동시에 가지고 있는 이마트와 롯데쇼핑, GS리테일 등도 자체 물류 시스템 구축에 동참하고 있다. 이마트는 'PP(picking & packing) 센터' 운영에 강점에 있다. 현재 110여 개 이마트 오프라인 매장에서 운영 중인데, SSG닷컴의 일평균 처리 물량 13만 건 중 50%를 PP센터에서 맡고 있다. 롯데쇼핑은 온-오프라인 통합 디지털 풀필먼트 센터인 '스마트스토어'를 운영하고 있다. 롯데쇼핑은 스마트스토어를 통해 배달기사의 동선을 각 지역 거점으로 단축시켜 단위 시간당 배송 건수를 늘리는 효과를 거두었다. GS리테일의 경우, 전국 1만5,000개의 편의점과 슈퍼마켓을 마이크로 풀필먼트 센터로 활용하고 있다. 자회사 GS홈쇼핑을 통해 물류 회사 메쉬코리아의 지분 19.5%를 인수했고, 메쉬코리아의 '부릉' 딜리버리 서비스를 자체배송 시스템에 연계하고 있다.

네이버 및 카카오와의 파트너십

결국 물류 업체들로서는 풀필먼트와 라스트 마일 딜리버리 같은 신사업이 기회가 아니라 위기 요인으로 작용하기도 한다. 이에 맞서 국내 택배 대장주 CJ대한통운과 한진이 커내든 카드는 네이버와 카카오 등 인터넷 플랫폼 회사와의 파트너십 구축이다. CJ대한통운은 2020년 4월부터 이커머스 전문 'E-풀필먼트' 서비스를 제공하고 있으며, 네이버의 NFA(네이버 풀필먼트 얼라이언스)를 통해 서비스 내용과 이용료 등의 정보를 공유한다. 특히 46만에 달하는 네이버 스마트스토어를 위해 20만 평 이상의 초대형 풀필먼트 센터 건설을 계획 중이다. CJ대한통운은 현재 곤지암(3만2,000평)과 군포(1만1,600평), 용인(5,800평, 콜드체인용)에 풀필먼트 센터를 운영 중이다. 네이버에 입점한 식품 업체들은 CJ대한통운의 신선식품 전용 풀필먼트인 용인 센터를 이용하게 된다. CJ대한통운은 네이버와 3,000억 원 지분 교환으로 더욱 돈독한 관계를 형성해나가고 있다.

2023년까지 택배 시장점유율 20% 달성을 목표로 내건 한진은 카카오와 손을 잡았다. 한진과 카카오모빌리티는 카카오T 플랫폼 기반 택배 서비스를 시작했다. 카카오는 조원태 한진그룹 회장이 경영권을 위협받던 2020년 정기 주주총회를 앞두고 한진칼 지분 약 1%를 확보하며 조 회장의 우군을 자처했는데, 업계에서는 향후 물류 사업에서의 협업을 위한 포석으로 해석하고 있다.

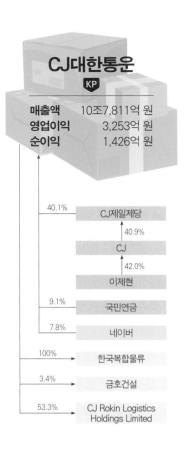

CJ대한통운
KP

매출액	10조7,811억 원
영업이익	3,253억 원
순이익	1,426억 원

- CJ제일제당 — 40.1%
- CJ — 40.9%
- 이재현 — 42.0%
- 국민연금 — 9.1%
- 네이버 — 7.8%
- 한국복합물류 — 100%
- 금호건설 — 3.4%
- CJ Rokin Logistics Holdings Limited — 53.3%

▶ 경영 실적 추이 및 전망

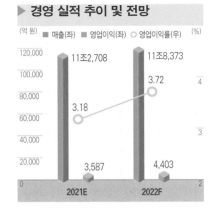

(억 원) ■ 매출(좌) ■ 영업이익(좌) ○ 영업이익률(우) (%)

- 2021E: 매출 11조2,708, 영업이익 3,587, 영업이익률 3.18
- 2022F: 매출 11조8,373, 영업이익 4,403, 영업이익률 3.72

▶ 주가 추이 및 전망

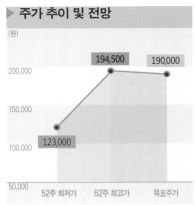

(원)
- 52주 최저가: 123,000
- 52주 최고가: 194,500
- 목표주가: 190,000

▶ 투자포인트

- 국내 택배 시장 1위 회사(시장점유율 50% 내외)로, 택배(31.5%), 글로벌(39.8%), CL(계약물류, 24.2%), 건설(4.5%) 사업 영위.
- 분류인력 4,000명 추가 투입에 따른 비용 증가로 박스당 200원(10.5%)의 택배 판가 인상 단행.
- 온라인쇼핑 이용률이 크게 상승함에 따라 최종 소비자를 고객으로 하는 이커머스 업체들의 풀필먼트 의존도가 커지는 상황 주목 → 온라인쇼핑 산업이 성장할수록 동사의 풀필먼트 고객군 확장으로 이어짐.
- 네이버와 협업하는 이커머스(풀필먼트) 물량이 분기마다 급격하게 증가하고 있지만, 고객 확대를 위해 제로 마진 정책 유지 → 전체 택배 물량의 0.3%에 불과해 의미 있는 실적 기여에는 좀 더 시간이 필요.

▶ 택배 사업 매출 추이 및 전망

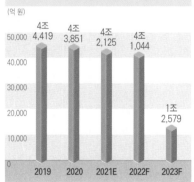

(억 원)
- 2019: 2조5,024
- 2020: 3조1,564
- 2021E: 3조7,908
- 2022F: 4조3,463
- 2023F: 4조8,354

▶ 글로벌 사업 매출 추이 및 전망

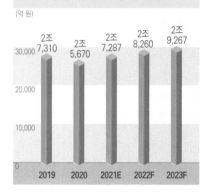

(억 원)
- 2019: 4조4,419
- 2020: 4조3,851
- 2021E: 4조2,125
- 2022F: 4조1,044
- 2023F: 1조2,579

▶ CL 사업 매출 추이 및 전망

(억 원)
- 2019: 2조7,310
- 2020: 2조5,670
- 2021E: 2조7,287
- 2022F: 2조8,260
- 2023F: 2조9,267

▶ 영업활동 현금흐름 추이 및 전망

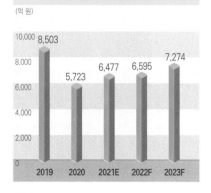

(억 원)
- 2019: 8,503
- 2020: 5,723
- 2021E: 6,477
- 2022F: 6,595
- 2023F: 7,274

▶ 부채비율 추이 및 전망

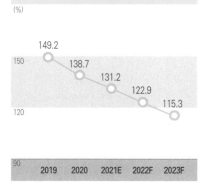

(%)
- 2019: 149.2
- 2020: 138.7
- 2021E: 131.2
- 2022F: 122.9
- 2023F: 115.3

▶ CAFEX 추이 및 전망

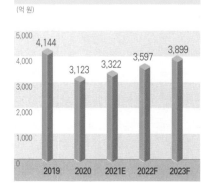

(억 원)
- 2019: 4,144
- 2020: 3,123
- 2021E: 3,322
- 2022F: 3,597
- 2023F: 3,899

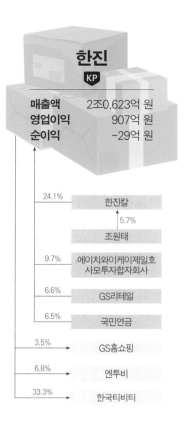

한진
KP

매출액	2조0,623억 원
영업이익	907억 원
순이익	-29억 원

- 24.1% 한진칼
  - 5.7% 조원태
- 9.7% .에이치와이케이제일호 사모투자합자회사
- 6.6% GS리테일
- 6.5% 국민연금
- 3.5% GS홈쇼핑
- 6.8% 엔투비
- 33.3% 한국티비티

▶ 경영 실적 추이 및 전망

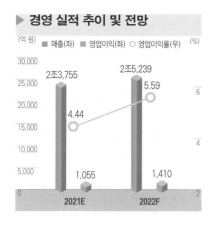

▶ 주가 추이 및 전망

▶ 투자포인트

- 2021년에 택배 부문에서 분류지원 인력 투입 등 택배 종사자의 근로환경 개선을 위한 비용이 추가 발생함에 따라 영업이익 상승 부진.
- 택배 사업의 경우 고객사별 계약 조건이 달라 택배가격 인상이 본격적으로 실적에 반영되기까지 일정한 기간이 소요됨.
- 허브터미널 증설로 일처리 물량이 증가하면서 원가 절감 효과 예상.
- 택배 CAPEX 확충 및 설비 자동화 등으로 향후 성장성 및 기업가치 높게 평가 → 택배 설비 자동화 등을 위해 대전 Mega-Hub 물류센터에 2,850억 원 투자를 비롯해 총 4,234억 원 투자 예정.
- 2023년에 대전 Mega-Hub 물류센터가 본격적으로 가동되면 2020년 기준 일평균 처리 가능 택배 물량이 167만 박스에서 260만 박스까지 급증 예상.

▶ 택배 사업 매출 추이 및 전망

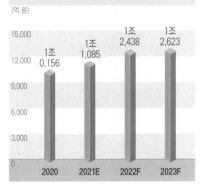

▶ 택배 사업 영업이익 추이 및 전망

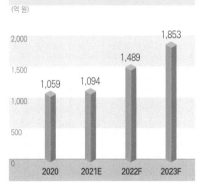

▶ 택배단가 추이 및 전망

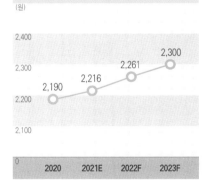

▶ 영업활동 현금흐름 추이 및 전망

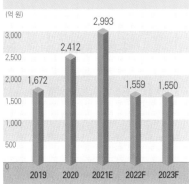

▶ 부채비율 추이 및 전망

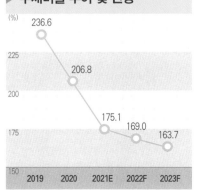

▶ CAPEX 추이 및 전망

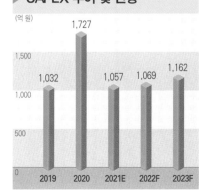

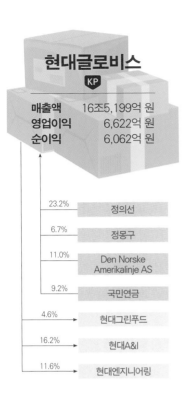

현대글로비스
KP

매출액	16조5,199억 원
영업이익	6,622억 원
순이익	6,062억 원

23.2%	정의선
6.7%	정몽구
11.0%	Den Norske Amerikalinje AS
9.2%	국민연금
4.6%	현대그린푸드
16.2%	현대A&I
11.6%	현대엔지니어링

▶ 경영 실적 추이 및 전망

(억 원) ■ 매출(좌) ■ 영업이익(좌) ○ 영업이익률(우) (%)

- 2021E: 21조1,251 / 1조0,074 / 4.78
- 2022F: 21조6,177 / 1조0,619 / 4.91

▶ 주가 추이 및 전망

(원)

- 52주 최저가: 144,000
- 52주 최고가: 235,000
- 목표주가: 250,000

▶ 투자포인트

- 동사는 현대자동차그룹의 물류 담당 업체로, 주력 사업으로 물류업(국내/해외물류), 유통판매업(반조립제품유통(CKD), 중고차), 해운업(완성차해상운송(PCC), 벌크) 등 영위.
- 계열사 해외 법인 차량 판매 증가 및 국내 차량 수출액 호조로 안정적인 실적 성장 기대 → 당분간 주 고객사의 생산량 증가, 운임 상승에 따른 고정비 부담 감소 효과가 이어질 전망.
- PCC는 오히려 완성차 물량이 줄어든 자리에 더 비싼 운임으로 컨테이너 화물을 수송할 수 있어 수익성이 기대 이상. CKD는 화물 공급이 극도로 부족한 환경에서 환율도 오르고 있어 사상 최대 이익이 예상됨.
- 현대자동차그룹의 물류 업체라는 이미지가 강하기 때문에 항공화물이나 해운에 비해 이익 모멘텀 저평가.

▶ 물류 사업 매출 추이 및 전망

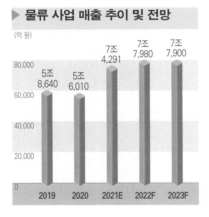

(억 원)

- 2019: 5조8,640
- 2020: 5조6,010
- 2021E: 7조4,291
- 2022F: 7조7,980
- 2023F: 7조7,900

▶ PCC 사업 매출 추이 및 전망

(억 원)

- 2019: 2조0,510
- 2020: 1조7,050
- 2021E: 2조1,531
- 2022F: 2조3,071
- 2023F: 2조2,584

▶ CKD 매출 추이 및 전망

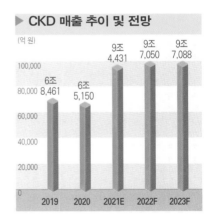

(억 원)

- 2019: 6조8,461
- 2020: 6조5,150
- 2021E: 9조4,431
- 2022F: 9조7,050
- 2023F: 9조7,088

▶ 영업활동 현금흐름 추이 및 전망

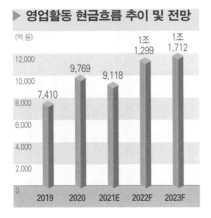

(억 원)

- 2019: 7,410
- 2020: 9,769
- 2021E: 9,118
- 2022F: 1조1,299
- 2023F: 1조1,712

▶ 부채비율 추이 및 전망

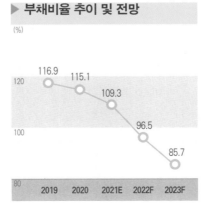

(%)

- 2019: 116.9
- 2020: 115.1
- 2021E: 109.3
- 2022F: 96.5
- 2023F: 85.7

▶ CAPEX 추이 및 전망

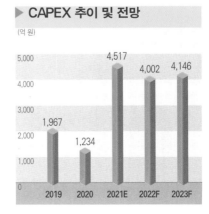

(억 원)

- 2019: 1,967
- 2020: 1,234
- 2021E: 4,517
- 2022F: 4,002
- 2023F: 4,146

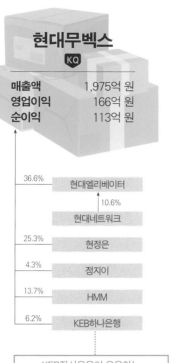

현대무벡스
KQ

매출액	1,975억 원
영업이익	166억 원
순이익	113억 원

- 36.6% → 현대엘리베이터
- 10.6% → 현대네트워크
- 25.3% → 현정은
- 4.3% → 정지이
- 13.7% → HMM
- 6.2% → KEB하나은행

KEB자산운용이 운용하는
KEB메자닌전문투자형
사모증권 투자신탁 제3호의 신탁업자

▶ 경영 실적 추이 및 전망

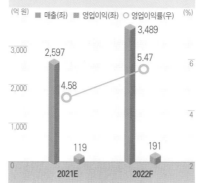

(억 원) ■ 매출(좌) ■ 영업이익(좌) ○ 영업이익률(우) (%)

- 2021E: 매출 2,597, 영업이익 119, 영업이익률 4.58
- 2022F: 매출 3,489, 영업이익 191, 영업이익률 5.47

▶ 주가 추이 및 전망

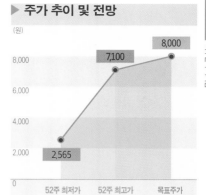

(원)
- 52주 최저가: 2,565
- 52주 최고가: 7,100
- 목표주가: 8,000

▶ 투자포인트

- 국내 1위 물류 자동화 솔루션 기업으로, 현대엘리베이터 물류 자동화 사업부문이 2017년 별도 자회사로 분리되면서 설립. 2018년 그룹 'ICT 솔루션' 계열회사인 '현대U&I'와 합병 이후, 2021년 SPAC 합병을 통해 코스닥 우회상장.
- 사업부문별 매출 비중은 물류 자동화 솔루션 74%, IT 솔루션 20%, 안전 스크린도어 6% 등으로 구성 → 매출의 4분의 3을 '물류 자동화 솔루션' 사업에서 실현.
- Captive 의존성이 크지 않고, 전통적인 유통/택배 기업 이외에도 쿠팡과 네이버 등 온라인쇼핑 기업들과도 거래.
- 2018년 수주 실적 규모는 1,721억 원에 불과했지만, 2021년에는 상반기에만 1,564억 원을 수주 → 기존 수주잔고만으로도 2022년까지 매출 상승 가능.

엔피씨
KP

매출액	4,313억 원
영업이익	207억 원
순이익	189억 원

- 20.8% → 임익성
- 15.6% → (주)동주
- 100% → 엔피씨물텍
- 100% → 엔피씨케미칼
- 49.2% → 엔디케이
- 49.0% → 엔에스씨
- 10.0% → 로지스올
- 10.0% → 한국파렛트풀
- 100% → 엔피씨로지스
- 100% → 엔피씨시스템

▶ 경영 실적 추이 및 전망

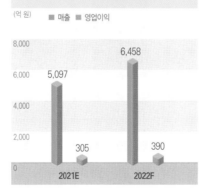

(억 원) ■ 매출 ■ 영업이익

- 2021E: 매출 5,097, 영업이익 305
- 2022F: 매출 6,458, 영업이익 390

▶ 주가 추이 및 전망

(원)
- 52주 최저가: 3,180
- 52주 최고가: 8,160
- 목표주가: 10,000

▶ 투자포인트

- 파렛트, 컨테이너 등 물류(보관) 관련 플라스틱 제품 제조업체로, 파렛트 및 컨테이너 판매량은 물동량과 높은 상관관계 있음 → 물동량이 증가하고 물류 창고 투자가 확대되면 물류 및 보관에 필수적으로 사용되는 파렛트와 컨테이너 수요 증가.
- 최근 쿠팡, 네이버, 신세계 등 물류센터 구축 경쟁 심화로 동사 큰 수혜 → 대형 물류센터 구축이 순차적으로 완료되면서 급증하는 파렛트 및 컨테이너 수요 상당분을 동사가 흡수할 것이라고 예상.
- 파렛트 및 컨테이너는 플라스틱을 소재로 제조되므로, 사용 빈도와 사용량이 많아질수록 파손량 증가 → 재구매 수량 증가로 동사의 안정적인 실적 유지.
- 국내 파렛트 렌털 시장은 한국파렛트풀(동사가 10% 지분 보유)과 AJ네트웍스가 양분하고 있는 데, 이들 모두 동사의 주 고객사임.

21 항공, 우주

📈 항공 업황 정상화는 언제부터 재개될 것인가? 📉

▶ 대한항공 국제선 여객 수송량 추이 및 전망

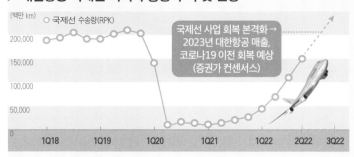

국제선 사업 회복 본격화→
2023년 대한항공 매출,
코로나19 이전 회복 예상
(증권가 컨센서스)

▶ 대한항공 매출액 추이 및 전망

▶ 대한항공 국제선 화물 수송량 추이 및 전망

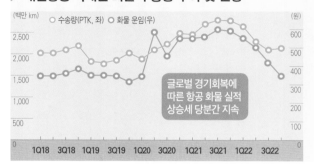

글로벌 경기회복에
따른 항공 화물 실적
상승세 당분간 지속

▶ 코로나19 이후 대한항공 매출 비중 변화 (단위: %)

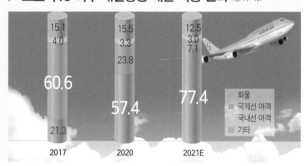

📈 항공 업황 지각변동: 대한항공+아시아나항공 합병→'슈퍼 항공주' 탄생 📉

▶ 산업은행이 발표한 대한항공+아시아나 합병 구조

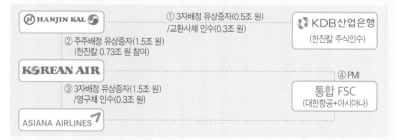

▶ 국내 항공 시장점유율

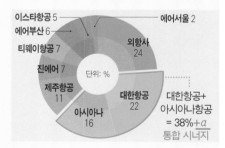

▶ 아시아나 인수 이후 한진그룹 지배 구조

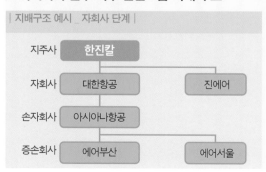

▶ 아시아나 인수 이후 통합LCC 지배 구조 시나리오

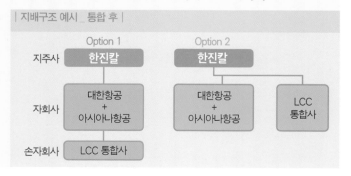

우주 산업의 성공열쇠 : 위성 + 재사용로켓

▶ 글로벌 우주경제 성장 전망

(십억 달러)

■ 모건 스탠리(2017) ■ BOA(2020)

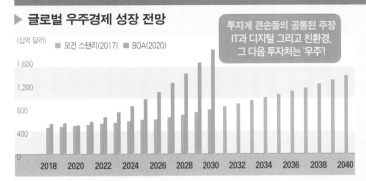

투자계 큰손들의 공통된 주장
IT과 디지털 그리고 친환경,
그 다음 투자처는 '우주'!

▶ 국내 우주 산업 시장 규모 전망

(조 원)

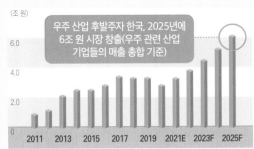

우주 산업 후발주자 한국, 2025년에
6조 원 시장 창출(우주 관련 산업
기업들의 매출 총합 기준)

▶ 소형위성 용도별 비중

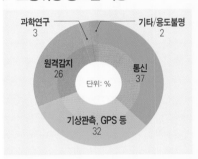

과학연구 3
기타/용도불명 2
원격감지 26
통신 37
단위: %
기상관측, GPS 등 32

▶ 궤도별 위성 종류 : 저궤도위성이 대세

	저궤도(LEO)	중궤도(MEO)	정지궤도(GEO)	고궤도(HEO)
고도	200~2,000km	2,000~25,000km	35,000km	근지점 1,000km, 원지점 40,000km
공전 주기	90~100분	2~4시간	24시간	2~14시간
위성수	2,612	139	562	59
주요 목적	지구관측, 통신	GPS, 방송, 통신	방송, 통신, 기상	통신

소형위성 무게가 500kg 이하로, 위성을 싣고 우주로 발사할 로켓(발사체) 크기를 줄여 비용 절감 효과 큼.
저궤도위성 모바일 광역대통신에 유리. 고도가 높아질수록 위성과 지상 각도가 낮아져 고층 건물 등의 장애물 영향이 커지고,
위성과 모바일간 거리가 멀어져 수신속도 느려짐.

▶ 글로벌 위성 발사 수량

(대)

글로벌 위성 시장이 소형위성과
저궤도위성 위주로 바뀌면서 위성수 급증

GEO   MEO   LEO

2000 2001 2002 2003 2004 2005 2006 2007 2008 2009 2010 2011 2012 2013 2014 2015 2016 2017 2018 2019 2020 2021 7월 말

▶ 재사용로켓의 경제효용성 : 로켓 발사 횟수에 따른 손익

(백만 달러)

위성 사업의 성패는 발사체인 로켓의 성능과 비용에 좌우
→ 재사용로켓 기술이 보편화되면 우주 산업 급속도로 팽창

■ 누적비용(좌) ■ 누적수익(좌) ○ 마진율(우)

(%)

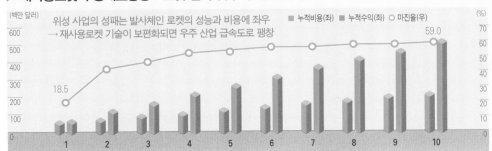

18.5   59.0

1 2 3 4 5 6 7 8 9 10

고도 200km까지 비행하고 착륙한 뒤 회수에 성공해 '재사용로켓' 사업의 가능성을 연 스페이스X의 로켓 'Falcon9'

항공은 회복궤도 진입,
우주는 성장궤도 진입

IATA, 전 세계 국제선 여객 수요가
2023년부터 코로나19 이전 수준을 넘어설 것
항공 업황이 되살아나고 있다. 아직 국제유가와 환율 상승 부담이 남아있지만, 대형 항공사들의 경우 화물 사업에서 유가 상승분을 상쇄하는 수익을 거둬들이고 있다. 여객운송 사업이 대부분을 차지하는 저가 항공사들은 경영상의 비용을 줄이는 것에 사활을 걸었다. 공항 격납고에서 운항을 나가지 못하는 항공기들을 과감하게 처분했고, 국내선 추가 운영을 최대한 늘림으로써 적자를 줄여나갔다. 업계에서는 국내 항공사들이 2021년 4분기를 고비로 최악의 국면을 헤쳐나갈 것으로 보고 있다.

중요한 것은 국제선 여객운송 수요가 언제부터 반등할지 여부다. 업계에서는 백신 보급률 상승으로 위드 코로나가 현실화되면서 2022년 3분기부터 국제선 운항이 어느 정도 회복할 것으로 보고 있다. IATA(국제항공운송협회)에서도 전 세계 여객운송 수요가 2023년이면 코로나19 직전인 2019년의 85% 수준까지 오를 것으로 전망하고 있다.

영업활동 현금흐름과 선수금을 주목해야 하는 이유
항공 업황을 살펴볼 때 주의 깊게 봐야 하는 지표 중에서 항공사들의 '영업활동 현금흐름'이 있다. 증권가에서는 '영업활동 현금흐름'을 가리켜 주가와 가장 밀접하게 움직이는 경영지표로 평가한다. 영업이익은 당장 회사로 돈이 들어오지 않는 매출채권까지 수익으로 인식하지만 '영업활동 현금흐름'은 단순 현금 유·출입을 기준으로 삼기 때문에 항공사들의 현금 능력을 가늠하는 데 훨씬 적합하다.

국내 항공사들의 재무제표를 살펴보면 코로나19로

인해 최악이었던 2020년 대비 '영업활동 현금흐름'이 늘어나는 모습을 보이고 있다. 증권가에서 발표한 컨센서스를 기준으로 전망해보면, 대항항공의 '영업활동 현금흐름'은 2023년에 2조1,864억 원으로, 코로나19 이전인 2020년(2조2,876억 원) 수준에 근접할 것으로 추산된다. 대한항공의 '영업활동 현금흐름'은 코로나19가 확산된 2020년에 1조3,767억 원으로까지 급감한 바 있다. 주목을 끄는 대목은 부채비율이다. 대한항공은 코로나19가 터지기 전에도 부채비율이 무려 800%가 넘는 수준이었는데, 코로나19 영향으로 경제성이 떨어지는 항공기를 처분하는 등 비용 감축 경영에 성공해 2023년이면 부채비율을 260%대까지 떨어트릴 수 있을 전망이다.

항공사들의 선수금이 증가하는 점도 눈여겨 볼 대목이다. 항공사에게 선수금이란 항공 티켓 판매를 의미한다. 아직 항공 서비스를 제공하지는 않았지만 고객에게 미리 돈을 받고 티켓을 판 돈이다. 선수금은 항공사의 미래 현금흐름과 수익성을 예측하는 선행지표가 된다. 선수금은 재무제표상에는 부채 항목으로 잡히지만 나중에 받을 돈을 미리 받은 것이기 때문에 '좋은 부채'인 셈이다. 2021년 상반기에 대한한공의 선수금은 1,724억 원이 증가했다. 코로나19가 확산되었던 2020년 상반기에 7,000억 원 이상 감소한 것에 비하면 긍정적인 시그널이 아닐 수 없다.

항공주가 민감하게 반응하는 대외 요인들
항공 업황이 회복세에 접어들었지만 각별히 유의해야 할 요인이 있다. 국제유가와 환율 상승이다. 시시각각 변하는 국제유가와 환율에 항공사들의 주가는 민감하게 반응한다. 실제로 2021년 10월 들어 대한항공의 주가는 8% 넘게 떨어졌다. 아시아나항공의 주가도 같은 기간 13% 가량 하락했다. 진에어를 비롯한 저가항공사들의 주가도 마찬가지였다. 당시 백신 접종률이 크게 오르면서 위드 코로나에 대한 기대감으로 반등하던 항공주에 찬물을 끼얹진 것은 국제유가와 환율 상승이었다. 2021년 3분기 평균 항공유가가 배럴당 75달러였는데, 이는 전년 대비 74% 급등한 수치다. 아울러 환율이 올라가면 항공유 및 항공기 임대료 등 달러로 계산되는 비용 부담이 커져 항공사들의 이익에 적신호가 켜진다. 따라서 항공주 투자자라면 평소 국제유가와 환율 변화를 꼼꼼히 체크해 둘 필요가 있다.

4차산업 혁명에 없어서는 안 되는 아이템이 우주를 떠다닌다면

항공주가 대내외적인 변수에 민감해 장기적인 투자처로 삼기에 주저된다면, 대기권 밖의 투자처인 '우주'에 관심을 가져볼 만 하다. 우주는 아마존의 제프 베조스나 테슬라의 일론 머스크 등 세계적인 부호가 미래 먹거리로 낙점한 뒤 엄청난 투자를 이어가고 있어 성장성만큼은 의심의 여지가 없다.

우주에 대한 가장 현실적인 투자 아이템은 '인공위성'과 위성을 쏘아 올리는 발사체 즉, '로켓' 사업이다. 과학기술의 발달로 인공위성의 용도는 갈수록 다양해지고 있지만, 지금 이 순간에도 엄청난 부가가치를 창출하는 분야는 위성통신이다. 4차 산업혁명을 일으킨 5G는 위성통신 없이 존재할 수 없기 때문이다.

인공위성은 고도에 따라 정지궤도위성(GEO)과 저궤도위성(LEO), 그리고 그 사이에 있는 중궤도위성(MEO)으로 나뉜다. 지상 3만 6,000km 높이에 떠 있는 정지궤도위성은 지구의 자전과 같은 속도로 궤도상에서 회전한다. 지구상에서는 위성이 항상 정지되어 있는 것처럼 보이기 때문에 정지궤도위성이라 불리는 것이다. 이와 달리 저궤도위성은 지상 2,000km 부근 낮은 궤도를 유영한다. 중력과 대기 마찰로 지구의 자전 속도보다 훨씬 빠르게 회전한다.

저궤도위성이 차세대위성으로 주목 받는 이유는 빠른 수신 속도를 원하는 5G 수요에 적합하기 때문이다. 위성과 지상간의 거리가 멀수록 수신 속도가 떨어지는 것은 당연한 이치다. 아울러 정지궤도위성처럼 위성의 고도가 높으면 위성과 지상의 각도가 좁아져 고층 건물 등에 의해 더 많은 수신 장애를 받게 된다. 저궤도위성이 정지궤도위성에 비해 사용연한이 짧으면서도 효용성을 높게 평가받는 이유다.

전 세계 부호들이 스페이스X가 쏘아 올린 로켓을 주목하는 이유

인공위성은 높은 성장성이 보장되지만 막대한 투자 비용으로 시장 진입이 어려운 사업이다. 특히 인공위성을 우주로 쏘아 올리는 발사체(로켓)에 드는 비용이 어마무시하다. 가장 큰 문제는 로켓은 한 번 쏘아 올리면 재사용이 불가능하다는 점이다. 하지만 스페이스X의 발사체 'Falcon9'은 전 세계 우주개발 시장을 흥분시킬 만 했다. 고도 2,000km를 비행한 'Falcon9'의 일부를 회수하는 데 성공했기 때문이다. 재사용로켓의 가능성을 연 것이다. 현재 스페이스X의 기술로는 'Falcon9'의 일부인 1단 로켓 회수만 가능한데, 이를 토대로 발사 횟수에 따른 손익을 분석했더니 적지 않은 비용 절감 효과가 있는 것으로 확인됐다. 지금까지 스페이스X가 로켓을 재사용한 횟수는 최대 9회인데, 9회째 발사된 로켓의 마진율은 57.9%로, 첫 발사의 마진율 18.5%보다 3배나 되는 것이다. 재사용로켓이 보편화되면 인공위성을 쏘아 올리는 횟수가 지금보다 훨씬 더 늘어나게 되고, 이는 인공위성 회사들의 실적 상승으로 이어진다.

저궤도위성과 재사용로켓 등 인공위성의 사업가치를 상승시키는 기술들은 곧바로 우주항공 종목들의 주가 상승 모멘텀으로 작용한다. 4차 산업혁명의 근간이 5G이고 5G의 핵심이 위성통신이라는 사실을 이해했다면, 국내 인공위성 관련 종목들에게도 관심을 가져볼 것을 권한다.

대한항공
KP

매출액	7조6,062억 원
영업이익	1,089억 원
순이익	-2,300억 원

- 국민연금 7.3%
- 조원태 5.7%
- 한진칼 29.2%
- 한진 24.0%
- 진에어 56.3%
- 정석기업 48.2%
- 칼호텔네트워크 100%
- 한국공항 59.5%
- 한진정보통신 99.3%
- 아이에이티 86.1%
- 왕산레저개발 100%
- 항공종합서비스 100%

▶ 경영 실적 추이 및 전망

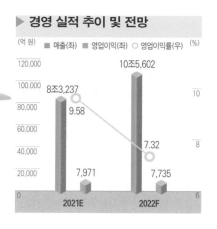

(억 원) ■ 매출(좌) ■ 영업이익(좌) ○ 영업이익률(우) (%)

- 2021E: 8조3,237 / 9.58 / 7,971
- 2022F: 10조5,602 / 7.32 / 7,735

▶ 주가 추이 및 전망

(원)

- 52주 최저가: 19,966
- 52주 최고가: 35,100
- 목표주가: 39,000

▶ 투자포인트

- 화물운송 사업으로 코로나19 국면을 견디는 가운데, 2022년부터는 여객운송 수요 회복이 점진적으로 나타날 전망.
- 수요 회복 과정에서 항공 운임 인상이 일어날 것으로 예상되며, 운임 상승에 따른 이익 레버리지 효과가 2023년에 극대화될 전망.
- 아시아나항공 인수가 끝나면 시장점유율 40% 이상의 독보적인 항공사로 자리매김 → 중장기 여객 프리미엄화 과정에서 시장점유율 추가 상승 예상.
- 인천공항 국제 화물의 경우, 수송량이 272,384톤으로 2021년 들어 월평균 27만 톤 이상 성수기 수준의 물동량이 이어지고 있는 데, 동사의 경우 인천공항발 화물의 47%를 담당하고 있어, 물동량 증가의 가장 직접적인 수혜 기업으로 꼽힘.

▶ 국제선 매출 추이 및 전망

(억 원)

- 2020: 1조7,620
- 2021E: 7,630
- 2022F: 4조0,531
- 2023F: 6조7,440

▶ 화물운송 매출 추이 및 전망

(억 원)

- 2020: 4조2,510
- 2021E: 5조9,460
- 2022F: 4조2,130
- 2023F: 6조7,447

▶ 당기순이익 추이 및 전망

(억 원)

- 2020: -2,300
- 2021E: 2,365
- 2022F: 3,764
- 2023F: 5,397

▶ 영업활동 현금흐름 추이 및 전망

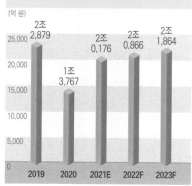

(억 원)

- 2019: 2조2,879
- 2020: 1조3,767
- 2021E: 2조0,176
- 2022F: 2조0,866
- 2023F: 2조1,864

▶ 부채비율 추이 및 전망

(%)

- 2019: 871.4
- 2020: 660.6
- 2021E: 304.7
- 2022F: 287.4
- 2023F: 266.6

▶ ROE 추이 및 전망

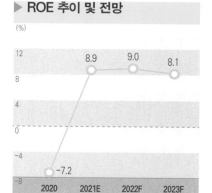

(%)

- 2020: -7.2
- 2021E: 8.9
- 2022F: 9.0
- 2023F: 8.1

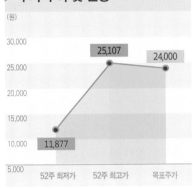

진에어
KP

매출액	2,718억 원
영업이익	-1,847억 원
순이익	-1,904억 원

- 56.3% → 한진칼
- 5.7% → 조원태
- 6.1% → 국민연금

▶ 경영 실적 추이 및 전망

(억 원) ■ 매출 ■ 영업이익

- 2021E: 매출 2,486, 영업이익 -1,945
- 2022F: 매출 6,965, 영업이익 -55

▶ 영업활동 현금흐름 추이 및 전망

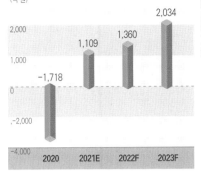

(억 원)

- 2020: -1,718
- 2021E: 1,109
- 2022F: 1,360
- 2023F: 2,034

▶ 주가 추이 및 전망

(원)

- 52주 최저가: 11,877
- 52주 최고가: 25,107
- 목표주가: 24,000

▶ 투자포인트

- 2008년에 설립된 저가항공사(LCC)로, 한진칼을 대주주로 둠.
- 2021년 기준 약 30개 노선을 운항 중이며, 국내 저가항공사 중 가장 많은 현금성 자산을 보유하고 있어 버틸 수 있는 체력에서 유리하고, 경쟁사 대비 대주주 지원 여력도 충분.
- 향후 아시아나항공 자회사 LCC 간 통합 작업이 동사를 중심으로 진행될 전망.
- 2022년부터 여행 수요 회복에 따른 수혜가 경쟁사 대비 동사에게 가장 많이 돌아갈 전망 → 동남아 여행은 비교적 회복 속도가 느리겠지만, LCC 텃밭인 일본 노선 쪽으로 이연수요 증가할 가능성이 큼. 다만, 코로나19 변이 확산은 위험 요인.
- 대한항공의 아시아나항공 인수가 끝나면 아시아나항공의 항공기 리스계약이 만료되는 대로 일부 노선 공급 부족 발생에 따른 동사의 반사이익 기대.

제주항공
KP

매출액	3,770억 원
영업이익	-3,358억 원
순이익	-3,065억 원

- 53.3% → AK홀딩스
- 14.2% → 채형석
- 14.2% → AK홀딩스(연결선)
- 10.3% → AK아이에스
- 8.5% → 애경개발
- 8.3% → 채송석
- 7.5% → 채동석
- 7.4% → 장영신

▶ 경영 실적 추이 및 전망

(억 원) ■ 매출 ■ 영업이익

- 2021E: 매출 3,000, 영업이익 -2,882
- 2022F: 매출 9,570, 영업이익 -30

▶ 주가 추이 및 전망

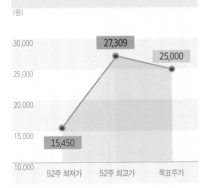

(원)

- 52주 최저가: 15,450
- 52주 최고가: 27,309
- 목표주가: 25,000

▶ 투자포인트

- 2005년에 설립된 국내 1위 저가항공사로, 매출 비중은 국제선 여객 74.2%, 국내선 여객 16.6%.
- 동사는 재무구조 개선을 위해 무상감자와 2,000억 원 규모의 유상증자 단행으로 국제선 여객 운항이 재개되는 2022년 상반기까지 운영 자금 확보.
- 동사는 단일 기종을 유지하고 단거리 노선에 집중하여 원가 구조를 최적화하는 저가항공사의 기본 전략에 충실한 항공사로 평가 → 동사는 'B737-800' 기종을 개조하여 중거리 노선 커버 중.
- 동사가 구매 계약을 체결한 'B737' 40대의 인도 및 향후 운영이 동사의 실적과 주가에 중요하게 작용할 전망 → 해당 기종은 기존 'B737-800' 대비 4% 많은 좌석과 16% 연료 효율 개선 기대.

한화시스템
KP

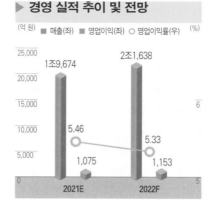

매출액	1조6,429억 원
영업이익	929억 원
순이익	936억 원

46.7% → 한화에어로스페이스
33.9% → 한화
18.8% → 김승연
12.8% → 에이치솔루션

우주 개발 위해 지분투자한 해외기업

100% → HANWHA PHASOR LTD
8.8% → OneWeb
45.1% → OVERAIR. INC

▶ 경영 실적 추이 및 전망

(억 원) ■ 매출(좌) ■ 영업이익(좌) ○ 영업이익률(우) (%)

- 2021E: 매출 1조9,674 / 영업이익률 5.46 / 영업이익 1,075
- 2022F: 매출 2조1,638 / 영업이익률 5.33 / 영업이익 1,153

▶ 주가 추이 및 전망

(원)

- 52주 최저가: 15,450
- 52주 최고가: 27,309
- 목표주가: 25,000

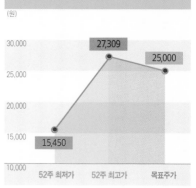

▶ 투자포인트

- 동사는 2015년 한화그룹으로 편입된 뒤 2018년에 ICT 사업을 영위하는 한화S&C를 합병함으로써 현재의 모습 갖춤.
- 사업부문별 매출 비중은 시스템(방산) 70.4%, ICT 29.6%로, 시스템 부문에서는 KF-21 AESA 레이더 개발과 군 정찰위성 감시 장비 등에 강점.
- 최근 에어택시, 저궤도위성 등 신성장동력 확보를 위해 3억 달러에 영국 저궤도위성 기업 OneWeb 지분 8.8% 인수 → OneWeb은 북극 지역(북위 50도 이상)을 커버할 수 있는 위성군을 갖춘 곳으로, 스페이스X와 함께 글로벌 저궤도위성 선두 기업으로 평가.
- 동사는 OneWeb 지분 인수를 포함해 5,000억 원 이상을 에어택시 및 저궤도위성에 투자 → 최근 유상증자로 조달된 1.2조 원의 자금으로 신사업에 집중 투자.

▶ 저궤도위성 사업이란?

지구 저궤도(2,000km)에 다수의 통신위성을 배치해 지상의 케이블이 아닌 통신위성을 통해 전 세계 곳곳에 광대역 인터넷 서비스를 제공하는 사업. 사업자는 다수의 통신위성을 제작하고 이를 로켓에 실어 우주로 발사. 지상에는 위성 신호를 기존 인터넷망 그리고 데이터센터와 연결해주는 게이트웨이 설치. 위성 배치가 완료되면 저궤도위성 인터넷 사용자는 인터넷 사용을 희망하는 장소에 유저 안테나를 설치하고 이를 통해 가까운 인공위성으로 신호를 보냄. 신호를 수신한 저궤도위성은 가까운 게이트웨이에 다시 신호를 전송하고, 전 세계에 설치된 게이트웨이는 기존의 인터넷망이나 데이터센터와 연결되어 있어 요청받은 데이터를 반대 과정을 통해 사용자에게 전달.

저궤도위성을 통해 지구 전역을 커버하는 위성통신망이 갖춰질 경우, 사용자는 전 세계 어디에서든 안테나만 있으면 인터넷을 사용할 수 있게 됨. 기존 지상망에서는 인터넷 서비스 지역을 넓히기 위해 지역마다 광케이블 통신망과 기지국, 셀타워 등 천문학적인 금액의 인프라 투자가 필요한 것과 달리, 저궤도위성 통신망을 구축하면 훨씬 경제적인 비용으로 지구 전역을 커버하는 인터넷 서비스를 할 수 있음.

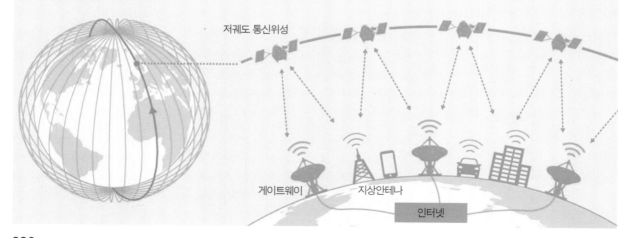

저궤도 통신위성

게이트웨이 / 지상안테나 / 인터넷

쎄트렉아이
KQ

매출액	892억 원
영업이익	137억 원
순이익	119억 원

- 20.0% → 한화에어로스페이스
- 13.9% → 박성동
- 62.5% → 에스아이아이에스
- 89.2% → 에스아이에이
- 20.0% → 에이아이디텍션

▶ 경영 실적 추이 및 전망

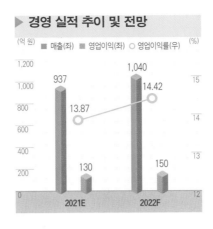

(억 원) ■ 매출(좌) ■ 영업이익(좌) ○ 영업이익률(우) (%)

- 2021E: 매출 937, 영업이익 130, 영업이익률 13.87
- 2022F: 매출 1,040, 영업이익 150, 영업이익률 14.42

▶ 글로벌 위성영상 부가가치 시장 규모 추이 및 전망

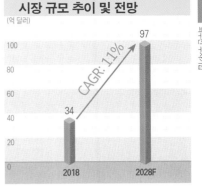

(억 달러)

- 2018: 34
- 2028F: 97
- CAGR: 11%

▶ 주가 추이 및 전망

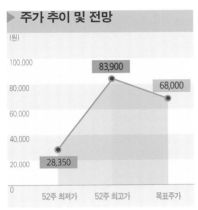

(원)

- 52주 최저가: 28,350
- 52주 최고가: 83,900
- 목표주가: 68,000

▶ 투자포인트

- 관측위성과 위성 지상 서비스 시스템 개발 업체로, 자회사를 통해 위성 영상 판매(에스아이아이에스)와 위성 영상 분석 서비스(에스아이에이) 진행.
- 동사는 국내에서 전체 위성 시스템을 개발할 수 있는 유일한 민간기업으로, 재사용 로켓이 보편화될 경우 막대한 수혜 예상. 아울러 저궤도위성의 수명이 3~7년으로 짧기 때문에 지속적인 수주 가능.
- 관측위성 고객의 상당수가 국책기관인데, 아직 관측위성을 확보하지 못한 아시아 신흥국들을 중심으로 수요 확대 예상.
- 한화에어로스페이스가 제3자 유상증자(580억 원)와 전환사채(500억 원)를 통해 동사의 최대 주주로 등극 → 한화그룹 내 저궤도위성 사업을 수행 중인 한화시스템과 시너지 기대.

인텔리안테크
KQ

매출액	1,101억 원
영업이익	32억 원
순이익	6억 원

- 23.2% → 성상엽
- 7.8% → 인텔리안시스템즈

▶ 경영 실적 추이 및 전망

(억 원) ■ 매출(좌) ■ 영업이익(좌) ○ 영업이익률(우) (%)

- 2021E: 매출 1,167, 영업이익 -2, 영업이익률 -0.17
- 2022F: 매출 1,546, 영업이익 96, 영업이익률 6.23

▶ 당기순이익 추이 및 전망

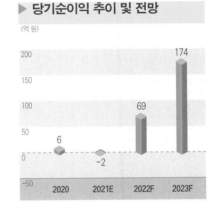

(억 원)

- 2020: 6
- 2021E: -2
- 2022F: 69
- 2023F: 174

▶ 주가 추이 및 전망

(원)

- 52주 최저가: 34,703
- 52주 최고가: 93,306
- 목표주가: 122,000

▶ 투자포인트

- 위성통신용 안테나 및 게이트웨이 개발 전문업체로, 2021년 10월에 유럽 위성통신 업체인 SES와 700억 원대 규모의 중궤도위성 터미널 공급계약 체결.
- 최근 한화시스템이 지분투자한 영국의 저궤도위성 기업 OneWeb 등에 위성통신용 안테나 등 납품 예정 → OneWeb은 향후 40만 대 물량의 저궤도위성 생산 예정.
- 동사는 2021년 8월에 대규모 증설 공시를 통해 글로벌 위성사업자들의 폭발적 수요에 대응한 선제적 투자 결정 → 동사의 생산 가능 물량이 최소 2배 이상 늘어날 것으로 예상 → 기존 보유 부지(본사, 약 6,615m²)의 약 2.6배에 달하는 10,469m²의 부지에 공장 및 물류창고를 지상 4층 규모로 신축.
- 동사는 해상용 위성통신 안테나 관련 원천 기술을 보유하고 있고, 전 세계에서 유일한 양산업체로서 선점효과 기대.

화학, 바이오, 신소재

📈 석유화학 호황이 예상되는 킬러 데이터 📉

▶ 코로나19가 석유화학 업황 반등을 이끈 이유

• 코로나19로 여행 등 무형자산 소비 대신 가전·자동차 등 유형자산 소비가 늘면서 기초재료인 석유화학 제품 수요 증가.

• 언택트 확산으로 온라인 쇼핑 환경에서 가구·패션잡화 등을 중심으로 충동·과잉소비(보복소비)가 늘면서 기초재료인 석유화학 제품 수요 증가.

• 백신 접종용 주사기, 마스크필터, 방호복 등 의료장비 기초재료인 PP 제품 수요 증가.

▶ NCC 마진 추이 및 전망

(달러/톤)

— **NCC 3사 스프레드** : 석유화학 업황 동향을 가늠하는 중요한 지표

········· LG화학, 롯데케미칼, 한화솔루션

석유화학 업황 호조

NCC 마진 상승

* NCC : (나프타 분해 설비, Naphtha Cracking Center) : '석유화학의 쌀'로 불리는 에틸렌과 프로필렌 등 기초유분 생산 설비.
* 스프레드(spread) : 제품 가격에서 원재료 가격을 뺀 값.

세로축: 200, 300, 400, 500, 600, 700, 800, 900
가로축: 2010, 2011, 2012, 2013, 2014, 2015, 2016, 2017, 2018, 2019, 2020, 2021E, 2022F

▶ 석유화학 기초유분인 에틸렌/PE/PP 수요 증가율 추이

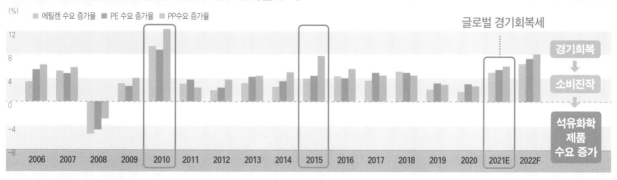

(%)
■ 에틸렌 수요 증가율 ■ PE 수요 증가율 ■ PP수요 증가율

글로벌 경기회복세

경기회복 → 소비진작 → 석유화학 제품 수요 증가

세로축: -8, -4, 0, 4, 8, 12
가로축: 2006, 2007, 2008, 2009, 2010, 2011, 2012, 2013, 2014, 2015, 2016, 2017, 2018, 2019, 2020, 2021E, 2022F

▶ 미국, 중국 등 석유화학 기초유분 주요 생산국의 공급량 증감률 추이 및 전망   ■ 중국 ■ 미국 ■ 기타

(천 톤)

석유화학 최대 생산국인 중국과 미국의 공급량 감소로 인해 NCC 마진이 위축되지 않은 상황에서 경기회복에 따른 석유화학 제품 수요 증가로 석유화학 업황 호조세 지속 전망

미국은 2020년을 기점으로 에틸렌 등 석유화학 기초유분 생산량이 감소세로 돌아섬.

석유화학 기초유분 최대 생산국 중국은 2021년을 기점으로 생산량이 점차 줄어 2024년 큰 폭으로 감소 예상.

연도	기타	미국	중국
2017		1,640	1,682
2018		3,126	1,653
2019		2,666	1,459
2020	3,678	5,321	
2021E	1,142	6,434	
2022F	1,765	5,250	
2023F	1,650	5,074	
2024F		898	1,717
2025F		596	

세로축: 0, 2,000, 4,000, 6,000, 8,000, 10,000, 12,000, 14,000

📊 중국 석탄 가격 상승으로 수혜 입는 국내 석유화학 업체 📉

▶ 중국 석탄 가격 상승 추이 및 원인

(달러/톤)
— 중국 원료탄(CFR) — 호주 원료탄(FOB)

450
350
250
150
50

2014 2015 2016 2017 2018 2019 2020 2021E

- 중국 정부의 환경 규제 강화로 석탄 생산 감소
- 호주와의 외교 갈등 격화로 호주산 석탄 수입 감소

▶ 중국 석탄 가격 상승으로 수혜가 예상되는 석유화학 제품 및 기업

국내에서 석탄(메탄올)을 사용하지 않는 기법으로 PVC, ECH 생산하는 기업 수혜

한화솔루션 : PVC 최선호주
롯데정밀화학 : ECH 최선호주

◀┅┅ 중국 내 석탄(메탄올)을 원료로 석유화학 제품을 생산하는 기업 타격

PVC(폴리염화비닐), AA(초산), ECH(에폭시수지 원료)

◀┅┅

중국 석탄 가격 초강세 지속

▶ 중국 내 PVC 생산량 추이 및 전망

(천 톤)

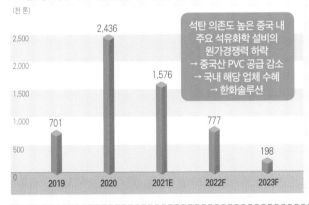

2,500
2,000
1,500
1,000
500
0

701 (2019) 2,436 (2020) 1,576 (2021E) 777 (2022F) 198 (2023F)

석탄 의존도 높은 중국 내 주요 석유화학 설비의 원가경쟁력 하락
→ 중국산 PVC 공급 감소
→ 국내 해당 업체 수혜
→ 한화솔루션

▶ PVC 가격 및 에틸렌 대비 스프레드 추이

(달러/톤)   (달러/톤)
— PVC 수요 증가율 ■ PVC 에틸렌 스프레드(우)

1,500 ─────────────────────── 1,000
1,300   800
1,100   600
900   400
700   200
500   0

2015.1 2016.1 2017.1 2018.1 2019.1 2020.1 2021.1

글로벌 경기회복에 따른 건설 산업 호조세
→ 석유화학 제품 중 건설에서 사용 비중이 가장 높은 PVC의 수요 증가
→ PVC 가격 및 스프레드 역사적 고점 형성

▶ 글로벌 건설 산업 성장률 추이 및 전망

(%)

12
6
0
-6
-12

-5.9 -8.6 -4.5 -3.8 5.4 11.3 5.6 4.9 6.4 5.2 4.7 4.6

코로나19 여파로 건설경기 침체

경기 부양에 따른 건설/인프라 시장 회복

1Q	2Q	3Q	4Q	1Q	2Q	3Q	4Q	1Q	2Q	3Q	4Q
2020				2021E				2022F			

▶ 석유화학 제품별 건설 부문 사용 비중

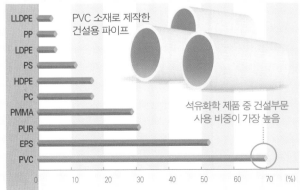

LLDPE
PP
LDPE
PS
HDPE
PC
PMMA
PUR
EPS
PVC

0 10 20 30 40 50 60 70 (%)

PVC 소재로 제작한 건설용 파이프

석유화학 제품 중 건설부문 사용 비중이 가장 높음

석유화학 호황기는 언제까지 이어질 것인가?

골든 사이클 혹은 피크아웃

코로나19는 석유화학 업황을 골든 사이클로 올려놓았다. 코로나19로 변화한 소비 패턴이 석유화학의 호황을 이끈 것이다. 소비자들은 코로나19 확산으로 집에서 보내는 시간이 길어지면서 여행 같은 무형자산 대신 가전이나 IT기기, 자동차 등 유형자산을 소비하는 데 지갑을 열었다. 가전이나 IT기기 등의 기초소재로 사용되는 고부가합성수지(ABS) 석유화학 제품 수요가 급증한 것이다.

아울러 2021년 초에 미국 남부에 닥친 한파로 일부 석유화학 설비 가동이 중단되면서 공급 부족 현상이 더해졌다. 이는 곧 석유화학 제품 가격 상승으로 이어졌다. 석유화학 제품의 기초가 되는 에틸렌 스프레드(spread, 제품의 가격에서 원재료 등의 가격을 뺀 값)는 팬데믹이 시작된 2020년 2분기 평균 톤당 311달러에서 2021년 2분기에 435달러로 뛰었다.

백신 접종이 본격화되면서 경기회복에 대한 기대감과 함께 세계 각국 정부는 저마다 강력한 경기부양책을 발표하고 있다. 업계에서는 경기회복 바람을 타고 소비가 진작될수록 석유화학의 호조세가 좀 더 지속될 것이라는 긍정적인 전망과 함께 석유화학 업계에 피크아웃이 머지않았다는 보수적인 주장이 동시에 제기되고 있다. 피크아웃(pick-out)이란 시황이 상승해 정점을 찍은 뒤 하강세를 띄는 것을 말한다. 투자자 입장에서는 앞으로 투자 비중을 어떻게 가져가야 할지 고민이다. 석유화학 업황은 골든 사이클의 주기를 좀 더 이어갈까, 아니면 피크아웃을 맞이할까?

문제는 과잉공급

석유화학 업황에서 피크아웃 시그널이 감지됐다는 이야기부터 해보자. 실제로 2020년 9월부터 오르기 시작해 2017년의 호황기를 추월하는 수준까지 기록한 주요 석유화학 제품들의 스프레드가 2021년 2분기를 전후해 조정세에 들어갔다. 이른바 '석유화학의 쌀'로 불리는 에틸렌과 프로필렌 등 기초유분들을 생산하는 나프타 분해 설비(Naphtha Cracking Center, NCC)의 마진이 2021년 4월에 고점을 찍은 뒤 서서히 떨어지고 있다. 2021년 1분기 기준 톤당 700달러였던 NCC 마진은 같은 해 4월 812달러를 찍은 뒤 다시 700달러대로 하락했다. 미국의 석유화학 공장들이 연초에 닥친 한파로 인한 가동 중단 쇼크에서 벗어나 재가동을 시작한 영향이 글로벌 석유화학 시장에 반영된 것이다.

업계 일각에서는 석유화학 제품 공급이 수요 부족을 어느 정도 해소했다고 보고 있다. 업황이 한동안 호조세를 이어가면 생산물량이 증가하면서 수요와 공급이 균형을 이루게 된다. 문제는 어느 순간 공급이 수요를 뛰어넘는 현상이 초래되는 점이다. 호황에 맞춰 전 세계 석유화학 업체마다 일제히 생산량을 늘리게 되면 과잉공급이 나타나고, 이는 곧 석유화학 제품 스프레드를 떨어트리게 된다. 실제로 중국을 비롯한 아시아 지역에서의 대규모 석유화학 설비 증설이 2021년에 이어 2022년까지 크게 늘어날 것으로 예상된다. 결국 석유화학 호황의 피크아웃은 과잉공급이 원인이다.

호황과 불황의 시작과 끝을 포착해야

시황이 호황과 불황을 오가는 것은 시장원리의 자연스러운 현상이다. 중요한 것은 호황과 불황이 언제 끝나고 시작될 것인가이다. 지금의 석유화학 업황도 마찬가지다. 호황의 끝, 즉 피크아웃이 언제 본격적으로 시작될 것인지를 짚어내는 게 핵심이다. 과잉공급으로 인한 피크아웃이 이미 시작됐다는 주장에 반해 국내 증권가에서는 지금의 석유화학 호황 여파가 한동안 이어질 것이라는 분석이 지배적이다. 석유화학 전후방 산업의 회복세가 워낙 탄탄하다는 이유에서다. 세계 각국 정부가 코로나19가 진정세로 돌아설 것을 전제로(!) 강력한 경기부양책을 내걸고 있기 때문이다. 이에 따라 NCC 마진 조정이 느리고 크지 않은 수준에서 2022년 하반기까지 진행될 것으로 예상한다.

각국 정부의 경기부양책으로 대규모 건설 및 인프라 발주가 이어질 경우, PE(폴리에틸렌)와 PP(폴리프로필렌), PVC(폴리염화비닐) 같은 건축자재용 석유화학 제품 수요가 급증할 가능성이 높다. 특히 PE와 PP는 코로나19의 직접적인 특수 가운데 하나인 백신용 주사기와 방복복, 마스크 필터 같은 의료용 소재로까지 다양하게 활용되면서 주목을 끈다.

롯데케미칼은 국내 의료용품 제조업체인 풍림파마텍이 개발한 '최소 잔여형 주사기'(K-주사기)의 원료를 공급하는데, 해당 제품이 코로나19 백신 접종용 주사기의 표준이 되면서 PP 생산량이 급증했다. 한화토탈은 신규 PP 공장 건설을 마무리하면서 연간 PP 생산능력을 50% 이상 늘렸는데, 이는 국내 최대 PP 생산규모다. 국내 전체 PP CAPA(생산 설비 용량)는 전년 대비 26% 늘어나 2021년 기준 627만2,000톤에 이른다. PE 생산능력도 803만3,000톤으로, 같은 기간 대비 43% 급증했다.

결국 투자적 관점에서는 과잉공급에 따른 스프레드 하락을 염려하지 않을 수 없겠다. 저가 수입산 제품 공세도 눈여겨봐야 한다. 2020년 1분기 기준 수입산 PE 물량은 2017년부터 연평균 46% 증가해왔다. '과잉공급 → 스프레드 하락 → 해당 화학석유 제품 생산업체 실적 및 주가 하락'으로 이어지는 프로세스를 유의해야 한다.

중국 석탄 가격 초강세에 수혜를 보는 국내 석유화학 업체는?

한편, 중국 석탄 가격 급등으로 수혜를 보는 국내 석유화학 업체가 있다. 중국 석탄 가격은 2021년 들어 가파른 상승세를 보이고 있다. 연초 톤당 200달러 수준이던 중국 원료탄 가격이 3분기 기준 톤당 430달러를 넘어섰다. 중국 석탄 가격이 초강세를 보이는 것은, 중국 정부의 환경 규제 강화로 석탄 생산이 감소한 데다, 호주와 중국의 외교 갈등 영향으로 호주산 석탄 수입까지 줄었기 때문이다.

업계에서는 석탄 의존도가 높은 중국 내 주요 석유화학 설비들의 원가경쟁력이 떨어질 수밖에 없고, 중국산 공급이 줄어들면 국내 업체가 수혜를 누릴 것으로 전망한다. 특히 중국 내 생산설비 집중도가 높고 그중에서도 석탄(메탄올)을 기반으로 생산하는 공법의 비중이 높은 제품일수록 반사이익 정도가 클 것으로 분석된다.

PVC가 대표적이다. 전 세계 PVC 생산설비에서 중국이 차지하는 비중은 43%로 가장 크다. PVC를 생산하는 방법은 석탄에서 아세틸렌을 생산해 염소와 반응시키는 '카바이드 공법'과 에틸렌을 염소와 반응시키는 'EDC 공법' 두 가지가 있다. 중국은 모든 설비의 절반가량이 카바이드 공법인 반면, 국내 업체는 주로 EDC 공법을 사용한다. 결국 석탄 가격이 뛰고 에틸렌 가격이 떨어지면 국내 기업이 원가경쟁력에서 우위에 서게 된다.

EDC 공법으로 PVC를 생산하는 국내 기업으로는 한화솔루션이 있다. PVC는 글로벌 수요의 70%가 건설 부문에 사용되는데, 각국 정부마다 경기부양책 일환으로 건설과 인프라 투자를 확대하고 있어 PVC 수요가 큰 폭으로 증가할 가능성이 높다. 증권사마다 한화솔루션의 목표주가를 상향조정하는 이유가 중국 석탄가격 초강세와 무관하지 않음을 기억해둘 필요가 있다. 한화솔루션은 국내 최초로 PVC를 생산한 곳으로, 석유화학의 기초소재인 프로필렌 생산능력 국내 1위 회사로도 유명하다.

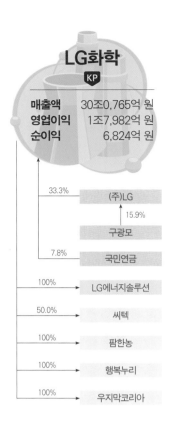

LG화학 🅚🅟

매출액	30조0,765억 원
영업이익	1조7,982억 원
순이익	6,824억 원

- (주)LG 33.3%
- 구광모 15.9%
- 국민연금 7.8%
- LG에너지솔루션 100%
- 씨텍 50.0%
- 팜한농 100%
- 행복누리 100%
- 우지막코리아 100%

▶ 경영 실적 추이 및 전망

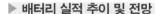

(억 원) ■ 매출(좌) ■ 영업이익(좌) ○ 영업이익률(우) (%)

- 2021E: 매출 43조7,696, 영업이익 5조9,814, 영업이익률 13.67
- 2022F: 매출 51조7,810, 영업이익 4조5,410, 영업이익률 8.80

▶ 주가 추이 및 전망

(원)

- 52주 최저가: 694,000
- 52주 최고가: 1,050,000
- 목표주가: 1,108,000

▶ 투자포인트

- 석유화학, 전지(배터리), 첨단소재, 생명과학 등 사업 영위.
- 전기차용 2차전지 생산능력(파우치형 기준)이 2020년 120Gwh에서 2021년 155Gwh로 증가.
- 석유화학 사업의 경우, 고부가 제품 비중이 높고 다양한 제품을 보유하고 있어 안정적인 수익 창출 → 글로벌 공급 차질과 유가 상승에 따른 저가 원료 투입 효과 및 수요 개선이 더해져 역대 최대 실적 달성 예상. 다만 글로벌 경기회복에 따른 석유화학 설비 증설로 과잉공급 초래될 경우, 실적에 경고음 주의.
- 동사의 주가는 배터리 사업 이슈에 더 크게 반응 → GM의 2019~2023년형 '쉐보레 볼트' 모델 추가 리콜 단행으로 자회사 LG에너지솔루션의 추가 충당금 우려로 한때 주가 하락.

▶ 석유화학 실적 추이 및 전망

(억 원) ■ 매출액 ■ 영업이익

- 2020: 매출액 14조2,660, 영업이익 1조9,678
- 2021E: 매출액 19조5,720, 영업이익 4조0,449
- 2022F: 매출액 17조4,801, 영업이익 2조2,965

▶ 배터리 실적 추이 및 전망

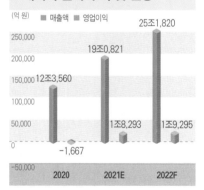

(억 원) ■ 매출액 ■ 영업이익

- 2020: 매출액 12조3,560, 영업이익 -1,667
- 2021E: 매출액 19조0,821, 영업이익 1조8,293
- 2022F: 매출액 25조1,820, 영업이익 1조9,295

▶ 첨단소재 실적 추이 및 전망

(억 원) ■ 매출액 ■ 영업이익

- 2020: 매출액 3조8,690, 영업이익 1,928
- 2021E: 매출액 5조0,141, 영업이익 3,709
- 2022F: 매출액 5조4,671, 영업이익 4,281

▶ 영업활동 현금흐름 추이 및 전망

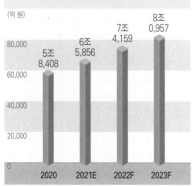

(억 원)

- 2020: 5조8,408
- 2021E: 6조5,856
- 2022F: 7조4,159
- 2023F: 8조0,957

▶ 당기순이익 추이 및 전망

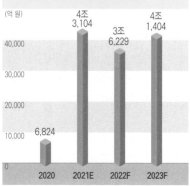

(억 원)

- 2020: 6,824
- 2021E: 4조3,104
- 2022F: 3조6,229
- 2023F: 4조1,404

▶ ROE 추이 및 전망

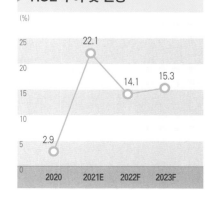

(%)

- 2020: 2.9
- 2021E: 22.1
- 2022F: 14.1
- 2023F: 15.3

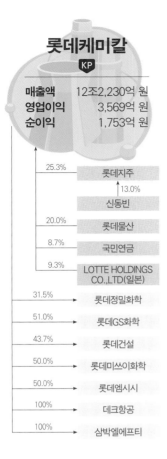

롯데케미칼

KP

매출액	12조2,230억 원
영업이익	3,569억 원
순이익	1,753억 원

- 롯데지주 — 25.3%
  - 신동빈 13.0%
- 롯데물산 — 20.0%
- 국민연금 — 8.7%
- LOTTE HOLDINGS CO.,LTD(일본) — 9.3%
- 31.5% → 롯데정밀화학
- 51.0% → 롯데GS화학
- 43.7% → 롯데건설
- 50.0% → 롯데미쓰이화학
- 50.0% → 롯데엠시시
- 100% → 데크항공
- 100% → 삼박엘에프티

▶ 경영 실적 추이 및 전망

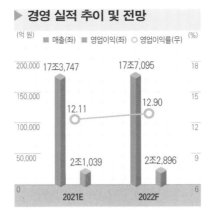

(억 원) ■ 매출(좌) ■ 영업이익(좌) ○ 영업이익률(우) (%)

- 2021E: 매출 17조3,747 / 영업이익 2조1,039 / 영업이익률 12.11
- 2022F: 매출 17조7,095 / 영업이익 2조2,896 / 영업이익률 12.90

▶ 주가 추이 및 전망

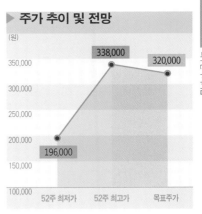

(원)

- 52주 최저가: 196,000
- 52주 최고가: 338,000
- 목표주가: 320,000

▶ 투자포인트

- 국내 주요 석유화학 단지인 여수, 대산, 울산에 생산시설 보유한 '빅 3' 종합석유화학 기업 → 다양한 제품 포트폴리오 및 저가 원재료 생산기지 확보.
- 2016년 롯데첨단소재와 롯데정밀화학 인수를 시작으로 현대케미칼(롯데케미칼 40%, 현대오일뱅크 60%) 설립, 여수NCC 증설, GS에너지와의 JV 설립, 미국 ECC/EG 완공 등 대규모 프로젝트 진행.
- 전통적인 화학 사업을 고집해 온 경영에서 탈피해 수소와 친환경, 배터리 소재(전해액)에 투자 단행 → 동사의 주가 상승 모멘텀으로 작용.
- '2030 수소 사업 중장기 전략' 구체화 → 2025년까지 누적 투자 2조 원/연매출액 6,000억 원, 2030년까지 총 투자 4.4조 원/연매출액 3조 원 비전 마련 → 분야별 매출액 비중은 수소충전소와 발전소 사업 각각 40%, 수소탱크 사업 20%.

▶ 주요 석유화학 제품별 CAPA 비교

| 에틸렌 |

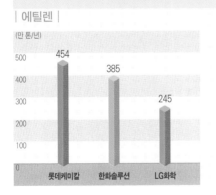

(만 톤/년)
- 롯데케미칼: 454
- 한화솔루션: 385
- LG화학: 245

| 폴리에틸렌:PE |

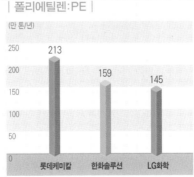

(만 톤/년)
- 롯데케미칼: 213
- 한화솔루션: 159
- LG화학: 145

| 폴리프로필렌:PP |

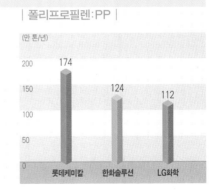

(만 톤/년)
- 롯데케미칼: 174
- 한화솔루션: 124
- LG화학: 112

▶ 영업활동 현금흐름 추이 및 전망

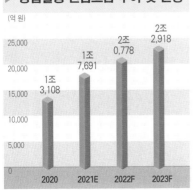

(억 원)
- 2020: 1조3,108
- 2021E: 1조7,691
- 2022F: 2조0,778
- 2023F: 2조2,918

▶ 당기순이익 추이 및 전망

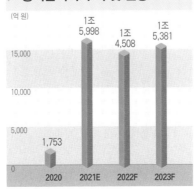

(억 원)
- 2020: 1,753
- 2021E: 1조5,998
- 2022F: 1조4,508
- 2023F: 1조5,381

▶ ROE 추이 및 전망

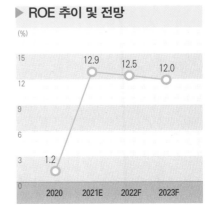

(%)
- 2020: 1.2
- 2021E: 12.9
- 2022F: 12.5
- 2023F: 12.0

최우선 투자기업

229

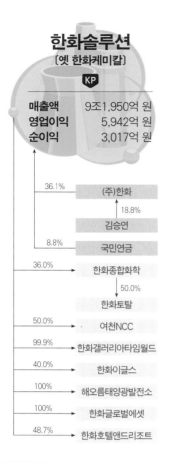

한화솔루션
〔옛 한화케미칼〕

KP

매출액	9조1,950억 원
영업이익	5,942억 원
순이익	3,017억 원

- (주)한화 ← 36.1%
- 김승연 → 18.8%
- 국민연금 ← 8.8%
- 한화종합화학 ← 36.0%
- 한화토탈 → 50.0%
- 여천NCC ← 50.0%
- 한화갤러리아타임월드 ← 99.9%
- 한화이글스 ← 40.0%
- 해오름태양광발전소 ← 100%
- 한화글로벌에셋 ← 100%
- 한화호텔앤드리조트 ← 48.7%

▶ 경영 실적 추이 및 전망

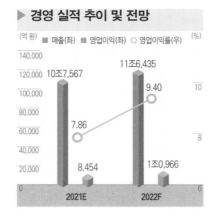

▶ 주가 추이 및 전망

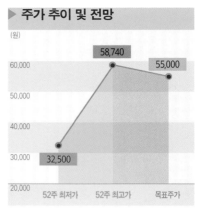

▶ 투자포인트

- 국내 최초로 PVC(폴리염화비닐) 생산 → PVC 생산능력 LG화학에 이어 국내 2위.
- LDPE/LLDPE. CA(염소, 가성소다), TDI 부문 높은 경쟁력 보유.
- 2018년에 한화큐셀코리아와 한화첨단소재를 합병하며 그룹 내 태양광 사업 통합 → 현재 독일에 R&D 센터 및 한국, 미국, 말레이시아, 중국에 태양광 셀/모듈 생산 거점 보유 → 태양광 셀/모듈 출하량 확대 및 원재료 가격 하락으로 수익성 기대.
- 만성 영업적자인 면세 사업 종료로 영업 비용 감소.
- 석유화학 관계사(한화종합화학, 한화토탈, 여천NCC)의 안정적인 이익 창출.
- 동사의 주가는 태양광 사업에 큰 영향 → 큐셀 실적 부진이 장기화됨에 따라 동사의 주가가 수개월째 조정 → 그럼에도 태양광 사업의 방향성은 변함없으며, 모듈 스프레드 개선에 따른 실적 회복 기대 → 동사의 주가는 12MF 기준 PER 9배(글로벌 peer 평균 25배)에 불과하므로 중장기 성장성을 감안하면 저평가 매력.

▶ 주요 석유화학 제품별 CAPA 비교

| 프로필렌 |

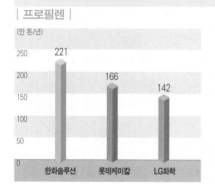

| 부타디엔 |

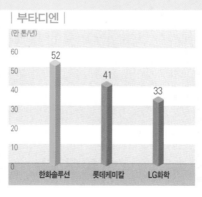

| 스타이렌모노머:SM |

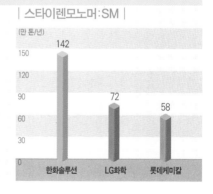

▶ 큐셀 영업이익 추이 및 전망

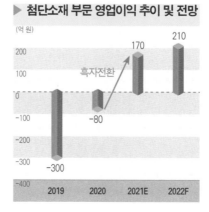

▶ 첨단소재 부문 영업이익 추이 및 전망

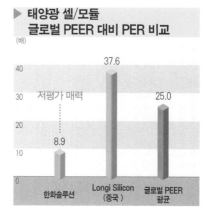

▶ 태양광 셀/모듈 글로벌 PEER 대비 PER 비교

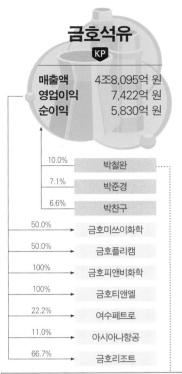

금호석유
KP

매출액	4조8,095억 원
영업이익	7,422억 원
순이익	5,830억 원

10.0%	박철완
7.1%	박준경
6.6%	박찬구
50.0%	금호미쓰이화학
50.0%	금호플리캠
100%	금호피앤비화학
100%	금호티앤엘
22.2%	여수페트로
11.0%	아시아나항공
66.7%	금호리조트

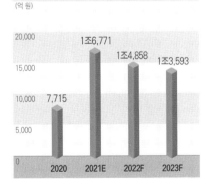

최대주주 박철완은 차기 주총에 대비해 우호세력 확보하기 위한 포석으로 2021년 8월에 보유주식 일부를 가족에게 증여(지분율 10.0% →8.5%).

▶ 경영 실적 추이 및 전망

(억 원) ■ 매출(좌) ■ 영업이익(좌) ○ 영업이익률(우) (%)

- 8조2,577 (2021E)
- 28.20
- 2조4,631
- 8조9,370 (2022F)
- 15.01
- 1조3,401

▶ 주가 추이 및 전망

(원)
- 298,500 (52주 최고가)
- 280,000 (목표주가)
- 131,500 (52주 최저가)

▶ 투자포인트

- 합성고무, 합성수지, 페놀유도체, 정밀화학, 전자소재 및 에너지 사업 영위 → 사업부문별 매출 비중은 합성고무 38%, 합성수지 24%, 페놀유도체 29%, 기타(에너지, 전자소재, 정밀화학 등) 9%.
- 동사의 주력 제품인 합성고무와 페놀유도체가 글로벌 경기회복에 힘입어 초호황 진입 → 2022년 이후 다수의 범용 석유화학 제품 스프레드가 약세로 전환하겠지만, 동사가 보유한 주요 품목(BPA, NB-Latex, ABS, Epoxy)의 경우 수급 타이트로 스프레드 강세 유지 예상 → 석유화학 산업 내 수급이 타이트한 범용 품목은 BPA와 PC, Epoxy, ABS, PVC, EVA/LDPE 등.
- 연말 높은 배당수익률 및 정기주총 전 경영권 분쟁 재점화 가능성 주목 → 경영권 분쟁 과정에서 회사는 주주가치 향상을 위해 배당성향 20%대로 상향, 추정 실적 기준 주당 배당금 11,000원 내외 예상.

▶ 영업활동 현금흐름 추이 및 전망

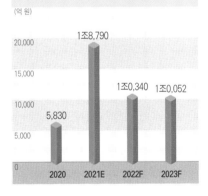

(억 원)
- 7,715 (2020)
- 1조6,771 (2021E)
- 1조4,858 (2022F)
- 1조3,593 (2023F)

▶ 당기순이익 추이 및 전망

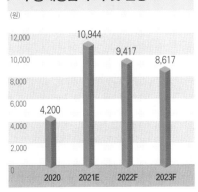

(억 원)
- 5,830 (2020)
- 1조8,790 (2021E)
- 1조0,340 (2022F)
- 1조0,052 (2023F)

▶ ROE 추이 및 전망

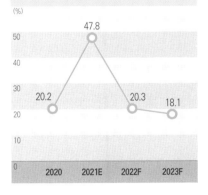

(%)
- 20.2 (2020)
- 47.8 (2021E)
- 20.3 (2022F)
- 18.1 (2023F)

▶ PER 추이 및 전망

(배)
- 7.7 (2020)
- 3.3 (2021E)
- 6.0 (2022F)
- 5.9 (2023F)

▶ 주당배당금 추이 및 전망

(원)
- 4,200 (2020)
- 10,944 (2021E)
- 9,417 (2022F)
- 8,617 (2023F)

▶ 배당성향 추이 및 전망

(%)
- 19.8 (2020)
- 16.5 (2021E)
- 20.5 (2022F)
- 21.4 (2023F)

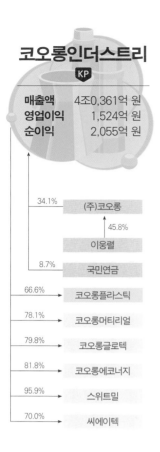

코오롱인더스트리
KP

매출액	4조0,361억 원
영업이익	1,524억 원
순이익	2,055억 원

- 34.1% (주)코오롱
- 45.8% 이웅렬
- 8.7% 국민연금
- 66.6% 코오롱플라스틱
- 78.1% 코오롱머티리얼
- 79.8% 코오롱글로텍
- 81.8% 코오롱에코너지
- 95.9% 스위트밀
- 70.0% 씨에이텍

▶ 경영 실적 추이 및 전망

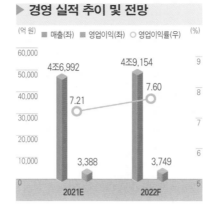

▶ 주가 추이 및 전망

▶ 투자포인트

- 산업자재, 화학소재, 필름/전자재료, 패션, 의류소재 등 사업을 영위하며, 산업자재군이 가장 큰 매출 비중을 차지함.
- 동사가 주력 생산하는 PET타이어코드는 자동차의 타이어 골격을 형성하는 용도로 사용되며, Goodyear, Bridgestone, Continental 등 글로벌 타이어 업체를 주 거래처로 확보.
- 동사는 PET타이어코드 19,200톤 생산시설을 베트남에 증설할 계획 → 낮은 인건비와 전력비 및 기존 공장과의 시너지를 고려하건대 10% 이상의 수익성 예상.
- 신성장동력으로 PEM(고분자전해질막), MEA(막전극접합체) 등 수소연료전지 핵심 소재 상업생산으로 주가 상승 모멘텀 마련 → MEA 시장은 2025년 3조 원에서 2030년 18조 원으로 폭발적인 성장 예상.

▶ 사업부문별 매출 비중

▶ PET타이어코드 수출단가 추이 및 전망

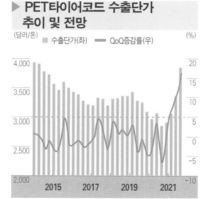

▶ 글로벌 승용차 타이어 수요증가율 추이 및 전망

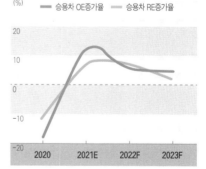

▶ 영업활동 현금흐름 추이 및 전망

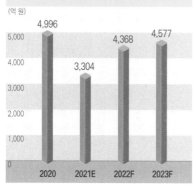

▶ 순차입금 비율 추이 및 전망

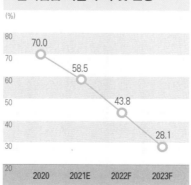

▶ 부채비율 추이 및 전망

대한유화 KP

매출액	1조8,827억 원
영업이익	1,702억 원
순이익	1,202억 원

- 31.0% 케이피아이씨 코포레이션
- 8.2% 국민연금

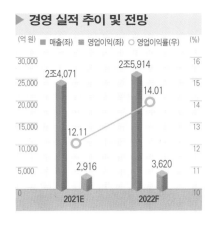

▶ 경영 실적 추이 및 전망

(억 원) ■ 매출(좌) ■ 영업이익(좌) ○ 영업이익률(우) (%)

2021E: 매출 2조4,071 / 영업이익 2,916 / 영업이익률 12.11
2022F: 매출 2조5,914 / 영업이익 3,620 / 영업이익률 14.01

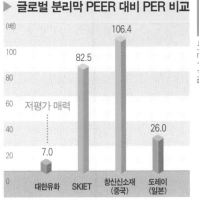

▶ 글로벌 분리막 PEER 대비 PER 비교

(배)

- 대한유화 7.0 (저평가 매력)
- SKIET 82.5
- 창신신소재(중국) 106.4
- 도레이(일본) 26.0

▶ 주가 추이 및 전망

(원)

- 52주 최저가: 163,500
- 52주 최고가: 405,500
- 목표주가: 292,000

▶ 투자포인트

- 동사는 온산과 울산에 생산시설을 두고 있으며, 에틸렌 80만 톤, 프로필렌 51만 톤, HDPE 53만 톤, PP 47만 톤, MEG 20만 톤, BTX 29만 톤 생산능력을 보유한 종합석유화학 업체.
- 2019년 약 3,000억 원을 투자하여 SM 30만 톤 증설 → 아로마틱 제품군 확대로 포트폴리오 다각화 및 이익률 상승 예상.
- LIBS(2차전지 분리막)용 HDPE와 PP를 생산하는 국내 유일 업체로 2차전지 시장 성장에 따른 수혜 예상.
- 글로벌 시장점유율 1위를 기록하고 있는 분리막용 PE의 2021년 영업이익은 전년 대비 2배 이상 증가할 것으로 전망됨 → 주요 고객사(SKIET, 창신신소재 등)의 공격적인 증설에 따른 판매량 확대와 LG화학의 분리막 진출에 따른 잠재 수요 기대.

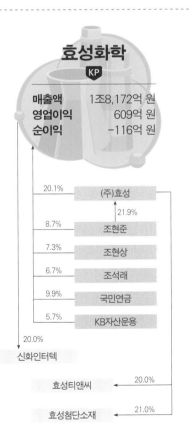

효성화학 KP

매출액	1조8,172억 원
영업이익	609억 원
순이익	−116억 원

- 20.1% (주)효성
- 8.7% 조현준
- 7.3% 조현상
- 6.7% 조석래
- 9.9% 국민연금
- 5.7% KB자산운용
- 21.9% (조현준 → (주)효성)
- 20.0% 신화인터텍
- 20.0% 효성티앤씨
- 21.0% 효성첨단소재

▶ 경영 실적 추이 및 전망

(억 원) ■ 매출(좌) ■ 영업이익(좌) ○ 영업이익률(우) (%)

2021E: 매출 2조5,543 / 영업이익 2,222 / 영업이익률 8.70
2022F: 매출 3조6,482 / 영업이익 3,121 / 영업이익률 10.24

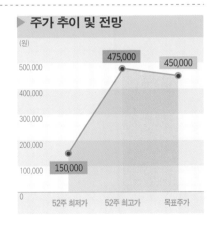

▶ 주가 추이 및 전망

(원)

- 52주 최저가: 150,000
- 52주 최고가: 475,000
- 목표주가: 450,000

▶ 투자포인트

- (주)효성이 영위하는 사업 중 화학 사업부문을 인적분할해 2018년 신설 → 사업부문별 매출 비중은 PP/DH 55%, 기타(NF3, 필름, TAC필름, TPA 등) 45%.
- 국내에 PDH(LPG를 원료로 프로필렌 생산)와 PP 생산 설비 각각 50만 톤, 60만 톤을 보유하고 있고, 베트남에 PDH 60만 톤과 PP 60만 톤 생산 설비 갖춤.
- 동사는 베트남에 LPG 저장소 및 부두를 건설 중으로, 해당 프로젝트는 완공 이후인 2022년부터 동사 이익에 기여할 전망.
- PP/DH 사업부의 경우 미국 한파로 인한 글로벌 공급량 축소와 미국, 유럽 등 프리미엄 제품 주요 소비국 수요가 큰 폭으로 증가함에 따라 출하량과 스프레드가 모두 확대되었음.
- NF3 사업의 경우, IT 전방산업 호조와 특수가스(F2N2) 판매량 증가로 이익 개선세 주목.

23 정유

📈 코로나19로 전례 없는 불황 겪은 정유 업계, 2022년 회복 📉

▶ 글로벌 정유 소비국 비중 및 미국 경제 활동 재개 지도

■ 2021년 2분기 기준 경제 정상화에 들어간 미국 주

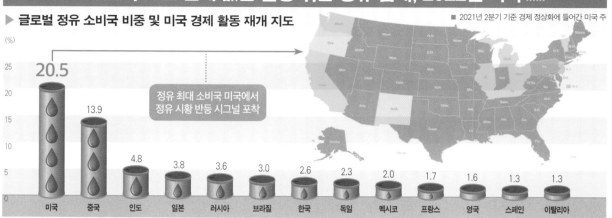

(%)

정유 최대 소비국 미국에서 정유 시황 반등 시그널 포착

미국	중국	인도	일본	러시아	브라질	한국	독일	멕시코	프랑스	영국	스페인	이탈리아
20.5	13.9	4.8	3.8	3.6	3.0	2.6	2.3	2.0	1.7	1.6	1.3	1.3

▶ 미국 가솔린 수요 추이

(백만 bpd)

2021년 들어 미국 자동차 주행거리 증가에 힘입어 미국 가솔린 수요 반등, 2022년 이후 예년 수준 회복

회복 개시

▶ 미국 항공유 수요 추이

(백만 bpd)

미국 여객 수요는 국내선 위주로 회복, 국제선 재개가 예상되는 2022년 이후 항공유 수요 예년 수준 회복

회복 개시

▶ 글로벌 정유 제품 수요 순증가 추이

(백만 bpd, yoy)

경기 부양

글로벌 금융위기

미국발 정유 업황 반등 시그널이 전 세계 정유 업황 회복 견인!

코로나19

6.2 / 0.5 / 1.3 / -0.5 / -1.2 / -10.4 / 3.4

▶ 글로벌 정유 제품 수요 추이

(백만 bpd)

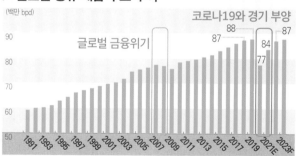

글로벌 금융위기

코로나19와 경기 부양

87 / 88 / 84 / 77 / 87

▶ 정유 제품별 정제마진* 추이 및 전망

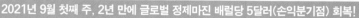

2021년 9월 첫째 주, 2년 만에 글로벌 정제마진 배럴당 5달러(손익분기점) 회복!

| 휘발유 마진 |

(달러/배럴)

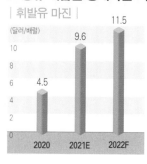

2020	2021E	2022F
4.5	9.6	11.5

| 경유 마진 |

(달러/배럴)

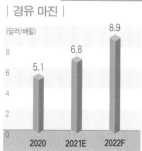

2020	2021E	2022F
5.1	6.8	8.9

| 항공유 마진 |

(달러/배럴)

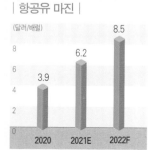

2020	2021E	2022F
3.9	6.2	8.5

| 복합 정제마진 |

(달러/배럴)

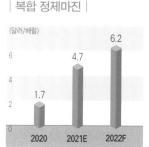

2020	2021E	2022F
1.7	4.7	6.2

* 정제마진 : 휘발유와 경유 등 석유제품 가격에서 원유 가격과 수송 · 운영비 등 비용을 뺀 금액으로, 정유사들의 실적과 주가에 큰 영향 끼침

📈 거리에 주유소가 사라진다?! : 친환경차 시대에 정유주 괜찮을까? 📉

▶ 주요국 화석연료차 규제 계획 및 완성차 브랜드 친환경차 사업 계획

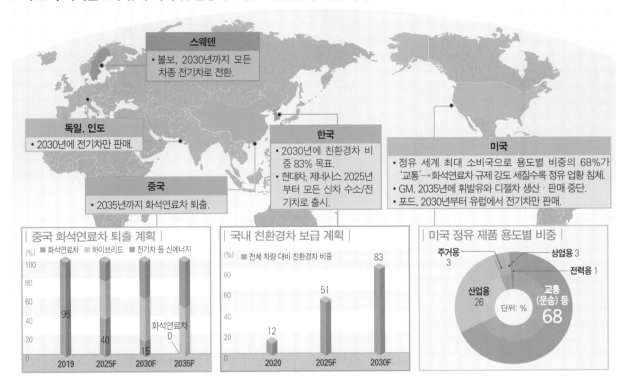

스웨덴
• 볼보, 2030년까지 모든 차종 전기차로 전환.

독일, 인도
• 2030년에 전기차만 판매.

중국
• 2035년까지 화석연료차 퇴출.

한국
• 2030년에 친환경차 비중 83% 목표.
• 현대차, 제네시스 2025년부터 모든 신차 수소/전기차로 출시.

미국
• 정유 세계 최대 소비국으로 용도별 비중의 68%가 '교통'→ 화석연료차 규제 강도 세질수록 정유 업황 침체.
• GM, 2035년에 휘발유와 디젤차 생산·판매 중단.
• 포드, 2030년부터 유럽에서 전기차만 판매.

| 중국 화석연료차 퇴출 계획 |
(%) ■ 화석연료차 ■ 하이브리드 ■ 전기차 등 신에너지
95 (2019), 40 (2025F), 15 (2030F), 화석연료차 0 (2035F)

| 국내 친환경차 보급 계획 |
(%) ■ 전체 차량 대비 친환경차 비중
12 (2020), 51 (2025F), 83 (2030F)

| 미국 정유 제품 용도별 비중 |
주거용 3, 상업용 3, 전력용 1, 산업용 26, 교통(운송) 등 68
단위: %

📈 정유주의 미래와 주가 상승 모멘텀, 결국은 친환경에너지, 탄소중립 📉

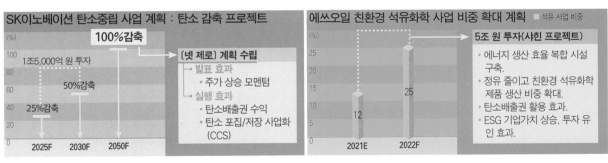

SK이노베이션 탄소중립 사업 계획 : 탄소 감축 프로젝트
(%)
100%감축
1조5,000억 원 투자
50%감축
25%감축
2025F, 2030F, 2050F

→ 〔넷 제로〕 계획 수립
- 발표 효과
  • 주가 상승 모멘텀
- 실행 효과
  • 탄소배출권 수익
  • 탄소 포집/저장 사업화 (CCS)

에쓰오일 친환경 석유화학 사업 비중 확대 계획 ■ 석유 사업 비중
(%)
12 (2021E), 25 (2022F)

5조 원 투자(샤힌 프로젝트)
• 에너지 생산 효율 복합 시설 구축.
• 정유 줄이고 친환경 석유화학 제품 생산 비중 확대.
• 탄소배출권 활용 효과.
• ESG 기업가치 상승, 투자 유인 효과.

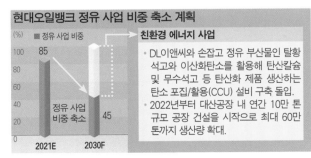

현대오일뱅크 정유 사업 비중 축소 계획
(%) ■ 정유 사업 비중
85 (2021E), 정유 사업 비중 축소 45 (2030F)

친환경 에너지 사업
• DL이앤씨와 손잡고 정유 부산물인 탈황석고와 이산화탄소를 활용해 탄산칼슘 및 무수석고 등 탄산화 제품 생산하는 탄소 포집/활용(CCU) 설비 구축 돌입.
• 2022년부터 대산공장 내 연간 10만 톤 규모 공장 건설을 시작으로 최대 60만 톤까지 생산량 확대.

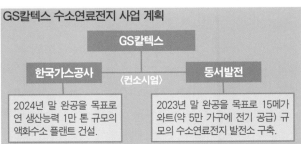

GS칼텍스 수소연료전지 사업 계획

GS칼텍스

한국가스공사 — 〈컨소시엄〉 — 동서발전

2024년 말 완공을 목표로 연 생산능력 1만 톤 규모의 액화수소 플랜트 건설.

2023년 말 완공을 목표로 15메가와트(약 5만 가구에 전기 공급) 규모의 수소연료전지 발전소 구축.

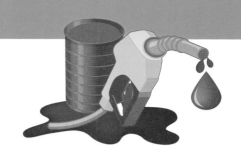

23

투자 리포트 정유

정유주,
휴지조각이냐 블루칩이냐?

미국 경제활동 재개로
교통(운송)용 정유 수요 회복세

코로나19 여파로 정유 업황은 2020년과 2021년 동안 어려움을 겪어야 했다. 전 세계 하늘길이 막혀 항공유 수요가 바닥을 쳤고, 사회적 거리두기 정책으로 차량 이동이 급격히 줄면서 가솔린과 경유의 소비가 곤두박질쳤기 때문이다. 정유주에 대한 투자적 관점에서 중요한 것은 '미국'의 상황이다. 미국은 세계 최대 정유 소비국이다. 글로벌 소비 비중이 20.5%를 차지한다. 미국은 전체 정유 소비 가운데 교통(운송)용 소비가 68%에 이른다. 미국에서 코로나19로 이동량이 급감하자 차량용 휘발유와 경유, 항공유 등의 수요가 크게 꺾였고, 이는 곧 전 세계 정유 업황 침체를 가져왔다.

2021년 들어 미국과 영국을 시작으로 백신 접종이 빠르게 진행되면서 글로벌 경기회복 시그널이 감돌았고, 이는 다시 교통(운송)용 정유 수요 반등으로 이어졌다. 거의 모든 주가 경제활동 재개에 들어간 미국에서 자동차 주행거리가 코로나19 이전 수준으로 돌아가자 가솔린과 경유 소비가 큰 폭으로 오른 것이다. 미국의 정유 수요 회복은 글로벌 정유 업황이 기지개를 펴는 계기가 됐다.

정유사들의 손익분기점인 정제마진
'배럴당 5달러' 회복

정유주 투자에서 놓치지 말아야 할 체크포인트로 '정제마진'이 있다. 정제마진은 휘발유와 경유 등 정유 제품의 가격에서 원유 가격과 수송·운영비 등의 비용을 뺀 금액으로, 정유사들의 수익성 지표가 된다. 미국에서 시작된 정유 업황 회복세는 정제마진에서

뚜렷하게 감지됐다. 지난 2021년 9월 첫째 주 들어 정제마진이 팬데믹 이후 최고 수준으로 상승한 것이다. 당시 정제마진은 배럴당 5.2달러로 집계됐는데, 2년 만에 배럴당 5달러대를 처음 회복했다. 정유사들은 보통 '배럴당 5달러'를 손익분기점으로 삼는다.

업계에서는 그동안 강세를 이끌었던 휘발유는 주춤한 대신 등유와 경유 상승세에 주목하고 있다. 중국에서 여전히 석유제품 수출을 통제하고 있을 뿐만 아니라 허리케인 아이다(Ida) 여파로 미국의 정유 설비 정상 가동이 늦춰진 영향이 크다. 겨울철 난방유를 중심으로 성수기에 진입할 경우 2022년 4월까지 등유와 경유에 대한 정제마진 강세가 이어질 것으로 예상된다. 글로벌 정유사마다 정유 제품 재고가 빠른 속도로 소진되고 있는 점도 눈여겨볼 대목이다.

2022년에 정유주 매수해도 괜찮을까?

코로나19 쓰나미는 국내 정유주를 강타했다. 국내 정유주를 대표하는 SK이노베이션과 에쓰오일의 시가총액 상승률이 2020년 기준 2%에 그쳤다. 같은 기간 코스피가 30% 상승한 점을 감안하면 정유주가 크게 부진했음을 알 수 있다.

투자적 관점에서는 2020년이 정유주의 저가매수 적기였다. 2021년 들어 백신 접종과 국제유가 상승 및 정제마진 회복 등으로 정유주가 반등했기 때문이다. SK이노베이션과 에쓰오일의 시가총액 합산액은 2008년 이후 역사적 평균 수준인 23조 원대를 넘어서 36조 원대까지 뛰었다. SK이노베이션은 44%(17.7조 원→25.6조 원), 에쓰오일은 37%(7.9조 원→10.9조 원)으로 시가총액이 큰 폭으로 오른 것이다. 정유 업체를 거느리고 있는 상장 지주회사인 GS(GS칼텍

스)와 현대중공업지주(현대오일뱅크)의 시가총액도 같은 기간 각각 23%(3.5조 원→4.4조 원) 및 24%(4.5조 원→5.5조 원) 상승했다.

증권가에서는 특히 SK이노베이션의 반등이 배터리 사업에 대한 기대감 반영보다는 본업 그 자체에 대한 회복 심리가 크게 작용한 것으로 분석한다. 증시가 정유 업황 회복을 선제적으로 읽은 것이다. 궁금한 것은 2022년 이후 정유주의 향방이다. 전 세계적으로 백신 접종이 빠르게 이뤄졌지만, 코로나19 종식에 대한 예상은 갈수록 희미해진다. 항공 업계의 국제선 사업은 여전히 제한적이어서 항공유 수요 회복시기를 가늠하기도 쉽지 않다. 정유주는 2022년 이후에도 코로나19 딜레마에서 완전히 자유롭지 못하다는 게 증권가의 중론이다.

코로나19보다도 무서운 친환경차

정유주에게 코로나19보다 더 무서운 게 있다면 그건 바로 친환경차다. 전기차로 대표되는 친환경차가 전 세계 정유 소비의 상당 부분을 차지하는 교통(운송)용 수요에 직격탄을 날린 것이다. 친환경차는 정유 산업에 국한하지 않고 지구촌 에너지 생태계 전체에 엄청난 격변을 일으킬 것이 확실시 되고 있다.

당장 최근 몇 년 동안 글로벌 주요 국가들은 친환경차 확대 정책에 몰두하는 반면, 화석연료차(내연기관차)에 대한 규제는 강화하고 있다. 미국에 이어 세계 2위 자동차 시장을 형성한 중국은 2035년까지 화석연료차의 퇴출을 공표했다. 인도 및 독일 등도 2030년까지 시중에서 판매되는 차량 전체를 전기차로 바꾼다는 계획을 내놓았다. 한국도 상황은 다르지 않다. 2020년 기준 12%대인 친환경차 판매 비중을 2025년까지 50% 이상으로 크게 늘린다는 정책을 추진하고 있다.

정유 업계로서는 화석연료차의 퇴출 소식이 절망스럽다. 정유 최대 소비국인 미국에서 난방이나 산업용 수요는 20% 남짓하다. 80%가 교통용 수요다. 정

도의 차이가 있을 뿐 다른 나라 상황도 비슷하다. 도로에 전기차가 많이 다닐수록 정유주 투자를 접어야 하는 시대가 온 것일까?

탄소중립과 친환경 에너지 사업, 정유주 상승을 이끄는 모멘텀

국내 정유 4사는 정유 사업부문을 축소하고 친환경 특히 탄소중립 사업으로 미래를 준비하고 있다. 정유는 철강, 자동차, 석유화학에 이어 네 번째 탄소 배출 업종이다. 정유 업계는 화석연료차 퇴출 뿐 아니라 탄소 배출 문제로도 위기에 봉착해 있는 것이다.

SK이노베이션은 이산화탄소를 포집해 바다 깊이 저장하는 탄소 포집/저장(CCS)을 포함한 탄소중립 사업에 2030년까지 1조5,000억 원을 투자하기로 했다.

현대오일뱅크는 한발 더 나아가 이산화탄소를 포집/저장에 그치지 않고 친환경 소재로 활용하는 CCU 사업에 나선다. DL이앤씨와 협력해 정유의 부산물인 탈황석고와 이산화탄소를 활용해 탄산칼슘과 무수석고 등 탄산화 제품을 생산하는 설비를 구축하기로 했다. 2022년 현대오일뱅크 대산공장 안에 연산 10만 톤 규모의 시설을 시작으로 최대 60만 톤으로 생산량을 늘릴 계획이다.

GS칼텍스는 한국가스공사와 손잡고 액화수소 사업을 준비하고 있다. 2024년 말 완공을 목표로 연산 1만 톤 규모의 액화수소 플랜트를 짓는다. 아울러 한국동서발전과 15메가와트(약 5만 가구에 전기를 공급할 수 있는 규모)의 수소연료전지 발전소도 구축한다. 부생수소를 활용해 전력을 생산하는 시설로, 2023년 완공 목표다.

친환경 에너지 및 탄소중립 사업이 당장 정유사들의 수익 모델이 되기는 어렵다. 다만, 정유주의 주가를 끌어올리는데 있어서 매우 중요하다. 정유주 투자에 나선다면 친환경 및 탄소중립 이슈야말로 더 이상 위협 요인이 아니라 주가 상승 모멘텀이 되는 것이다.

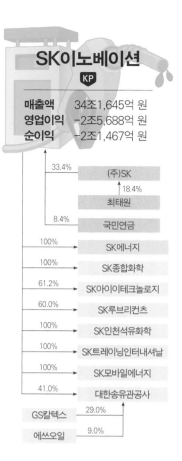

SK이노베이션
KP

매출액	34조1,645억 원
영업이익	-2조5,688억 원
순이익	-2조1,467억 원

- (주)SK 33.4%
- 최태원 18.4%
- 국민연금 8.4%
- SK에너지 100%
- SK종합화학 100%
- SK아이이테크놀로지 61.2%
- SK루브리컨츠 60.0%
- SK인천석유화학 100%
- SK트레이닝인터내셔날 100%
- SK모바일에너지 100%
- 대한송유관공사 41.0%
- GS칼텍스 29.0%
- 에쓰오일 9.0%

▶ 경영 실적 추이 및 전망

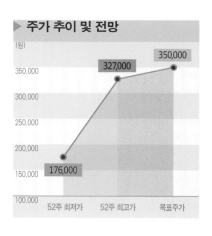

(억 원) ■ 매출(좌) ■ 영업이익(좌) ○ 영업이익률(우) (%)

	2021E	2022F
매출	45조4,164	53조5,501
영업이익	1조9,179 (흑자전환)	2조3,770
영업이익률	4.22	4.41

▶ 주가 추이 및 전망

(원)

52주 최저가	52주 최고가	목표주가
176,000	327,000	350,000

▶ 투자포인트

- 정유(SK에너지, SK트레이딩인터내셔널), 화학(SK종합화학, SK인천석유화학), 윤활유(SK루브리컨츠), 전지(SK이노베이션), 소재(SK아이이테크놀로지) 등 사업 영위.
- 정유 영업이익은 휘발유 및 등유, 경유 중심의 정제마진 개선세로 증익 예상.
- 화학은 주요 제품 스프레드 둔화로 감익 예상.
- 윤활유는 공급 증가에도 타이트한 수급이 지속되면서 견조한 실적 기대.
- 배터리는 소송 관련 비용 소멸과 신규 공장 가동 정상화에 따른 출하량 확대가 지속되면서 적자 폭 축소 예상.
- 2021년 10월 1일 2차전지 사업과 E&P 사업을 100% 자회사로 분사하는 물적분할 공시 → 2차전지 사업에 필요한 대규모 자금 조달을 위해 물적분할 후 IPO를 통한 자금 확보 목적.

▶ 사업부문별 매출 비중

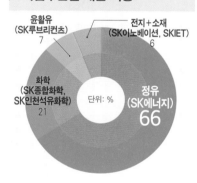

단위: %

- 윤활유 (SK루브리컨츠) 7
- 전지+소재 (SK이노베이션, SKIET) 6
- 화학 (SK종합화학, SK인천석유화학) 21
- 정유 (SK에너지) 66

▶ SK이노베이션 분할 후 지배구조

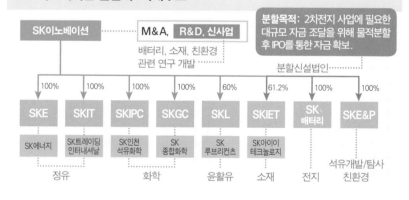

분할목적: 2차전지 사업에 필요한 대규모 자금 조달을 위해 물적분할 후 IPO를 통한 자금 확보.

SK이노베이션 ······ M&A, **R&D, 신사업**
배터리, 소재, 친환경 관련 연구 개발

분할신설법인

SKE	SKIT	SKIPC	SKGC	SKL	SKIET	SK배터리	SKE&P
100%	100%	100%	100%	60%	61.2%	100%	100%
SK에너지	SK트레이딩인터내셔날	SK인천석유화학	SK종합화학	SK루브리컨츠	SK아이이테크놀로지		석유개발/탐사
정유		화학		윤활유	소재	전지	친환경

▶ 정유 사업 매출 추이 및 전망

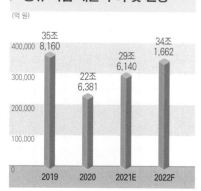

(억 원)

2019	2020	2021E	2022F
35조8,160	22조6,381	29조6,140	34조1,662

▶ 정유 사업 영업이익 및 정제마진

(억 원) ■ 정유 영업이익(좌) ━ 정제마진(우) (달러/배럴)

▶ 온실가스 배출량 추이 비교

(tCO_2e/USDmin) ■ 2017 ■ 2018 ■ 2019

SK이노베이션	석유, 가스&소모 연료 평균
290.2	501.3

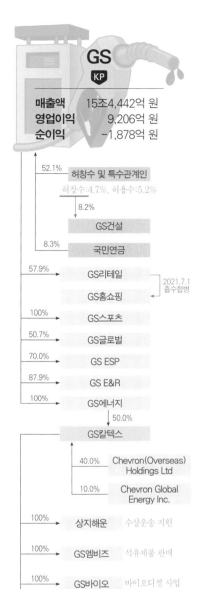

GS
KP

매출액	15조4,442억 원
영업이익	9,206억 원
순이익	−1,878억 원

- 허창수 및 특수관계인 52.1%
  허창수:4.7%, 허용수:5.2%
- GS건설 8.2%
- 국민연금 8.3%
- GS리테일 57.9%
- GS홈쇼핑
  2021.7.1 흡수합병
- GS스포츠 100%
- GS글로벌 50.7%
- GS ESP 70.0%
- GS E&R 87.9%
- GS에너지 100%
- GS칼텍스 50.0%
  - Chevron(Overseas) Holdings Ltd 40.0%
  - Chevron Global Energy Inc. 10.0%
- 상지해운 100% 수상운송 지원
- GS엠비즈 100% 석유제품 판매
- GS바이오 100% 바이오디젤 사업
- GS에코메탈 100% 폐축매 재활용
- 이노폴리텍 100% 복합수지 사업

▶ 경영 실적 추이 및 전망

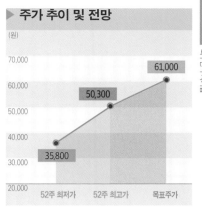

(억 원) ■ 매출(좌) ■ 영업이익(좌) ○ 영업이익률(우) (%)

- 2021E: 매출 18조0,721, 영업이익 2조1,942, 영업이익률 12.14
- 2022F: 매출 18조8,337, 영업이익 2조1,649, 영업이익률 11.50

▶ 주가 추이 및 전망

(원)
- 52주 최저가: 35,800
- 52주 최고가: 50,300
- 목표주가: 61,000

▶ 투자포인트

- 2004년 7월 LG를 인적분할하여 설립된 지주회사로, 자회사를 통해 에너지(GS 에너지), 유통(GS리테일, GS홈쇼핑), 가스/전력(GSEPS, GSE&R), 무역(GS글로벌), 스포츠(GS스포츠) 등 사업을 영위하며, 아울러 손자회사인 GS칼텍스를 통해 정유/화학/윤활유 사업을 영위.
- GS칼텍스의 경우, 2020년 복합정제마진(스팟 기준)은 배럴당 3.8달러로서 BEP 미만이었지만, 2021년 4.6달러, 2022년 5.3달러까지 상승 전망. 아울러 2022년 이후 항공유 수요 개선을 통한 정제마진 추가 상승 기대.
- 민자 발전 자회사(GSEPS, GSE&R)의 경우, 국제유가 상승을 통해 영업이익 반등 예상.
- 유통 사업부문의 경우, 2021년 7월 GS리테일이 GS홈쇼핑을 흡수합병하면서 연결인식으로 인한 외형적인 실적 성장 기대.

▶ GS칼텍스 매출 추이 및 전망

(억 원) ■ 정유 ■ 화학+윤활유

- 2020: 22조3,010 (정유 17조1,750, 화학+윤활유 5조1,260)
- 2021E: 30조3,650 (정유 23조4,361, 화학+윤활유 6조9,290)
- 2022F: 31조1,290 (정유 24조2,430, 화학+윤활유 6조8,860)

▶ GS칼텍스 영업이익 추이 및 전망

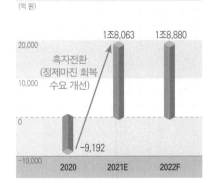

(억 원)

- 2020: −9,192
- 2021E: 1조8,063 (흑자전환 (정제마진 회복 수요 개선))
- 2022F: 1조8,880

▶ GS 사업부문별 매출 비중

단위: %

- GS칼텍스 지분법 수익 등 기타: 13
- 가스/전력 (GS EPS, GS E&R): 14
- 무역 (GS글로벌): 22
- 유통 (GS리테일, GS홈쇼핑): 51

▶ GS 순이익 추이 및 전망

(억 원)

- 2019: 6,689
- 2020: −1,872 (코로나19 여파로 정유 수요 급감 타격)
- 2021E: 1조3,830 (정제마진 개선 및 유통 자회사 실적 회복)
- 2022F: 1조0,991

▶ GS ROE 추이 및 전망

(%)

- 2019: 6.3
- 2020: −2.8
- 2021E: 15.0
- 2022F: 13.1

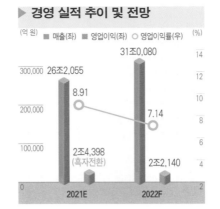

에쓰오일
KP

매출액	16조8,297억 원
영업이익	-1조0,991억 원
순이익	-7,961억 원

- 63.4% → Aramco Overseas Company B.V.
- 7.7% → 국민연금
- 50.0% → 에쓰오일토탈윤활유
- 9.0% → 대한송유관공사

▶ **경영 실적 추이 및 전망**

(억 원) ■ 매출(좌) ■ 영업이익(좌) ○ 영업이익률(우) (%)

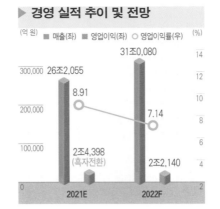

- 2021E: 26조2,055 / 8.91 / 2조4,398 (흑자전환)
- 2022F: 31조0,080 / 7.14 / 2조2,140

▶ **사업부문별 매출 비중**

단위: %
- 정유 78
- 화학 16
- 윤활유 6

▶ **주가 추이 및 전망**

(억 원)

- 52주 최저가: 66,300
- 52주 최고가: 117,500
- 목표주가: 139,000

▶ **투자포인트**

- 사우디아라비아 국영석유회사 Aramco의 자회사(지분율 63.4%)로, 정유, 화학, 윤활유 사업 영위.
- 주력 사업인 정유 부문에서 정제마진 개선 및 수요 회복으로 실적 반등 → 2022년 동사의 복합정제마진은 전년 대비 1.0달러/배럴 상승한 7.0달러/배럴 예상.
- 2021년 겨울에 라니냐로 북반구 한파가 예상되는 바, 이로 인해 난방용 석유제품 수요가 큰 폭으로 오를 가능성 제기 → 동사를 포함한 정유주 수혜 예상.
- 중동산 원유 조달 프리미엄인 OSP가 2021년 9월 3.0달러에서 같은 해 10월 1.7달러로 하락 → OPEC에서 매월 생산량을 40만 배럴씩 증산하기 시작하면서 중동 산유국 사이에 수출 경쟁이 높아진 영향. 2022년 말까지 지속적인 증산이 대기하고 있어 OSP가 마이너스(-)로 전환 → 동사를 포함한 정유주 이익 개선 예상.
- 실적 반등으로 배당 매력(2021년 DPS 4,106원, 시가 배당률 4.1%) 주목.

▶ **정유 사업 매출 추이 및 전망**

(억 원)

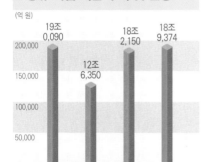

- 2019: 19조0,090
- 2020: 12조6,350
- 2021E: 18조2,150
- 2022F: 18조9,374

▶ **정유 사업 영업이익 및 정제마진**

(억 원) ■ 정유 영업이익(좌) ─ 정제마진(우) (달러/배럴)

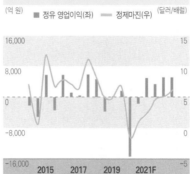

2015 2017 2019 2021F

▶ **온실가스 배출량 추이 비교**

(tCO2e/USDmin) ■ 2017 ■ 2018 ■ 2019

- 에쓰오일: 452.3
- 석유, 가스&소모 연료 평균: 501.3

▶ **당기순이익 추이 및 전망**

(억 원)

- 2019: 654
- 2020: -7,961
- 2021E: 1조6,195
- 2022F: 1조5,435

▶ **ROE 추이 및 전망**

(%)

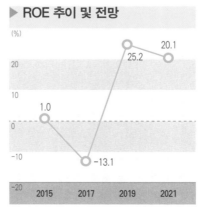

- 2015: 1.0
- 2017: -13.1
- 2019: 25.2
- 2021: 20.1

▶ **현금DPS 추이 및 전망**

(원)

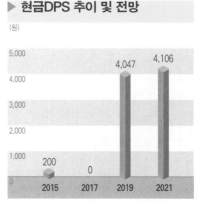

- 2015: 200
- 2017: 0
- 2019: 4,047
- 2021: 4,106

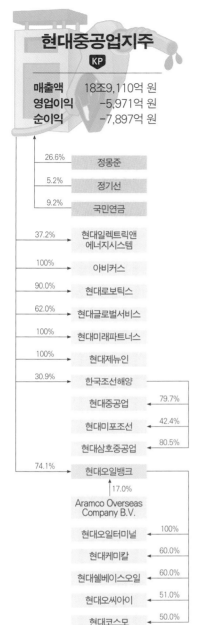

현대중공업지주
KP

매출액	18조9,110억 원
영업이익	-5,971억 원
순이익	-7,897억 원

- 26.6% 정몽준
- 5.2% 정기선
- 9.2% 국민연금
- 37.2% 현대일렉트릭앤에너지시스템
- 100% 아비커스
- 90.0% 현대로보틱스
- 62.0% 현대글로벌서비스
- 100% 현대미래파트너스
- 100% 현대제뉴인
- 30.9% 한국조선해양
  - 79.7% 현대중공업
  - 42.4% 현대미포조선
  - 80.5% 현대삼호중공업
- 74.1% 현대오일뱅크
  - 17.0% Aramco Overseas Company B.V.
  - 100% 현대오일터미널
  - 60.0% 현대케미칼
  - 60.0% 현대쉘베이스오일
  - 51.0% 현대오씨아이
  - 50.0% 현대코스모

▶ 경영 실적 추이 및 전망

(억 원) ■ 매출(좌) ■ 영업이익(좌) ○ 영업이익률(우) (%)

- 2021E: 매출 27조3,676, 영업이익 1조3,849 (흑자전환), 영업이익률 5.06
- 2022F: 매출 32조3,888, 영업이익 1조8,173, 영업이익률 5.61

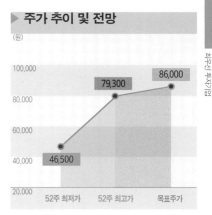

▶ 주가 추이 및 전망

(원)

- 52주 최저가: 46,500
- 52주 최고가: 79,300
- 목표주가: 86,000

▶ 투자포인트

- 2017년 4월 현대중공업의 기업분할을 통해 설립. 주요 자회사로 현대오일뱅크, 한국조선해양, 현대제뉴인, 현대글로벌서비스, 현대로보틱스 보유.
- 자회사 현대제뉴인을 통해 두산인프라코어 인수 추진 및 자회사 한국조선해양을 통해 대우조선해양 인수 진행 중.
- 연결실적에서 가장 큰 부분을 차지하는 현대오일뱅크 및 자회사는 판매량 증가, 스프레드 개선에 따른 실적 반등으로 동사의 이익 개선 주도 및 주가 상승 모멘텀 역할.
- 원전 사업의 축소로 어려움을 겪었던 자회사 현대일렉트릭앤에너지시스템은 국내 기업들의 CAPEX 확대 및 정부의 신규 에너지 인프라 투자 등에 힘입어 이익 정상화 예상.

▶ 현대오일뱅크 매출 추이 및 전망

(억 원)

- 2020: 13조6,900
- 2021E: 17조7,021
- 2022F: 19조9,570
- 2023F: 21조0,520

▶ 현대오일뱅크 영업이익 추이 및 전망

(억 원)

- 2020: -5,930
- 2021E: 1조1,420 (흑자전환)
- 2022F: 1조2,661
- 2023F: 1조3,450

▶ ROE 추이 및 전망

(%)

- 2020: -8.1
- 2021E: 2.7
- 2022F: 8.9
- 2023F: 9.2

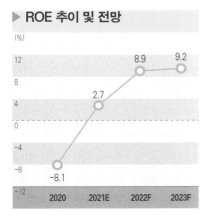

▶ 배당수익률 추이 및 전망

(%)

- 2020: 6.5
- 2021E: 7.2
- 2022F: 7.3
- 2023F: 7.4

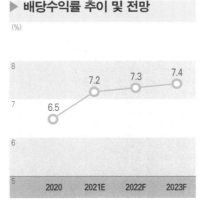

▶ 현금DPS 추이 및 전망

(원)

- 2020: 3,700
- 2021E: 4,008
- 2022F: 4,058
- 2023F: 4,198

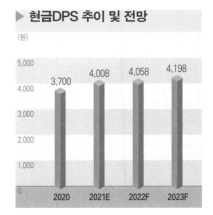

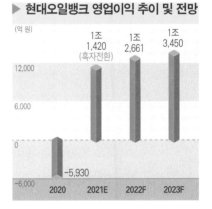

📈 바이오CDMO에 투자해야 하는 이유 📉

▶ 글로벌 바이오CDMO 시장 규모 추이 및 전망

(십억 달러)

CAGR 10.1%

2020	2021E	2022F	2023F	2024F	2025F	2026F
11.4	12.8	14.3	15.7	17.3	18.9	20.3

▶ 바이오CDMO 성장 배경

- 높은 효능과 임상기술 및 그에 상응하는 고가의 바이오의약품(하이 퀄리티 메디컬) 위주로 전 세계 메디컬 시장 재편.
- '하이 퀄리티 메디컬'의 원활한 수급을 담당하는 바이오시밀러 시장 개화에 따른 생산 수요 증가.
- 비용 절감과 리스크 분산을 위한 다국적 제약사의 아웃소싱 비중 확대.

▶ 글로벌 바이오의약품 시장 규모 추이 및 전망

(십억 달러)

CAGR 10.9%

2012 2014 2016 2018 2020 2022F 2024F 2026F

▶ 전체 의약품 대비 바이오의약품 성장률

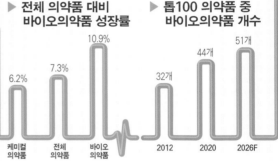

케미컬 의약품	전체 의약품	바이오 의약품
6.2%	7.3%	10.9%

▶ 톱100 의약품 중 바이오의약품 개수

2012	2020	2026F
32개	44개	51개

📈 글로벌 바이오CDMO '빅파마' 실적 고공행진 📉

▶ 글로벌 바이오CDMO 순위 (생산 CAPA 기준)

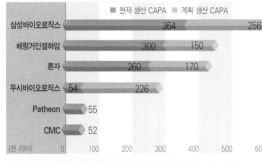

■ 현재 생산 CAPA ■ 계획 생산 CAPA

삼성바이오로직스	364 / 256
베링거인겔하임	300 / 150
론자	260 / 170
우시바이오로직스	54 / 226
Patheon	55
CMC	52

(천 리터)

바이오CDMO의 수요 급증 및 공급 부족
↓
삼성바이오로직스 생산라인 풀 가동 (시장 예상치 크게 상회)
↓
글로벌 바이오CDMO 빅파마들 좋은 조건으로 공급계약 체결
↓
호실적으로 어닝 서프라이즈

▶ 삼성바이오로직스 시장 예상 대비 실제 생산라인 가동률

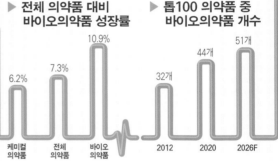

(%)
○ 시장 예상 가동률
○ 실제 가동률

2019 2020 2021E 2022F

▶ 론자 바이오CDMO 사업부문 실적 추이

(백만 달러) ■ 매출액(좌) ○ 영업이익률(우) (%)

2013 2014 2015 2016 2017 2018 2019 2020

▶ 우시바이오로직스 실적 추이

(백만 달러) ■ 매출액(좌) ○ 영업이익률(우) (%)

2014 2015 2016 2017 2018 2019 2020

〽️ 바이오시밀러, 제2의 전성기 : 셀트리온 반등 기회 📉

▶ 글로벌 바이오시밀러 시장 규모 추이 및 전망 〔2020~2026F CAGR: 8.9%〕

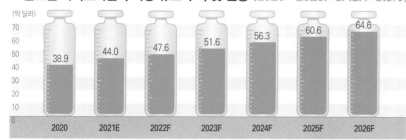

(억 달러)

연도	값
2020	38.9
2021E	44.0
2022F	47.6
2023F	51.6
2024F	56.3
2025F	60.6
2026F	64.6

- 미국정부, 의약품 독점 규제 정책 강화
  ↓
- 바이오시밀러/제네릭 등 복제약 시장 호재
  ↓
- 세계 매출 1위 의약품 '휴미라' 바이오시밀러 출시
  ↓
- 셀트리온, '휴미라' 바이오시밀러 '유플라이마' 국내 품목허가 획득

▶ '휴미라' 글로벌 매출 추이

(십억 달러)

휴미라(Humira): 자가면역질환 치료제
- 개발사: 애브비
- 연매출: 20,403백만 달러(2020년 기준)
- 미국 2023년 1월 특허 만료, 유럽은 이미 특허 만료.

▶ 미국 FDA에서 판매허가 받은 바이오시밀러 품목

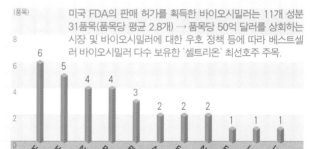

(품목)

미국 FDA의 판매 허가를 획득한 바이오시밀러는 11개 성분 31품목(품목당 평균 2.8개) → 품목당 50억 달러를 상회하는 시장 및 바이오시밀러에 대한 우호 정책 등에 따라 베스트셀러 바이오시밀러 다수 보유한 '셀트리온' 최선호주 주목.

품목	값
Humira	6
Herceptin	5
Neulasta	4
Remicade	4
Rituxan	3
Avastin	2
Enbrel	2
Neupogen	2
Epogen	1
Lantus	1
Lucentis	1

〽️ 세포치료제 : 암 및 희귀질환 정복을 위한 차세대 치료제 📉

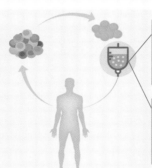

국내 세포치료제 유망 상장사

- **녹십자랩셀** : 세포치료제 플랫폼 보유.
- **앱클론** : CAR-T 관련 물질 개발 임상 중.
- **엔케이맥스** : NK치료제 개발 및 진단키트 제조.

T세포치료제(CAR-T)

환자 혈액에서 얻은 면역세포(T세포)와 암을 인지하는 키메릭 항원 수용체(CAR)을 유전자 조작으로 결합한 뒤 암세포를 추적해 궤멸.

NK세포치료제

선천적인 면역을 담당하는 혈액 속 백혈구의 일종으로, 바이러스에 감염된 암세포를 궤멸시킴은 물론, 암 재발 원인인 암 줄기 세포를 효과적으로 제어.

▶ 세포치료제 CDMO 시장 규모 추이 및 전망

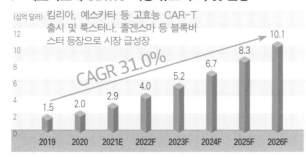

(십억 달러)

킴리아, 예스카타 등 고효능 CAR-T 출시 및 룩스터나, 졸겐스마 등 블록버스터 등장으로 시장 급성장

CAGR 31.0%

연도	값
2019	1.5
2020	2.0
2021E	2.9
2022F	4.0
2023F	5.2
2024F	6.7
2025F	8.3
2026F	10.1

- 4,000건 이상 세포치료제 임상 진행 중
  ↓
- 세포치료제 보편화를 위해서 CDMO 방식 필수
  ↓
- 세포치료제 CDMO로서 대규모 상업생산이 가능한 업체는 론자, 써모피셔, 카탈란트 등 소수
  ↓
- SK바이오사이언스(SK팜테코), 세포치료제 CMO 이포스케시(프랑스)를 인수하며 세포치료제 CDMO 시장 본격 진출

'CDMO', 제약·바이오주의 첫 번째 투자 옵션

전 세계 제약·바이오 산업의 게임체인저

제약·바이오 업계에서 가장 주목해야 할 부문은 '바이오CDMO'다. 바이오CMO(contract manufacturing organization)에서 D(development)가 붙은 개념이다. 바이오CMO가 바이오의약품의 위탁생산에 머무른다면, 바이오CDMO는 바이오의약품의 '개발(developmet)'에서 '제조(manufacturing)'까지 아우르는 사업을 가리킨다. 쉽게 말해 바이오의약품의 개발부터 대량 생산까지 포괄적으로 대행하는 사업 모델이다. 예를 들어 세포주를 받아서 의약품을 생산하면 CMO가 되고, DNA를 받아서 세포주를 만든 다음 생산까지 하면 CDMO가 되는 것이다.

업계에서는 전 세계 바이오CDMO 시장이 2020년 114억 달러에서 2026년 200억 달러를 웃돌 정도로 크게 성장할 것으로 전망하고 있다. 연평균 10%가 넘는 성장 규모다. 바이오CDMO 시장이 커질 수밖에 없는 이유는 전방산업이라 할 수 있는 바이오의약품 산업이 눈부신 발전을 이어가고 있기 때문이다. 바이오CDMO 기업들은 세포치료제에서 항체치료제, 백신에 이르기까지 효능이 뛰어난 바이오의약품들의 연구개발 단계에서부터 위탁받아 임상을 통과시킨 뒤 대량 상업생산에 돌입하는 것이다. 바이오의약품 기업으로서는 적지 않은 비용이 들어가는 연구개발 단계에서부터 바이오CDMO 기업들의 기술과 자금으로 재무 부담과 리스크를 줄일 수 있다.

국내외 빅파마들, 바이오CDMO 사업 진출 러시

바이오CDMO 시장의 높은 성장성은 코로나19를 통해 입증되었다. 코로나19 백신과 치료제처럼 세계적인 수요를 감당하기 위해서는 바이오CDMO 기업들의 대규모 생산시설이 반드시 필요하다. 의학계에서는 앞으로 코로나19가 여러 형태로 변이되어 제2, 제3의 팬데믹 사태를 가져올 가능성이 높다고 전망한다. 코로나19와 함께 살아가야 한다는 '위드 코로나(with COVID19)'라는 구호에는 코로나19 종식이 불가능함을 담고 있다.

상황이 이러하다보니 전 세계는 물론 국내에서도 바이오CDMO 사업에 진출하는 빅파마들이 적지 않다. SK바이오사이언스는 일찌감치 아스트라제네카 및 노바벡스 등과 코로나19 백신 CMO를 체결해 대량 생산 중이다. SK바이오사이언스는 2020년 1월에 미국 새크라멘토에 세운 CMO 통합법인 SK팜테코를 통해 북미와 유럽에서 대형 위탁생산 계약을 따내며 바이오CDMO 시장 진출의 발판을 마련해놓았다.

기존 바이오 업체 이외에 자금 여력이 풍부한 전통 제약사들까지 속속 바이오CDMO 시장 진출을 서두르고 있다. 대웅제약은 2021년 초에 식품의약품안전처로부터 첨단바이오의약품 제조업 허가를 받아 세포치료제 등 첨단바이오의약품 제조부터 품질시험, 인·허가 지원, 보관, 배송·판매까지 아우르는 사업에 나섰다. GC녹십자는 2020년 10월에 감염병혁신연합(CEPI)과 2021년 3월부터 2022년 5월까지 코로나19 백신 5억 도즈 이상을 위탁생산하는 계약을 체결했다. 한미약품도 mRNA 생산 기술과 시설을 앞세워 유전자 백신을 개발 중인 여러 업체들과 코로나19 백신 위탁생산 협의를 진행 중이다. 줄기세포 연구개발에 강점이 있는 차바이오텍도 첨단바이오의약품 제조업 허가를 취득하며 CDMO 시장 진출을 알렸다.

이처럼 여러 빅파마들이 시장에 뛰어들고 있지만, 바이오CDMO 최선호주는 단연 삼성바이오로직스다.

삼성바이오로직스는 글로벌 바이오CDMO 1위 회사다. 증권가에서는 삼성바이오로직스가 생산설비에서 바이오CDMO 2위 베링거인겔하임 및 3위 론자와 얼마나 더 격차를 벌일 것인가에 주목한다. 삼성바이오로직스의 주가 상승 모멘텀은 '1위 수성'이 아니라 '월등한 1위 고수'에 달린 것이다. 삼성바이오로직스는 2020년 8월에 1조7,400억 원을 투자해 바이오의약품 25만6,000리터를 생산할 수 있는 4공장 신설에 들어갔다(인천 송도). 4공장은 세포주 개발부터 완제의약품 생산까지 일괄공정이 가능한 '슈퍼 플랜트'로 2022년 하반기부터 부분 가동에 들어갈 예정이다. 삼성바이오로직스는 4공장이 완공될 경우 모두 62만 리터 생산 규모의 바이오CDMO 생산라인을 보유하게 된다. 2위와 3위가 범접할 수 없는 규모다.

결국 선택이 아닌 필수

바이오CDMO 기업들이 코로나19 백신 다음으로 주목하는 의약품은 '세포치료제'다. 세포치료제란, 인간의 몸에서 살아 있는 세포를 추출해 암 같은 돌연변이 세포를 공격할 수 있는 효능이 생기도록 유전적으로 조작해 인체에 다시 주입하는 의약품이다. 세포치료제는 인류가 각종 암을 포함한 희귀질환을 정복하기 위한 차세대 치료제로 불릴 만큼 기대가 크다. 세포치료제에는 CAR-T치료제와 NK치료제가 있는데, 전자는 환자 혈액에서 추출한 면역세포(T세포)와 암을 잘 인지하는 키메릭 항원 수용체(CAR)를 결합해 암세포를 추적해 공격하도록 배양한 약물이다. CAR-T치료제는 암세포만을 찾아 공격하기 때문에 정상 세포 손상을 줄이면서 효과적으로 암세포를 없앨 수 있다. NK치료제는 선천적인 면역을 담당하는 혈액 속 백혈구의 일종으로, 바이러스에 감염된 세포를 없애는 것에 그치지 않고 암을 재발시키는 줄기세포를 효과적으로 제어하는 약물이다.

세계적으로 암 발병률이 크게 늘고 있는 만큼 임상을 통과한 세포치료제의 대량 생산이 절실하다. 업계에서는 세포치료제 CDMO 시장이 2019년 15.2억 달러에서 연평균 30% 이상 증가해 2026년 100억 달러를 넘길 것으로 예상한다. 최근 '킴리아', '예스카타' 등 높은 효능의 CAR-T치료제가 출시되면서 세포치료제에 대한 수요가 가파르게 상승하고 있다. 뛰어난 효능의 세포치료제가 대량 생산될 경우 약값이 싸져 암환자가 큰 혜택을 누릴 수 있기 때문에 세계보건기구(WHO)나 각국 정부로서는 대규모 생산설비와 높은 기술력을 갖춘 CDMO 빅파마 지원에 적극적일 수밖에 없다. CDMO 사업이 빅파마들에게 선택이 아닌 필수가 되는 이유다.

2021년 기준 약 4,000건 이상의 세포치료제 임상시험이 진행 중에 있고, 이 가운데 미국 FDA 기준 임상시험 신청 건수는 연간 200건 이상이 될 전망이다. FDA는 2025년까지 해마다 20개 안팎의 세포치료제 신약이 허가를 받을 것으로 예상하고 있다.

바이오의약품 25만6,000리터 생산이 가능한 삼성바이오로직스의 제4공장(인천 송도).

▶ **바이오CDMO 사업 진출에 나선 국내 빅파마들**

삼성바이오로직스	'GSK', '일라이릴리' 등 코로나19 치료제 위탁 개발·생산
SK바이오사이언스	'아스트라제네카', '노바백스' 등 코로나19 백신 위탁생산
셀트리온	코로나19 항체치료제 자체 생산
GC녹십자	코백스 퍼실리티 코로나19 백신 위탁생산
대웅제약	첨단 바이오의약품 제조업 허가, CDMO 사업 진출
차바이오텍	첨단 바이오의약품 제조업 허가, CDMO 사업 진출
한미약품	코로나19 유전자 백신 생산 준비 중
SK팜테코	프랑스 세포치료제 CDMO 기업 이포스케시 인수
에스티팜	mRNA 사업개발실 운영, CDMO 사업 진출

삼성바이오로직스
KP

매출액	1조1,648억 원
영업이익	2,928억 원
순이익	2,410억 원

- 43.4% 삼성물산
- 31.4% 삼성전자
- 50.0% 삼성바이오에피스

▶ 경영 실적 추이 및 전망

(억 원) ■ 매출(좌) ■ 영업이익(좌) ○ 영업이익률(우) (%)

- 2021E: 1조5,531 / 34.84 / 5,411
- 2022F: 1조8,216 / 33.78 / 6,153

▶ 주가 추이 및 전망

(원)

- 52주 최저가: 679,000
- 52주 최고가: 1,047,000
- 목표주가: 1,102,000

▶ 규제기관 승인 현황

(품목)

- FDA: 15
- EMA: 15
- 기타: 61

▶ 투자포인트

- 바이오 CDMO 세계 1위 기업으로, 2022년 하반기부터 25.6만 리터 규모의 4공장 가동으로 전체 CAPA가 약 62만 리터 예상 → 세계 바이오 CDMO 2, 3위인 베링거인겔하임과 론자와의 격차 더욱 벌어질 전망.
- 바이오시밀러 자회사 삼성바이오에피스의 고성장 주목 → '엔브렐' 바이오시밀러 '베네팔리' 및 '휴미라' 바이오시밀러 '임랄디' 호조세 → 출시된 품목 이외 5품목이 임상 3상 중이거나 허가 심사 중.
- 2021년 3분기까지 약 25개 이상의 제약사들과 10개 이상의 약품에 대해 생산 조건 논의, 계약 임박 → 2022년 말부터 생산에 돌입하고, 본격적인 매출 인식은 2023년부터 예상.
- 코로나19 관련 항체치료제 CMO와 백신 완제의약품(DP) 위탁생산 및 mRNA 백신 원료의약품 사업 주목 → 모더나 관련 DP 매출이 2021년 4분기부터 인식.

▶ 바이오CMO 수주 규모 추이

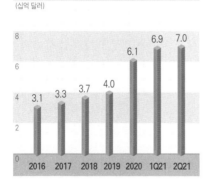

(십억 달러)

- 2016: 3.1
- 2017: 3.3
- 2018: 3.7
- 2019: 4.0
- 2020: 6.1
- 1Q21: 6.9
- 2Q21: 7.0

▶ 바이오CMO 계약품목 수 추이

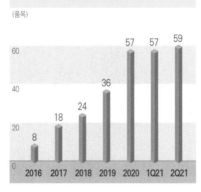

(품목)

- 2016: 8
- 2017: 18
- 2018: 24
- 2019: 36
- 2020: 57
- 1Q21: 57
- 2Q21: 59

▶ 바이오CDO 계약품목 수 추이

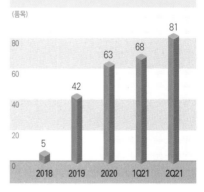

(품목)

- 2018: 5
- 2019: 42
- 2020: 63
- 1Q21: 68
- 2Q21: 81

▶ 영업활동 현금흐름 추이 및 전망

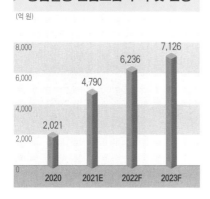

(억 원)

- 2020: 2,021
- 2021E: 4,790
- 2022F: 6,236
- 2023F: 7,126

▶ CAPEX 추이 및 전망

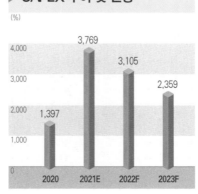

(%)

- 2020: 1,397
- 2021E: 3,769
- 2022F: 3,105
- 2023F: 2,359

▶ 당기순이익 추이 및 전망

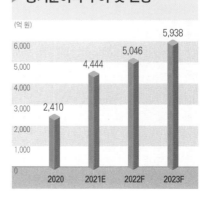

(억 원)

- 2020: 2,410
- 2021E: 4,444
- 2022F: 5,046
- 2023F: 5,938

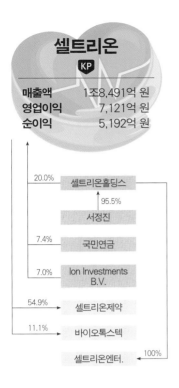

셀트리온
KP

매출액	1조8,491억 원
영업이익	7,121억 원
순이익	5,192억 원

- 셀트리온홀딩스 20.0%
- 서정진 95.5%
- 국민연금 7.4%
- lon Investments B.V. 7.0%
- 셀트리온제약 54.9%
- 바이오톡스텍 11.1%
- 셀트리온엔터. 100%

▶ 경영 실적 추이 및 전망

(억 원) ■ 매출(좌) ■ 영업이익(좌) ○ 영업이익률(우) (%)

- 2021E: 매출 2조0,556 / 영업이익 8,276 / 영업이익률 40.26
- 2022F: 매출 2조4,413 / 영업이익 9,777 / 영업이익률 40.05

▶ 주가 추이 및 전망

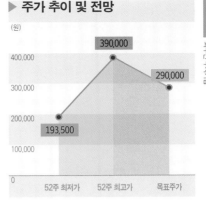

(원)
- 52주 최저가: 193,500
- 52주 최고가: 390,000
- 목표주가: 290,000

▶ 투자포인트

- 아시아 최대 규모인 140,000L 동물세포배양 단백질의약품 생산 설비 보유.
- 세계 최초로 개발한 자가면역질환 치료용 바이오시밀러 '램시마'가 2016년 미국 FDA로부터 판매승인 받음.
- 자가면역질환 치료제 '인플렉트라'에 대해 미국 상위 보험사인 시그나가 선호의약품으로 등재하면서 미국에서의 처방금액 급증.
- 글로벌 의약품 매출액 1위인 '휴미라'의 유일한 고농도 바이오시밀러 '유플라이마'가 유럽에서 판매 호조 및 국내에서도 판매 품목허가 획득.
- 신규 투자로, 미국의 트라이링크 바이오테크놀로지와 협업으로 차세대 mRNA 백신 플랫폼 개발에 착수.
- 코로나19 치료제 '렉키로나'의 경우, 최근 머크가 경구용 치료제 개발에 성공하면서 정맥 주사제에 대한 경쟁력 우려로 동사 주가 하락의 원인 제공 주목.

▶ 램시마/인플렉트라 매출 추이 및 전망

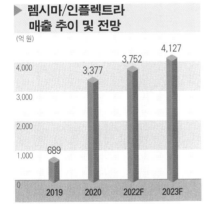

(억 원)
- 2019: 689
- 2020: 3,377
- 2022F: 3,752
- 2023F: 4,127

▶ 트룩시마 매출 추이 및 전망

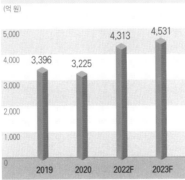

(억 원)
- 2019: 3,396
- 2020: 3,225
- 2022F: 4,313
- 2023F: 4,531

▶ 유플라이마 매출 추이 및 전망

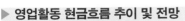

(억 원)
- 2020: 199
- 2021E: 1,545
- 2022F: 1,777

▶ 영업활동 현금흐름 추이 및 전망

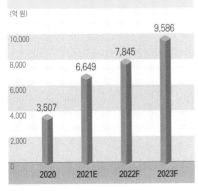

(억 원)
- 2020: 3,507
- 2021E: 6,649
- 2022F: 7,845
- 2023F: 9,586

▶ 당기순이익 추이 및 전망

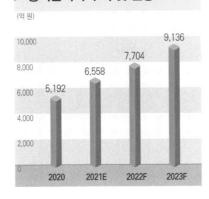

(억 원)
- 2020: 5,192
- 2021E: 6,558
- 2022F: 7,704
- 2023F: 9,136

▶ ROE 추이 및 전망

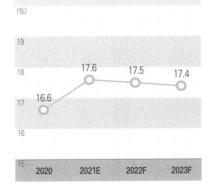

(%)
- 2020: 16.6
- 2021E: 17.6
- 2022F: 17.5
- 2023F: 17.4

SK바이오사이언스
KP

매출액	2,256억 원
영업이익	377억 원
순이익	329억 원

↑ 68.4%
SK케미칼
↑ 33.4%
SK디스커버리
↑ 40.1%
최창원

▶ 경영 실적 추이 및 전망

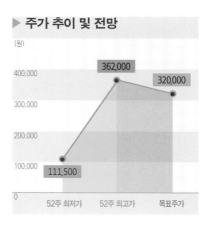

▶ 주가 추이 및 전망

▶ 사업부문별 매출 비중

CDMO, 마일스톤 등 51.7

코로나19 백신 원액 등 44.2

로타텍, 수액제 등 4.1

단위: %

▶ 투자포인트

- SK케미칼의 백신 사업부문을 물적분할하여 설립 → 백신 및 바이오의약품 연구 개발, 생산 및 판매를 주요 사업으로 영위.
- 2017년 12월에 대상포진 백신 '스카이조스터' 출시 → 2019년 기준 국내 시장점유율 46% 확보.
- 자체 코로나19 백신 'GBP510', 2021년 11월 중 임상 2상 결과 발표 및 'GBP510' 글로벌 임상 3상 IND 승인 국가 수 확대.
- 세계 최초로 노바백스 백신이 긴급사용 승인된 사례가 나왔기 때문에 이미 해당 백신에 대해 리뷰를 하고 있는 국내 식약처에서 승인 신청 기대 → 국내의 경우 동사가 노바백스 백신의 라이선싱을 가지고 있기 때문에 동사가 식약처에 승인 신청을 하게 될 전망.
- 식약처 승인으로 이미 생산을 완료한 4,000만 도즈 물량에 대해 완제 포장공정에 대한 매출까지 인식될 예정.

▶ 코로나19 백신 생산 규모 추이 및 전망

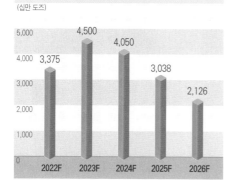

▶ 바이오CDMO 매출 추이 및 전망

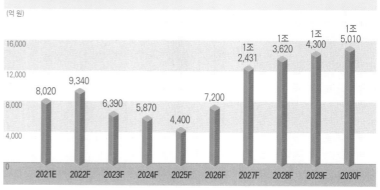

▶ 영업활동 현금흐름 추이 및 전망

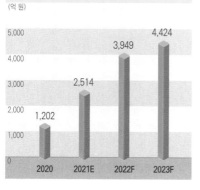

▶ 당기순이익 추이 및 전망

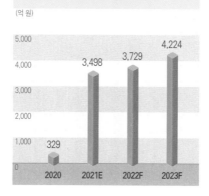

▶ ROE 추이 및 전망

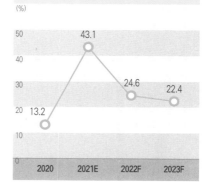

유한양행
KP

매출액	1조6,199억 원
영업이익	843억 원
순이익	1,904억 원

- 15.6% → 유한재단
- 11.8% → 국민연금
- 8.5% → 자사주 (의결권 제한)
- 7.6% → 유한학원
- 8.4% → 앤솔바이오사이언스
- 7.8% → 테라젠이텍스
- 3.7% → 코스온
- 100% → 유한화학
- 100% → 유한메디카
- 38.5% → 엠지
- 30.0% → 유한킴벌리
- 29.1% → 한국얀센

▶ 경영 실적 추이 및 전망

(억 원) ■ 매출(좌) ■ 영업이익(좌) ○ 영업이익률(우) (%)

- 2021E: 매출 1조7,167, 영업이익 688, 영업이익률 4.01
- 2022F: 매출 1조8,651, 영업이익 1,035, 영업이익률 5.55

▶ 주가 추이 및 전망

(원)

- 52주 최저가: 57,100
- 52주 최고가: 81,000
- 목표주가: 86,000

▶ 투자포인트

- 2022년에 레이저티닙, NASH 파이프라인 마일스톤 유입으로 견조한 성장세가 이어질 전망. 아울러 R&D 파이프라인들로부터의 기대 성과를 바탕으로 주가 상승 예상.
- 의약품 사업부문의 주요 품목으로는 '아토르바', '코푸시럽', '로수바미브', '삐콤씨' 등이 있고, 에이즈치료제, C형간염치료제, 항생제 등 수출.
- 동사의 가장 큰 투자포인트는 비소세포폐암 신약인 '렉라자' → 2021년 9월 유럽 종양학회에 따르면 '렉라자'의 비소세포폐암 환자 대상 유의미한 반응률 기록 → 더 이상 치료 옵션이 없는 환자에게 훌륭한 대안이 될 것으로 평가 → 2021년 말 조건부 허가 신청을 통해 2022년 2분기 말 허가 예상.
- 2021년 영업이익률 하락 요인은, 라이선스 수익 감소, 상품 매출 비중 확대로 매출 총이익률 하락, 유산균 신제품 '와이즈바이옴' 광고비 증가로 판매관리비 증가 등.

▶ 사업부문별 매출 비중

단위: %
- 의약품 75
- 생활건강 10
- 해외사업 9
- 기술료 등 기타 6

▶ 렉라자 매출 추이 및 전망

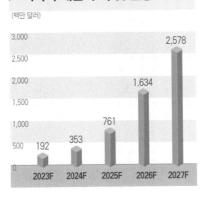

(백만 달러)
- 2023F: 192
- 2024F: 353
- 2025F: 761
- 2026F: 1,634
- 2027F: 2,578

▶ 러닝로열티 매출 추이 및 전망

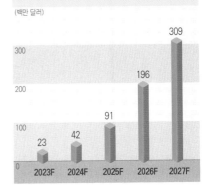

(백만 달러)
- 2023F: 23
- 2024F: 42
- 2025F: 91
- 2026F: 196
- 2027F: 309

▶ 영업활동 현금흐름 추이 및 전망

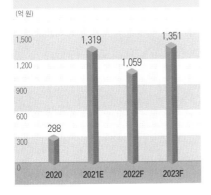

(억 원)
- 2020: 288
- 2021E: 1,319
- 2022F: 1,059
- 2023F: 1,351

▶ 당기순이익 추이 및 전망

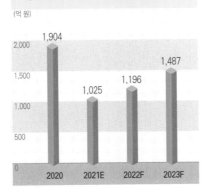

(억 원)
- 2020: 1,904
- 2021E: 1,025
- 2022F: 1,196
- 2023F: 1,487

▶ ROE 추이 및 전망

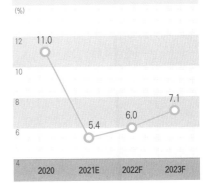

(%)
- 2020: 11.0
- 2021E: 5.4
- 2022F: 6.0
- 2023F: 7.1

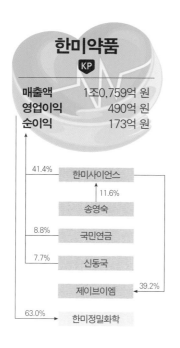

한미약품
KP

매출액	1조0,759억 원
영업이익	490억 원
순이익	173억 원

- 41.4% 한미사이언스
- 11.6% 송영숙
- 8.8% 국민연금
- 7.7% 신동국
- 제이브이엠 39.2%
- 63.0% 한미정밀화학

▶ 경영 실적 추이 및 전망

(억 원) ■ 매출(좌) ■ 영업이익(좌) ○ 영업이익률(우) (%)

- 2021E: 1조1,287 / 9.49 / 1,071
- 2022F: 1조2,033 / 9.59 / 1,153

▶ 주가 추이 및 전망

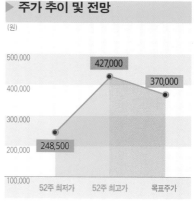

(원)

- 52주 최저가: 248,500
- 52주 최고가: 427,000
- 목표주가: 370,000

▶ 투자포인트

- 주요 제품으로 고혈압치료제(아모디핀), 복합고혈압치료제(아모잘탄) 등이 있고, 원료의약품 제조 및 판매업을 영위하는 한미정밀화학을 주요 자회사로 둠.
- 호중구감소증 치료제 '롤론티스' 및 얀센에 기술이전한 비만치료제 'HM12525A', NASH 치료제 'HM15211' 등의 임상에 따른 파이프라인 경쟁력 확보.
- 2021년에 기술이전한 약물이 상당수 반환됐지만 로슈에 9.1억 달러 규모로 기술이전된 RAF 저해제, 머크와 8.7억 달러 규모의 계약을 맺은 NASH 치료제 'LAPS GLP/GCG'가 임상 순항 중.
- 가장 기대되는 약물은 'LAPS Triple Agonist'로, 다양한 학회를 통해 우수한 임상결과 발표 → 2020년 FDA로부터 신속 심사 대상 약물로 지정되었고, 원발 담즙성 담관염 및 특발성 폐섬유증 치료를 위한 희귀의약품으로 인정 받음 → 동사의 파이프라인 중 기술이전 가능성이 가장 높은 후보물질로 평가.

▶ LAPS Triple Agonist 매출 전망

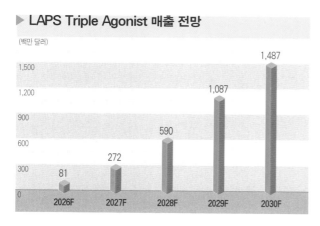

(백만 달러)

- 2026F: 81
- 2027F: 272
- 2028F: 590
- 2029F: 1,087
- 2030F: 1,487

▶ 롤론티스 매출 전망

(백만 달러)

- 2023F: 64
- 2024F: 212
- 2025F: 380
- 2026F: 572
- 2027F: 773
- 2028F: 988
- 2029F: 1,105
- 2030F: 1,177

▶ 영업활동 현금흐름 추이 및 전망

(억 원)

- 2020: 1,515
- 2021E: 1,480
- 2022F: 1,460
- 2023F: 1,601

▶ 당기순이익 추이 및 전망

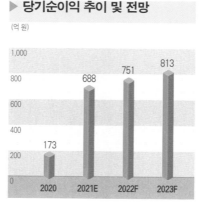

(억 원)

- 2020: 173
- 2021E: 688
- 2022F: 751
- 2023F: 813

▶ ROE 추이 및 전망

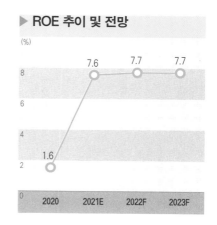

(%)

- 2020: 1.6
- 2021E: 7.6
- 2022F: 7.7
- 2023F: 7.7

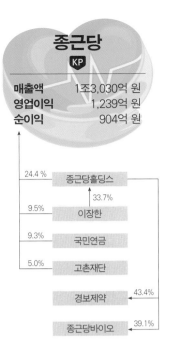

종근당
KP

매출액	1조3,030억 원
영업이익	1,239억 원
순이익	904억 원

24.4 % 종근당홀딩스
33.7%
9.5% 이장한
9.3% 국민연금
5.0% 고촌재단
경보제약 43.4%
종근당바이오 39.1%

▶ 경영 실적 추이 및 전망

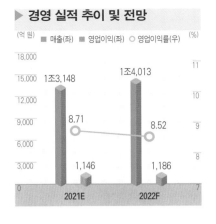

(억 원) ■ 매출(좌) ■ 영업이익(좌) ○ 영업이익률(우) (%)

- 2021E: 매출 1조3,148 / 영업이익 1,146 / 영업이익률 8.71
- 2022F: 매출 1조4,013 / 영업이익 1,186 / 영업이익률 8.52

▶ 주가 추이 및 전망

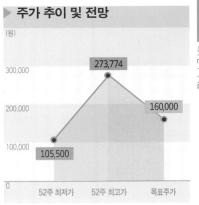

(원)
- 52주 최저가: 105,500
- 52주 최고가: 273,774
- 목표주가: 160,000

▶ 투자포인트

- 2013년 투자 사업부문을 담당하는 존속법인 종근당홀딩스와 의약품 사업부문을 담당하는 신설회사 종근당으로 인적분할 설립, 코스피 재상장.
- 신약 및 개량신약, 제네릭 의약품 개발능력 보유 → 연간 매출액 대비 10% 이상을 R&D에 투자.
- 이익 기여도가 높은 '케이캡' 매출 고성장 주목.
- 주력 품목들의 매출 성장이 지속됨에 따라 견조한 실적이 예상되지만, 2022년에는 R&D 파이프라인들의 임상 비용 증가 등 여파로 영업이익률 하락 예상.
- 동사의 주가 상승 위해서는 가시적인 R&D 성과 요구됨 → 2020년 이후 연간 1,500억 원 안팎의 연구개발비가 지출된 만큼 R&D 파이프라인들에서의 성과가 절실한 상황.

대웅제약
KP

매출액	1조0,554억 원
영업이익	170억 원
순이익	241억 원

47.7% (주)대웅
11.6%
윤재승
8.6% 대웅재단
31.0% 한올바이오파마
76.0% 힐리언스
18.0% 바이오시네틱스
54.0% 아피셀테라퓨틱스
100% 아이엔테라퓨틱스

▶ 경영 실적 추이 및 전망

(억 원) ■ 매출(좌) ■ 영업이익(좌) ○ 영업이익률(우) (%)

- 2021E: 매출 1조1,403 / 영업이익 709 / 영업이익률 7.02
- 2022F: 매출 1조2,361 / 영업이익 814 / 영업이익률 7.87

▶ 주가 추이 및 전망

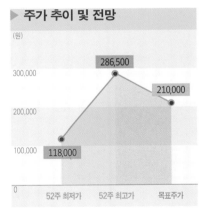

(원)
- 52주 최저가: 118,000
- 52주 최고가: 286,500
- 목표주가: 210,000

▶ 투자포인트

- 2002년 10월 (주)대웅이 사업부문을 인적분할하여 설립, 종속회사는 의약품 제조 및 판매업을 영위하는 한올바이오파마를 포함한 13개 회사로 구성.
- 주요 제품으로는, '우루사', '알비스', '올메텍', '임팩타민', '넥시움' 등 다양한 용도의 의약품 보유.
- 동사의 실적은 2020년에 저점을 찍고 2021년부터 회복 추세 → 미국 ITC 소송이 마무리 되었고, '알비스' 폐기 비용도 모두 처리가 완료되면서 각종 악재 해소.
- ETC와 OTC 매출 회복세 및 '나보타' 수출 호조로 2022년 주가 상승 예상됨.
- 보툴리눔 톡신 제재 '나보타'의 경우 미국 허가 이후 유럽에는 2022년 상반기 중 출시를 계획하고 있고, 중국에서는 2021년 하반기에 BLA 제출 이후 2022년 출시 목표.
- 위식도역류질환 치료제 '펙수프라잔'은 식약처 허가를 거쳐 2022년에 상업생산 예상.

📈 전 세계 투자 거물들, 돈이 되는 신소재로 '탄소섬유' 지목 📉

▶ 탄소섬유 시장확장성

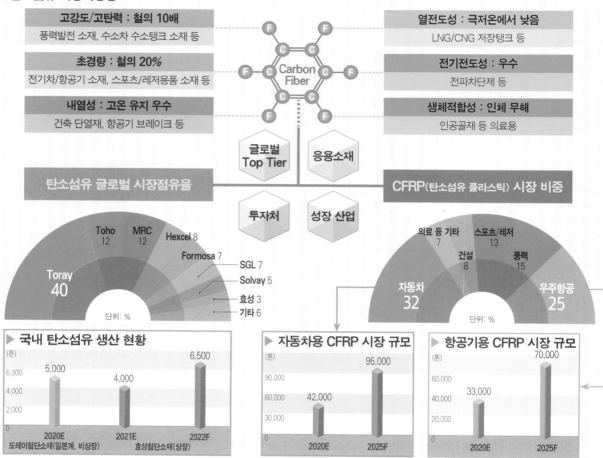

고강도/고탄력 : 철의 10배	**열전도성 : 극저온에서 낮음**
풍력발전 소재, 수소차 수소탱크 소재 등	LNG/CNG 저장탱크 등
초경량 : 철의 20%	**전기전도성 : 우수**
전기차/항공기 소재, 스포츠/레저용품 소재 등	전파차단제 등
내열성 : 고온 유지 우수	**생체적합성 : 인체 무해**
건축 단열재, 항공기 브레이크 등	인공골재 등 의료용

Carbon Fiber

글로벌 Top Tier / 응용소재 / 투자처 / 성장 산업

탄소섬유 글로벌 시장점유율

Toray 40
Toho 12
MRC 12
Hexcel 8
Formosa 7
SGL 7
Solvay 5
효성 3
기타 6

단위: %

CFRP(탄소섬유 플라스틱) 시장 비중

자동차 32
우주항공 25
풍력 15
스포츠/레저 13
건설 8
의료 등 기타 7

단위: %

▶ **국내 탄소섬유 생산 현황**

(톤)
- 2020E : 5,000
- 2021E : 4,000
- 2022F : 6,500

도레이첨단소재(일본계, 비상장)
효성첨단소재(상장)

▶ **자동차용 CFRP 시장 규모**

(톤)
- 2020E : 42,000
- 2025F : 95,000

▶ **항공기용 CFRP 시장 규모**

(톤)
- 2020E : 33,000
- 2025F : 70,000

📈 '탄소중립' 최선호주로 탄소섬유 기업을 꼽는 이유 📉

▶ 항공기 및 전기차에 탄소섬유 적용시 경제효과

항공기 동체와 부품에 탄소섬유가 50% 이상 적용된 '보잉787' 모델.

'보잉787' (중량: 134톤) 15,000대에 탄소섬유 소재 적용 → 연비 1,430만 톤 감축 → 이산화탄소 4,100만 톤 감축 → 14조 원 비용 절감

차체와 부품에 탄소섬유를 적용한 테슬라의 스포츠카 모델.

전기차 3,700만 대에 탄소섬유 소재 적용 → 연비 669만 톤 감축 → 이산화탄소 1,900만 톤 감축 → 8조 원 비용 절감

📈 바이오 플라스틱, 플라스틱 고체가 분해되는 마법에 투자하라! 📉

▶ **국내 온라인쇼핑 시장 성장 추이**
(거래액 기준)

▶ **국내 포장재 시장 성장 추이**
(생산액 기준)

▶ **코로나19 이후 국내 포장재 폐기물 발생량 추이**

> 난분해 폐플라스틱 발생량 급증에 대한 가장 설득력 있는 대안

▶ **글로벌 바이오 플라스틱 시장 성장 추이**
(억 달러)

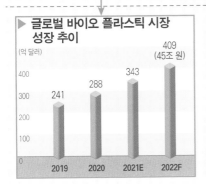

▶ **바이오 플라스틱 리사이클링 주기**

옥수수/콩/사탕수수 등 작물 재배 ➡ 작물에서 녹말만을 추출해 물과 섞어 압축하여 생분해 수지 원료 생산 ➡ 생분해 수지 원료로 각종 바이오 플라스틱 제품 가공·생산 ⬇ 여러 제조 및 판매 업체에서 포장재 등으로 사용 ⬅ 사용이 끝난 바이오 플라스틱 제품을 수거해 매립 ⬅ 미생물이 매립된 바이오 플라스틱을 분해해 무해한 흙으로 재생 ⬆

▶ **바이오 플라스틱 2大 핵심 제품**

PHA (대표기업 : CJ제일제당)

미생물이 세포 안에 쌓아놓는 고분자 물질, 토양을 비롯해 바다에서도 100% 분해 장점

| PHA 글로벌 시장 규모 |
(백만 달러)

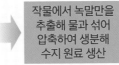

PLA (대표기업 : BGF에코바이오)

가장 범용적인 제품으로 사탕수수, 옥수수 등 식물성 재료로 제조한 젖산을 원료로 만듦

| PLA 글로벌 시장 규모 |
(톤)

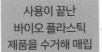

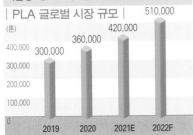

▶ **바이오 플라스틱 사업에 돌입한 국내 대기업들**

SKC	• 2008년 세계 최초로 생분해 PLA 필름 상용화 → 생분해 PLA 필름은 옥수수에서 추출한 바이오매스 성분으로 개발. • 2018년 스타벅스의 바나나 포장재, 케이크 보호비닐, 샌드위치 포장재 등에 생분해 PLA 필름 적용. • 2020년 신세계TV쇼핑의 아이스팩 포장재와 의류용 비닐에 생분해 PLA 필름 적용. • 2020년 목재에서 추출한 나노셀룰로오스로 보강한 고강도 PBAT 제품 개발, 2022년부터 상업 생산.
CJ 제일제당	• 미국 메타볼릭스 PHA 관련 자산 인수를 통해 상용화 진행 중, 국제 친환경 인증 (TUV 생분해 인증) 획득. • 2020년 네덜란드의 3D프린터 소재 기업인 헬리안폴리머스에 PHA 공급 이후 선주문 쇄도. • 2021년 인도네시아 파수루안 공장에 PHA 생산라인 완공 → 연간 5,000톤 생산.
BGF 리테일	• 자회사인 BGF에코바이오를 통해 국내 유일의 PLA 발포 양산기술 보유 → 즉석식품, 컵라면, 배달용기 등 다양한 식품 포장재에 적용. • 롯데푸드, CJ제일제당, 대경F&B 등에 PLA 샌드위치 및 반찬 용기 납품. • 내열성을 갖춘 PLA 제품 개발에 성공, 상업화 진행 → 열에 약한 기존 바이오 플라스틱의 한계 극복함으로써 높은 성장성 기대.
LG화학	• 2019년 미국 ADM사와 바이오 플라스틱 공동개발 계약 체결 → 옥수수에서 추출한 글루코스(포도당)를 활용해 친환경 고흡수성수지에 쓰이는 제품 연구 진행. • 2021년 바이오 플라스틱의 여러 원료 상업생산. • 2024년 옥수수에서 추출한 생분해성 고분자 PBAT 상업생산 예정.

탄소중립이 반가운
친환경신소재 회사

CO₂

새로운 투자처로 부상한 친환경신소재

2050년 탄소중립 목표를 담은 '탄소중립·녹색성장기본법'(탄소중립기본법)이 지난 2021년 8월 31일 국회 본회의를 통과했다. 탄소중립기본법은 2030년까지 국가 온실가스 감축 목표(NDC)를 2018년 배출량 대비 35% 이상 줄이는 것을 골자로 한다. 2018년 기준 국내 탄소 배출량은 7억2,760만 톤이다. 여기서 35% 이상 감축할 경우 2030년까지 줄여야 하는 배출량은 2억5,000만 톤 정도인데, 앞으로 10여 년이 채 남지 않았다. 산업의 특성상 탄소 배출이 많은 업종에 속한 기업들로서는 보통 난감한 게 아니다.

국내 대표 탄소 배출 업종으로는 철강, 자동차, 석유화학, 정유가 꼽히지만, 이들 업종에 포함되지 않더라도 다량의 플라스틱용 포장재를 써야 하는 식품회사나 생활용품 기업들에게도 탄소중립은 매우 부담스런 정책이다. 할당된 탄소배출권을 초과한 만큼 탄소배출권 구입 부담을 져야 하기 때문이다.

흥미로운 건 탄소중립이 수많은 기업들에게 위기인 동시에 기회라는 점이다. 탄소가 기업들에게 새로운 사업 기회를 열어준다는 얘기다. 탄소 관련 사업군 가운데 증권가에서 주목하는 분야는 친환경신소재다. 그 중에서도 특히 이산화탄소 과다 배출 주범인 철강과 플라스틱의 대안으로 거론되는 '탄소섬유'와 '바이오 플라스틱'이 유망 투자처로 꼽힌다.

전기차와 항공기 소재에 탁월

먼저 탄소섬유부터 살펴보도록 하자. 탄소섬유는 수많은 탄소 원자가 결정구조를 이뤄 길게 늘어선 분자 사슬로 이루어진 무기섬유로, 철보다 10배 강하면서도 무게는 철의 4분의 1 수준으로 가볍다. 여기에 내열성과 전기전도까지 갖췄다. 섬유라고 하기에 믿기지 않지만 성분을 뜯어보면 섬유소재가 맞다. 탄소섬유는 항공기와 전기차의 소재나 부품으로 사용할 경우 엄청난 경제적 효과를 거둘 수 있다.

실제로 중량이 134톤에 이르는 '보잉787'을 15,000대 생산하는 데 필요한 소재와 부품에 탄소섬유를 50% 가량 적용하면 항공기 무게 부담이 크게 줄어 1,430만 톤의 항공유를 줄일 수 있게 된다. 이럴 경우 4,100만 톤의 이산화탄소를 감축할 수 있는데, 전체적으로 14조 원의 비용 절감 효과가 나타난다. 탄소섬유는 전기차에서도 탁월하게 쓰일 수 있다. 3,700만 대의 전기차 차체에 탄소섬유를 적용할 경우, 무려 669만 톤의 연비를 줄일 수 있고, 이는 이산화탄소 1,900만 톤을 감축시켜 8조 원 안팎의 경제 효과를 거둘 수 있게 된다.

아쉬운 점은, 글로벌 탄소섬유 시장의 50% 이상을 도레이 및 토호테낙스 등 일본 기업들이 차지하고 있다는 사실이다. 국내 시장에서도 일본계 회사인 도레이첨단소재가 시장점유율 1위에 올라있다. 국내 기업으로는 효성첨단소재가 그 뒤를 좇고 있다.

기업의 신성장 사업은 실적과 주가에서
서로 다르게 작용할 수 있다!

탄소섬유는 이산화탄소 감축 효과가 매우 큰 친환경 소재인 만큼 증권가에서는 탄소섬유 상장기업들을 탄소중립 최선호주로 꼽는다. 언론 보도에서 탄소중립 이슈가 터져 나올 때마다 효성첨단소재가 빠지지 않고 등장하는 이유다.

탄소섬유는 수요처(고객사) 확보가 어려워 진입장벽이 매우 높게 형성되어 있다. 탄소섬유 생산 공정에 있어서 높은 기술력을 필요로 할 뿐 아니라 설비 투자에 막대한 비용이 소요되기 때문이다. 고객사로 서는 소재의 특성상 공급처를 쉽게 바꿀 수가 없다. 예를 들어 납품 가격이 저렴한 업체로 공급처를 변경할 경우 고객사는 그에 맞춰 생산 공정을 바꿔야 하는 현실적인 문제에 봉착하게 된다. 탄소섬유 사업에 비교적 늦게 뛰어든 효성첨단소재가 일본계 기업인 도레이첨단소재에 비해 국내 고객사가 적은 이유가 여기에 있다. 결국 효성첨단소재는 탄소섬유 생산량 대부분을 해외로 수출하고 있다.

효성첨단소재가 탄소섬유 사업에서 가시적인 실적을 내려면 좀 더 시간이 필요해 보인다. 다만 탄소섬유가 탄소중립 최선호주로서 효성첨단소재의 주가 상승 모멘텀인 것만은 분명하다. 기업의 신성장 사업이 실적과 주가에 서로 다르게 작용할 수 있음을 기억해 둘 필요가 있다.

매출은 증가했지만 이익이 줄었다면

가장 흔한 플라스틱류 포장재인 비닐은 짧게는 일백 년에서 길게는 수만 년 동안 썩지 않는 이른바 '난분해' 특성 때문에 환경 파괴의 주범이 된다. 코로나19 여파로 인터넷쇼핑 거래 규모가 크게 늘어나면서 포장재 발생량이 급증하고 있다. 이로써 포장재 제조업체 및 온라인쇼핑 회사는 늘어난 매출만큼 적지 않은 탄소 배출 부담을 떠안게 되었다. 이 경우 증가한 매출에 비해 이익은 턱없이 박한 '빛 좋은 개살구' 사업이 될 수도 있는 것이다.

이러한 문제를 해결하고자 기업들이 매달리고 있는 사업이 바로 '바이오 플라스틱'이다. 플라스틱은 여러 사슬로 이어진 고분자 구조를 갖는다. 바이오 플라스틱도 옥수수·콩·사탕수수 등 작물 속 녹말을 물에 용해시킨 뒤 압축해 플라스틱처럼 다양한 형태로 생성된다. 성질은 플라스틱과 비슷하지만 일정 시간이 지나면 미생물에 의해 분해돼 물과 이산화탄소가 된다. 바이오 플라스틱 시장을 주도하는 제품은

'PLA'와 'PHA'다. PLA는 사탕수수와 옥수수 등 식물성 재료로 제조한 젖산을 원료로 만들어진다. 퇴비화 조건인 58도씨에서 180일 이내에 90% 이상 생분해되고 분해 후에는 이산화탄소와 물의 형태로 자연으로 돌아간다. PHA는 한 걸음 더 나아가 토양 뿐 아니라 해양에서도 100% 생분해된다.

국내 바이오 플라스틱 최선호주는 어디?

바이오 플라스틱의 미래 성장성을 간파한 국내 대기업들이 시장에 뛰어들고 있다. 국내에서 가장 먼저 바이오 플라스틱 시장에 진출한 회사는 SKC다. SKC는 지난 2008년경 옥수수에서 추출한 바이오매스 성분을 통해 개발한 PLA 필름으로 세계 최초로 상용화에 성공했다. 2018년 스타벅스의 바나나 포장재, 케이크 보호 비닐, 샌드위치 포장재 등에 생분해 PLA 필름을 적용했고, 2020년 신세계TV쇼핑의 아이스팩 포장재와 의류용으로 생분해 PLA 필름을 납품하기도 했다.

증권가에서는 CJ제일제당을 바이오 플라스틱 국내 최선호주로 꼽는다. 전 세계에서 PHA 소재를 개발한 회사는 바이오 플라스틱 세계 1위인 'Danimer Scientific'와 함께 CJ제일제당 단 2곳뿐이다. CJ제일제당은 2020년에 네덜란드의 3D프린터 소재 기업인 헬리안폴리머스에 PHA를 공급한 이후 전 세계로부터 선주문이 이어지고 있다. 이에 따라 2021년 인도네시아 파수루안 공장에 연간 5,000톤을 생산할 수 있는 PHA 생산라인을 완공했다. 자회사 BGF에코바이오를 통해 국내 유일의 PLA 발포 양산기술을 보유한 BGF 리테일도 눈여겨 볼만하다. 편의점 소매 유통을 주력 사업으로 하는 만큼 컵라면 등 즉석식품 용기 제조에 탁월하다.

LG화학은 2019년 미국 ADM사와 바이오 플라스틱 공동개발 계약을 체결한 이후, 옥수수에서 추출한 포도당을 활용해 친환경 고흡수성수지에 쓰이는 제품 개발을 진행 중이다. 2024년부터 옥수수에서 추출한 생분해성 고분자 PBAT을 상업생산할 예정이다.

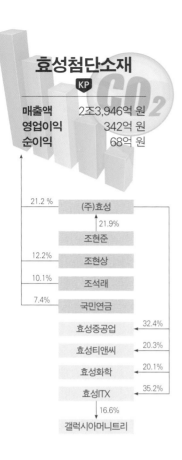

효성첨단소재
KP

매출액	2조3,946억 원
영업이익	342억 원
순이익	68억 원

- 21.2 % (주)효성
- 21.9% 조현준
- 12.2% 조현상
- 10.1% 조석래
- 7.4% 국민연금
- 32.4% 효성중공업
- 20.3% 효성티앤씨
- 20.1% 효성화학
- 35.2% 효성ITX
- 16.6% 갤럭시아머니트리

▶ 경영 실적 추이 및 전망

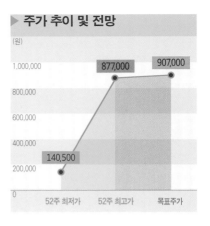

(억 원) ■ 매출(좌) ■ 영업이익(좌) ○ 영업이익률(우) (%)

- 3조4,312 (2021E)
- 3조7,430 (2022F)
- 12.51
- 14.40
- 4,294
- 5,372

▶ 주가 추이 및 전망

(원)

- 140,500 (52주 최저가)
- 877,000 (52주 최고가)
- 907,000 (목표주가)

▶ 투자포인트

- 주력 제품인 타이어코드/스판덱스의 수익성이 견고한 가운데, 신규 사업인 아라미드/탄소섬유(슈퍼섬유) 증설 지속.
- 동사의 탄소섬유 생산능력은 현재 4,000톤에서 2022년 6,500톤 이상 증가 예상.
- CNG 연료 탱크 및 전선심재향 탄소섬유 수요 증가 → 한화솔루션 등과 고압용기에 사용되는 고강도 탄소섬유 장기 공급계약 체결에 따른 수주 물량 증가.
- 포스트 코로나 이후 탄소섬유의 항공용 수요 개선 예상.
- 탄소섬유가 수소저장탱크의 필수 소재로 사용됨에 따라 수소차 및 수소저장용기 시장 성장에 따른 수혜 예상 → 수소 최선호주 등극.
- 탄소섬유가 이산화탄소 감축 효과에 탁월한 친환경신소재로 인식되면서 탄소중립 최선호주 등극.
- 마진율이 저조했던 타이어코드의 비용 개선 효과 및 판가 전가로 수익성 호조.

▶ 사업부문별 매출 비중

단위: %
- 타이어코드 55
- 기타 29
- 스판덱스 12
- 탄소섬유/아라미드 4

▶ 탄소섬유 CAPA 추이 및 전망

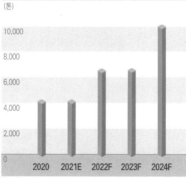

(톤)

2020 2021E 2022F 2023F 2024F

▶ 아라미드 CAPA 추이 및 전망

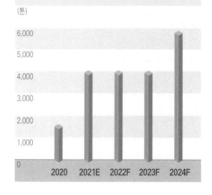

(톤)

2020 2021E 2022F 2023F 2024F

▶ 당기순이익 추이 및 전망

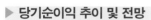
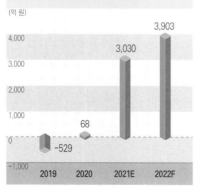

(억 원)

- −529 (2019)
- 68 (2020)
- 3,030 (2021E)
- 3,903 (2022F)

▶ ROE 추이 및 전망

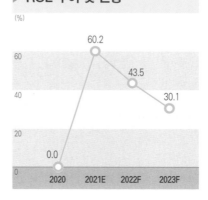

(%)

- 0.0 (2020)
- 60.2 (2021E)
- 43.5 (2022F)
- 30.1 (2023F)

▶ 탄소섬유＋아라미드 영업이익 및 이익기여도

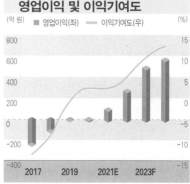

(억 원) ■ 영업이익(좌) ━ 이익기여도(우) (%)

2017 2019 2021E 2023F

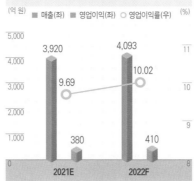

한국카본

KP

매출액　4,117억 원
영업이익　757억 원
순이익　177억 원

- 23.3% 조문수 및 관계인
- 6.0% Mitsui&Co.Ltd
- 50.0% 한국항공기술케이에이티
- 49.8% 한국복합소재

▶ 경영 실적 추이 및 전망

(억 원) ■ 매출(좌) ■ 영업이익(좌) ○ 영업이익률(우) (%)

2021E: 3,920 / 380 / 9.69
2022F: 4,093 / 410 / 10.02

▶ 국내 프리프레그 시장 규모

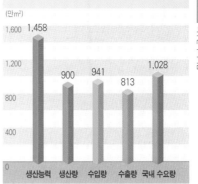

(만㎡)
생산능력 1,458 / 생산량 900 / 수입량 941 / 수출량 813 / 국내 수요량 1,028

▶ 주가 추이 및 전망

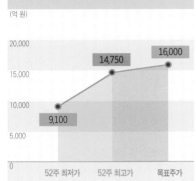

(억 원)
52주 최저가 9,100 / 52주 최고가 14,750 / 목표주가 16,000

▶ 투자포인트

- 동사는 탄소섬유 및 합성수지 제조 기업으로 1984년 설립 이후 선박용 LNG 단열재 시장에 진출해 지금은 선박용 LNG 단열재를 주력 사업으로 영위 → 사업부문별 매출 비중은 선박용 LNG 단열재(76%), 유리섬유시트(12%), 카본(6%) 등.
- 최근 신사업으로 자동차/항공기/철도차량 제조업체들을 대상으로 복합소재 공급을 늘리기 위한 영업 확대 및 시설 투자 진행.
- 동사가 기술을 보유한 카본 프리프레그(Carbon PREPREG)는 탄소섬유를 강화섬유에 함침시킨 시트 형태의 중간재로, 2차 가공 후 다양한 산업군에 적용 → 자동차 외장재, 철도 내장판, 풍력 블레이드 등으로 적용 확대.
- EMU-150(2세대 KTX) 사업 관련하여 130억 원 수주를 공시했고, 방글라데시 수출용 객차에도 29억 원 수주 공시하면서 철도 관련 탄소소재 사업 호조세.

에코플라스틱

KQ

매출액　1조2,918억 원
영업이익　23억 원
순이익　−65억 원

- 27.4% 서진오토모티브
- 24.8% 배석두
- 69.5% 코모스

▶ 경영 실적 추이 및 전망

(억 원) ■ 매출 ■ 영업이익 ■ 순이익

2021E: 1조2,300 / 87 / 35
2022F: 1조7,650 / 140 / 96

▶ 글로벌 CFRP 시장 규모 추이 및 전망

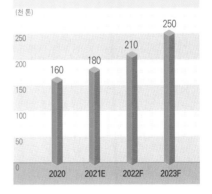

(천 톤)
2020: 160 / 2021E: 180 / 2022F: 210 / 2023F: 250

▶ 주가 추이 및 전망

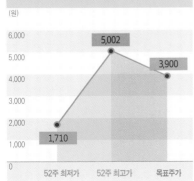

(원)
52주 최저가 1,710 / 52주 최고가 5,002 / 목표주가 3,900

▶ 투자포인트

- 동사는 자동차 차체용 부품 제조업체로, 현대차 모델인 '팰리세이드', '산타페', '투싼', '제네시스', '아반떼' 및 전기차 '아이오닉5' 등에 들어가는 플라스틱 범퍼 공급. 아울러 현대차의 수소차 모델인 '넥쏘'에 플라스틱 범퍼 및 펜더 패널 제품 납품.
- 탄소섬유 플라스틱(CFRP) 소재 개발을 통해 경량화 기술 확보 → 현대차 'G80'과 '아반떼' 후속 모델, 전기차 및 소형 SUV를 대상으로 경량화 탄소섬유 플라스틱을 적용한 트림 등을 납품.
- 동사의 높은 기술 수준을 고려하건대 CFRP 루프 패널을 이용한 매출이 기존 스틸 루프 패널 매출 대비 약 3배 이상 증가 및 플라스틱 외판 개발을 통해 기존 매출 대비 2.5배 늘어나는 효과 기대.
- 종속회사인 코모스를 통해 자율주행 센싱 기술을 활용한 시그널 스티어링 휠 개발 중.

CJ제일제당

KP

바이오 사업부문

매출액	5조1,950억 원
영업이익	5,320억 원

- (주)CJ — 40.9%
- 이재현 — 42.0%
- 국민연금 — 10.9%
- CJ대한통운 — 40.1%
- CJ씨푸드 — 46.5%
- CJ돈돈팜 — 60.8%
- CJ생물자원 — 100%
- CJ브리딩 — 94.8%
- 원지 — 100%

▶ 바이오 사업 실적 추이 및 전망

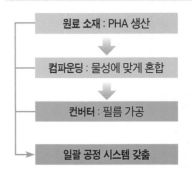

(억 원) ■ 매출(좌) ■ 영업이익(좌) ○ 영업이익률(우) (%)

- 2021E: 매출 5조7,240 / 영업이익 6,821 / 영업이익률 11.90
- 2022F: 매출 5조7,231 / 영업이익 5,330 / 영업이익률 9.30

▶ 바이오 플라스틱 사업 밸류체인 확대

- 원료 소재 : PHA 생산
- 컴파운딩 : 물성에 맞게 혼합
- 컨버터 : 필름 가공
- 일괄 공정 시스템 갖춤

▶ 투자포인트

- 동사는 바이오 사업을 통해 미생물 자원을 이용한 균주 개량 및 발효 기술을 기반으로 사료용/식품용 아미노산 생산·판매.
- 바이오 사업부의 아미노산 기술에 미생물 발효 기술이 공통적으로 사용되기 때문에 시너지 효과 기대 → 동사는 축산업, 발효공법, 바이오매스, 곡물 산업 내에서 서로 유기적인 기술을 보유하고 있어서 경쟁사 대비 음식료 업체만이 가질 수 있는 경쟁력 갖춤.
- 바이오 플라스틱에 대한 글로벌 수요가 커지면서 증권가에서는 동사의 PHA 기술을 통한 '화이트 바이오' 사업 주목.
- 2022년 이후 동사의 PHA 사업 예상 CAGR 성장률은 30% 이상으로, 영업이익률이 20%대 수준까지 오를 전망.

▶ 바이오 제품별 매출 추이

(억 원) ■ 라이신 ■ 고수익제품 ■ 기타 ― 바이오 사업 영업이익률(우) (%)

과거 대비 라이신 비중이 현저히 낮아지고, 고마진 제품 비중 상승 주목

2012 2013 2014 2015 2016 2017 2018 2019 2020

▶ 미생물 역량 기반 사업 확대

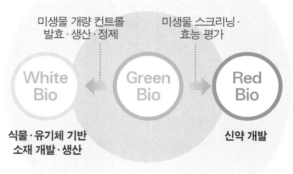

미생물 개량 컨트롤 발효·생산·정제 / 미생물 스크리닝·효능 평가

White Bio — Green Bio — Red Bio

식물·유기체 기반 소재 개발·생산 / 신약 개발

▶ CJ제일제당의 ESG 중 환경(E) 관련 지수

온실가스 배출량

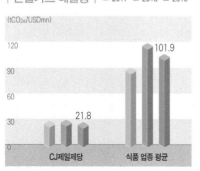

■ 2017 ■ 2018 ■ 2019

(tCO₂e/USDmn)

- CJ제일제당: 21.8
- 식품 업종 평균: 101.9

에너지 사용량

■ 2017 ■ 2018 ■ 2019

(GJ/USDmn)

- CJ제일제당: 496.7
- 식품 업종 평균: 1,288.4

폐기물량

■ 2017 ■ 2018 ■ 2019

(Ton/USDmn)

- CJ제일제당: 3.0
- 식품 업종 평균: 30.7

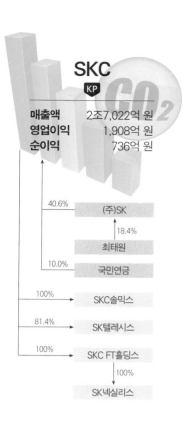

SKC
KP

매출액	2조7,022억 원
영업이익	1,908억 원
순이익	736억 원

- 40.6% → (주)SK
- 18.4% 최태원
- 10.0% 국민연금
- 100% → SKC솔믹스
- 81.4% → SK텔레시스
- 100% → SKC FT홀딩스
- 100% → SK넥실리스

▶ 경영 실적 추이 및 전망

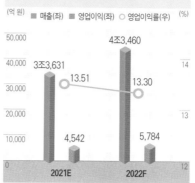

(억 원) ■ 매출(좌) ■ 영업이익(좌) ○ 영업이익률(우) (%)

- 2021E: 매출 3조3,631 / 영업이익 4,542 / 영업이익률 13.51
- 2022F: 매출 4조3,460 / 영업이익 5,784 / 영업이익률 13.30

▶ 주가 추이 및 전망

(원)
- 52주 최저가: 84,800
- 52주 최고가: 208,000
- 목표주가: 230,000

▶ 투자포인트

- PO/PG 및 반도체 소재, 디스플레이 소재 등 다양한 사업군 보유 → 2019년 동박 사업을 영위하는 KCFT 인수로 2차전지 사업에 진출하며 신성장동력 확보.
- 2차전지 및 반도체 소재, 친환경 소재(PBT 레진 등) 분야에 2025년까지 약 5조 원 투자 계획 → 대규모 투자 자금은 자체 현금흐름과 채권, 자산 매각 등 방식을 우선적으로 활용 방침 → 동사는 유상증자와 SK넥실리스 IPO를 통한 자금 조달 계획은 없다고 밝힘.
- 일본 소재업체 TBM과 JV(SK티비엠지오스톤) 설립 → TBM은 석회석으로 종이 및 플라스틱을 대체할 수 있는 친환경신소재를 생산하는 기업으로, 동사의 PBAT 및 PLA 기술을 결합하여 바이오 플라스틱 소재 생산. 이에 따라 동사의 화학/필름 매출은 2020년 1.8조 원에서 2025년 친환경 소재 위주로 3조 원 이상 예상.

▶ 영업활동 현금흐름 추이 및 전망

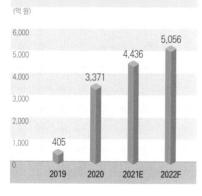

(억 원)
- 2019: 405
- 2020: 3,371
- 2021E: 4,436
- 2022F: 5,056

▶ 당기순이익 추이 및 전망

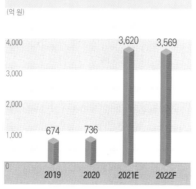

(억 원)
- 2019: 674
- 2020: 736
- 2021E: 3,620
- 2022F: 3,569

▶ ROE 추이 및 전망

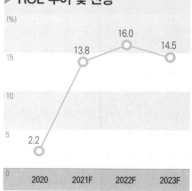

(%)
- 2020: 2.2
- 2021F: 13.8
- 2022F: 16.0
- 2023F: 14.5

▶ 현금 DPS 추이 및 전망

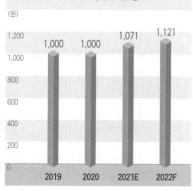

(원)
- 2019: 1,000
- 2020: 1,000
- 2021E: 1,071
- 2022F: 1,121

▶ 부채비율 추이 및 전망

(%)
- 2020: 130.1
- 2021F: 182.3
- 2022F: 168.3
- 2023F: 158.4

▶ CAPEX 및 EBITDA 추이 및 전망

(억 원) ■ CAPEX ■ EBITDA
- 2020: CAPEX 3,020 / EBITDA 3,871
- 2021E: CAPEX 3,804 / EBITDA 7,062
- 2022F: CAPEX 5,201 / EBITDA 7,980
- 2023F: CAPEX 5,601 / EBITDA 8,721

최우선 투자기업

Chapter 6

건설, 기계, 철강

🔺 2022년, 건설주에 투자해야 하는 이유 📉

▶ 아파트 매매가가 오르면 건설사 실적과 주가가 상승하는 이유

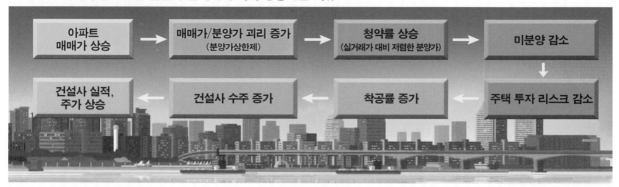

아파트 매매가 상승 → 매매가/분양가 괴리 증가 (분양가상한제) → 청약률 상승 (실거래가 대비 저렴한 분양가) → 미분양 감소 → 주택 투자 리스크 감소 → 착공률 증가 → 건설사 수주 증가 → 건설사 실적, 주가 상승

▶ 시세보다 낮은 분양가 현황

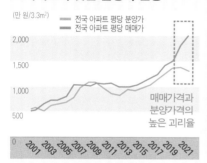

(만 원/3.3㎡)
- 전국 아파트 평당 분양가
- 전국 아파트 평당 매매가

매매가격과 분양가격의 높은 괴리율

▶ 서울·수도권 청약률 상승 추이

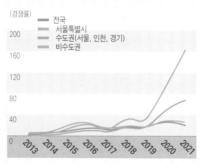

(경쟁률)
- 전국
- 서울특별시
- 수도권(서울, 인천, 경기)
- 비수도권

▶ 미분양 감소 추이

(천 세대)
- 미분양
- 준공후미분양

▶ 전국 아파트 분양 물량 추이

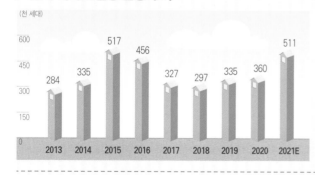

(천 세대)

2013	2014	2015	2016	2017	2018	2019	2020	2021E
284	335	517	456	327	297	335	360	511

▶ 전국 아파트 재개발/재건축 분양 물량 추이

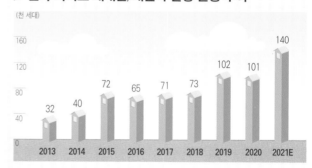

(천 세대)

2013	2014	2015	2016	2017	2018	2019	2020	2021E
32	40	72	65	71	73	102	101	140

▶ 아파트 분양가 추이

(만 원/㎡)
- 서울특별시
- 수도권(경기+인천)
- 5대 광역시

분양가가 매매가에 비해 싸지만, 건축비 상승분 반영으로 분양가 꾸준히 증가 추세

▶ 가계 대출 규모 및 주택 담보 대출 금리 추이

(조 원)
- 가계대출규모(좌)
- 주택담보대출금리(우)
(%)

가계 대출 규모는 증가하지만, 주택 담보 대출 금리는 꾸준히 하락
→ 주택 투자 규모 상승
→ 건설경기 호조세

🔺 서울 지역 재건축/재개발 수주 건설사, 실적/주가 상승 주목 🔻

▶ 서울 지역 재개발/재건축 주요 프로젝트 및 해당 건설사 현황

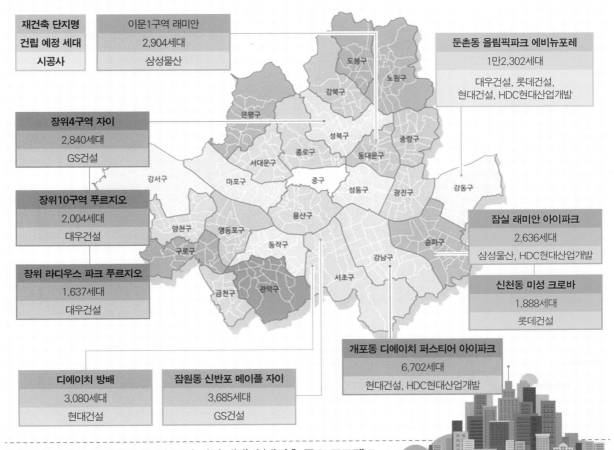

재건축 단지명	이문1구역 래미안
건립 예정 세대	2,904세대
시공사	삼성물산

둔촌동 올림픽파크 에비뉴포레
1만2,302세대
대우건설, 롯데건설,
현대건설, HDC현대산업개발

장위4구역 자이
2,840세대
GS건설

장위10구역 푸르지오
2,004세대
대우건설

장위 라디우스 파크 푸르지오
1,637세대
대우건설

잠실 래미안 아이파크
2,636세대
삼성물산, HDC현대산업개발

신천동 미성 크로바
1,888세대
롯데건설

디에이치 방배
3,080세대
현대건설

잠원동 신반포 메이플 자이
3,685세대
GS건설

개포동 디에이치 퍼스티어 아이파크
6,702세대
현대건설, HDC현대산업개발

▶ 2022년으로 미뤄진 서울 · 수도권 지역 재개발/재건축 주요 프로젝트

기존 현장명	아파트명	기존 분양계획	지연 분양시점	시공사	전체 세대수	일반 분양 세대수	분양 지연 원인
둔촌주공	둔촌올림픽파크 에비뉴포레	2021년 11월	2022년 이후	대우건설, 롯데건설, 현대건설, HDC현산 각(3,008세대)	12,032	4,786	분양가 산정 지연
신반포15차	레미안원펜타스	2021년 11월	2022년 이후	삼성물산	641	263	토지 확보 소송 관련 지연
청담 삼익	청담 르엘	2021년 하반기	2022년 이후	롯데건설	1,261	176	분양가 산정 지연 및 오염토 발견
방배 5구역	디에이치방배	2021년 11월	2022년 이후	현대건설	2,796	1,100	코로나19로 총회 일정 지연
잠실진주아파트	잠실진주아파트	2021년 하반기	2022년 상반기	삼성물산(1,547), HDC현산(1,089)	2,636	564	인·허가 지연
이문1구역	–	2021년 9월	2022년 상반기	삼성물산	2,904	803	분양가 산정 지연
권선6구역	–	2021년 6월	2022년 상반기	삼성물산, SK에코플랜트, 코오롱글로벌	2,175	1,231	기존 조합장 해임
신반포 4지구	신반포 메이플 자이	2021년 하반기	2022년 상반기	GS건설	3,329	236	조합의 사유지 매입 지연

▶ 현대건설 주택 공급 물량 추이 ⟶ ▶ 사업별 현황 ■ 도급 ■ 도시정비 ■ 자체 ▶ 지역별 현황 ■ 서울/수도권 ■ 지방 광역시 ■ 기타

▶ GS건설 주택 공급 물량 추이 ⟶ ▶ 사업별 현황 ■ 도급 ■ 도시정비 ■ 자체 ▶ 지역별 현황 ■ 서울/수도권 ■ 지방 광역시 ■ 기타

▶ 대우건설 주택 공급 물량 추이 ⟶ ▶ 사업별 현황 ■ 도급 ■ 도시정비 ■ 자체 ▶ 지역별 현황 ■ 서울/수도권 ■ 지방 광역시 ■ 기타

▶ DL이앤씨 주택 공급 물량 추이 ⟶ ▶ 사업별 현황 ■ 도급 ■ 도시정비 ■ 자체 ▶ 지역별 현황 ■ 서울/수도권 ■ 지방 광역시 ■ 기타

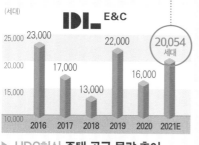

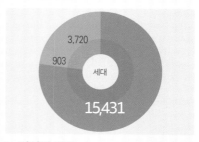

▶ HDC현산 주택 공급 물량 추이 ⟶ ▶ 사업별 현황 ■ 도급 ■ 도시정비 ■ 자체 ▶ 지역별 현황 ■ 서울/수도권 ■ 지방 광역시 ■ 기타

🗠 건설주 투자포인트 2: '해외 수주 지표' 🗠

▶ 현대건설 해외 수주 추이

(조 원)

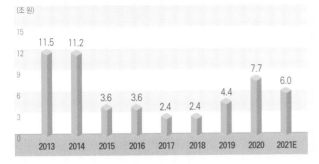

▶ GS건설 해외 수주 추이

(조 원)

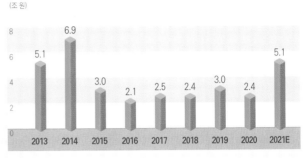

▶ 삼성엔지니어링 해외 수주 추이

(조 원)

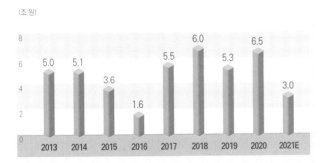

▶ 대우건설 해외 수주 추이

(조 원)

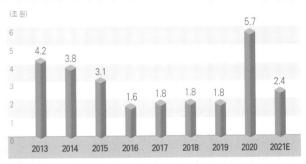

▶ 주요 건설사 대규모 해외 수주 프로젝트 현황

삼성엔지니어링
멕시코 정유 플랜트(25억 달러)
미국 PTTGC ECC(11억 달러)

대우건설
인도네시아 석탄시설(2.9억 달러)
싱가포르 철도(10억 달러)

GS건설
인도네시아 롯데케미칼 NCC(5.5억 달러)

삼성엔지니어링
말레이시아 메탄올 플랜트(10억 달러)

현대건설
카타르 액화플랜트(65억 달러),
    담수플랜트(35억 달러)
이라크 CSSP(해수공급시설, 24억 달러),
    복합화력발전(14억 달러),
    철도(15억 달러)
UAE 가스시설(40억 달러)

삼성엔지니어링
UAE 가스시설(45억 달러)
이집트 Sidpec PDH/PP(15억 달러),
    EPPC Portsaid PDH/PP(7.5억 달러)
이라크 Zubair DGS(5억 달러)

대우건설
카타르 액화플랜트(10억 달러)
이라크 컨테이너 터미널 등(12억 달러)
알제리 가스시설(6.5억 달러)

건설, 부동산

집값이 올라야
건설경기가 좋아진다고?!

건설주 투자에 앞서 꼭 체크해야 할 포인트

건설주 투자에서 가장 중요한 포인트는 국내 아파트 분양 시장과 해외 수주 상황이다. 2022년 건설 업종에 대해 투자 비중을 확대하라는 게 증권가의 지배적인 견해다. 분양 시장 호조로 대형 건설사를 중심으로 안정적인 주택 사업 실적이 예상되고, 해외 수주도 순조롭게 진행되고 있기 때문이다.

먼저 국내 아파트 분양 시장을 중심으로 투자포인트를 집어보면, 전국 아파트 매매가 상승에 주목할 필요가 있다. 매매가는 크게 올랐지만 분양가상한제로 분양가는 상승 폭이 실거래가를 따라가지 못하고 있다. 아파트 분양 수요자들은 매매가보다 낮은 가격으로 분양을 받으면 입주 시점에 실거래가만큼 가격이 오를 것이란 기대감이 매우 크다. 투자 심리가 제대로 살아난 것이다. 전국적으로 청약률이 100%에 이르자 금융권에서도 사업 자금 마련을 위한 PF(project financing)에 호의적이다. 건설사들은 수요와 자금이 풍부해진 만큼 재건축/재개발 등 도시정비 사업을 비롯한 개발 프로젝트 발굴에 그 어느 때보다 적극적이다.

건설 업황이 살아났다고 해서 아무 건설주나 살 수는 없다. 종목 선별을 위한 핵심 기준은 몇 가지로 추려진다. 첫째는 실적이다. 증권가에서 제시한 매출과 이익 컨센서스가 2023년까지 안정적으로 상승하는지를 따져봐야 한다. 둘째는 수주잔고다. 실제로 착공 물량이 확보되어 있는지 확인해야 한다. 2022년 수주잔고는 2020년 분양 물량이 기준이 되고, 2023년은 2021년 상황을 살펴봐야 한다. 셋째는 이익과 수주잔고를 비교해 봐야 한다. 수주잔고는 안정적인데 적자인 건설사들이 있기 때문이다. 이때는 부채비율과 자회사(계열사)들의 실적, 신사업 투자 여부도 함께 체크해봐야 한다.

증권사마다 공통적으로 추천하는 종목으로는, 대형 건설사 중에서는 현대건설과 GS건설이 꼽힌다. 현대건설은 중동 지역을 중심으로 대규모 해외 수주에 강점이 있고, GS건설은 국내 아파트 분양 사업에서 두드러진다. 중견 건설사로는 코오롱글로벌과 아이에스동서 등이 좋은 평가를 받고 있다. 투자 종목에 대해서는 '최우선 투자기업'에서 좀 더 자세히 분석·정리해 두었다.

분양가상한제와 까다로운 재개발/재건축 절차도 대세를 거스를 수 없다!

한편, 건설주 투자에 나섰던 이들이 의아하게 여긴 일이 벌어졌다. 2021년 3분기 누계 기준 대형 5개 건설사(현대건설, GS건설, 대우건설, DL이앤씨, HDC현대산업개발)의 연간 아파트 분양 계획(가이던스) 대비 평균 달성률이 50%를 웃도는 수준에 그쳤기 때문이다. 마지막 4분기 동안 분양 계획의 절반을 달성해야 하는데, 쉽지 않다. 투자자로서는 증권가의 지배적인 예상을 빗겨가는 상황이 불안할 수 있겠다.

분양 지연이 발생한 이유는 간단하다. 정부의 분양가상한제 개선 의지가 그 어느 때보다 강하기 때문이다. 분양가를 조금이라도 올리고 싶은 건설사로서는 규제를 피해 분양시기를 조정할 수밖에 없다. 물론 계획된 분양을 수년 뒤로 연기하는 것은 아니다. 분양 지연은 대게 6개월에서 길어야 1년이다. 분양 지연 원인이 하나 더 있다. 분양 예정 사업 중 대규모 프로젝트는 재개발/재건축 등 도시정비 사업인 경우가 적지 않다. 재개발/재건축은 진행이 복잡하고 까다로워 제때 이뤄지기가 쉽지 않다.

결국 일시적인 분양 지연이 전반적인 건설 경기 호황 사이클을 꺾을 수는 없다는 게 증권가와 업계의 공통된 입장이다. 분양 시장이 좋다는 신호는 전국에 흩어져 있던 미분양 물량이 거의 소진되었다는 점에서도 확인할 수 있다. 건설 업황의 발목을 잡는 고질적인 원인이 바로 미분양이기 때문인데, 수 년 전부터 적체되어오던 미분양 물량이 최근 들어 거의 완판되는 분위기다.

수주 상황, 국내도 해외도 좋다!

대형 건설사들의 분양 사업이 다소 주춤거릴 때에는 불안해하지 말고 수주 상황을 눈여겨봐야 한다. 분양 실적이 기대에 미치지 못했던 2021년 2분기와 3분기에도 현장 상황은 달랐다. 분양을 마무리한 프로젝트들을 중심으로 착공에 들어가면서 건자재 등 후방 산업으로부터 자재 투입이 분주하게 진행되었다. 실제로 대형 건설사들의 2021년 상반기 국내 아파트(주택) 수주는 견조하게 이뤄졌다. 한 해 전인 2020년 상반기 합산 수주가 2019년 대비 크게 증가한 19.8조 원(+56%)을 기록했는데, 높은 기저효과에도 불구하고 2021년 상반기에는 그보다 10% 증가한 21.7조 원을 달성했다. 2021년 3분기에 추가될 아파트 수주 규모는 약 8조 원에 이른다. 참고로 수주에서 착공까지는 대략 3개월에서 6개월 정도가 걸린다. 중견 건설사 이상이라면 충분히 견뎌낼 수 있는 기간이다.

해외 수주 성적도 나쁘지 않다. 2021년 상반기 기준 국내 건설사의 해외 수주 규모는 147억 달러로 전년 동기 대비 8.7% 줄었지만, 업계에서는 감소 규모가 예상보다 크지 않다고 보고 있다. 중동 지역 수주 규모가 41억 달러로 전년 동기 대비 40% 이상 줄었지만, 북중미 지역 수주(15억 달러)는 전년 동기 대비 무려 300% 이상 급증했다. 유럽 역시 20억 달러로 전년 동기 대비 300% 이상 가파르게 상승했다. 중동 지역은 머지않아 예년 수준을 회복할 가능성이 높고,

북중미와 유럽은 지금 수준을 유지할 경우 2022년 이후 해외 수주에서 호실적을 기대해볼 만하다.

증권가에서 해외 수주 시장을 긍정적으로 보는 이유는 국제유가 상승 때문이다. 국제유가가 오를수록 발주처인 중동 산유국의 재정건전성이 풍부해지고 이는 대규모 개발 사업으로 이어진다. 이와 관련하여 2022년까지 중동지역 대형 업스트림의 입찰 마무리가 집중될 전망이다. '업스트림(upstream)'이란 석유화학 분야에서 원유 탐사와 생산을 하는 단계까지를 말한다. 원유 정제와 수송/판매 및 각종 석유화학 제품을 생산하는 다운스트림(downstream)의 반대 개념이다. 코로나19로 중단되었던 중동 지역 초대형 업스트림 프로젝트 다수가 재개에 들어간 것이다. 중동 지역 대형 다운스트림 프로젝트의 입찰은 2022년 하반기부터 본격화될 전망이다.

업황 좋은데도 건설주는 저평가, 투자 매력 높아

건설사들의 주가 상황은 어떻게 돌아가고 있을까? 2021년 3분기에 불거진 분양 지연으로 인해 대부분의 건설주들이 2021년 초에 증권가에서 예상했던 목표치만큼 상승하지 못했다. 2021년 3분기 말 기준 5개 대형 건설사(현대건설, GS건설, 대우건설, DL이앤씨, HDC현대산업개발)들의 합산 12MF PER(컨센서스)가 전분기 고점(7.1배)에 비해 다소 하락해 6배 안팎에 머물렀다. 2019~2020년에 늘어난 분양 현장의 공정 본격화와 높아진 수익성에 따라 증권가에서 발표한 실적 전망치는 높아졌지만 주가는 당시 상황을 반영해 오르지 못한 것이다. 실제로 12MF 합산 당기순이익은 연초 대비 20% 이상 증가했다.

증권가에서는 주가가 정체된 만큼 오히려 건설사들의 기업가치 매력은 높아졌다고 보고 있다. 분양 지연에 따른 주가 정체가 기업가치 대비 저평가로 작용했기 때문에 건설주에 대한 투자적 관점을 2022년부터 좀 더 적극적으로 가져갈 필요가 있다는 게 증권가의 입장이다.

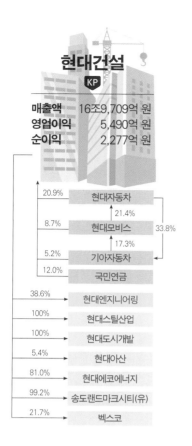

현대건설
KP

매출액	16조9,709억 원
영업이익	5,490억 원
순이익	2,277억 원

- 20.9% → 현대자동차
- 8.7% → 현대모비스 ← 21.4% / 33.8%
- 5.2% → 기아자동차 ← 17.3%
- 12.0% → 국민연금
- 38.6% → 현대엔지니어링
- 100% → 현대스틸산업
- 100% → 현대도시개발
- 5.4% → 현대아산
- 81.0% → 현대에코에너지
- 99.2% → 송도랜드마크시티(유)
- 21.7% → 벡스코

▶ 경영 실적 추이 및 전망

(억 원) ■ 매출(좌) ■ 영업이익(좌) ○ 영업이익률(우) (%)

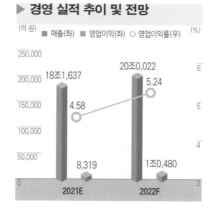

- 2021E: 매출 18조1,637 / 영업이익 8,319 / 영업이익률 4.58
- 2022F: 매출 20조0,022 / 영업이익 1조0,480 / 영업이익률 5.24

▶ 주가 추이 및 전망

(원)

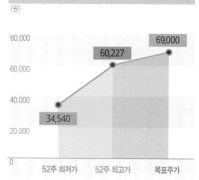

- 52주 최저가: 34,540
- 52주 최고가: 60,227
- 목표주가: 69,000

▶ 투자포인트

- 건설주의 리레이팅(re-rating) 구간에서 대장주를 선호하는 투자 심리로 높은 주가 상승 예상.
- 2021년 동사의 수주 규모는 14.2조 원(국내 12조 원, 해외 2.2조 원)으로, 연간 목표치인 14조 원을 조기 달성 → 민간 분양 증가 및 다양한 해외 수주 파이프라인 보유 영향.
- 영업이익은 2020년에 코로나19 여파에 따른 낮은 기저 효과로 2021년에 이어 2022년에도 큰 폭의 성장 예상 → 2015~2016년의 1조 원대 영업이익으로 복귀 기대 → 주택, 플랜트, 신재생에너지까지 성장 모멘텀 풍부.
- 대형 건설사 특성상 자재 수급 문제는 크지 않을 전망 → 해외 일회성 비용은 없는 것으로 보임.
- 국제유가 회복 및 가스와 원자재 가격 상승으로 우호적인 해외 플랜트 발주 환경 조성도 호재.

▶ 수주잔고 추이 및 전망

(억 원)

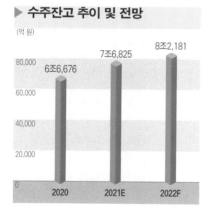

- 2020: 6조6,676
- 2021E: 7조6,825
- 2022F: 8조2,181

▶ 신규 수주 추이 및 전망

(억 원)

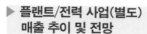

- 2020: 2조7,132
- 2021E: 2조9,125
- 2022F: 2조5,300

▶ 당기순이익 추이 및 전망

(억 원)

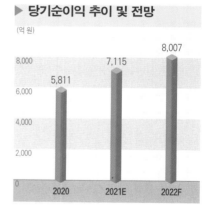

- 2020: 5,811
- 2021E: 7,115
- 2022F: 8,007

▶ 주택/건축 사업(별도) 매출 추이 및 전망

(억 원)

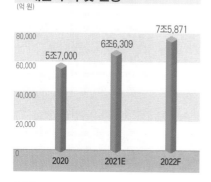

- 2020: 5조7,000
- 2021E: 6조6,309
- 2022F: 7조5,871

▶ 플랜트/전력 사업(별도) 매출 추이 및 전망

(억 원)

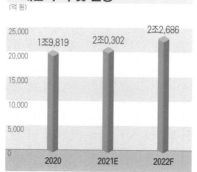

- 2020: 1조9,819
- 2021E: 2조0,302
- 2022F: 2조2,686

▶ 현대엔지니어링 매출 추이 및 전망

(억 원)

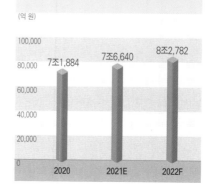

- 2020: 7조1,884
- 2021E: 7조6,640
- 2022F: 8조2,782

GS건설
KP

매출액	10조4,166억 원
영업이익	7,504억 원
순이익	3,297억 원

8.2%	허창수
13.0%	국민연금
66.1%	소액주주
61.2%	자이에스앤디
100%	GS.Inima
100%	에네르마
100%	비에스엠
29.0%	부강테크
100%	지베스코
100%	지피씨
100%	GS엘리베이터

▶ **경영 실적 추이 및 전망**

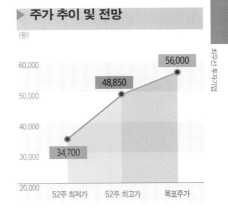

▶ **주가 추이 및 전망**

(원)

52주 최저가	52주 최고가	목표주가
34,700	48,850	56,000

▶ **투자포인트**

- 연간 수주 목표 13.7조 원(국내 8.6조 원, 해외 5.1조 원) 달성 가능성 매우 높음.
- 동사의 투자포인트는 주력 사업인 건설만큼 신사업에도 주목 → 2020년 모듈러 주택과 수처리 사업을 중심으로 신사업 부문 개편.
- 자회사 에네르마(지분 100%)가 배터리 리사이클링 공장 착공, 2023년부터 이익 실현 예상 → 현대차 '코나 EV'의 리콜 배터리 2.67만 대분을 160억 원에 확보.
- 자회사 이니마는 오만 해수 담수화 프로젝트(1.4조 원)가 매출로 인식 예상 → 2022년 국내 상장 예정.
- 해외 사업 중 베트남 신도시 투자 결실이 2022년부터 본격화될 전망 → 냐베 1-1단계, 투티엠 3-11 블록 등이 순차적으로 완공 예정 → 해당 사업지는 2000년대 중반 확보했기 때문에 부동산 가치 상승에 따른 높은 차익 실현 예상.

▶ **수주잔고 추이 및 전망**

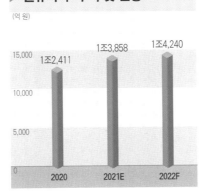

▶ **신규 수주 추이 및 전망**

(억 원)

2020	2021E	2022F
1조2,411	1조3,858	1조4,240

▶ **영업활동 현금흐름 추이 및 전망**

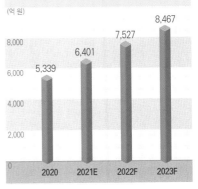

▶ **주택/건축 사업 매출 추이 및 전망**

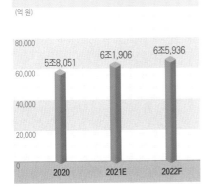

▶ **플랜트/전력 사업 매출 추이 및 전망**

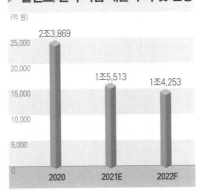

▶ **신사업 매출 추이 및 전망**

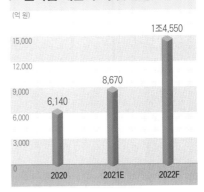

최우선 투자기업

269

대우건설
KP

매출액	8조1,367억 원
영업이익	5,583억 원
순이익	2,012억 원

- 50.7% → 케이디비인베스트먼트 제1호(유)
  - 99.4% → 한국산업은행
- 8.1% → 국민연금
- 100% → 대우송도호텔
- 100% → 대우에스티
- 42.0% → 포천민자발전
- 25.0% → 경남마산로봇랜드
- 100% → 한국인트라관리
- 100% → 푸르웰
- 100% → 대우파워

▶ 경영 실적 추이 및 전망

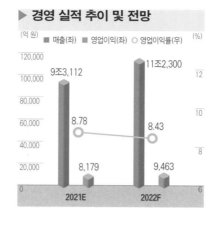

(억 원) ■ 매출(좌) ■ 영업이익(좌) ○ 영업이익률(우) (%)

- 2021E: 9조3,112 / 8.78 / 8,179
- 2022F: 11조2,300 / 8.43 / 9,463

▶ 주가 추이 및 전망

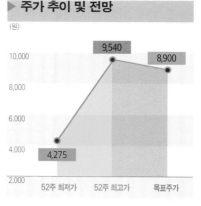

(원)

- 52주 최저가: 4,275
- 52주 최고가: 9,540
- 목표주가: 8,900

▶ 투자포인트

- 순이익 증가 추세로 부채비율 개선세 주목, 순차입금이 2020년 말 1.2조 원에서 2021년 6월 말 0.5조 원으로 감소.
- 중흥건설이 2조3,000억 원으로 동사 매각 우선협상대상자로 선정 및 인수계약 사실상 마무리 → 동사의 매각 우려는 주가에 이미 반영된 것으로 평가.
- 양주 역세권, 수원 망포 1,2블럭, 화성 향남지구 등 자체 사업 확대 주목.
- 둔촌 주공 재건축(3,000세대), 장위 10구역 재개발(2,400세대) 등 일부 분양 사업 일정이 지연되면서 2022년 실제 달성 가능한 분양 물량 축소 감안.
- 해외 수주의 경우 가격 협상 문제로 나이지리아 PHC 입찰 여부가 불확실해짐.
- 국내 분양 지연 및 해외 수주에서 다소 약세를 보이고 있지만, 2022년 이후 이라크 항만, LNG 액화플랜트 및 국내 양주 역세권, 수원 망포 등 자체 사업, 그리고 지연된 분양 사업이 정상궤도에 진입할 경우 실적 개선.

▶ 수주잔고 추이 및 전망

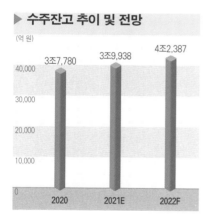

(억 원)

- 2020: 3조7,780
- 2021E: 3조9,938
- 2022F: 4조2,387

▶ 신규 수주 추이 및 전망

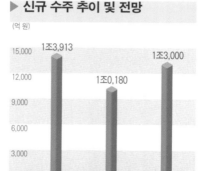

(억 원)

- 2020: 1조3,913
- 2021E: 1조0,180
- 2022F: 1조3,000

▶ 영업활동 현금흐름 추이 및 전망

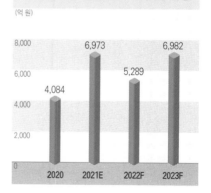

(억 원)

- 2020: 4,084
- 2021E: 6,973
- 2022F: 5,289
- 2023F: 6,982

▶ 주택/건축 사업 매출 추이 및 전망

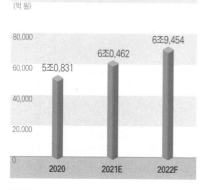

(억 원)

- 2020: 5조0,831
- 2021E: 6조0,462
- 2022F: 6조9,454

▶ 토목 사업 매출 추이 및 전망

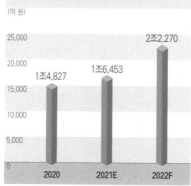

(억 원)

- 2020: 1조4,827
- 2021E: 1조6,453
- 2022F: 2조2,270

▶ 부채비율 추이 및 전망

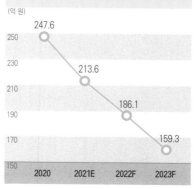

(억 원)

- 2020: 247.6
- 2021E: 213.6
- 2022F: 186.1
- 2023F: 159.3

DL이앤씨
(옛 대림산업)
KP

매출액	7조8,082억 원
영업이익	8,885억 원
순이익	6,235억 원

2021년 전망치

- 22.1% — (주)DL
- 42.2% — (주)대림
- 13.0% — 국민연금
- 63.9% — DL건설
- 48.0% — 오산랜드마크 프로젝트
- 66.0% — 효제피에프브이
- 100% — 남경건설관리 유한공사

▶ 경영 실적 추이 및 전망

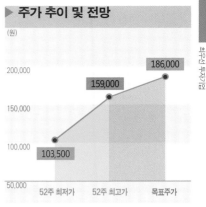

(억 원) ■ 매출(좌) ■ 영업이익(좌) ○ 영업이익률(우) (%)

- 2022F: 8조6,688 / 9,696 / 11.19
- 2023F: 9조5,030 / 1조0,858 / 11.43

▶ 주가 추이 및 전망

(원)

- 52주 최저가: 103,500
- 52주 최고가: 159,000
- 목표주가: 186,000

▶ 투자포인트

- 동사는 DL(옛, 대림산업)이 영위하는 사업 중 건설 사업부문을 2021년 1월 인적분할하여 코스피에 재상장함 → 연결 대상 종속기업으로, DL건설, 오산랜드마크프로젝트 및 6개의 해외 현지법인이 있음.
- 그동안 소극적이었던 해외 수주에서 2021년 하반기부터 가시적인 성과 실현 및 신규 사업으로 수력발전 분야 진출한 점 등 성장 모멘텀 구축.
- 수주가 2019년에 7.9조 원(-16% yoy)에 그쳤지만, 2020년 10조 원(+28% yoy) 반등 → 2021년은 11.5조 원 목표 중 상반기에 3.3조 원으로 부진했으나 하반기 집중 예상 → 올레핀공장(1.5조 원), 베트남 복합화력발전소(0.4조 원), 대산파워 CCUS(2조 원) 등 수주 대기.
- 2021년 8월에 대산파워로부터 연간 14.6만 톤 규모의 이산화탄소 포집설비(CCUS) 공사 낙찰 의향서 접수, 수주 예상 → 기본설계부터 EPC까지 전 공정 수행.

▶ 수주잔고 추이 및 전망

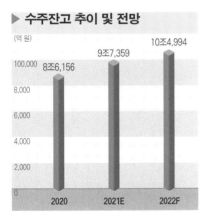

(억 원)

- 2020: 8조6,156
- 2021E: 9조7,359
- 2022F: 10조4,994

▶ 신규 수주 추이 및 전망

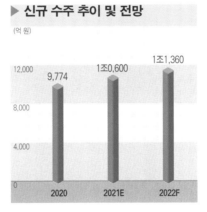

(억 원)

- 2020: 9,774
- 2021E: 1조0,600
- 2022F: 1조1,360

▶ 당기순이익 추이 및 전망

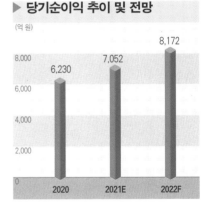

(억 원)

- 2020: 6,230
- 2021E: 7,052
- 2022F: 8,172

▶ 주택(별도) 사업 매출 추이 및 전망

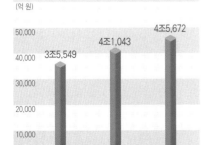

(억 원)

- 2020: 3조5,549
- 2021E: 4조1,043
- 2022F: 4조5,672

▶ DL건설 매출 추이 및 전망

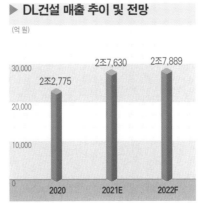

(억 원)

- 2020: 2조2,775
- 2021E: 2조7,630
- 2022F: 2조7,889

▶ 12MF PBR

(원)

- 0.75x
- 0.70x
- 0.65x
- 0.60x
- 0.55x

01/21 04/21 07/21 10/21

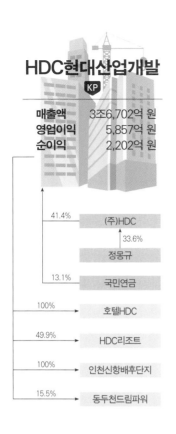

HDC현대산업개발
KP

매출액	3조6,702억 원
영업이익	5,857억 원
순이익	2,202억 원

- 41.4% (주)HDC
- 33.6% 정몽규
- 13.1% 국민연금
- 100% 호텔HDC
- 49.9% HDC리조트
- 100% 인천신항배후단지
- 15.5% 동두천드림파워

▶ 경영 실적 추이 및 전망

(억 원) ■ 매출(좌) ■ 영업이익(좌) ○ 영업이익률(우) (%)

- 2021E: 매출 3조2,676 / 영업이익 4,732 / 영업이익률 14.48
- 2022F: 매출 3조7,262 / 영업이익 5,498 / 영업이익률 14.75

▶ 주가 추이 및 전망

(원)

- 52주 최저가: 20,450
- 52주 최고가: 33,400
- 목표주가: 37,000

▶ 투자포인트

- 2019년부터 분양 부진이 이어지고 있는 바, 2021년 목표 1.6만 세대에 달성률이 25% 안팎 수준으로 고전 예상.
- 2022년에는 당장의 실적 반등 여부보다 2분기부터 대규모 자체 사업 토지 확보 (1.6조 원)와 건축 수주 증가(7,400억 원), 청라의료복합타운(총 사업비 2.4조 원) 우선협상자 선정 등에 주목.
- 2019년 계약 이후 2021년 말이면 잔금 및 유보금 납부까지 모두 완료되는 광운대 역세권 부지(토지 6,100억 원), 용산 철도병원 부지(토지 2,200억 원), 공릉역세권 개발 부지(토지 800억 원)의 가치가 계약 시점 대비 크게 상승할 것으로 예상됨.
- 부산신항 크레인 인도 매출은 총 2,400억 원 수준으로 2021년 3분기부터 2022년 2분기까지 나누어 인식.

▶ 수주잔고 추이 및 전망

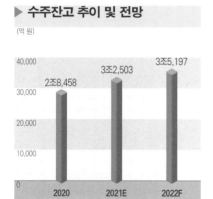

(억 원)

- 2020: 2조8,458
- 2021E: 3조2,503
- 2022F: 3조5,197

▶ 신규 수주 추이 및 전망

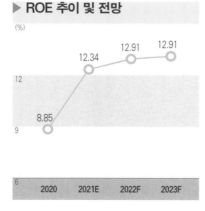

(억 원)

- 2020: 3,908
- 2021E: 6,438
- 2022F: 6,040

▶ 영업활동 현금흐름 추이 및 전망

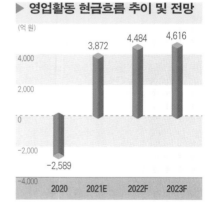

(억 원)

- 2020: -2,589
- 2021E: 3,872
- 2022F: 4,484
- 2023F: 4,616

▶ 외주 주택 사업 매출 추이 및 전망

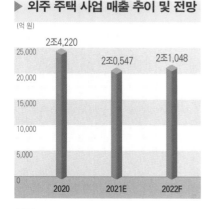

(억 원)

- 2020: 2조4,220
- 2021E: 2조0,547
- 2022F: 2조1,048

▶ ROE 추이 및 전망

(%)

- 2020: 8.85
- 2021E: 12.34
- 2022F: 12.91
- 2023F: 12.91

▶ 당기순이익 추이 및 전망

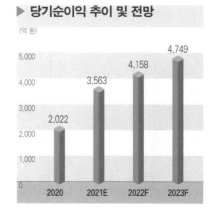

(억 원)

- 2020: 2,022
- 2021E: 3,563
- 2022F: 4,158
- 2023F: 4,749

코오롱글로벌
KP

매출액	3조9,282억 원
영업이익	1,764억 원
순이익	805억 원

코오롱 ← 75.2%
이웅렬 ← 45.8%

네이처브리지 ← 100%
덕평월드 ← 51.0%
테크비전 ← 100%
코오롱하우스비전 ← 100%
코오롱오토케어서비스 ← 100%
코오롱이앤씨 ← 51.0%
양양풍력발전 ← 44.4%

▶ 경영 실적 추이 및 전망

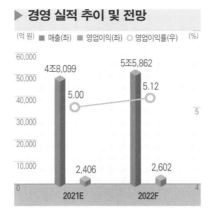

(억 원) ■ 매출(좌) ■ 영업이익(좌) ○ 영업이익률(우) (%)

- 2021E: 매출 4조8,099, 영업이익 2,406, 영업이익률 5.00
- 2022F: 매출 5조5,862, 영업이익 2,602, 영업이익률 5.12

▶ 주가 추이 및 전망

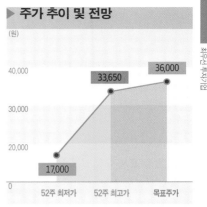

(원)

- 52주 최저가: 17,000
- 52주 최고가: 33,650
- 목표주가: 36,000

▶ 투자포인트

- 2011년 코오롱아이넷과 코오롱B&S를 합병하며 출범. 사업부문별 매출 비중은 건설 52%, 유통 35%, 상사 9%로 구성 → 2019년 분양 증가와 BMW 리콜 효과로 주택과 유통 A/S 실적이 성장세 이어감.
- 동사의 투자포인트는 주택/건축 사업보다는 육상풍력 사업에 있음 → 현재 경주와 태백 가덕산을 상업운전 중이고, 2022년 4분기에 추가 착공으로 총 4개 현장에서 풍력 매출만 1,000억 원 이상 발생 예상.
- 동사는 특히 풍력 리파워링 시장을 선점하고 있는 바, 풍력 리파워링이란 10년 이상 노후 육상풍력 발전소를 중심으로 저용량 터빈을 대용량 터빈으로 교체하는 사업임.
- 2024년 착공을 목표로 준비 중인 전남 완도 해상풍력(사업 규모 2조 원) 사업이 성공할 경우 주가 상승 모멘텀으로 작용.

▶ 수주잔고 추이 및 전망

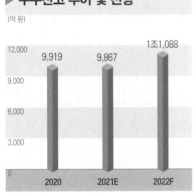

(억 원)

- 2020: 9,919
- 2021E: 9,867
- 2022F: 1조1,088

▶ 신규 수주 추이 및 전망

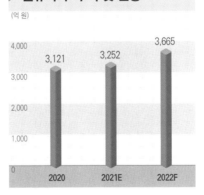

(억 원)

- 2020: 3,121
- 2021E: 3,252
- 2022F: 3,665

▶ 당기순이익 추이 및 전망

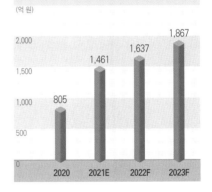

(억 원)

- 2020: 805
- 2021E: 1,461
- 2022F: 1,637
- 2023F: 1,867

▶ 건설 사업 매출 추이 및 전망

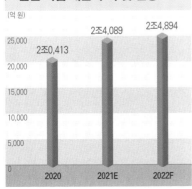

(억 원)

- 2020: 2조0,413
- 2021E: 2조4,089
- 2022F: 2조4,894

▶ 풍력발전 사업 매출 추이 및 전망

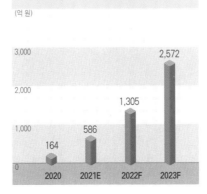

(억 원)

- 2020: 164
- 2021E: 586
- 2022F: 1,305
- 2023F: 2,572

▶ ROE 추이 및 전망

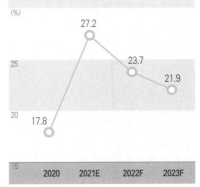

(%)

- 2020: 17.8
- 2021E: 27.2
- 2022F: 23.7
- 2023F: 21.9

27 건자재, 시멘트, 가구

📈 아파트 공급 물량 상승 → 건자재 업황 호조세 📈

▶ **아파트 공사 주기별 건자재 수혜 업종 및 종목**

착공 후 •• 약 2년 6개월 ⇒ 준공

3개월	6개월	9개월	12개월	15개월	18개월	21개월	24개월	27개월	30개월

기초 및 골조 공사
〔투입 자재〕 시멘트, 레미콘, 이형철근, 거푸집
〔주요 기업〕 쌍용C&E, 유진기업, 동양철관, 동화기업 등

창호 공사
〔투입 자재〕 PVC 창호, 알루미늄 창호
〔주요 기업〕 KCC, LX하우시스 등

단열 공사
〔투입 자재〕 그라스울, 미네랄울, 석고보드
〔주요 기업〕 KCC, 벽산, LX하우시스 등

마감 공사 : 단열재와 석고보드를 넣어 외벽체 생성. 층별 층간소음완충재 및 온수파이프 시공. 완공 직전 입주 마감재 및 내장재 공사. 마닥, 벽면, 창호, 타일 및 도기, 주방기기, 일반 가구 등 시공.

도장 공사
〔투입 자재〕 페인트
〔주요 기업〕 KCC, 노루페인트, 삼화페인트 등

바닥 공사
〔투입 자재〕 합판마루, 강화마루, 원목마루
〔주요 기업〕 이건산업, 동화기업, 한솔홈데코, KCC글라스 등

가구, 인테리어 공사
〔투입 자재〕 욕실설비, 주방 등 실내 가구, 벽지, 전등
〔주요 기업〕 대림B&Co, 한샘, 현대리바트, 아이에스동서 등

기초 및 골조 공사 : 주택의 뼈대를 구축. 말뚝의 역할을 하는 파일공사로 지반 보강, 지하층 터파기 및 철근콘크리트 기초공사 이후 지상층 골조 공사로 층 높이기 작업.

▶ **전국 아파트 분양/입주 물량 및 재개발/재건축 비중 추이**

(만 세대)
- ■ 전국 신축 아파트 분양 및 분양 예정(좌) ■ 전국 재개발/재건축 아파트 분양 및 분양 예정(좌)
- ○ 재개발/재건축 비중(우)

2014 2015 2016 2017 2018 2019 2020 2021E

아파트 분양시장, 공급 증가 사이클에 진입

→ 재개발/재건축 비중이 높아진다는 것은 신도시급 대규모 분양 프로젝트 위주로 사업이 전개됨을 의미.
→ 건자재 최종 소비자인 국내 건설사의 확연한 이익 증가세 및 재무 구조 개선.
→ 전반적인 건자재 판매가격 인상 및 공급량 상승 예상.
→ 시멘트, 파일, 유리, 도장, 단열재 등 B2B 건자재 업종 실적 및 주가 상승 전망.

▶ **아파트 착공 규모 대비 시멘트 출하량**

(천 톤)   ■ 출하량(좌) ○ 착공(우)   (세대수)

2008 2010 2012 2014 2016 2018 2020

▶ **아파트 리모델링 시장 규모 추이 및 전망**

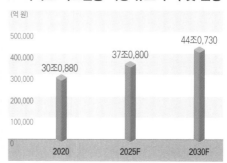

(억 원)

30조0,880   37조0,800   44조0,730

2020   2025F   2030F

📈 2015~2916년을 기억해야 하는 이유 : 최대 분양 사이클 데자뷰 📈

▶ 2015~2016년 아파트 분양/입주 물량과 건자재 업종 실적 관계

97만 가구 — 2015~2016년 아파트 분양 물량
84만 가구 — 2018~2019년 아파트 입주 물량

아파트 분양/입주 물량 최대 피크 시기 국내 건자재 업체 매출 총합 증가 추이
33.1조 원 (2017) · 33.4조 원 (2018) · 31.9조 원 (2019)

90만 가구 이상 — 2021~2022년 아파트 분양 물량
연간 40조 원 + α 예상 — 2022~2023년 국내 건자재 업체 매출 총합 예상

2023년까지 건자재 업종 실적, 주가 호조세

▶ 2015~2016년 / 2021~~2022년 아파트 최대 분양 사이클 특징 및 수혜 업종 비교

	2015~2016년	2021~2022년
특징	• 지방 중심 분양에 더해 수도권 분양 급증 • 수도권 대규모 택지 공급 확대 • 2000년 이래 재개발/재건축 비중 최저 수준	• 수도권과 광역시 중심의 분양 증가 • 대규모 택지 조성을 통한 공급 어려움 • 재개발/재건축 비중 증가 추세
효과	• 전반적인 건설사의 분양 물량 증가 • 중소형 건설사 수도권 진출 확대 • 더딘 재개발/재건축으로 리모델링 수요 증가	• 대형 건설사의 분양 시장점유율 증가 • 중소형 건설사 수도권 진출 어려움 • 대형 건설사 실적 호조로 건자재 판가 인상
수혜주	• 중소형 건설사 및 신탁사, B2C 건자재 기업(리모델링)	• 대형 건설사, B2B 건자재 기업

▶ 건자재 대장주들, 2016년 vs 2022년(F) 실적 및 투자이익률 비교

| KCC |　■ 매출(좌)　○ ROE(우)

(억 원) / (%)
3조4,905 (2016) → 6조4,196 (2022F) +83.9%
ROE 2.58 → 9.86

| LX하우시스 |　■ 매출(좌)　○ ROE(우)

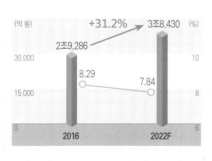

(억 원) / (%)
2조9,286 (2016) → 3조8,430 (2022F) +31.2%
ROE 8.29 → 7.84

| 한샘 |　■ 매출(좌)　○ ROE(우)

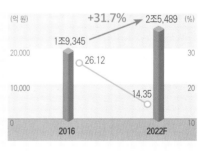

(억 원) / (%)
1조9,345 (2016) → 2조5,489 (2022F) +31.7%
ROE 26.12 → 14.35

| 아이에스동서 |　■ 매출(좌)　○ ROE(우)

(억 원) / (%)
1조7,241 (2016) → 2조0,826 (2022F) +20.7%
ROE 29.12 → 15.95

| 동화기업 |　■ 매출(좌)　○ ROE(우)

(억 원) / (%)
6,907 (2016) → 1조1,057 (2022F) +60.0%
ROE 7.72 → 12.74

| 쌍용C&E |　■ 매출(좌)　○ ROE(우)

(억 원) / (%)
1조4,303 (2016) → 1조7,020 (2022F) +18.9%
ROE 11.57 → 12.51

건자재, 시멘트, 가구

아파트 최대 분양 사이클,
건자재 덩달아 호황기 진입

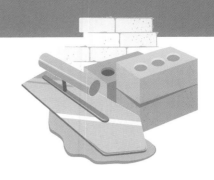

건자재 업종에 투자하려면
건물 공사 진행 과정을 알고 있어야

건자재 업종은 전방산업인 건설, 그 중에서도 아파트 분양시장에 큰 영향을 받는다. 국내 아파트 분양 사업은 대게 대단지로 이뤄지기 때문에 분양 업황에 따라 건자재 업종 전체에 미치는 파급 효과가 대단히 크다. 따라서 건자재 업체들의 실적 사이클은 아파트 공사 기간에 연동되는 경우가 많다. 아파트는 착공에서 준공에 이르기까지 30개월 안팎이 소요된다. 건물은 일반적으로 '기초 및 골조 공사'와 '내장 및 마감 공사'로 진행된다. 이에 따라 건자재도 기초 소재와 내장 및 마감재로 나뉜다.

먼저 기초 및 골조 공사에 투입되는 자재로는 시멘트와 레미콘, 이형철근, 거푸집 등으로 착공재와 중간재로 불린다. 기초 및 골조 공사는 착공해서 대략 18개월가량 소요되기 때문에 착공재와 중간재도 이 시기에 맞춰 집중 투입된다. 이때는 시멘트 회사(쌍용C&E, 한일시멘트, 아세아시멘트, 성신양회 등)와 레미콘 회사(유진기업), 철근 회사(동양철관) 등의 실적이 올라가는 시기다.

기초 및 골조 공사를 통해 건물이 어느 정도 올라가면, 착공 이후 9개월 시점부터 내장공사가 시작된다. 창호공사와 단열공사가 여기에 해당된다. 창호 공사에 투입되는 자재로는 PVC 및 알루미늄 창호 등이 있으며, 건자재 대장주라 불리는 KCC와 LX하우시스 등이 수주 업체로 꼽힌다. 단열 공사에는 석고보드와 그라스울, 미네랄울 등의 자재가 투입되는 데, KCC와 LX하우시스를 포함해 벽산 등이 실적을 올리는 시기라 할 수 있다.

착공 이후 15개월 시점부터 도장 공사를 시작으로 마감 공사가 진행된다. 도장 공사에는 주로 페인트가

투입되며, 노루페인트와 삼화페인트 등이 수주로 분주해진다. 이어 바닥과 유리 공사에는 합판과 강화, 원목 마루 및 유리 등이 투입되며, 이건산업, 동화기업, 한솔홈데코, KCC글라스 등이 주요 공급처로 꼽힌다. 가구와 인테리어 공사를 끝으로 건물 시공이 마무리되는데, 욕실설비, 주방 등 실내 가구, 전등, 벽지 등이 투입되며, 아이에스동서, 한샘, 현대리바트 등 욕실과 가구 업체들이 수주 업체로 등장한다.

건자재 업종 매수 타이밍을 빨리 잡아야 하는 이유

업계에서는 2021년부터 2023년까지 국내 아파트 분양 시장이 최대 분양 사이클에 진입할 것으로 보고 있다. 이에 따라 증권가에서는 건설 종목 뿐 아니라 건자재 종목들에 대한 리포트가 쏟아지고 있다. 건자재 업종의 경우 공사에 투입되는 자재 종류에 따라 업체들마다 수주 일정이 길게는 수십 개월씩 차이가 난다. 따라서 건자재 업종에 투자하려면 공사별 수주 업체마다 실적이 올라가는 시기가 다를 수 있기 때문에 그에 맞춰 매수 타이밍을 노려야 한다. 하지만 지역별 분양시기가 모두 제각각이기 때문에 적절한 매수 타이밍을 잡는 게 쉬운 일이 아니다.

대단지 아파트의 경우 분양에서 입주까지 소요되는 30개월 내에서 건자재 품목의 투입 시기에 따른 종목별 매출 발생 편차가 큰 건 사실이다. 그럼에도 불구하고 2015~2016년 아파트 분양 호황 당시 건자재 종목들의 주가 수익률은 자재 투입 시기와 무관하게 대체로 동반해서 리레이팅이 나타나는 모습을 보였다. 증권가에서 말하는 '리레이팅'이란 똑같은 이익을 내더라도 주가가 더 높은 수준에서 형성되는 현상을 가리킨다. 리레이팅은 대체로 주가수익비율

(PER)을 한 단계 상향조정하는 효과를 가져온다.

당시 건자재 업종의 경우, 자재 투입 순서에 따라 주가가 순차적으로 움직이지 않고 착공에 앞서 공사에 투입되는 자재 규모와 해당 업체가 어느 정도 확정되기 때문에 주가 상승이 선제적으로 일어났다. 투자적 관점에서 착공 자체만으로 최소 네 번의 분기에 해당하는 매출이 거의 확정된 것이나 다름없다고 봤고, 앞으로 발생할 수익을 자제 투입 시점과 무관하게 주가에 선반영한 것이다.

따라서 2021년부터 시작해 2022년에 본격화되는 아파트 최대 분양 사이클에 따른 건자재 업종 투자 타이밍은 공사가 끝나는 준공이나 입주 시기가 아니라 착공 혹은 그보다 좀 더 빠르게 잡을 필요가 있다. 중요한 건 훗날 자재 투입에 따른 실적이 확인되는 시기에 주가가 한 번 더 오를 수 있다는 점이다. 분기마다 발표되는 실적 공시에서 어닝서프라이즈가 일어날 경우 투자자들은 선반영된 주가 상승분을 잊고 다시 매수에 나서는 경향이 있기 때문이다. 아울러 건자재 업종의 장기적인 투자를 위해서는 분양 호황이라는 단편적인 이슈만 볼 게 아니라 건자재 가격 상승 여부까지 체크해 둘 필요가 있다.

미분양과 공사 지연 리스크가 줄어든 사연

아파트 분양 호황기에도 불구하고 건자재 업종 투자에 앞서 한두 가지 걱정스런 대목이 있다. 아파트 분양 건수가 적지 않았지만, 실제로 계약이 제대로 이뤄지지 않아 공사가 끝난 뒤에도 미분양으로 남아 있게 되는 경우가 속출했다. 미분양 사태는 건자재 회사들의 최종 소비자인 건설사들의 자금 흐름에 치명적인 악재 가운데 하나다. 건설사들로부터 결제를 받아야 하는 건자재 업체들로서는 건설사들의 자금 상황에 민감할 수밖에 없다. 한 가지 더 걱정스런 부분은, 분양 계획이 확정되었지만 지역 주민들과의 갈등이나 행정적인 이유로 착공이 지연되는 경우가 빈번하다는 점이다. 분양 규모가 클수록 착공 시기가 지연되는 일이 잦을 수밖에 없는데, 공사 기간이 길어질수록 건자재 업체들이 결제를 받는 시점이 지연되는 것은 빤한 일이다. 이로 인해 건자재 업체의 실적이 악화될 경우, 선반영되어 상승했던 주가가 다시 떨어지는 결과가 발생한다.

그런데 지난 2020년 2~3분기에 신규 공급이 집중되었음에도 불구하고 미분양 세대수가 많지 않았다. 일반적으로 분양이 집중된 경우에는 미분양 세대수가 증가하는 경향이 빈번했음을 감안하건대 분양 시장이 꽤 호황을 누리고 있었음을 짐작케 한다. 당시 1순위 청약 기준 경쟁률은 서울 88.2:1, 전국 27.5:1로 뜨거웠다. 최근 분양 시장에서는 재개발·재건축이 주축이 되어감에 따라 조합원 물량을 제외한 일반분양 세대수 증가가 제한적이다. 여기에 분양가 규제로 신규 분양 아파트 가격이 주변 시세보다 낮은 경우가 많기 때문에 미분양에 대한 리스크가 크게 줄어들 가능성이 높다.

한 가지 더 최근의 분양 시장에서 감지되는 긍정적인 시그널은, 수요 상승으로 분양 기간이 단축되면서 건설사의 신규 사업 발굴 의지가 어느 때보다 높다는 점이다. 일반적으로 아파트 분양 사업은 시행사의 안정된 자본과 시공사의 책임 준공을 기반으로 프로젝트 파이낸싱(PF)을 통해 진행된다. 분양 속도가 늦어질 경우 PF의 현금흐름이 악화되기 때문에 시행사와 시공사 입장에서는 사업 계획에 나서기가 쉽지 않다. 하지만 최근의 분위기는 완전히 다르다. 서울의 경우 초기분양률이 100%이고, 전국 기준으로도 97% 이상이다. 분양만 시작할 수 있다면 현금흐름에 대한 큰 고민 없이 사업이 진행된다는 얘기다.

여러 가지 정황을 살펴보건대, 건자재 업종이 호황기를 맞은 건 분명하다. 증권가에서는 건자재 업황 호조가 2023년까지 이어질 것으로 보고 있다. 투자적 관점에서는 투자 기간을 그보다 6개월가량 앞당겨 잡을 것을 권한다. 분양 시장은 금융 등 대외 변수가 많이 작용하므로 호황 사이클 기간을 보수적으로 이해할 필요가 있다.

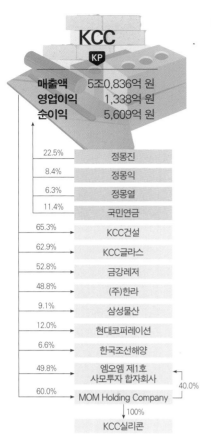

KCC
KP

매출액	5조0,836억 원
영업이익	1,338억 원
순이익	5,609억 원

22.5%	정몽진
8.4%	정몽익
6.3%	정몽열
11.4%	국민연금
65.3%	KCC건설
62.9%	KCC글라스
52.8%	금강레저
48.8%	(주)한라
9.1%	삼성물산
12.0%	현대코퍼레이션
6.6%	한국조선해양
49.8%	엠오엠 제1호 사모투자 합자회사
60.0%	MOM Holding Company

40.0%

100%

KCC실리콘

▶ 경영 실적 추이 및 전망

▶ 주가 추이 및 전망

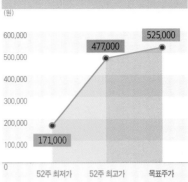

▶ 투자포인트

- 국내 최대 규모 건자재 회사로, 주요 사업부문은 건자재, 도료, 실리콘 등이 있으며, 건축자재의 내장재 및 보온단열재 품목에서 시장점유율 1위 영위.
- 2021년 세전이익은 삼성물산(지분 9.1%)을 비롯해 동사가 보유한 상장사 주식 주가 상승에 따른 금융자산평가이익과 MoM Holding Company 지분 40%를 보유한 '엠오엠 제1호 사모투자 합자회사' 49.8% 지분 취득에 따른 지분법이익 반영으로 영업이익이 전년 대비 큰 폭으로 증가.
- 주력 사업이 도료에서 실리콘 중심으로 이동. 동사의 실리콘 EBITDA 마진은 20% 초반으로 추정(2021년 2분기 기준) → MoM Holding Company를 중심으로 한 실리콘 사업 재편을 통한 점진적 시너지 효과로 성장세 예상.
- 도료 사업부문은 자동차 판매 증가 등 전방산업 호조에도 원재료인 BTX 가격 상승으로 스프레드 개선 효과 다소 부진.

▶ 사업부문별 영업이익 비중

▶ KCC 보유 주요 상장사 지분가치

▶ 영업이익률 추이 및 전망

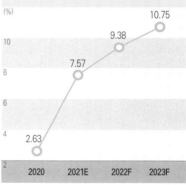

▶ 영업활동 현금흐름 추이 및 전망

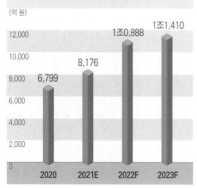

▶ 부채비율 추이 및 전망

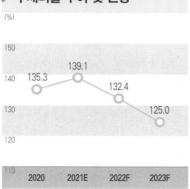

▶ CAPEX 추이 및 전망

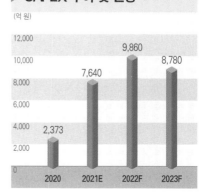

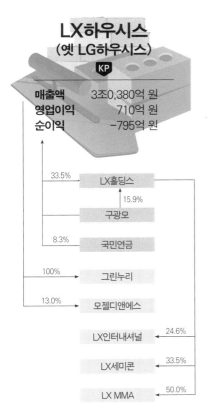

LX하우시스
(옛 LG하우시스)
KP

매출액	3조0,380억 원
영업이익	710억 원
순이익	-795억 원

- LX홀딩스 33.5%
- 구광모 15.9%
- 국민연금 8.3%
- 그린누리 100%
- 모젤디앤에스 13.0%
- LX인터내셔널 24.6%
- LX세미콘 33.5%
- LX MMA 50.0%

▶ 경영 실적 추이 및 전망

(억 원) ■ 매출(좌) ■ 영업이익(좌) ○ 영업이익률(우) (%)

- 2021E: 매출 3조4,940 / 영업이익률 3.36 / 영업이익 1,173
- 2022F: 매출 3조8,430 / 영업이익률 3.39 / 영업이익 1,292

▶ 주가 추이 및 전망

(원)
- 52주 최저가: 55,100
- 52주 최고가: 113,000
- 목표주가: 92,000

▶ 투자포인트

- 2021년 5월 1일 LX그룹이 계열분리되어 출범한 이후 'LX하우시스'로 사명 변경.
- 착공지표 호조에 따라 동사의 건축자재 부문 실적 개선 예상 → B2B에서의 물량 증가로 2015~2016년에 실현한 호실적 기대.
- PF단열재 수요 증가 → 동사의 PF단열재 가동률은 Full CAPA 수준 → 2021년 3공장 준공에 이어 4공장 증설 중이며, 2022년 3월 완공. 향후 시장성에 대한 검증이 완료되면 추가적인 투자 가능할 전망.
- PF단열재에서만 2023년에 약 3,500~4,000억 원의 매출액 예상 → 고가 제품 특성상 마진율이 다른 제품군에 비해 높음.
- 최근 단열재 성능 기준이 계속 강화되면서 제품 업그레이드 부담 상승 → 높아진 진입장벽은 오히려 기술력 갖춘 동사에 유리.

▶ 건축자재 사업부문 매출 추이 및 전망

(억 원) ━ 건축자재 매출액(좌) ━ 건축자재 영업이익률(우) (%)

▶ 자동차소재 사업부문 영업손실 추이 및 전망

(억 원)
- 2020: -453
- 2021E: -247
- 2022F: -93
- 2023F: -50
- 2024년 이후 흑자전환 예상

▶ 당기순이익 추이 및 전망

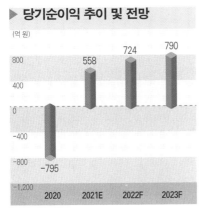

(억 원)
- 2020: -795
- 2021E: 558
- 2022F: 724
- 2023F: 790

▶ 부채비율 추이 및 전망

(%)
- 2020: 184.9
- 2021E: 166.1
- 2022F: 152.3
- 2023F: 139.5

▶ CAPEX 추이 및 전망

(억 원)
- 2020: 1,590
- 2021E: 1,450
- 2022F: 2,000
- 2023F: 2,500

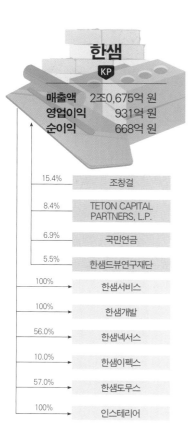

한샘
KP

매출액	2조0,675억 원
영업이익	931억 원
순이익	668억 원

15.4%	조창걸
8.4%	TETON CAPITAL PARTNERS, L.P.
6.9%	국민연금
5.5%	한샘드뷰연구재단
100%	한샘서비스
100%	한샘개발
56.0%	한샘넥서스
10.0%	한샘이펙스
57.0%	한샘도무스
100%	인스테리어

▶ 경영 실적 추이 및 전망

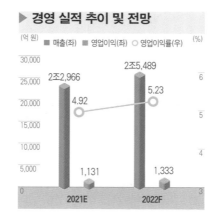

▶ 주가 추이 및 전망

▶ 투자포인트

- 2022년부터 동사의 매장 확장에 따른 인테리어 실적(B2C) 증가 및 아파트 분양 급증에 따른 특판(B2B) 매출 증가 예상.
- 동사의 장기적 투자포인트인 적극적인 매출 규모 확대에 대한 증권가의 평가는 매우 긍정적 → 인테리어 사업부문에서 대형 쇼룸 인프라 투자를 통한 시장점유율 확대 효과가 주가 상승 모멘텀으로 이어질 전망.
- 동사의 적극적인 시장 침투 전략에 따른 매출액 증가로 이익 레버리지 상승 효과 또한 기대해볼만함.
- B2B 사업의 경우 2022년 하반기부터 매출액 증가 예상 → 수주잔고가 2020년 1분기 기준 1,244억 원에서 2021년 2분기에 2,708억 원으로 매분기 꾸준히 증가 추세.
- 2022년 이후 아파트 착공 물량 증가에 따라 특판가구 투입 시점에 동사 매출 급증 예상.

▶ 한샘 12M Fwd. P/E 추이

▶ 당기순이익 추이 및 전망

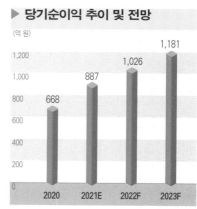

▶ 리하우스 매출 추이 및 전망

▶ 특판가구 수주잔고 추이

▶ 직접시공 패키지 건수 추이

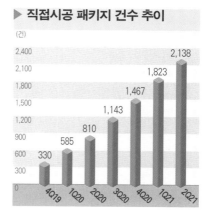

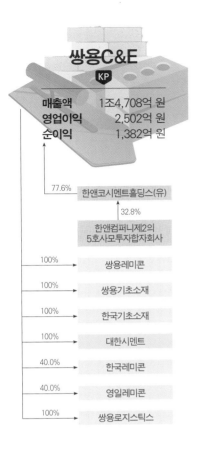

쌍용C&E
KP

매출액	1조4,708억 원
영업이익	2,502억 원
순이익	1,382억 원

- 77.6% → 한앤코시멘트홀딩스(유)
- 32.8% → 한앤컴퍼니제2의 5호사모투자합자회사
- 100% → 쌍용레미콘
- 100% → 쌍용기초소재
- 100% → 한국기초소재
- 100% → 대한시멘트
- 40.0% → 한국레미콘
- 40.0% → 영일레미콘
- 100% → 쌍용로지스틱스

▶ 경영 실적 추이 및 전망

▶ 주가 추이 및 전망

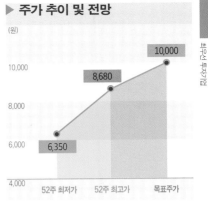

▶ 투자포인트

- 1962년에 설립된 국내 최대 시멘트 제조회사로, 사업부문별 매출 비중은 시멘트 61.5%, 레미콘 21.5% 등으로 구성.
- 2016년에 최대주주가 기존 일본법인 태평양시멘트에서 한앤코시멘트홀딩스(최대주주 한앤컴퍼니)로 변경. 2017년 계열회사 쌍용머티리얼 매각 및 대한시멘트 인수로 시멘트 중심의 사업구조로 재편.
- 시멘트 가격 할인율 축소로 인해 기준가격 정상화가 이뤄지고 있으며, SOC 예산이 증가해 향후 시멘트 출하량이 급격히 줄어들 가능성 희박.
- 2018년부터 생산연료 비용을 줄이기 위해 ESS(에너지저장장치)와 순환자원 처리시설에 적극 투자 → 순환자원 처리시설 증설을 통한 처리 비중 확대, HRSG(폐열회수발전) 설비 확충 → 친환경 사업 비중 확대는 동사의 주가 상승 모멘텀으로 작용.

▶ 국내 건축 착공면적 추이 및 전망

▶ 국내 시멘트 수요 추이 및 전망

▶ 국내 시멘트 고시가격 대비 쌍용C&E 내수가격

▶ 국내 시멘트 5개사 시장점유율
( ) 안은 공장 지역 구분

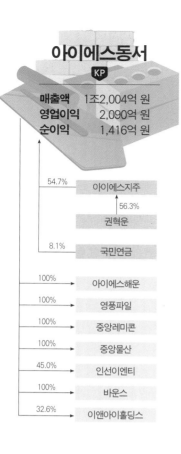

아이에스동서

KP

매출액	1조2,004억 원
영업이익	2,090억 원
순이익	1,416억 원

- 54.7% 아이에스지주
- 56.3% 권혁운
- 8.1% 국민연금
- 100% 아이에스해운
- 100% 영풍파일
- 100% 중앙레미콘
- 100% 중앙물산
- 45.0% 인선이엔티
- 100% 바운스
- 32.6% 이앤아이홀딩스

▶ 경영 실적 추이 및 전망

(억 원) ■ 매출(좌) ■ 영업이익(좌) ○ 영업이익률(우) (%)

- 2021E: 매출 1조6,298, 영업이익 2,737, 영업이익률 16.79
- 2022F: 매출 2조0,826, 영업이익 3,847, 영업이익률 18.47

▶ 주가 추이 및 전망

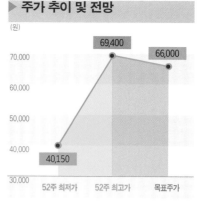

(원)

- 52주 최저가: 40,150
- 52주 최고가: 69,400
- 목표주가: 66,000

▶ 투자포인트

- 1975년 현대건설 토목사업부에서 분리·독립하여 벽제콘크리트 설립, 2008년에 아이에스동서로 상호 변경한 뒤 같은 해 일신건설산업과 합병.
- 동사의 주요 사업부문별 비중은 건설 62.3%, 환경 18.9%, 콘크리트 17.2% 등으로 구성.
- 종속회사를 통해 해상화물 운송업, 건설 폐기물 및 자동차 재활용 사업 영위.
- 2021년 4분기부터 대규모 자체 사업 수익 인식 본격화 → '동대구 에일린의 뜰' 매출액 3,200억 원이 한꺼번에 인식.
- 주택 착공 증가에 따른 대외적 호재로 콘크리트파일 수요 증가.
- 상대적으로 수익성이 낮은 지식산업센터(자체 사업) 매출 비중 증가 및 도급 주택 신규 현장 미정산 등으로 이익 마이너스 요인 체크.

▶ 사업부문별 매출 비중

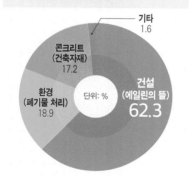

- 기타 1.6
- 콘크리트(건축자재) 17.2
- 환경(폐기물 처리) 18.9
- 건설(에일린의 뜰) 62.3

단위: %

▶ 영업이익 증가율 추이 및 전망

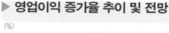
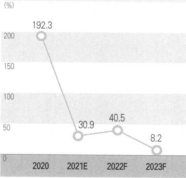

(%)

- 2020: 192.3
- 2021E: 30.9
- 2022F: 40.5
- 2023F: 8.2

▶ ROE 추이 및 전망

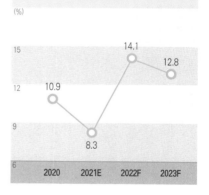

(%)

- 2020: 10.9
- 2021E: 8.3
- 2022F: 14.1
- 2023F: 12.8

▶ 영업활동 현금흐름 추이 및 전망

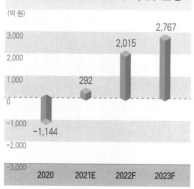

(억 원)

- 2020: -1,144
- 2021E: 292
- 2022F: 2,015
- 2023F: 2,767

▶ 부채비율 추이 및 전망

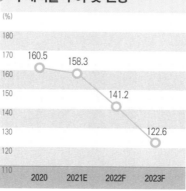

(%)

- 2020: 160.5
- 2021E: 158.3
- 2022F: 141.2
- 2023F: 122.6

▶ 당기순이익 추이 및 전망

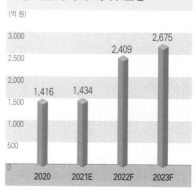

(억 원)

- 2020: 1,416
- 2021E: 1,434
- 2022F: 2,409
- 2023F: 2,675

동화기업
KQ

매출액 7,449억 원
영업이익 668억 원
순이익 403억 원

49.1% Dongwha International Co. Limited
80.0% 승명호
3.2% 승명호
9.1% 승은호
90.0% 동화일렉
58.0% 대성목재공업
38.0% 엠파크홀딩스
100% 태양합성
9.0% 리딩투자증권
11.0% 뉴시스

▶ 경영 실적 추이 및 전망

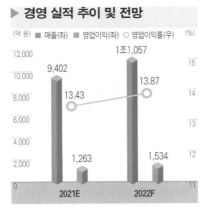

▶ 주가 추이 및 전망

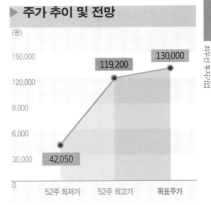

▶ 투자포인트

- PB, MDF, 마루를 주력으로 생산하는 목재 기업으로 국내 최대 생산량 보유 → 특히 MDF 생산량은 아시아 최대.
- 수직계열화와 노하우를 통해 원가경쟁력 개선 → 화학 원재료인 요소와 메탄올 및 국내 원목 가격 안정화.
- 동사의 주가 상승 모멘텀은 자회사 동화일렉의 2차전지 사업에 크게 작용 → 동화일렉은 단순 전해액 공급사가 아니라 전해질 첨가제의 '설계능력'을 갖췄다는 사실이 중요 → 첨가제 설계능력이 향후 전해액 공급사를 선정하는 중요한 척도가 됨.
- 기존 고객사인 삼성SDI향 Gen5 배터리 관련하여 전해액 공급 이외에 전해질 첨가제 설계까지 협력 → 첨가제 설계능력이 전해액 공급으로 이어지는 선순환 구조.
- 동화일렉은 전해액 생산능력을 2021년 기준 5.3만 톤에서 2025년 기준 13.3만 톤으로 확대 계획 → 헝가리, 미국 등 글로벌 생산공장 운영.

▶ 동화일렉 전해액 글로벌 생산능력 추이 및 전망

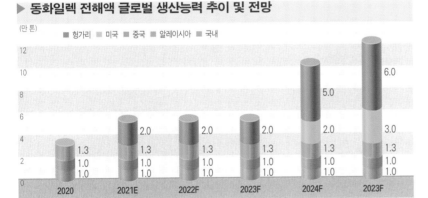

▶ 동화일렉 매출 추이 및 전망

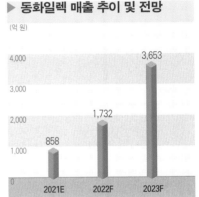

▶ 영업활동 현금흐름 추이 및 전망

▶ 당기순이익 추이 및 전망

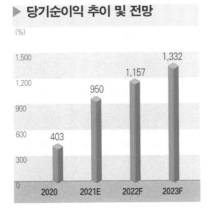

▶ CAPEX 추이 및 전망

28 철강, 비철금속

📈 중국, 탄소중립 위해 철강 감산 선언 → 국내 철강 업체 호재 📉

▶ 글로벌 조강생산 규모 vs. 중국 조강생산 규모

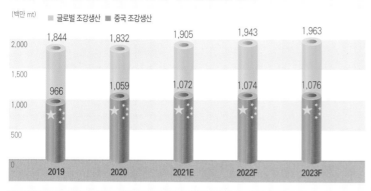

(백만 mt)
■ 글로벌 조강생산　■ 중국 조강생산

	2019	2020	2021E	2022F	2023F
글로벌 조강생산	1,844	1,832	1,905	1,943	1,963
중국 조강생산	966	1,059	1,072	1,074	1,076

▶ 중국 철강 수요 대비 조강 생산능력 감소 추이 및 전망 ( )안은 조강과잉률(%)

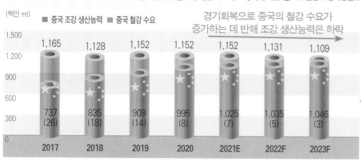

(백만 mt)
■ 중국 조강 생산능력　■ 중국 철강 수요

경기회복으로 중국의 철강 수요가
증가하는 데 반해 조강 생산능력은 하락

	2017	2018	2019	2020	2021E	2022F	2023F
중국 조강 생산능력	1,165	1,128	1,152	1,152	1,152	1,131	1,109
중국 철강 수요	737 (26)	835 (18)	908 (14)	995 (8)	1,025 (7)	1,035 (5)	1,046 (3)

▶ 중국 철강 수출량 감소 추이 및 전망

(백만 mt)

2017	2018	2019	2020	2021E	2022F	2023F
118	74	73	48	31	23	14

중국 철강 수출량 감소로
2021년 상반기에 사상 최고치 기록한
철강 가격, 2023년 상승세 지속!

▶ 중국 및 한국 열연가격 상승 추이

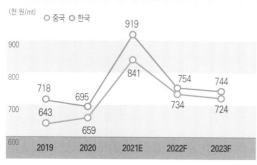

(천 원/mt)
○ 중국　● 한국

	2019	2020	2021E	2022F	2023F
중국	718	695	919	754	744
한국	643	659	841	734	724

▶ 포스코 매출 증가 추이

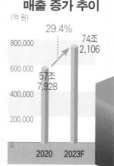

(억 원)
29.4%

2020	2023F
57조 7,928	74조 2,106

▶ 현대제철 매출 증가 추이

(억 원)
35.2%

2020	2023F
18조 0,234	24조 3,808

China Steel Power

전 세계 철강 시장 비중의
절반 이상 차지
글로벌 시장점유율 54.8%

철강!
이산화탄소 주범

CO_2

China CO_2 Bomb

탄소배출 세계 1위
오명 탈피 위해
철강 감산 돌입

China CO_2 Zero

시진핑 중국 국가주석
2060년 탄소중립 선언

중국의 철강 감산으로
수출량이 급감함에 따라
전 세계 철강
공급과잉 해소 및
글로벌 철강 가격 상승

중국의 인접국인 한국의
철강 대장주 포스코와
현대제철 실적 상승 반사이익

📈 비철금속 중에서 '구리'에 주목해야 하는 이유 📈

▶ 비철금속 연간 수익률 (2021년 9월 10일 종가 기준, 거래소 : LME)

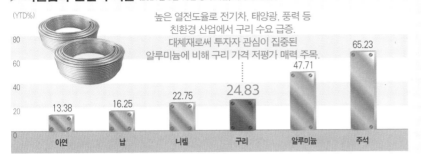

높은 열전도율로 전기차, 태양광, 풍력 등 친환경 산업에서 구리 수요 급증. 대체재로써 투자자 관심이 집중된 알루미늄에 비해 구리 가격 저평가 매력 주목.

- 아연 13.38
- 납 16.25
- 니켈 22.75
- 구리 24.83
- 알루미늄 47.71
- 주석 65.23

▶ 비철금속 글로벌 소비 비중

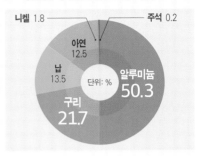

단위: %
- 니켈 1.8
- 주석 0.2
- 아연 12.5
- 납 13.5
- 구리 21.7
- 알루미늄 50.3

▶ 금속광물 열전도율 비교 [금속광물 | 전도율(%) · 연성(%) · 가격(달러/톤)]

알루미늄 || 63 · 105 · 2,250
- 가격경쟁력과 연성 우수하지만, 전도율이 다소 떨어짐.

아연 || 28 · 485 · 2,943
- 가격경쟁력이 우수하지만, 연성과 전도율이 크게 떨어짐.

구리 || 100 · 100 · 10,092

금 || 70 · 150 · 58,102,400
- 연성이 우수하지만, 가격이 지나치게 비쌈.

은 || 106 · 118 · 879,360
- 전도율과 연성이 우수하지만, 산업소재로 사용하기에 가격 비쌈.

니켈 || 24 · 81 · 17,937
- 구리와 비교했을 때 전도율과 연성, 가격경쟁력 모두 떨어짐.

→ 가격, 전도율, 연성 등을 복합적으로 비교해보건대 현존하는 비철금속 중 가장 우수한 전도체
→ 전기가 주 동력원으로 화석연료를 대체해 나가는 과정에서 산업 전반에 송전에 필요한 전도체 수요가 크게 증가함에 따라 '그린경제' 최고의 금속 소재로 꼽힘.

▶ 구리, 산업별 수요 비중

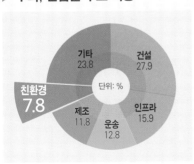

단위: %
- 기타 23.8
- 건설 27.9
- 친환경 7.8
- 제조 11.8
- 운송 12.8
- 인프라 15.9

▶ 구리, 친환경 산업별 수요 추이 및 전망

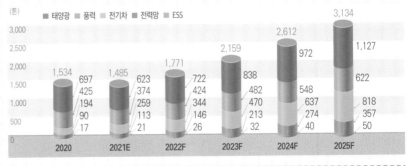

(톤) ■ 태양광 ■ 풍력 ■ 전기차 ■ 전력망 ■ ESS

	2020	2021E	2022F	2023F	2024F	2025F
합계	1,534	1,485	1,771	2,159	2,612	3,134
	697	623	722	838	972	1,127
	425	374	424	482	548	622
	194	259	344	470	637	818
	90	113	146	213	274	357
	17	21	26	32	40	50

▶ 구리 가격 추이 및 전망

(달러/톤)

전기차용 수요 급증에 따라 2022년 이후 구리 가격 상승 예상

▶ 구리 최선호주 풍산 매출 증가 추이

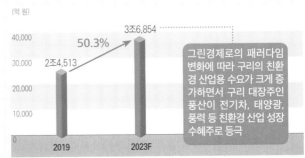

(억 원)

- 2019: 2조4,513
- 2023F: 3조6,854
- 50.3%

그린경제로의 패러다임 변화에 따라 구리의 친환경 산업용 수요가 크게 증가하면서 구리 대장주인 풍산이 전기차, 태양광, 풍력 등 친환경 산업 성장 수혜주로 등극

철강과 비철금속이
탄소중립과 그린경제 수혜 업종이 된 사연

**2021년 상반기 사상 최고치를 기록한 철강 가격,
2023년까지 상승세 이어간다!**

미증유(未曾有)의 코로나19 여파에 맞서 각국 정부마다 내놓은 강력한 부양책으로 뜻하지 않게 수혜를 입는 산업들이 있다. 철강과 비철금속도 그 중 하나다. 실제로 건설과 인프라, 조선, 자동차 등에서 거대한 수요가 일어나면서 철강 가격은 2021년 상반기에 사상 최고치를 기록하기도 했다. 업계에서는 2020년에 바닥을 찍었던 글로벌 철강 수요가 2021년 반등해 2023년까지 상승세가 이어질 것으로 예상한다.

철강 업황을 반등시킨 요인으로 경기부양책만큼 중요한 게 하나 더 있다. 바로 중국 철강사들의 감산 경영이다. 어마무시한 양의 철강 생산으로 툭하면 공급과잉을 초래해 전 세계 철강사들을 힘들게 했던 중국 철강 공룡들의 감산 소식은 좀처럼 믿기지 않지만 사실이다. 도대체 중국 철강 업계에 무슨 일이 일어난 것일까?

중국의 감산 소식, 국내 철강주에 호재

2020년 9월, 중국 시진핑 국가주석은 UN 연설에서 2030년에 탄소 배출 정점을, 그리고 2060년에 탄소중립을 선언했다. 중요한 것은 중국 정부의 탄소중립 정책에 가장 큰 영향을 받는 산업 가운데 하나가 철강이라는 사실이다. 철강 산업은 중국 탄소 배출량의 15%를 차지한다. 단일 산업으로는 가장 많은 탄소를 배출한다. 제조업만 놓고 보면 탄소 배출 비중이 24%에 이른다. 결국 탄소중립을 달성하기 위해서 철강 생산량을 줄이지 않으면 안 되는 상황에 놓인 것이다.

중국 기업들에게 가장 무서운 것은 시진핑의 입이다. 시진핑이 탄소중립을 선언한 이후 중국 1, 2위 철강사인 Baowu Group과 HBIS Group은 2022년을 탄소 배출 정점 시기로 선언했다. 시진핑의 선언보다 무려 8년이나 앞당긴 것이다. 중국 당국이 2021년부터 철강 생산량이 전년 수준을 넘어서면 안 된다며 시진핑의 탄소중립 선언에 대한 구체적인 가이드라인을 제시했기 때문이다. 시진핑 선언의 효과는 곧바로 시장에 나타날 전망이다. 당장 중국의 철강 초과공급량(순수출량)이 2020년 4,800만 톤에서 2023년 1,400만 톤으로 연평균 34.4%(3,400만 톤) 감소할 것으로 업계는 예상하고 있다. 중국의 철강 수출량이 현격히 줄어든다는 것은, 그동안 글로벌 철강사들을 괴롭혀온 철강의 과잉공급 문제가 개선될 수 있음을 의미한다.

팬데믹을 극복하기 위한 경기부양책으로 전 세계적으로 철강 수요가 늘어나는 상황에서 나온 중국의 감산 소식은 포스코를 비롯한 글로벌 철강사들에게 호재가 아닐 수 없다. 이러한 이유로 세계 1위 철강사인 포스코의 기업가치 평가에 증권사마다 후한 점수를 주고 있다. 증권사들은 포스코의 EPS(주당순이익)가 2021년을 기점으로 앞으로 3년간 연평균 30%가 넘는 증가율을 기록할 것으로 분석한다(2020년 18,000원대에서 2023년 40,000원대 이상). 이에 따라 ROE(자기자본이익률)도 2020년 3%대에서 2023년 7대까지 무려 3%p 이상 상승할 것으로 보고 있다. 국내 2위 철강사 현대제철의 기업가치도 기대를 모은다. 현대제철의 EPS는 2020년 마이너스 3,000원대에서 큰 폭으로 흑자전환해 2023년에 6,000원대 이상으로 오를 것으로 예상된다. ROE 또한 2020년 마이너스 2.0%대에서 2023년 5% 가까이 상승할 전망이다. 투자적 관점에서 시진핑의 탄소중립 선언이 국내 철강주에 적지 않은 영향을 끼치고 있음을 주목해야 하는 이유다.

철강 생산에 산소 대신 수소를 활용한다!

중국의 탄소중립에 따른 감산으로 이어진 철강 업황 개선이 국내 철강사의 실적과 주가에 호재로 작용하는 것은 반가운 일이다. 하지만 탄소중립 기조가 부담스러운 것은 국내 철강사들도 마찬가지다. 철강이 탄소 배출이 많은 대표적인 산업인 것은 한국에서도 다르지 않기 때문이다. 우리 정부도 2021년 8월에 '탄소중립기본법'을 제정해 2030년까지 탄소 배출을 지금보다 40% 감축할 것임을 공표했다.

철강은 철광석과 석탄(강점탄)을 섞어 넣은 뒤 온도를 올려 쇳물을 만드는 방식으로 생산된다. 여기서 석탄은 온도를 높이는 역할을 하기도 하지만, 철광석에 포함된 산화철(Fe_2O_3)에서 산소(O)를 분리해내기도 한다. 그런데 산화철에서 떨어져 나온 산소(O)는 탄소(C)와 붙어 이산화탄소(CO_2)의 형태로 배출되는 것이다.

포스코를 비롯한 글로벌 철강사들은 최근 이산화탄소를 배출하지 않는 '수소환원제철'에 주목하고 있다. 수소환원제철은 말 그대로 산화철에서 산소를 떼어내는 역할을 탄소 대신 수소(H)에 맡기는 방식이다. 수소환원제철은 이산화탄소 대신 물(H_2O)을 배출한다. 포스코는 오래 전부터 준비해온 하이렉스 공법으로 수소환원제철 사업에 본격 뛰어들었다. 하이렉스 공법은, 철광석과 석탄을 뭉쳐 덩어리로 만드는 기존 방식을 따르지 않고 산화철에 붙은 산소를 제거하는 데 수소를 환원제로 사용한다.

물론 수소환원제철 방식이 기존 철강 생산 프로세스를 단박에 바꿀 수는 없다. 다만, 탄소중립을 위해 일시적으로 감산에 돌입한 중국의 임기응변적 해결책과는 분명히 다르다. 수소환원제철은 포스코를 비롯한 유럽의 철강사들에게 탄소중립이 위기가 아니라 기회로 받아들이는 촉매제가 될 수도 있는 것이다. 증권가에서 포스코가 탄소중립 혹은 수소경제 관련주로 재평가를 받는 것도 같은 이유다.

국내 구리 제조 1위 회사가 친환경 최선호주가 된 이유

한편, 비철금속도 철강만큼 탄소중립 이슈가 중요하다. 다만 비철금속은 친환경 산업에 중요한 소재로 활용되는 광물이 존재한다는 점에서 철강과는 출발점이 다르다. 철강은 탄소중립을 위해 생산량을 줄이거나 생산 공법 자체를 바꿔야 하지만, 구리와 니켈 같은 비철금속은 오히려 친환경 산업에 쓰임새가 많아 탄소중립에 역행하지 않는다. 특히 구리는 현존하는 비철금속 중에서 전도성과 연성이 가장 뛰어난 광물로 꼽힌다. 기존 주 동력원인 화석연료를 전기가 대체함에 따라 친환경 산업 전반에 걸쳐 송전에 필요한 구리 수요가 크게 증가하는 것도 이 때문이다.

실제로 친환경 산업을 이끄는 3대 분야인 태양광과 풍력, 전기차에서 구리는 없어서는 안 될 핵심 소재 가운데 하나다. 태양광 패널의 경우 전류의 생성을 위한 실리콘 전지, 인버터 내부 배선 및 전기 저장을 위한 축전지에 구리가 사용된다. 해상풍력의 경우 연안에서 육지까지 해저 케이블을 통해 송전을 해야 하는데, 여기에 사용되는 케이블의 소재로 전도성 높은 구리만한 게 없다. 전기차에서도 구리는 빼놓을 수 없는 소재다. 모터, 배터리 팩, 내부 배선 등 전기차량 전반에 사용되는 구리의 양이 화석연료차 대비 4배가량 많다. 전기차 시장이 성장할수록 구리 수요도 덩달아 커질 수밖에 없는 것이다.

국내에서 구리 생산 1위 회사는 풍산이다. 증권가에서는 풍산의 매출이 2019년 이후 4년 사이에 무려 50% 넘게 오른다고 전망했는데, 이는 전기차 시장의 성장과 무관하지 않다. 투자적 관점에서 풍산을 원자재(비철금속)나 방산주로만 한정해 볼 게 아니라 전기차를 비롯한 친환경 이슈가 터져 나올 때마다 주목해야 하는 이유다.

포스코
KP

매출액	57조7,928억 원
영업이익	2조4,030억 원
순이익	1조7,882억 원

10.1%	국민연금
9.7%	CITIBANK N.A
56.8%	포스코강판
59.7%	포스코케미칼
65.3%	포스코ICT
62.9%	포스코인터내셔날
52.8%	포스코건설
48.8%	포스코엠텍
89.0%	포스코에너지
49.0%	에스엠엔씨
70.0%	피엔알
7.5%	엔투비
100%	포스코알텍

▶ 경영 실적 추이 및 전망

▶ 주가 추이 및 전망

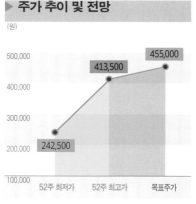

▶ 투자포인트

- 세계 1위 철강사로 포항과 광양에 각각 일관제철소가 있으며, 열연, 냉연, 후판, 선재, 스테인리스 등을 생산. 사업부문별 매출 비중은 철강 49%, 무역 36%, E&C 9%, 기타 5%로 구성.
- 동사는 2차전지 소재 및 수소에너지 관련 사업을 강화할 계획 → 탄소중립을 위한 수소환원제철 등의 프로젝트가 정상궤도에 오를 경우 주가 상승 모멘텀으로 작용.
- 글로벌 경기회복과 중국의 철강 감산으로 철강 가격은 철광석 가격 급락에도 불구하고 높은 수준 유지 → ASP(평균판매단가) 상승이 동사의 이익에 매우 중요.
- 중국의 부동산 규제, 부채 축소, 전력난 등에 따른 철강 수요 둔화 가능성 예의주시 → 동사의 주가 하락 요인으로, (1) 중국의 부진한 철강 감산 노력, (2) 원자재 가격 추가 급등, (3) 탄소 배출 부담 등이 꼽힘.

▶ 영업활동 현금흐름 추이 및 전망

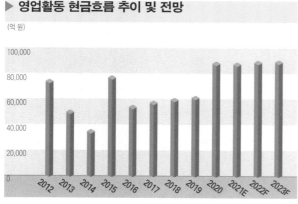

▶ CAPEX 추이 및 전망

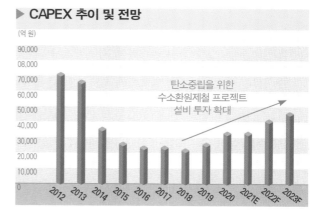

▶ 잉여 현금흐름 추이 및 전망

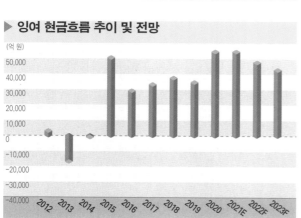

▶ 순차입금 추이 및 전망

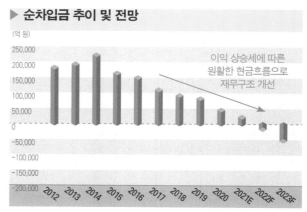

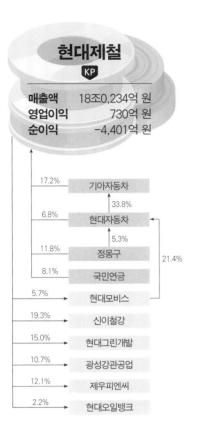

현대제철 KP

매출액	18조0,234억 원
영업이익	730억 원
순이익	-4,401억 원

- 17.2% → 기아자동차
- 33.8% → 현대자동차
- 6.8% → 현대자동차
- 5.3% → 정몽구
- 11.8% → 정몽구
- 21.4%
- 8.1% → 국민연금
- 5.7% → 현대모비스
- 19.3% → 신이철강
- 15.0% → 현대그린개발
- 10.7% → 광성강관공업
- 12.1% → 제우피엔씨
- 2.2% → 현대오일뱅크

▶ 경영 실적 추이 및 전망

(억 원) ■ 매출(좌) ■ 영업이익(좌) ○ 영업이익률(우) (%)

- 2021E: 22조9,302 / 2조1,616 / 9.43
- 2022F: 24조2,751 / 2조0,727 / 8.54

▶ 주가 추이 및 전망

(원)

- 52주 최저가: 36,800
- 52주 최고가: 63,000
- 목표주가: 68,000

▶ 투자포인트

- 현대자동차그룹 계열의 철강 생산·판매 업체로, 주요 생산 제품은 냉연, 열연, 후판, 철근, 형강류, 강관, 봉강류 등.
- 2021년에 전년 대비 영업이익이 크게 개선되면서 증권가에서는 동사의 EBITDA가 3.5조 원을 넘어설 것으로 전망 → 큰 폭의 기업가치 상승으로 주가에 긍정적인 영향 미칠 것으로 기대.
- 이익 급증으로 잉여 현금흐름이 원활해지면서 재무구조가 개선되어 차입금 부담이 크게 줄어들 것으로 예상됨.
- 중국 철강 가격 조정에도 불구하고 국내 철강 가격은 계속해서 상승하고 있고, 특히 철광석 가격 하락에도 철강 가격이 떨어지지 않아 최근 스프레드가 개선되는 점 등 대외적 호재로 동사의 2022년 실적도 급격한 하향조정 없을 것으로 전망.

▶ 영업활동 현금흐름 추이 및 전망

(억 원)

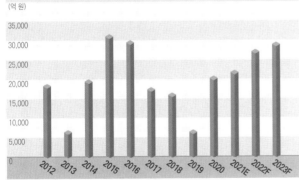

2012 2013 2014 2015 2016 2017 2018 2019 2020 2021E 2022F 2023F

▶ CAPEX 추이 및 전망

(억 원)

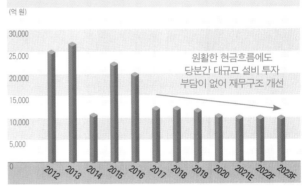

원활한 현금흐름에도 당분간 대규모 설비 투자 부담이 없어 재무구조 개선

2012 2013 2014 2015 2016 2017 2018 2019 2020 2021E 2022F 2023F

▶ 영업이익 추이 및 전망

(억 원)

급격한 하향조정 없음

- 2019: 3,313
- 2020: 730
- 2021E: 2조1,616 (2,861%)
- 2022F: 2조0,727
- 2023F: 1조9,284

▶ 당기순이익 추이 및 전망

(억 원)

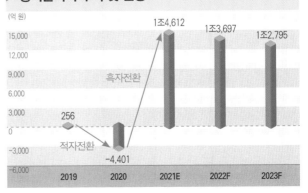

- 2019: 256
- 2020: -4,401 (적자전환)
- 2021E: 1조4,612 (흑자전환)
- 2022F: 1조3,697
- 2023F: 1조2,795

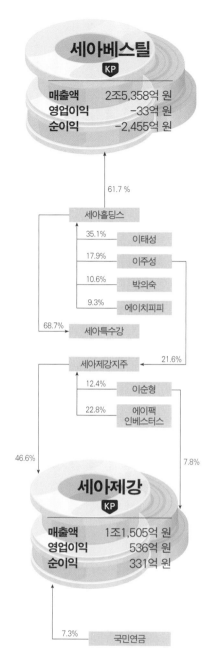

세아베스틸
KP

매출액	2조5,358억 원
영업이익	-33억 원
순이익	-2,455억 원

61.7 %

세아홀딩스

35.1% 이태성
17.9% 이주성
10.6% 박의숙
9.3% 에이치피피

68.7% 세아특수강

세아제강지주 21.6%

12.4% 이순형
22.8% 에이팩인베스터스

46.6%

세아제강
KP

매출액	1조1,505억 원
영업이익	536억 원
순이익	331억 원

7.3% 국민연금

7.8%

▶ 경영 실적 추이 및 전망

(억 원) ■ 매출(좌) ■ 영업이익(좌) ○ 영업이익률(우) (%)

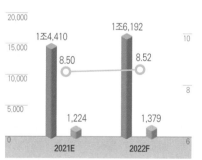

- 3조6,786 (2021E)
- 7.70
- 2,832
- 3조8,168 (2022F)
- 6.90
- 2,633

▶ 주가 추이 및 전망

(원)

- 10,300 (52주 최저가)
- 36,450 (52주 최고가)
- 35,000 (목표주가)

▶ 투자포인트

- 동사는 탄소합금 특수강을 주력 사업으로 영위하며, 종속회사 세아특수강을 통해 스테인리스 특수강 사업 영위.
- 자동차, 건설장비 등 전방 산업 수요 증가로 2021년에 실적 반등 예상 → 판가 인상 및 가동률 상승에 따른 고정비 감소 효과로 영업이익 급증.
- 종속회사인 세아특수강의 경우, 니켈 등 원부재료 가격 상승에 따른 판가 인상 및 원가 절감 영향으로 세아그룹 편입 후 최고 실적 기록 예상.
- 대외적으로 특수강 공급 부족은 당분간 지속될 전망 → 중국의 수출 제한 정책 강화로 주요 경쟁자인 중국산 제품의 가격경쟁력 약화가 지속될 가능성이 높기 때문인 바, 중장기적으로 국내 시장에서 중국산 비중 축소에 따른 반사 수혜 기대.
- 2020년 최악의 상황을 맞이했던 동사는 2020년 4분기 당시 대규모 Big Bath* 단행 성공으로 경영위기 극복 및 2021년 실적 반등.

* Big Bath : 부실자산을 한 회계연도에 모두 반영하여 위험요인을 일시에 제거하는 회계기법.

▶ 경영 실적 추이 및 전망

(억 원) ■ 매출(좌) ■ 영업이익(좌) ○ 영업이익률(우) (%)

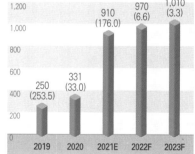

- 1조4,410 (2021E)
- 8.50
- 1,224
- 1조6,192 (2022F)
- 8.52
- 1,379

▶ 당기순이익 추이 및 전망

(억 원) ( ) 안은 전년 대비 증가율(%)

- 250 (253.5) 2019
- 331 (33.0) 2020
- 910 (176.0) 2021E
- 970 (6.6) 2022F
- 1,010 (3.3) 2023F

▶ 주가 추이 및 전망

(원)

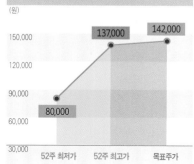

- 80,000 (52주 최저가)
- 137,000 (52주 최고가)
- 142,000 (목표주가)

▶ 투자포인트

- 배관용, 유정용, 구조용 등에 사용되는 강관 제품을 생산·판매. 특히 미국향 수출 실적이 동사의 주가 상승 모멘텀.
- 최근 미국의 대규모 인프라 투자 계획을 감안하건대, 에너지용 강관 시장 호조가 2021년에 이어 2022년에도 이어질 가능성이 높음.
- 원재료 가격 상승분 반영을 위한 구조관 및 배관재와 같은 내수 강관 제품의 가격 인상과 견조한 수요로 스프레드 확대 예상.
- 미국 열연 가격이 2021년 3월부터 사상 최고치를 계속해서 경신함에 따라 동사의 미국향 에너지용 강관 수출 호실적 예상.
- 신성장 사업부문(해상풍력 하부구조물 및 LNG 터미널향)에서 신규 프로젝트 발주가 지연됨에 따라 수주 공백기가 예상되는 점은 체크포인트.

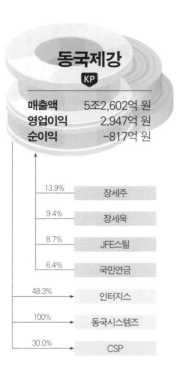

동국제강
KP

매출액	5조2,602억 원
영업이익	2,947억 원
순이익	−817억 원

- 13.9% 장세주
- 9.4% 장세욱
- 8.7% JFE스틸
- 6.4% 국민연금
- 48.3% 인터지스
- 100% 동국시스템즈
- 30.0% CSP

▶ 경영 실적 추이 및 전망

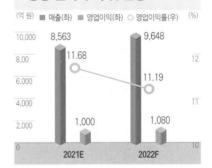

(억 원) ■ 매출(좌) ■ 영업이익(좌) ○ 영업이익률(우) (%)

- 2021E: 6조9,943, 10.51, 7,353
- 2022F: 7조5,045, 8.89, 6,674

▶ 주가 추이 및 전망

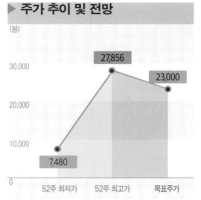

(원)

- 52주 최저가: 7,480
- 52주 최고가: 27,856
- 목표주가: 23,000

▶ 투자포인트

- 철강/냉연강판 제조·판매 업체로서, 주력 제품은 철근, 후판, 형강 등 → 2009년 국내 최초로 초고장력(700MPa급) 철근이 KS인증 획득.
- 동사의 주력 제품인 철근의 경우, 국내 건설 관련 수요 호조에 따라 판매량 증가와 스프레드 확대 진행.
- H형강은 수출가격이 빠르게 상승하면서 수익성 개선 → 냉연(도금, 컬러) 제품은 수출 판매 규모가 내수보다 큰 품목으로, 수출가격이 상승할수록 동사의 이익 개선에 크게 기여.
- 2005년 국내 최초로 브라질 제철 사업 진출 → 지분법 적용 자회사인 브라질 CSP는 슬라브 가격 상승과 판매량 증가로 영업이익이 2021년 1, 2분기 연속 사상 최대치 경신 → 브라질 헤알화의 급락만 없다면 2022년에 CSP에서 지분법 이익 기대.

한국철강
KP

매출액	6,334억 원
영업이익	351억 원
순이익	− 85억 원

- 40.8% KISCO홀딩스
- 34.9% 장세홍
- 10.8% 신금순
- 7.8% 국민연금
- 대흥산업 88.7%
- 환영철강공업 83.5%
- 76.8% 서륭

▶ 경영 실적 추이 및 전망

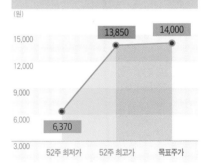

(억 원) ■ 매출(좌) ■ 영업이익(좌) ○ 영업이익률(우) (%)

- 2021E: 8,563, 11.68, 1,000
- 2022F: 9,648, 11.19, 1,080

▶ 주가 추이 및 전망

(원)

- 52주 최저가: 6,370
- 52주 최고가: 13,850
- 목표주가: 14,000

▶ 투자포인트

- 120톤 전기로 및 압연설비를 통해 철근을 생산해 건설사와 유통상, 조달청 등에 판매하는 단일 사업부문 영위 → 2020년 하반기에 단조사업 중단으로 비용 절감 효과 확대.
- 2022년까지 국내 건설 및 부동산 시장 호조로 철근 내수가 양호할 것으로 예상되는 가운데 중국의 수출증치세 환급 폐지로 중국산 수입 물량이 감소하면서 동사의 수익성 개선이 지속될 전망.
- 업계에서는 2022년 국내 철근 수요를 전년 대비 7% 이상 증가한 1,100만 톤으로 전망 → 국내 철강사 합산 철근 생산능력이 1,140만 톤 수준이어서 철근 수급은 상당히 타이트함 → 역사적으로 국내 철근 수요가 1,100만 톤을 상회할 경우 동사와 같은 철근을 주력으로 하는 업체에 대단히 유리.
- 2021년 2분기 기준 순현금 3,550억 원 보유 → 동사의 경영진에서 주주환원이나 성장사업 투자 등 해당 자금의 적극적인 활용 방안을 시장에 제시한다면 주가 상승 모멘텀으로 작용할 수 있음.

고려아연
KP

매출액	7조5,819억 원
영업이익	8,974억 원
순이익	5,748억 원

8.8% — 국민연금
49.9% — 서린상사
6.0% — 인터플렉스
19.0% — 코리아니켈 — 13.0%
35.0% — 젬코 — 15.0%
코리아써네트 — 40.2%
영풍전자 — 100%
테라닉스 — 41.6%
35.8% — 시그네틱스

27.4%

영풍
KP

매출액	3조1,834억 원
영업이익	467억 원
순이익	854억 원

16.8% — 장세준
11.6% — 장세환
9.1% — 씨케이(유)
15.5% — 영풍개발
34.0% — 영풍문고홀딩스
100% — 영풍문고

▶ 경영 실적 추이 및 전망

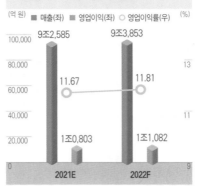

(억 원) ■ 매출(좌) ■ 영업이익(좌) ○ 영업이익률(우) (%)

2021E: 9조2,585 / 11.67 / 1조0,803
2022F: 9조3,853 / 11.81 / 1조1,082

▶ 주가 추이 및 전망

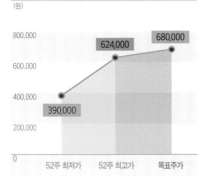

(원)

52주 최저가: 390,000
52주 최고가: 624,000
목표주가: 680,000

▶ 투자포인트

- 영풍그룹 계열의 종합비철금속 제련업체로, 주력 사업으로 아연, 연 등의 금속제련 사업과 상사업 영위.
- 제련수수료(TC, treatment charge) 수입 감소가 예상되는 가운데, 경기회복에 대한 기대와 인플레이션, 달러 가치 약세의 환경에서 금속 가격은 강세를 보일 전망.
- 풍부한 현금자산(2021년 1분기 별도기준 2조 원)을 바탕으로 전구체(2차전지 소재부문) 사업 진출에 대한 언론 보도 이후 동사 주가가 한때 2주 동안 25% 상승 → 신사업에 대한 기대감이 주가 상승 모멘텀으로 작용.
- LG화학과의 JV(합작법인)를 통해 양극재용 전구체 사업에 본격 진출 → 현재 2차전지용 동박 공장(2022년 10월 준공, 연산 1만3,000톤)을 건설 중이며, 향후 폐건전지 재활용 시장에도 진출 계획.

▶ 경영 실적 추이 및 전망

(십억 원) ■ 매출(좌) ■ 영업이익(좌) ○ 영업이익률(우) (%)

2021E: 3조5,336 / 2.15 / 762
2022F: 3조8,837 / 2.68 / 1,040

▶ 주가 추이 및 전망

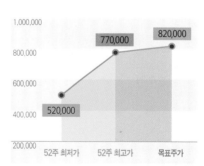

(원)

52주 최저가: 520,000
52주 최고가: 770,000
목표주가: 820,000

▶ 투자포인트

- 동사는 종합비철금속 제련회사로서, 자회사를 통해 인쇄회로기판, 반도체 패키지 등의 사업까지 영위 → 2021년 말 기준 총 14개의 연결대상 종속회사 보유.
- 연결기준 주요 사업부문별 매출 비중은 제련 43%, 전자부품 64%, 반도체 7% 등.
- 고려아연의 경우 LG화학과의 2차전지 소재사업 MOU 체결로 주가가 크게 오르면서 동사의 고려아연 지분가치(지분율 27.5%)도 큰 폭으로 상승.
- 고려아연의 실적 호조로 동사의 지분법이익이 전년 대비 급증 예상 → 동사 순이익의 대부분을 차지하는 지분법이익이 10년 만에 2,000억 원을 초과할 전망.
- 아연 벤치마크 제련수수료 하락에도 불구하고 아연가격 상승에 힘입어 2021년 별도기준 EBITDA가 1,000억 원 수준으로 회복 기대.
- 고려아연의 높은 주가 상승률에 비해 동사의 주가 저평가 주목.

풍산
KP

매출액	2조5,936억 원
영업이익	1,212억 원
순이익	719억 원

38.0% 풍산홀딩스
36.6% 류진
10.0% 국민연금

▶ 경영 실적 추이 및 전망

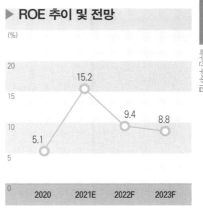

(억 원) ■ 매출(좌) ■ 영업이익(좌) ○ 영업이익률(우) (%)

3조4,946 8.56 3조6,271 6.35 2,991 2,302

2021E 2022F

▶ ROE 추이 및 전망

(%)

5.1 15.2 9.4 8.8

2020 2021E 2022F 2023F

▶ 주가 추이 및 전망

(원)

49,950 53,000 26,750

52주 최저가 52주 최고가 목표주가

▶ 투자포인트

- 2008년 지주회사인 풍산홀딩스와 사업회사인 풍산, 풍산특수금속으로 분할되었고, 동사는 현재 신동과 방산 사업 영위.
- 구리 가격이 경기회복 및 재정정책 확대, 달러 가치 약세 등으로 인해 상승세 지속 → 단기적으로 달러화 강세와 인플레이션 기대 둔화가 구리 가격 반등을 제한할 가능성 있음.
- 동사의 실적에 큰 영향을 끼치는 전기동 가격은 지난 2021년 5월경 톤당 1만 달러를 돌파할 정도로 상승세 → 다른 비철금속에 비해 전기동 가격 상승 폭이 큰 이유는, 각종 전장부품, 전력 인프라 투자 등에서 전기동 수요가 급증하고 있기 때문. 다만, 2021년 가격 상승 폭이 워낙 컸기 때문에 2022년에는 가격 상승세 둔화, 재고평가손익 감소가 실적에 일부 반영될 것으로 예상.

▶ 신동 판매량 추이 및 전망

(천 톤)

176 191 199

2020 2021E 2022F

▶ LME 전기동 평균가 추이 및 전망

(달러/톤)

6,030 9,132 9,474

2020 2021E 2022F

▶ 당기순이익 추이 및 전망

(억 원)

176 719 2,122 1,561
308% 195%

2019 2020 2021E 2022F

▶ 영업활동 현금흐름 추이 및 전망

(억 원)

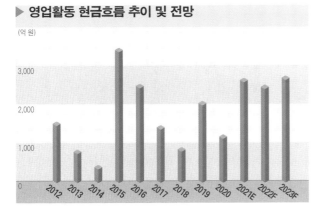

2012 2013 2014 2015 2016 2017 2018 2019 2020 2021E 2022F 2023F

▶ CAPEX 추이 및 전망

(억 원)

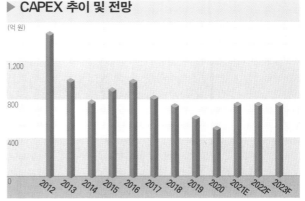

2012 2013 2014 2015 2016 2017 2018 2019 2020 2021E 2022F 2023F

293

29 기계, 중장비

경기회복에 실적과 주가 상승이 예상되는 기계 업종 최선호주

▶ **국내 기계 산업별 대장주 매출 반등 전망**   ■ 2020 ■ 2022F

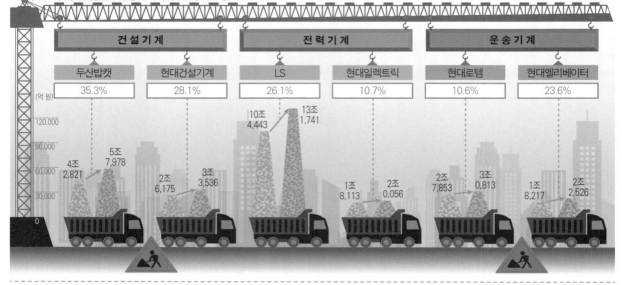

건설 기계		전력 기계		운송 기계	
두산밥캣	현대건설기계	LS	현대일렉트릭	현대로템	현대엘리베이터
35.3%	28.1%	26.1%	10.7%	10.6%	23.6%

(억 원)

- 두산밥캣: 4조 2,821 → 5조 7,978
- 현대건설기계: 2조 6,175 → 3조 3,536
- LS: 10조 4,443 → 13조 1,741
- 현대일렉트릭: 1조 8,113 → 2조 0,056
- 현대로템: 2조 7,853 → 3조 0,813
- 현대엘리베이터: 1조 8,217 → 2조 2,526

▶ **아파트 분양/입주 물량 추이 및 전망**

(천 세대)   ■ 분양 물량 ■ 입주 물량

	2018	2019	2020	2021E	2022F	2023F
분양 물량	297	335	359	466	489	477
입주 물량	463	418	360	283	276	264

▶ **엘리베이터 설치대수 추이 및 전망**

(천 대)

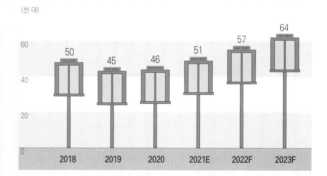

2018	2019	2020	2021E	2022F	2023F
50	45	46	51	57	64

▶ **송전선로 설치 추이 및 전망**

(C-Km)

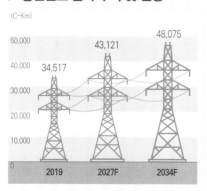

2019	2027F	2034F
34,517	43,121	48,075

▶ **변전소 설치 추이 및 전망**

(개)

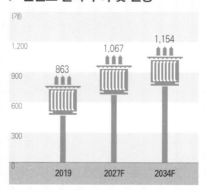

2019	2027F	2034F
863	1,067	1,154

▶ **변전 설비 용량 추이 및 전망**

(MVA)

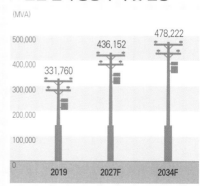

2019	2027F	2034F
331,760	436,152	478,222

- 한전은 전력 수급 기본 계획의 일환으로 전력 수급 전망과 송전/변전 설비 확충을 위해 2년마다 향후 15년간 필요한 송전/변전 설비 계획을 수립·발표. → 해당 계획의 수립 규모에 따라 전력기계 회사들의 수주 물량 좌우.
- 한전의 제9차 송전/변전 설비 계획의 최선선호주로 전력기계 대장주인 LS, LS ELECTRIC, 현대일렉트릭 주목.

글로벌 기계 업황을 가늠하는 2大 이슈
〔1〕미국 경기부양책 'American Jobs Plan', 〔2〕중국 굴삭기 시장

▶ **2022년 바이든정부의 2.2조 달러 재정 집행 핵심 : '주거'와 '운송'**

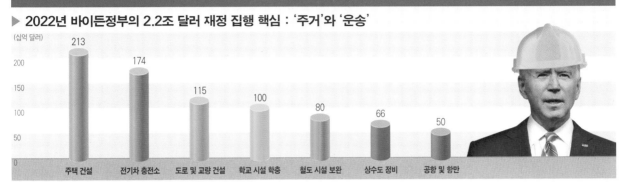

(십억 달러)

주택 건설	전기차 충전소	도로 및 교량 건설	학교 시설 확충	철도 시설 보완	상수도 정비	공항 및 항만
213	174	115	100	80	66	50

▶ **미국 주택 착공 추이 및 전망**

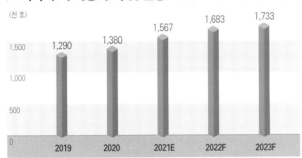

(천 호)

2019	2020	2021E	2022F	2023F
1,290	1,380	1,567	1,683	1,733

▶ **미국 소형 건설기계 판매량, 단독주택 착공 추이 및 전망**

(천 대) / (천 호)
- 소형 건설기계 판매량(좌)
- 단독주택 착공량(우)

2011, 2013, 2015, 2017, 2019, 2011F, 2023F

▶ **미국 굴삭기 판매량 추이 및 전망**

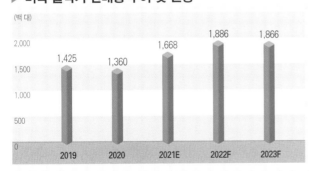

(백 대)

2019	2020	2021E	2022F	2023F
1,425	1,360	1,668	1,886	1,866

▶ **두산밥캣 미국향 매출 추이 및 전망**

(백만 달러)

2019	2020	2021E	2022F	2023F
2,880	2,664	3,418	3,831	4,038

▶ **중국 굴삭기 판매량 추이 및 전망**

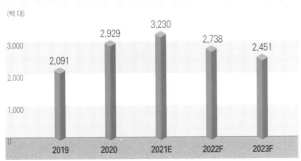

(백 대)

2019	2020	2021E	2022F	2023F
2,091	2,929	3,230	2,738	2,451

▶ **두산인프라코어, 현대건설기계 중국향 굴삭기 판매량 추이 및 전망**
■ 두산인프라코어 ■ 현대건설기계

(백 대)

	2019	2020	2021E	2022F	2023F
두산인프라코어	153	187	216	191	178
현대건설기계	74	78	97	88	83

해외 건설 인프라와
국내 아파트 착공 물량이 중요하다

고정자산 투자 규모가 늘어날수록 기계 업계에 호재

기계 업계가 반등할 채비를 갖췄다. 건설기계를 필두로 전력기계와 운송기계 업종의 턴어라운드가 시작됐다. 밸류에이션 매력은 건설기계가 가장 높다.

기계 업황에 투자하기 위해서는 우선 선행지표인 고정자산 투자 규모를 살펴봐야 한다. 고정자산은 기업 등이 장기적으로 보유하는 자산으로, 대차대조표일 기준 1년 이내에 현금으로 환급하거나 판매 및 소비할 수 없는 자산을 가리킨다. 기계는 대표적인 유형 고정자산 가운데 하나다. 글로벌 고정자산 투자 증가율은 코로나19 백신 접종이 시작된 2021년 1분기에 4.8%로, 전 분기인 2020년 4분기의 1.3%에서 가파르게 상승했다. 동행 지표인 일본 공작기계 수주액은 그보다 조금 더 앞서 2020년 11월부터 반등하기 시작했다(+7.0% YoY). 백신 개발과 접종이 신속하게 이뤄지면서 미국과 유럽, 중국 등 선진국을 중심으로 '확장적 재정' 정책을 내놓았고, 그 영향으로 글로벌 고정자산 투자 규모가 크게 늘어난 것이다. 고정자산 투자 규모 증가는 기계 업계에 직접적인 호재로 작용한다.

건설 인프라에 막대한 재정을 집행하는 미국 정부

고정자산 투자를 확인했다면 이어서 미국의 경기부양 상황을 주시해야 한다. 미국은 전 세계에서 고정자산 투자 규모가 가장 큰 나라다. 미국의 소득과 소비는 코로나19 이전에 비해 줄어들지 않았다. 바이든정부는 2020년 출범하자마자 3.4조 달러 규모의 경기부양 정책을 신속하게 집행했고, 이로 인해 같은 해 하반기부터 내구재 수요가 회복하기 시작했다. 이어 2021년에는 위축된 고정자산 투자를 끌어올렸

다. 사회적 거리두기로 급증한 하위 계층의 실업률을 줄여야 했기 때문이다. 바이든정부는 실업수당 수급 기간 종료를 앞두고 신규 일자리 창출을 위해 다시 한 번 막대한 재정을 마련했다. 2.2조 달러 규모의 'American Jobs Plan'이다. 'American Jobs Plan'의 핵심은 주거와 운송 설비 투자로 모아진다. 하위 계층의 일자리 창출에 가장 효과가 큰 분야는 단연 '건설 인프라'다.

미국의 확대 재정 효과는 곧바로 나타났다. 2021년 미국의 단독주택 착공량은 전년 대비 18% 가까이 증가했고, 그 영향으로 소형 건설기계 판매량이 22%를 웃돌았다. 미국의 굴삭기 판매량도 2020년 13만 6,000대에서 2021년 16만 6,800대, 2022년에는 18만 8,600대까지 늘어날 것으로 업계는 예상하고 있다. 미국 건설 인프라 부양책은 국내 건설기계 업종에 직접적인 호재로 작용하고 있다. 두산밥캣의 미국향 매출이 2020년 26억6,400만 달러에서 2021년 34억 달러 이상으로 가파르게 상승했다.

중국은 건설기계 경기 둔화, 인도는 뒤늦은 반등

기계 업황에서 미국 못지않게 중요한 지역이 중국과 신흥국이다. 중국과 신흥국 역시 개발 인프라 규모가 대단히 크기 때문이다. 중국의 경우 전 세계에서 가장 앞서 경기부양에 들어갔기 때문에 2022년 이후에는 고정자산 투자가 한풀 꺾일 것으로 예상된다. 실제로 중국의 건설기계 판매량은 2021년 3분기에 전년 대비 6.9% 줄어들었다. 4분기에는 무려 25% 넘게 급감했다.

중국의 건설기계 시장은 2016년부터 2018년에 걸쳐 진행된 '일대일로', 이어 2019년과 2020년에 저렴

한 금리에 기반한 민간 건설 수요 증가로 눈부신 성장을 거두었다. 2022년부터는 중국의 유동성 회수에 따른 부동산 시장 위축 및 2020년 홍수 복구 수요에 따른 높은 기저 영향으로 건설기계를 중심으로 조정국면에 들어갈 가능성이 높다. 중국향 매출 비중이 큰 두산인프라코어와 현대건설기계에게는 걱정스런 소식이 아닐 수 없다.

인도와 인도네시아 등 신흥국들은 2018년 이후 미·중 무역전쟁 여파로 고장자산 투자에 어려움을 겪어왔다. 환율 하락 영향이 가장 컸다. 신흥국은 외화 차입을 통해 인프라 투자 재원을 확보한다. 그런데 환율 시황이 불안해져 외화 차입금의 이자 부담이 커지자 신규 차입 지연으로 제때 투자 재원을 확보하지 못하게 된 것이다. 가장 타격이 큰 나라는 인도다. 인도는 2020년에 고정자산 투자 규모가 전년 대비 9.0%p 줄어들었고, 그 영향으로 건설기계 판매량이 같은 기간 20.1% 감소했다.

다행히 2021년 초 백신 접종이 시작되면서 인도를 비롯한 신흥국의 통화지수는 안정세를 회복했다. 인도의 고정자산 투자 증가율은 반등했고, 2021년 1분기 건설기계 판매량도 전분기 대비 60% 넘게 올랐다. 원자재 가격 상승도 신흥국 투자를 증가시키는 긍정요인으로 꼽힌다. 주요 원자재 수출국인 신흥국은 원자재 가격 상승시 수출액이 증가함에 따라 고정자산 투자 재원 확보에 유리해진다. 이에 따라 두산인프라코어와 현대건설기계의 합산 신흥국 건설기계 매출액은 2021년 3분기 들어 전년 대비 30% 넘게 상승하면서 반등하기 시작했다. 같은 기간 인도의 건설기계 판매량도 5,732대(+135.3% QoQ)로 크게 올랐다.

기계 업종 섹터별 최선호주 확인에 나서야 할 때

국내 상황은 어떨까? 국내에서는 아파트 분양 시장이 기계 산업에 가장 큰 영향을 미친다고 해도 지나치지 않다. 적게는 수십 동에서 많게는 백여 동의 신도시급으로 이뤄지는 거대한 아파트 분양 시장은 건설기계 뿐 아니라 전력기계 및 엘리베이터 등 운송기계에도 엄청난 파급효과를 가져온다. 국내 아파트 분양 물량은 2018년 29만7,000세대, 2019년 33만5,000세대, 2020년 35만9,000세대에 이어 2021년에는 46만 세대로 코로나19에도 아랑곳하지 않고 급증했다. 이는 정부가 부동산 실정(失政)을 공급 물량 확대로 만회하려는 데 따른 것이다.

증권가에서는 기계 산업의 투자 섹터를 크게 건설기계와 전력기계, 운송기계, 공작기계로 나눈다(다만, 공작기계는 해당 기업의 수주 및 실적 규모가 상대적으로 취약하고 글로벌 경쟁력도 떨어지는 편이라 업계지도에서는 다루지 않기로 한다). 각 섹터별 최선호주로는, 두산밥캣과 현대건설기계(이상 건설기계), LS와 LSELECTRIC, 현대일렉트릭(이상 전력기계), 현대엘리베이터(이상 운송기계) 등이 꼽힌다.

그 중에서도 특히 현대건설기계는 인도를 포함한 신흥국에서의 해외 사업 비중이 절반에 이른다. 특히 인도에서의 고정자산 투자 확대에 따른 수혜가 예상된다. 두산밥캣은 미국 주택 시장 호황으로 2022년에도 소형 건설기계 판매가 계속해서 상승할 것으로 전망된다. 전력기계 최선호주 LS는 글로벌 전력 수요 회복 및 고부가가치 품목(초고압, 해저케이블) 영업 확대, 그리고 북미지역 5G 인프라 투자 규모 증가 등에 힘입어 지속적인 실적 개선이 이뤄질 전망이다. 현대일렉트릭은 2021년부터 고부가가치 중심의 선별 수주 덕분에 수익성이 크게 향상될 것으로 예상된다. 이로 인해 주가도 당연히 견고한 흐름을 이어가겠다. 엘리베이터 대장주 현대엘리베이터도 눈여겨볼 만하다. 2022년 이후 아파트 착공 물량 증가 및 안전관리법 강화에 따른 노후 승강기 교체 수요 상승 등 호재가 적지 않은 만큼 실적 반등이 예상되기 때문이다. 승강기 해외 매출이 2019년 1,230억 원에서 2023년 4,660억 원으로 급증한 것도 눈여겨볼 대목이다. 국내 증시에서 수출 실적 개선은 주가를 올리는 가장 좋은 모멘텀이기 때문이다.

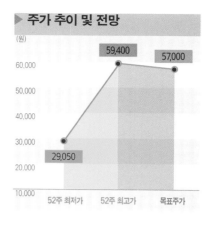

두산밥캣
KP

매출액	4조2,821억 원
영업이익	3,939억 원
순이익	2,475억 원

51.0%
두산인프라코어
29.4%
두산중공업
47.8%
(주)두산
61.5%
오리콤

30.3%
두산퓨어셀

두산밥캣의 CT(컴팩트 트랙터)

▶ 경영 실적 추이 및 전망

(억 원) ■ 매출(좌) ■ 영업이익(좌) ○ 영업이익률(우) (%)

- 5조2,258 (2021E), 11.29, 5,902
- 5조7,978 (2022F), 10.80, 6,261

▶ 주가 추이 및 전망

(원)

52주 최저가	52주 최고가	목표주가
29,050	59,400	57,000

▶ 투자포인트

- 북미 매출 비중이 70%에 이르는 소형 건설기계 전문 제조업체로, 미국 단독주택 착공 증가에 따른 소형 건설기계 수요 급증으로 최근 3개 분기 연속 매출액 증가.
- 소형 건설기계의 재고 감소, 수요 증가로 인해 공급자 우위 시장으로 전환 → 원재료, 물류비 상승분을 모두 판가 인상으로 전가 → 영업이익률 상승 예상.
- (주)두산으로부터 산업차량 사업부문 인수로 성장 모멘텀이 본격적으로 부각될 전망 → (주)두산의 산업차량 사업부문은 지게차와 물류장비 등을 주력 생산하며, 국내 시장점유율 1위 영위 → 물류, 유통, 하역 사업뿐만 아니라 조선, 철강, 자동차, 화학 등 산업 전반에서의 수요가 매우 넓음. 다만, 높은 국내 시장점유율에 비해 글로벌 시장점유율은 2% 안팎에 그침 → 두산밥캣의 해외 영업망을 통해 글로벌 사업 확장 기대 → 주가 상승 모멘텀으로 작용.

▶ 지역별 매출 비중

- 아시아/중남미/호주 7
- EMEA* 21
- 북미 72

단위: %

*EMEA: 유럽, 중동, 아프리카

▶ 미국 CT 시장 규모 추이 및 전망

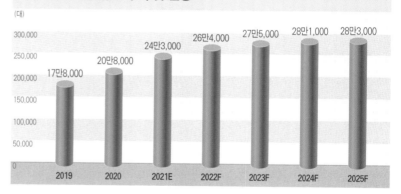

(대)

2019	2020	2021E	2022F	2023F	2024F	2025F
17만8,000	20만8,000	24만3,000	26만4,000	27만5,000	28만1,000	28만3,000

▶ 소형 건설기계 글로벌 PEER 대비 PER 비교

(배)

두산밥캣	디어	구보다	다케우치	글로벌 평균
11.7	17.0	15.5	10.7	13.7

▶ 두산밥캣, 미국 CT 판매량 추이 및 전망

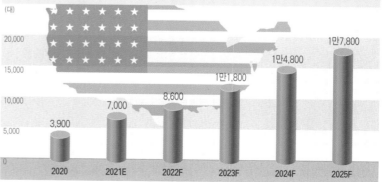

(대)

2020	2021E	2022F	2023F	2024F	2025F
3,900	7,000	8,600	1만1,800	1만4,800	1만7,800

현대건설기계

KP

매출액	2조6,175억 원
영업이익	916억 원
순이익	85억 원

지분구조

33.1%	현대중공업지주
26.6%	정몽준
5.3%	국민연금
5.0%	BlackRock Fund Advisors
30.9%	한국조선해양
74.1%	현대오일뱅크
37.2%	현대일렉트릭
62.0%	현대글로벌서비스
100%	현대제뉴인

▶ 경영 실적 추이 및 전망

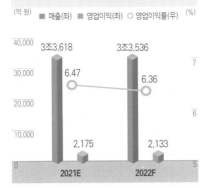

(억 원) ■ 매출(좌) ■ 영업이익(좌) ○ 영업이익률(우) (%)

- 2021E: 3조3,618 / 2,175 / 6.47
- 2022F: 3조3,536 / 2,133 / 6.36

▶ 주가 추이 및 전망

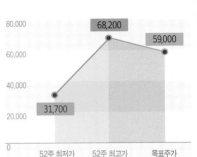

(원)

- 52주 최저가: 31,700
- 52주 최고가: 68,200
- 목표주가: 59,000

▶ 투자포인트

- 1987년 현대중공업 건설장비 사업본부로 시작하여 2017년 4월 분할신설된 건설기계 전문업체.
- 2021년 실적 반등 이후 2022년에도 호실적 이어갈 것으로 예상 → 호실적의 주된 요인으로는, 판가 인상 및 선진/신흥(중국 제외) 시장 판매 호조. 특히 미국과 인도의 고정자산 투자 증가.
- 비용 상승 요인인 후판 가격 인상(+74.3%)에도 양호한 실적을 이어가는 이유는, 비용 증가분 이상으로 판가를 인상함 → 2021년 2분기 판가 인상에 따른 영업이익 개선 효과는 180억 원으로 물류비 증가와 후판 가격 상승 효과 118억 원을 상회함.
- 매출 비중의 3분의 1을 차지하는 중국향 실적 둔화는 걸림돌 → 중국 정부의 부동산 규제 및 일부 인프라 공사 이연 등이 이어지고 있는 점에 유의.

▶ 사업부문별 매출 비중

단위: %
- 굴삭기 76
- 지게차 15
- A/S 및 부품 9

▶ 지역별 매출 비중

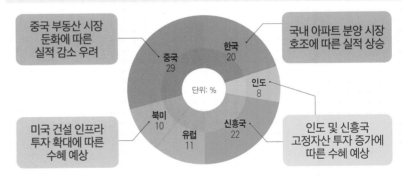

단위: %
- 중국 29 — 중국 부동산 시장 둔화에 따른 실적 감소 우려
- 한국 20 — 국내 아파트 분양 시장 호조에 따른 실적 상승
- 인도 8 / 신흥국 22 — 인도 및 신흥국 고정자산 투자 증가에 따른 수혜 예상
- 유럽 11
- 북미 10 — 미국 건설 인프라 투자 확대에 따른 수혜 예상

▶ 중국 시장 매출 추이 및 전망

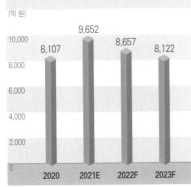

(억 원)
- 2020: 8,107
- 2021E: 9,652
- 2022F: 8,657
- 2023F: 8,122

▶ 북미 시장 매출 추이 및 전망

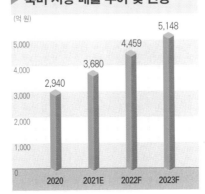

(억 원)
- 2020: 2,940
- 2021E: 3,680
- 2022F: 4,459
- 2023F: 5,148

▶ 인도 시장 매출 추이 및 전망

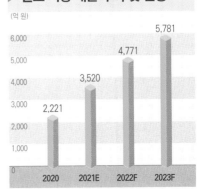

(억 원)
- 2020: 2,221
- 2021E: 3,520
- 2022F: 4,771
- 2023F: 5,781

현대엘리베이터
KP

매출액	1조8,212억 원
영업이익	1,500억 원
순이익	979억 원

- 현대네트워크 10.6% (91.3%)
- 현정은 7.8%
- 김문희 5.3%
- 국민연금 9.3%
- Schindler Holding AG 15.5%

- 현대아산 73.9%
- 현대경제연구원 72.7%
- 현대무벡스 36.8%
- 현대엘앤알 97.1%
- 현대지비에프엠에스 58.5%

▶ 경영 실적 추이 및 전망

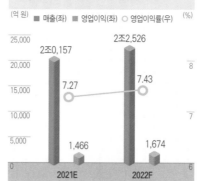

(억 원) ■ 매출(좌) ■ 영업이익(좌) ○ 영업이익률(우) (%)

- 2021E: 2조0,157, 7.27, 1,466
- 2022F: 2조2,526, 7.43, 1,674

▶ 주가 추이 및 전망

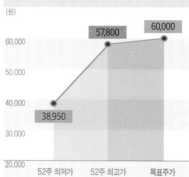

(원)
- 52주 최저가: 38,950
- 52주 최고가: 57,800
- 목표주가: 60,000

▶ 투자포인트

- 동사는 국내 엘리베이터 시장점유율 1위(40.2%) 회사로, 사업부문별 매출 비중은 승강기 판매(67%), 승강기 A/S 및 리모델링(12%), 기타 레저 관광 및 서비스(20%) 등으로 구성.
- 자회사로 현대아산(개성공단 및 금강산 관광사업)을 보유하고 있어 남북경협 관련 기업으로도 인지도가 높음.
- 동사의 매출 상승은 국내 주택 착공 증가에 대한 이연 효과가 반영된 영향.
- 2021년 영업이익이 전년 대비 소폭 감소한 이유는, 급등한 원자재 부담 때문.
- 승강기안전관리법 시행 이후 노후 승강기에 대한 리모델링, 부품 교체 급증에 따른 설치/보수 매출 꾸준히 증가.
- 승강기 수출 실적이 2019년 1,230억 원에서 2023년 4,660억 원으로 급증 예상 → 동사의 주가 상승 모멘텀으로 작용.

▶ 엘리베이터 해외 제조·판매 매출 추이 및 전망

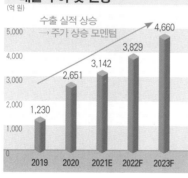

(억 원) 수출 실적 상승 → 주가 상승 모멘텀
- 2019: 1,230
- 2020: 2,651
- 2021E: 3,142
- 2022F: 3,829
- 2023F: 4,660

▶ 글로벌 엘리베이터 PEER 대비 PER 비교

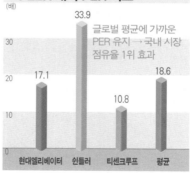

(배) 글로벌 평균에 가까운 PER 유지 → 국내 시장 점유율 1위 효과
- 현대엘리베이터: 17.1
- 쉰들러: 33.9
- 티센크루프: 10.8
- 평균: 18.6

▶ 국내 엘리베이터 시장점유율

단위: %
- 오티스 엘리베이터코리아 + 티케이 엘리베이터코리아 59.8%
- 현대 엘리베이터 40.2

▶ 국내 아파트/빌딩 엘리베이터 보유대수 추이 및 전망

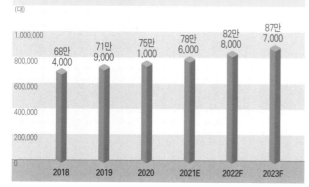

(대)
- 2018: 68만 4,000
- 2019: 71만 9,000
- 2020: 75만 1,000
- 2021E: 78만 6,000
- 2022F: 82만 8,000
- 2023F: 87만 7,000

▶ 현대엘리베이터 설치/보수 매출액 추이 및 전망

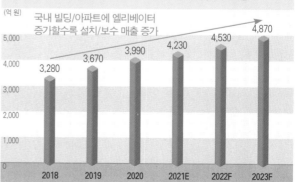

(억 원) 국내 빌딩/아파트에 엘리베이터 증가할수록 설치/보수 매출 증가
- 2018: 3,280
- 2019: 3,670
- 2020: 3,990
- 2021E: 4,230
- 2022F: 4,530
- 2023F: 4,870

LS ELECTRIC
KP

매출액 2조4,027억 원
영업이익 1,337억 원
순이익 855억 원

46.0% (주)LS
↑ 32.2%
구자열 및 관계인
11.5% 국민연금

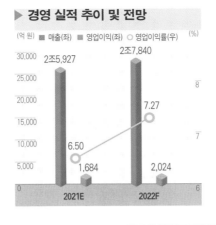

▶ 경영 실적 추이 및 전망

(억 원) ■ 매출(좌) ■ 영업이익(좌) ○ 영업이익률(우) (%)

2조5,927 / 6.50 / 1,684 — 2021E
2조7,840 / 7.27 / 2,024 — 2022F

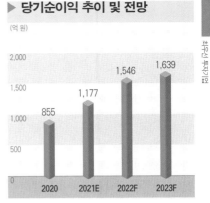

▶ 당기순이익 추이 및 전망

(억 원)

855 (2020) / 1,177 (2021E) / 1,546 (2022F) / 1,639 (2023F)

▶ 주가 추이 및 전망

(억 원)

51,700 (52주 최저가) / 79,100 (52주 최고가) / 81,000 (목표주가)

▶ 투자포인트

- 전력기기와 시스템(인프라) 및 자동화기기, 그린 에너지 사업 영위.
- 전력기기 사업의 경우, 글로벌 경기회복세에 힘입어 매출이 증가하고 있지만, 원-달러 환율 강세와 원자재 가격 상승으로 마진 하락.
- 전력 인프라 사업의 경우, 다수의 프로젝트 수주계약으로 1조 원 규모의 수주잔고 확보 → 2022년부터 매출 인식 예상.
- 자동화기기 사업은 전력에 비해 매출 비중은 작지만, 최근 물류 투자 및 식음료 포장 등에 대한 수요가 증가하면서 동사의 성장 모멘텀 역할 담당.
- 그린 에너지 사업의 경우, 국내 ESS(에너지저장장치) 시장 침체로 스마트그리드 매출 감소 폭이 크지만, 태양광 부문에서 매출 인식 본격화 시작 → 새만금 등 대규모 프로젝트 신규 수주가 더해지면서 성장세 지속 전망.

현대일렉트릭
KP

매출액 1조8,113억 원
영업이익 727억 원
순이익 -402억 원

37.2% 현대중공업지주
↑ 26.6%
정몽준
5.0% 국민연금

▶ 경영 실적 추이 및 전망

(억 원) ■ 매출(좌) ■ 영업이익(좌) ○ 영업이익률(우) (%)

1조8,531 / 5.37 / 995 — 2021E
2조0,056 / 6.30 / 1,254 — 2022F

▶ 당기순이익 추이 및 전망

(억 원)

-402 (2020) / 663 (흑자전환) (2021E) / 852 (2022F) / 936 (2023F)

▶ 주가 추이 및 전망

(원)

15,350 (52주 최저가) / 28,600 (52주 최고가) / 31,000 (목표주가)

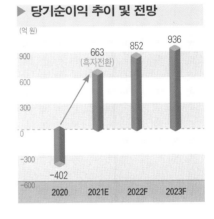

▶ 투자포인트

- 2017년에 현대중공업으로부터 인적분할 후 전기전자기기 및 에너지솔루션 전문 기업으로 독립 출범.
- 주력 사업으로는, 발전 → 송전 → 배전 → 소비(부하)에 이르는 전력 공급 과정 전 단계에 필요한 다양한 전기전자기기 및 에너지 솔루션 제작ㆍ공급.
- 동사가 제작ㆍ공급하는 제품들은 전력변압기와 고압차단기 등 전력기기와 배전반, 중저압차단기 등 배전기기 및 전동기를 포함한 회전기기로 구분됨.
- 동사는 2021년 선별 수주에 따른 수익성 정상화 덕분에 견고한 주가 흐름 실현.
- 2020년 순이익에서 미국 반덤핑 관세 관련 충당금 설정으로 적자를 기록했지만, 2021년 곧바로 흑자전환 → 동사의 견실한 사업 펀더멘털 방증.
- 에너지 가격 상승으로 동사의 주력 시장인 중동 지역의 투자 재개 기대 → 동사의 주가 상승 모멘텀 역할.

유통, 생활

📈 언택트 확산 → 오프라인 소매 400조 원 시장 → 사상 최대 규모 📉

▶ 오프라인 소매 시장 규모 추이 및 전망
■ 기업형 소매유통(대형마트+백화점+편의점+면세점)

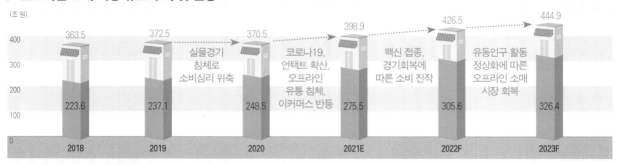

(조 원)

	2018	2019	2020	2021E	2022F	2023F
전체	363.5	372.5	370.5	398.9	426.5	444.9
기업형	223.6	237.1	248.5	275.5	305.6	326.4

- 실물경기 침체로 소비심리 위축
- 코로나19, 언택트 확산, 오프라인 유통 침체, 이커머스 반등
- 백신 접종, 경기회복에 따른 소비 진작
- 유동인구 활동 정상화에 따른 오프라인 소매 시장 회복

▶ 소매 유통 업종별 성장률
■ 2020 ■ 2021E ■ 2022F

(%, yoy)

	백화점	대형마트	면세점	슈퍼마켓	편의점	온라인
2020	-9.9	4.2	-37.6	5.2	3.2	24.2
2021E	19.5	4.8	10.6	-0.8	6.7	16.4
2022F	10.6	2.7	38.8	0.8	8.1	14.2

- **면세점** : 해외 관광 활성화에 따른 내국인과 외국인 고객 수 증가로 업황 회복.
- **백화점** : 자산+금융 소득 증가에 따른 고소비 진작 효과 수혜.
- **편의점** : 유동인구 증가에 따른 오프라인 매장 영업 활성화.
- **대형마트** : 1인가구 증가 등 '규모의 경제' 위축에 따라 성장률 저조.

📈 백화점/면세점 : 자산 및 금융 소득 증가 및 해외여행 개화로 고성장 📉

▶ 백화점 시장 규모 추이 및 전망

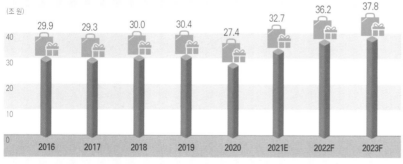

(조 원)

2016	2017	2018	2019	2020	2021E	2022F	2023F
29.9	29.3	30.0	30.4	27.4	32.7	36.2	37.8

▶ 백화점 시장점유율

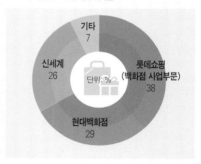

단위: %

- 기타 7
- 신세계 26
- 롯데쇼핑(백화점 사업부문) 38
- 현대백화점 29

▶ 면세점 시장 규모 추이 및 전망

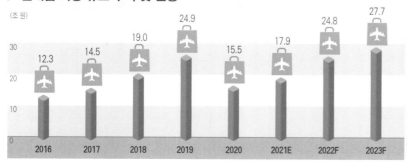

(조 원)

2016	2017	2018	2019	2020	2021E	2022F	2023F
12.3	14.5	19.0	24.9	15.5	17.9	24.8	27.7

▶ 면세점 시장점유율

단위: %

- 현대백화점(면세점 사업부문) 13
- 신세계(면세점 사업부문) 18
- 호텔롯데(면세점 사업부문) 39
- 호텔신라(면세점 사업부문) 30

📈 편의점 : 유동인구 회복, 주택가 침투율 상승, 판매품목 다변화 📉

▶ 편의점 시장 규모 추이 및 전망

(조 원)

2016	2017	2018	2019	2020	2021E	2022F	2023F
19.5	22.2	24.4	25.7	26.5	28.3	30.3	31.3

▶ 편의점 상품별 매출 비중

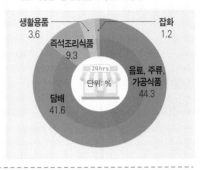

단위: %

- 생활용품 3.6
- 즉석조리식품 9.3
- 담배 41.6
- 잡화 1.2
- 음료, 주류, 가공식품 44.3

▶ 편의점 '빅 2' 시장점유율 추이

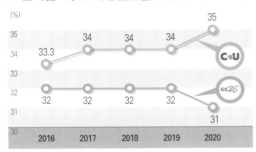

(%)

CU: 33.3 (2016) / 34 (2017) / 34 (2018) / 34 (2019) / 35 (2020)
GS25: 32 (2016) / 32 (2017) / 32 (2018) / 32 (2019) / 31 (2020)

▶ 편의점 '빅 2' 점포 수 추이

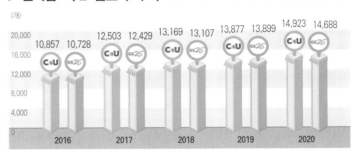

(개)

연도	CU	GS25
2016	10,857	10,728
2017	12,503	12,429
2018	13,169	13,107
2019	13,877	13,899
2020	14,923	14,688

📈 대형마트 : 이커머스와 PB상품, 대형 창고형 매장 중심 사업 전환 주목 📉

▶ 대형마트 시장 규모 추이 및 전망

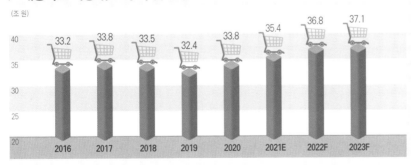

(조 원)

2016	2017	2018	2019	2020	2021E	2022F	2023F
33.2	33.8	33.5	32.4	33.8	35.4	36.8	37.1

▶ 대형마트 시장점유율

단위: %

- 롯데마트 21
- 홈플러스 36
- 이마트 43

▶ 대형마트 '빅 3' 점포 수 추이

■ 이마트 ■ 홈플러스 ■ 롯데마트

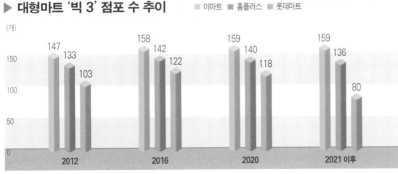

(개)

연도	이마트	홈플러스	롯데마트
2012	147	133	103
2016	158	142	122
2020	159	140	118
2021 이후	159	136	80

▶ 이마트 사업부문별 매출 비중

■ 기타 ■ 신세계푸드 ■ SSG.COM ■ 대형마트

부문	2019	2020	2021.2Q
기타	8.5	1.7	9.2
신세계푸드	5.5	7.2	6.7
SSG.COM		7.6	7.1
대형마트	86.0	83.5	77.0

*기타 : 신세계아이앤씨+이마트에브리데이

305

대형마트와 편의점의 변신을
주목해야 하는 이유

회복국면에서 성장국면으로

오프라인 소매유통은 크게 대형마트와 백화점, 면세점, 편의점으로 구분된다. 4개의 섹터는 롯데쇼핑과 이마트, 신세계, 현대백화점, BGF리테일과 GS리테일 등 코스피에 상장된 대기업들이 시장을 장악하고 있기 때문에 증권사마다 꾸준히 리포트를 발표하는 업종이다.

코로나19로 위기의 시간을 보냈던 오프라인 소매유통 업황이 2021년 4분기를 기점으로 회복국면에 진입했다. 코로나19 진정세가 예상되는 2022년에는 회복세에 그치지 않고 성장국면에 돌입할 전망이다. 증권가에서 특히 주목하는 섹터는 면세점과 백화점, 편의점 순이다. 대형마트는 1인가구 증가 등 소비 패턴 및 라이프스타일 변화로 소매유통 성장국면의 호재를 온전히 누리기가 쉽지 않아 보인다.

1년 사이에 10조 원이 증발한 시장

오프라인 소매유통 가운데 최근 증권가에서 가장 주목도가 큰 업종은 단연 면세점이다. 면세점은 소매유통 성장세의 최고 수혜 유통 업종으로 꼽힌다. 국내 면세점 시장은 2016년 12조 원대에서 4년 만인 2019년에 25조 원에 가까운 규모로 급성장했다. 그 사이에 사드 배치로 인한 중국의 한한령(限韓令) 등 제법 큰 위기가 있었음에도 불구하고 면세점 시장의 성장세는 꺾이지 않았다.

국내 유통 재벌들은 면세점 사업 확장에 엄청난 돈을 쏟아 부었다. 증권가에서는 면세점 대장주들의 목표주가를 끌어올리는 데 주저하지 않았다. 하지만 거기까지였다. 코로나19가 팬데믹을 일으켜 전 세계 하늘길을 막을 거라곤 누구도 상상하지 못했다. 2020년

국내 면세점 시장은 15조 원 규모로 쪼그라들었다. 1년 사이에 10조 원이 증발해 버린 것이다.

전 국민 백신 2차 접종이 70%를 넘어선 2021년 9월에 국내 면세점 업황은 팬데믹이 터진 2020년 2월 이후 처음으로 반등했다. 당시 국내 면세점 월 합산 매출액은 1조7,657억 원으로 직전 달 1조5,260억 원 대비 15.71% 증가한 것이다. 2020년 2월 이후 거의 20개월 만에 1조7,000억 원을 웃돈 것이다. 업계에서는 국내 면세점 시장이 2021년 18조 원 가까이 회복한 뒤 2022년에 24조 원대를 상회하면서 코로나19가 확산되기 전인 2019년 규모에 이를 것으로 전망하고 있다.

증권가에서 주목하는 면세점 최선호주들

증권가에서는 업황 호조에 맞춰 면세점 종목에 대한 매수 기회를 적극적으로 가져갈 것을 추천하고 있다. 국내 면세점 시장은 호텔롯데가 39%의 점유율로 1위에 올라있고, 그 뒤를 호텔신라(30%)와 신세계(18%), 현대백화점(13%)이 따르고 있다. 호텔롯데가 비상장사이기 때문에 호텔신라와 신세계, 현대백화점이 면세점 대장주에 해당한다.

증권가에서는 면세점 업계 2위인 호텔신라보다는 신세계와 현대백화점을 최선호주로 꼽는다. 업계 3위 신세계는 국내 공항 내에서 영업면적이 가장 넓은 사업장을 운영함에 따라 해외여행 수요 회복에 따른 프리미엄 가치가 클 것으로 예상된다. 2021년 7월에 시내 면세점인 강남점을 철수해 영업손실을 줄이고 공항점으로 영업력을 집중시킨 전략도 탁월했다.

업계 4위 현대백화점은 경쟁업체 대비 공격적인 출점 경영 효과를 톡톡히 누릴 것으로 예상된다. 현

대백화점은 코로나19가 막 창궐하던 2020년 2월에 서울 동대문점을 오픈한 데 이어 같은 해 9월에는 인천공항점을 오픈해 업계를 의아하게 했다. 하지만 결과적으로 현대백화점의 사업 전략은 틀리지 않게 될 공산이 크다. 현대백화점은 코로나19 진정국면 이후 면세점 사업에서 경쟁사 대비 가장 돋보이는 상승세를 보일 전망이다.

오프라인 소매유통의 투자가치는 아직 유효하다

증권가에서 오프라인 소매유통 업종을 바라보는 시선은 그다지 긍정적이지 않다. 2021년 4분기 기준 국내 오프라인 소매유통 업종의 12개월 forward PBR(주당순자산비율)은 0.8배 미만이다. 같은 기간 코스피 전체 PBR 1.2배에 비해 저평가되어 거래된다(PBR은 주가가 한 주당 몇 배로 매매되고 있는지를 통해 주식 가치를 평가하는 지표다).

한때 높은 성장세를 이어가던 오프라인 소매유통 업종은 2010년대 이후 이커머스의 시장침투율이 거세지면서 장기 침체에 빠지고 말았다. 증시에서 방어주로 통하던 소매유통 종목의 주가도 옛말이 되었다. 오프라인 소매유통은 소비심리와 경기체감지수 등 대외적 환경에 취약한 탓에 스스로 성장 여력을 갖추기가 어려운 업종이다. 증시에서 투자 매력이 떨어질 수밖에 없는 것이다. 자주 비교되는 이커머스에 비하면 더욱 그렇다.

하지만 증권가에서는 오프라인 소매유통 업종을 사양산업의 카테고리에 넣기가 아직 이르다고 진단한다. 성장 모멘텀이 남아있다는 얘기다. 그 가운데 하나가 오프라인 매장 인프라를 통한 물류 시장 진출이다. 업계에서는 특히 '라스트마일 딜리버리'가 오프라인 소매유통의 밸류에이션을 끌어올리는 아이템으로 보고 있다. 라스트마일 딜리버리(last mile delivery)는 물류가 소비자의 삶 속으로 자연스럽게 스며드는 '생활밀착형 배송 시스템'을 핵심 가치로 삼는다. 생활밀착형 배송을 위해서는 무엇보다 소비자가 어떤 위치에서도 물건을 편리하게 수령할 수 있는 접근성이 중요하다. 이커머스는 도심에서 멀리 떨어진 물류센터가 중심이 되기 때문에 배송 지연 및 사고가 적지 않게 발생한다. 소비자가 상품을 주문하면 15분~1시간 만에 상품을 '즉시배송'하는 이른바 '퀵커머스 서비스'에 취약할 수밖에 없다.

오프라인 소매유통에서 이뤄지는 물류 서비스의 강점은 전국 곳곳에 위치한 오프라인 매장을 물류센터로 활용할 수 있다는 것이다. 실제로 이마트의 경우 대형마트 매장을 PP(picking & packing)센터로 전환해 활용하고 있는데, 이마트의 이커머스 브랜드인 SSG.COM 전체 배송의 절반 이상이 PP센터를 통해 이뤄진다. 이마트는 2021년에 PP센터 개수를 115개까지 확대할 계획이다. 특히 PP센터는 갈수록 커지는 신선식품 시장에서 활용 폭이 크다. 따로 냉동·냉장 시설에 투자 비용을 늘리지 않고 기존 오프라인 매장의 신선 창고를 활용할 수 있어 재고 및 유지 관리 비용이 크게 절감된다.

편의점 업계의 물류 사업 확장도 주목을 끈다. GS리테일은 자체 배달 플랫폼 '우리동네 딜리버리'를 론칭하고 배달원 6만여 명을 모집했다. 전국에 위치한 14,000여 개의 편의점(GS25)을 기반으로 라스트마일 딜리버리 비즈니스 모델에 뛰어든 것이다. BGF리테일 역시 전국 14,000여 개의 편의점(CU)을 통해 세탁 및 의류 보관 등 생활밀착형 물류 서비스를 운영하고 있다.

오프라인 소매유통의 물류 서비스 사업 모델이 가시적인 이익 실현을 거두려면 시간이 좀 더 필요하다. 다만 이마트와 BGF리테일, GS리테일 등 오프라인 소매유통 상장사들의 기업가치를 끌어올리는 성장 아이템으로 작용하기에는 충분하다. 이는 곧 주가 상승 모멘텀이 될 수 있음을 의미한다. 투자적 관점에서 오프라인 소매유통 상장사의 물류 사업, 특히 라스트마일 딜리버리 모델을 눈여겨봐야 하는 이유가 여기에 있다.

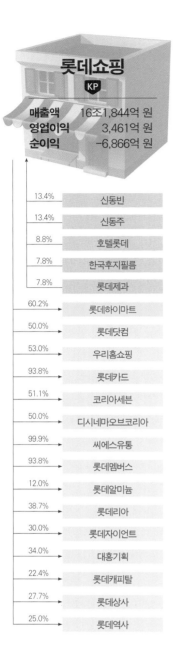

롯데쇼핑 KP

매출액	16조1,844억 원
영업이익	3,461억 원
순이익	-6,866억 원

13.4%	신동빈
13.4%	신동주
8.8%	호텔롯데
7.8%	한국후지필름
7.8%	롯데제과
60.2%	롯데하이마트
50.0%	롯데닷컴
53.0%	우리홈쇼핑
93.8%	롯데카드
51.1%	코리아세븐
50.0%	디시네마오브코리아
99.9%	씨에스유통
93.8%	롯데멤버스
12.0%	롯데알미늄
38.7%	롯데리아
30.0%	롯데자이언트
34.0%	대홍기획
22.4%	롯데캐피탈
27.7%	롯데상사
25.0%	롯데역사

▶ 경영 실적 추이 및 전망

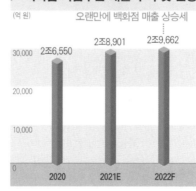

(억 원) ■ 매출(좌) ■ 영업이익(좌) ○ 영업이익률(우) (%)

- 2021E: 15조8,256 / 영업이익 3,745 / 영업이익률 2.37
- 2022F: 16조2,132 / 영업이익 5,884 / 영업이익률 3.63

▶ 주가 추이 및 전망

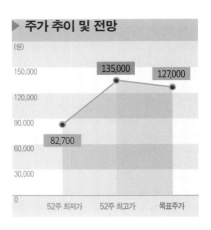

(원)
- 52주 최저가: 82,700
- 52주 최고가: 135,000
- 목표주가: 127,000

▶ 투자포인트

- 오프라인 유통 채널의 강자인 동사의 주가 상승 모멘텀으로는 이커머스 사업이 중요하게 작용 → 2020년 4월 온라인 통합 채널인 '롯데ON' 출범 → 롯데ON의 MAU는 2021년 8월 기준 170만 명으로 연초 대비 약 21% 증가.
- 할인점 점포를 온라인 주문 처리를 위한 매장으로 전환시키는 등 기존 오프라인 점포의 활용도를 온라인 사업에 맞춤.
- 2022년에는 백화점과 영화관 실적이 동사 전사 실적 성장을 이끌 것으로 예상되며, 구조조정 노력으로 인한 매출총이익률 상승과 판관비 절감 효과 기대.
- 동사는 최근 조창걸 한샘 명예회장의 한샘 지분 27.7%(652 만주)를 인수하는 SPC에 2,595억 원을 출자 → 전략적 투자자로 참여한 만큼 향후 동사의 사업과 가구 사업의 시너지 효과 예상.

▶ 백화점 사업부문 매출 추이 및 전망

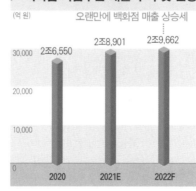

(억 원) 오랜만에 백화점 매출 상승세
- 2020: 2조6,550
- 2021E: 2조8,901
- 2022F: 2조9,662

▶ 대형마트 사업부문 매출 추이 및 전망

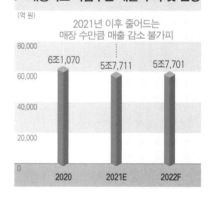

(억 원) 2021년 이후 줄어드는 매장 수만큼 매출 감소 불가피
- 2020: 6조1,070
- 2021E: 5조7,711
- 2022F: 5조7,701

▶ 사업부문별 매출 비중

단위: %
- 대형마트 37
- 전자제품 전문점 (하이마트) 25
- 기타 20
- 백화점 18

* 기타 : 금융(롯데카드, 롯데멤버스), 편의점(코리아세븐), 우리홈쇼핑, 롯데시네마, 씨에스유통 등

▶ 롯데하이마트 매출 추이 및 전망

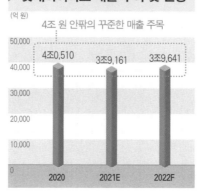

(억 원) 4조 원 안팎의 꾸준한 매출 주목
- 2020: 4조0,510
- 2021E: 3조9,161
- 2022F: 3조9,641

▶ 영업활동 현금흐름 추이 및 전망

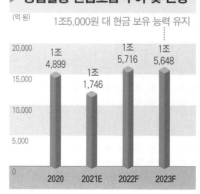

(억 원) 1조5,000원 대 현금 보유 능력 유지
- 2020: 1조4,899
- 2021E: 1조1,746
- 2022F: 1조5,716
- 2023F: 1조5,648

이마트
KP

매출액	22조0,330억 원
영업이익	2,372억 원
순이익	3,626억 원

18.5%	정용진
10.0%	이명희
9.6%	국민연금
46.8%	신세계푸드
99.9%	조선호텔앤리조트
50.0%	스타벅스코리아
42.7%	신세계건설
35.6%	신세계아이앤씨
99.2%	이마트에브리데이
100%	이마트24
5.8%	삼성생명
47.8%	신세계티비쇼핑
50.0%	SSG.COM

▶ 경영 실적 추이 및 전망

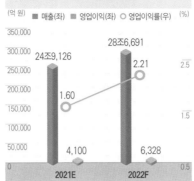

(억 원) ■ 매출(좌) ■ 영업이익(좌) ○ 영업이익률(우) (%)

- 2021E: 매출 24조9,126 / 영업이익 4,100 / 영업이익률 1.60
- 2022F: 매출 28조6,691 / 영업이익 6,328 / 영업이익률 2.21

▶ 주가 추이 및 전망

(원)
- 52주 최저가: 142,000
- 52주 최고가: 191,500
- 목표주가: 223,000

▶ 투자포인트

- 국내 대형마트 1위 사업자로, 2019년 온라인사업부를 분할해 SSG.COM 설립 → 2022년에 SSG.COM의 기업공개 계획 → SSG.COM의 가치 10조 원 이상 예상.
- 대형마트 오프라인 매장을 PP센터로 전환하여 옴니채널의 시너지 극대화.
- 비식품 카테고리 경쟁력을 강화하고 오픈마켓 진출을 위해 적극적인 인수합병(더블유컨셉, 이베이코리아 등) 단행.
- 스타벅스코리아를 연결 자회사로 편입 → 단순히 연결 편입에 따른 밸류에이션 상승 (2022년 연결기준 EPS 약 8% 증가) 이외에도 브랜드 파워를 갖춘 스타벅스를 통해 다양한 마케팅 활용이 가능해짐에 따라 시너지 창출 효과 매우 클 것으로 평가.
- 동사의 주가는 글로벌 대형마트 PEER 대비 40% 가량 할인되어 거래 → 풍부한 성장 모멘텀에 비해 저평가 국면.

▶ 이마트 별도 매출 추이 및 전망

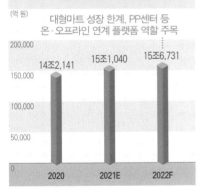

(억 원) 대형마트 성장 한계, PP센터 등 온·오프라인 연계 플랫폼 역할 주목

- 2020: 14조2,141
- 2021E: 15조1,040
- 2022F: 15조6,731

▶ SSG.COM 매출 추이 및 전망

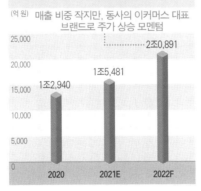

(억 원) 매출 비중 작지만, 동사의 이커머스 대표 브랜드로 주가 상승 모멘텀

- 2020: 1조2,940
- 2021E: 1조5,481
- 2022F: 2조0,891

▶ 이마트24 매출 추이 및 전망

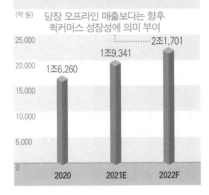

(억 원) 당장 오프라인 매출보다는 향후 퀵커머스 성장성에 의미 부여

- 2020: 1조6,260
- 2021E: 1조9,341
- 2022F: 2조1,701

▶ 이마트에브리데이 매출 추이 및 전망

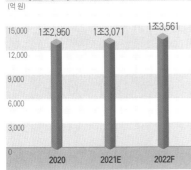

(억 원)
- 2020: 1조2,950
- 2021E: 1조3,071
- 2022F: 1조3,561

▶ 신세계푸드 매출 추이 및 전망

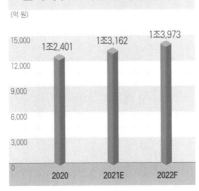

(억 원)
- 2020: 1조2,401
- 2021E: 1조3,162
- 2022F: 1조3,973

▶ 스타벅스코리아 매출 추이 및 전망

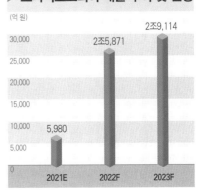

(억 원)
- 2021E: 5,980
- 2022F: 2조5,871
- 2023F: 2조9,114

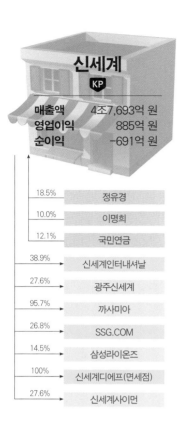

신세계 KP

매출액	4조7,693억 원
영업이익	885억 원
순이익	−691억 원

18.5%	정유경
10.0%	이명희
12.1%	국민연금
38.9%	신세계인터내셔날
27.6%	광주신세계
95.7%	까사미아
26.8%	SSG.COM
14.5%	삼성라이온즈
100%	신세계디에프(면세점)
27.6%	신세계사이먼

▶ 경영 실적 추이 및 전망

(억 원) ■ 매출(좌) ■ 영업이익(좌) ○ 영업이익률(우) (%)

- 2021E: 매출 5조7,430 / 영업이익 4,857 / 영업이익률 8.46
- 2022F: 매출 6조5,003 / 영업이익 5,630 / 영업이익률 8.66

▶ 주가 추이 및 전망

(원)

- 52주 최저가: 211,500
- 52주 최고가: 327,500
- 목표주가: 360,000

▶ 투자포인트

- 동사는 고부가가치의 명품 사업에서 경쟁력 있는 MD 영업력 보유.
- 명품의 경우, 수수료율이 다른 카테고리 대비 낮아 명품 매출이 증가할수록 백화점 사업의 수익성이 하락하는 한계가 있지만, 동사는 명품 충성 고객들로부터 창출되는 선순환 효과가 매우 높음 → 이는 오프라인 채널만의 고부가가치 사업 모델로 동사의 주가 상승 모멘텀으로 작용.
- 향후 해외여행 재개 시 공항 면세점 사업 큰 폭 반등 예상 → 동사는 공항점 내 영업면적이 가장 넓은 면세점 사업자로서의 프리미엄 가치 기대.
- 2021년 7월에 시내 면세점인 강남점 철수로 영업손실 크게 감소.
- 2022년 백화점 사업의 경우, 2021년 고성장에 따른 상대적 실적 감소 감안 → 다만, 고수익이 예상되는 패션/잡화 카테고리에서 이익 만회 기대.

▶ 신세계 별도 매출 추이 및 전망

(억 원)

백화점 명품 부문에서 경쟁력 있는 MD 영업력으로 매출 유지

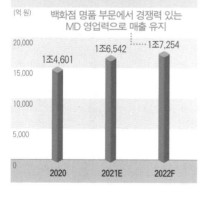

- 2020: 1조4,601
- 2021E: 1조6,542
- 2022F: 1조7,254

▶ 신세계디에프 매출 추이 및 전망

(억 원)

해외여행 재개 효과에 따른 면세점 업황 회복 예상

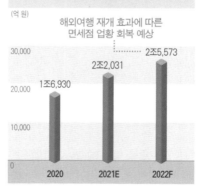

- 2020: 1조6,930
- 2021E: 2조2,031
- 2022F: 2조5,573

▶ 신세계인터내셔날 매출 추이 및 전망

(억 원)

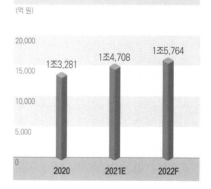

- 2020: 1조3,281
- 2021E: 1조4,708
- 2022F: 1조5,764

▶ 영업활동 현금흐름 추이 및 전망

(억 원)

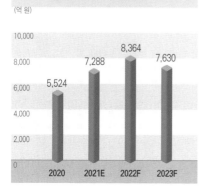

- 2020: 5,524
- 2021E: 7,288
- 2022F: 8,364
- 2023F: 7,630

▶ 당기순이익 추이 및 전망

(억 원)

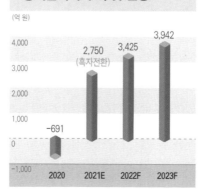

- 2020: −691
- 2021E: 2,750 (흑자전환)
- 2022F: 3,425
- 2023F: 3,942

▶ 현금DPS 추이 및 전망

(원)

유통주를 대표하는 배당주로서의 매력 주목

- 2020: 1,500
- 2021E: 1,738
- 2022F: 1,976
- 2023F: 2,097

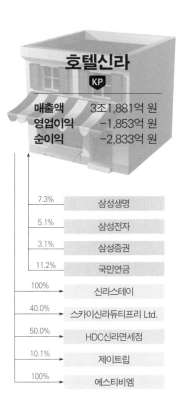

호텔신라
KP

매출액	3조1,881억 원
영업이익	−1,853억 원
순이익	−2,833억 원

7.3%	삼성생명
5.1%	삼성전자
3.1%	삼성증권
11.2%	국민연금
100%	신라스테이
40.0%	스카이신라듀티프리 Ltd.
50.0%	HDC신라면세점
10.1%	제이트립
100%	에스티비엠

▶ 경영 실적 추이 및 전망

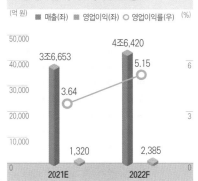

(억 원) ■ 매출(좌) ■ 영업이익(좌) ○ 영업이익률(우) (%)

- 2021E: 3조6,653 / 3.64 / 1,320
- 2022F: 4조6,420 / 5.15 / 2,385

▶ 주가 추이 및 전망

(원)

- 52주 최저가: 70,000
- 52주 최고가: 103,000
- 목표주가: 110,000

▶ 투자포인트

- 국내외 총 11개의 면세점을 보유하고 있으며, 서울호텔과 제주호텔을 비롯해 신라스테이, 중국 진지레이크 호텔, 거제삼성호텔을 임차 및 위탁 운영.
- 동사의 면세점 사업은 2022년 하반기부터 본격적으로 반등해 2023년에 코로나19 이전 수준 회복 예상.
- 동사의 주가는 2022년 이후 여행 업황 재개에 따른 여객 수요 회복 속도에 영향받을 것으로 예상.
- 투자적 관점에서 체크해야 할 점은, 한국 면세점을 찾아오는 중국 보따리상의 수요가 매우 중요한 데, 최근 중국 화장품 시장 성장률이 급격히 둔화하고 있는 추세 → 동사의 서울 시내 면세점 2021년 3분기 매출 하락 → 중국 화장품 시장 침체가 일시적인 것인지 아니면 장기적인 국면에 직면한 것인지 주의 요망.

▶ 면세점 사업부문 매출 추이 및 전망

(억 원)

- 2019: 5조2,012
- 2020: 2조8,017
- 2021E: 3조2,411
- 2022F: 4조3,336
- 2023F: 5조4,004

▶ 호텔/레저 사업부문 매출 추이 및 전망

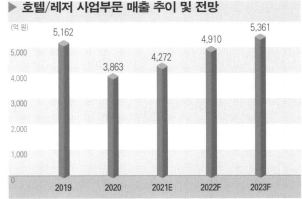

(억 원)

- 2019: 5,162
- 2020: 3,863
- 2021E: 4,272
- 2022F: 4,910
- 2023F: 5,361

▶ 영업점 현황

TR 부문			
서울점	2.1천 평	싱가포르 창아공항점	2.3천 평
제주점	2.2천 평	홍콩 쳅락콕공항점	993평
인천공항점	637평	신라아이파크점	3.5천 평
제주공항점	121평	마카오 공항점	339평
김포공항점	176평	푸켓점	2.5천 평

호텔 & 레저			
서울호텔	객실 464실 ǀ 연회장 8개, 식당 7개, 27.8천 평	여행 사업(BTM)	
		CFC	드마크(demarg)
제주호텔	객실 429실 ǀ 연회장 6개, 식당 6개, 25.7천 평	레포츠 사업	반트(VANTT), 서초레포츠센터
임차/위탁 운영	신라스테이(동탄, 역삼, 제주, 서대문, 울산, 마포, 광화문, 구로, 천안, 서초, 해운대, 삼성, 부산) 신라모노그램(다낭), 중국(소주) 진지레이크 호텔, 삼성거제호텔		

- 싱가폴 창이공항점
- 홍콩 쳅락콕공항점
- 마카오 공항면세점
- 서울신라호텔, 신라면세점, 김포공항면세점, 신라아이파크면세점
- 인천공항면세점
- 푸켓점
- 다낭 신라모노그램
- 거제삼성호텔
- 제주호텔, 제주면세점, 제주공항면세점
- 중국(소주) 진지레이크 호텔

최우선 투자기업

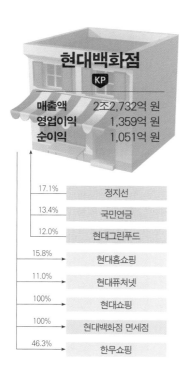

현대백화점
KP

매출액	2조2,732억 원
영업이익	1,359억 원
순이익	1,051억 원

17.1%	정지선
13.4%	국민연금
12.0%	현대그린푸드
15.8%	현대홈쇼핑
11.0%	현대퓨처넷
100%	현대쇼핑
100%	현대백화점 면세점
46.3%	한무쇼핑

▶ **경영 실적 추이 및 전망**

(억 원) ■ 매출(좌) ■ 영업이익(좌) ○ 영업이익률(우) (%)

- 2021E: 3조2,321 / 2,929 / 9.06
- 2022F: 3조5,667 / 3,777 / 10.59

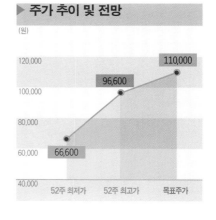

▶ **주가 추이 및 전망**

(원)

- 52주 최저가: 66,600
- 52주 최고가: 96,600
- 목표주가: 110,000

▶ **투자포인트**

- 동사는 경쟁업체 대비 고수익 카테고리인 패션, 잡화 매출 비중이 높아 이익 실현에 유리 → 2022년 이후 유동인구가 증가할 경우 백화점 및 아울렛 내에서 패션, 잡화 매출 회복.
- 면세점 사업에서 코로나19 여파에도 불구하고 경쟁업체와 달리 공격적인 출점 경영 이어감 → 2022년 이후 해외여행 재개될 경우 면세점 사업에서 가장 큰 수혜 예상→ 2020년 2월 서울 동대문에 이어 같은 해 9월 인천공항에 면세점 오픈.
- 2020년부터 오프라인 자산에 대한 공격적인 투자 단행 → 백화점 1점, 아울렛 2점, 면세점 2점 오픈 → 백화점 시장 성장성 둔화를 신규 출점을 통해 상쇄할 수 있고, '규모의 경제' 효과가 발생하여 매출총이익률 개선 기대.
- 신규 출점 장소가 향후 부동산 개발 지역과 맞물릴 경우, 부동산 자산가치 상승에 따른 반사이익 기대.

▶ **백화점 사업부문 매출 추이 및 전망**

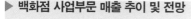

(억 원)

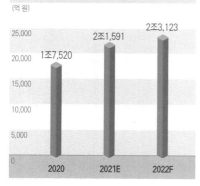

- 2020: 1조7,520
- 2021E: 2조1,591
- 2022F: 2조3,123

▶ **면세점 사업부문 매출 추이 및 전망**

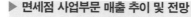

(억 원)

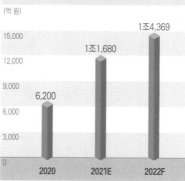

- 2020: 6,200
- 2021E: 1조1,680
- 2022F: 1조4,369

▶ **전국 영업점 운영 현황**

(점)

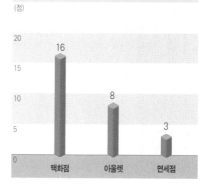

- 백화점: 16
- 아울렛: 8
- 면세점: 3

▶ **영업활동 현금흐름 추이 및 전망**

(억 원)

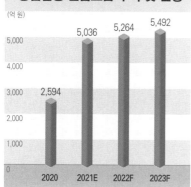

- 2020: 2,594
- 2021E: 5,036
- 2022F: 5,264
- 2023F: 5,492

▶ **당기순이익 추이 및 전망**

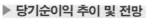

(억 원)

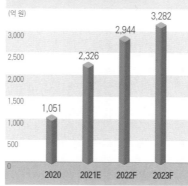

- 2020: 1,051
- 2021E: 2,326
- 2022F: 2,944
- 2023F: 3,282

▶ **현금DPS 추이 및 전망**

(원)

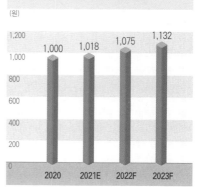

- 2020: 1,000
- 2021E: 1,018
- 2022F: 1,075
- 2023F: 1,132

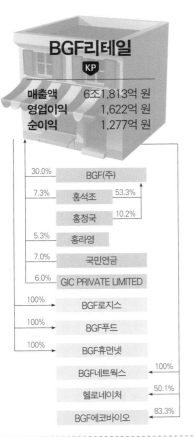

BGF리테일
KP

매출액	6조1,813억 원
영업이익	1,622억 원
순이익	1,277억 원

- 30.0% BGF(주)
- 7.3% 홍석조 53.3%
- 홍정국 10.2%
- 5.3% 홍라영
- 7.0% 국민연금
- 6.0% GIC PRIVATE LIMITED
- 100% BGF로지스
- 100% BGF푸드
- 100% BGF휴먼넷
- BGF네트웍스 100%
- 헬로네이처 50.1%
- BGF에코바이오 83.3%

▶ 경영 실적 추이 및 전망

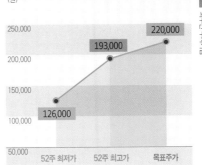

(억 원) ■ 매출(좌) ■ 영업이익(좌) ○ 영업이익률(우) (%)

- 2021E: 6조5,512 / 2.96 / 1,993
- 2022F: 7조1,423 / 3.23 / 2,324

▶ 주가 추이 및 전망

(원)

- 52주 최저가: 126,000
- 52주 최고가: 193,000
- 목표주가: 220,000

▶ 투자포인트

- 2022년 이후 유동인구 증가에 따른 고객 트래픽이 회복됨에 따라 경쟁업체 대비 편의점 사업 비중이 높은 동사의 레버리지가 클 것으로 예상.
- 수익성이 약한 담배 대신 고수익성의 음료와 주류, HMR의 매출 비중이 상승함에 따라 이익 개선 효과 예상 → 담배는 전체 점포 매출의 40%를 차지하지만, 매출 총이익률이 낮기 때문에 담배 대신 고수익성 제품 매출 비중을 늘리는 게 편의점 사업 영업이익에서 매우 중요.
- 자회사 BGF푸드의 센트럴키친을 통해 트렌드에 부합하는 제품을 빠르게 출시하는 시스템 보유.
- 국내 편의점 시장이 포화 상태에 이르러 더 이상 출점 효과를 기대하기 어렵다는 분석이 제기되지만, 오히려 동사는 특수입지(관광지, 신도시 상업지구, 대학가 등)를 중심으로 적극적인 출점을 통해 매장 경영의 경쟁력 강화.

GS리테일
KP

매출액	8조8,623억 원
영업이익	2,526억 원
순이익	1,545억 원

- 65.7% (주)GS
- 4.7% 허창수
- 5.2% 국민연금
- 100% 후레쉬서브
- 99.2% GS네트웍스
- 50.0% GS파크24
- 51.0% 후레쉬마트
- 61.6% 파르나스호텔
- 7.6% 쿠캣
- 19.5% 메쉬코리아
- 6.1% 뉴트리
- 6.8% (주)한진
- 2021.7.1 합병 GS홈쇼핑

▶ 경영 실적 추이 및 전망

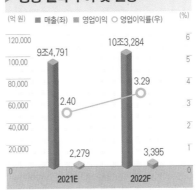

(억 원) ■ 매출(좌) ■ 영업이익 ○ 영업이익률(우) (%)

- 2021E: 9조4,791 / 2.40 / 2,279
- 2022F: 10조3,284 / 3.29 / 3,395

▶ 주가 추이 및 전망

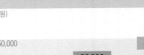

(원)

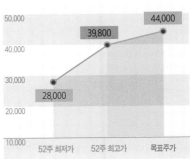

- 52주 최저가: 28,000
- 52주 최고가: 39,800
- 목표주가: 44,000

▶ 투자포인트

- GS홈쇼핑과의 합병 및 메쉬코리아 지분 이관(GS홈쇼핑이 지분 19.5% 보유)을 통해 퀵커머스를 위한 발판을 마련했고, 요기요 인수(지분 30%)를 통해 기존에 약점으로 꼽히던 플랫폼 역량까지 갖춤 → 동사는 이번 합병으로 홈쇼핑 사업에서 창출되는 연간 1,000억 원 규모의 영업현금흐름을 기반으로 디지털 사업에 재투자할 수 있는 자금 확보.
- 퀵커머스 분야에서 동사의 강점은 별도의 도심 물류센터 없이 기존의 오프라인 인프라를 활용할 수 있다는 데 있음 → 전국적으로 촘촘하게 위치한 16,000여개의 매장(편의점, 수퍼마켓, 랄라블라 등)을 기반으로 라스트 마일 딜리버리 경쟁에서 우위를 점할 것으로 평가됨.
- GS홈쇼핑 합병 이후 기업가치는 편의점 사업가치 3.9조 원에 홈쇼핑 및 기타 가치 1조 원을 합산해 4.9조 원으로 평가 → 밸류에이션 리레이팅 효과.

31 이커머스, 홈쇼핑

📈 이커머스, 유통 시장침투율 40% → 〔네이버＋이마트〕 vs. 〔쿠팡〕의 대격돌 📉

▶ 이커머스 시장 규모 및 유통 시장침투율

(조 원)
- 오프라인 소매(좌)
- 온라인 소매(좌)
- 온라인 시장침투율(우)

(%)

연도	침투율
2017	16.2
2018	18.8
2019	21.4
2020	26.7
2021E	30.8
2022F	34.7
2023F	38.3

▶ 모바일쇼핑 vs. 인터넷쇼핑 거래 규모

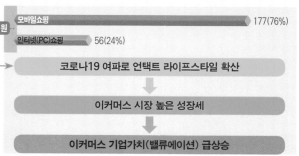

- 모바일쇼핑 177(76%)
- 인터넷(PC)쇼핑 56(24%)

233조 원

- 코로나19 여파로 언택트 라이프스타일 확산
- 이커머스 시장 높은 성장세
- 이커머스 기업가치(밸류에이션) 급상승

▶ 네이버 연합세력〔네이버＋이마트＋신세계〕의 지분 교환 VS ▶ 쿠팡의 뉴욕거래소 상장을 통한 자본 확충

emart	SHINSEGAE
이마트 지분 2.96% (자사주, 1,500억 원) ⇅ 네이버 지분 0.24% (자사주, 1,500억 원)	신세계인터 지분 6.85% (자사주, 1,000억 원) ⇅ 네이버 지분 0.24% (자사주, 1,500억 원)

NAVER

coupang

대규모 물류센터 신설, 자체 풀필먼트 시스템	일본, 대만 등 해외 이커머스 시장 진출	쿠팡플레이 론칭을 통한 OTT 시장 진출	쿠팡이츠 론칭을 통한 퀵커머스 시장 진출

▶ 주요 이커머스 플랫폼 시장점유율 추이

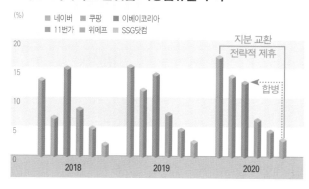

(%)
- 네이버
- 쿠팡
- 이베이코리아
- 11번가
- 위메프
- SSG닷컴

2018 / 2019 / 2020

지분 교환
전략적 제휴
합병

▶ 이커머스 취급고 순위

(조 원)

- 1위 34 네이버
- 2위 25 쿠팡
- 3위 24 SSG.COM ＋이베이코리아
- 4위 12 11번가
- 5위 8 롯데온
- 6위 8 위메프
- 7위 7 카카오
- 8위 6 티몬

- 전략적 제휴
- 뉴욕거래소 상장으로 자본 확충
- M&A
- 아마존과의 사업 제휴
- 오프라인 유통과의 시너지 효과

📈 식품 사업에서 게임의 우열이 갈린다! 📉

▶ 이커머스 카테고리별 비중

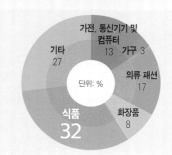

단위: %

- 가전, 통신기기 및 컴퓨터 13
- 가구 3
- 의류 패션 17
- 화장품 8
- 식품 32
- 기타 27

▶ 온라인 식품 시장 규모 및 침투율

(조 원)
- 시장 규모(좌)
- 침투율(우)

(%)

2017 / 2018 / 2019 / 2020 / 2021F

▶ 온라인 식품 부문 시장점유율

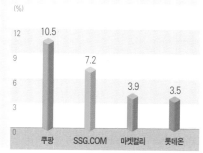

(%)

- 쿠팡 10.5
- SSG.COM 7.2
- 마켓컬리 3.9
- 롯데온 3.5

📈 홈쇼핑, 성장은 주춤한데 송출수수료 부담만 커진다! 📉

▶ 홈쇼핑 시장 규모 추이 및 전망 ( )안은 전년 대비 증감률(%)

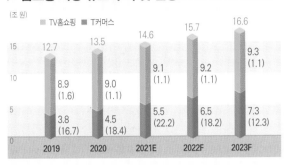

(조 원)
■ TV홈쇼핑 ■ T커머스

- 홈쇼핑 시장 전체 성장을 주도하는 것은 TV홈쇼핑이 아니라 'T커머스'.
- TV홈쇼핑 시장은 5년째 1%대 초반의 미미한 성장률.
- 홈쇼핑 업체들, 다양한 채널을 활용한 디지털 라이제이션 사업 전환에 직면.
- SO 방송 채널에서 벗어나 디지털라이제이션에 성공한 홈쇼핑 업체의 주가가 오른다!

▶ 홈쇼핑 송출수수료 부담 증가 추이 분석

(%)
■ 취급고 증감률
■ 송출수수료 증감률

방송국에 지급해야 하는 송출수수료는 매년 10% 안팎으로 오르는데, 홈쇼핑 업체의 총매출에 해당하는 취급고는 3% 이하로 증가하거나 마이너스 성장하기도 함.

송출수수료 5년 사이 5,411억 원 인상!

(조 원)
CAGR 8.5%
1조 1,309
1조 6,750

홈쇼핑 업체가 벌어들이는 매출 중 절반 이상이 송출수수료로 빠져나간다.

송출수수료 53.1
홈쇼핑 매출 대비 송출수수료 비중
(단위: %)

📈 시장점유율 1, 2위 기업이 홈쇼핑 대장주가 되기 어려운 사연 📉

▶ CJENM 사업부문별 매출 비중

미디어 50.2
커머스 39.3
콘텐츠 10.5
단위: %
CJENM의 주가는 대부분 미디어 사업이 주도

▶ 홈쇼핑 시장점유율

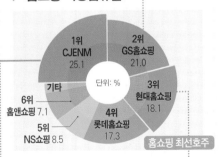

1위 CJENM 25.1
2위 GS홈쇼핑 21.0
3위 현대홈쇼핑 18.1
4위 롯데홈쇼핑 17.3
5위 NS쇼핑 8.5
6위 홈앤쇼핑 7.1
기타
단위: %
홈쇼핑 최선호주

▶ GS홈쇼핑 매출 추이

(억 원)
GS홈쇼핑은 2021년 7월에 GS리테일에 흡수합병되면서 상장 폐지

1조 2,301
1조 2,460
1조 2,762
1조 3,241
2019 2020 2021E 2022F

▶ CJENM 커머스 사업부문 매출 추이

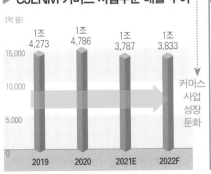

(억 원)
1조 4,273
1조 4,786
1조 3,787
1조 3,833
2019 2020 2021E 2022F
커머스 사업 성장 둔화

▶ 현대홈쇼핑 매출 추이

(억 원)
2조 0,614
2조 2,984
2조 3,151
2조 3,855
2019 2020 2021E 2022F

▶ 현대홈쇼핑 PER 추이

(%)
11.6
8.6
5.8
5.4
실적 대비 저평가 구간
2019 2020 2021E 2022F

네이버와 쿠팡의 싸움에 끼어든 이마트

이커머스라 불리는 폭주기관차

소매 유통 시장의 헤게모니는 결국 이커머스(e-commerce) 쪽으로 넘어가게 될 것이다. 코로나19가 터지기 직전인 2019년에 이커머스의 전체 소매 유통 시장침투율은 20%를 살짝 웃돌았다. 업계에서는 20% 남짓한 이커머스의 시장침투율도 꽤 위력적으로 봤다. 그런데 2020년에 팬데믹이 불거지면서 이커머스의 침투율은 1년 사이에 27% 가까이로 뛰었다. 그리고 2021년에는 30%를 넘어서더니, 2023년에 40%에 이를 전망이다. 이커머스라 불리는 전차의 폭주가 멈출 줄 모르는 것이다.

쿠팡이 외형 성장에 올인하는 이유

산업이 성장하면 거기에 속해 있는 기업들의 가치(벨류에이션)도 올라가기 마련이다. 가장 대표적인 곳이 쿠팡이다. 2021년 3월 뉴욕증권거래소에 상장한 쿠팡의 기업가치는 PSR 2.7배(2021년 기준) 수준으로 기존 유통업체들과 차별화된 평가를 받고 있다. PSR(price selling ratio, 주가매출비율)이란 주가를 주당 매출액으로 나눈 것으로, 기업의 성장성에 주안점을 두고 상대적으로 저평가된 주식을 발굴하는 데 이용하는 성장성 투자지표다. PSR이 낮을수록 저평가됐다고 본다.

쿠팡은 네이버쇼핑과 이베이코리아＋SSG.COM에 이어 국내 이커머스 시장점유율 3위에 올라있다. 증권가에서는 3위치고는 기업가치가 저평가된 만큼 쿠팡의 주가 상승 가능성이 크다고 보고 있다. 업계 순위가 올라갈수록 기업가치가 상승하고, 그만큼 투자매력도 커지기 마련이다. 쿠팡이 자본 확충(뉴욕거래소 상장)을 통해 외형 성장에 온힘을 쏟는 이유가 여기에 있다.

쿠팡의 대항마로 묶인 NFA

쿠팡의 공격적인 성장 행보가 부담스러운 곳은 당연히 1위 네이버쇼핑과 2위 이베이코리아＋SSG.COM이다. 한국의 이커머스처럼 경쟁이 치열한 산업 생태계에서 시장점유율 순위가 바뀐다는 것은 곧 기업가치 하락 및 투자매력 감소로 이어질 수 있다.

쿠팡이 상장을 통한 자본 확충으로 시장점유율 잠식에 나섰다면, 네이버쇼핑을 보유한 네이버와 이베이코리아＋SSG.COM을 지배하는 이마트는 지분 교환으로 쿠팡에 맞서고 있다. 네이버와 이마트 및 신세계가 서로 지분을 교환하는 방식으로 전략적 사업 제휴를 맺어 경쟁력을 키우고 있는 것이다. 업계에서는 네이버와 이마트, 신세계에 CJ까지 한데 묶어 'NFA'라고 부른다. NFA는 Naver Fulfillment Alliance의 이니셜로, 이마트와 신세계가 이커머스 사업을 네이버라는 거대 플랫폼을 활용해 극대화시키고, 배송 등 물류 작업은 네이버와 협력관계에 있는 CJ대한통운의 풀필먼트를 통해 마무리하는 시스템을 의미한다.

네이버는 '장보기 서비스'에 SSG.COM을 입점시킴으로서, 이커머스 카테고리에서 가장 성장성이 높은 신선식품 사업에서 SSG.COM을 통해 쿠팡과 경쟁한다. CJ대한통운의 풀필먼트 시스템은 쿠팡의 로켓배송에 맞서게 된다. 이커머스 사업에 늦게 뛰어든 이마트와 신세계는 네이버의 힘을 빌어 신규 고객 창출에 큰 비용을 들이지 않게 되었다. CJ대한통운은 물류 고객을 안정적으로 확보할 수 있게 된 것이다.

NFA에서 가장 큰 수혜를 입는 회사는 어디일까?

회사마다 복잡한 셈법으로 NFA에 들어갔겠지만, 그 가운데 가장 이득을 많이 본 곳은 어디일까? 네이버쇼핑의 커머스 사업은 네이버의 전체 사업에서 매출 비중이 적지 않지만(21.8%), 네이버의 주가 상승 모멘텀이라고 하긴 어렵다. 오히려 네이버 주가는 (비중이 상대적으로 작지만) 핀테크와 콘텐츠 사업에 큰 영향을 받는다. CJ대한통운 역시 NFA가 주가의 방향에 절대적인 영향을 행사한다고 보기 어렵다. 반면, 이마트는 다르다. 이마트의 총 거래액 45조 원 중에서 이커머스가 26.5조 원(이베이코리아 19조 원+SSG.COM 7.5조 원)을 차지한다. 이커머스 비중이 58%로 절반을 훌쩍 넘는다. 이커머스는 이마트의 실적 뿐 아니라 주가까지 견인하는 핵심 사업인 것이다.

이마트는 SSG.COM을 통해 이커머스 시장에 본격적으로 뛰어들었지만, 2%대의 시장점유율로 고전을 면치 못했다. 이마트는 업계 3위 이베이코리아 인수합병에 성공하면서 단숨에 쿠팡을 제치고 2위로 올라섰지만, 취약한 이커머스 사업력으로 쿠팡에 다시 2위 자리를 내줄 처지다. 이런 상황에서 이마트는 네이버와의 지분 교환으로 NFA의 일원이 되면서 든든한 동맹군을 얻게 된 것이다. 증권가에서 NFA의 가장 큰 수혜 업체로 이마트를 꼽는 이유다.

신선식품이 곧 게임체인저

이커머스 시장 성장을 주도하는 카테고리는 단연 신선식품이다. 코로나19로 배달음식 및 온라인 장보기 수요가 급증했지만 신선식품의 경우 시장침투율이 17% 수준에 머물러 있다. 다른 카테고리와 비교하건대 성장 여력이 충분하다. 전통의 유통 대기업(이마트, 롯데쇼핑)은 물론 신규 사업자(마켓컬리)까지 온라인 신선식품 시장의 주도권을 잡기 위해 적극적인 투자에 나서는 이유가 여기에 있다.

신선식품 사업에서 우위에 서려면 빠른 배송(새벽배송)과 콜드체인(냉동·냉장 물류센터)이 핵심이다. 두 가지를 겸비하고 있어야 신선식품 시장에서 앞서 나갈 수 있다. 업계에서는 새벽배송과 콜드체인 시스템을 갖춘 이커머스 기업으로 쿠팡과 마켓컬리, SSG. COM를 꼽는다. 투자적 관점에서는 SSG.COM을 지배하는 이마트를 주목해야 한다. 쿠팡은 미국 증시에만 상장되어 있고, 마켓컬리는 아직(!) 비상장사이기 때문이다. 이마트는 국내 이커머스 2위 규모의 채널(SSG.COM+이베이코리아)을 통해 신선식품 새벽배송에서 충분한 경쟁력을 지니고 있다. 아울러 국내 대형마트 1위 기업답게 오프라인 매장 안에 콜드체인 인프라를 갖추고 있다.

여전히 이익을 내지 못하고 있다, 투자자의 인내심에 한계가 있다!

이커머스 산업의 성장성이 높은 것은 사실이지만, 사업성까지 뛰어난 지는 여전히 의문이다. 업계 1위 네이버쇼핑을 제외하면, 쿠팡과 SSG.COM은 물론 마켓컬리도 영업적자에서 벗어나지 못하고 있기 때문이다. 특히 쿠팡의 영업적자 문제는 어제오늘 불거져 나온 게 아니다. 쿠팡은 2018년 1조 원이 넘는 영업손실을 기록했을 정도로 심각하다(2020년에도 5,000억 원 이상의 영업손실을 냈다). 이마트 주가의 방향키를 쥐고 있는 SSG.COM도 2020년 469억 원의 영업손실에 이어 2021년에도 500억 원이 넘는 영업손실이 기다리고 있다.

기업 활동의 기본은 영리행위다. 이익을 내지 못하는 기업에 대해 투자자들의 인내심은 바닥을 드러내기 마련이다. 쿠팡과 SSG.COM이 흑자전환을 학수고대하는 이유다. 마켓컬리 역시 좋은 조건에서 IPO(기업공개)를 진행하려면 이익을 내야만 한다.

▶ **쿠팡 매출 및 영업손실 추이**

(억 원)　■ 매출　■ 영업손실

	2016	2017	2018	2019	2020
매출	1조9,159	2조6,813	4조3,476	7조1,407	13조3,000
영업손실	-5,652	-6,228	-1조1,383	-7,488	-5,257

317

이마트
KP

[SSG.COM 부문]

매출액	1조2,940억 원
영업이익	−469억 원

47.8% → 신세계티비쇼핑

50.0% → SSG.COM
26.8% → 신세계
38.9% → 신세계인터내셔날
6.85%
0.24% → 네이버 ← 2.96%
[지분교환]

네이버와의 지분 교환 사업 전략
- CJ대한통운의 풀필먼트 센터를 활용해 브랜드스토어 배송 시간 단축.
- 네이버장보기 서비스에 SSG.COM이 입점해 신선식품 부문 경쟁력 강화.
- 네이버쇼핑과 쿠팡을 중심으로 한 이커머스 시장재편 과정에서 SSG.COM은 뚜렷한 역할을 담당하는 기업으로서 밸류에이션 상승.

80.0% → 이베이코리아
[3.5조 원에 인수]

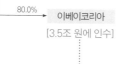

▶ 이베이코리아 인수 후 시장점유율

단위: %
- 1위 네이버쇼핑 17
- 2위 이베이코리아 +SSG.com 16
- 3위 쿠팡 14
- 4위 11번가 6
- 5위 롯데온 5
- 기타 42

▶ SSG.COM 경영 실적 추이 및 전망

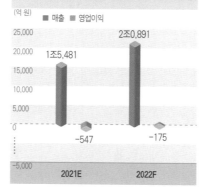

(억 원) ■ 매출 ■ 영업이익

	2021E	2022F
매출	1조5,481	2조0,891
영업이익	−547	−175

▶ 이마트 총 거래액 현황 (단위 : 조 원)

45
온라인 비중 58%
- SSG.COM 7.5
- 이베이코리아 19

▶ 투자포인트

- 기존 SSG.COM의 고성장과 더불어 이베이코리아 인수(3.4조 원, 지분율 80.0%) 등 M&A에 적극적으로 나선 결과 2022년 동사의 연결 총 거래액에서 온라인이 차지하는 비중이 58%까지 확대될 것으로 추정 → 온라인 사업 비중이 늘어날수록 주가 상승.
- 2021년 3월에 네이버와의 지분 맞교환을 통해 사업 협약을 체결, 네이버쇼핑의 장보기 서비스에 입점 → 이커머스 시장에서 GMV를 올리기 위해서는 막대한 마케팅 비용을 지불하고 고객을 유인해야 가능하는 데, 동사는 국내 최대 플랫폼 사업자인 네이버와의 협업을 통해 초기에 큰 비용 투자 없이 고객을 유인하여 GMV를 끌어올림 → SSG.COM의 2023년 GMV를 10조 원 목표로 함.

▶ SSG.COM GMV 추이 및 전망

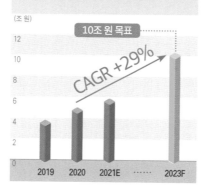

(조 원)
10조 원 목표
CAGR +29%

2019 2020 2021E ······ 2023F

▶ SSG.COM 배송 CAPA 추이 및 전망

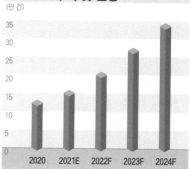

(만 건)

2020 2021E 2022F 2023F 2024F

▶ 이베이코리아 매출 및 영업이익률 추이

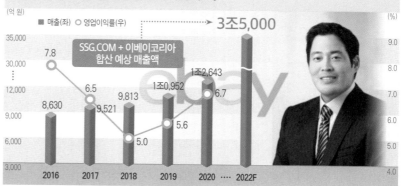

(억 원) ■ 매출(좌) ○ 영업이익률(우) (%)

3조5,000

SSG.COM + 이베이코리아 합산 예상 매출액

	2016	2017	2018	2019	2020	2022F
매출	8,630	9,521	9,813	1조0,952	1조2,643	
영업이익률	7.8	6.5	5.0	5.6	6.7	

네이버
KP
〔네이버쇼핑〕

매출액	1조0,897억 원
영업이익	4,275억 원

10.0%	국민연금
5.0%	BlackRock Fund Advisors
7.3%	미래에셋증권
7.8%	CJ대한통운
6.2%	스튜디오드래곤
33.9%	위버스컴퍼니
5.0%	CJ ENM
2.9%	이마트
6.8%	신세계인터내셔날
9.0%	YG엔터테인먼트
20.6%	메쉬코리아
25.2%	원스토어
3.4%	KG모빌리언스
7.5%	자이언트스텝
12.9%	버킷플레이스
9.1%	발란
19.9%	JTBC미디어컴
19.0%	YTN플러스
4.3%	더웨이브톡

▶ **네이버쇼핑 경영 실적 추이 및 전망**

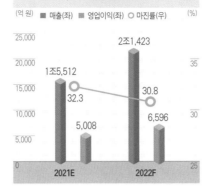

▶ **사업부문별 매출 비중**

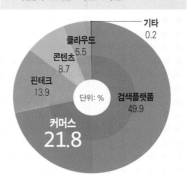

▶ **투자포인트**

- 동사는 커머스 사업부문 경쟁력 강화를 위해 CJ대한통운 및 신세계/이마트와 물류 제휴 강화 및 NFA(Naver Fulfillment Alliance) 구축 → 택배, 프리미엄 배송, 도심 근거리 창고 등 다양한 유통/물류 분야 플레이어들과의 적극적인 협업으로 45만 스마트스토어와 시너지 창출.
- 2021년 3분기 기준 70여개의 브랜드가 CJ대한통운과 협업하여 운영 중인 풀필먼트에 입점하면서 네이버쇼핑의 2022년 실적 큰 폭으로 상승 예상.
- 스마트스토어가 2021년 10월부터 베타 서비스 개시 → 일본 야후재팬과의 시너지를 통해 2022년부터 가시적인 성과 예상.
- 동사 커머스 사업부문에서 단기적인 실적 실현은 네이버 멤버십 유료 가입자 증가 및 라이브커머스 거래액 증가에서 비롯되는 점 주목.

▶ **네이버쇼핑 매출 추이 및 전망**

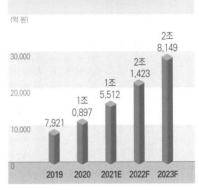

▶ **네이버쇼핑 영업이익 추이 및 전망**

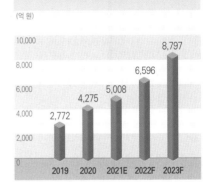

▶ **네이버쇼핑 거래액 추이 및 전망**

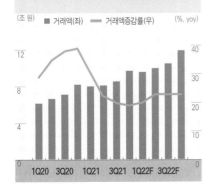

▶ **네이버쇼핑 영업비용 추이 및 전망**

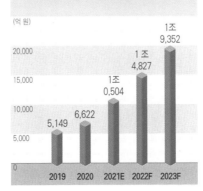

▶ **네이버쇼핑 마진률 추이 및 전망**

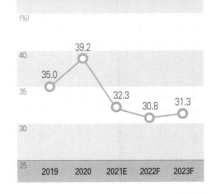

최우선 투자기업

현대홈쇼핑

KP

매출액	2조2,987억 원
영업이익	1,549억 원
순이익	1,127억 원

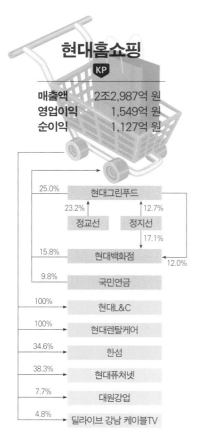

현대그린푸드 25.0%
23.2% 정교선 정지선 12.7%
17.1%
현대백화점 15.8%
12.0%
국민연금 9.8%
현대L&C 100%
현대렌탈케어 100%
한섬 34.6%
현대퓨처넷 38.3%
대원강업 7.7%
딜라이브 강남 케이블TV 4.8%

▶ 경영 실적 추이 및 전망

(억 원) ■ 매출(좌) ■ 영업이익(좌) ○ 영업이익률(우) (%)

2021E: 2조3,151 / 6.83 / 1,582
2022F: 2조3,855 / 7.36 / 1,756

▶ 주가 추이 및 전망

(원)

- 52주 최저가: 60,100
- 52주 최고가: 95,600
- 목표주가: 190,000

▶ 투자포인트

- 홈쇼핑 사업부문은 중장기적 성장성 둔화 예상됨 → 코로나19 영향으로 홈쇼핑 취급고가 단기간에 크게 증가했음에도 불구하고 주가가 동반 상승하지 못한 이유도 산업 성장성에 대한 근본적인 우려가 작용했기 때문.
- 동사의 주가 상승은 홈쇼핑 사업보다는 자회사들의 실적이 매우 비중 있게 작용 → 동사는 사업영역 다각화를 위해 건자재(현대L&C), 렌탈(현대렌탈케어) 사업을 확대해 나가고 있음.
- 건자재 사업부문은 연간 영업이익 규모가 300억~400억 원을 기록할 정도로 안정세에 들어섰지만, 렌탈 사업부문은 아직 BEP 달성에 미치지 못함 → 2021년 2분기 기준 현대렌탈케어의 누적 계정 수 및 영업손실은 각각 39.6만 개, 13억 원 정도로, 증권가에서는 누적 계정 수 43만 개 도달 시 흑자전환 예상.

▶ 사업부문별 매출 비중

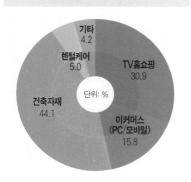

단위: %
- 기타 4.2
- 렌털케어 5.0
- 건축자재 44.1
- TV홈쇼핑 30.9
- 이커머스 (PC/모바일) 15.8

▶ 취급고 추이 및 전망

(억 원)

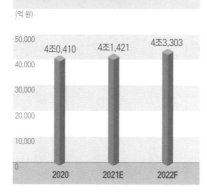

- 2020: 4조0,410
- 2021E: 4조1,421
- 2022F: 4조3,303

▶ 홈쇼핑/이커머스 부문 매출총이익

(억 원)

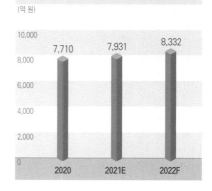

- 2020: 7,710
- 2021E: 7,931
- 2022F: 8,332

▶ 영업활동 현금흐름 추이 및 전망

(억 원)

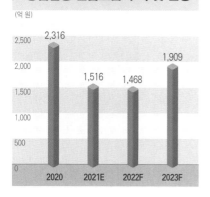

- 2020: 2,316
- 2021E: 1,516
- 2022F: 1,468
- 2023F: 1,909

▶ 당기순이익 추이 및 전망

(억 원)

- 2020: 1,127
- 2021E: 1,417
- 2022F: 1,527
- 2023F: 1,647

▶ ROE 추이 및 전망

(억 원)

- 2020: 6.3
- 2021E: 7.6
- 2022F: 7.8
- 2023F: 7.9

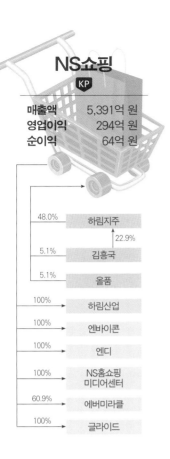

NS쇼핑
KP

매출액	5,391억 원
영업이익	294억 원
순이익	64억 원

48.0% — 하림지주
22.9%
5.1% — 김홍국
5.1% — 올품
100% → 하림산업
100% → 엔바이콘
100% → 엔디
100% → NS홈쇼핑 미디어센터
60.9% → 에버미라클
100% → 글라이드

▶ 경영 실적 추이 및 전망

(억 원) ■ 매출(좌) ■ 영업이익(좌) ○ 영업이익률(우) (%)

- 2021E: 매출 5,568, 영업이익 56, 영업이익률 1.01
- 2022F: 매출 5,927, 영업이익 154, 영업이익률 2.56

▶ 주가 추이 및 전망

(원)

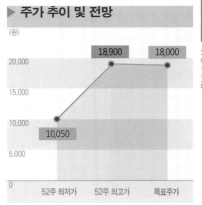

- 52주 최저가: 10,050
- 52주 최고가: 18,900
- 목표주가: 18,000

▶ 투자포인트

- 2001년 6월 한국농수산방송으로 설립된 하림그룹 계열사로 홈쇼핑, 부동산 개발, 외식 사업 등 영위.
- 동사의 주력 사업인 홈쇼핑 부문은 취급고가 꾸준히 증가하고 있는 점은 긍정적이지만, 송출수수료 부담 증가로 이익 실현에 곤란을 겪고 있음.
- 동사의 주가는 홈쇼핑 사업의 단기 실적보다도 동사가 보유하고 있는 양재부지 개발 여부에 더 큰 영향을 받음 → 해당 부지는 2014년 자회사 하림산업을 통해 취득한 이후 연간 200억 원(보유세 130억 원, 이자비용 70억 원) 규모의 비용만 지출되다가 2020년 국토교통부 도시첨단물류단지 시범단지로 선정됨에 따라 개발 기대감이 높아진 상황. 공시지가 6,966억 원으로 매입 당시보다 45% 가량 상승했으며, 개발이 본격화(용적률 상향)된다면 해당 부지의 가치는 1조 원 이상이 예상됨.

▶ 사업부문별 매출 비중

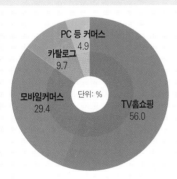

단위: %
- PC 등 커머스 4.9
- 카탈로그 9.7
- 모바일커머스 29.4
- TV홈쇼핑 56.0

▶ 취급고 추이 및 전망

(억 원)

- 2020: 1조5,160
- 2021E: 1조6,302
- 2022F: 1조7,433

▶ 매출총이익 추이 및 전망

(억 원)

- 2020: 4,761
- 2021E: 4,970
- 2022F: 5,363

▶ 영업활동 현금흐름 추이 및 전망

(억 원)

- 2020: 622
- 2021E: 529
- 2022F: 722
- 2023F: 919

양재IC · 강남순환도시고속도로 · 경부고속도로 · 도시첨단물류단지

2014년 자회사 하림산업을 통해 취득한 양재부지가 2020년 도시첨단물류단지(국토교통부)로 지정됨에 따라 개발이 본격화되면 1조 원 이상 부동산 가치 상승 예상 → 동사 주가 상승 모멘텀 역할.

📈 식품주의 상승과 하락을 좌우하는 2대 요인 : 곡물가격, 판매가격 📈

▶ 4대 곡물별 식료품 밸류체인

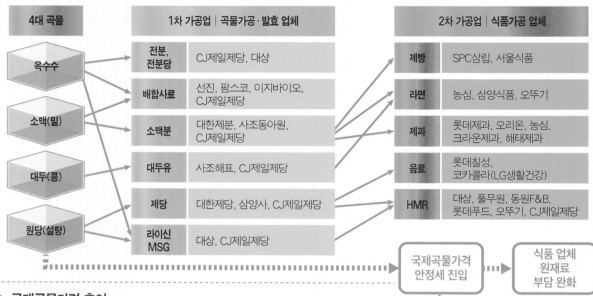

4대 곡물	1차 가공업 | 곡물가공·발효 업체		2차 가공업 | 식품가공 업체	
옥수수	전분, 전분당	CJ제일제당, 대상	제빵	SPC삼립, 서울식품
	배합사료	선진, 팜스코, 이지바이오, CJ제일제당	라면	농심, 삼양식품, 오뚜기
소맥(밀)	소맥분	대한제분, 사조동아원, CJ제일제당	제과	롯데제과, 오리온, 농심, 크라운제과, 해태제과
대두(콩)	대두유	사조해표, CJ제일제당	음료	롯데칠성, 코카콜라(LG생활건강)
	제당	대한제당, 삼양사, CJ제일제당	HMR	대상, 풀무원, 동원F&B, 롯데푸드, 오뚜기, CJ제일제당
원당(설탕)	라이신 MSG	대상, CJ제일제당		

국제곡물가격 안정세 진입 ➡ 식품 업체 원재료 부담 완화

▶ 국제곡물가격 추이

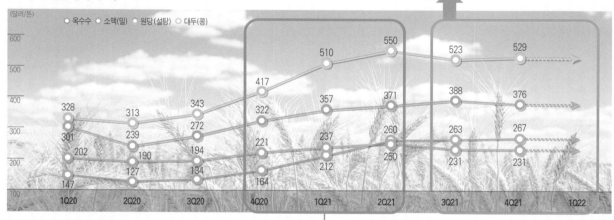

(달러/톤) ● 옥수수 ○ 소맥(밀) ● 원당(설탕) ○ 대두(콩)

	1Q20	2Q20	3Q20	4Q20	1Q21	2Q21	3Q21	4Q21	1Q22
	328	313	343	417	510	550	523	529	
	301	239	272	322	357	371	388	376	
	202	190	194	221	237	260	263	267	
	147	127	134	164	212	250	231	231	

▶ 주요 식품 판매가격 인상 현황

국내 주요 식품 업체들, 국제곡물가격 상승 부담을 판매가격 인상으로 덜어내면서 이익 회복 및 매출 신장

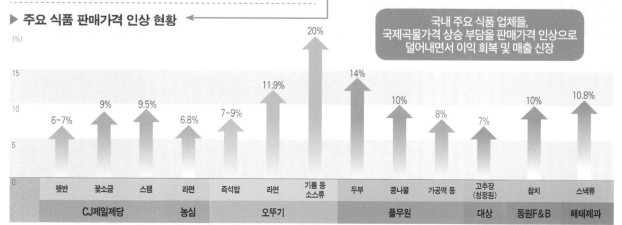

(%)

햇반	꽃소금	스팸	라면	즉석밥	라면	기름 등 소스류	두부	콩나물	가공떡 등	고추장 (청정원)	참치	스낵류
6~7%	9%	9.5%	6.8%	7~9%	11.9%	20%	14%	10%	8%	7%	10%	10.8%
CJ제일제당			농심	오뚜기			풀무원			대상	동원F&B	해태제과

📈 주요 식품 대장주들, 견고한 시장점유율에도 기업가치 저평가 매력 📉

▶ 주요 식품 업종 시장점유율 (단위: %)

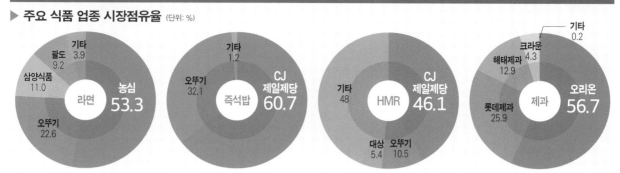

라면 농심 **53.3**
기타 3.9 / 팔도 9.2 / 삼양식품 11.0 / 오뚜기 22.6

즉석밥 CJ제일제당 **60.7**
기타 1.2 / 오뚜기 32.1

HMR CJ제일제당 **46.1**
기타 48 / 대상 5.4 / 오뚜기 10.5

제과 오리온 **56.7**
기타 0.2 / 크라운 4.3 / 해태제과 12.9 / 롯데제과 25.9

- 팬데믹 사태로 인해 HMR, 라면, 즉석밥 등 인스턴트 제품의 수요가 급증하면서 기존 점유율 선두 기업들의 시장장악력이 더욱 견고해짐.
- 시장점유율이 견고해질수록 선두 기업들은 마케팅 비용 부담이 완화됨에 따라 이익률 증가로 인한 수익성 향상 기대.

▶ 식품 대장주 '빅 3' 기업가치 저평가 비교 : PER(주가수익비율) 기준

CJ제일제당 PER (배)
2021E 11.5 / 2022F 9.8

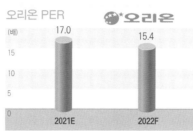

오리온 PER (배)
2021E 17.0 / 2022F 15.4

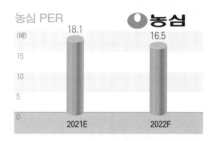

농심 PER (배)
2021E 18.1 / 2022F 16.5

- 식품 대장주들은 견고한 시장점유율을 영위하면서도 오히려 2021년에 비해 2022년에 저평가.
- 식품 대장주들은 2021년 국제곡물가격 상승에 따른 원재료비 부담으로 식품 판매가격을 상향 조정하면서 2022년에 큰 폭의 매출 신장 예상.
- 한편, 국제곡물가격은 2021년 3분기를 기점으로 상승세가 꺾이면서 원재료비 부담이 한층 완화될 전망.
- 한번 오른 식품 판매가격은 다시 떨어지는 경우가 없기 때문에 식품 대장주들은 판매가격 상승과 국제곡물가격 하락에 따른 수혜를 누릴 뿐 아니라, 개선된 실적에 비해 기업가치가 저평가 받으면서 주가 상승이 예상됨.

▶ 코스피 대비 식품 업종 주가 히스토리
음식료 업종 지수 / 코스피 지수

(pt)

환율 급등락 시기 방어주로서의 면모 부각

환율 하락 제품 가격 인상

환율 급등 애그플레이션 제품 가격 인하

중국 소비 관련 테마 환율 및 곡물가격 하락 제품 가격 인상

중국 사드 이슈 P,Q, C 비우호적

코로나19 충격 곡물가격 상승세 완화 및 제품 가격 상승에 따른 수혜 및 식품 업종 저평가 매력 부각

1995 1997 1999 2001 2003 2005 2007 2009 2011 2013 2015 2017 2019 2020~2022F

식품 대장주들의 주가를 주목해야 할 때

**곡물가격은 등락을 반복하지만,
한번 오른 식품 판매가격은 떨어지지 않는다!**

식품주 투자에서 가장 중요한 포인트는 두 개의 '가격'으로 모아진다. 바로 옥수수, 소맥, 대두, 원당 등의 '곡물가격'과 제품의 '판매가격'이다. 식품의 원재료에 해당하는 곡물의 가격이 오른다면 당연히 식품 업체의 수익성에 빨간불이 켜진다. 증권가의 식품주 투자 섹터에서 국제곡물가격 추이를 항상 주시하는 이유가 여기에 있다.

그런데 국제곡물가격의 상승은 식품 업체에게 반드시 악재로 작용하는 것만은 아니다. 국제곡물가격의 상승은 식품 업체가 식품 판매가격을 올릴 수 있는 중요한 기회가 되기 때문이다. 거의 모든 식품 업체는 국제곡물가격이 오를 경우, 식품의 판매가격을 인상해 원재료의 부담을 소비자에게 전가시킨다. 중요한 것은 국제곡물가격 상승에 따른 판매가격 인상으로 식품 업체들의 실적에 이익 레버리지가 커지는 효과가 발생한다는 사실이다.

대부분의 산업은, '수요·공급 불균형 → 가수요 물량 발생 → 가격 급등 → 공급자/공급량 증가 → 가격 하락'의 사이클을 보인다. 하지만 식품 산업의 경우에는, 한번 오른 제품의 판매가격은 다시 떨어지는 일이 발생하지 않는다. 쉽게 말해서 라면 회사가 밀가루 값이 크게 올라 라면 소비자가격을 인상했는데, 얼마 뒤 밀가루 값이 떨어졌다고 해서 인상한 라면 소비자가격을 다시 내리는 경우는 없다는 얘기다. 결국 밀가루 값이 안정세에 접어들 경우, 라면 회사는 인상한 판매가격만큼 높은 수익을 창출하게 되는 것이다.

투자적 관점에서는 국제곡물가격이 크게 올랐을 때 판매가격을 인상하는 식품 업체를 유심히 살펴 볼 필요가 있다. 국제곡물가격의 상승세가 꺾이고 나면 대체로 해당 식품 업체의 수익성 상승이 이어질 가능성이 높기 때문이다.

식품 업종 최선호주는 어디?

국내 식품 산업은 전체 시장의 연간 성장률 변동이 크지 않고 수요 변화도 대체로 제한적이다. 시장 변동성이 크지 않다는 얘기는 세부 섹터별 선두 기업들이 견고한 시장점유율을 영위해 나가는 토양이 된다. 국내 식품 산업은 다품종 소량 생산 구조로 되어 있기 때문에 섹터별 '빅 3' 사업자에게 수익이 집중되는 경향을 보이고 있다. 시장에 막 진입하는 신진 업

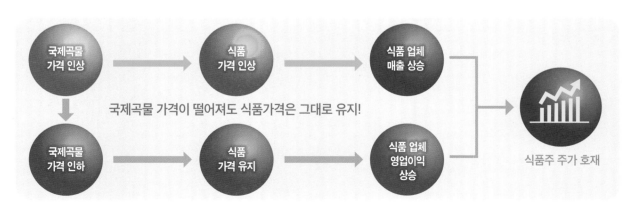

체나 영세 사업자로서는 유통망을 늘리기 위해 마케팅에 막대한 비용을 쏟아 부어야 하는데, 현실적으로 쉽지 않을 뿐 아니라 성공 가능성도 떨어진다. 결국 독과점 지위를 누리는 선두 업체가 유통망을 장악한 채 가격결정권의 칼자루를 쥐게 된다.

팬데믹 사태 이후 식품 업계에서 선두 업체 중심의 독과점 체제는 한층 더 강화되고 있다. 사회적 거리두기와 재택근무 등으로 외부활동이 줄면서 가정간편식(HMR) 수요가 급증했는데, 시장의 수혜는 브랜드 파워를 지닌 일부 선두 업체로 쏠렸다. 결국 곡물가격 상승에서 비롯된 판매가격 인상에 따른 수혜 역시 식품 업종 섹터별 선두 업체가 독식할 가능성이 매우 높다. 증권사마다 섹터별 시장점유율 선두 업체의 실적 상승을 예상하는 동시에 목표주가를 상향 조정하는 이유가 여기에 있다. 즉석밥을 비롯한 HMR 전체 시장에서 독보적인 점유율을 영위하는 CJ제일제당(46.1%, 즉석밥은 별도로 60.7%)이 식품 업계 최선호주로 꼽힌다. 역시 제과 업종에서 높은 시장점유율을 차지하는 오리온(56.7%)과 라면 시장점유율 1위 농심(53.3%) 역시 판매가격 인상의 최선호주로 거론된다.

식품 판매가격 인상으로 매출과 영업이익 동반 상승

증권가에서는 2020년 하반기부터 '애그플레이션(agflation, 농산물 가격 급등)' 경고음으로 부진을 면치 못했던 식품주가 2021년부터 반등해 2022년에도 상승세를 이어갈 것으로 전망한다. 식품의 판매가격 인상으로 원가 부담을 일부 덜어낸 데다 그간 치솟던 곡물가격이 고점을 통과하고 있기 때문이다.

실제로 제과 대장주 오리온은 해외법인들이 일부 식품 판매가격을 인상했다는 소식이 전해진 지난 2021년 8월 중에 3거래일간 9% 가량 올랐다. 당시 오리온은, 중국법인이 파이 4종의 가격을 6~10%, 러시아법인은 전 품목의 가격을 약 7% 인상했다. 오리온은 그동안 쌓아온 견고한 브랜드 파워를 바탕으로 이번 판매가격 인상으로 매출 상승과 영업이익 개선 효과가 나타났다.

농심과 오뚜기, 삼양식품 역시 라면 판매가격 인상을 결정한 뒤 3사 모두 주가 상승 흐름을 탔다. 업계 1위 농심은 당시 라면 전 제품 판매가격을 평균 6.8% 올린 효과로 연간 매출이 약 900억 원 추가 증가하고, 영업이익도 300억 원 이상 늘어날 것으로 예상하고 있다.

기상이변에 따른 애그플레이션 공포 해소
→ 식품 업황 호재

식품 업계에게 있어서 반가운 소식은, 향후 국제곡물가격 상승세가 누그러지고 있다는 점이다. 4대 곡물 중 옥수수와 대두는 이미 2021년 5월에 고점 대비 20% 가까이 하락했다. 소맥(밀) 역시 2021년 4분기를 기점으로 겨울 작황이 개선됨에 따라 향후 추가 상승세는 제한적일 전망이다.

한편, 국제곡물가격을 결정하는 매우 중요한 변수 가운데 하나로 라니냐와 엘리뇨 등 '기상이변'이 꼽힌다. 업계에서는 향후 1년간 전 세계에 걸쳐 라니냐와 엘리뇨 등 기상이변으로 인한 농산물 피해가 크지 않을 것이라는 국제기후연구소(IRI)의 주장에 귀를 기울이고 있다. 국제기후연구소는 "라니냐가 소멸된 2021년 5월부터 2022년 봄철(북반구)까지 특별한 기상이변이 부재할 것"으로 예상했다. 국제기후연구소의 기상이변 부재 예상이 들어맞는다면 같은 기간 동안 파종, 작황, 수확되는 전 세계 농산물 공급이 선순환될 가능성이 높다. 기상이변이 부재한 기간 동안 전 세계 주요 농산물 재배지역들의 대규모 수확이 차질 없이 진행될 수 있기 때문이다.

증권가에서는, 기상이변으로 인한 애그플레이션 공포가 사라질 경우 식품주를 비롯한 식재료 관련 종목의 상승세가 한동안 이어질 것으로 예상한다. 특히 식재료 수입과 가공식품 생산·판매에 있어서 수직 계열화를 갖춘 CJ제일제당과 대상이 높은 수혜를 입을 것으로 보고 있다. CJ제일제당은 전체 식품 업계 1위를 영위하는 대장주이면서도 상대적으로 기업가치가 저평가되어 있어 투자매력이 높게 점쳐진다.

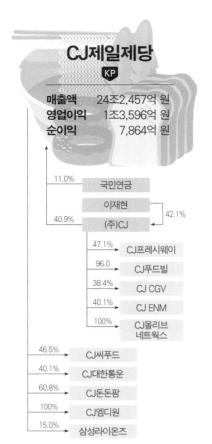

CJ제일제당
KP

매출액	24조2,457억 원
영업이익	1조3,596억 원
순이익	7,864억 원

- 국민연금 11.0%
- 이재현 42.1%
- (주)CJ 40.9%
  - CJ프레시웨이 47.1%
  - CJ푸드빌 96.0
  - CJ CGV 38.4%
  - CJ ENM 40.1%
  - CJ올리브 네트웍스 100%
- CJ씨푸드 46.5%
- CJ대한통운 40.1%
- CJ돈돈팜 60.8%
- CJ엠디원 100%
- 삼성라이온즈 15.0%

▶ 경영 실적 추이 및 전망

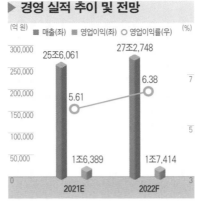

(억 원) ■매출(좌) ■영업이익(좌) ○영업이익률(우) (%)

- 2021E: 25조6,061 / 5.61 / 1조6,389
- 2022F: 27조2,748 / 6.38 / 1조7,414

▶ 주가 추이 및 전망

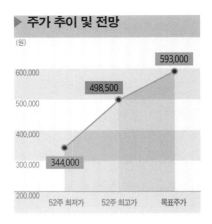

(원)
- 52주 최저가: 344,000
- 52주 최고가: 498,500
- 목표주가: 593,000

▶ 투자포인트

- 식품과 바이오를 주력 사업으로 하며, 'K-푸드'의 세계화를 모토로 '비비고' 브랜드로 글로벌 시장 진출.
- 2019년 미국 전역에 인프라를 갖춘 냉동식품 가공업체 쉬완스(Schwan's) 인수.
- 동사의 '비비고' 브랜드 제품들이 쉬완스의 네트워크를 통해 미국 유통 채널로 입점 확대.
- 2021년 2분기 기준 대형 그로서리 유통망에서 동사의 만두 입점율이 30%대에서 54.6%까지 확대, 미국 내 만두 점유율은 전년 대비 10.8%pt 상승.
- 바이오 사업에서 영업이익이 지속해서 상승 중인 바, 특히 스팟가격의 영향을 상대적으로 많이 받는 라이신 비중을 과거 대비 40%pt 이상 축소시킨 반면, 고마진 스페셜티 제품의 비중을 증가시켜 수익성 개선.

▶ CJ제일제당 시장점유율 1위 사업

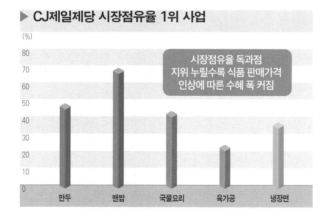

(%)

시장점유율 독과점 지위 누릴수록 식품 판매가격 인상에 따른 수혜 폭 커짐

만두 / 맨밥 / 국물요리 / 육가공 / 냉장면

▶ CJ제일제당 해외법인 매출 추이

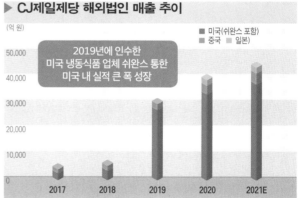

(억 원) ■미국(쉬완스 포함) ■중국 ■일본

2019년에 인수한 미국 냉동식품 업체 쉬완스 통한 미국 내 실적 큰 폭 성장

2017 / 2018 / 2019 / 2020 / 2021E

▶ CJ제일제당 바이오 사업 중 고수익 부문 매출 성장 추이

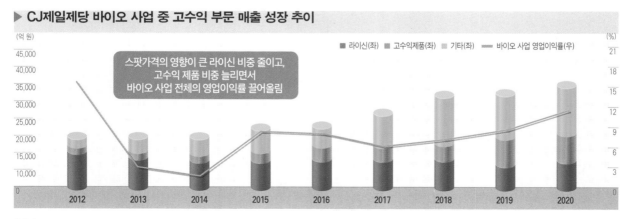

(억 원) ■라이신(좌) ■고수익제품(좌) ■기타(좌) ━바이오 사업 영업이익률(우) (%)

스팟가격의 영향이 큰 라이신 비중 줄이고, 고수익 제품 비중 늘리면서 바이오 사업 전체의 영업이익률 끌어올림

2012 / 2013 / 2014 / 2015 / 2016 / 2017 / 2018 / 2019 / 2020

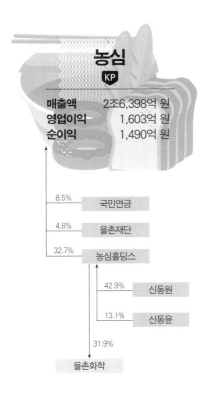

농심
KP

매출액	2조6,398억 원
영업이익	1,603억 원
순이익	1,490억 원

- 8.5% → 국민연금
- 4.8% → 율촌재단
- 32.7% → 농심홀딩스
  - 42.9% → 신동원
  - 13.1% → 신동윤
- 31.9% → 율촌화학

▶ 경영 실적 추이 및 전망

(억 원) ■ 매출(좌) ■ 영업이익(좌) ○ 영업이익률(우) (%)

- 2021E: 매출 2조6,045, 영업이익 1,042, 영업이익률 4.02
- 2022F: 매출 2조8,061, 영업이익 1,403, 영업이익률 5.14

▶ 주가 추이 및 전망

(원)
- 52주 최저가: 270,500
- 52주 최고가: 344,500
- 목표주가: 410,000

▶ 투자포인트

- 2022년부터 식품 판매가격 인상에 따른 국내 사업 회복과 해외 시장 성장이 동시에 나타나면서 주가 상승 모멘텀 부각 → 현재 주가는 미국 시장에서 동사에게 점유율을 빼앗기고 있는 다른 경쟁 업체들 대비 약 20% 할인된 12개월 Fwd PER 15배에 거래(글로벌 시장점유율 상승 흐름이 간과된 상태).
- 라면 판매가격 인상에 따라 2022년 국내법인 영업이익이 두 배 이상 급증 전망 → 국내법인 연간 영업이익은 300억~400억 원대에 머물러 있었지만 라면 판매가격 인상으로 매출액이 연간 약 900억 원 추가 증가하고, 영업이익도 원가 부담 상쇄와 판촉비 부분을 감안하면 약 300억 원 이상 추가 증가할 것으로 추정.
- 2022년에 미국 제2공장 가동이 시작되면서 북미 전역에 걸친 점유율 상승이 본격화됨에 따라 해외 사업 실적 개선 예상.

▶ 글로벌 라면기업 순위 (세계 시장점유율 기준)

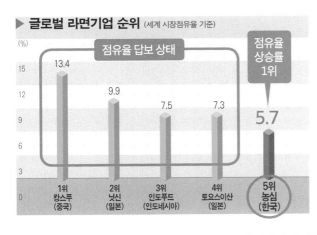

점유율 답보 상태 | 점유율 상승률 1위

- 1위 캉스푸(중국): 13.4
- 2위 닛신(일본): 9.9
- 3위 인도푸드(인도네시아): 7.5
- 4위 토요스이산(일본): 7.3
- 5위 농심(한국): 5.7

▶ 농심 해외 사업 영업이익 기여도

(억 원) ■ 해외 영업이익(좌) ― 해외 영업이익 기여도 (우) (%)

2009 ~ 2021E

▶ 미국 · 중국 · 일본 매출 추이 및 전망 ⋯▶ 북미 시장에서의 실적 성장세 주목!

미국
BTS 광고효과 등 K-푸드 확산세 호조
(억 원)
- 2020: 3,080
- 2021E: 3,431
- 2022F: 3,812

중국
한한령 잠재, 한국 기업 견제 등 성장 걸림돌
(억 원)
- 2020: 2,050
- 2021E: 1,881
- 2022F: 2,032

일본
자국 식품 중심 시장 견고, K-푸드 한계
(억 원)
- 2020: 720
- 2021E: 790
- 2022F: 871

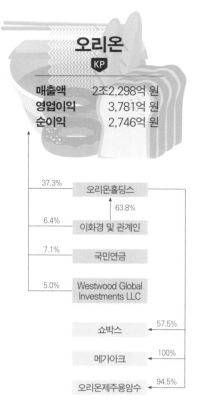

오리온
KP

매출액	2조2,298억 원
영업이익	3,781억 원
순이익	2,746억 원

- 37.3% → 오리온홀딩스
- 63.8%
- 6.4% → 이화경 및 관계인
- 7.1% → 국민연금
- 5.0% → Westwood Global Investments LLC

- 쇼박스 ← 57.5%
- 메가아크 ← 100%
- 오리온제주용암수 ← 94.5%

▶ 경영 실적 추이 및 전망

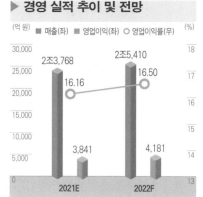

(억 원) ■ 매출(좌) ■ 영업이익(좌) ○ 영업이익률(우) (%)

- 2021E: 2조3,768 / 16.16 / 3,841
- 2022F: 2조5,410 / 16.50 / 4,181

▶ 주가 추이 및 전망

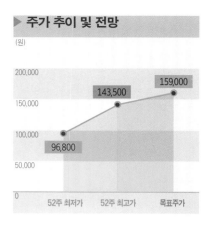

(원)

- 52주 최저가: 96,800
- 52주 최고가: 143,500
- 목표주가: 159,000

▶ 투자포인트

- 제과 산업의 특성상 한 번 고착된 매대 점유율은 단기간 내에 바뀌기 어려움 → 중국 및 베트남과 러시아에서 초코파이류 제품 높은 점유율 유지.
- 공격적인 신제품 출시를 통해 유통망 및 소매점 매대 장악력 강화.
- 제조원가율 상승세가 완화되면서 매출총이익률 등 수익성 개선.
- 중국에서 파이 4종, 러시아에서 전 품목에 걸쳐 판매가격 인상 결정 → 브랜드 파워로 점유율 하락 영향 없음.
- 2021년 상반기에 완료된 중국과 베트남에서의 유통 채널 구조조정을 바탕으로 신제품의 분포가 더욱 가파르게 상승하면서 실적과 주가 상승 모멘텀 마련.
- 동사의 주가는 역사적 밴드 중단 수준으로, 글로벌 제과 업종 대비 5% 가량 할인되어 거래 중 → 저평가 투자 매력 부각.

▶ 중국 시장 매출 추이 및 전망 ( ) 안은 전년 대비 증감률(%)

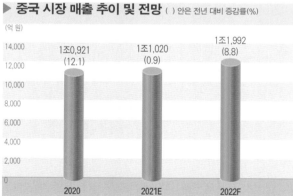

(억 원)

- 2020: 1조0,921 (12.1)
- 2021E: 1조1,020 (0.9)
- 2022F: 1조1,992 (8.8)

▶ 중국 시장 파이 점유율

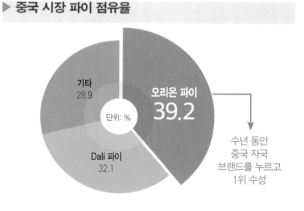

단위: %

- 기타 28.9
- 오리온 파이 **39.2**
- Dali 파이 32.1

수년 동안 중국 자국 브랜드를 누르고 1위 수성

▶ 베트남 시장 매출 추이 및 전망 ( ) 안은 전년 대비 증감률(%)

(억 원)

- 2020: 2,920(15.7)
- 2021E: 3,381(15.6)
- 2022F: 3,923(16.2)

▶ 러시아 시장 매출 추이 및 전망 ( ) 안은 전년 대비 증감률(%)

(억 원)

- 2020: 890 (15.1)
- 2021E: 1,071 (20.3)
- 2022F: 1,261 (17.3)

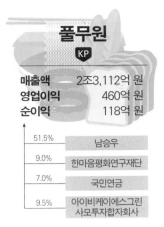

풀무원 KP

매출액	2조3,112억 원
영업이익	460억 원
순이익	118억 원

51.5%	남승우
9.0%	한마음평화연구재단
7.0%	국민연금
9.5%	아이비케이에스그린 사모투자합자회사

▶ 경영 실적 추이 및 전망

(억 원) ■ 매출(좌) ■ 영업이익(좌) ○ 영업이익률(우) (%)

2조4,637 / 2.32 / 572 (2021E)
2조6,985 / 2.80 / 757 (2022F)

▶ 식품 부문 중 높은 시장점유율 현황

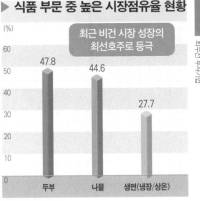

최근 비건 시장 성장의 최선호주로 등극

(%) 두부 47.8 / 나물 44.6 / 생면(냉장/상온) 27.7

▶ 주가 추이 및 전망

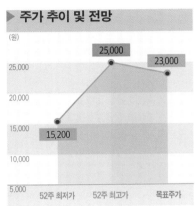

(원)
25,000 (52주 최고가)
23,000 (목표주가)
15,200 (52주 최저가)

▶ 투자포인트

- 풀무원식품, 풀무원푸드앤컬처, 풀무원건강생활, 풀무원녹즙 등 총 30개의 연결 종속회사 보유.
- 국내에서 기존 신선식품 품목군에서 쌓아온 확고한 브랜드 파워를 기반으로 최근 HMR 카테고리로 사업 확장 → HMR의 경우 성장성이 월등히 높고, 유통기한이 길어 반품 위험 낮아 수익성 개선 기대.
- 건강식 열풍, 비건 시장 성장 등 새로운 식생활 트렌드가 자리잡으면서 동사의 핵심 제품인 두부에 대한 수요가 큰 폭으로 증가.
- 최근 고마진 신선식품 매출액이 전년 대비 하락했지만, 비용 효율화 및 급식 수주 증가, 인건비 및 임차료 환급으로 인한 푸드서비스/외식 부문의 영업적자 축소로 전반적인 수익성 개선.

동원F&B KP

매출액	3조1,703억 원
영업이익	1,163억 원
순이익	779억 원

7.0%	우리은행 등
74.3%	동원엔터프라이즈
62.7%	동원산업
80.3%	동원시스템즈
100%	동원건설산업

▶ 경영 실적 추이 및 전망

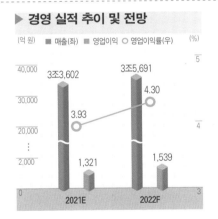

(억 원) ■ 매출(좌) ■ 영업이익 ○ 영업이익률(우) (%)

3조3,602 / 3.93 / 1,321 (2021E)
3조5,691 / 4.30 / 1,539 (2022F)

▶ 식품 부문 중 높은 시장점유율 현황

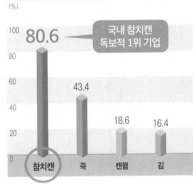

국내 참치캔 독보적 1위 기업

(%) 참치캔 80.6 / 죽 43.4 / 캔햄 18.6 / 김 16.4

▶ 주가 추이 및 전망

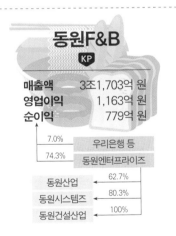

(원)
280,000 (목표주가)
249,000 (52주 최고가)
174,000 (52주 최저가)

▶ 투자포인트

- 2000년에 동원산업으로부터 분할 설립, 일반식품, 조미유통, 사료 사업 등을 영위하며, 총 10개의 종속회사를 두고 있는 바, 주요 제품으로는 '동원참치', '리챔', '양반죽' 등이 있음.
- 2019년 4분기 이후 6분기 연속 시장 기대치를 상회하는 영업이익 발표 → 코로나19 이후 수혜를 받았던 품목(축산캔, HMR 등)의 수익성은 확실히 향상되었고, 피해 품목(유가공, 외식, 삼조셀텍 등)은 회복세가 두드러지게 나타나고 있음.
- 2021년 4월경 온라인 사업부문 물적분할 이후 신설 법인(동원디어푸드)의 통합 인프라 구축이 마무리되면 동원몰, 더반찬&, 금천미트 등 동사 온라인 채널 간 유의미한 시너지 효과 기대.
- 동사는 탄탄한 실적 흐름에도 불구하고 주가는 12개월 Fwd PER 8배가 채 되지 않은 만큼 증권가에서는 과도한 저평가 구간으로 판단함에 따라 투자 매력 높음.

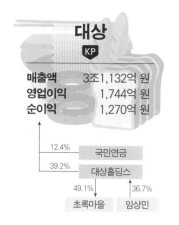

대상
KP

매출액	3조1,132억 원
영업이익	1,744억 원
순이익	1,270억 원

- 12.4% → 국민연금
- 39.2% → 대상홀딩스
  - 49.1% → 초록마을
  - 36.7% → 임상민

▶ 경영 실적 추이 및 전망

(억 원) ■ 매출(좌) ■ 영업이익(좌) ○ 영업이익률(우) (%)

- 2021E: 3조2,760 / 5.16 / 1,692
- 2022F: 3조3,640 / 5.30 / 1,781

▶ 제품별 매출 비중

단위: %

- 소재류 29.7
- 서구식품 15.3
- 신선식품 13.6
- 장류 7.9
- 조미료류 6.9
- 편의식품 5.6
- 육가공 5.2
- 기타 15.8

▶ 주가 추이 및 전망

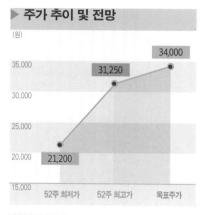

(원)

- 52주 최저가: 21,200
- 52주 최고가: 31,250
- 목표주가: 34,000

▶ 투자포인트

- 식품과 소재 사업을 영위하는 종합식품 기업으로, 생산제품으로는 전통장류에서 청정원, 순창고추장, 조미료류에서 미원, 감치미 등이 있으며, 아미노산, 핵산 등의 바이오 제품과 전분당 등도 생산.
- 중국 라이신 생산업체인 청푸사 지분 취득을 통해 중장기 성장동력 마련.
- PT 미원 전분당 사업의 경우, 수율 안정 및 물량 증가에 따른 고정비 부담 완화.
- MSG의 경우, 시장 경쟁 악화 및 원가 상승으로 인해 이익기여도 하락.
- 식품 사업부문의 경우, 조미료 · 장류 · 소스류 · 두부 등의 판매가격 인상 효과가 실적에 호재로 작용.
- 동사의 주가는 2021년 추정실적 기준 PER 9.3배에 거래 중인 바, 판매가격 상승에 따른 실적 개선으로 1,700억 원대의 꾸준한 영업이익 창출할 경우 저평가 매력 높음.

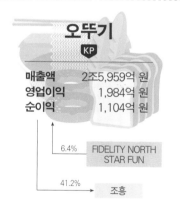

오뚜기
KP

매출액	2조5,959억 원
영업이익	1,984억 원
순이익	1,104억 원

- 6.4% → FIDELITY NORTH STAR FUN
- 41.2% → 조흥

▶ 경영 실적 추이 및 전망

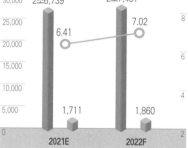

(억 원) ■ 매출(좌) ■ 영업이익(좌) ○ 영업이익률(우) (%)

- 2021E: 2조6,739 / 6.41 / 1,711
- 2022F: 2조7,481 / 7.02 / 1,860

▶ 제품별 매출 비중

단위: %

- 면제품류 27
- 건조식품류 14
- 양념소스류 14
- 유지류 13
- 농수산가공품류 13
- 기타 12

▶ 주가 추이 및 전망

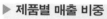
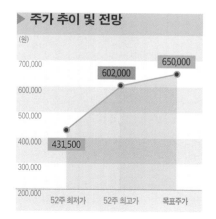

(원)

- 52주 최저가: 431,500
- 52주 최고가: 602,000
- 목표주가: 650,000

▶ 투자포인트

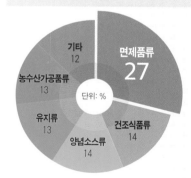

- 15개의 연결 종속회사를 보유하고 있으며, 종속회사는 건조식품류, 양념소스류, 유지류, 면제품류, 농수산 가공품류 사업 등을 영위.
- 동사 라면 사업의 경우, 2021년 2분기 기준 국내 시장점유율 23.7% 추정.
- 동사는 13년 만에 라면 판매가격 인상 단행 → 2021년 8월 1일자로 '진라면' 등 주요 라면 가격을 평균 +11.9% 인상.
- 라면이 동사 매출에서 약 25%의 비중을 차지하고 있는 점을 감안하건대, 가격 인상으로 전 품목 ASP가 약 3% 상승할 것으로 추산.
- 광고선전비, 운임보관료가 전년 대비 각각 11%, 96% 증가하였음에도 불구하고 기타 고정비 감소로 판관비율은 전년 수준 유지 → 수익성 개선 예상.

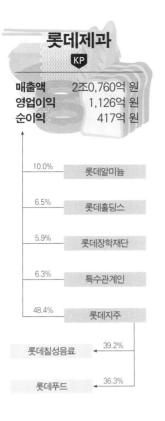

롯데제과

KP

매출액	2조0,760억 원
영업이익	1,126억 원
순이익	417억 원

- 10.0% 롯데알미늄
- 6.5% 롯데홀딩스
- 5.9% 롯데장학재단
- 6.3% 특수관계인
- 48.4% 롯데지주
  - 39.2% 롯데칠성음료
  - 36.3% 롯데푸드

▶ 경영 실적 추이 및 전망

(억 원) ■ 매출(좌) ■ 영업이익(좌) ○ 영업이익률(우) (%)

2조1,489 / 2조2,221 / 6.31 / 7.60 / 1,356 / 1,691 / 2021E / 2022F

▶ 주가 추이 및 전망

(원)

100,000 / 165,000 / 195,000 / 52주 최저가 / 52주 최고가 / 목표주가

▶ 투자포인트

- 2000년부터 현재에 이르기까지 꾸준히 해외 지역에서 현지 제과업체를 인수하며 사업 영역 확장해옴 → 카자흐스탄, 파키스탄, 벨기에, 인도, 러시아, 미얀마, 중국, 싱가포르 등 전 세계 8개 지역에 9개 자회사 보유.
- 지역별 매출 비중은 국내 74%, 해외 26%이며, 국내 제품별 매출 비중은 건과 66%, 빙과 23%, 제빵 7%, 건강제품(Health Food) 2% 순.
- 2020년 코로나19 여파로 대다수 음식료 업체들이 큰 폭으로 성장한 반면, 동사는 다소 정체된 실적 기록 → 주력 제품인 껌/캔디 매출이 급감했고, 신흥국 중심 자회 사들의 코로나19 타격이 큰 영향.
- 2021년 이후 기저효과로 실적 반등이 예상되는 바, 동사의 주가는 12M Fwd 기준 11.6배 수준으로 글로벌 제과 업체 대비 저평가된 상태.

신세계푸드

KP

매출액	1조2,403억 원
영업이익	77억 원
순이익	-220억 원

- 46.8% 이마트
- 10.9% 국민연금
- 8.6% 조선호텔앤리조트
- 5.2% 미래에셋자산운용

▶ 경영 실적 추이 및 전망

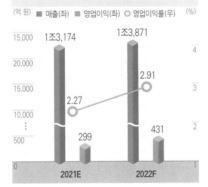

(억 원) ■ 매출(좌) ■ 영업이익(좌) ○ 영업이익률(우) (%)

1조3,174 / 1조3,871 / 2.27 / 2.91 / 299 / 431 / 2021E / 2022F

▶ 스타벅스 점포수 증가 추이

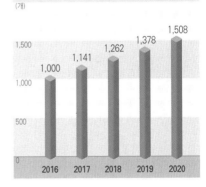

(개)

1,000 / 1,141 / 1,262 / 1,378 / 1,508 / 2016 / 2017 / 2018 / 2019 / 2020

▶ 주가 추이 및 전망

(원)

62,700 / 112,000 / 134,000 / 52주 최저가 / 52주 최고가 / 목표주가

▶ 투자포인트

- 식품 제조, 식자재 유통, 급식서비스, 베이커리, 외식사업을 펼치는 신세계그룹의 종합식품 기업 → 식품 원재료의 소싱에서부터 R&D, 생산/가공, 보관/물류, 영업/ 판매에 이르기까지 업계 최초로 수직 계열화 구축.
- 국내 최대 유통기업인 신세계의 비즈니스 인프라와 노하우를 바탕으로 대기업 최 초로 위탁급식 사업에 진출.
- 급식 사업부는, 삼성전자 수원사업장을 비롯한 신규 수주 반영 및 적자 사업장 철 수 효과로 수익성 개선.
- 외식 사업부는, 노브랜드버거 가맹점이 120개로 확대됨에 따라 매출과 이익기여도 상승 기대.
- 제조 사업부 매출액은 HMR 제품군 확대 및 스타벅스 판매 회복에 따라 두 자릿수 성장 예상.

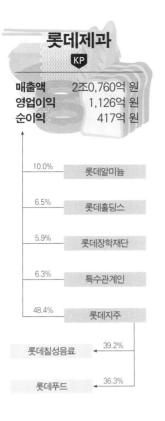최우선 투자기업

331

📊 하이트진로, 소주와 맥주 시장을 동시에 석권할까? 📊

▶ 소주 시장점유율 (단위 %. 2020년 내수판매량 기준)

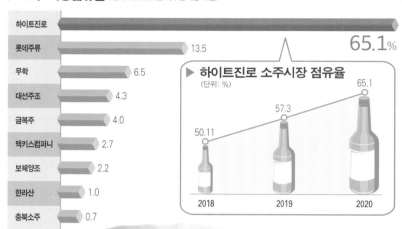

- 하이트진로 — 65.1%
- 롯데주류 — 13.5
- 무학 — 6.5
- 대선주조 — 4.3
- 금복주 — 4.0
- 맥키스컴퍼니 — 2.7
- 보해양조 — 2.2
- 한라산 — 1.0
- 충북소주 — 0.7

▶ 하이트진로 소주시장 점유율 (단위: %)

- 2018: 50.11
- 2019: 57.3
- 2020: 65.1

▶ 하이트진로 소주 매출 추이 및 전망

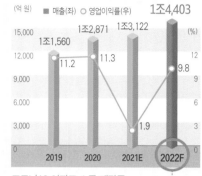

(억 원) ■ 매출(좌) ○ 영업이익률(우)

- 2019: 1조1,560 / 11.2
- 2020: 1조2,871 / 11.3
- 2021E: 1조3,122 / 1.9
- 2022F: 1조4,403 / 9.8

코로나19 여파로 소주 대장주 하이트 진로의 2021년 소주 매출 성장률이 1%대로 급감했다가 2022년 이후 반등 예상.

▶ 국내 맥주 브랜드별 점유율 (단위: %)

- 카스프레시(오비맥주) — 38.0
- 테라(하이트진로) — 21.5
- 필라이트(하이트진로) — 10.3
- 하이트(하이트진로) — 6.5
- 클라우드(롯데칠성음료) — 2.7
- 피츠(롯데칠성음료) — 2.5
- 기타 — 18.5

▶ 지난 10년간 국내 맥주 시장점유율 추이

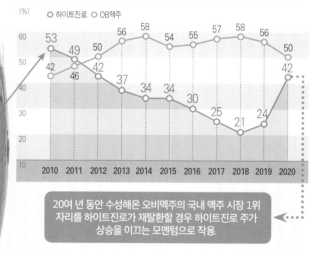

(%) ○ 하이트진로 ○ OB맥주

연도	하이트진로	OB맥주
2010	42	53
2011	46	49
2012	42	50
2013	37	56
2014	34	58
2015	34	54
2016	30	55
2017	25	57
2018	21	58
2019	24	56
2020	42	50

20여 년 동안 수성해온 오비맥주의 국내 맥주 시장 1위 자리를 하이트진로가 재탈환할 경우 하이트진로 주가 상승을 이끄는 모멘텀으로 작용.

▶ 국내 수제맥주 시장 추이 및 전망

(억 원)

2017, 2018, 2019, 2020, 2021E, 2022F, 2023F

▶ 제주맥주 국내 수제맥주 시장점유율 추이 및 전망

(%)

코스닥 시장에 상장한 제주맥주의 실적 및 주가 성장성 주목

- 2017: 5.1
- 2018: 19.2
- 2019: 17.2
- 2020: 28.4
- 2021E: 33.6
- 2022F: 40.3
- 2023F: 44.4

🔺 국내 3대 음료 '커피', '탄산', '생수'를 모두 아우르는 대장주는? 🔺

▶ 국내 3대 음료 시장 규모 추이 및 전망

(억 원)

○ 탄산　○ 커피　○ 생수

	2019	2020	2021E
	25,622	25,699	25,732
	15,195	15,727	16,271
		14,547	16,212
	12,974		

▶ 국내 음료 시장 비중

단위: %

- 탄산 26.5
- 생수 18.9
- 커피 18.7
- 주스 10.1
- 이온/비타민 음료 8.4
- 두유 6.9
- 액상차 및 기타 10.5

▶ 국내 3대 음료 및 우유 시장점유율 (단위: %)

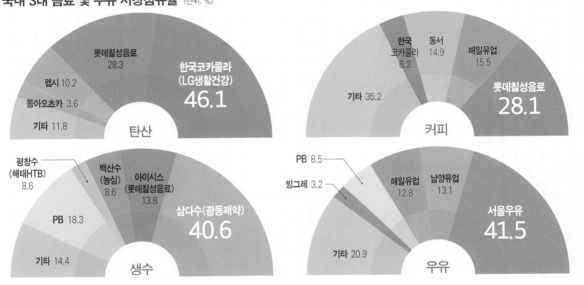

탄산
- 한국코카콜라 (LG생활건강) 46.1
- 롯데칠성음료 28.3
- 펩시 10.2
- 동아오츠카 3.6
- 기타 11.8

커피
- 롯데칠성음료 28.1
- 매일유업 15.5
- 동서 14.9
- 한국코카콜라 6.3
- 기타 35.2

생수
- 삼다수(광동제약) 40.6
- 아이시스 (롯데칠성음료) 13.8
- 백산수 (농심) 8.6
- 평창수 (해태HTB) 8.6
- PB 18.3
- 기타 14.4

우유
- 서울우유 41.5
- 남양유업 13.1
- 매일유업 12.8
- 빙그레 3.2
- PB 8.5
- 기타 20.9

▶ 국내 무알코올 맥주 시장 추이 및 전망

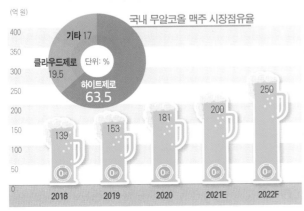

(억 원)

국내 무알코올 맥주 시장점유율
단위: %
- 하이트제로 63.5
- 클라우드제로 19.5
- 기타 17

2018	2019	2020	2021E	2022F
139	153	181	200	250

▶ 저칼로리(제로 슈가) 탄산 시장 추이 및 전망

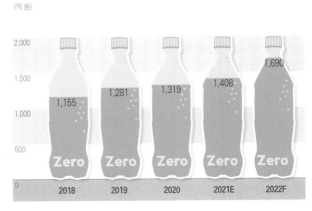

(억 원)

2018	2019	2020	2021E	2022F
1,155	1,281	1,319	1,408	1,690

포스트 코로나 시대에
한 박자 빠른 투자전략

국내 소주 시장,
2022년 이후 코로나19가 진정될수록 업황 회복

국내 소주 시장 부동의 1위 하이트진로가 2011년 진로와의 합병 이래 처음으로 시장점유율 65%를 넘어섰다. 소주를 즐기는 국민 10명 중 6명 이상이 '참이슬'과 '진로이즈백'을 마신 셈이다. 하이트진로는 2020년에 국내에서만 소주 7,500만 상자(1상자 360ml ×30개) 안팎을 팔아치웠다. 이는 2019년 대비 10%가량 증가한 실적으로, 코로나19 상황을 무색케 한다. 이러한 호실적에 힘입어 2020년 기준 하이트진로의 국내 시장점유율은 65.1%에 이른다. 전년 대비 7.8%포인트 증가했다. 하이트진로 소주 사업부문이 일취월장한 데는 '진로이즈백'의 역할이 대단히 컸다. '진로이즈백'은 1970년 출시된 진로소주를 '뉴트로' 열풍에 맞춰 주조한 것으로, 출시 19개월 만에 누적판매 5억 병을 기록했다.

하이트진로 소주 사업부문의 원투펀치 '참이슬'과 '진로이즈백'의 합산 매출은, '처음처럼'의 롯데칠성음료와 매우 큰 격차를 벌이고 있다. 소주 시장에서 하이트진로와 롯데칠성음료를 경쟁관계로 여기기가 민망할 정도다. 롯데칠성음료 뿐 아니라 무학과 대선주조, 금복주 등 지방 소주사들의 판매실적도 매우 저조한 상황이다.

하이트진로는 독주를 이어가고 있지만, 전반적인 소주 판매량은 더 이상 상승하지 못하고 예년 수준에 머물러 있다. 2020년 기준 국내 9개 소주 업체의 소주 판매량은 1억1,492만 상자로, 2019년(1억1,923만 상자)에 비해 근소하게 줄었다. 코로나19 델타변이가 확산되면서 사회적 거리두기 4단계로 인해 수많은 음식점들이 큰 타격을 입은 2021년에 소

주 판매량은 더욱 감소할 것으로 예상된다. 하지만 2022년 이후 코로나19 확산이 진정세에 접어들 경우, 주류 업황이 반등할 것으로 전망된다. 증권가에서 주류 대장주 하이트진로의 목표주가를 상향 조정하는 이유다.

20여 년 만에 맥주 업계 1위가 바뀔까?

2022년 주류 업계의 가장 큰 이슈는 하이트진로와 오비맥주의 치열한 1위 쟁탈전으로 모아진다. '주류 업계 1위 회사'라는 위상에도 불구하고 맥주 사업에서는 늘 '2인자'에 머무르며 적자의 설움을 삼켰던 하이트진로가 효자상품 '테라'를 앞세워 1위 재탈환에 시동을 걸었다. 업계에서는, 하이트진로가 2019년 3월에 '테라'를 출시한 뒤 20~30% 언저리에 머무르던 국내 맥주 시장점유율을 40% 이상 끌어올린 것으로 보고 있다. 지난 9년간 '카스'를 앞세워 맥주 시장 부동의 1위를 지켜온 오비맥주(약 50%)를 턱밑까지 추격한 것이다. 테라는 출시 이후 2년 동안 16억 5,000만 병이 팔렸다.

하이트진로는 오비맥주의 '카스' 아성에 눌려 지난 10년간 맥주 사업에서 줄곧 적자에 시달려오다 2020년부터 흑자전환했다. 실제로 하이트진로는 '테라'의 선전에 힘입어 2020년에 전년 대비 2배 이상 급증한 영업이익을 달성했다.

하이트진로는 오비맥주가 1991년 '낙동강 페놀 오염사건'으로 불매운동에 직면한 상황을 기회삼아 주력 제품을 '크라운'에서 '하이트'로 바꾼 뒤 반등에 성공했다. 1996년 시장점유율 1위에 오른 이후 한동안 엎치락뒤치락 하다가 1998년부터 13년 동안 1위 자리를 지켜왔다. 이후 두산그룹을 떠나 절치부심한

오비맥주가 주력 제품인 '카스' 라인업을 확장하면서 다시 선두를 넘겨줘야 했다. '카스'는 2012년부터 '하이트'를 제치고 1위로 올라선 뒤 50% 이상 시장점유율을 꾸준히 유지하며 1위를 수성하고 있다. 2018년경 두 회사의 시장점유율은 30% 이상(오비맥주 58%, 하이트진로 21%) 벌어지기도 했다.

하이트진로는 '테라'의 성공 비결로 맛과 마케팅, 현장영업력 3박자가 맞아떨어졌다고 분석한다. 맥주의 핵심인 '맥아'를 호주에서 100% 공수한 '테라'는, "맥주는 갈색 병에 담아야 한다"는 고정관념을 깨고 녹색 병에 담으면서 '청정' 이미지를 부각시켰다. 하이트진로는 최근 K-푸드 바람을 타고 국내 시장을 넘어 미국, 싱가포르, 홍콩 등을 중심으로 해외 실적에서 괄목할만한 성과를 내고 있다.

증권가에서 롯데칠성음료의 목표주가를 상향 조정한 이유

주류 업계에서 하이트진로에 완벽하게 밀린 롯데칠성음료가 그나마 명맥을 이어나갈 수 있는 것은 음료 사업 덕분이다. 롯데칠성음료는 탄산음료에서 커피, 생수, 주스 등 거의 모든 음료 사업에 진출해 있다. 그 가운데 특히 '커피'와 '탄산음료', '생수'는 국내 음료 시장의 3대 축이라 할 수 있다. 이들 3대 음료의 합산 비중이 국내 전체 음료 시장의 60%를 훌쩍 넘는다.

음료 시장은 주류에 비해 외부 환경의 영향을 덜 받는 것으로 알려져 있지만, 코로나19 여파를 피해갈 수 없었다. 사회적 거리두기로 2년 가까이 외식이나 모임 등 외부 활동이 크게 줄면서 전반적인 음료 수요도 함께 감소했다. 그나마 언택트 라이프스타일로 인해 배달음식 시장이 크게 성장하면서 가정에서의 음료 소비가 늘어난 것은 다행스런 일이다.

음료 대장주 롯데칠성음료는 2022년부터 성장 카테고리인 탄산음료, 커피, 생수에 집중하며 매출을 회복시킬 계획이다. 무엇보다 음료 시장 내에서 21% 비중을 차지하고 있는 탄산음료 시장은 건강에 대한 우려로 한때 시장이 축소되다가 최근 다시 반등하는 추세다. 롯데칠성음료는 2021년 2월경 무려 6년 만에 탄산음료 가격을 인상했다. 사이다 6.6%, 펩시콜라 7.9% 등 14개 음료 출고가 평균 7.0%를 인상했는데, 이에 따라 영업이익이 27% 가까이 상승하는 효과가 나타났다. 증권가에서는 음료가격 인상이 향후 음료주에 긍정적인 시그널로 나타날 것으로 예상한다. 투자적 관점에서 음료가격 인상 이슈를 유심히 살펴봐야 하는 이유다.

우유 업계, 1위도 2위도 아닌
3위 회사를 눈여겨봐야 하는 이유

음료 시장과 별도로 다뤄지는 우유 업계는, 1위 서울우유와 2위 남양유업, 3위 매일유업이 시장을 과점하고 있다. '바나나맛우유'로 유명한 빙그레도 있지만, 시장점유율이 3%대 초반으로 선두권과 격차가 크다. 그런데 투자적 관점에서는 1위와 2위 업체가 아닌 3위 매일유업을 눈여겨봐야 한다. 1위 서울우유는 비상장사이기에 어쩔 수 없고, 2위 남양유업은 제품에 관한 구설수와 회사 매각 관련 송사 등으로 투자매력이 떨어진다. 반면, 3위 매일유업은 '상하목장 우유' 등 고품질 제품들이 높은 소비자 신뢰도를 구축하고 있고, 중국에서의 분유 사업 호조로 증권가에서 우유 업종 최선호주로 꼽힌다.

출산율 감소에 따른 분유 시장 침체 및 코로나19 여파로 학교 급식 우유 수요가 감소하는 등 전반적인 업황이 우울한 가운데서도 매일유업의 성장성은 돋보인다. 매일유업은 국내 최다인 18개 품목의 특수분유를 제조해 영유아 시장에서 경쟁 우위에 있다. 뿐만 아니라 프리미엄(저온살균, 유기농, 락토프리)과 저지방 우유 시장에 독보적인 노하우를 갖고 있다. 특히 영양식 브랜드 '셀렉스'는 제품 라인업 및 판매 채널 확대를 통해 연간 50% 이상의 고성장을 이어가고 있다.

하이트진로
KP

매출액	2조2,563억 원
영업이익	1,985억 원
순이익	866억 원

- 50.8% → 하이트진로홀딩스
- 29.4% → 박문덕
- 8.7% → 국민연금
- 100% → 진로양조
- 100% → 하이트진로산업
- 100% → 하이트진로음료

▶ 경영 실적 추이 및 전망

(억 원) ■ 매출(좌) ■ 영업이익(좌) ○ 영업이익률(우) (%)

- 2021E: 매출 2조2,856, 영업이익 1,999, 영업이익률 8.74
- 2022F: 매출 2조5,420, 영업이익 2,280, 영업이익률 9.02

▶ 주가 추이 및 전망

(원)

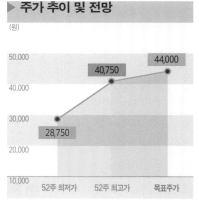

- 52주 최저가: 28,750
- 52주 최고가: 40,750
- 목표주가: 44,000

▶ 투자포인트

- 2011년 하이트맥주와 합병해 사명을 하이트진로로 변경, 연결대상 종속법인으로 국내에 8개, 해외에 7개 보유.
- 국내 맥주 시장에서 점유율 및 가동률 상승으로 2019년 영업적자 해소.
- 국내 소주 시장에서 2011년 진로와의 합병 이래 최초로 점유율 65% 이상 기록.
- 동사 실적의 핵심 포인트는 경쟁사 오비맥주(카스)와의 1위 경쟁으로, 오비맥주의 공격적인 프로모션에 대응하기 위해 마케팅 비용 부담 상승 불가피.
- 다만, 경쟁사 오비맥주의 강력한 프로모션에도 불구하고 동사의 '테라'가 높은 소비자 선호도를 유지하면서 성장 이어감.
- 동사의 주가는 해외 매출 성장성과 맥주 시장에서의 점유율 1위 재탈환에 크게 좌우할 것으로 예상됨.

▶ 사업부문별 매출 비중

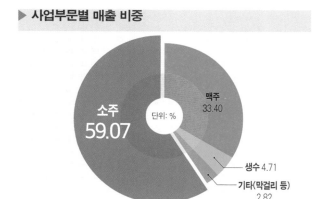

단위: %
- 소주 59.07
- 맥주 33.40
- 생수 4.71
- 기타(막걸리 등) 2.82

▶ 소주/맥주 매출 추이 및 전망

(억 원) ■ 소주 ■ 맥주

- 2019: 소주 1조1,560, 맥주 7,270
- 2020: 소주 1조2,871, 맥주 8,121
- 2021F: 소주 1조3,121, 맥주 8,102
- 2022F: 소주 1조4,401, 맥주 9,314

▶ 맥주 매출 증감률

(%)

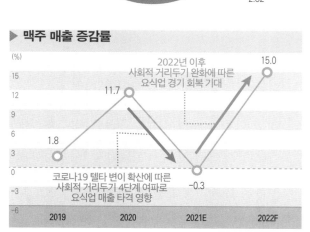

- 2019: 1.8
- 2020: 11.7
- 2021E: -0.3
- 2022F: 15.0

2022년 이후 사회적 거리두기 완화에 따른 요식업 경기 회복 기대

코로나19 델타 변이 확산에 따른 사회적 거리두기 4단계 여파로 요식업 매출 타격 영향

▶ 주요 맥주 브랜드 2억 병 출고 돌파 시점

(일)

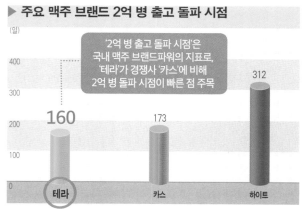

'2억 병 출고 돌파 시점'은 국내 맥주 브랜드파워의 지표로, '테라'가 경쟁사 '카스'에 비해 2억 병 돌파 시점이 빠른 점 주목

- 테라: 160
- 카스: 173
- 하이트: 312

롯데칠성음료 KP

매출액	2조2,580억 원
영업이익	972억 원
순이익	-168억 원

- 39.2% → 롯데지주
  - 13.0% → 신동빈
- 7.9% → 롯데알미늄
- 5.5% → 롯데장학재단
- 5.2% → 호텔롯데
- 9.7% → 국민연금
- 50.0% → 롯데아사히주류
- 7.8% → 대한주정판매
- 8.3% → 세왕금속공업
- 8.7% → 서안주정
- 100% → 산청음료

▶ 경영 실적 추이 및 전망

(억 원) ■ 매출(좌) ■ 영업이익(좌) ○ 영업이익률(우) (%)

- 2021E: 매출 2조4,170 / 영업이익률 6.8 / 영업이익 1,643
- 2022F: 매출 2조5,672 / 영업이익률 7.42 / 영업이익 1,906

▶ 주가 추이 및 전망

(원)
- 52주 최저가: 104,000
- 52주 최고가: 175,500
- 목표주가: 195,000

▶ 투자포인트

- 탄산과 커피, 주스 등 음료에서 소주와 맥주 등 주류에 이르기까지 거의 모든 음료 카테고리를 아우르는 사업 영위.
- 수입맥주 시장에 대응하기 위해 2018년부터 글로벌 3위 맥주 회사인 몰슨쿠어스와 국내 수입·유통 독점 계약 체결.
- 주세법 개정에 따라 2021년부터 맥주 공장에서 수제맥주 위탁생산 및 음료 하이브리드 생산 시작.
- 2021년 2월경 6년 만에 탄산음료 가격을 인상하면서 영업이익 27% 증가하는 효과가 나타났지만, 여전히 경쟁 브랜드(코카콜라) 대비 가격 격차가 남아있기 때문에 추가적인 가격 인상 혹은 판매량 증가 모멘텀 기대.
- '제로 탄산', 수제맥주 등 신사업 호조 및 효율적인 판촉비 집행으로 2021년 영업이익이 전년 대비 약 60% 증가 예상.

▶ 사업부문별 매출 비중 (단위: %)

사업부문	브랜드	대분류
탄산음료 31.0	칠성사이다 펩시콜라	음료 71.3
커피 11.8	레쓰비 등	
생수 10.8	아이시스	
쥬스 9.2	델몬트	
기타 8.5	2%부족, 실론티 등	
소주, 맥주, 수제맥주OEM 28.1	처음처럼, 클라우드, 제주위트에일, 곰표 밀맥주 등	주류 28.7

▶ 사업부문별 영업이익 추이

(억 원) ■ 음료 ■ 주류

> 주류 사업이 2017년부터 4년 연속 영업적자를 기록하다가 2021년에 흑자전환

2012 2013 2014 2015 2016 2017 2018 2019 2020 2021E

▶ 코카콜라 vs. 펩시콜라 ASP(평균판매가격) 추이

(원) ━ 코카콜라 ━ 펩시콜라

> 펩시콜라는 경쟁 브랜드(코카콜라) 대비 가격 격차가 여전히 존재하기 때문에 추가적인 가격 인상 혹은 판매량 증가 모멘텀 기대

2012 2013 2014 2015 2016 2017 2018 2019 2020 2021E

KT&G
KP

매출액	5조3,016억 원
영업이익	1조4,811억 원
순이익	1조1,716억 원

지분율	주주
9.1%	국민연금
7.10%	First Eagle Investment Management, LLC
6.9%	중소기업은행
5.0%	BlackRock Fund Advisors
100%	한국담배인삼공사
52.4%	영진약품
100%	태아산업
98.6%	코스모코스
100%	상상스테이
50.0%	스타필드 수원

▶ 경영 실적 추이 및 전망

▶ 주가 추이 및 전망

▶ 투자포인트

- 담배의 제조와 판매를 주요 사업으로 영위하며, 국내는 물론 중동, 중앙아시아 및 러시아 등 60여 개국에 수출.
- 담배 이외에 인삼 등 건강기능식품 및 부동산 임대 및 개발 사업 영위.
- 동사의 국내 일반담배 시장점유율이 최근 10년 동안 가장 높은 수치인 64.1% 기록 → 궐련형 전자담배에만 집중하는 경쟁사와 달리 동사는 전 세계에서 유일하게 일반담배와 전자담배 점유율이 동반 상승하는 점 주목.
- 동사의 기업가치를 좌우하는 핵심 포인트는 해외 사업 → 현재 동사는 수출국이 100여 개국에 불과하지만 2025년 200여 개 국가로 확장 예상.
- 수출시장 진입 초기에는 낮은 ASP(평균판매가격)로 당장 수익성이 부진할 수 있지만, 시장 진입이 안정화에 접어들면 적자부문 충분히 상쇄 → 수출 매출 비중이 상승할수록 동사 주가 상승 주목.

▶ 사업부문별 매출 비중

▶ 담배 사업 매출 추이 및 전망

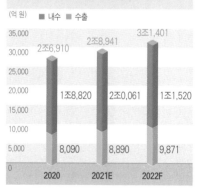

▶ 한국인삼공사 매출 추이 및 전망

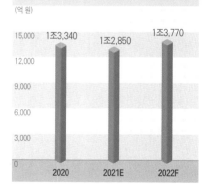

▶ 글로벌 담배회사 PER 추이 비교

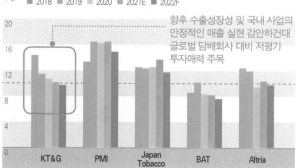

향후 수출성장성 및 국내 사업의 안정적인 매출 실현 감안하건대 글로벌 담배회사 대비 저평가 투자매력 주목

▶ 글로벌 담배회사 배당수익률 추이 비교

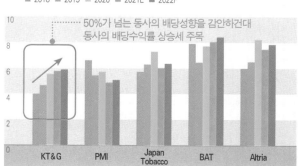

50%가 넘는 동사의 배당성향을 감안하건대 동사의 배당수익률 상승세 주목

매일유업
KQ

매출액	1조4,631억 원
영업이익	865억 원
순이익	577억 원

```
매일홀딩스 ── 31.0%
   ↑ 38.2%
김정완
진암사회복지재단 ── 9.0%     형제관계
                              ↓
VIP자산운용 ── 5.6%       계열분리
                         완료
김정민 ── 5.1%
   ↓ 55.7%
씨케이코퍼레이션 ── 6.9%
   ↓ 39.8%
제로투세븐

영유아 분유
유통/판매
```

▶ 경영 실적 추이 및 전망

(억 원) ■ 매출(좌) ■ 영업이익(좌) ○ 영업이익률(우) (%)

- 2021E: 매출 1조5,266, 영업이익 923, 영업이익률 6.05
- 2022F: 매출 1조6,230, 영업이익 1,078, 영업이익률 6.61

▶ 주가 추이 및 전망

(원)

- 52주 최저가: 66,000
- 52주 최고가: 83,400
- 목표주가: 110,000

▶ 투자포인트

- 2017년 5월에 매일유업 주식회사에서 인적분할되었으며, 낙농품 및 음료 제조·판매 수출입 등을 주요 사업으로 영위.
- 주요 제품으로는 '매일우유', '상하목장 유기농 우유' 및 분유제품인 '앱솔루트 명작', 그리고 요구르트제품인 '매일 바이오' 등이 있음.
- 동사는 국내 업계 최다인 총 18개 품목의 특수분유 브랜드를 보유하고 있으며, 백색우유 시장 상위 3개 업체 중에서 특히 프리미엄(저온살균, 유기농, 락토프리) 유제품과 저지방 시장에서 소비자 선호도 높음.
- 출산율 감소에 따른 분유의 판매 하락은 여전히 부담스런 대목이지만, 품목별로 전반적인 성장 흐름 이어감 → '상하목장' 유제품이 두 자릿수 성장률을 회복한 가운데, 신규 고마진 품목으로 부상한 곡물우유와 치즈의 판매 호조세 주목.

빙그레
KP

매출액	9,591억 원
영업이익	398억 원
순이익	349억 원

```
김호연 ── 36.7%
국민연금 ── 6.0%
   ↑ 100%
해태아이스크림
```

▶ 경영 실적 추이 및 전망

(억 원) ■ 매출(좌) ■ 영업이익(좌) ○ 영업이익률(우) (%)

- 2021E: 매출 1조1,299, 영업이익 383, 영업이익률 3.39
- 2022F: 매출 1조1,816, 영업이익 601, 영업이익률 5.08

▶ 주가 추이 및 전망

(원)

- 52주 최저가: 50,100
- 52주 최고가: 66,800
- 목표주가: 74,000

▶ 국내 아이스크림 시장점유율 양강구도 재편 현황

(%) ■ 내수 ■ 수출

- 롯데제과+롯데푸드: 47.1 (수출 15.3, 내수 31.8)
- 빙그레+해태: 40.6 (수출 12.7, 내수 27.9)

▶ 투자포인트

- 동사가 2020년 10월 해태아이스크림 지분 100%를 1,325억 원에 인수함으로써, 국내 아이스크림 시장은 '롯데(MS 47%)' vs. '빙그레(MS 41%)' 양강 체제로 재편.
- 동사가 인수한 해태의 빙과 사업부는 적자를 지속해오다 2020년을 기점으로 흑자 전환.
- 동사의 카테고리별 매출 비중은 유음료 및 빙과(해태 인수 포함)가 각각 50%를 차지 → 유음료는 편의점 채널 판매 비중이 높은 제품 중 하나인데, 특히 동사의 대표 브랜드인 '바나나맛우유'는 편의점 판매 순위에서 줄곧 1위 영위.
- 동사는 코로나19로 야외활동이 제한되면서 편의점 매출이 큰 폭으로 하락했다가 2021년부터 회복세.
- 빙과시장은 여름시즌이 성수기로, 최근 신규 채널(아이스크림 할인점)이 확대되면서 보다 길어진 계절적 호황 누림.

📈 장기 불황 → 기저효과 → 업황 반등 📉

▶ 국내 패션 시장 규모 추이 및 전망

(억 원) / (%)

■ 시장 규모(좌) ○ 전년 대비 증가율(우)

팬데믹 이전 | 팬데믹 중심 | 위드 코로나

- 2018: 43조2,181 / -1.6
- 2019: 41조6,441 / -3.6
- 2020: 39조4,376 / -5.3
- 2021E: 38조6,521 / -2.0
- 2022F: 42조6,441 / 2.8

▶ 국내 패션 카테고리별 시장 비중 (단위: %)

- 캐주얼웨어 38.2
- 애슬래저/골프 19.1
- 신발 12.3
- 남성정장 8.1
- 여성정장 6.5
- 가방 5.5
- 내의 7.1
- 아동복 3.2

▶ 국내 패션 업계 카테고리별 시장 규모 추이 및 전망 [괄호 안은 전년 대비 성장률(%)]

캐주얼웨어 (대표기업: F&F, 휠라홀딩스)

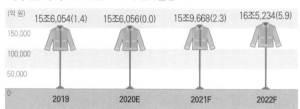

(억 원)
- 2019: 15조6,054(1.4)
- 2020E: 15조6,056(0.0)
- 2021F: 15조9,668(2.3)
- 2022F: 16조5,234(5.9)

애슬래저/골프 (대표기업: 휠라홀딩스, 크리스에프앤씨, 까스텔바작)

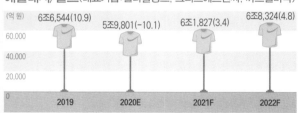

(억 원)
- 2019: 6조6,544(10.9)
- 2020E: 5조9,801(-10.1)
- 2021F: 6조1,827(3.4)
- 2022F: 6조8,324(4.8)

남성정장 (대표기업: 에스티오)

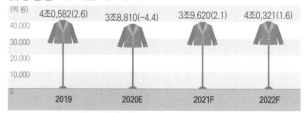

(억 원)
- 2019: 4조0,582(2.6)
- 2020E: 3조8,810(-4.4)
- 2021F: 3조9,620(2.1)
- 2022F: 4조0,321(1.6)

여성정장 (대표기업: 한섬, 신원)

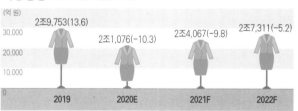

(억 원)
- 2019: 2조9,753(13.6)
- 2020E: 2조1,076(-10.3)
- 2021F: 2조4,067(-9.8)
- 2022F: 2조7,311(-5.2)

내의 (대표기업: BYC, 비비안, 신영와코루)

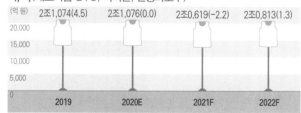

(억 원)
- 2019: 2조1,074(4.5)
- 2020E: 2조1,076(0.0)
- 2021F: 2조0,619(-2.2)
- 2022F: 2조0,813(1.3)

영유아복 (대표기업: 아가방컴퍼니, 제로투세븐)

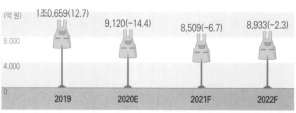

(억 원)
- 2019: 1조0,659(12.7)
- 2020E: 9,120(-14.4)
- 2021F: 8,509(-6.7)
- 2022F: 8,933(-2.3)

신발 (대표기업: 화승엔터프라이즈, LS네트웍스)

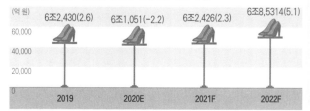

(억 원)
- 2019: 6조2,430(2.6)
- 2020E: 6조1,051(-2.2)
- 2021F: 6조2,426(2.3)
- 2022F: 6조8,5314(5.1)

가방 (대표기업: JS코퍼레이션)

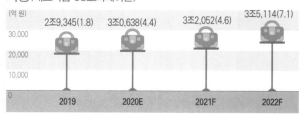

(억 원)
- 2019: 2조9,345(1.8)
- 2020E: 3조0,638(4.4)
- 2021F: 3조2,052(4.6)
- 2022F: 3조5,114(7.1)

📈 코로나19에도 멈추지 않은 '골프 열풍' → 골프웨어 수혜 📉

▶ 국내 골프인구 추이 (연간 누적 기준)

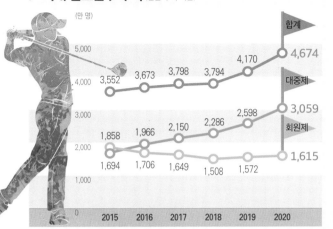

(만 명)

합계 4,674
- 2015: 3,552
- 2016: 3,673
- 2017: 3,798
- 2018: 3,794
- 2019: 4,170

대중제 3,059
- 2015: 1,858
- 2016: 1,966
- 2017: 2,150
- 2018: 2,286
- 2019: 2,598

회원제 1,615
- 2015: 1,694
- 2016: 1,706
- 2017: 1,649
- 2018: 1,508
- 2019: 1,572

▶ 국내 골프웨어 시장 규모 추이 및 전망

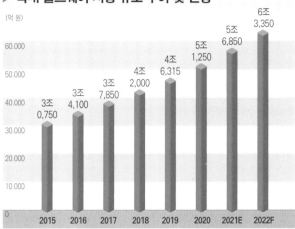

(억 원)

- 2015: 3조 0,750
- 2016: 3조 4,100
- 2017: 3조 7,850
- 2018: 4조 2,000
- 2019: 4조 6,315
- 2020: 5조 1,250
- 2021E: 5조 6,850
- 2022F: 6조 3,350

▶ 국내 스크린골프 시장 규모 추이 및 전망 : '골프 열풍'을 이끈 모멘텀

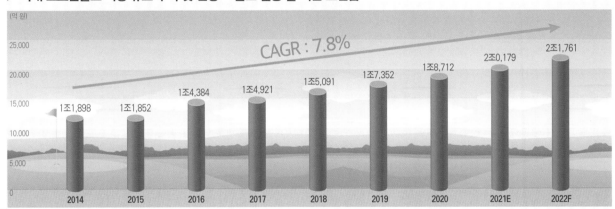

(억 원)

CAGR : 7.8%

- 2014: 1조1,898
- 2015: 1조1,852
- 2016: 1조4,384
- 2017: 1조4,921
- 2018: 1조5,091
- 2019: 1조7,352
- 2020: 1조8,712
- 2021E: 2조0,179
- 2022F: 2조1,761

▶ 국내 대표 골프웨어 기업 및 브랜드

기업	브랜드
아쿠쉬네트(휠라홀딩스)	풋조이
크리스에프앤씨	세인트앤드류스, 핑, 팬텀, 파리게이츠, 마스터바니
까스텔바작	까스텔바작
코웰패션	페어라이어
슈페리어	슈페리어
캘러웨이	캘러웨이
PXG	PXG
나이키	나이키골프
아디다스	아디다스골프
언더아머	언더아머골프
사우스케이프	사우스케이프

골프웨어 상장회사

골프웨어 사업을 주력으로 하는 '휠라홀딩스'와 '크리스에프앤씨', 패션 최선호주 등극

▶ 골프웨어 대표기업의 실적 성장

아쿠쉬네트 매출 추이 및 전망

(억 원)

- 2020: 1조8,981
- 2021E: 2조0,173
- 2022F: 2조0,866

크리스에프앤씨 매출 추이 및 전망

(억 원)

- 2020: 2,924
- 2021E: 3,470
- 2022F: 3,723

패션(의류, 신발)

'리오프닝' 거품 걷어내고,
'골프웨어'에 주목하기

리오프닝 특수로 패션주 오를까?
현실을 냉정하게 직시해야!

코로나19 여파로 패션 업황이 위축된 건 사실이다. 대기업마다 재택근무 비중을 확대했고, 사회적 거리두기 강화로 대외활동이 크게 줄어들면서 패션에 대한 소비심리가 꽁꽁 얼어붙었기 때문이다. 하지만 국내 패션 업황이 코로나19 이전에도 장기 부진을 면치 못했음은 움직일 수 없는 사실이다. 국내 패션 시장의 불황이 유독 코로나19 때문만은 아닌 것이다. 2022년 여기저기서 '리오프닝'을 주장하고 있지만, 이것이 패션 업황에도 유효한지에 대해서는 냉정하게 바라볼 필요가 있다.

투자적 관점에서는 '보복소비'로 인한 착시효과를 경계할 필요가 있다. 보복소비란 코로나19 등 외부 요인으로 억눌렸던 소비가 마치 보복이라도 하듯 한꺼번에 분출되는 현상을 의미한다. 보복소비는 원래 부부 사이에서 외도한 배우자에게 과소비로 보복하기 위해 사치품 등을 흥청망청 사들이는 것에서 비롯했다. 보복소비가 일어나면 소비자들은 질병이나 재난으로 참아야 했던 소비 욕구를 풀기 위해 생필품보다는 주로 사치품이나 기호품을 구매한다. 패션잡화가 대표적이다.

보복소비는 당장 주식시장에도 영향을 미친다. 이른바 보복소비 관련 주가 존재한다는 얘기다. 패션주와 백화점주는 대표적인 보복소비주 가운데 하나다. 현대백화점과 계열 패션 업체 한섬은 실제로 코로나19가 한동안 소강상태였던 2021년 3월에 터진 보복소비로 인해 당시 주가가 30% 가까이 급등했다. 한섬의 경우 오프라인 매출 비중이 80%에 이르는 데, 당시 백화점이나 대형 쇼핑몰에 방문객이 급증하면서 실적이 반등하기도 했다. 다만 보복소비에 따른 주가 상승은 단발적

인 이벤트에 그칠 가능성이 높다. 이후 델타변이가 확산되어 사회적 거리두기가 4단계로 격상되자 보복소비 관련 종목들의 주가는 일제히 하락하고 말았다.

업황이 부진해도 투자 유망종목은 존재한다!

앞에서 언급했듯이 리오프닝으로 패션주가 오를지에 대해서는 좀 더 냉정하게 접근해야 하겠다. 코로나19가 터지기 전에도 패션 업황이 부진했고, 팬데믹으로 시장이 더욱 침체했던 것만큼 기저효과에 따른 업황 반등은 분명히 나타날 것이라는 게 증권가의 대체적인 전망이다. 하지만 모든 패션 업체들의 실적이 좋아질 것을 기대하는 건 무리다. 성장 모멘텀을 갖춘 기업들 가운데 밸류에이션이 탄탄한 종목을 중심으로 투자처를 선별하는 노력이 그 어느 때보다 중요한 시점이다. 증권가에서는 패션 대장주 가운데 'F&F'와 '휠라홀딩스'를, 그리고 중소형주 중에서는 골프웨어를 주력 사업으로 하는 '크리스에프앤씨'를 패션 최선호주로 꼽는다. F&F의 경우, 국내는 물론 해외 시장에서 'MLB'와 'discovery' 브랜드에 대한 인지도가 가파르게 확산되고 있다. 뿐 만 아니라 국내 패션 경쟁사의 평균 영업이익률에 비해 수익성이 높은 점도 매력적이다. 무엇보다도 레저/스포츠/아웃도어 의류 수요 반등 호재를 톡톡히 누릴 전망이다. 재무적으로도 재고자산회전율이 업계 평균 대비 우수한 수준으로 유지되고 있다.

휠라홀딩스는 본업인 'FILA' 브랜드 국내외 판매 및 로열티 사업 이외에 지분 52%를 보유한 자회사 아쿠쉬네트(Acushnet)의 사업이 주가와 실적을 견인할 전망이다. 뉴욕증시에 상장되어 있는 아쿠쉬네트는 2016년 11월 휠라홀딩스의 자회사로 편입되었다. 세계적인 골

프 브랜드 'Titleist', 'Foot Joy' 등 다양한 골프 브랜드를 운영하고 있다. 아쿠쉬네트의 지분가치는 2조 원을 웃도는 것으로 평가받고 있으며 휠라홀딩스 내 68%가 넘는 사업 비중을 차지한다. 휠라홀딩스는 아쿠쉬네트 인수로 골프웨어 사업을 통한 높은 실적 상승이 예상된다.

패션 중소형주 중에서 가장 돋보이는 회사는 크리스에프앤씨다. 가격대/연령대별 브랜드 포트폴리오를 갖춘 골프웨어 전문업체다. '파리게이츠', '핑', '팬텀', '마스터바니', '세인트앤드류스' 등 골퍼들에게 인지도 있는 브랜드를 보유하고 있다. 브랜드 합산 매출액으로 국내 골프웨어 시장점유율 1위라 봐도 무방하다. 크리스에프앤씨는 온·오프라인 유통망에 모두 강한 만큼 소비자들의 접근성이 우수하다. 오프라인 매장 수는 602개로 업계 최상위 수준이다. 브랜드별로 유통망을 다르게 구성해서 높은 이익률을 유지하고 있는데, 고단가 제품일수록 백화점과 직영점 비중을 늘리고 대리점을 줄이는 식이다. 자사몰인 '크리스몰'의 성장세가 가파른 것도 같은 맥락이다. 무엇보다 판매 마진률이 높아 이익성 개선에 유리하다. 특히 2030 골퍼들이 늘어나면서 젊은 연령층을 타깃으로 삼은 '파리게이츠'와 '마스터바니'의 고성장세가 이어지고 있다.

골프웨어 소비에 집착하는 한국인의 유별난 골프 사랑
매출 1조 원대 대형주들을 제치고 중소형주 가운데 국내 골프웨어 1위인 크리스에프앤씨를 패션 최선호주로 꼽는 데서 알 수 있듯이, 골프웨어 시장의 높은 성장이 점쳐진다. 한국인의 '골프 사랑'은 세계적이라 해도 지나치지 않다. 코로나19로 대외활동이 크게 위축되었지만 골프 유입 인구는 오히려 큰 폭으로 증가했음이 이를 방증한다. 골프 유입 인구가 커질수록 골프웨어 수요가 증가하는 건 인지상정이다. 특히 2030세대에서 골프 인구가 유입되는 것은 시장에 더 없는 호재가 아닐 수 없다. 일본의 경우 골프 산업이 반짝 성장했다가 쇠퇴하고 말았는데, 골프가 젊은 층으로 확산되지 못했기 때문이다.

우리나라는 골프 열풍이 오래갈 수밖에 없는 인프라까지 갖추고 있다. 대중 골프장 및 스크린골프 시장이 엄청나게 커지고 있기 때문이다. 한국의 골프장 수는 이미 글로벌 '톱 10'에 진입했다(전국 501개로 세계 9위권, 2020년 기준). 중요한 것은 지난 2013년부터 대중 골프장이 회원제 골프장 수를 넘어섰다는 점이다. 이는 신규 골퍼들의 라운딩 접근성을 높여준다. 라운딩이 증가할수록 골프웨어 수요가 늘어날 수밖에 없다. 물론 스크린골프를 칠 때 골프웨어를 입지는 않지만, 스크린골프는 라운딩 비수기인 하/동절기에 골퍼의 이탈을 막는 결정적인 역할을 한다.

골프웨어 시장이 위드 코로나 시대로 갈수록 더욱 기대감을 키우는 이유는, 거대한 해외 골프여행 시장이 열리기 때문이다. 우리나라의 해외 골프여행 인구의 소비 규모는 세계적인 수준이다. 실제로 우리나라는 골프웨어 지출 비용 세계 1위에 올라있을 정도다.

투자적 관점으로는, 크리스에프앤씨를 골프웨어 최선호주로, 휠라홀딩스를 차선호주로 하고, 이밖에 까스텔바작 및 코웰패션(브랜드 '페어라이어') 등에도 관심을 가져볼 만하다.

해외 골프여행 인구
1인당 평균소비
140만 원

해외 골프여행 인구
연 210만 명

F&F
KP

매출액	8,381억 원
영업이익	1,230억 원
순이익	852억 원

- 30.5% F&F홀딩스
- 23.0% 김창수
- 5.2% 국민연금

2021년 8월 20일에 최대주주가 기존 김창수 대표이사에서 F&F홀딩스로 변경. F&F홀딩스의 F&F 기명식 보통주 공개매수를 통해 이뤄짐. 이로써 F&F 는 F&F홀딩스의 자회사로 편입.

▶ 경영 실적 추이 및 전망

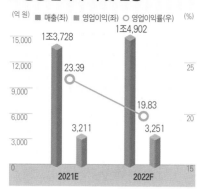

(억 원) ■ 매출(좌) ■ 영업이익(좌) ○ 영업이익률(우) (%)

- 1조3,728 / 23.39 / 3,211 — 2021E
- 1조4,902 / 19.83 / 3,251 — 2022F

▶ 주가 추이 및 전망

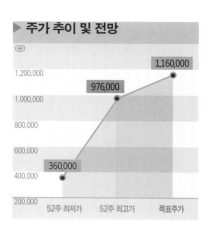

(원)

- 360,000 — 52주 최저가
- 976,000 — 52주 최고가
- 1,160,000 — 목표주가

▶ 투자포인트

- 인적분할로 설립된 신설회사로, 2021년 5월 재상장 → F&F홀딩스의 사업 중 패션 사업부문을 담당함.
- 라이선스 브랜드인 'DISCOVERY', 'MLB', 'MLB KIDS' 및 자체 브랜드인 'STRETCH ANGELS', 'DUVETICA' 보유.
- 동사의 실적 및 주가 상승을 위해서는 중국 사업이 매우 중요 → 매장 수 및 매장 당 매출액이 빠르게 증가 추세(매장 수 연간 179개 증가).
- 동사는 2021년 7월경 세계 3대 골프용품 업체인 테일러메이드 인수를 위한 전략적 투자자로 참여한다고 밝힘 → 테일러메이드 인수를 위한 센트로이드 PE 펀드에 참여 결정 이후 주가 상승.
- 국내 패션 업종 평균 영업이익률 대비 월등히 높은 영업이익률 주목.

▶ MLB 전체 매출 추이 및 전망

(억 원)

MLB 실적 1조 원대 돌파

- 6,170 — 2019
- 5,071 — 2020
- 8,399 — 2021E
- 1조0,236 — 2022F

▶ DISCOVERY 매출 추이 및 전망

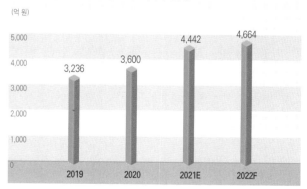

(억 원)

- 3,236 — 2019
- 3,600 — 2020
- 4,442 — 2021E
- 4,664 — 2022F

▶ MLB 중국 매출 추이 및 전망

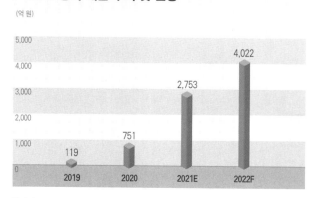

(억 원)

- 119 — 2019
- 751 — 2020
- 2,753 — 2021E
- 4,022 — 2022F

▶ MLB 중국 매장 수 추이 및 전망

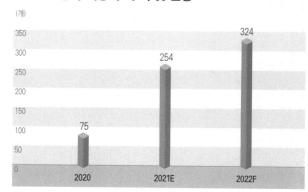

(개)

- 75 — 2020
- 254 — 2021E
- 324 — 2022F

휠라홀딩스
KP

매출액	3조1,288억 원
영업이익	3,411억 원
순이익	1,477억 원

21.6% — 피에몬테
75.1% — 윤윤수
9.9% — 국민연금
5.0% — 템플턴자산운용
100% (물적분할) — 휠라코리아
100% — GLBH홀딩스
100% — 매그너스홀딩스
15.0% — 스팍스글렌코 코리아

▶ 경영 실적 추이 및 전망

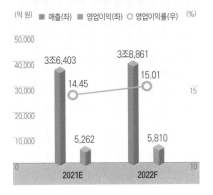

(억 원) ■ 매출(좌) ■ 영업이익(좌) ○ 영업이익률(우) (%)

- 2021E: 매출 3조6,403, 영업이익 5,262, 영업이익률 14.45
- 2022F: 매출 3조8,861, 영업이익 5,810, 영업이익률 15.01

▶ 주가 추이 및 전망

(원)
- 52주 최저가: 33,250
- 52주 최고가: 59,800
- 목표주가: 60,000

▶ 투자포인트

- 'FILA'의 국내 브랜드 사업을 위해 1991년 설립, 2007년 글로벌 상표권을 인수하였고, 2020년 1월 물적분할을 통해 휠라홀딩스와 국내 브랜드 사업을 담당하는 신설법인 휠라코리아로 나뉨.
- 지분 52%를 보유한 자회사 아쿠쉬네트(Acushnet)의 사업이 주가와 실적을 견인 → 뉴욕증시에 상장되어 있는 아쿠쉬네트는 2016년 11월 휠라홀딩스의 자회사로 편입.
- 아쿠쉬네트는 세계적인 골프 브랜드 'Titleist', 'Foot Joy' 등 다양한 골프 브랜드 운영.
- 아쿠쉬네트의 지분가치는 2조 원을 웃도는 것으로 평가받고 있으며, 휠라홀딩스 내 68%가 넘는 사업 비중 차지.
- 휠라홀딩스는 아쿠쉬네트 인수로 골프웨어 사업을 통한 높은 실적 상승 예상.

▶ 사업부문별 매출 비중

단위: %
- 휠라언더웨어 2.2
- 기타 15.7
- 휠라 19.7
- 휠라골프 2.3
- 아쿠쉬네트 Footjoy 15.9
- 아쿠쉬네트 Titleist 44.3

▶ 아쿠쉬네트 매출 추이 및 전망

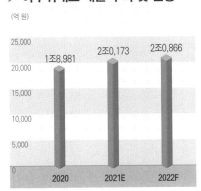

(억 원)
- 2020: 1조8,981
- 2021E: 2조0,173
- 2022F: 2조0,866

▶ 아쿠쉬네트 영업이익 추이 및 전망

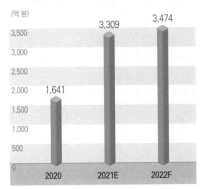

(억 원)
- 2020: 1,641
- 2021E: 3,309
- 2022F: 3,474

▶ ROE 추이 및 전망

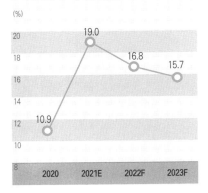

(%)
- 2020: 10.9
- 2021E: 19.0
- 2022F: 16.8
- 2023F: 15.7

▶ 글로벌 스포츠웨어 기업 PER 비교

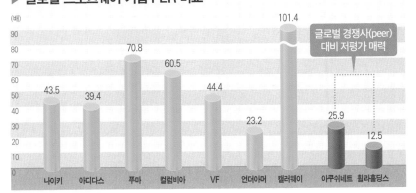

(배)
- 나이키: 43.5
- 아디다스: 39.4
- 푸마: 70.8
- 컬럼비아: 60.5
- VF: 44.4
- 언더아머: 23.2
- 캘러웨이: 101.4
- 아쿠쉬네트: 25.9
- 휠라홀딩스: 12.5

글로벌 경쟁사(peer) 대비 저평가 매력

345

영원무역
KP

매출액	2조4,664억 원
영업이익	2,597억 원
순이익	1,824억 원

- 50.5% / 인적분할 → 영원무역홀딩스
- 16.7% → 성기학
- 12.5% → 국민연금
- 5.0% → Hermes Investment Management Limited
- 50.0% → SCOTT

▶ 경영 실적 추이 및 전망

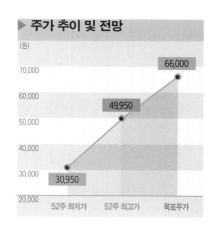

(억 원) ■ 매출(좌) ■ 영업이익(좌) ○ 영업이익률(우) (%)

- 2021E: 매출 2조6,901, 영업이익 3,289, 영업이익률 12.33
- 2022F: 매출 2조8,069, 영업이익 3,504, 영업이익률 12.51

▶ 주가 추이 및 전망

(원)
- 52주 최저가: 30,950
- 52주 최고가: 49,950
- 목표주가: 66,000

▶ 투자포인트

- 2009년 영원무역홀딩스와 인적분할을 통해 설립 → 아웃도어 및 스포츠 의류, 신발, Backpack 제품 생산 및 수출 사업(OEM) 영위.
- 동사의 투자포인트로 증가하는 현금성자산 주목 → 꾸준한 영업현금 창출 및 선제적인 유동성 확보 차원에서 일부 자산 매각.
- 2020년 말 기준 동사의 현금성자산은 7,559억 원으로, 해마다 2,000억 원 이상의 영업활동 현금흐름 유지.
- 동사는 전 세계적으로 유명한 브랜드를 고정 거래처로 확보.
- 원자재의 수직계열화 생산구조로 원가관리 유리.
- 자회사 SCOTT의 경우 E-bike 사업 호조 및 MTB 수요 증가 추세로 수익성 개선.

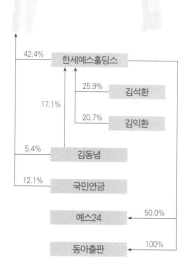

한세실업
KP

매출액	1조6,983억 원
영업이익	649억 원
순이익	357억 원

- 42.4% → 한세예스홀딩스
- 25.9% → 김석환
- 20.7% → 김익환
- 17.1% → 한세예스홀딩스
- 5.4% → 김동녕
- 12.1% → 국민연금
- 50.0% → 예스24
- 100% → 동아출판

▶ 경영 실적 추이 및 전망

(억 원) ■ 매출(좌) ■ 영업이익(좌) ○ 영업이익률(우) (%)

- 2021E: 매출 1조7,031, 영업이익 1,094, 영업이익률 6.42
- 2022F: 매출 1조7,646, 영업이익 1,150, 영업이익률 6.51

▶ 주가 추이 및 전망

(원)
- 52주 최저가: 15,050
- 52주 최고가: 28,400
- 목표주가: 34,000

▶ 투자포인트

- 2009년 한세예스24홀딩스와 인적분할을 통해서 설립, 미국의 유명 바이어로부터 주문을 받아 OEM(주문자 상표 부착 생산), ODM(제조자 개발 생산) 방식으로 수출하는 글로벌 패션기업.
- 주요 브랜드로 'TARGET', 'OLD NAVY', 'GAP', 'KOHL'S', 'WAL-MART', 'PINK', 'H&M' 등을 보유하고 있으며, 셔츠(니트), 여성정장, 캐주얼웨어 등 주력 생산.
- 원단가격 인상 및 운임비 상승에도 불구하고 판관비율을 유지하는 원가 조절 능력 탁월 → 유사한 매출에도 불구하고 단가는 올리고 비용은 줄여 수익성 개선 효과 누림(2021년 2분기 어닝서프라이즈 달성).
- 동사의 2021년 기준 PER은 8.8배 수준으로 국내외 동종 업계 평균 PER 20.9배 대비 저평가 매력 주목.

한섬
KP

매출액	1조1,959억 원
영업이익	1,021억 원
순이익	849억 원

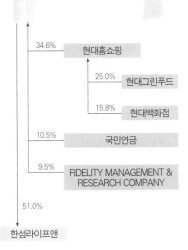

- 34.6% 현대홈쇼핑
  - 25.0% 현대그린푸드
  - 15.8% 현대백화점
- 10.5% 국민연금
- 9.5% FIDELITY MANAGEMENT & RESEARCH COMPANY
- 51.0% 한섬라이프앤

▶ 경영 실적 추이 및 전망

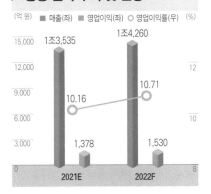

(억 원) ■ 매출(좌) ■ 영업이익(좌) ○ 영업이익률(우) (%)

- 2021E: 매출 1조3,535 / 영업이익 1,378 / 영업이익률 10.16
- 2022F: 매출 1조4,260 / 영업이익 1,530 / 영업이익률 10.71

▶ 주가 추이 및 전망

(원)

- 52주 최저가: 28,650
- 52주 최고가: 51,200
- 목표주가: 54,000

▶ 투자포인트

- 2016년에 현대지앤에프가 SK네트웍스의 패션 사업부문을 양수하여 의류 도소매업 영위 → 한섬상해(상무)유한공사 등 4개 기업을 연결대상 종속회사로 보유.
- 'TIME', 'SYSTEM', 'MINE', 'SJSJ' 등 여성 의류 중심 브랜드 보유.
- 동사는 특히 백화점, 아울렛, 직영점 등 오프라인 영업에 강점이 있는 관계로 코로나19로 인한 영업 차질이 큰 편임 → 최근 온라인 유통 채널 비중을 20% 이상 늘려 코로나19로 인한 영업 차질에 적극 대응 중.
- 신규 사업인 화장품 부문에서 성장 모멘텀 기대 → 럭셔리 스킨케어 브랜드 'oera'를 현대백화점 본점에 첫 매장으로 오픈 → 오프라인 매장은 계열 유통 채널인 현대백화점 무역점과 판교점, 더한섬하우스 광주점과 부산점으로 확대 계획.
- 화장품 온라인 채널 '더한섬닷컴' 영업 개시 → 더현대닷컴과 현대H몰 입점 예정.

크리스에프앤씨
KQ

매출액	2,924억 원
영업이익	498억 원
순이익	386억 원

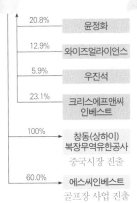

- 20.8% 윤정화
- 12.9% 와이즈얼라이언스
- 5.9% 우진석
- 23.1% 크리스에프앤씨인베스트
- 100% 창동(상하이)복장무역유한공사 (중국시장 진출)
- 60.0% 에스씨인베스트 (골프장 사업 진출)

▶ 경영 실적 추이 및 전망

(억 원) ■ 매출(좌) ■ 영업이익(좌) ○ 영업이익률(우) (%)

- 2021E: 매출 3,470 / 영업이익 656 / 영업이익률 18.91
- 2022F: 매출 3,723 / 영업이익 663 / 영업이익률 17.8

▶ 주가 추이 및 전망

(원)

- 52주 최저가: 22,100
- 52주 최고가: 50,900
- 목표주가: 75,000

▶ 투자포인트

- 골프웨어 전문업체로, 2020년 기준 국내 골프웨어 분야 매출 1위 영위.
- 브랜드별 매출 비중은 '파리게이츠' 33%, '핑' 29%, '팬텀' 24%, '마스터바니' 9%, '세인트앤드류스' 5% → 보유하고 있는 브랜드마다 판매 마진률이 높아 이익성 개선에 유리.
- 최근 오프라인 직영 매장을 공격적으로 늘리고 있는 바, 2020년 말 602개에서 2021년 말 640개로 추가 오픈 예정.
- 동사는 브랜드별로 유통망을 다르게 구성해서 높은 이익률 유지 → 고단가 제품일수록 백화점과 직영점 비중을 늘리고 대리점을 줄이는 방식.
- 최근 2030 골퍼들이 늘어나면서 젊은 연령층을 타깃으로 삼은 '파리게이츠'와 '마스터버니'의 고성장세 주목.

마스크에 지워진 전 세계 화장품 시장, 중국만 호황!

▶ 전 세계 화장품 시장 규모 추이 및 전망

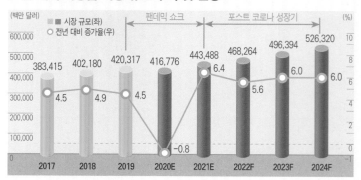

(백만 달러)
- 시장 규모(좌)
- ○ 전년 대비 증가율(우) (%)

연도	시장 규모	증가율
2017	383,415	4.5
2018	402,180	4.9
2019	420,317	4.5
2020E	416,776	-0.8
2021E	443,488	6.4
2022F	468,264	5.6
2023F	496,394	6.0
2024F	526,320	6.0

팬데믹 쇼크 / 포스트 코로나 성장기

▶ 전 세계 화장품 카테고리별 시장 비중 및 구조
(단위 : %, 백만 달러, 2020년 기준)

- 자외선차단제 2.7(11,524)
- 유아/이동용품 3.7(15,362)
- 기타 1.3(5,285)
- 탈취제 5.0(20,995)
- 목욕용품 9.0(37,621)
- 향수 11.6(48,740)
- 색조화장품 16.6(69,859)
- 기초화장품 32.6(136,944)
- 헤어(샴푸 등) 17.6(73,989)

▶ 전 세계 화장품 카테고리별 성장률 (2020년 기준, 전년 대비)

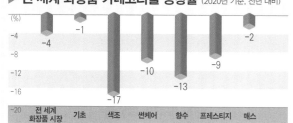

(%)
- 전 세계 화장품 시장: -4
- 기초: -1
- 색조: -17
- 썬케어: -10
- 향수: -13
- 프레스티지: -9
- 매스: -2

▶ 한국 화장품 카테고리별 성장률 (2020년 기준, 전년 대비)

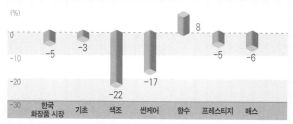

(%)
- 한국 화장품 시장: -5
- 기초: -3
- 색조: -22
- 썬케어: -17
- 향수: 8
- 프레스티지: -5
- 매스: -6

▶ 중국 화장품 카테고리별 성장률 (2020년 기준, 전년 대비)

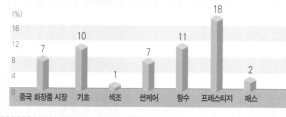

(%)
- 중국 화장품 시장: 7
- 기초: 10
- 색조: 1
- 썬케어: 7
- 향수: 11
- 프레스티지: 18
- 매스: 2

▶ 미국 화장품 카테고리별 성장률 (2020년 기준, 전년 대비)

(%)
- 미국 화장품 시장: -3
- 기초: 0
- 색조: -19
- 썬케어: -8
- 향수: -17
- 프레스티지: -13
- 매스: 4

▶ 화장품 주요 수출국 '톱10' (단위 : 백만 달러, 괄호 안은 전년 대비 증감률(%), 2020년 기준)

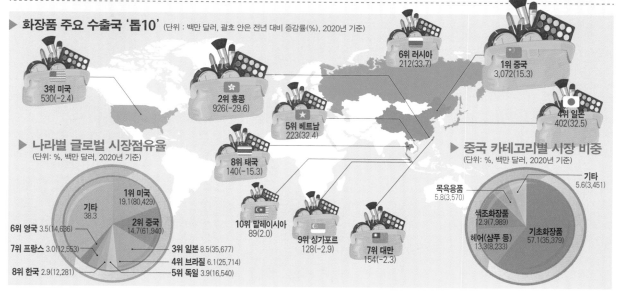

- 1위 중국 3,072(15.3)
- 2위 홍콩 926(-29.6)
- 3위 미국 530(-2.4)
- 4위 일본 402(32.5)
- 5위 베트남 223(32.4)
- 6위 러시아 212(33.7)
- 7위 대만 154(-2.3)
- 8위 태국 140(-15.3)
- 9위 싱가포르 128(-2.9)
- 10위 말레이시아 89(2.0)

▶ 나라별 글로벌 시장점유율
(단위: %, 백만 달러, 2020년 기준)

- 1위 미국 19.1(80,429)
- 2위 중국 14.7(61,940)
- 3위 일본 8.5(35,677)
- 4위 브라질 6.1(25,714)
- 5위 독일 3.9(16,540)
- 6위 영국 3.5(14,636)
- 7위 프랑스 3.0(12,553)
- 8위 한국 2.9(12,281)
- 기타 38.3

▶ 중국 카테고리별 시장 비중
(단위: %, 백만 달러, 2020년 기준)

- 기타 5.6(3,451)
- 목욕용품 5.8(3,570)
- 색조화장품 12.9(7,989)
- 헤어(샴푸 등) 13.3(8,233)
- 기초화장품 57.1(35,379)

📈 포스트 코로나 시대 '脫마스크'→'색조' 사업 비중 큰 회사 주목 📉

▶ 브랜드/기업별 화장품 카테고리별 사업 비중 (2020년 기준)

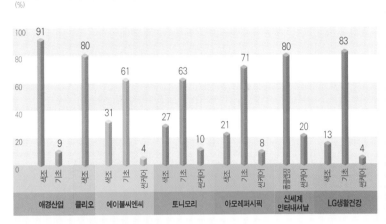

(%)

| | 색조 | 기초 | | 색조 | 색조 | 기초 | 썬케어 | 색조 | 기초 | 썬케어 | 색조 | 기초 | 썬케어 | 색조 | 기초 | 썬케어 |

애경산업: 91 / 9
클리오: 80
에이블씨엔씨: 31, 61, 4
토니모리: 27, 63, 10
아모레퍼시픽: 21, 71, 8
신세계인터내셔날: 80, 20
LG생활건강: 13, 83, 4

▶ ODM/용기별 화장품 카테고리 사업 비중 (2020년 기준)

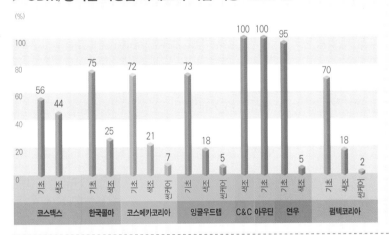

(%)

코스맥스: 기초 56, 색조 44
한국콜마: 기초 75, 색조 25
코스메카코리아: 기초 72, 색조 21, 썬케어 7
잉글우드랩: 기초 73, 색조 18, 썬케어 5
C&C 아우딘: 색조 100, 기초 100
연우: 색조 95, 색조 5
펌텍코리아: 기초 70, 색조 18, 썬케어 2

▶ 국내 화장품 카테고리별 시장 비중

(단위 : %, 백만 달러, 2020년 기준)

기초화장품 **51.4%** (6,309)

색조화장품 20.1(2,470)

헤어(샴푸 등) 9.7(1,193)

자외선차단제(썬케어) 5.9(721)

유아/아동용품 4.3(532)

향수 4.2(516)

목욕용품 3.1(386)

기타 1.2(152)

▶ 국내 화장품 제조업체 점유율 순위 (단위 %. 억 원, 2020년 생산실적 기준)

순위	업체	생산금액	점유율
1	LG생활건강	4조9,603	30.50
2	아모레퍼시픽	4조9,154	30.22
3	애경산업	3,751	2.31
4	코리아나화장품	2,332	1.43
5	카버코리아	2,162	1.33
6	지피클럽	1,844	1.13
7	이니스프리	1,631	1.01
8	코스토리	1,516	0.93
9	에이블씨엔씨	1,454	0.89
10	해브앤비	1,410	0.87

▶ 국내 화장품(유통) 대장주 기업가치(PER 기준)

(배) LG생활건강
2021E 25.2 / 2022F 22.1

(배) 아모레퍼시픽
2021E 40.4 / 2022F 31.8

(배) 코스맥스
2021E 13.9 / 2022F 12.1

(배) 한국콜마
2021E 19.4 / 2022F 14.3

2022년 화장품주, '중국'과 '색조' 키워드를 기억하자!

전 세계 화장품 시장을 패닉에 빠트린 물건

수십 아니 수백 년이 지난 뒤 역사가들은 코로나19로부터 인류를 구한 어벤져스 가운데 하나로 '마스크'를 지목하지 않을까 싶다. 전 세계인들이 마스크에 목숨을 맡긴 채 하루하루 코로나19와 힘겨운 사투를 벌였다고 말이다.

그런데 투자계에서는 아이러니하게도 인류를 구한 생명줄 마스크 때문에 엄청난 곤경에 처한 산업이 있으니 바로 화장품 업계다. 마스크로 얼굴의 절반을 가려야 하는 만큼 팬데믹 기간에 화장품 사용량이 급감한 것이다. 사회적 거리두기가 강화되면서 외출을 줄이고 재택근무를 하는 직장인이 늘어나면서 화장품 수요는 더욱 큰 폭으로 줄어들고 말았다. 2020년 기준 전 세계 화장품 시장은 코로나19가 터지기 이전인 2019년에 비해 4% 감소했다. 화장품 시장 1위 미국도 같은 기간 3% 줄었고, 우리나라도 5% 하락했다. 카테고리별로 보면, 색조화장품의 타격이 가장 심각했다. 전 세계적으로 색조 화장품 시장이 2020년

기준 전년 대비 17%나 떨어졌다. 같은 기간 미국은 19%, 우리나라는 무려 22%나 급감했다.

**살아난 중국 소비 시장,
화장품은 오히려 코로나19 이전보다 더 성장했다!**

2021년에 접어들면서 코로나19는 델타변이로 진화하면서 여전히 위세를 굽힐 줄 모른다. 그럼에도 불구하고 경제전문가마다 경기회복을 전망하는 것은, 가속도를 내는 백신 접종을 통한 집단면역에 대한 기대감 때문이다. 전 세계 방역 전문가들은 코로나19의 완전한 종식보다는 '위드 코로나'에 더 방점을 찍고 있다. 백신 접종률이 늘어날수록 중증 환자와 치명률이 감소하고 사회적 거리두기가 완화되어 대외활동이 늘어나 경기회복 시기가 앞당겨질 것으로 예상한다.

2022년 이후 코로나19가 진정세에 접어들 경우 가장 반등할 업종으로 화장품과 여행이 꼽힌다. 대외활동이 늘어나면서 마스크를 벗는 기대감이 커질수록 화장품 업황이 반등하는 것은 당연한 이치다. 이러한

▶ **중국 화장품 월별 소매판매 추이에서 광군제 특수 영향**

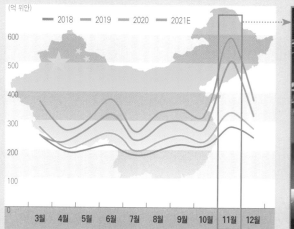

광군제 당시 중국 최대 온라인쇼핑몰 알리바바 관계자가 본사 프레스룸에서 글로벌 판매 현황을 화면에 띄워놓고 설명하는 모습.

상황은 이미 중국에서 나타나고 있다. 한때 '코로나19 촉발 의심 국가'라는 오명에서 시름하던 중국은, 매우 강력한 방역정책으로 하루가 다르게 소비 심리가 살아나고 있다. 코로나19가 한창이던 2020년에 전 세계 화장품 시장이 침체에 빠졌던 것과 달리 중국 화장품 시장은 오히려 7% 성장한 것이다.

중국 화장품 시장은 델타변이가 전 세계적으로 횡행하는 2021년에도 성장세를 이어가고 있다. 지난 1분기 기준 누적 640억 위안(11조 원)으로 35% 성장한 것으로 나타났다. 이는 코로나19 영향이 없었던 2019년보다도 30% 증가한 수치다. 다수의 외신보도에 따르면, 중국은 코로나19에서 벗어나 예년의 일상을 어느 정도 회복한 것으로 보인다. 대다수가 마스크를 벗고 대외활동을 하고 있다는 보도도 눈에 띈다. 중국이 일상을 빠르게 회복해나가고 있는 근저에는 강력한 방역정책이 있다.

중국 화장품 시장은 당분간 내수 중심으로 성장할 전망이다. 국가마다 방역정책의 강도와 백신 수급에 차이가 있기 때문이다. 중국은 미국에 이어 전 세계 2위권 규모의 화장품 시장을 형성하고 있다. 성장 속도는 단연 미국을 압도한다. 우리나라의 화장품 수출국 1위도 중국이다. 중국 시장 해외실적 비중이 높은 국내 화장품 업체로는 대장주 LG생활건강과 아모레퍼시픽이 꼽힌다.

매년 화장품 업체의 4분기 매출이 반등하는 이유

중국 화장품 시장에서 하나 더 주목해야 할 것으로 '광군제'가 있다. 광군제는 중국판 블랙프라이데이로, 매년 11월 11일에 열린다. 광군제 시즌 동안 판매되는 매출 규모는 상상을 초월한다. 2019년 기준 4,892억 위안, 한화로 80조 원이 넘는 거래가 일어났다. 그 가운데 화장품 매출 비중이 매우 큰 이유는 중국의 젊은 여성들이 광군제 거래를 주도하고 있기 때문이다.

광군제는 국내 화장품 업체들에게 매출을 크게 올리는 기회가 아닐 수 없다. 실제로 2020년 코로나

19로 그해 3분기까지 실적이 저조했던 국내 화장품 업체들은 광군제에서 역대 최대 매출을 올리며 4분기 실적 반등의 신호탄을 쐈다. 당시 LG생활건강은 '후', '숨', '오휘', '빌리프', 'VDL', 'CNP' 등 6개 화장품 브랜드의 매출이 전년 대비 174% 급증하며 역대 최대인 15억5,000만 위안(약 2,600억 원)을 기록했다. 당시 아모레퍼시픽의 광군제 매출도 전년 대비 100% 성장했다. 대표 브랜드인 '설화수' 매출이 174% 증가한 것이다. 애경산업도 전년 대비 24% 증가한 6,881만 위안(115억 원)의 매출을 올렸다. 대표 브랜드인 '에이지투웨니스'의 '에센스 커버 팩트'가 광군제 시즌동안 45만5,000개가 판매돼 티몰의 BB크림 부문에서 1위를 차지하기도 했다.

마스크를 벗을수록 색조화장품 수요가 증가한다!

투자적 관점에서 화장품 시장을 카테고리별로 살펴보면, 향후 포스트 코로나 시대에 대응해 색조화장품에 대한 관심을 높일 필요가 있다. 마스크 착용률이 줄어들수록 색조화장품 수요는 늘어날 수밖에 없다. 색조화장품 시장은 코로나19로 가장 크게 위축된 카테고리인 만큼 회복과 반등 가능성도 가장 높을 것으로 업계는 예상한다.

실제로 경기회복 속도가 빠른 중국과 미국에서 글로벌 화장품 기업들의 색조화장품 카테고리 매출 성장률이 가장 높은 것으로 나타났다. 에스티로더는 2021년 1분기 중국에서의 색조화장품 매출이 전년 대비 2배 이상 증가했다. 로레알도 2021년 1분기에 북미지역 색조화장품 판매가 같은 기간에 비해 26% 성장했다. 국내 화장품 업계에서 색조화장품의 사업 비중이 높은 곳으로는 애경산업과 클리오가 꼽힌다. 중소형 화장품 ODM 업체 중에서는 색조화장품 매출 비중이 100%인 씨앤씨인터내셔널이 있다. 한편, LG생활건강이나 아모레퍼시픽 등 대형 화장품 회사들의 경우 색조화장품 사업이 전체 매출 및 이익 기여도가 미미하다는 점도 함께 기억해 둘 필요가 있다.

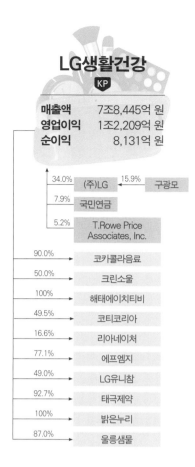

LG생활건강
KP

매출액	7조8,445억 원
영업이익	1조2,209억 원
순이익	8,131억 원

- (주)LG 34.0% ← 15.9% 구광모
- 국민연금 7.9%
- T.Rowe Price Associates, Inc. 5.2%
- 코카콜라음료 90.0%
- 크린소울 50.0%
- 해태에이치티비 100%
- 코티코리아 49.5%
- 리아네이처 16.6%
- 에프엠지 77.1%
- LG유니참 49.0%
- 태극제약 92.7%
- 밝은누리 100%
- 울릉샘물 87.0%

▶ 경영 실적 추이 및 전망

(억 원) ■ 매출(좌) ■ 영업이익(좌) ○ 영업이익률(우) (%)

- 2021E: 매출 8조7,242, 영업이익 1조3,312, 영업이익률 15.76
- 2022F: 매출 9조4,647, 영업이익 1조5,631, 영업이익률 16.50

▶ 주가 추이 및 전망

(원)
- 52주 최저가: 1,054,000
- 52주 최고가: 1,784,000
- 목표주가: 1,671,000

▶ 투자포인트

- 화장품, 생활용품, 음료 등을 주요 사업으로 영위 → 2001년 LG화학에서 분할 설립되었으며, 이후 코카콜라 등 비알코올 음료 시장 진출. 국내 화장품 및 생활용품 시장점유율 1위 유지.
- 화장품 사업에서 대표 브랜드로, '후', '숨', '엘라스틴' 등이 있으며, 특히 '후'의 글로벌 매출은 2018년 2조 원을 돌파.
- 화장품 사업의 경우 중국 현지와 면세점 부문을 합한 대중국향 수요가 전년 대비 50% 성장 → 2022년 이후 포스트 코로나 시대로 접어들면서 중국향 사업이 정상화될 경우 높은 실적 성장 예상.
- 동사 주가의 재평가는 2020년에 인수한 브랜드 '피지오겔'과 'New Avon'에서의 성과가 중요하게 작용.

▶ 사업부문별 매출 비중

단위: %
- 화장품 57
- 생활용품 24
- 음료 19

▶ 사업부문별 매출 추이 및 전망

( ) 안은 전년 대비 증감률(%)

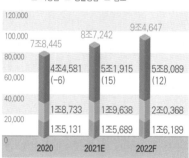

(억 원) ■ 화장품 ■ 생활용품 ■ 음료

- 2020: 총 7조8,445 / 화장품 4조4,581 (-6) / 생활용품 1조8,733 / 음료 1조5,131
- 2021E: 총 8조7,242 / 화장품 5조1,915 (15) / 생활용품 1조9,638 / 음료 1조5,689
- 2022F: 총 9조4,647 / 화장품 5조8,089 (12) / 생활용품 2조0,368 / 음료 1조6,189

▶ 화장품 면세점 매출 추이 및 전망

( ) 안은 전년 대비 증감률(%)

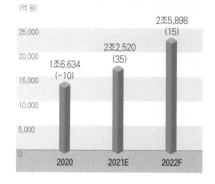

(억 원)
- 2020: 1조6,634 (-10)
- 2021E: 2조2,520 (35)
- 2022F: 2조5,898 (15)

▶ 화장품 유통채널 매출 비중

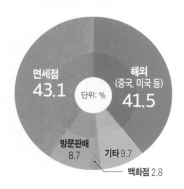

단위: %
- 해외 (중국, 미국 등) 41.5
- 면세점 43.1
- 방문판매 8.7
- 기타 9.7
- 백화점 2.8

▶ 중국향 화장품 매출 추이 및 전망

( ) 안은 전년 대비 증감률(%)

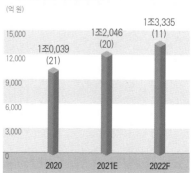

(억 원)
- 2020: 1조0,039 (21)
- 2021E: 1조2,046 (20)
- 2022F: 1조3,335 (11)

▶ 화장품 영업이익 추이 및 전망

( ) 안은 전년 대비 증감률(%)

(억 원)
- 2020: 1조2,209 (4)
- 2021E: 1조3,915 (14)
- 2022F: 1조5,631 (12)

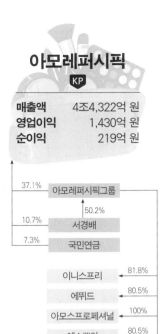

아모레퍼시픽
KP

매출액	4조4,322억 원
영업이익	1,430억 원
순이익	219억 원

37.1% 아모레퍼시픽그룹
50.2%
10.7% 서경배
7.3% 국민연금

이니스프리	81.8%
에뛰드	80.5%
아모스프로페셔널	100%
에스쁘아	80.5%
에스트라	100%
퍼시픽글라스	100%
퍼시픽패키지	100%

▶ 경영 실적 추이 및 전망

(억 원) ■ 매출(좌) ■ 영업이익(좌) ○ 영업이익률(우) (%)

- 2021E: 매출 5조2,710, 영업이익률 12.01, 영업이익 6,375
- 2022F: 매출 6조1,150, 영업이익률 14.02, 영업이익 8,538

▶ 주가 추이 및 전망

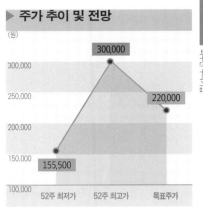

(원)

- 52주 최저가: 155,500
- 52주 최고가: 300,000
- 목표주가: 220,000

▶ 투자포인트

- 2006년 (주)태평양의 화장품, 생활용품, 식품 사업부문을 인적분할하여 설립 → 연결대상 종속회사로 해외 지주사 AGO를 비롯해 중국, 싱가포르, 일본, 프랑스, 태국, 인도네시아 등 해외 현지법인 보유.
- 90%에 가까운 매출 비중을 차지하는 화장품 사업부문의 주요 제품으로는, '설화수', '헤라', '아이오페' 등이 있고, 생활용품 사업부문의 주요 제품에는 '미쟝센', '해피바스', '덴트롤' 등이 있음.
- 향후 코로나19가 점차 진정될수록 글로벌 보따리상을 통한 화장품 매출 성장세 기대 → 보따리상들은 2022년부터 본격적으로 국내 면세점에서 화장품 구매 금액을 늘릴 것으로 예상.
- 2022년부터 일반 관광 목적 출입국자를 통한 면세점에서의 화장품 매출 증가 기대.

▶ 사업부문별 매출 비중

- 국내 생활용품 10.7
- 해외 화장품 39.4
- 국내 화장품 49.9

단위: %

▶ 중국향 화장품 매출 추이 및 전망

( ) 안은 전년 대비 증감률(%)

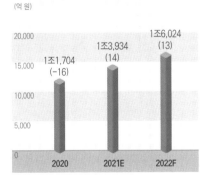

(억 원)

- 2020: 1조1,704 (-16)
- 2021E: 1조3,934 (14)
- 2022F: 1조6,024 (13)

▶ 화장품 면세점 매출 추이 및 전망

( ) 안은 전년 대비 증감률(%)

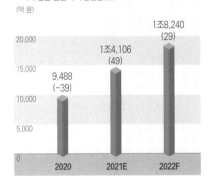

(억 원)

- 2020: 9,488 (-39)
- 2021E: 1조4,106 (49)
- 2022F: 1조8,240 (29)

▶ 국내 화장품 사업 매출 추이 및 전망

( ) 안은 전년 대비 증감률(%)

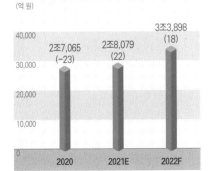

(억 원)

- 2020: 2조7,065 (-23)
- 2021E: 2조8,079 (22)
- 2022F: 3조3,898 (18)

▶ 화장품 이커머스 매출 추이 및 전망

( ) 안은 전년 대비 증감률(%)

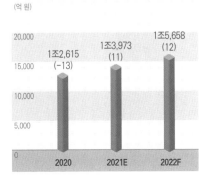

(억 원)

- 2020: 1조2,615 (-13)
- 2021E: 1조3,973 (11)
- 2022F: 1조5,658 (12)

▶ 국내 화장품 영업이익 추이 및 전망

( ) 안은 전년 대비 증감률(%)

(억 원)

- 2020: 1,126 (-63)
- 2021E: 4,408 (346)
- 2022F: 5,877 (34)

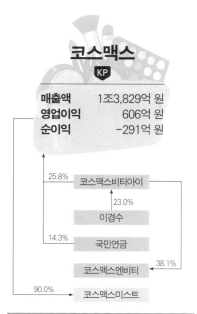

코스맥스
KP

매출액	1조3,829억 원
영업이익	606억 원
순이익	−291억 원

25.8% 코스맥스비티아이
23.0% 이경수
14.3% 국민연금
38.1% 코스맥스엔비티
90.0% 코스맥스미스트

2014년 인적분할을 통해 신설회사 코스맥스(2014년 3월 3일 설립)와 존속법인 코스맥스비티아이(최대주주)로 나뉘었으며, 같은 해 건강기능식품 회사인 코스맥스엔비티를 주요 종속회사로 편입.

▶ 경영 실적 추이 및 전망

▶ 주가 추이 및 전망

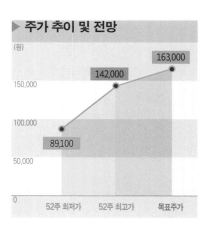

▶ 투자포인트

- 1992년 설립된 화장품 연구개발 및 ODM 전문기업으로, 국내외 600여 개 브랜드에 화장품을 공급하는 한편, 해외 고객으로 세계 최대 화장품그룹을 비롯하여 100여 개 이상의 브랜드에 제품을 공급함.
- 전체 인력의 약 25% 정도가 연구개발 인력이 차지하고 있으며, 복합 연구 조직인 코스맥스 R&I 센터를 운영하는 등 업계 최고 수준의 R&D 능력 보유.
- 동사의 중국법인은 최근 신규로 계약하는 온라인 고객사들에게 높은 단가로 수주를 받고 있어 시장 내 높아진 협상력 증명 → 브랜드는 계속 교체되지만 눈에 띄는 성장을 보이는 고객사들과의 협업을 통해 시장 주도권 장악.
- 신속한 트렌드 변화와 경쟁 과열 상황에서 고객사인 브랜드 업체들마다 동사에 대한 의존도가 높아지는 추세.

한국콜마
KP

매출액	1조3,221억 원
영업이익	1,217억 원
순이익	1,606억 원

8.7% 국민연금
12.1% NIHON KOLMAR
27.1% 한국콜마홀딩스 7.2%
29.2% 윤상현
5.0% 윤동환
44.4% 콜마비앤에이치
화장품 및 건강기능식품 OEM/ODM 사업
52.7% HK이노엔

2018년 CJ그룹으로부터 옛 CJ헬스케어인 HK이노엔 인수. 2020년 8월 코스닥 상장

▶ 경영 실적 추이 및 전망

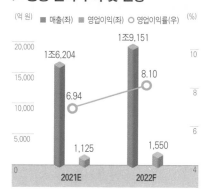

▶ 주가 추이 및 전망

▶ 투자포인트

- 화장품 및 의약품 연구개발/제조 전문업체로, 소비자가격 기준 중·고가 위주의 일반 화장품과 기능성 화장품 전반에 걸쳐 매출 창출.
- 아모레퍼시픽, LG생활건강 등 600여 개 이상의 고객사 보유.
- 동사의 주가 상승을 위해서는 중국의 무석법인의 실적 반등이 매우 중요한 데, 무석법인은 기존 고객사향 매출 증가 및 온라인 중심 신규 고객사 수주 기여에 힘입어 2021년 2분기 매출액이 전년 동기 대비 145% 급증함(325억 원 내외 기록).
- 동사는 2018년 CJ그룹으로부터 옛 CJ헬스케어인 HK이노엔을 인수하는 과정에서 대규모 차입 실행. 인수가액은 1조3,100억 원이었는데, 이로 인해 동사의 총차입금이 1조 원 이상으로 증가 → HK이노엔이 2021년 8월 코스닥에 상장하면서 3,411억 원의 자금이 유입됨에 따라 동사의 순차입금이 5,000억 원 수준으로 감소하면서 재무적 부담 감소.

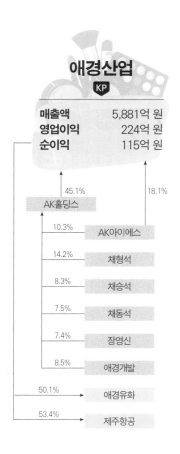

애경산업
KP

매출액	5,881억 원
영업이익	224억 원
순이익	115억 원

- AK홀딩스 45.1% / 18.1%
- AK아이에스 10.3%
- 채형석 14.2%
- 채승석 8.3%
- 채동석 7.5%
- 장영신 7.4%
- 애경개발 8.5%
- 애경유화 50.1%
- 제주항공 53.4%

▶ 경영 실적 추이 및 전망

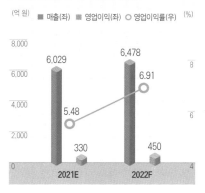

(억 원) ■ 매출(좌) ■ 영업이익(좌) ○ 영업이익률(우) (%)

- 2021E: 6,029 / 330 / 5.48
- 2022F: 6,478 / 450 / 6.91

▶ 주가 추이 및 전망

(원)

- 52주 최저가: 18,200
- 52주 최고가: 30,250
- 목표주가: 28,000

▶ 투자포인트

- 화장품 및 생활용품 사업을 영위하며, 주요 브랜드로 '스파크', '순샘', '울샴푸', '케라시스', '더마앤모어', '2080'(치약), '트리오', '리큐', '랩신' 등이 있음.
- 최근 마케팅과 판매 채널 확대를 목적으로 중국 최대 화장품 오프라인 매장을 보유한 브랜드인 '프로야'와 MOU 체결.
- 중국의 실물경기 회복세가 본격화되면서 2021년부터 중국향 실적 반등 시그널이 나타남 → 2022년부터 매출 기여도 커질 것으로 예상.
- 중국 사업의 경우, 면세점과 직수출의 병행 채널 운영에서 상대적으로 마진 폭이 큰 직수출로 단일화한 전략이 가시적인 성과를 내면서 고정비 부담 감소에 따른 수익성 개선 효과 나타남.

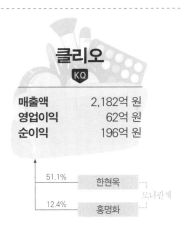

클리오
KQ

매출액	2,182억 원
영업이익	62억 원
순이익	196억 원

- 한현옥 51.1%
- 홍명화 12.4%

▶ 경영 실적 추이 및 전망

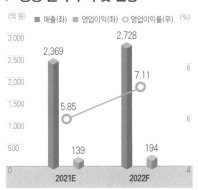

(억 원) ■ 매출(좌) ■ 영업이익(좌) ○ 영업이익률(우) (%)

- 2021E: 2,369 / 139 / 5.85
- 2022F: 2,728 / 194 / 7.11

▶ 주가 추이 및 전망

(원)

- 52주 최저가: 16,750
- 52주 최고가: 29,400
- 목표주가: 29,000

▶ 국내 색조화장품 시장점유율

단위: %

- 기타 21
- 더페이스샵 20
- 해브앤비 16
- 이니스프리 13
- 에이블씨엔씨 12
- 난다 10
- 클리오 8

▶ 투자포인트

- 1997년 설립된 색조 메이크업 브랜드 '클리오'를 메인 브랜드로 하여 5개 브랜드를 보유하고 있고, '클럽 클리오' 브랜드 샵 운영. 동사는 이밖에도 색조 전문 브랜드 '페리페라', 스킨케어 브랜드 '구달', 헤어&바디 전문 브랜드 '힐링버드', 더마코스메틱 전문 브랜드 '더마토리' 등을 보유.
- 국내 뿐 아니라 중국, 대만, 일본, 미국 등으로의 수출을 통해 해외 실적에서 괄목할 만한 성장 거둠.
- 경쟁이 치열한 중저가 색조화장품을 주력 사업으로 하고 있음에도 로드샵 업체 중 유일하게 살아남아 높은 브랜드력과 제품 기획력 입증.
- 코로나19가 진정세로 접어들면서 마스크 착용이 줄어들 경우, 색조화장품 시장의 급성장이 예상됨에 따라 동사가 최선호주로 꼽힘.

전략과 투자처가 한눈에 보이는
미국 업계 리포트

남혁진

개미들이
미국 주식시장으로 간 까닭은?

美 주식시장을 세계 최대 규모로 이끈 견인차,
지나치게 '솔직한' 공시

국내 기업의 주가가 비슷한 수준의 외국 기업 주가보다 낮게 형성되어 있는 현상을 '코리아 디스카운트'라고 한다. 작은 내수 규모, 노동시장의 경직성, 각종 규제 등이 코리아 디스카운트의 원인으로 거론되지만, 이보다는 남북 대치 상황에 따른 안보 불안, 재벌 중심의 지배구조, 회계 불투명성 이 세 가지를 국내 기업가치에 부정적 영향을 미치는 대표 요인으로 꼽을 수 있다.

한국은 1970년대 빠른 경제 성장을 위해 정부 차원에서 대기업의 문어발식 사업 확장을 지원하면서, '재벌'이라는 독특한 자본가 집단이 나타났다. 소유와 경영이 분리되지 않은 재벌 구조가 경영 비효율로 이어진다는 인식은 기업가치 평가에 부정적인 요인으로 작용한다.

아이러니하게도 외국에서 보는 북한 리스크는 우리가 체감하는 것보다 훨씬 크다. 남북관계가 악화될 때마다 주가가 출렁이는 것은 물론, 북한 리스크는 국내 기업가치 평균을 끌어내리는 요인으로 작용한다. 기업가치를 구하는 방법에는 여러 가지가 있는데, 대표적인 방법이 현금흐름할인법(DCF : Discounted Cash Flow Method)이다. 현금흐름할인법은 미래 예상되는 현금 흐름을 가중평균자본비용(WACC)으로 할인해 합산한다. 할인율이 높을수록 기업가치는 낮아진다. 남북 간 갈등의 골이 깊어지면 WACC 계산의 투입 변수인 국가 리스크가 높아진다. 따라서 동일 금액을 더 높은 이율로 할인하는 셈이 되어, 결국 북한 리스크는 기업가치를 낮춘다.

마지막으로 회계 투명성 문제가 있다. 우리나라는 2011년 국제회계기준(IFRS)을 도입하며 회계 투명성 제고를 위해 노력해왔지만, 선진국에 비하면 미진한 부분이 많다. 코스피 시가총액 순위 최상단에 있는 기업이 영어로 된 공시 자료를 게시하지 않는 것은 제쳐놓더라도, 외국 기업과 비교하면 떨어지는 공시의 양과 질은 해외 자본 유치에 큰 걸림돌이다.

바로 이 지점에서 한국과 미국 주식시장은 큰 차이를 보인다. 미국 공시 시스템은 주주에게 매우 친화적이며, 오히려 주주가 '이런 것까지 알려줘도 되나?'라고 느낄 만큼 기업의 일거수일투족을 상세히 공시한다. 가령 애플의 'DEF-14A' 보고서에는 팀 쿡의 보수와 스톡옵션은 물론, 기업이 인수될 경우 경영진들이 현금과 주식을 얼마나 받는지까지 담겨 있다. 테슬라의 연간보고서(10-K)에는 일론 머스크가 스페이스X의 CEO도 겸직하고 있어 회사에 온전히 시간을 쏟지 못한다는 점을 기업 리스크 중 하나로 언급한다.

증권 관련 집단소송이 매우 활발한 미국에서는 기업이 주가 하락에 대한 귀책사유를 떠안지 않기 위해 사소한 것 하나라도 공시하는 문화가 자리를 잡았다. 최근에는 페이스북 내부자가 미국증권위원회(SEC)에 회사를 고발해 큰 화제가 됐다. 고발 사유는 페이스북이 10대의 앱 이용도가 하락하고 있다는 내용의 데이터를 SEC에 공개하지 않았기 때문이다. 기업이 자사에 불리한 내부 정보까지 굳이 공개해야 하나 싶지만, SEC 「증권법」상 상장기업은 주가에 영향을 미치는 모든 정보를 공개할 의무가 있다.

투자자가 묻고 일론 머스크가 직접 답하다

미국 기업은 오래전부터 주주 중심 경영을 표방했다. 배당 수준도 높을 뿐만 아니라, 회계 투명성도 세계에서 가장 높은 수준이다. 미국 공시 자료는 「증권법」상 전자 공시 시스템 에드가(EDGAR)에 반드시 공시해야 하는 자료와 기업이 자발적으로 공시하는 자료로 나뉜다. 기업이 자발적으로 공시하는 대표적 자료가 기업 홈페이지에 게시하는 IR(Investor Relations) 자료다. IR 자료 외에도 주주가 기업 정보를 접할 수 있는 창구는 매우 많다. 어닝스콜(Earnings Call : 실적 발표)이 대표적이다. 실적 발표날에는 애널리스트나 기타 투자자가 직접 기업의 CEO나 CFO에게 재무 현황에 대한 민감한 내용을 질문하거나 전망에 대한 견해를 묻는다. 어닝스콜은 전후로 해당 종목 변동성이 매우 커질 만큼 중요한 행사이기 때문에, 일론 머스크나 팀 쿡 등의 일선 경영진이 직접 나서 투자자의 질문에 답한다. 또한 모든 개인 투자자가 볼 수 있도록 어닝스콜을 실시간으로 중개할 뿐만 아니라, 어닝스콜이 끝나면 자사 홈페이지나 기타 창구에 속기록과 음성 파일을 제공한다.

기업에 관해 궁금한 내용이 공시 자료에 나와 있지 않거나 공시 내용에 의문 사항이 생기면 주주들은 언제든지 IR 담당자에게 이메일이나 전화로 연락해 궁금증을 해소할 수도 있다. 미국에서는 개인 투자자 모두가 누릴 수 있는 당연한 권리다. 어닝스콜 뿐만 아니라 주주총회, 투자자의 날 등의 행사에서 공개하는 기업 정보 역시 대중에게 동일하게 전달된다.

SEC에 의무적으로 공시해야 하는 자료의 범위도 매우 방대할 뿐만 아니라, 기업이 자발적으로 발표하는 자료도 엄청나게 많다. 이런 투명한 공시를 통해 부진한 기업의 자리를 우수한 기업이 빠르게 대체하면 시장 수준 자체가 높아진다. 미국 주식시장은 뛰어난 공시 시스템을 앞세워 많은 해외 자본을 유치해왔고, 기업들은 비슷한 조건이라면 높은 밸류에이션(실적 대비 주가 수준)을 받을 수 있는 미국 주식시장에 상장하려고 한다. 즉 좋은 기업이 살아남고, 좋은 기업이 계속해서 진입하는 선순환 구조가 형성되어 있다. 미국 기업의 시가총액이 전 세계 증시 시가총액의 절반 이상을 차지하는 비결이다.

어떤 주식을 이해하기 위해서는 기업의 비즈니스 모델을 살피는 것이 필수다. 산업에 대한 이해가 선행될 때 비즈니스 모델을 더 깊이 이해할 수 있다. 팬데믹 이후 급변하는 경제 상황 속에서 하루에도 여러 산업이 뜨고 진다. 이 가운데 기업의 비즈니스 모델이 우리나라와 유의미하게 다른 다섯 개 업종을 선별했다. 따라서 선정한 업종에 대한 매수나 언급하지 않은 업종에 대한 매도 추천이 결코 아님을 밝힌다.

미국은 주식시장 선진국답게 개별 주식 이외에도 활용할 수 있는 투자 수단이 다양하다. 독자들이 포트폴리오 유연성을 높이는 데 도움이 될 수 있도록 미국 금융시장에서 큰 비중을 차지하는 채권에 대해서도 살펴볼 것이다.

미국 주식시장의 3대 플레이어

미국 주식을 본격적으로 살펴보기 전에 시장의 주요 플레이어인 바이사이드(buy-side)와 셀사이드 (sell-side), 미국증권거래위원회 SEC(Securities Exchange Commission)의 관계를 이해할 필요가 있다.

바이사이드는 말 그대로 주식을 매입해 기업에 자금을 공급하는 역할을 한다.

미국 주식시장에서 어닝스콜(실적 발표)은 기업과 투자자 모두에게 매우 중요한 행사다. 따라서 실적 발표날에는 일론 머스크나 팀 쿡 같은 일선 경영진이 애널리스트나 개인 투자자의 질문에 직접 답하고, 해당 내용은 실시간으로 중계된다.

연기금, 헤지펀드, 사모펀드, 자산운용사, 보험사 등 주로 타인자본을 활용해 투자하는 이들이 대표적이다. 특히 연기금은 기업의 돈줄인 바이사이드 자금의 원천일 뿐만 아니라 운용자금 규모도 매우 커 '시장의 갑'이라 불리는 바이사이드 중에서도 입김이 가장 세다(우리나라 국민연금이나 국부펀드 등은 기업에 직접투자하는 동시에 바이사이드에 시드머니를 공급하는 간접투자를 병행한다). 미국인들이 내는 세금, 보험료, 투자금이 돌고 돌아 바이사이드의 총알이 된다.

유가증권을 유통하기 위해서는 일정한 자격을 갖추어야 한다. 주식 매매는 기업과 바이사이드 사이에서 직접 이루어질 수 없고, 반드시 신용도 있는 셀사이드를 거쳐야 한다. 기업이 생산하는 재화나 서비스 중에는 술이나 음원과 같이 제조사와 구매자 간 직접 유통이 제한되는 상품이 있다. 유가증권도 마찬가지다. 우리나라는 증권사가 주요한 주식 유통 주체이며, 미국은 투자은행(IB : Investment Bank)의 'Sales & Trading' 부서가 대표적인 주식 유통 주체다. 결국 기업이 셀사이드를 통해 바이사이드의 자금을 끌어오는 구조다.

셀사이드는 유가증권을 유통하면서 거래대금의 일정액을 수수료로 수취하는 비즈니스 모델을 가지고 있어 '을'의 처지다. 그래서 클라이언트 기업에 대한 리포트를 바이사이드에 제공하는 등 기업 연계 서비스를 통해 바이사이드의 투자를 독려한다.

우리나라의 금융감독원 격인 SEC는 바이사이드와 셀사이드 간의 매매가 「증권법」에 저촉되지는 않는지 감독해 투자자를 보호하는 역할을 한다. 또 기업은 SEC에 정기적으로 공시 자료를 제출할 의무가 있으며, 경영진의 지분 변동 같은 특별한 사안이 발생한 경우에도 일정 기한 내에 SEC에 이를 보고해야 한다. 즉 SEC를 미국 주식시장의 총괄자로 볼 수 있다. 미국은 기업의 불법행위에 대한 과징금, 기타 처벌 수위가 매우 높은 편으로 SEC의 위상이 남다르다.

▶ **미국 주식시장의 3대 플레이어**

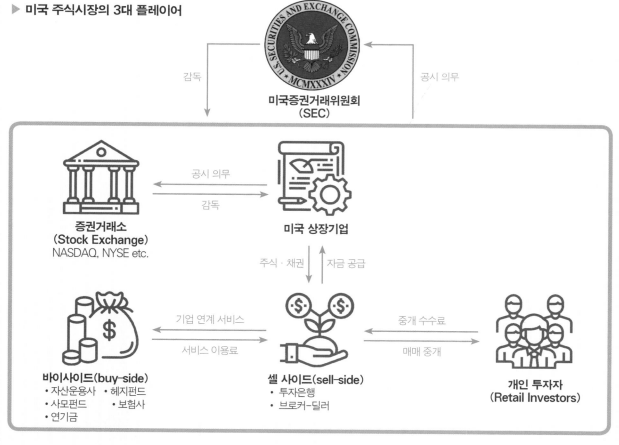

Investment Bank

원하는 금융상품은 무엇이든 만들어드립니다

| 대표기업 |

JP Morgan(NYSE : JPM)
Goldman Sachs(NYSE : GS)
Morgan Stanley(NYSE : MS)

상업은행 vs 투자은행

투자은행은 금융계 전반을 아우르는 플레이어다. 따라서 투자은행 주식에 투자하지 않더라도 이들의 비즈니스를 이해함으로써 금융시장의 흐름을 읽을 수 있다.

우리나라 투자은행업은 다른 업종 대비 미국 시장과의 격차가 크다. 우리나라에서는 골드만삭스 서울 사무소처럼 해외에 본사를 둔 투자은행의 국내 오피스나 증권사의 IB(Investment Bank) 부서가 투자은행 업무를 한다. 반면 미국은 투자은행이 JP 모건처럼 상업

은행과 같은 계열에 묶여 있거나, 골드만삭스처럼 독립된 형태다. 투자은행의 주요 활동 무대인 M&A나 IPO 빈도와 규모도 클 뿐만 아니라, 파생상품 시장이 발달해 미국 투자은행은 운신 폭이 우리나라보다 매우 넓다.

2021년 11월 기준으로 골드만삭스의 시가총액은 150조 원, 모건 스탠리는 200조 원, JP 모건은 500조 원 규모다. JP 모건은 상업은행의 성격이 짙긴 하지만, 이를 감안하더라도 미국 주식시장에서 투자은행이 차지하는 비중이 절대 작지 않다는 것을 알 수 있다.

미국 증권시장은 참여 기업이 많은 만큼 증자나 회사채 발행 같은 자금조달 활동이 매우 빈번할 뿐만 아니라, 대규모 M&A도 잦다. 이렇게 기업의 돈이 움직이는 곳곳에서 투자은행이 중개자 역할을 하고 있다.

같은 '은행' 타이틀을 달고 있지만, 상업은행과 투자은행은 하는 일이 무척 다르다. 상업은행은 수신 기능을 활용한 예대마진이 주요 수입원이다. 예금금리가 1%고 대출금리가 5%면 그 차이인 4%가 은행의 수익이다. 물론 예금과 대출 외에 금융상품 중개 등으로 수수료 수익을 올리기도 하지만, 아직까지는 예대마진이 상업은행의 가장 핵심적인 비즈니스다.

최근에는 투자은행도 상업은행처럼 수신 기능을 갖추고 B2C 비즈니스를 펼친다. 하지만 투자은행의 주력 사업은 상업은행과 성격이 매우 다르다. 투자은

미국 투자은행은 금융계 전반을 아우르는 플레이어다. 투자은행은 증자, 회사채 발행, M&A, IPO 등 기업의 돈이 움직이는 곳곳에서 중개자 역할을 한다.

행은 기업과 기관, 기업과 개인을 직접 연결해주는 대가로 수수료를 받는다. 주식, 채권 등의 투자상품을 통해 기업에 자금을 중개·조달해주고, 금융 자문 서비스를 제공하는 것이 투자은행의 주요 업무다. 투자은행이 직접투자에 나서는 경우도 있지만, 가장 본질적인 역할은 자금 중개다. 즉 다른 이들의 투자 및 투자 유치를 돕는다는 의미에서 '투자은행'이라고 불리는 것이다.

발행시장과 유통시장 모두에서 활약하는 IB

앞서 미국 주식시장 3대 플레이어를 소개하면서, 셀사이드와 바이사이드를 살펴봤다. 셀사이드는 자금이 필요한 기업과 기업에 투자하려는 바이사이드를 연결해주는 역할을 한다. 미국에서는 셀사이드 업무 대부분을 투자은행이 한다. 비단 투자금 중개뿐만 아니라 채권 발행, IPO, M&A, 기업 재무구조 개선 등 기업 자금의 유출입이 있는 모든 이벤트에 투자은행이 관여한다.

투자은행의 비즈니스는 기업을 대상으로 하는 B2B, 일반 소비자를 대상으로 하는 B2C로 나뉜다. B2B 비즈니스는 발행시장과 유통시장으로 나뉜다. 발행시장은 주식이나 채권이 최초 발행되는 시장을 말한다. 한 번 발행된 주식과 채권은 시장에서 형성된 가격에 따라 자유롭게 거래되는데, 이 시장을 유통시장이라 한다. 유통시장은 이미 발행된 증권이 거래되는 시장이므로 '2차 시장(secondary market)'으로

불린다. 발행시장과 유통시장 각각에서 투자은행이 어떤 비즈니스를 하는지 하나씩 살펴보자.

잘 사고 잘 파는 데 꼭 필요한 기업 쇼핑 자문

IBD(Investment Banking Division)는 투자은행의 발행시장 비즈니스를 담당한다. 기업에 금융 자문 서비스를 해주는 것과 기업의 자금 융통을 돕는 것이 핵심 업무다. 투자은행에서 일하는 사람을 보통 '뱅커(banker)'라고 부르는데, 엄밀히 말해 IBD 부서에 소속된 사람이 뱅커다. 신문 일면을 장식하는 수조 원 규모의 대형 M&A나 유상증자는 모두 IBD 부서 주관으로 이루어진다.

먼저 금융 자문 서비스에 대해 알아보자. 재무구조 개선(restructuring advisory)이 대표적이다. 재무 건전성에 영향을 주는 요소는 기업마다 매우 다르다. 업종마다 적합한 부채·자본 비율도 다르고, 모회사·자회사의 비즈니스 성격과 지배구조도 재무 건전성에 영향을 미친다. 투자은행에서는 이런 복합적인 요인을 고려해 기업의 재무 안정성을 제고하는 전략을 제공한다.

한 기업을 인수하는 데 막대한 자금이 소요되는 만큼 인수기업은 피인수기업의 면면을 빠짐없이 검토하려 한다. 이를 위해 투자은행, 로펌, 전략 컨설팅펌, 회계법인 등 다양한 자문기관을 둔다. 이중 투자은행은 인수 적정가를 산정하는 가장 핵심적인 업무를 담당한다. A사가 B사 인수를 위해 투자은행과 계약을 맺으

▶ **투자은행의 비즈니스 모델**

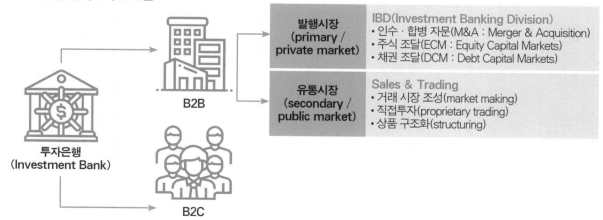

면 투자은행에서는 기업실사 절차를 밟는다. 이때 투자은행은 B사의 재무 건전성, 수익성 등을 검토해 적절한 인수 가격을 책정한다. 이후 A사가 B사를 성공적으로 인수하면 인수금에 비례해 수수료를 받는다.

인수기업인 A사뿐만 아니라 기업을 시장에 내놓은 B사도 투자은행을 고용한다. B사 측 투자은행은 클라이언트가 기업을 더 높은 가격에 매각할 수 있도록, A사 측 투자은행에서 제시한 기업가치평가의 세부 가정과 수치에 대해 의문을 던진다. 실제로 기업 간 시너지나 먼 미래의 매출 추정에 활용하는 가정은 이견의 여지가 많아, 양측 투자은행 간에 신경전이 벌어진다. 이때 투자은행은 가격 산정뿐 아니라 'M&A가 기업에 전략적으로 도움이 되는지', '부채와 주식교환 중 어떤 것이 더 유리한 자금조달 방식인지' 등 다방면에서 기업에 조언하는 역할을 한다.

대출상담사, DCM

인력을 고용하거나 공장을 짓고 새로운 제품을 개발하는 행위 모두 자금이 필요하다. 기업의 자금조달 창구는 크게 부채와 자본으로 구분할 수 있다. DCM(Debt Capital Market)은 부채 조달을 담당한다. 이때 투자은행은 기업에 직접 대출해주기도 하고 채권 발행을 돕기도 한다. 채권은 만기와 원금, 이자가 명시된 증서로 만기 이전에 다른 사람에게 팔 수도 있다. 대개 채권은 대출보다 낮은 이자율이 책정되며

차입 조건도 유연하게 설정할 수 있기 때문에 대부분 회사는 대출보다 채권 발행을 선호한다.

투자은행이 기업에 직접 대출해주는 경우도 있다. 이 경우 미래 계획된 지출, 현금 흐름 추정치 등을 고려해 회사의 재무 상태를 철저히 분석한다. 직접 대출해줄 경우 재무 실사 비용 명목으로 전체 대출 금액의 1% 수준에서 받는 수수료와 앞으로 받게 될 이자가 투자은행의 수입이 된다.

사실 DCM의 주력 사업은 채권 발행이다. 채권은 수익률, 금리, 발행자의 신용에 따라 가격이 변동한다(386쪽 채권편 참조). 투자은행은 회사채 발행을 문의한 기업에 적정 가격과 만기, 이자 수준을 제시한다. 기업이 일반 회사채를 문의하더라도 주식과 채권의 성격이 결합된 메자닌 채권 발행이 더 유리하다고 판단될 경우 전환사채나 교환사채 등의 대체안도 제시한다. 이때 기업은 발행한 회사채가 다 팔리지 않는 리스크를 없애기 위해 투자은행의 '언더라이팅(underwriting)' 서비스를 이용한다. 즉, 투자은행은 기업이 발행한 채권 전량을 사들여 미판매분에 대한 리스크를 떠안거나, 채권이 모두 판매될 수 있도록 회사채를 홍보한다. 채권을 전량 매수하는 경우 회사채 판매를 일임하는 것을 의미한다. 이 경우 채권이 전부 판매되지 않더라도 추후 채권가격이 오르면 시세 차익을 거둘 수도 있다. 투자은행은 언더라이팅을 하는 경우 채권 발행 규모에 비례한 수수료를 받는다.

▶ **IPO 절차**

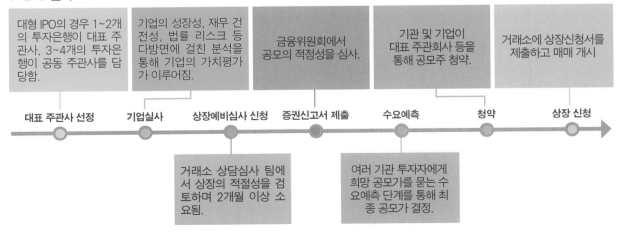

| 대형 IPO의 경우 1~2개의 투자은행이 대표 주관사, 3~4개의 투자은행이 공동 주관사를 담당함. | 기업의 성장성, 재무 건전성, 법률 리스크 등 다방면에 걸친 분석을 통해 기업의 가치평가가 이루어짐. | 금융위원회에서 공모의 적정성을 심사. | 기관 및 기업이 대표 주관회사 등을 통해 공모주 청약. | 거래소에 상장신청서를 제출하고 매매 개시 |

대표 주관사 선정 — **기업실사** — **상장예비심사 신청** — **증권신고서 제출** — **수요예측** — **청약** — **상장 신청**

거래소 상담심사 팀에서 상장의 적절성을 검토하며 2개월 이상 소요됨.

여러 기관 투자자에게 희망 공모가를 묻는 수요예측 단계를 통해 최종 공모가 결정.

기업의 증시 데뷔 조력자, ECM

ECM(Equity Capital Market)은 기업의 IPO나 유상증자 시 적정 주가를 평가해 외부 투자를 유치하는 역할을 한다. 주가를 과도하게 보수적으로 책정할 경우 그만큼 기업이 조달하는 자본이 줄어들게 되지만, 그렇다고 주가를 고평가할 경우 상장 이후 주식이 급락할 우려가 있다. 실제로 2012년 페이스북이 IPO 직후 주가가 폭락해 당시 주관사였던 모건 스탠리가 큰 비판을 받은 바 있다.

채권·주식을 발행할 때나 M&A 때 기업의 적정 가치를 산출하는 것은 투자은행의 가장 큰 과제라고 할 수 있다.

주관사는 새로운 주식 발행 건에 대해 홍보 자료를 제작하고 투자자를 유치한다. 이후 주관사들은 수요예측 단계를 진행한다. 이는 바이사이드가 해당 주식을 얼마에 얼마만큼 매수할 의향이 있는지 사전 조사하는 단계다. 수요예측을 거쳐 결정된 공모가로 주관사는 바이사이드를 대상으로 주식 판매를 중개한다. 채권 언더라이팅과 마찬가지로 직접 인수 리스크를 떠안기도 하고 중개만 하기도 한다. 대형 IPO에 여러 투자은행이 주관사로 가담하는 이유도 대규모의 인수 리스크를 한 투자은행이 모두 떠안는 것이 어렵기 때문이다. IPO와 유상증자 때도 발행액에 비례해 투자은행의 수수료 수익이 오르는 구조이기 때문에 규모가 큰 IPO일수록 중개 업무를 맡기 위한 투자은행의 입찰 경쟁이 심하다.

원하는 상품 다 만들어주는 Sales & Trading

Sales & Trading 부서는 기업이 발행한 주식과 채권 등의 금융상품을 유통하는 시장을 형성한다. 과거에는 주식을 매매할 때 일일이 중개자에게 전화해야 했다. 주식 매매 자동화가 되면서 Sales & Trading 부서는 과거보다 규모가 줄었다. 그렇다고 해도 장중에 대량 매수 혹은 매도할 경우 시장이 민감하게 반응하기 때문에 블록딜(block deal)을 이용한다. 블록딜은 매수자와 매도자가 장이 끝난 후 주식을 거래하기로 미리 약속하는 것으로, 투자은행은 매수와 매도자를 중

개하고 수수료를 받는다.

지금까지 M&A, 주식과 채권 발행 및 유통에서 투자은행의 역할을 설명했다. 그런데 KIKO나 DLS 사태를 다룬 뉴스를 보면 투자은행을 향한 비판의 목소리가 거세다. 이는 투자은행이 파생상품을 직접 설계하고 판매하는 역할까지 하기 때문이다. 즉 투자은행의 역할은 주식이나 채권의 가격 결정에 그치지 않는다. 투자은행은 창의적인 금융상품들을 만들어서 중개·판매·직접 매수하기도 한다. 금융상품의 종류는 셀 수 없이 많지만 그중 2008년 금융위기의 한 축이었던 MBS, CDO, CDS에 대해 살펴보자. 금융위기가 촉발된 것은 이들 금융상품 자체에 문제라기보다는 부실채권을 기초자산으로 하는 금융상품이 과도하게 많이 발행되었기 때문이다. 실제로 MBS, CDO, CDS는 현재까지도 매우 활발히 거래되는 금융상품이다.

CDO 쌓아 CDO

미국에서 주택을 구입할 때 가계에서는 주로 20, 30년 만기 주택담보대출을 이용한다. 자산의 상당 부분을 30년 이상 한 은행에 예금하는 사람은 거의 없다. 그래서 은행은 단기 자금으로 30년 동안 장기 대출을 해줘야 하는 상황에 놓인다. 만기가 길수록 대출채권 손상과 유동성 리스크가 커진다. 이때 투자은행이 나서 시중은행의 고민을 덜어준다.

시중은행이 2% 예금금리로 조달한 자금으로, 수천 명에게 1000억 원을 연 5%로 대출해줬다고 가정하자. 투자은행은 원금 1000억 원과 이자 5%를 30년 동안 받을 권리를 시중은행으로부터 사들인다. 이때 시중은행은 이 권리를 1%의 이익을 올릴 수 있는 가격으로 투자은행에 매각한다. 즉, 시중은행은 장기간에 걸쳐 들어오는 불확실한 3% 이익보다 현재 확실한 1% 이익을 선택한 것이다. 이때 투자은행은 대출자의 파산 리스크까지 떠안는다.

그런데 투자은행 입장에서도 이 대출채권을 계속 쥐고 있는 것은 수지타산이 맞지 않다. 그래서 투자은행이 설립한 SPC(특수목적법인 ; Special Purpose Company)에 1% 이익을 확보할 수 있는 가격으로 해

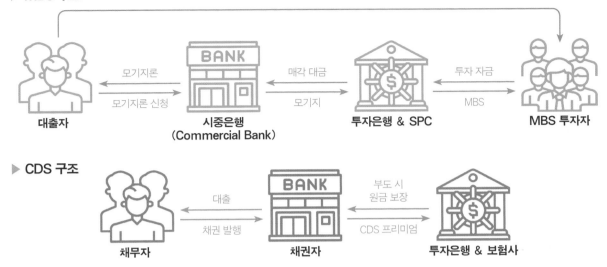

▶ MBS 구조

대출자 → (모기지론 / 모기지론 신청) → 시중은행 (Commercial Bank) → (매각 대금 / 모기지) → 투자은행 & SPC → (투자 자금 / MBS) → MBS 투자자

▶ CDS 구조

채무자 → (대출 / 채권 발행) → 채권자 → (부도 시 원금 보장 / CDS 프리미엄) → 투자은행 & 보험사

* 시장 경색으로 여건이 악화될 경우 프리미엄 상승

당 채권을 매각한다. 따라서 SPC가 보유한 채권 수익률은 3% 수준이 될 것이다. SPC는 1000억 원을 어떻게 모집했을까? SPC는 MBS(Mortgage-Backed Securities ; 주택담보부증권)를 기관 및 개인 투자자에게 판매해 자금을 조달했다. 즉 원금 1000억 원과 연 3% 이자를 받을 수 있는 권리를 쪼개 판 것이다. 이를 두고 자산을 '증권화'했다고 표현한다. 예금금리 2%보다 높으니 투자자에게 매력적인 선택지가 된다. 심지어 대출자가 파산할 경우 주택을 경매에 부칠 수도 있다. 즉 MBS를 통해 은행의 유동성이 원활해지면서 대출자도 숨통이 트이고, 투자은행과 개인 투자자 모두 상대적으로 높은 이익을 거두게 된다.

이후 MBS를 기초자산으로 한 CDO(Collateralized Debt Obligation ; 부채담보부증권)가 등장했다. MBS의 경우 위험과 수익률이 고정적이지만 CDO는 다양한 MBS를 결합하고 이를 선순위-중순위-후순위로 청구권 등급을 나누어 위험과 수익률을 다양화했다. 대출자가 파산할 경우 담보를 처분해 마련한 자금을 청구권 순위대로 배분하는 것이다. 이를 통해 투자은행, 헤지펀드와 같이 고수익을 추구하는 기관은 물론 연기금과 같이 저위험 저수익을 추구하는 기관의 이목까지 사로잡았다. 연기금은 선순위 채권을, 헤지펀드는 후순위 채권을 매입하는 식이다. 여러 CDO끼리

결합해 새로운 CDO를 만들 수도 있다. 이 과정에서 상품을 설계한 투자은행은 판매 수수료를 챙긴다.

CDO의 리스크가 영 불안한 투자자는 CDS(신용부도스왑 ; Credit Default Swap)를 매입하면 된다. 투자은행은 CDO 등의 채권에 대해 'CDS 프리미엄'이라는 보험료를 받고 해당 채권이 부도가 나면 채권자 대신 원금을 상환해준다. 해당 채권을 직접 보유하지 않더라도 CDS 매매가 가능하므로, 불황 시 엄청난 시세차익을 올릴 수 있다.

실제로 유명 헤지펀드 매니저인 빌 애크먼(Bill Ackman)은 2020년 2월부터 300억 원어치의 CDS를 매입(프리미엄을 지급)했고 다음 달 팬데믹 확산으로 부도 기업이 증가하자 이에 대한 보상으로 무려 3조 원의 수익을 올렸다.

수많은 CDO가 서로를 기초자산으로 삼던 2008년 당시 파생상품시장은 금융위기를 전 세계로 빠르게 확산시켰다. 부동산 버블이 꺼지자 채권이 줄줄이 부도가 났고, 이를 기반으로 하던 CDO와 CDO를 기반으로 하는 또 다른 CDO가 연쇄적으로 부실해졌다. CDS를 판매한 기업도 매우 많은 채권의 원금을 동시에 보장해야 하는 상황에 놓이게 되었다. 이에 따라 그동안 수수료 수익을 좇기 위해 기초자산의 안정성을 검증하지 않은 채 파생상품 판매에 주력한 투자은

행에 대한 비난의 목소리가 커졌다. 그렇지만 투자은행을 금융위기의 유일한 원인으로 보기는 어렵다. 부실 채권에 높은 등급을 부여한 신용평가사, 가계에 대출을 무한정 해준 시중은행, 감당할 수 없는 레버리지로 부동산 투기에 나선 가계 모두 책임이 있다.

파생상품 자체는 적절히 활용될 경우 금융시장을 활성화하고 투자자의 다양한 욕구를 충족시키는 순기능이 있다. 투자은행은 이런 파생상품을 개발해 돈이 적재적소에 배치될 수 있도록 돕는 것이다.

B2C 금융까지 사업 영역을 확대하는 투자은행

최근 몇 년간 투자은행들은 소비자금융(consumer finance) 사업에 힘을 실어 왔다. 핀테크 물결에 힘입어 온라인을 기반으로 한 소비자 금융시장이 빠르게 성장하면서, 기존 B2B 중심 비즈니스 모델에서 탈피해 B2C 영역으로의 확장을 꾀하는 것이다. 더불어 투자은행 입장에서는 안전하고 마진율이 높은 소비자 금융이 경기에 영향을 받는 주식이나 채권 발행, M&A 중개보다 강점을 가질 수 있는 사업으로 판단한 것이다.

실제로 골드만 삭스는 금융위기 이후 소매은행을 자회사로 편입했고, 2016년에는 마커스(Marcus)라는 온라인 은행을 설립했다. 얼마 전에는 대출업체인 그린스카이를 인수해 B2C 비즈니스 확대 의지를 재차 드러냈다. 모건 스탠리의 경우 이미 매출의 40%가 소비자 금융 부문인 '자산관리'에서 나온다. JP 모건이 빠르게 규모를 확장할 수 있었던 것도 상업은행을 통해 저금리 소매예금을 조달할 수 있었기 때문이다. 투자은행이 저금리 소매예금을 통해 자금을 확보하면 일종의 원가경쟁력이 높아진다. 저금리로 자금을 확보하면 같은 금융상품도 다른 투자은행보다 더 싼 가격에 판매할 수 있게 된다.

2008년 글로벌 금융위기를 계기로 '전업계 투자은행' 시대는 막을 내렸다. 금융위기로 과거와 같은 사업모델을 영위하기 어려워진 투자은행들은 사업 다각화를 고심하고 있다. 그 일환으로 전통적으로 대기업 및 기관투자자를 중심으로 사업을 펼쳐왔던 투자은행들이 개인 및 중소기업 고객을 대상으로 사업을 확대하고 있다.

BNPL

언택트 시대,
결제 수단의 뉴노멀

| 대표기업 |

Affirm(NASDAQ : AFRM)
PayPal(NASDAQ : PYPL)

지금 사고, 돈은 나중에 내세요

온라인 시장에서 결제 수단은 판매하는 상품만큼 중요한 요소다. 결제가 쉬워지면 추가적인 소비를 이끌어낼 수 있기 때문에, 이커머스 업체들은 그동안 간편결제 서비스 개발에 총력을 기울였다. 판매 대금의 일정액을 수수료로 수취하는 카드사도 무이자 할부나 각종 할인 혜택을 통해 고객의 소비를 독려한다. 소비자가 고를 수 있는 상품이 많아진 만큼 결제 수단도 다양해졌다.

이커머스 시장 초기에 등장한 PG 시스템 이후 핸드폰 소액결제시스템, 간편결제 등의 서비스가 차례로 도입됐다. 이 과정에서 이커머스 플랫폼과 핀테크는 떼려야 뗄 수 없는 사이가 되었다. 팬데믹 이후 온라인 시장이 급부상하면서 'BNPL'이라는 새로운 결제 수단이 대세로 자리 잡았다. 그동안 큰 주목을 받지 못했던 BNPL은 코로나19 이후 소비 욕구가 증가한 미국 및 유럽 등지 소비자들에게 "Buy Now, Pay Later"라는 캐치프레이즈를 내세우며 빠르게 결제시장 점유율을 높이고 있다.

BNPL은 독립적인 산업이라기보다는 핀테크 비즈니스의 한 축으로 보는 것이 적절하다. 하지만 동시에 전통적인 카드 산업을 위협할 수 있는 잠재력 있고, 현재 가장 빠르게 성장하고 있는 비즈니스다.

소비자의 신용카드 접근성과 금융 당국의 규제에 있어 우리나라와 미국이 좋은 대조를 이룬다. 이런 환경 차이 탓에 BNPL이 활성화되지 않은 우리나라와 달리 미국에서는 BNPL 비즈니스가 소비자의 열렬한 지지를 받고 있다. 머지않은 미래에 아마존과 애플스토어 등 미국 소비자와 직접 맞닿아 있는 모든 플랫폼 결제창이 BNPL의 무대가 될 것으로 예상한다.

BNPL, 그거 신용카드랑 같은 거 아니야?

BNPL은 말 그대로 '지금 사고 대금은 나중에 지불'하는 선구매 후결제 수단이다. 소비자가 BNPL 가맹점에서 상품을 구매하면 BNPL 업체가 대금 전부를 가맹점에 한 번에 지불하고, 소비자는 일정 기간에 걸쳐 BNPL 업체에 대금을 분납하는 식이다. 상품의 판매가 일어나는 접점에서 소비자에게 돈을 빌려주는 형태기 때문에 'POS(Point-of-Sale)'라고도 한다. 얼핏 들었을 때 신용카드와 별 차이가 없어 보이지만 할부결제 서비스 가입 시 요구되는 신용 수준이 신용카드보다 훨씬 낮다는 점, 분할납부 거래 수수료가 없다는 점이 큰 차이점이다.

〈신용카드사와 BNPL사 비즈니스 모델 비교〉를 보자(368쪽). 먼저 신용카드사의 비즈니스 모델을 살펴보자. 보통 BNPL 구매는 이커머스에서 이루어지기 때문에 신용카드의 비즈니스 모델도 온라인 상의 흐름으로 나타냈다. 오프라인에서 VAN사는 카드사와 가맹점 간 네트워크망을 구축해 카드 거래승인 등의 지급결제를 대

선구매 후결제 수단 BNPL은 "Buy Now, Pay Later"라는 캐치프레이즈를 내세우며 빠르게 결제시장 점유율을 높이고 있다.

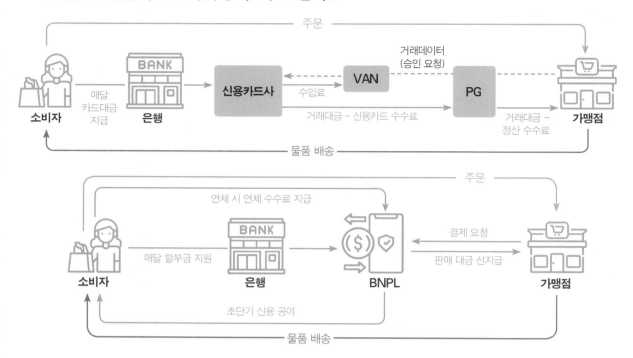

▶ 신용카드사(위)와 BNPL사(아래) 비즈니스 모델 비교

행한다. 반면 온라인에서는 PG사가 그 역할을 담당한다. 즉 VAN사는 소비자가 카드로 결제할 수 있는 시스템을 놓아주는 역할을, PG사는 이것이 온라인에서도 가능하게끔 기술적으로 지원하는 역할을 한다.

따라서 소비자가 결제를 하면 '신용카드사 → VAN사 → PG사 → 가맹점' 순으로 결제승인이 이루어진다. 신용카드사는 VAN사에 결제 수수료를 지급하는데, 당연히 PG사도 수수료를 받는다. 신용카드사는 결제 대금을 가맹점에, 가맹점은 PG사 수수료와 신용카드 수수료를 합친 금액을 PG사에 지급한다. 이후 PG사는 자신들의 수수료를 차감한 금액을 신용카드사에 지급한다. 만일 PG사가 2.5%의 수수료를 수취하고 2%에 해당하는 수수료를 신용카드사에 지급했다면, 이윤은 0.5%다. 즉 소비자가 상품을 주문하면 신용카드사는 VAN사와 PG사에 수수료를 지급해 결제를 진행한다. 그리고 가맹점은 소비자에게 물품을 배송하고, 소비자는 매달 카드대금을 갚아 나가는 구조다.

이번에는 BNPL사의 비즈니스 모델을 살펴보자. 고객이 상품을 주문하면 가맹점은 고객에게 상품을 배송하고, BNPL사는 곧바로 가맹점에 대금을 일시 지급한다. 이후 소비자는 단기 신용 공여를 제공한 BNPL사에 할부금을 갚아 나간다. 이 과정에는 VAN사 등의 중개업자가 생략되어 있어, BNPL사는 수수료를 절감할 수 있다.

BNPL사는 크게 두 가지 방식으로 매출을 올린다. 첫째, BNPL사는 소비자에게 할부 이자를 받지 않는 대신 그 부족분을 가맹점에 전가한다. 통상 거래 대금의 2~6%를 수수료로 가져간다.

미국 BNPL의 선두주자 어펌(Affirm)을 예로 들어보자. 고객이 아마존에서 100달러짜리 운동기구를 구매할 경우, 어펌 앱을 통해 단돈 25달러만 내고 운동기구를 주문한다. 이후 고객은 2주마다 25달러씩 갚아 6주차가 되면 운동기구 값 전액을 갚는다.

어펌은 아마존에 입점한 판매자에게 대금을 한 번에 지급한다. 이때 100달러 전부를 주는 것이 아니라 수수료 명목으로 6달러를 제한 94달러를 지급한다. 이런 비즈니스 모델은 사실 역사가 100년도 더 됐다. 이런 류의 거래를 두고 "채권을 팩토링 했다"고 표현한다. 쉽게 말해 내가 미래에 100달러를 받을 수 있는 '권리'를 팔고, 100달러 이하의 '현금'을 손에 쥐는 것이

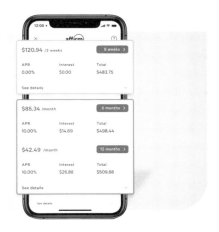

어펌의 IR자료 〈Affirm Investor Forum Presentation〉에서 앱 UI를 소개하는 페이지. 8주 무이자부터 12개월 10% 이율까지 다양한 결제 옵션이 있다.

다. 기업과 은행 간 매우 빈번하게 이뤄지는 거래다.

기업이 가지고 있는 매출채권 1000억 원을 은행에 990억 원에 팔 경우 은행 입장에서는 이자 장사를 하는 셈이고, 기업은 미래 들어올 현금을 지금 당장 손에 쥘 수 있는 상부상조 구조다. 여기서 어펌은 사실상 은행 역할을 한 것인데, 이를 연이율로 따지면 어느 정도 수치일까? 어펌은 94달러를 빌려주고 6주 만에 100달러를 받은 셈이고, 이를 연이율로 계산해보면 무려 55%다. 이처럼 엄청난 이율로 이자 장사를 하는 것이 어펌의 실질적인 비즈니스 모델이다.

둘째, BNPL은 신용카드와 달리 소비자에 할부 이자를 부과하지 않지만, 연체될 경우 연체료를 부과한다. 그러나 이 연체료에도 상한이 있어 신용카드 대비 소비자 부담이 적다. 예를 들어 호주의 BNPL사인 애프터페이(Afterpay)는 소비자의 미납 대금에 대해 구매가의 25%를 연체료 상한선으로 두고 있다. 어펌은 여기에 한술 더 떠 연체료를 부과하지 않고 추가 대출 서비스 이용을 제한하는 방식을 사용한다.

이쯤이면 미국 소비자들이 BNPL에 열광하는 이유가 짐작될 것이다. 일부 BNPL 기업은 카드사처럼 단기 대출 서비스를 제공하기도 한다. 어펌의 경우 단기 자금이 필요한 고객에게 10~30% 고이율로 대출을 제공한다.

구매자와 판매자 모두 열광하는 결제 시스템

구매자 입장에서 신용카드사보다 가입 기준도 낮고 할부 이자도 없는 BNPL을 선호하지 않을 이유가 없어 보인다. 판매자는 BNPL로 결제된 건에 대해 대금을 한 번에 받는 대신 할인된 금액을 받는다. 신용카드 결제가 2% 수수료를 책정하는 반면 BNPL은 2~6%의 더 높은 수수료를 부과한다. 그렇다면 판매자는 어떤 이유로 BNPL 서비스를 도입하는 것일까?

가장 큰 이유는 소비자의 구매대금 자체가 증가하고 2030 소비자를 새로운 고객으로 유치할 수 있기 때문이다. BNPL을 결제 수단으로 도입할 경우 상환 부담 감소로 소비자의 구매력이 향상돼 더 많은 상품 구매로 이어진다. 어펌 결제 옵션이 붙어있으면 구매를 망설이던 소비자들이 선뜻 결제 버튼을 눌러 높은 구매 전환율로 이어지는 식이다.

더불어 BNPL사와 제휴한 가맹점은 BNPL 앱을 통한 홍보 효과를 기대할 수 있다. 별다른 생각 없이 앱에 접속한 소비자가 가맹점 제품을 보고 구매하는 경우도 잦다. 즉 BNPL을 통해 구매자와 판매자 모두의 효익이 증가하는 것이다. 실제로 많은 이커머스 업체들이 BNPL 업체와 제휴에 나서고 있다. 아마존, 이베이 등 전통강자들은 물론 애플도 투자은행 골드만삭스와 협업해 '애플 페이 레이터(Apple Pay Later)'라는 BNPL 서비스 출시를 목전에 두고 있다. 결제 회사들도 BNPL 사업 내재화에 힘을 쏟고 있다. 스퀘어(Square)는 호주 BNPL 업체 애프터페이, 페이팔(Paypal)은 일본 BNPL 스타트업을 인수하며 새로운 결제 트렌드를 흡수하고 있다.

티끌만 한 채권을 모아 태산만 한 자금 확보

소비자 대신 가맹점에 상품 대금을 곧바로 지급하는 것이 BNPL 비즈니스의 요체인 만큼 자금조달은 BNPL사에 중요한 과제다.

기업이 자금을 조달하는 대표적 방법에는 신주 발행과 차입이 있다. 그러나 신주를 발행할 경우 기존 주주의 지분율이 희석되는 문제가 있고, 회사채를 과도하게 발행할 경우 기업의 재무 건전성이 악화된다. 그래서 BNPL사들은 자신이 보유하고 있는 자산을 재활용해 자금을 조달한다.

이들의 가장 큰 자산은 할부를 제공했던 계약의 '원리금 잔액'이다. 결제를 기반으로 하는 BNPL의 특성상 BNPL 대출액은 건당 수십 달러에서 수천 달러 수준으로, 은행과 비교하면 대출 건당 원리금 잔액이 매우 적다. BNPL사는 이런 대출을 모아 금융기관에 판매함으로써 새로운 대출을 위한 실탄을 확보한다. 금융기관 입장에서도 저금리 시대에 괜찮은 수준의 금리를 제공하는 이커머스 고객의 대출 채권을 매입할 이유가 충분하다.

자산(채권) 보유자인 BNPL사가 유동화회사(예를 들어 투자은행)에 보유 중인 자산을 현금화하고 싶다고 의뢰했다고 하자. 유동화회사는 여러 할부 대출 채권을 묶어 신용등급별로 구분한 뒤 이를 시장에 매각한다. 이를 통해 BNPL사는 곧바로 현금을 확보하고, 이후 소비자가 BNPL사에 갚는 돈이 자산유동화증권(ABS : Asset-Backed Securities)을 구매한 투자자에게 돌아간다.

투자은행 편에서 설명한 MBS도 ABS의 일종이다. 문제는 이 대출 채권들이 부실한 대출일 수 있다는 점이다. 따라서 투자자와 금융기관 모두 BNPL 업체가 보유한 채권의 건전성을 잘 들여다볼 필요가 있다.

걸음마 단계의 국내 BNPL 사업

BNPL은 호주에서 처음 등장했지만, 현재 미국에서 가장 큰 지지를 받고 있다. 미국은 신용카드 발급 절차가 복잡하고, 설사 발급받을 수 있더라도 신용 한도가 매우 낮다. 그래서 신용카드 보유 비중이 낮은 2030 세대의 지지를 받으며, BNPL은 빠르게 영역을 넓힐 수 있었다. 반면 우리나라는 신용카드 무이자 할부 서비스가 보편화되어 있고 신용도가 낮은 사회 초년생도 신용카드 발급이 자유로운 편이다. 그래서 BNPL 업체가 자리 잡기에 우호적인 환경은 아니다.

더불어 국내 현행법상 후불결제에는 여러 제약이 따른다. 2021년 2월 금융위원회는 소액후불결제를 혁신금융 서비스로 지정하며 후불결제 서비스의 문호를 넓혔다. 하지만 최대 200만 원까지 후불결제가 가능한 해외에 비해, 국내 후불결제 서비스는 한도가 30만 원이다. 또한 BNPL의 핵심 기능인 '분납'을 허용하지 않는다. 즉 이자 없이 나중에 갚되, 한 번에 갚아야 하고 그 한도도 매우 낮은 것이다.

BNPL과 유사한 결제 시스템을 차용하고 있는 국내 기업에는 쿠팡과 네이버가 있다. 쿠팡은 국내 법상 신용카드업자가 아니므로 후불결제 서비스를 제공할 수 없다. 하지만 직매입한 제품의 경우 후불결제에 대한 제한이 없어 로켓배송 상품에 한해 후불결제 서비스를 제공하고 있다. 네이버는 월 30만 원 한도의 '네이버페이 후불결제 서비스'를 우량 고객에 한해 운영한다.

BNPL이 금융의 새로운 트렌드로 자리 잡은 미국과 비교하면 아직 국내 시장은 걸음마 수준이다. 하지만 가까운 미래에 「전자자금융거래법」 개정안 등을 통해 BNPL 서비스를 가로막던 문턱이 허물어질 때를 대비해, 핀테크 업체들의 움직임을 주목할 필요가 있다.

▶ABS 구조

자산보유자 — 양도대금 / 자산 양도 → 유동화회사 ← 현금 / ABS 발행 → 투자자

REITs
커피 한잔 값으로 뉴욕 건물주 되기

| 대표기업 |
Realty Income Corporation(NYSE : O)
National Retail Properties(NYSE : NNN)
MGM Growth Properties(NYSE : MGP)

돈 없고 정보력 없는 '부린'이라도 뉴욕 한복판 건물주로 만들어주는 리츠

뉴욕은 집값이 비싸기로 유명한 도시다. 글로벌 국가 · 도시 비교 통계사이트 넘베오(Numbeo)에 따르면 뉴욕의 소득대비주택가격비율(PIR)은 10.1이다. 즉, 평범한 직장인이 10.1년 동안 한 푼도 안 쓰고 돈을 모아야 뉴욕에서 집 한 채를 살 수 있다. 그런데 리츠(REITs : Real Estate Investment Trusts)를 통해서라면 스타벅스 아메리카노 한잔 값으로 엠파이어 스테이트 빌딩 건물주가 될 수 있다. 엄밀히 말해 건물의 소유권을 가지는 것은 아니지만, 임차인으로부터 월세를 꼬박꼬박 받을 수 있는 증서를 살 수 있다.

1960년대에 리츠 제도가 출범한 미국은 전 세계 리츠 시장 규모의 절반 이상을 차지하는 국가다. 우리나라는 2000년 리츠 도입 당시 미국 모델을 가져왔기 때문에 미국과 한국 두 나라 리츠는 상당 부분 유사하다. 미국 리츠 산업이 한국과 어떻게 다른지 본격적으로 설명하기에 앞서, 리츠에 대해 간단히 살펴보자.

1960년대에 출범한 미국 리츠는 2008년 금융위기 전후를 제외하고 매년 시가총액과 배당금 규모가 확대되고 있다. 미국 뉴욕거래소와 나스닥 등 주식시장에는 분야별로 오피스 빌딩, 쇼핑몰, 아파트, 호텔, 병원, 창고 등에 투자하는 리츠가 219개에 달하며 시가총액으로 1531조 원 규모다.

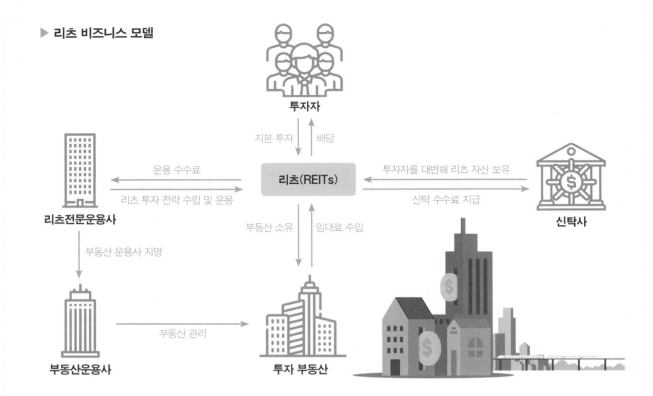

▶ 리츠 비즈니스 모델

투자자

지분 투자 ↑ 배당

운용 수수료
리츠 투자 전략 수립 및 운용

리츠전문운용사

부동산 운용사 지명

부동산운용사

부동산 관리

리츠(REITs)

투자자를 대변해 리츠 자산 보유
신탁 수수료 지급

신탁사

부동산 소유 ↑ 임대료 수입

투자 부동산

NYSE에 이제 막 상장하려는 리츠를 예로 들어보자. 투자자들의 공모자금으로 자기자본을 마련한 리츠는 이를 밑천 삼아 부동산 임대 장사를 한다. 우선 리츠전문운용사를 찾아가 부동산 포트폴리오 전략에 대해 자문을 구하고 리츠전문운용사가 선정해준 부동산을 매입한다. 이후 리츠전문운용사는 각각의 부동산을 운용할 회사를 지명하고, 부동산운용사는 효율적인 부동산 관리를 통해 최대한 많은 임대 소득을 얻기 위해 노력한다. 임차인은 매월 리츠에 임대료를 지급하고, 리츠는 배당 형태로 투자자에게 배분한다. 부동산 매각 시 매각차익이 발생할 수도 있는데, 이는 주가에 반영되거나 배당 수준을 높이는 방식으로 투자자의 주머니로 흘러들어 간다. 이때 신탁사는 리츠 투자자의 투자금과 부동산 자산을 리츠를 대신 보유함으로써, 이들의 올바른 용처를 보장해 투자자의 이익을 보호하는 역할을 한다.

미국 국세청 IRS에서는 리츠에 법인세 감면 혜택을 준다. 리츠로 인정받으려면 기업이 소유한 자산의 75% 이상이 부동산이어야 하고, 총수입의 75% 이상이 부동산 임대수익·모기지·매매로 구성되어야 하

며, 과세소득(미국 「세법」상 이익)의 90% 이상을 주주에게 배당해야 한다. 과세소득 대부분을 배당금으로 지급해야 하는 리츠는 이익잉여금이 많지 않아 차입과 증자로 자본을 조달한다. 부동산을 담보로 한 대출 혹은 채권 발행이나 유상증자를 통해 추가 투자를 감행하는 식이다.

리츠의 비즈니스 모델은 주식시장, 채권시장, 기타 은행 차입을 통해 조달한 자금으로 부동산을 매입한 후 임차인에게 임대료를 받는 단순한 구조다. 즉 부동산의 부동산가치 대비 순영업이익률(Cap rate : Capitalization rate)과 리츠의 자본 조달 비용(Cost of Capital) 차가 리츠의 이익이다. 쉽게 말해 1000억 원짜리 부동산에서 1년에 임대수익이 50억 원이 나오고, 이 부동산을 매입하기 위해 발행한 회사채의 이율이 4%라고 하자. 이 경우 순영업이익률 5%와 자본 조달 비용 4%의 차이 1%가 리츠의 이익이다.

리츠는 비즈니스 모델이 단순하고 안정적이며 '부동산'이라는 확실한 실물자산을 보유하고 있는 만큼, 타 업종의 주식 대비 변동성이 낮다. 이는 대표적 안전자산인 채권의 특징이기도 하다. 채권이 정기적으

▶ 섹터별 리츠 시장 규모 비중 (2021년 9월 30일 기준, 단위: %)

미국

4, 12, 7, 9, 17, 12, 2, 7, 8, 3, 3, 16

■ 산업용
■ 오피스
■ 리테일
■ 주택
■ 복합형
■ 리조트와 숙박
■ 헬스케어
■ 개인형 창고
■ 목재
■ 인프라
■ 데이터센터
■ 스페셜

한국

1, 5, 4, 11, 23, 56

■ 주택
■ 오피스
■ 리테일
■ 복합형
■ 호텔
■ 물류

미국 자료는 미국리츠협회가 운영하는 reit.com 데이터를, 국내 자료는 국토교통부 리츠정보시스템 데이터를 가공한 것이다. Reit.com은 미국 리츠 시스템에 대한 정보와 각종 데이터를 제공하기 때문에 미국 리츠 산업을 좀 더 깊이 알아보고자 하는 독자에게 추천한다.

로 '쿠폰(coupon)'이라 불리는 이자를 지급하는 것처럼 리츠주도 법적으로 높은 배당을 보장한다. 게다가 미국은 임대료의 위상이 남다르다. 회사가 부도날 경우 선순위 채권자는 잔여 자산에 대한 우선청구권을 가지게 된다. 이때 임대료는 선순위 채권보다 우선청구권 순위에서 앞선다. 즉 회사가 돈이 없어 은행 대출 이자를 갚지 못해도 임대료는 갚아야 한다.

하지만 리츠의 기본자산이 경기에 민감한 부동산이라는 점과 리츠도 결국 주식이라는 점을 명심해야 한다. 실제 코로나19 이후 리츠 주가가 일제히 급락했을 뿐만 아니라 임차인들이 임대료를 내지 못해 다수 리츠가 일시적으로 배당 지급 중단을 선언했다. 따라서 미국 리츠 산업에 대한 적절한 이해를 바탕으로 해당 기업이 보유한 부동산의 순자산가치와 안정적인 현금 흐름 등을 면밀히 검토해야 한다.

없는 게 없는 미국 리츠 섹터

미국은 리츠의 본원지인 만큼 리츠가 다루는 섹터가 많고 섹터별 배당률도 다르다. 예를 들어 코로나19 이전 평균적으로 헬스케어와 카지노 리츠의 배당 수준이 리테일 리츠, 오피스 리츠의 배당률을 상회했다. 미국 리츠 섹터는 무려 12개 분야로 구분되어 있다. 오피스, 물류창고, 호텔은 물론이고 영화관, 카지노, 헬스케어 등 특정 분야만 집중하는 리츠도 수없이 많다.

우리나라 리츠는 주택과 오피스에 집중되어 있지만, 미국 리츠는 자금이 12개 섹터에 골고루 담겨있을 뿐만 아니라 한 섹터 안에 여러 가지 세부 섹터가 있다. 가령 주택 리츠는 다시 아파트 리츠, 이동식 주택 리츠, 개인주택 리츠 등으로 나뉜다.

건물주보다 세입자 면면에 주목

미국과 우리나라 리츠 산업의 또 다른 차이는 투자자가 접근할 수 있는 임차인 정보의 양이다. 미국은 리츠 투자자에게 훨씬 많은 임차인 정보를 제공한다. 그만큼 투자자는 임차인에 대해 더 깊이 알 필요가 있다.

국내 리츠는 캡티브 마켓(captive market), 즉 계열사의 내부시장을 이용하는 경우가 많다. 예를 들어 롯데리츠는 롯데쇼핑을, 이리츠코크랩은 이랜드리테일을 책임임차인으로 둔다. 책임임차인은 100% 임대를 책임진다. 사실상 독립된 리츠라기보다는 리츠가 유통대기업 경영의 한 부분을 담당하는 셈이다. 그러나 미국의 경우 대부분 독립된 임차인을 모집한다. 이를 이해하려면 미국의 임대 구조를 살펴볼 필요가 있다.

미국에서 임대는 크게 'Gross Lease'와 'Net Lease' 방식으로 나뉜다. Gross Lease는 건물 수리, 유지관리비, 부동산 보유세, 보험료 등 임대료를 제외한 대부분의 비용을 건물주가 부담한다. 반면 Net Lease는

Client Diversification

Our Top 20 Clients

Our 20 largest clients based on percentage of total portfolio annualized contractual rent, which does not give effect to deferred rent at September 30, 2021 include the following:

Ranking	Client	Number of Leases	Percentage of Total Portfolio Annualized Contractual Rent [1]	Investment Grade Ratings (S&P/Moody's/Fitch)
1	7-Eleven	592	5.7%	A/Baa2/-
2	Walgreens	246	5.0%	BBB/Baa2/BBB-
3	Dollar General	859	4.2%	BBB/Baa2/-
4	FedEx	42	3.4%	BBB/Baa2/-
5	Dollar Tree / Family Dollar	603	3.3%	BBB/Baa2/-
6	Sainsbury's	24	3.2%	—
7	LA Fitness	56	2.8%	—
8	AMC Theaters	34	2.5%	—
9	Regal Cinemas (Cineworld)	41	2.4%	—
10	Wal-Mart / Sam's Club	57	2.3%	AA/Aa2/AA
11	Life Time Fitness	16	2.1%	—
12	B&Q (Kingfisher)	18	2.0%	BBB/Baa2/BBB
13	Tesco	14	1.9%	BBB-/Baa3/BBB-
14	BJ's Wholesale Clubs	18	1.8%	—
15	Home Depot	22	1.5%	A/A2/A
16	Treasury Wine Estates	17	1.4%	—
17	Circle K (Couche-Tard)	237	1.4%	BBB/Baa2/-
18	CVS Pharmacy	89	1.4%	BBB/Baa2/-
19	Kroger	22	1.3%	BBB/Baa1/-
20	Fas Mart (GPM Investments)	199	1.2%	—
	Total	**3,206**	**51.0%**	

Weighted Average EBITDAR/Rent Ratio on Retail Properties	**2.7x** [2]	
Median EBITDAR/Rent Ratio on Retail Properties	**2.6x** [2]	

[1] Amounts for each client are calculated independently; therefore, the individual percentages may not sum to the total.

[2] Based on an analysis of the most recently provided information from all retail clients that provide such information. The current calculations only partially reflect the impact of COVID-19. We do not independently verify the information we receive from our retail clients.

Our Investment Grade Clients [3]

Number of Leases	3,794
Percentage of Total Portfolio Annualized Contractual Rent	49.6%

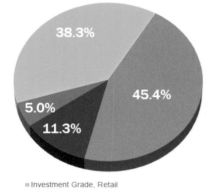

- Investment Grade, Retail
- Non-Investment Grade or Non-Rated, Retail
- Investment Grade, Non-Retail
- Non-Investment Grade or Non-Rated, Non-Retail

[3] Please see the Glossary for our definition of investment grade clients.

리얼티인컴의 IR 자료. 리얼티인컴은 포트폴리오의 과반을 차지하는 임차인의 신용등급뿐만 아니라 전체 포트폴리오에서 투자적격등급으로 분류된 임차인의 비중을 보여준다. 3대 신용평가사인 무디스 기준 Baa, S&P 기준 BBB까지가 투자적격등급이며, 그 이하는 투기등급으로 분류된다.

이를 임차인이 부담하는 형태다. 임차인이 유지관리비, 부동산 보유세, 보험료를 지불하는 리스를 두고 'TNL(Triple Net Lease)'이라고 부른다.

미국의 상업용 부동산은 보통 TNL 방식으로 계약하고, 미국 증권 시장에 상장되어 있는 리츠도 대부분 TNL이다. TNL이라 명시된 리츠는 특정 섹터에만 집중하기보다는 헬스케어, 리테일, 데이터센터 등 다양한 섹터를 임차인 포트폴리오에 담는다. 즉 미국 리츠 산업은 전반적으로 임대인과 임차인이 사업상 독립적인 경우가 많은데다, 상장 리츠의 다수를 차지하는 TNL은 여러 섹터에 걸쳐 임차인을 모집한다. 따라서 미국 리츠에서는 임차인의 질(tenant quality)이 매우 중요하다. 은행의 예대마진 모델의 핵심이 상환능력이 우수한 대출자를 선별하는 데 있듯이 리츠도 현금흐름이 안정적인 임차인을 모집하는 것이 수익과 직결된다.

임대수익은 리츠의 거의 유일한 수입원이므로 임차인의 재정능력이 리츠의 기업가치에 큰 영향을 준다. 투자자는 리츠 IR 자료나 에드가 시스템을 통해 매우 상세히 기재된 임차인 프로필을 확인할 수 있다.

이와 더불어 리츠는 포트폴리오 내 비중이 큰 임차인에 대한 'EBITDAR/rent' 지표를 공시한다. EBITDAR는 쉽게 설명해 기업의 영업이익에 실제 지출이 아닌 감가상각비와 임대료를 더한 금액이다. 따라서 EBITDAR를 임대료로 나눔으로써 임차인이 몇 년 동안 임대료를 감당할 수 있는지 알 수 있다.

또한 SEC 공시를 통해 리츠의 분기별 임대료 수취율을 확인할 수 있다. 즉 투자자가 임차인이 어떻게 구성되어 있는지, 각 임차인의 신용등급은 물론 분기마다 임대료를 지급하지 못한 임차인 비율은 얼마나 되는지도 열람할 수 있다.

투자자 입장에서는 리츠의 임차인이 산업별로 얼마나 고르게 분포되어 있는지 살펴보는 것이 필수다. 임차인이 한 산업에만 치우칠 경우 모든 투자금을 변동성 높은 성장주에만 투자하는 것과 마찬가지기 때문이다.

예를 들어 1962년 설립된 리츠 기업 리얼티인컴 (Realty Income)은 포트폴리오에서 리테일 산업 분야 임차인 비중이 높다. 그러나 리얼티인컴은 임차인이 리테일 분야 안에서도 다변화되어 있고, 임차인의 부도 위험이 적다는 근거를 IR 자료에 제시한다.

보통 주식에 투자할 때는 산업의 성장성, 기업의 경쟁력 등 다양한 측면을 고려하지만, 채권에 투자할 때는 지급능력을 최우선으로 고려한다. 마찬가지로 리츠는 임차인을 선정할 때 '돈 떼이지 않는' 업종에 종사하는 임차인을 선호한다. 대형 할인마트, 약국(미국의 약국은 편의점 제품까지 취급) 등 경기에 둔감한 임차인이 가장 인기가 높은 반면, 피트니스센터처럼 경기에 민감한 임차인은 리츠가 그다지 반가워하지 않는다.

리츠주의 핵심인 배당은 어떻게 결정될까?

일반적인 기업의 배당 수준은 배당금을 당기순이익으로 나눈 값으로 구한다. 하지만 리츠주의 배당 수준을 이와 같은 방식으로 구할 경우 배당지급비율이 500% 이상이거나, 심지어는 당기순손실을 기록했는데 배당을 두둑하게 지급하는 경우를 볼 수 있다. 리츠 경영진이 방만하게 돈을 뿌리는 것일까?

결론부터 말하자면 리츠의 배당 기준을 계산할 때는 당기순손익을 기준으로 삼아서는 안 된다. 리츠는 조정운영수익(AFFO : Adjusted Funds From Operations)을 기준으로 배당금을 산출한다. 운영수익(FFO : Funds From Operations)은 당기순이익에 비용으로 처리했던 감가상각비를 다시 더한 후, 자산 매매나 감액 등 영업과 무관한 손익효과를 제거한 값이다. FFO에서 반복적인 자본지출을 빼면 배당가능금액이 나온다.

회계에서 유형자산이 시간이 지나면서 가치가 떨

▶ **리츠의 배당가능금액 산출 단계**

FFO(운영수익)

= 당기순이익 + 감가상각비 − 자산매각순이익 + 감액손실

AFFO(조정운영수익)

= FFO − 반복적인 자본지출

리츠의 배당 가능금액

어지는 것을 '감가(減價)'라고 하고, 매년 가치가 감소한 만큼 재무상태표에서 장부 가치를 하향 조정한다. 이런 절차를 감가상각이라고 한다. 부동산으로 돈을 버는 리츠의 수익 모델 상 당기순이익에 감가상각비를 더하는 것이 합리적으로 보인다. 특히 요즘같이 부동산 시장이 과열된 시기에는 유형자산(부동산) 매각을 통한 차익실현 가능성이 더 크다고 볼 수 있다. 따라서 리츠가 당기순손실을 기록하더라도 감가상각비를 더하고 영업과 무관한 손익효과를 제거한 값이 충분히 크다면 주주에게 높은 수준의 배당을 지급할 수 있다.

주가의 수익성을 나타내는 지표 가운데 PER이 있다. PER은 개별 주식 가격을 EPS(주당당기순이익)로 나누어 구한다. 리츠는 AFFO가 당기순이익인 셈이므로 주당 AFFO를 EPS와 유사한 개념으로 생각할 수 있다. 만일 주당 AFFO가 10달러인 리츠가 배당지급비율을 85%로 잡으면 해당 분기 배당은 8.5달러가 된다.

Hotel

힐튼은 커피전문점, 하얏트는 백화점

| 대표기업 |
Hilton Worldwide(NYSE : HLT)
Marriott International(NASDAQ : MAR)
Hyatt(NYSE : H)

호텔업의 본질은 브랜드다!

호텔 산업은 역사가 긴 대표적인 오프라인 산업으로 기업별 비즈니스 모델에 큰 차이가 없다고 생각하기 쉽다. 그도 그럴 것이 매일매일 승자와 패자가 뒤바뀌는 IT 업계의 경우 전체를 포괄할 만한 비즈니스 모델을 특정 짓기 어렵지만, 유통업의 경우 미국 월마트나 우리나라 신세계나 수익 구조가 유사하다. 그러나 글로벌 호텔업과 우리나라 호텔업은 비즈니스 모델에 큰 차이가 있다.

힐튼, 메리어트, 하얏트 등의 글로벌 호텔 기업은 엄밀히 말해 '호텔 프랜차이즈' 기업이다. 호텔신라나 호텔롯데는 호텔 부동산을 직접 소유하고 운용하지만, 글로벌 호텔 프랜차이즈 기업은 부동산을 소유하지 않고 가맹 호텔로부터 브랜드 로열티 등을 받아 수익을 창출한다. 이건희 회장은 생전 각 계열사 경영진과 업의 본질을 논하는 자리에서 국내 호텔업을 '부동산업'으로 정의했다. 하지만 글로벌 호텔 체인 산업의 본질은 부동산이 아닌 '브랜드'다.

미국 호텔 기업은 프랜차이즈 사업과 직영 사업을 병행하며 크게 네 가지 방식으로 매출을 올린다(〈미국 글로벌 호텔 기업의 비즈니스 모델〉). 직영·임대 사업은 국내 호텔처럼 고객과 직접 대응하고, 매출이 호텔 객실 판매·식음료 판매·장소 대여로 구성된다. 하얏트는 직영 사업 비중이 크다. 직접 호텔 부동산을 구매하거나 리스를 통해 소유하면서 직영하는 비즈니스 모델은 한정된 공간에서 서비스 및 상품을 제공한다는 점에서 백화점과 유사하다고 볼 수 있다.

힐튼은 프랜차이즈·라이선싱 사업 비중이 크다. 프랜차이즈·라이선싱 사업은 커피 프랜차이즈와 유사하다. 건물을 사용할 목적으로 임대인과 계약을 맺을 때 임차인은 임대인에게 권리금과 월세를 지불한다. 커피 프랜차이즈 점포를 창업하고자 하는 점주는 프랜차이즈 본사에 일종의 권리금과 월세를 지급해

▶ 미국 글로벌 호텔 기업의 비즈니스 모델

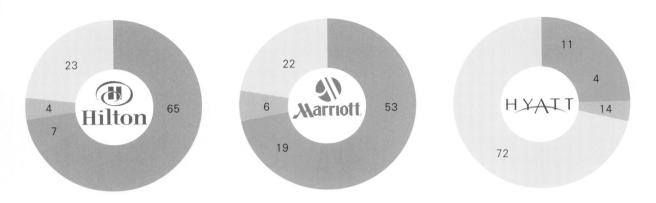

▶ **미국 주요 호텔 기업 매출 비중** (기간 : 2021년 1~9월, 단위: %)   ■ 프랜차이즈·라이선싱 ■ 위탁 운영 ■ 운영 성과 수수료 ■ 직영·소유

야 한다.

커피 프랜차이즈 점포가 출점할 때 점주는 본사에 일정 금액을 지급하고, 영업 개시 후 매출의 일정 비율을 본사에 납입한다. 본사 입장에서 전자는 고정매출, 후자는 변동매출에 해당한다. 두 가지가 프랜차이즈 본사의 주요 매출이다. 고정매출은 커피 프랜차이즈 점포를 창업할 때 필요한 제반을 점주에게 지원하는 대가로 받는 수익으로 가맹점 가입비, 가맹 마케팅비, 입지선정 보조비, 세일즈 커미션, 가맹점주 교육비, 오픈보조비 등이 있다. 변동매출은 대표적으로 로열티다. 가맹점이 프랜차이즈의 영업권을 활용하는 대가로 본사에 정기적으로 지급하는 비용이다.

마찬가지로 호텔 프랜차이즈·라이선싱 사업도 가맹 계약을 맺은 호텔에 브랜드 사용권과 가이드라인을 제공하고 그 대가로 일정액을 수수료로 받는다. 가령 메리어트는 메리어트 간판을 달고 영업하고자 하는 호텔주에게 건설사 선정, 설계 자문, 개업 전 광고 전략 등 호텔 영업 초기 전략부터 개장 이후 지속적인 품질 관리 가이드라인을 제공한다. 호텔주 입장에서는 메리어트 브랜드가 가지는 모객 효과가 매우 강력할 뿐만 아니라 본사의 노하우를 전수받을 수 있다는 장점이 있기 때문에 매출액의 일정 비율을 수수료로 지급하더라도 프랜차이즈 형태를 선택한다.

한편 글로벌 호텔은 수천 개의 호텔을 운영하면서 쌓인 노하우를 바탕으로 다른 호텔을 위탁 운영하기도 한다. 이때는 프랜차이즈 사업과 유사하게 글로벌 호텔이 위탁받은 호텔 매출의 일정 비율을 가져간다. 그리고 영업마진도 우수할 경우 추가로 인센티브를 받기도 한다.

〈미국 주요 호텔 기업 매출 비중〉 그래프에서 확인할 수 있듯이 호텔마다 주력하는 사업이 달라서 투자하고자 하는 기업의 사업 모델을 잘 살펴야 한다. 뒤에서도 설명하겠지만, 직영과 프랜차이즈는 형식적으로나 실질적으로 매우 큰 차이가 있기 때문이다.

힐튼과 하얏트 재무제표를 단순 비교해서는 안 되는 이유

2020년 스타벅스코리아는 약 2조 원, 이디야는 약 2200억 원의 매출을 기록했다. 이디야의 지점 수는 3000개로 1500개 지점을 보유한 스타벅스보다 두 배나 많다. 이디야의 수익성이 스타벅스보다 20배가량 떨어지는 것일까?

스타벅스는 직영점 구조이기 때문에 매장에서 발생하는 매출이 전액 본사 매출로 집계되지만, 이디야는 가맹 구조로 가맹점 매출의 일정 비율만 본사 매출로 기록된다. 따라서 매출만으로 두 회사의 수익성을 비교하는 것은 무리가 있다. 호텔업도 마찬가지다.

애널리스트들이 호텔 기업을 분석할 때 가장 주의를 기울이는 지표는 '객실당 매출(RevPAR : Revenue Per Available Room)'이다. RevPAR은 객실점유율과 객실단가를 곱한 것으로, 만일 객실평균단가가 300달러인 호텔의 객실점유율이 80%라면 RevPAR은 240달러가 된다. 여기에 판매가능객실일수(객실수×365일)를 곱하면 호텔 전체 객실 매출이 계산된다. 하얏트가 주력하는 직영 구조에서는 이 매출이 그대로 재무제표 매출로 인식되지만, 힐튼이 주력하는 프랜차이즈 사업의 경우 객실 매출의 일정 비율을 수수료 매출로 인식해야 한다. 따라서 매출 규모만 놓고 호텔 규모를 비교하는 것은 경계해야 한다.

같은 맥락에서, 특정 호텔사업자가 어느 사업에 주력하는지를 분석할 때도 재무제표에 나타나는 프랜차이즈 매출과 직영 매출 수치에 동일한 가중치를 부여해서는 안 된다.

직영 구조를 성장시키기 위해서는 부동산을 더 많이 매입해 호텔을 지어야 하지만, 프랜차이즈 모델을 확장하기 위해서는 호텔 브랜드 시스템에 가입한 호텔 수를 늘려야 한다. 그래서 메리어트 등의 호텔 브랜드 기업은 프랜차이즈를 유치하기 위해 엄청난 자금을 투입한다.

메리어트의 손익계산서를 보면 '투자계약 상각비(Contract investment amortization)'라는 독특한 계정이 있다. 이는 호텔 소유주들을 프랜차이즈로 유치하기 위해 사용한 마케팅, 프로모션 비용을 모두 당기에 처리하지 않고 비용을 자산화한 다음 해당 소유주와 계약한 기간에 걸쳐 차감하는 데 사용되는 계정이다. 회계 처리는 매우 보수적인 원칙을 따르기 때문에 비

용의 자산화는 매우 엄격한 요건에 부합해야만 가능하다. 제약사의 R&D, 연예기획사의 전속계약금 등 해당 비즈니스 모델의 핵심이 되는 비용에 한해 비용의 자산화가 가능하다. 호텔 브랜드 기업이 마케팅 비용을 자산화할 수 있다는 것은 그만큼 '영업'이 이들 비즈니스 모델의 근간이라는 것을 의미한다.

불황을 견뎌낼 기업을 고르는 기준, 영업 레버리지

레버리지는 자기자본 외에 타인자본까지 동원해 투자하는 경우 자주 언급되는 표현이다. 엄밀히 말해 '재무 레버리지'를 의미한다. 레버리지를 사용하면 일정 수익률 이상을 달성할 경우 자기자본만 사용하는 경우보다 더 큰 수익을 거둘 수 있다. 하지만 일정 수익률 이하일 경우 손실이 더 커진다.

자기자본이 100만 원 있을 때 이자율 5%로 900만 원을 조달하는 경우를 생각해보자. 총 1000만 원을 투자한 주식이 1년 후 30%의 수익률을 기록한다면, 수익 300만 원에서 이자비용 45만 원을 뺀 255만 원이 이익이 된다. 자기자본만 투자할 경우 거뒀을 30%에 비해 매우 높은 255%의 수익률을 거둔 것이다. 하지만 주식이 30% 하락했다면 손실은 300만 원에 이자비용 45만 원을 더한 345만 원이 된다. 즉 레버리지는 수익을 증가(boost)시키는 것이 아니라 손익을

MARRIOTT INTERNATIONAL, INC.
CONSOLIDATED STATEMENTS OF INCOME - AS REPORTED
THIRD QUARTER 2021 AND 2020
(in millions except per share amounts, unaudited)

REVENUES	As Reported Three Months Ended September 30, 2021	As Reported Three Months Ended September 30, 2020	Percent Better/(Worse) Reported 2021 vs. 2020
Base management fees	$ 190	$ 87	118
Franchise fees [1]	533	279	91
Incentive management fees	53	31	71
Gross Fee Revenues	**776**	**397**	**95**
Contract investment amortization [2]	(21)	(48)	56
Net Fee Revenues	**755**	**349**	**116**
Owned, leased, and other revenue [3]	241	116	108
Cost reimbursement revenue [4]	2,950	1,789	65
Total Revenues	**3,946**	**2,254**	**75**

메리어트 호텔의 2021년 3분기 실적에서 '연결손익계산서' 일부. '투자계약 상각비(Contract investment amortization)' 계정은 호텔 소유주들을 프랜차이즈로 유치하기 위해 사용한 마케팅, 프로모션 비용을 자산화한 다음 해당 소유주와 계약한 기간에 걸쳐 차감하는 데 사용되는 계정이다.

확대(amplify)한다.

영업 레버리지는 경기침체기에 어떤 사업이 더 큰 영향을 받을지 알려주는 지표다. 이는 비단 호텔 업계에만 국한되는 것이 아니라 다른 기업에도 적용되는 개념이므로, 주의 깊게 살펴볼 필요가 있다. 영업 레버리지는 앞서 설명한 재무 레버리지와 구분해 이해해야 한다. 동종기업이라도 전체 비용에서 고정비가 차지하는 비중에 따라 영업이익의 변동성이 크게 달라진다. 이를 알아보기 위해 영업레버리지도(DOL : Degree of Operating Leverage)에 대해 살펴보자.

영업레버리지도는 매출액이 1% 변동할 때 영업이익이 몇 배나 증감하는지를 측정하는 지표다. 영업이익 변동률을 매출액 변동률로 나누어 구한다. 결론부터 말하면 고정비 비중이 높을수록 영업레버리지도가 커진다.

매출 규모가 1억 달러 수준인 기업이 있다. 이 기업은 변동비가 매출의 20%이고, 고정비가 6000만 달러다. 만일 매출이 1억 2000만 달러로 상승하면 영업이익은 2000만 달러에서 3600만 달러로 증가한다. 이때의 영업레버리지도는 4다. 하지만 고정비가 7000만 달러일 경우 영업이익은 1000만 달러에서 2600만 달러로 증가하게 되므로 영업레버리지도는 8이 된다.

매출이 상승하는 시기에는 영업레버리지도가 높은 사업(고정비 비중이 큰 사업)의 영업이익이 빠르게 오른

다. 하지만 매출이 하락하는 시기에는 영업레버리지도가 높은 사업이 영업레버리지도가 낮은 사업(고정비 비중이 낮은 사업)보다 영업이익 감소폭이 크다.

호텔 직영 모델은 프랜차이즈 모델보다 고정비 비중이 커 영업레버리지도가 높다. 호텔 프랜차이즈 사업의 경우 플랫폼 운영비, 프랜차이즈 관리 IT 시스템 구축비, 본사 운영비 등의 비용이 발생한다. 이 비용들은 고정비에 해당하며, 프랜차이즈 계약을 맺은 가맹 호텔이 늘어난다고 해서 이 비용이 비례해 늘어나지는 않는다. 하지만 프랜차이즈 사업비의 상당 부분을 차지하는 마케팅비, 시스템 유지비용 등은 가맹 호텔 수에 비례해 증가한다. 하지만 글로벌 호텔 체인의 경우 '규모의 경제'를 이룬 형태로, 고정비 비중이 작다. 반면 직영 모델은 부동산을 직접 소유하고 있기 때문에 객실관리비, 식음료비 등의 변동비보다 부동산 관리비, 호텔 자산으로부터 나오는 감가상각비 등의 고정비 비중이 더 크다.

앞서 고정비 비중이 클수록 영업이익 변동폭이 매출 변동폭보다 크다는 사실을 알아보았다. 따라서 호텔과 같이 경기에 민감한 섹터에 투자할 때는 그 어느 때보다 영업 레버리지 개념에 유의해야 한다.

2020년은 호텔 역사상 최악의 한 해라고 해도 과언이 아니었다. 글로벌 셧다운으로 오프라인 레저 수요가 급격히 줄면서 힐튼, 메리어트, 하얏트 3사의 영업

▶ 미국 주요 호텔 영업이익 추이

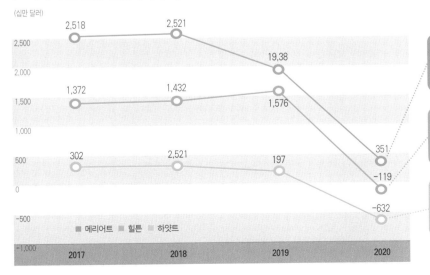

(십만 달러)

	2017	2018	2019	2020
메리어트	2,518	2,521	19,38	351
힐튼	1,372	1,432	1,576	-119
하얏트	302	2,521	197	-632

메리어트
전년 대비 영업이익 1억 5870만 달러 감소, 영업이익감소율 81%

힐튼
전년 대비 영업이익 1억 6970만 달러 감소, 영업이익감소율 107%

하얏트
전년 대비 영업이익 8290만 달러 감소, 영업이익감소율 420%

■ 메리어트 ■ 힐튼 ■ 하얏트

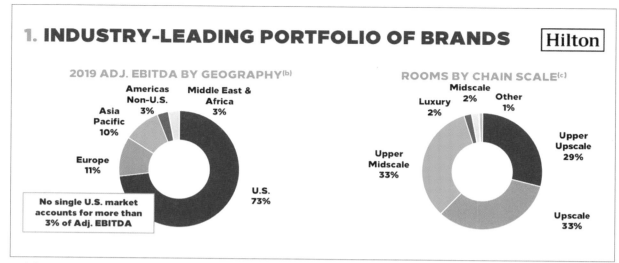

프랜차이즈 · 라이선싱 사업 비중이 큰 힐튼은 IR 자료에 지역별, 체인 스케일별(호텔 브랜드 등급) 포트폴리오를 공개하고 있다.

이익이 모두 폭락했다. 〈미국 주요 호텔 영업이익 추이〉를 보자. 절대적인 영업감소폭은 힐튼과 메리어트가 컸지만, 기업 규모와 상대적인 낙폭을 고려하면 하얏트의 손실이 가장 컸다. 실제로 2020년 힐튼과 메리어트의 영업이익은 각각 107%, 81% 감소했지만 하얏트는 무려 420% 감소했다. 하얏트는 영업 레버리지도가 높은 직영 모델에 주력하기 때문에 불황이 닥쳤을 때 다른 기업보다 영업이익이 더 큰 폭으로 하락한 것이다.

호텔주 IR 자료에서 꼭 확인해야 하는 지역 포트폴리오와 스케일 포트폴리오

앞서 리츠주 편에서 임차인 포트폴리오가 리츠 펀더멘탈에 매우 중요한 요소라는 것을 살펴봤다. 호텔주를 선정할 때도 지역 포트폴리오, 스케일 포트폴리오를 반드시 확인해야 한다. 경기침체기에 지역과 체인 스케일(호텔 브랜드 등급)에 따라 실적 낙폭과 회복 속도에 현격한 차이가 있기 때문이다.

실제로 코로나19 팬데믹 직후인 2020년 2분기 미국 전체 호텔의 RevPAR은 '럭셔리(Luxury) → 고가 업스케일(Upper Upscale) → 업스케일(Upscale) → 고가 미드스케일(Upper Midscale) → 미드스케일(Mid Scale)' 순으로 큰 낙폭을 보였다. 사치재 성격이 더 강할수록

경기에 더 민감하게 반응한 것이다.

2021년 11월까지 업데이트된 힐튼의 IR 자료에는 지역별, 체인 스케일별 포트폴리오가 담겨 있다. 만일 특정 스케일에 편중되어 있다면 경기 불황에 제대로 대처하지 못할 가능성이 있다. 직영 모델과 프랜차이즈 모델의 비중을 분석해 기업의 전사적인 리스크를 파악할 수 있다면, 스케일 및 지역 포트폴리오를 통해 프랜차이즈 모델끼리 리스크를 비교하는 것도 가능해진다.

지역 포트폴리오를 살필 때는 국가 단위뿐만 아니라 미국 내 세부 지역 단위로 살펴보는 것이 필요하다. 호텔 수요가 몰려 있는 뉴욕, 샌프란시스코와 같은 지역은 피닉스나 디트로이트 등지보다 경기침체기에 더 취약하다. 따라서 자신이 투자하고자 하는 기업의 자산(호텔)이 여러 지역에 걸쳐 골고루 분배되어 있는지 확인해야 한다.

Pharmaceutical

제약주를 흔드는
두 개의 손

| 대표기업 |

Pfizer(NYSE : PFE)
Moderna(NASDAQ : MRNA)
Johnson & Johnson(NYSE : JNJ)

전 세계 제약 시장을 장악한 미국

1500조 원 규모의 전 세계 제약 시장에서 미국은 40%를 차지하고 있다. 매출 기준 글로벌 톱 10 제약기업 중 6개사의 본사가 미국에 있다. 베이비파우더, 로션 등 생활용품으로 더 유명한 존슨앤존슨부터 백신 개발로 인지도가 높아진 화이자와 모더나 등 유수 기업이 미국 증시에 상장되어 있다. 노바티스(스위스), GSK(영국) 같은 해외 제약사도 대부분 나스닥이나 뉴욕증시에 상장되어 있기 때문에 미국 주식시장이 전 세계 제약 시장의 상당 부분을 담고 있다고 볼 수 있다.

미국은 정부와 제약업계, 제약사 간의 협력 시스템이 공고하며, 재투자와 상업화로 이어지는 순환 고리가 잘 형성되어 있다. 정부는 코로나19 백신 같은 중대 사안이 발생했을 때 임상시험을 일부 완화해주는 유연성을 보이는가 하면, 수요층이 얇은 희귀 약품의 개발을 독려하기 위해 신약 개발 이후 독점 기간을 늘려주기도 한다. 또 의약품 가격은 정부가 아닌 시장 수급에 의해 결정된다. 이렇게 미국은 제약사가 개발에 전념할 수 있는 여건이 잘 조성되어 있다.

모든 제약주를 관통하는 핵심 밸류체인

미국 제약주에 대한 본격적인 설명에 앞서 의약품의 종류와 제약사 밸류체인에 대해 간단히 살펴보자. 국가를 불문하고 모든 제약사에 해당하는 내용인 만큼 알아두면 매우 유용한 내용이다.

보통 제약산업에서는 원료에 따라 시장을 분류한다. 크게 화학합성의약품과 바이오의약품으로 나뉘며, 각각은 다시 오리지널(original)과 제네릭(generic), 바이오신약과 바이오시밀러(biosimilar)로 나뉜다.

화학합성의약품은 화학합성반응을 통해 생산된 의약품으로 비교적 만들기 쉽고 저렴하다는 특성에 힘입어 전 세계 제약시장의 70%를 차지하고 있다. 오리지널은 그 이름에서 알 수 있듯이 가장 먼저 개발된 화학합성의약품이며, 해당 약을 최초로 개발한 제약사가 특허권을 쥔다. 제네릭은 오리지널의 특허가

▶ **전 세계 제약사 매출 톱 10** (기간 : 2019년, 단위: 백만 달러)

	제약사 (본사)	매출액*
1	화이자(미국, 뉴욕)	45,302
2	로슈(스위스, 바젤)	44,552
3	노바티스(스위스, 바젤)	43,481
4	존슨앤존슨(미국, 뉴저지)	38,815
5	머크(미국, 뉴저지)	34,397
6	사노피(프랑스, 파리)	35,121
7	애비브(미국, 일리노이)	32,067
8	GSK(영국, 브랜포드)	30,645
9	암젠(미국, 캘리포니아)	22,533
10	길리어드(미국, 캘리포니아)	21,677

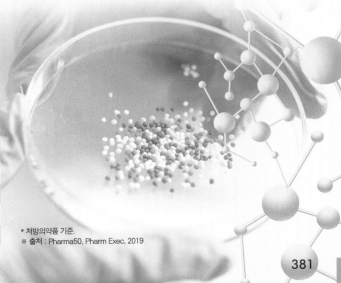

* 처방의약품 기준.
※ 출처 : Pharma50, Pharm Exec, 2019

만료되면 생산 가능한 복제품이다. 제네릭 시장 선점에 나서기 위해 특허 만료 기간 이전에 판매액의 일정 부분을 오리지널 제약사에 로열티로 지급하고 일찍이 생산에 착수하는 경우도 있다.

바이오의약품은 생물의 세포, 단백질 등을 원료로 유전자를 재조합하여 생산한다. 생물에서 추출한 만큼 화학합성의약품보다 독성이 낮지만, 높은 기술력이 필요하며 제조비용이 상당하다. 바이오의약품의 글로벌 기준 시장점유율은 30%지만 기술 발전에 따라 빠르게 성장하고 있다. 미국의 경우 바이오의약품 시장이 무려 60%를 차지한다. 바이오신약은 오리지널에 해당하는 바이오의약품으로 제일 먼저 개발된 제품을 가리킨다. 바이오시밀러는 바이오신약의 복제품을 뜻한다. 바이오신약은 특성 분석이 어렵고 제조공정에 따라 단백질의 세부 구조가 변형될 수 있어 100% 똑같이 복제하는 것이 어렵다. 그래서 똑같은 게 아니라 유사하다(similar)는 의미에서 바이오시밀러라고 부른다.

미국 제약사는 신약 개발 투자가 활발한 반면 우리나라 제약사는 제네릭이나 바이오시밀러 중심으로 성장해왔다. 평균 신약 하나를 개발하는 데 개발 기간은 10년 이상, 개발 비용은 2조 원 이상 들어간다. 이마저도 성공확률이 극히 낮다. 신약 하나가 제네릭보다 훨씬 큰 이익을 기대할 수 있지만, 큰 비용을 부담할 역량이 부족한 국내 제약사들은 기술을 들여오는 '라이선스인(License-in)'이나 신약 개발 도중 기술을 파는 '라이선스아웃(License-out)'에 주력한다.

이번에는 제약사 밸류체인을 살펴보자. 제일 먼저 여러 가지 아이디어를 구상해 가장 실현 가능성이 높아 보이는 후보를 선정한다. 두 번째는 실현 가능성을 검증하는 단계다. 전임상시험(Pre-Clinical)은 임상시험에서 사람에게 약을 투여하기 전, 동물에게 투여해 약효 및 반응을 살피며 부작용과 독성 여부를 파악하는 단계다. 세 번째 단계는 임상시험이다. 1상에서는 건강한 소수의 사람을 대상으로, 2상에서는 해당 병을 앓고 있는 100~200명을 대상으로 적정 복용량과 복용 횟수를 실험한다. 2상까지 통과하면 수백 명에서 수천 명의 대규모 환자를 대상으로 하는 3상에 돌입한다. 3상에서 부작용이 발견되지 않는다면 시판에 다가선다.

미국 제약사의 경우 필수적으로 FDA(미국식품의약국)의 허가를 받아야 한다. 3상까지 성공적으로 마친 제품의 경우에도 FDA의 승인까지 상당한 시간이 필요하다.

PBM, 현대판 봉이 김선달?

미국은 높은 의료비로 유명하다. 진료비와 의약품 가격 모두 우리나라 국민이 들으면 깜짝 놀랄 만한 수준이다. 2020년 기준 제네릭의 경우 가격이 우리나라 대비 3배, 오리지널은 5배나 된다. 정부 주도의 약가(藥價)관리제도에 의해 의약품 가격이 결정되는 우리나라와 달리 미국은 철저히 수요 공급 논리에 따라 약가가 결정되기 때문이다. 뒤에서 살펴보겠지만, 여러 주체 사이에서 오가는 리베이트는 높은 약가의 주범으로 지목된다.

미국 의약품의 유통구조를 보면 'PBM'이라는 독특한 주체가 있다. 이는 미국만의 고유한 시스템으로 PBM은 실질적으로 처방약 가격에 가장 큰 영향을 미친다. 트럼프 대통령 이전부터 바이든 대통령까지 미

▶ **제약사 밸류체인**

기술 연구 및 개발 후보 물질 선정	전임상 시험	임상시험 1~3상	신약 허가 및 시판
• 여러 가지 신약을 구상한 후 그 중 가장 우수한 아이디어를 선택 • 이후 개발에 필요한 원료의약품(API) 조달	• 신약 후보 물질을 동물에게 사용해 부작용이나 독성, 효과를 파악	• 소수의 건강한 사람들을 대상으로 안정성과 내약성을 확인 • 수백 명에서 수천 명의 대규모 환자를 대상으로 장기간 복용 시 약효를 확인	• 정부 기구의 판매 허가를 받아 본격적인 유통 시작 • 미국 제약사는 FDA(미국식품의약국) 승인을 받아야 함

▶ 미국 의약품 산업 구조

국 대통령들은 줄곧 약가와의 전쟁을 선포했는데, 그 과정에서 PBM은 항상 논란의 중심이었다.

PBM 수익 구조에 변화가 생기거나 리베이트에 제한이 생길 경우 제약사 밸류에이션도 바뀔 수 있기 때문에 투자자들은 미국의 독특한 제약품 유통 구조를 알아 둘 필요가 있다.

미국 의약품 시장은 제약사, 도매상, 대표적인 소매상인 약국, PBM, 보험사 등으로 구성된다. 소비자가 약국에서 의약품을 구매하기 전 약국은 해당 의약품을 조달하기 위해 도매상에, 도매상은 제약사에 돈을 지급했을 것이다. 이때 소비자는 의약품의 전체 액면가를 지불하는 것이 아니라 전체 약가에서 보험사가 약국에 지급하는 액수를 제외한 본인부담금을 부담한다. 여기까지는 어느 국가에서나 볼 수 있는 보편적인 유통 구조다. 그렇다면 PBM이 대체 어떤 역할을 하길래 약가를 인하하려는 정부의 오랜 표적이 된 것일까?

PBM은 약가를 평가하고 보험사, 제약사, 유통사 사이에서 가격을 중재하는 역할을 한다. 이 밖에도 여러 업무를 하지만 가장 핵심적인 일은 보험사를 대신해 권장의약품리스트(formulary)를 관리하는 것이다.

의사는 이 리스트를 보고 우선하여 처방할 약을 결정한다. 어디까지나 '권장' 리스트기 때문에 리스트에 없는 약을 처방하는 것이 가능하지만, 이 경우 환자가 보험을 적용받지 못하기 때문에 대부분 리스트에 게시된 우선순위에 따라 처방한다.

즉 제약사 입장에서는 PBM의 권장의약품리스트에 드는 것이 매출을 위한 선결 과제다. 리스트에 채택되기 위해 PBM에 리베이트를 지급하는 것은 자연스레 미국 제약업의 관행이 되었다. 제약사가 PBM에 리베이트를 지급하면 PBM은 이중 10~20%를 수취하고, 나머지는 보험사에 나눠준다. 이런 구조는 크게 두 가지 지점에서 비판을 받는다. 하나는 PBM이 리스트를 구성할 때 약효나 비용 대비 효과성보다 자신들이 받을 리베이트를 더 크게 고려한다는 점이다. 다른 하나는 제약사가 리베이트를 판매가에 전가함으로써 소비자의 부담이 가중된다는 문제다.

PBM을 규제하면 웃는 제약사와 우는 제약사, 답은 제품 포트폴리오에 있다!

PBM이 돈을 버는 방식이 한 가지 더 있다. PBM은 약

383

국에 약가를 지급하고 그 비용을 보험사에 청구한다. 그런데 미국은 약가를 사적 계약과 관련된 사항이라 보기 때문에 보험사와 약국은 약가를 공개하지 않는다. 따라서 PBM이 보험사에 실제로 약국에 지급한 돈보다 더 높은 금액을 청구해 수익을 실현할 수 있는 구조가 형성된다. 이는 보험료 인상으로 이어지고, 결국 소비자에게 비싼 약가와 높은 보험료라는 이중부담을 전가한다. 이렇게 제약사와 보험사, 약국의 길목에 서서 리베이트, 매매차익을 이윤으로 하는 PBM을 두고 '대동강 물을 팔아 돈을 번' 봉이 김선달을 떠올리기 마련이다. 하지만 리베이트와 의약품 가격 상승 사이에 상관관계가 없다는 통계가 발표됨에 따라 가격 인상의 주범이 제약사라는 주장이 힘을 얻었다. 더불어 PBM은 가격을 협상하는 역할도 해서 PBM의 비즈니스 모델에 대한 가치판단은 간단하지 않다.

투자자는 이런 유통 구조에 변화가 생겼을 때 제약주가 어떤 영향을 받을지 고민할 필요가 있다. 정부가 지속해서 PBM 비즈니스 모델에 문제를 제기하고 있는데, 만일 리베이트에 제한을 두면 제약사 주가는 어떻게 될 것인가?

우선 제약사 입장에서는 리베이트를 지급하지 않아도 되기 때문에 제약주 전반에 호재가 될 수 있다. 동시에 그 혜택이 차등화될 가능성을 염두에 둬야 한다. 오리지널 제품의 경우 제약사가 리베이트로 권장 의약품리스트를 선점해 제네릭과 바이오시밀러의 후기 진입을 막는 경우가 많다. 이런 환경에서 리베이트가 제한되면 기존 리스트를 선점한 오리지널 제약사의 경쟁력은 떨어진다. 따라서 PBM의 리베이트 제한은 오리지널 제약사에는 악재일 수 있다. 이렇게 동일한 변수라도 취급 의약품에 따라 제약사마다 다른 영향을 받을 수 있기 때문에 어느 기업이든 제품 포트폴리오를 살펴보는 것이 필수다.

정부의 약가 인하 정책에
희귀질환 약품 제약사 주가가 내려가는 이유
세상에서 가장 많이 팔리는 약은 암 치료제다. 암은 40대 이상 전연령대 사망 원인 1위이며, 암 환자는 꾸

준히 증가하는 추세다. 그만큼 수요층이 많아 치료제 가격이 10만 달러를 상회하는데도 아직 보험 적용은 제한적이다. 신약 승인은 어느 국가에서나 엄격한 절차하에 이뤄지지만, 기술 발달로 항암제 신약 개발 기간이 2010년 14년에서 2020년 10년으로 단축되면서 긍정적인 변화를 보였다. 머크, 로슈, 노바티스가 항암제 분야의 선도기업이다.

수요층이 적은 희귀 약품 시장의 경우 미국 정부가 인센티브를 제공한다. 특허 독점 보유 기간을 7년으로 연장해주거나 25%의 세제 혜택을 제공하는 식이다. 임상을 2상까지만 하고 조건부로 허가를 내주는 경우도 있다. 희귀질환의 경우 환자들이 워낙 적기 때문에 임상을 위해 환자들을 모집하는 데 엄청난 시간이 소요되기 때문이다. 더불어 희귀질환 환자의 의약품 가격 탄력성은 0에 가깝고 수요도 적기 때문에 제약사는 매우 높은 가격을 책정한다(희귀질환 약품에 부과되는 천문학적인 가격은 종종 윤리적 차원에서 논란이 되는 이슈다).

따라서 만일 정부 주도의 약가 인하 정책이 단행될 경우, 고가의 희귀질환 약품을 다루는 제약사의 주가 리스크가 포트폴리오에 일반적인 처방약이 담겨 있는 제약사에 비해 높아진다.

희귀질환 약품을 개발하는 가장 대표적인 미국 제약사가 알렉시온이다. 알렉시온의 시가총액은 20조 원에 달하며, 얼마 전 아스트라제네카에 인수되었다. 국내 바이오 회사들은 적자인 경우가 많지만, 미국 바이오 회사들은 희귀질환 약품만 개발하는데도 불구하고 현금 흐름이 안정적이다. 미국에서 밝혀진 희귀질환은 7000개 이상이지만 이 중에서 치료제가 개발된 것은 5%에 불과하다. 희귀질환 의약품은 성장 여력이 충분한 시장이다. 더불어 희귀질환 시장은 매년 11%씩 성장하며 6%인 전체 처방의약품 시장 성장률을 상회하고 있다.

제약주, 로또 아니야?
코로나19 이후 가장 변동성이 높았던 주식은 단연 제약주다. 백신 개발 뉴스에 주가가 급변하고 임상시험 결과에 따라 제약주 투자자들은 천당과 지옥을 오가

는 경험을 했을 것이다. 우리나라의 주식시장은 30%의 가격제한폭을 둬 주가가 오르내릴 수 있는 한계를 정해놨다. 이를 두고 '상한가·하한가'라 부른다. 그러나 미국 주식시장은 상한가와 하한가 개념이 없어서 하루에 주가가 1/3토막이 나거나 2배 이상 오르는 경우도 심심치 않게 볼 수 있다. 그래서 제약주를 '로또'처럼 바라보는 시선도 적지 않다.

그런데 저평가된 주식을 장기간 보유하는 가치투자자로 알려진 워런 버핏(Warren Buffett)이나 세계 최대 헤지펀드 브리지워터의 수장 레이 달리오(Ray Dalio) 모두 포트폴리오 일부를 제약주로 구성하고 있다. 이는 제약주의 특성상 단기적인 이슈에 의해 큰 변동성을 가질 수 있지만, 제품 포트폴리오가 안정적이고 R&D 역량이 뒷받침될 경우 제약사의 가치평가도 일반 소비재 제조사만큼 객관적으로 진행될 수 있다는 시각이 있기 때문이다.

참고로 우리나라 제약사는 평균 PER이 200배인데 반해 미국 제약사의 경우 20배가 채 되지 않는다. 아래 소개한 제약사의 공시 자료를 통해 안정적인 기업가치를 인정받는 비결을 엿볼 수 있다.

서두에서 밝혔듯이 미국 기업은 SEC가 요구하는 자료 이외에도 자체적인 IR 자료를 통해 기업 활동을 매우 상세히 공시한다. 제약사가 현재 상업화에 성공한 약품의 매출이나 전망은 당연히 SEC 공시에서 확인할 수 있다. 이외에도 기업 IR 홈페이지에 들어가면 현재 개발 중인 약품 리스트를 볼 수 있다. 코로나19 백신은 물론이고 이전부터 개발에 착수한 약에 대해 매우 자세한 정보를 얻을 수 있다. 임상 중 어느 단계에 돌입했는지, 진행되고 있는 의약품의 임상 통과 가능성, 약의 효능, 시판될 경우의 예상 매출, 심지어는 화학 성분까지 알려준다.

임상결과를 예측하는 것은 어려운 일이므로 승인 과정에 있는 의약품을 기업가치 산정에 높은 비중으로 반영하는 것은 무리가 있다. 하지만 기업의 과거 R&D 역량을 고려해 앞으로의 방향성을 가늠하는 데는 매우 좋은 자료가 된다.

현재 상업화에 성공한 의약품의 실적도 기업 IR 홈페이지에서 쉽게 파악할 수 있다. 제품별 수익은 물론 앞으로의 예상매출(가이던스), 신약의 경우 독점기간과 독점기간 만료 후의 예상 경쟁 강도 등 다양한 정보를 얻을 수 있다.

제약업은 자동차나 IT 제품을 생산하는 것에 비해 많은 제약이 있고 개발의 성공률도 낮지만, 오랜 기간에 걸친 R&D 역량과 의약품 시장의 성장성, 경쟁 강도 분석을 통해 비교적 객관적인 가치평가가 가능하다. 더불어 암 치료제, 근신경계 치료제 등 각각의 의약품 섹터를 나누어 분석해본다면 좀 더 확실한 투자처를 찾을 수 있을 것이다.

2021년 모더나의 코로나19 백신 관련 IR 자료. 미국 제약사들은 IR 자료를 통해 상업화에 성공한 의약품 실적뿐만 아니라 개발 중인 의약품이 임상 중 어느 단계에 돌입했는지, 임상 통과 가능성, 약의 효능, 시판될 경우의 예상 매출 등을 상세히 공개한다.

Moderna's respiratory vaccines: COVID-19 vaccine
Last program update: September 9, 2021

Modality	Program	ID #	Preclinical development	Phase 1	Phase 2	Phase 3	Commercial	Moderna rights
Adults	COVID-19 vaccine	mRNA-1273						Worldwide
		mRNA-1273.351	Beta variant					Worldwide
		mRNA-1273.617	Delta variant					Worldwide
		mRNA-1273.211	Beta variant + wild-type					Worldwide
		mRNA-1273.213	Beta + Delta variant					Worldwide
		mRNA-1283	Next generation (2-5 °C)					Worldwide
Prophylactic vaccines	Flu vaccine	mRNA-1010	Phase 1/2		Phase 2/3 prep			Worldwide
		mRNA-1020						Worldwide
		mRNA-1030						Worldwide
	COVID + Flu vaccine	mRNA-1073	mRNA-1273 + mRNA-1010					Worldwide
	Older adults RSV vaccine	mRNA-1345			Phase 2/3 prep			Worldwide
Adolescents & Pediatrics	COVID-19 vaccine (adolescents)	mRNA-1273	TeenCOVE					Worldwide
	COVID-19 vaccine (pediatrics)	mRNA-1273	KidCOVE					Worldwide
	Pediatric RSV vaccine	mRNA-1345	Phase 1b					Worldwide
	Pediatric hMPV + PIV3 vaccine	mRNA-1653						Worldwide
	Pediatric RSV + hMPV vaccine	mRNA-1365						Worldwide

moderna

Bond

언젠가는 올 폭락에 대비하는 법

연준의 기준금리와 채권 투자수익률이 같은 방향으로 움직이는 이유

채권을 활용한 투자 전략을 펼치기 위해서는 채권 수익률과 가격 간의 반비례 관계를 이해해야 한다. 우선 채권수익률은 특정 시점에 매입한 채권을 만기까지 보유했을 때 얻을 수 있는 수익률이다. 가령 액면가 1000달러에 발행된 채권의 액면이자율(coupon rate)이 5%라면, 매입자는 만기까지 매년 50달러의 이

자와 함께 만기에 원리금 1000달러를 돌려받아 연 5%의 투자수익률을 기록한다.

채권가격은 시장에서 거래되는 채권의 매매가를 말한다. 채권도 주식과 동일하게 최초 발행된 이후 유통시장(2차 시장)에서 판매자와 구매자 간 자유롭게 매매할 수 있다. 우리가 매입하는 채권은 이미 액면 이자율이 고정되어 있기 때문에 채권을 싸게 살수록 투자수익률이 높아진다.

이때 액면이자율과 투자수익률은 엄연히 다른 개념임을 유의해야 한다. 액면이자율은 앞으로 채권이 지급하기로 한 정기적인 이자수익을, 투자수익률은 이자수익과 원리금이 현재 지불하는 금액 대비 얼마나 되는지를 나타내는 지표다. 즉 매년 동일한 개수의 황금알을 낳는 거위가 있을 때, 이 거위를 싼 가격에 살수록 투자수익률이 높아지고 비싸게 살수록 투자수익률이 낮아지는 것과 같은 이치다.

그렇다면 채권가격은 어떻게 결정되는 것일까? 모든 자산이 그렇듯 채권 또한 수요와 공급에 의해 가격이 결정되는데, 채권 수요는 미국 연방준비제도(Federal Reserve)가 결정하는 기준금리에 큰 영향을 받는다.

기준금리를 올리는 경우를 생각해보자. 채권의 최초 발행 시 결정되는 액면이자율은 발행 당시 기준금

▶ 미연준-기준금리 역사

연준이 기준금리를 인상하면 채권의 투자수익률이 상승하고, 기준금리를 인하하면 채권의 투자수익률이 낮아진다. 채권의 투자수익률은 금리와 대체로 같은 방향으로 움직인다.

리와 발행 주체의 부도 위험 등을 반영한다. 따라서 채권 발행 이후 기준금리가 높아진다는 것은 채권의 상대적인 투자수익률이 낮아진다는 것을 의미한다. 이후 발행될 채권은 더 높은 액면이자율을 제시할 것이기 때문이다. 즉 현재 유통시장에서 매매되는 채권 보유 기회비용이 높아지는 셈이므로, 채권에 대한 수요가 낮아진다. 이는 이미 발행된 채권가격 하락으로 이어진다. 채권가격이 하락하면 투자자들이 해당 채권을 더 싼 값에 매입할 수 있으므로 투자수익률은 상승한다.

반대로 연준이 기준금리를 내리면 이미 발행된 채권이 다른 투자처보다 더 높은 투자수익률을 약속하는 셈이니 채권 수요가 상승해 채권가격이 오르고 투자수익률이 하락한다. 이렇듯 채권의 투자수익률은 금리와 대체로 같은 방향으로 움직이게 된다.

주식시장 폭락에 대비하는 법

선물·옵션·스와프 등 파생상품을 활용하는 방법, 안전자산인 달러나 금을 매입하는 방법, 자산의 상당 부분을 현금으로 보유하는 방법 등 불황을 대비하는 투자법은 매우 많다. 그 가운데 채권은 일반 투자자가 가장 쉽게 불황에 대비할 수 있는 자산이다. 채권을 대상으로 하는 ETF의 종류도 다양해 접근성, 유동성 측면에서도 채권은 훌륭한 투자 자산이다. 가장 대표적인 채권인 미국 국채는 만기에 따라 다음과 같이 분류한다.

▶ 미국 국채 분류

	만기	특징
Treasury Bill	1년 이하	이자를 지급하지 않기 때문에 만기 때 돌려주는 금액보다 더 낮은 가격에 발행(할인채)
Treasury Note	1년 이상 10년 이하 (2/3/5/10년물)	이자 연 2회 지급 (6개월에 한 번씩)
Treasury Bond	30년	이자 연 2회 지급 (6개월에 한 번씩)

증시가 폭락할 경우 안전자산에 대한 수요가 급증하면서 전 세계에서 부도 위험이 가장 낮은 채권인 미국 국채로 돈이 몰린다. 실제로 코로나19발 증시 폭락 첫날인 2020년 3월 9일에는 주식시장이 개장하자마자 S&P 500이 7% 이상 떨어지면서 서킷브레이커(circuit breakers : 주식시장이 급락할 때 시장을 안정시키기 위해 매매를 일시 정지하는 제도)가 발동하기도 했다. 같은 날 엄청난 자금이 몰린 미국 국채 30년물(Treasury Bond)은 가격이 급등하고 역사상 처음으로 채권수익률이 1% 이하를 기록했다. 이렇게 주식시장이 폭락할 때 자금이 안전자산으로 쏠리는 현상을 'Flight to Safe Haven'이라 표현한다.

즉 투자자는 투자 포트폴리오 내에 채권을 일정 비중으로 가지고 있다가 증시가 급락할 경우 가격이 상승한 채권을 팔고 그 자금으로 가격이 내려간 주식을 매입하는 식의 전략을 생각해 볼 수 있다. 한국 기업에만 투자하는 국내 투자자에게도 미국 국채가 좋은 방어수단이 될 수 있다. 우리나라 증시는 미국 증시 동향을 따라가는 경향이 있는데다 미국 국채에 대한 이자는 달러로 지급되기 때문에 환율이 오를 경우 환차익을 노릴 수도 있기 때문이다.

전통적으로 주식시장과 채권시장은 반대로 움직여 왔지만 코로나19 이후 과도한 유동성 공급으로 주식과 채권의 동행관계가 나타나기도 했다. 수중에 돈이 많아진 투자자들이 주식시장에 막대한 자금을 쏟아붓는 한편, 미국 중앙은행은 양적완화 정책과 대량의 국채 매입을 단행했다. 이에 따라 국채에 대한 수요가 증가하면서 채권가격이 상승했다.

이런 현상이 팬데믹과 같은 예외적인 경우에 그친다고 하더라도, 고성장주의 경우 본래 금리와의 상관관계가 채권과 유사하다. 앞서 채권가격은 금리 변화와 반비례 관계라고 설명했다. 기업가치를 평가하는 가장 기본적인 개념은 기업이 창출할 미래 현금 흐름을 가중평균자본비용(WACC)으로 할인하는 것이다. 이때 금리 상승은 가중평균자본비용을 상승시켜 이론적으로 기업가치 하락으로 이어진다. 테슬라, 구글 등의 고성장 테크주는 현재의 현금 흐름

보다 미래 현금 흐름 비중이 훨씬 높아서 월마트처럼 산업의 성숙기 또는 쇠퇴기에 접어든 기업에 비해 금리 변화에 더 민감하게 반응한다. 더욱이 테크주가 미국 증시에서 차지하는 비중이 커진 요즘에는 채권이 증시와 반대로 움직이는 자산인지 의문을 제기하는 이들이 많다.

따라서 투자자는 이렇게 단기적으로는 몇 가지 예외적인 상황이 나타날 수도 있음을 인지해야 한다. 더불어 미국 경제 기조상 한동안은 추가적인 금리 인하를 기대하기 어려워 채권가격의 추가 상승을 기대하기 쉽지 않다. 하지만 장기적으로는 채권시장이 증시와 반대로 움직이는 경향을 보인다는 점, 가장 안전한 자산이라는 점에서 미국 국채는 전략적으로 활용하기 좋은 자산이다.

미국채 이외에도 미국 지방정부 채권, 회사채, MBS 등 많은 채권이 있다. 개인 투자자라면 채권 ETF를 활용하는 것이 효과적이다. 미국 국채 전반에 투자하고자 할 때, 금리 상승이나 하락에 베팅하고자 할 때, 수익률 높은 회사채에 투자하고자 할 때 각각의 전략에 따라 투자할 수 있는 다양한 채권 ETF가 있다.

이티에프디비닷컴(etfdb.com)은 채권 ETF에 대해 가장 잘 정리해둔 사이트다. 투자자가 전략별로 매입하면 좋은 채권 ETF를 소개하고 있으니 관심 있는 투자자는 찾아볼 것을 권한다.

채권을 알아야 주식이 보인다!

포트폴리오의 안정성을 위해 꼭 채권에 투자해야 하는 것은 아니다. 앞서 살펴보았듯이 채권이 주식과 동행하는 경우도 있으며 굳이 채권이 아니더라도 소매유통주 등 경기방어주를 보유하거나 파생상품과 연계된 ETF를 활용하는 방식으로도 위험을 줄일 수 있다. 더구나 고수익을 추구하는 위험선호 투자자라면 자금 일부를 채권에 넣는 것이 탐탁지 않을 수 있다. 하지만 직접 채권에 투자할 의사가 없더라도 채권시장 동향을 살피는 것은 주식시장을 이해하는 데 큰 도움이 된다.

2020년 말 기준 글로벌 채권시장은 123조 달러 규모다. 이 가운데 미국 채권시장이 47조 달러, 38%를 차지하고 있다. 글로벌 주식시장은 106조 달러, 이 중 미국은 41조 달러, 38%를 차지하고 있다. 채권과 주식 두 시장에서 미국이 차지하는 비중은 40%에 육박한다. 2019년 말 글로벌 채권시장은 106조 달러, 주식시장은 95조 달러 규모였으나, 코로나19 이후 자금조달이 절실해진 기업의 채권 발행이 늘고 엄청난 유동성이 주식 매수 물결로 이어지며 채권과 주식 시장 모두 크게 성장했다.

이 데이터를 통해 알 수 있듯이 채권을 통해 융통되는 자금은 주식시장에서 유통되는 자금보다 규모가 크다. 채권시장은 기업 자금조달의 핵심 창구이고, 채권시장에 영향을 주는 중앙정부의 정책은 증권시장에

▶ 글로벌 채권시장 국가별 비중

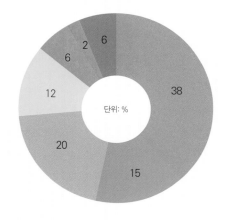

■ 미국
■ 중국
■ EU 27
■ 일본
■ 영국
■ 신흥국 시장
■ 기타 선진국 시장

단위: %

38
15
20
12
6
6
2

▶ 글로벌 주식시장 국가별 비중

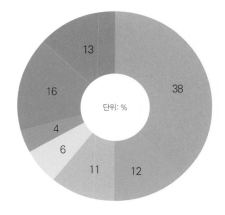

단위: %

38
13
16
4
6
11
12

※ 출처 : Capital Markets Fact Book, 2021, SIFMA

도 큰 변화를 가져온다. 따라서 투자자는 채권시장 동향을 살핌으로써 주식시장을 더 깊이 이해하게 된다.

불황의 전조, 장단기금리 역전 현상

어느 날 누군가 우리를 찾아와 100만 원을 빌려달라고 부탁하는 경우를 생각해보자. 안정적인 직장에 다니고 있는 A에게 이자 2%, 1년 후에 갚는 조건으로 돈을 빌려줬다. 다음날에는 A의 직장 동료 B가 찾아와 똑같이 100만 원을 빌려줄 수 있느냐고 물었다. 그런데 B는 1년이 아니라 3년 후에 갚겠다고 한다. B에게 돈을 빌려줄 경우 이자를 어느 수준으로 책정해야 할까?

돈을 빌려주는 기간이 길어질수록 채무자가 돈을 갚지 못할 리스크가 커진다. 따라서 2%보다는 이자를 더 높게 책정하는 게 수지타산에 맞다. 대출자는 돈을 짧게 빌려주고 싶어 하고 채무자는 길게 빌리고 싶어 하므로 수요와 공급 논리와 부합한다. 은행에서 기업이나 가계에 대출해줄 때도 상환 만기가 길수록 더 높은 이자율을 책정한다.

국채도 마찬가지다. 정상적인 경우라면 미국 국채 3개월물, 6개월물, 1년물, 3년물, 5년물, 10년물, 30년물 순으로 금리가 높아지는 현상이 나타나야 한다. 신용도가 같다면 채권의 만기와 금리는 비례하는 것이 일반적이다. 따라서 채권의 만기와 금리를 축으로 하는 채권수익률곡선(Yield Curve)은 우상향한다. 채권 수익률곡선이 우상향한다는 것은 만기가 더 긴 채권일수록 만기가 얼마 남지 않은 채권보다 금리가 더 높다는 것을 의미한다. 이때 장기금리와 단기금리의 차이인 장단기금리 스프레드는 0보다 크다. 가령 미국채 10년물 금리가 1.8%, 2년물 금리가 1.4%라면 장단기금리 스프레드는 0.4%가 된다.

그런데 이따금 채권수익률곡선이 우하향하는 현상

정상적인 경제 상황에서는 국채 장기물이 단기물보다 높은 금리를 받는 게 당연하다. 따라서 채권의 장단기금리 역전 현상은 '경기 침체 신호탄'으로 인식된다. 위험을 피하려는 투자자금이 안전자산인 장기채권으로 쏠리면서 장기채권값이 오르고, 금리가 가파르게 낮아진다. 코로나19 팬데믹 직전인 2019년 3월과 8월 두 차례에 걸쳐 장단기금리 역전 현상이 나타났다.

▶ 미국 국채 10년물과 2년물의 금리 스프레드

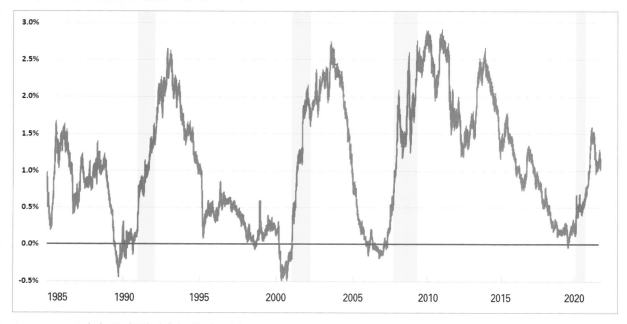

Federal Reserve의 자료를 가공한 것이다. 저축대부 위기, IT버블, 2008년 금융위기 등 미국 경제 불황 이전에 장단기금리 스프레드 역전 현상이 일어났음을 확인할 수 있다. 장단기금리 역전 현상 시점을 기준으로 평균 22개월 후 불황이 찾아왔다. 그래프에서 볼 수 있듯이 금리가 역전되었음에도 불황이 찾아오지 않은 경우도 있다. 하지만 다음에 설명할 이유로 장단기금리 역전 현상은 대체로 경기침체와 뚜렷한 인과관계가 있다.

이 관찰된다. 채권수익률곡선이 우하향한다는 것은 단기금리가 장기금리보다 높다는 뜻으로, 장단기금리가 역전되었다는 의미다. 시장에서는 이를 '불황의 전조'로 해석한다.

〈미국 국채 10년물과 2년물의 금리 스프레드〉 그래프에 노란색으로 표시된 부분은 미국 경제가 불황이었던 때로, 불황 직전에 장단기금리 역전 현상이 나타났음을 알 수 있다. 근래에는 코로나19 팬데믹 직전인 2019년 3월과 8월 두 차례에 걸쳐 장단기금리가 역전되는 현상이 나타났다.

장단기금리 역전 현상이 경기 침체의 선행지표인 이유는 무엇일까? 장단기금리 역전 뒤에 불황이 찾아오는 현상은 우연이 아니다. 단기금리는 중앙은행 정책에 가장 민감하게 반응한다. 따라서 중앙은행 통화정책의 참조 지표가 되는 경제성장률, 인플레이션 등이 단기금리에 영향을 준다고 볼 수 있다. 중앙은행이 통화긴축정책을 펼치면 경제 주체들이 향후 금리 인상을 반영해 단기금리가 올라간다. 반대로 중앙은행이 통화완화정책을 펼칠 것으로 예상하면 단기금

리는 하락 추이를 보인다.

장기금리는 중앙은행 정책보다는 경제 전망에 민감하게 움직인다. 경제가 부진할 것으로 예상되면 사람들은 낮은 인플레이션율을 기대한다. 이 경우 지금 당장 장기채권을 매수하는 게 유리하므로 장기채권에 강한 매수세가 몰린다. 이는 장기채권가격 상승과 금리 하락으로 이어진다.

즉 단기국채는 미 연준이 정하는 금리 수준에 영향을 받지만, 장기국채는 주로 수요 공급에 반응한다. 만일 정부의 경제 부양이 충분하지 않고 긴축적인 통화정책이 펼쳐지는 상황이라면 투자자는 단기금리 인상을 예상하고, 장기적으로 경제가 좋지 않으리라 예측될 경우 장기채권 매수세에 따라 장기금리가 인하된다. 이 정도가 심할 경우 장단기금리가 역전되는 상황이 벌어지는 것이다.

인플레이션을 예측하는 채권 BEI

2020년 전후로 기업의 ESG(환경·사회·지배구조) 전환이 가속화되었다. 이는 2021년 에너지 부족 사태

▶ 미국 국채 10년물 기대인플레이션율(BEI : Break-even Inflation Rate)

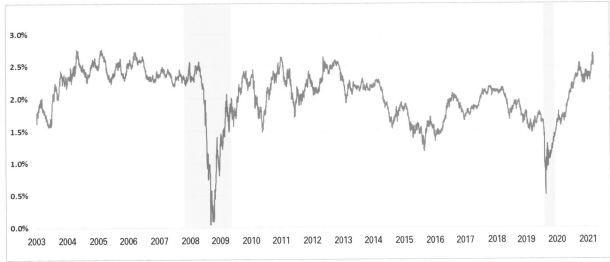

Federal Reserve 자료를 가공한 것이다. 기대인플레이션율이 낮아지는 시점에 불황이 찾아오는 모습을 볼 수 있다. 거시경제이론에 따르면 기대인플레이션율 하락은 실질이자율 상승으로 이어져 투자를 감소시키고 총수요를 줄이는 효과가 있다.

가 발생하는 주요 원인이 되었다. 한편 세계의 공장이 모여 있는 개발도상국들은 코로나19 여파로 생산라인을 셧다운(폐쇄)했다. 미국은 정부의 막대한 유동성 공급으로 자발적 실업자가 늘어났다. 이런 복합적인 요인으로 전 세계에 공급망 이슈가 불거졌다. 동시에 백신 도입 이후 글로벌 소비가 빠르게 회복 국면에 접어들면서 물가가 급등할 수밖에 없는 상황(수요는 넘쳐나고 공급은 부족)에 직면했다.

인플레이션은 주식시장 전반에 영향을 미친다. 뿐만 아니라 물가 변동에 따라 수혜주와 피해주가 갈리기 때문에 투자자에게 인플레이션은 매우 중요한 이슈다.

인플레이션 역시 채권 시장 움직임을 통해 예측할 수 있다. 기대인플레이션율을 나타내는 지표로 BEI(Break-even Inflation Rate)가 있다. BEI 개념을 살펴보기 전 물가연동국채(TIPS : Treasury Inflation Protected Securities)에 대해 이해해야 한다. 물가연동국채는 이름에서 알 수 있듯이 인플레이션을 보전해주는 채권이다. 구체적으로는 투자 원금에 물가상승률을 반영한 뒤 이자를 지급하는 식이다. 가령 액면가 1000달러 채권에 대해 물가가 1% 뛰면 해당 채권을 1010달러로 계산해 이자와 원리금을 산정한다.

BEI는 '명목국채수익률 − 물가연동국채수익률'로 계산한다. BEI가 증가한다는 것은 명목국채수익률이 물가연동국채수익률보다 더 높아진다는 뜻으로, 물가연동국채 가격이 상대적으로 비싸진다는 의미다. 기본적으로 물가가 오른다는 것은 일정한 이자수익을 지급하는 채권 보유자에게 손해다. 이자와 원금의 실질적인 가치가 하락하는 것이므로 채권 수요가 줄어 가격이 하락한다.

즉 물가 상승이 예상될 경우 명목국채에 대한 수요는 줄고 인플레이션율을 보전하는 물가연동국채 수요는 늘어 BEI가 커진다. 따라서 BEI를 기대인플레이션율로 보아도 좋다. 가령 10년물 채권금리가 1%이고 동일한 만기의 물가연동국채 금리가 −1%라면 BEI는 2%다. 이는 투자자들이 향후 인플레이션율을 2%로 예상한다는 의미다.

지금까지 살펴본 바와 같이 채권은 증시 하락에 대비하는 헤지 수단이 될 수 있으며, 채권시장 변화를 통해 경기 동향을 예측할 수 있다. 미국과 한국, 어떤 주식시장에 발을 담그고 있든 두 나라의 채권시장 동향을 잘 파악하고 있으면 증시 흐름을 읽기 한결 수월해질 것이다. 채권시장 동향은 미 연준 관련 기사를 꾸준히 읽는 것만으로도 충분히 파악할 수 있다.

투자처가 한눈에 보이는
2022 업계지도

초판 1쇄 발행 | 2022년 1월 12일
초판 2쇄 발행 | 2022년 2월 22일

지은이 | 한국비즈니스정보
펴낸이 | 이원범
기획 · 편집 | 어바웃어북 기획편집팀
마케팅 | 안오영
표지 및 본문 디자인 | 강선욱

펴낸곳 | 어바웃어북 about a book
출판등록 | 2010년 12월 24일 제313-2010-377호
주소 | 서울시 강서구 마곡중앙로 161-8 C동 1002호(마곡동, 두산더랜드파크)
전화 | (편집팀) 070-4232-6071 (영업팀) 070-4233-6070
팩스 | 02-335-6078

ⓒ 한국비즈니스정보, 2022

ISBN | 979-11-92229-00-3 03320

| 어바웃어북의 비즈니스 도서 |

영원불멸한 것인가, 먼지처럼 사라질 것인가
달러의 부활

| 폴 볼커, 교텐 토요오 지음 | 안근모 옮김 | 33,000원 |

역사상 가장 위대한 중앙은행장 폴 볼커의 역작, 국내 최초 발간!

'세계의 경제 대통령'이자 달러의 운명을 바꾼 역사상 가장 위대한 중앙은행장! 인플레이션 괴물을
물리친 '인플레이션 파이터! 케네디, 닉슨, 카터, 레이건, 오바마 등 역대 미국 대통령들이 가장 신임했던
이코노미스트! 이 책은 팬데믹 시대에 통화의 미래를 가장 적확하게 통찰한다!

한국의 자본시장은 어떻게 반복되는가
시장의 기억

| 이태호 지음 | 18,000원 |

"역사는 예측의 강력한 도구다!"

시장은 놀라울 정도로 반복된다. 그렇다면 과거의 타임라인에서 현재 우리에게 필요한 좌표를 찾아낼
수 있을까. 이 책은 지난 100년 동안 한국 자본시장을 뒤흔든 사건들을 추적하며 시장의 기억에 새겨진
경제위기의 패턴을 되짚는다. 우리는 잊었지만 시장은 기억하는 역사 속 생존 전략은 무엇일까?

위기를 조장하는 이코노미스트들의 위험한 선택
샤워실의 바보들

| 안근모 지음 | 16,000원 |

정부와 중앙은행의 위험천만한 화폐 실험이
경제를 통제불능의 괴물로 만들고 있다!

중앙은행은 시장을 지배하는 神이기를 자처했고, 시장은 그러한 신의 계시를 맹목적으로 따랐다.
그 결과 시장은 거품과 붕괴, 인플레이션과 디플레이션이 끝없이 반복되고 있다. 국내 유일의 '중앙은행
관찰자(central bank watcher)'로 불리는 저자는 정부와 중앙은행에 대한 비판적인 시각을 견지하며
금융위기 이후 주요국의 재정과 통화 정책을 한 편의 다큐멘터리처럼 생생하게 재현했다.

생각의 틀을 바꾸는 수數의 힘
숫자의 법칙

| 노구치 데츠노리 지음 | 허강 옮김 | 14,000원 |

설득력과 논리력, 사고력과 판단력을 키우는 열쇠는
당신이 수(數)에 얼마나 밝은가에 달렸다!

이 책에 담긴 49가지 숫자의 법칙들은, 이름만 대도 알만한 업계의 고수들이 오랜 세월 경험을 통해 체득한
비즈니스 묘수들을 수치로 풀어낸 것이다. 그들은 하는 일마다 꼬이고 난관에 부딪혀 어찌해야 할지 막막할
때마다 뜻밖에도 숫자에서 그 혜안을 찾았다. 그 탁월하고 비범한 숫자의 법칙들이 이 책 안에 빼곡히 담겨 있다.

| 어바웃어북의 비즈니스 도서 |

그림으로 쉽게 이해하는
1일 3분 1회계

| 김수헌, 이재홍 지음 | 16,800원 |

하루 딱 3분이면 재무제표가 보이고 돈의 흐름이 읽힌다!

재무제표는 회사의 재정건전성, 현금흐름, 영업능력, 성장가능성 등을 담고 있는 이른바 '기업의 건강진단서'이다. 아울러 비즈니스맨에게는 생생한 경영 교과서이며, 투자자에게는 나침반 역할을 하는 것이 바로 재무제표다. 이 책은 하나의 주제를 한 페이지의 글과 그림으로 압축해 보여준다. 하나의 주제를 완독하는 시간은 3분이면 충분하다. 낙숫물이 댓돌을 뚫듯이, 하루 3분이 쌓이면 어느새 회계를 정복하게 될 것이다.

그림으로 쉽게 이해하는
1일 3분 1공시

| 김수헌 지음 | 16,800원 |

하루 딱 3분이면 경영 흐름과 주가의 향방이 보인다!

투자자에게 가장 중요하고 신뢰할 수 있는 정보가 담긴 '기업공시'. 투자 가치가 높은 기업, 주가의 향방, 매수 시점 등 투자자들이 궁금해하는 모든 정보가 기업공시 안에 있다. 이 책은 하나의 주제를 한 페이지의 글과 한 페이지의 그림으로 압축해 보여준다. 하나의 주제를 완독하는 시간은 3분이면 충분하다. 낙숫물이 댓돌을 뚫듯이, 하루 3분이 쌓이면 어느새 기업공시를 정복하게 될 것이다.

전지적 투자자 시점에서 건진
공시줍줍

| 김보라, 박수익 지음 | 18,000원 |

주린이들의 투자 레벨 떡상 프로젝트!

이 책은 하루에도 수십 개씩 발표되는 기업공시 가운데, 주식투자자에게 꼭 필요한 공시만을 뽑아 설명한다. 주제 선정 뿐만 아니라 공시를 분석하는 데 있어서도 철저하게 '전지적 투자자 시점'을 따른다. 아울러 공시를 실전 투자에 활용하는 방법을 MTS 화면을 바탕으로 상세히 설명한다.

주린이를 위한 1일 1페이지
투자공부 365

| 한국비즈니스정보 지음 | 18,000원 |

1일 1페이지 꾸준한 투자공부로 알토란 투자처를 발굴한다!

주식 투자에 첫발을 내딛는 당신이 주식계좌 개설보다 먼저 해야 할 일은 '투자공부'다. 이 책은 주식 투자자들이 반드시 알아야 할 365개의 열쇳말(키워드)를 [월]주식용어, [화]투자이슈, [수]업종전망, [목]회계/공시, [금]유망종목, [토]언택트/바이오, [일]K-뉴딜로 구성한 뒤 핵심 투자처를 분석했다.

| 어바웃어북의 회계 · 공시 도서 |

재무제표와 돈의 흐름이 보이는
하마터면 회계를 모르고 일할 뻔했다!

| 김수헌, 이재홍 지음 | 16,800원 |

당신에게 좌절감만 선사하는 어려운 회계책은 지금 당장 덮어라!

이 책은 회계 처리 과정과 결과를 그림을 통해 설명한다. 그림을 좇다 보면 자연스럽게 회계 원리를 깨우치고 재무제표를 읽을 수 있게 된다. 재무제표는 숫자투성이 서류 뭉치가 아니다. 재무제표에는 기업의 역사와 현재, 그리고 미래를 보여주는 흥미진진한 이야기가 담겨 있다. 회계를 알고 있다는 것은 취준생에게는 좁은 취업의 문을 활짝 열어줄 최고의 스펙, 직장인에게는 업무 효율을 높이고 승진을 앞당길 경쟁력, 투자자에게는 시장을 꿰뚫는 혜안이 생긴다는 의미다. 하마터면 여러분이 잃을 뻔했던 많은 기회를 이 책이 찾아줄 것이다.

기초에서 고급까지 한 권으로 끝내는
이것이 실전회계다

| 김수헌, 이재홍 지음 | 20,000원 |

비즈니스의 흐름이 읽히고 투자의 맥이 짚이는 실전회계 수업이 시작된다!

이 책은 회계입문서이자 중고급 회계로 도약할 수 있는 디딤돌 역할을 한다. 금융자산, 지분법, 스톡옵션, 리스, 환율, 연결재무제표와 같은 어려운 주제들도 저자들의 탁월한 직관과 명쾌한 언어로 가공되어 완벽한 실전회계, 감칠맛 나는 썰전(舌戰)회계로 다시 태어났다!

_ 고려대학교 경영대학 이한상 교수의 추천사

개정 증보판

기업 경영에 숨겨진
101가지 진실

| 김수헌 지음 | 20,000원 |

공시의 효용성을 일깨운 국내 최고의 '공시 교과서' 최신 사례와 경영의 새로운 흐름을 담아내며 진화!

기업이 주식시장에 데뷔(상장)해서 퇴장(상장폐지)하는 일련의 흐름속에서 자금 조달, 구조 조정, 경영권과 지배 구조 개편, 이익 분배 등에 관한 주요 공시를 분석한다. '반도체 회로보다 복잡한 롯데의 출자구조 정리법', '대한전선이 같은 날 무상감자와 유상증자라는 상반된 두 개의 공시를 낸 이유', 'LG유플러스가 왜 6687억 원 규모의 자사주를 소각했고, 회사의 결정에 투자자들은 주가로 화답했는지' 등 흥미롭고 중요한 140개의 사례를 통해 공시를 쉽게 설명한다.

경영 전략과 투자의 향방이 한눈에 보이는
기업공시 완전정복

| 김수헌 지음 | 20,000원 |

'경영의 축소판' 공시 속에 기업의 행로가 있다! 베일에 싸인 경영 전략과 의사 결정의 핵심부를 낱낱이 분석한다!

기업의 경영 활동에 대한 가장 빠르고 정확한 정보를 얻을 수 있는 채널 '공시'! 공시에는 경영 전략과 주가의 향방을 알려주는 알토란 정보가 담겨 있다. 이 책은 최신 사례를 바탕으로 기업 공시에 담긴 정보의 무게와 파급력을 가장 명확하게 전달하고 있다.